리부의 노래

리부의 노래

라마무르티와 놈 영역 | 김병채 옮김

슈리 크리슈나다스 아쉬람

가네샤에게 경의를!

쉬바 나타라자는 모든 것이다.
쉬바 나타라자로부터 거세게 밀려와
리부를 비롯한 많은 현자들을 거쳐
라마나 안에서 빛나는
구루들의 이 흐름에 경의를 표합니다.

바가반 슈리 라마나 마하리쉬(1879. 12. 30. ~ 1950. 4. 14)

서문

리부의 노래는 쉬바 라하서야의 중간 부분에 있는 작품이다. 나, 즉 쉬바의 영광을 노래하고 현현의 세상은 실재하지 않는다는 것이 노래의 주제이다. 리부는 지고의 신인 쉬바로부터 이 지식을 직접 받았다.

리부는 창조자 브람마의 아들이라는 것 외에는 알려진 것이 거의 없다. 그는 창조자의 아들이라는 역할을 받아들이지 않았으며 세상에 대해서 매우 초연하였다.

어느 날 그의 아버지는 아무도 이 경전으로 해방을 얻지 못할 것이라는 의심이 일어나서 바다에 이 경전을 던져 버렸다. 리부는 이 사실을 알고 이 경전이 해변에 밀려왔을 때 즉시 회수했다. 아버지는 그것을 알고 노발대발했다고 한다.

리부는 아버지를 떠나서 희말라야에 있는 쉬바에게 피난하였다. 일점 지향의 헌신에 기뻐한 쉬바는 그에게 아트만의 지식을 가르쳤다. 그는 곧 나의 비이원의 상태를 얻었다.

라마나 마하리쉬는 이 경전을 높이 칭찬하였다. 경전들의 연구에 필요한 높은 자질을 가지고 있지 않을지라도, 이 경전을 공부할 것을 권하였다. 그러면 마침내 가슴이 열려 비이원의 상태인 사마디를 경험할 것이라 하였다.

옮긴이의 말

　라마나 마하리쉬는 16세 때 모든 존재들의 기저를 이루고 있는 것, 즉 브람만을 아는 자가 되었다. 그는 "브람만"이라는 단어의 의미를 앎이 없이 브람만을 아는 자가 되었다. 그 이후 자신의 경험한 것이 경전들에서 기술하고 있는 고대 현자들의 경험과 꼭 같다는 것을 알았다.

　나중에 티루반나말라이에서 리부의 노래를 비롯한 여러 경전들을 접하고는 이 모든 것들을 배웠다.

　그는 그의 가르침을 펼칠 때 이 경전의 내용을 자주 인용하였으며, 구도자들에게 그것을 언급하면서 그것을 읽고, 철저하게 이해하기 위하여 그들 스스로 그것을 탐구하기를 당부하였다. 나 지식을 찾아 나선 구도자에게 아주 귀중한 책이다.

　옮긴이는 40세 때 라마나 마하리쉬의 은총으로 경전들에 대한 아무런 지식이 없이 진리를 경험하였다. 그는 이 경험이 매우 궁금하였다. 그 이후 많은 경전들을 찾아 스스로 공부하였다. 그것들 중 하나가 리부의 노래이다.

　이 책의 초판을 낼 때는 책에 담긴 의미를 정확하게 파악함도 없이 중요하다고 생각되어 번역하였다. 이제 은퇴 후 조용한 시간을 가져 초판 때의 미숙했던 점을 수정하여 개정판을 낸다.

　이 책의 독특한 점은 책 스스로가 다음과 같이 말한다.

"이 진귀한 책을 이해하는 사람은 정말 진귀하다."

"이 경전을 손에 넣는 사람들에게는 더 이상의 탄생은 없다. 그는 모든 의식인 지고한 브람만이 될 것이다."

"이 경전에 대한 지식이 마음을 가로질러 달릴 때 그것은 모든 커다란 슬픔들은 즉시 치유할 것이다."

"이 경전을 적어도 하루 한 번씩 헌신적인 수행으로 규칙적으로 읽는다면, 이 책의 의미를 연구하고 숙고하고 이해할 능력이 없는 사람이라 할지라도 끝없는 존재 속에서 지은 모든 죄들은 그 탄생에서 완전히 제거될 것이며 깊고 나뉘지 않은 지고한 지식을 성취하여, 오점 없는 지고자로 머물게 될 것이다."

"이 경전의 한 구절만이라도 듣고 이해한 자는 비이원의 자유를 얻을 것이다. 참으로 이것은 진실이다. 모든 것이 영원한 브람만이며 우리가 그것이라는 이 시의 의미를 이해한다면 불필요하게 과도한 경전들을 탐구할 필요는 없다. 단지 이 훌륭한 경전의 한 연만으로도 나뉘지 않은 절대자의 지식을 얻을 수 있다."

차례

제1장
경전의 역사 - 나의 정의 - 자기 자신의 경험
(스와누바바)

지고한 쉬바에 대한 복종

1

다섯 얼굴을 가진 신(가네샤, 쉬바 수행원들의 신, 코끼리 머리를 하고 있는 신), 여섯 얼굴을 한 신(스칸다 '공격자'), 인자하신 어머니, 그리고 무수한 현자들, 신들, 그리고 기타 사랑스러운 헌신자들과 함께 그들의 수많은 수행원들이 어떤 무엇을 이루기 위해, 그들의 염원을 이루기 위하여 그들의 가슴속에서 끝없이 숭배하고 있는, 광활한 하늘처럼 나눌 수 없는, 자비의 바다이며 의식의 공간인 저 지고한 쉬바(상서로운 신, 절대자)에게 고개 숙이자.

나타라자(춤의 신인 나타라자에 대한 복종)

2

이 순수한 에테르의 의식이 자신의 자유로운 샥티(궁극의 힘)와 합해져 지고한 진리로 퍼져 온다. 헌신자들의 안녕을 위하여 연민으로 피어나는 춤, 끝없는 환희의 춤, 모두로 하여금 비이원의 희열이라는 경이로움을 깨닫게 해주는 이 춤은 우리의 가슴속에 영원하리라.

3

우리가 그 형상의 보호를 받게 해주소서. 왼편엔 온 우주의 어머니가 계실 것이요, 오른편엔 온 우주의 아버지가 계실 것이니 이 발찌에서 나오는 소리는 모든 지식의 기원이며, 그것의 세 눈들로부터 모든 것이 나타나도다.

쉬바와 다른 신들에 대한 복종

4

모든 생명과 생명이 없는 세계의 신이시며, 무한한 힘의 화신이신 영원한 쉬바의 발에 영광 있어라. 모든 현상 세계의 어머니시며, 영원한 희열의 화신이신 데비(여신)의 발에 영광 있어라. 모든 장애들을 없애고 모든 것을 이롭게 하는 비나야카(제거자)의 발에 영광 있어라. 아낌없이 봉사하는 헌신자들에게 쉬바의 지식을 주는 샨무카(여섯 얼굴을 가진 신)의 발에 영광 있어라.

경전의 역사

5

처음에, 이 모든 세상을 잉태하신 지고한 신은 세상 사람들의 안녕을 위하여 다양한 형태의 의식(카르마)들, 명상(우파사나)과 지식(갸나)을 설명하는 베다들을 만드셨으며, 뿐만 아니라, 베다의 지극한 미묘함을 바르게 이해시키기 위하여 스므리티(계시서)들과 푸라나(전설)들, 이티하사(서사시)들 그리고 여러 경전들을 만드셨다.

6

변하지 않는 비이원의 원리를 묘사하고 있는 푸라나들과 이티하사들 중에서 모든 것 위에 우뚝 서 있는, 귀한 것들 중 가장 귀한 서사시인 베다들의 주요한 의미는 쉬바라하스야("쉬바의 비밀", "쉬바의 신비")란 이름으로 이미 유명해져 있다. 열두 부분으로 구성되어 있는 이 서사시는 지극히 성스럽다.

7

옛날, 지고한 쉬바는 지고한 어머니에게 이 격찬 받은 서사시를 가르쳤다. 은총의 화신인 어머니는 여섯 얼굴을 가진 스칸다에게 이것을 가르쳤다. 스칸다는 쉬바에 대한 헌신으로 가득 차 있는 자이기샤비야에게 이것을 열성을 다하여 가르쳤다. 쉬바의 영광과 함께 이것을 얻은 비야사는 이것을 성자 수타에게 가르쳤다.

8

성자 수타는 이 미묘한 경전을 여러 위대한 성자들에게 가르쳤다. 이렇게 전해지면서, 이 숭고한 경전은 온 세상에 알려지기 시작했다. 아주 오랜 옛날에, 무엇과도 견줄 수 없는 쉬바는 오직 리부에게만 『쉬바라하스야』의 이들 12부 가운데 아주 경이로운 제6부를 전하였다.

9

진귀한 것 중의 가장 진귀한 이 6부는 총 50개의 장들로 되어 있다. 이 가운데 44개의 장들이 지고한 쉬바의 은총의 선물로 성자 리부에 의해 니다가와 세상의 여러 성자들에게 상세히 설명되어 왔기에 여기에서 이 장들은 숭고한 『리부 기타』라 불리었다.

10

나는 신에 의해 산스크리트로 제시된 이 기타의 첫 세 장들과 마지막 세 장들을 제외한 제6부의 핵심이 되는 44장들을 해방을 열망하는 사람들의 이해를 돕기 위하여 타밀어로 설명하려 한다.

11

무지한 내가 재치 없는 언어로 전능한 신의 최고의 보석이며, 지고한 신의 음성인 산스크리트로 된 이 방대한 책을 정확히 해석한다는 것이 적절하지 않다고 생각하지만, 내가 아무것도 하고 있지 않았을 때 가장 귀중한 이 책을 정리하는 데 전념하도록 코끼리(가네샤)의 모습으로 나타나 모든 것을 움직이며, 또한 나의 마음을 움직이시는 신의 방법은 얼마나 놀라운가.

12

호의를 가진 사람들로 하여금 나의 말로 해석하려는 노력에 힘을 주게 하소서. 나의 말은 그 나름의 자유는 없지만, 모든 감각이 있는 것들과 감각이 없는 실체들의 목격자이시며 만물의 내면의 존재를 충족시켜 주시며 결점들에 관대하고 모든 실수들을 용서하시는 지고한 쉬바의 분부에 따라 움직이며 이 숭고한 경전의 본질substance만을 추구하고 있습니다.

13

성자 수타는 나이미사 숲의 순수한 최고의 성자들에게 이렇게 말했다. 베다를 아는 그대들이여! 수많은 애정 어린 성자들과 쉬바의 수많은 순결한 시종들을 대동한 자이기샤비야는 다시 기꺼이 간청하고 찬양하면서 오점 없는 쉬바의 아들인 스칸다에게 다음과 같이 물으며 겸손히 기도하였다.

14

은총의 화신이시여! 은총의 화신인 지고한 신의 아들이시여! 당신 안에서 위안을 구하는 사람들을 구하소서! 모든 것을 아는 왕관의 보석이시여! 성스러운 모습의 여섯 얼굴들을 가진 신이시여! 당신의 은총으로 인해, 저는 다섯 부部들을 분명하게 들었습니다. 이제, 당신의 감미로운 말씀으로 제6부를 전하시어 모든 세상적 존재의 뜨거운 열기를 식히시며, 저를 구원해 주소서. 이렇게 간청하자, 스칸다는 다음과 같이 말했다.

15

갖고 싶은 최고의 자질들을 모두 부여받은 자이기샤비야여! 그대의 흔들림 없는 헌신은 우리를 기쁘게 한다. 모든 선을 위하여 나는, 비할 데 없는 카일라사 산에서 세상의 행복을 위하여, 지고한 신이신 감각 있음과 감각 없는 세상의 주인께서 오점 없는 성자 리부에게 이전에 몸소 가르쳐 주셨던 비이원의 지식의 바다를 그대에게 상세히 설명하겠다.

16

옛날, 사마(평온) 등과 같은 모든 선한 자질들을 부여받은 성자 리부는 모든 슬픔을 쓸어버리시는, 매우 순결한 나의 아버지를 카일라사 산에서 보고, 그분의 지속적인 은총을 얻기 위하여 분리되지 않는 더없이 행복한 지고한 지식을 얻기 위하여 크나큰 겸손과 사랑으로 그분에게 엎드리며, 삼부(행복을 주시는 분)를 찬양하기 시작하였다.

17

그분을 찬양한 후 리부는 지고한 쉬바에게 다음과 같이 말했다. 뛰어나고 완벽한 구루시여! 자비의 은총을 베푸시어 순수한 비이원의 지식을 지금 저에게 가르쳐 주십시오. 그것은 오늘 저의 시야를 가리는 이원이라는 이 감각을 걷어 내어 모두가 그들의 최고의 선을 얻을 수 있게 할 것입니다. "그렇게 되도록 하리라."라고 샹카라(선을 베푸는 자, 쉬바의 다른 이름)는 말했다. 그리고 샹카라는 다음과 같이 말했다.

18

성자 리부여! 브람마(창조자)의 자손이여! 베단타의 전체 의미를 명확히 설명하는 제4부를 통해 내가 제시한, 금언적 표현들을 담은 이 경전의 개요들을 탐구하면 두려움 없고 분리 없는 지고한 지식이 일어날 것이다. 그 지식은 세상 존재의 불행을 없애고 지고한 브람만의 희열 속으로 이끌 것이다. 어떤 망상도 품지 말고, 이것을 완전히 귀담아 들어라. 이렇게 위대한 신은 리부에게 말했다.

19

그분이 이렇게 말하자, 성자 리부는 성스러운 경전의 미묘한 의미들을 듣고 그것들을 마음속에 끊임없이 숙고하면서 경전을 더 깊이 명상하였다. 이렇게 얻어진 지식으로 세상의 슬픔들을 없애고 더없이 아름다운 희열을 안은 채 리부는 쉬바의 성스러운 모습을 경이와 사랑으로 찬양하기 시작하였다.

20

저를 보호해 주시는 은총의 화신이신 쉬바에게 영광을. 희열의 덩어리이신 쉬바에게 영광을. 속성들이 전혀 없으신 쉬바에게 영광을. 모든 이에게 유익함을 주시는 쉬바에게 영광을. 오점 없으신 지고한 쉬바에게 영광을. 모든 것에 충만하신 쉬바에게 영광을. 하나이며 비이원이신 쉬바에게 영광을. 편재하며 분리되지 않으시는 쉬바에게 영광을.

21

모든 현상 세계의 원인이신 쉬바에게 영광을. 암비카(어머니)의 신이신 쉬바에게 영광을. 모든 것이며 완전한 분이신 쉬바에게 영광을. 수족이 없는 분이시며 부분들이 없는 분이신 쉬바에게 영광을. 도처에 존재하시며 한결같은 분이신 쉬바에게 영광을. 베단타(최종적이며 최고의 지식)를 통해 이해되는 분이신 쉬바에게 영광을. 모든 세상들의 신이신 쉬바에게 영광을. 진리-의식-희열의 덩어리이신 쉬바에게 영광을!

22

움직이고 움직이지 않는 모든 것의 근본이시며, 진리의 화신이신 샹카라(자비로운 분), 당신의 발 아래 엎드립니다. 높은 것과 낮은 것 모두를 비추는 빛나는 광채이신 지고한 샹카라시여, 당신

리부의 노래

의 발아래 엎드립니다. 모든 곳의 모든 존재들에게 행복을 내리시는 달콤하고 흠 없는 모습을 지닌 당신의 발아래 엎드립니다. 하리, 브람마, 수백만의 성스런 곳에서 경의를 바치는 당신의 발아래 엎드려 절합니다.

23

당신의 헌신자들에게 세상 존재로서의 모든 고통을 제거해 주시며 행복을 주시는 당신의 발아래 엎드려 절합니다. 순수한 지고한 지식을 쉽게 주시고, 모든 고달픔을 없애 주시는 당신의 발아래 절합니다. 마음을 넘어 에테르의 의식의 상징으로 우뚝 서 계시는 당신의 발아래 절합니다. 베단타의 모든 경이로운 지식을 뚜렷하게 해주시는 당신의 발아래 절합니다. 오, 스승이시여!

24

이같이 지고한 쉬바를 찬양한 다음, 그분의 뜻에 따라 겸손하게 그곳을 떠나 여기저기를 방랑하면서 중단되지 않는 희열의 경험으로 강해져, 도중에 가치 있는 몇몇 헌신자들을 가르친 후에 그(리부)는 다양한 사정으로 지구에 이르러 케다라의 숭고하고 성스러운 장소로 오게 되었다.

25

성자들은 쉬바에 대한 강렬한 헌신과 지식의 보고이며 브람마의 아들이신 리부가 평온한 상태에 잠겨 있는 것을 보았다. 그는 비부티(재), 루드락샤(성스러운 들장미의 씨)로 만든 목걸이와 같은 모든 쉬바파 표지들로 치장하고 있었다. 그는 히말라야 정상의 케다라 성소에 머물면서 케다라의 저 완벽하고 완전한 신에게 경배를 올리고 있었다.

26

그를 보고서, 니다가, 수카 그리고 다른 오점 없는 성인들이 그 앞에 사랑의 마음으로 엎드려 절하였다. 그리고 그를 찬양하면서 훌륭한 성인 리부에게 이렇게 말했다. 옛적, 당신은 카일라사 산에서 지고한 쉬바를 헌신으로써 충분히 숭배하지 않으셨습니까? 그리고 모든 이의 행복과 세상의 평화를 위해 저 우주의 신의 은총으로 무한하고 분리되지 않은 지식을 얻지 않았습니까?

27

확고하며 분리되지 않은 지고한 지식을 획득한 깨달은 구루시여! 당신의 강렬한 자비 속에, 넘치는 은총으로, 당신께서 지고한 쉬바의 자비로 베다의 최상의 결점 없는 경전의 진수인 분리되지 않은 지고한 지식을 얻었던 것처럼, 세상 존재의 불행들을 없애 주는 위대한 해방을 얻도록 우리를 인도하소서.

28

우리의 안내자시여! 당신의 친절을 통해 얻을 수 있는 성스러운 지식이란 나룻배의 도움으로 우리는 생사윤회의 오염된 바다를 건너 오점 없는 지고한 브람만의 해안에 도달하여 궁극의 존재에 이를 것입니다. 이렇게 성자들이 경의로 간청하자 오점 없는 성인 리부는 기쁨에 가득 차 이렇게 응답하였다.

29

숭배와 헌신으로써 지고한 쉬바의 은총을 입을 수 있는 순수하고 선택된 성자들인 그대들 누구에게든 숨겨야 할 비밀은 없다. 쉬바의 헌신자들에게 감추어야 할 그 무엇이 어디에 있겠는가? 그러므로 오늘이라도 나는 이 위대한 지식을 설명하겠다.

30

그러니, 지고한 쉬바께서 자비심으로 남김없이 나에게 말해 준 것처럼 나는 지금 그대들에게 말한다. 최고의 보석 같은 결함 없는 베다 경구의 에센스인 지식을 들어라. 오점 없는 성자들이여! 이 지식에 의해 그대들 모두는 세상 존재와 그 속박의 엄청난 고통에서 벗어나 아무 변화 없이 살아갈 것이며, 지고한 브람만의 완전한 성품을 얻을 것이다.

31

이리하여, 자비롭고 위대한 성자 리부는 니다가를 첫 번째로 하여 니다가, 수카, 다른 성자들을 담담히 열거하고 행위의 세 가지 도구(몸, 언어, 마음)들로 마하데바(쉬바. 위대한 신)에게 정성을 다해 절하면서 속박에서 해방시켜 주는, 쉬바의 분리되지 않은 지고한 지식을 그들에게 명확히 가르치기 시작했다.

32

우마의 배우자인 완전한, 끝없는 의식의 확장인 지고한 쉬바는 땅과 여러 세상들을 창조하는 물질과 도구의 원인이다. 여러 세상들을 합쳐서 그들에게 실제성을 부여하고 빛을 비추어 이 생기 없는 실체들을 기쁨으로 가득 채우시는 분은 또한 진리-의식-희열의 덩어리인 삼부(행복의 수여자)이다.

33

은총의 본질 그 자체인 지고한 쉬바가 무한한 모든 권력의 지지물로서 확립되어 있기 때문에 모든 세상의 원인인 그 신(이슈와라)과 대등하거나 능가하는 것은 아무것도 없다. 그래서 그는 도구적, 물질적 원인이라고 한다. 언제 어디서나 그 신(이슈와라)보다 더 위대한 다른 원인은 없다.

34

트리푸라(세 개의 도시 혹은 셋 몸)의 파괴와 같은 유희를 좋아하는 의식으로 충만한 지고한 힘에 의해 상서롭고 신성한 형상으로 나타나 헌신자들의 모든 어려움들을 없애주고 그들에게 은혜로운 즐거움과 해방을 주는 의식-희열의 덩어리인, 저 결함 없는 실재, 즉 지고한 신이신 저 실재가 은총으로 우리 모두를 영원히 보호해 주시기를.

35

모든 학식들을 가진 그대 니다가여! 모든 사람들이 이해할 수 있도록, 이제 나는 그대에게 모든 세상의 신이신 이슈와라가 큰 자비심으로 설명하셨던 나가 무엇인지 간략하게 말해 주겠다. 지극히 비밀스러운 이 가르침을 실수 없이 잘 듣고 배우는 이들은 영원히 지고한 브람만의 성품을 얻을 것이다.

36

나는 하나이며 완전한 지식(초월적인 지식)이다. 이 세상에 있으면서 몸과 끝없는 조건화의 요인들의 바탕으로 있는 그것은 이 지식이다. 그것은 몸과 여타의 모든 것을 지켜보는 목격자이다. 그것은 지각의 모든 대상들을 초월해 있다. 진실로, 편견 없이 탐구한다면 이 나는 정말로 분리되지 않고 있는 지고한 브람만이다.

37

불멸하므로, 그것은 정말이지 나이다. 지식으로 존재하므로, 그것은 진리이다. 모든 것을 빛나게 하므로, 그것은 정말이지 나이다. 지식으로 존재하므로, 그것은 의식이다. 모든 것에 의해 사랑받으므로, 그것은 정말이지 나이다. 지식으로 존재하므로, 그것은 희열이다. 아무런 한계가 없으므로, 그것은 정말이지 나이다. 지식으로 존재하므로, 그것은 무한하다.

38

브람만은 참으로 비이원의 지식이다. 그것은 모든 것의 바탕이다. 그것은 모든 이원을 초월해 있으며 하나의 전체로 서 있다. 영원하고, 속성이 없으며, 더럽혀지지 않으며, 오점이 없는 그것은 영원히 평화로우며, 아무런 행위가 없으며, 진리-의식-희열의 덩어리이다. 그것은 모든 것의 영원한 나이다.

39

항아리 안과 바깥의 것들로 조건화되어 있는 하나의 광대한 공간이 항아리 안의 공간과 바깥의 공간이라는 두 개의 공간들로 세상 사람들에 의해 여겨지는 것과 마찬가지로, 지식으로 있는 하나의 실재가 비실제인 무지와 다른 것들에 의한 조건화 때문에 나와 브람만이라는 두 개의 양상으로 나타난다.

40

항아리와 같은 한정짓는 조건들이 없으면 진실로 항아리 안의 공간과 항아리 바깥의 공간이 하나이듯이 무지와 여타의 조건들이 또한 없으면, 순수한 나와 지고한 브람만은 하나이다. 해방을 열망하는 모든 구도자들은 부정negation의 과정을 통해 이원을 일으키는 모든 조건들을 제거해 주는 베단타적 탐구에 의해 아무 방해도 받지 않고 나와 지고자의 위대한 정체를 깨달아야 한다.

41

모든 차이들은 무지의 결점과 같은 나의 조건형성들과 마야(환영, 망상)와 같은 브람만의 조건형성들 때문에, 나와 다르지 않은, 브람만 위에 나타나는 환영적인 모습이기에, 부정이라는 과정을 통하여 모든 모습이 근원과 조금도 다르지 않음을 깨우쳐야 하고, 나와 브람만도 근원이 없고 끝없는, 분리되지 않는 하나라는 것을 인식해야만 한다.

42

진주조개에 첨가되어 있는 가상적인 은빛이 그 진주조개와 다른 별개의 것이 아닌 것과 마찬가지로, 움직임과 같은 이 모든 다양성은 진리-의식-희열의 덩어리인 나 위에 첨가된 기만적인 것에 지나지 않으며 나와 다른 별개의 것이 아니다. 따라서 부정의 과정을 통해 이 첨가물들을 버림으로써 나와 지고자의 완전한 비이원인 동일성을 깨달아야 한다.

43

어떤 것이 나 위에 첨가되어 있는 것처럼 보이더라도 그것은 결코 나와 다르지 않다. 브람만은 나와 다르지 않다. 브람만과 다른 나는 없다. 나는 진실로 브람만이며, 브람만은 진실로 나이다. 이것에 대해서는 조금의 의심도 없다. 우리는 항상 나인 '나'는 브람만이라는 것을, 즉 나와 지고자가 동일하다는 것을 깨달아야 한다.

44

지식인 나만이 존재하기에 "비 나"라는 말이 가리킬 것은 아무것도 없다. 지식인 나만이 존재하기에 "비 나"라는 생각도 있을 수 없다. 지식인 나만이 존재하기에 "비 나"로서 존재하는 세상은 없다. 불변으로 언제 어디서나 존재하는 것은 지식인 나뿐이라는 것을 명확히 알라.

45

지식인 나만이 존재하기에 그것과 떨어져 있는 무지나 망상은 없다. 지식인 나만이 존재하기에 그것과 떨어져 있는 상칼파(개념)나 비칼파(의심)는 없다. 지식인 나만이 존재하기에 그것과 떨어져 있는 것은 흔적조차도 없다. 불변으로 언제 어디서나 존재하는 것은 지식인 나뿐이라는 것을 명확하게 알라.

46

마음과 같은 그런 실체가 없으므로 생각해야 할 대상은 결코 없다. 몸과 같은 그런 것이 진실로 없으므로 노쇠나 죽음 같은 것은 결코 없다. 손과 같은 수족들이 없으므로 주고받는 것과 같은 행위는 없다. 영원한 지식인 나만이 변함없이 존재한다는 것을 명확하게 알라.

47

광활한 우주의 원인이라고 하는 창조자(브람마)가 없으므로 그림처럼 다양한 세상들도 없다. 펼쳐지는 세상들이 없으므로 '변하는 우주'를 다스리는 하리도 없다. 움직일 수 있거나 움직일 수 없는 아무런 피조물들이 없으므로 우주의 파괴자인 하라도 없다. 늘 완전한 충만인 나만이 변함없이 존재한다는 것을 명확하게 알라.

48

"a"로 시작하는 알파벳이 없으므로 이것들을 가지고 대화할 수 있는 언어는 없다. 명예로운 구루가 없으므로 깨달음을 얻은 제자도 없다. 경구(경전의 구절)들이 존재하지 않으므로 계율들이나 금기들이 없다. 줄지 않는 지식인 나만이 변함없이 존재한다는 것을 명확하게 알라.

49

개별individuality이 없으므로 이원이란 없다. 이원이 없으므로 개별이란 없다. 괴로움을 주는 두려움이 없으므로 두렵지 않음이 없다. 두렵지 않음과 같은 합성된 단어가 없으므로 두려움이 없다. 선으로 범주화된 것이 없으므로 악도 없다. 악이 없으므로 선도 없다. 언제나 지식인 나만이 변함없이 존재한다는 것을 명확하게 알라.

50

'진리'가 없으므로 비진리는 없다. 흔들리는 비진리가 없으므로 '진리'는 없다. 순수가 없으므로 불결이 없다. 불결하다고 말할 수 있는 것이 없으므로 순수한 것은 없다. 따라다니는 불행이 없기에 행복은 없다. 따라오는 행복이 없기에 불행은 없다. 이원의 흔적이 없는 나만이 변함없이 존재한다는 것을 명확하게 알라.

51

'너'가 없으므로 '나' 역시 없다. 말하는 '나'가 없으므로 '너' 역시 없다. 행위자가 없으므로 행위는 없다. 행위가 없으므로 행위자는 없다. 헌신자가 없으므로 해방은 없다. 해방되었다고 할 사람이 없으므로 헌신자는 없다. 이원의 흔적이 없는 나만이 변함없이 존재한다는 것을 명확하게 알라.

52

탄생이 없으므로 죽음이 없다. 죽음이 없으므로 탄생이라는 것은 없다. 분리된 것이 없으므로 '나'는 없다. '나'가 없으므로 분리된 것은 없다. 마음이 없으므로 망상은 없다. 망상이 없으므로 마음은 없다. 지식의 덩어리로 완전하게 가득한 나만이 변함없이 존재한다는 것을 명확하게 알라.

53

끝이 없으므로 시작이 없다. 시작이 없으므로 끝이 없다. 상반되는 두 개가 없으므로 지각의 대상이 없다. 지각의 대상이 없으므로 상반되는 두 개가 없다. 굴레가 없으므로 '해방'이 없다. '해방'이 없으므로 굴레가 없다. 늘 의식인 나만이 변함없이 존재한다는 것을 명확하게 알라.

54

결과라고 말할 수 있는 것이 없으므로 탓으로 돌릴 원인은 없다. 보이는 것으로 나타나 있는 것이 아무것도 없으므로 보는 관찰자는 없다. 그 어떤 이원이 없으므로 '변하지 않는 비이원'은 없다. 오로지 완벽한 나만이 불멸하다는 것을 명확하게 알라.

55

아무런 내적 대상이 없으므로 외적 대상이라고 말할 것은 없다. '모두'라고 불릴 것이 없으므로 작은 부분이라고 묘사될 것은 없다. 진동하지 않는 것이 없으므로 정적인 것은 없다. 모든 것에 편재하는 의식의 덩어리인 나만이 어떤 결함도 없다는 것을 확신하라.

56

이것, 저것이라고 지칭되는 것은 없으며 존재하지 않거나 존재한다고 말해지는 것은 없다. 스스로를 영원하다고 입증하는 것은 없다. 예들이나 직유들은 없다. 다양하게 스스로를 나타내는 존재들은 없다. 놀라운 세상, 개인들(지바), 지고한 자와 같은 것들은 없다. 이 모든 것이 늘 분리되지 않은 지고한 브람만이다. 진실로, 오점 없는 지고한 브람만은 나이다.

57

모든 것으로 나타나는 것은 오직 브람만이다. 너로 나타나는 것은 오직 브람만이다. 나로 나타나는 것은 오직 브람만이다. 남으로 나타나는 것은 오직 브람만이다. 세상과 같이 결점 있는 것으로 나타나는 것은 오직 브람만이다. 신(이슈와라)으로 나타나는 것은 오직 브람만이다. 모든 종류의 모습들은 오직 브람만이다. 나누어지지 않은 지고한 브람만이 나이다.

58

나는 진리−의식−희열의 덩어리이다. 나는 완벽하고 충만한 완전함이며, 모든 것이다. 나는 영원한 것이며, 속성 없는 것이다. 나는 부분과 오염이 없이 있다. 나는 의식의 순수한 공간이다. 나는 미세한 것 중에서도 가장 미세하다. 나는 비이원의 실재이다. 나는 하나의 분리되지 않은 에센스이다.

59

그러므로 하나의 분리되지 않은 에센스인 나와 분리되어 있는 원자는 없다. 너는 지식의 덩어리인 바로 그 나이다. 이렇게 선언하는 데는 조금의 의심도 없다. 지고한 타파스의 현자여! 나인 '내'가 늘 숭고하며 지고한 브람만이라는, 차이 없고 나뉘지 않은 나의 확신에 도달함으로써 그대는 세상의 불행의 굴레로부터 해방될 것이다.

60

이렇게, 모두의 행복을 위해 끝없이 위대한 신(이슈와라)이 일찍이 내게 이 지식의 은총을 내렸던 방법으로 나는 그대, 니다가에게 비이원의 나뉘지 않은 나의 정의를 간단히 설명하였다. 순수한 가슴으로, 나에 대한 이런 확신을 가지고 적어도 한 번이라도 경청하고 확고한 신념으로 배우는 이들은 완벽하고 충만한 지고한 브람만의 경지에 도달할 것이다.

자기 자신의 경험

61

현자 리부는 이렇게 말했다. 니다가는 기쁜 마음으로 그분을 부르면서 진지하게 부탁하였다. 저의 진정한 구루시여! 쉬바의 은총으로 카일라사 산에서 당신이 그 당시에 겪었던 놀랍고 직접적이며 행복한 경험을 지금 자비롭게 말씀해 주시어 제가 지닌 모든 세상 불행들을 없애 주십시오. 현자는 이렇게 대답하였다.

62

진실로, 나는 진리-지식-희열인 브람만이다. 진실로, 나는 삼사라를 떠난 브람만이다. 진실로, 나는 영원하고 전체인 브람만이다. 진실로, 나는 형태가 없는 지고한 브람만이다. 진실로, 나는 필수적이며 유일한 지고한 브람만이다. 진실로, 나는 스스로 존재하는 지고한 브람만이다. 진실로, 나는 비이원의 지고한 브람만이다. 진실로, 나는 전체이며, 완벽하게 충만한, 나뉘지 않은 지고한 브람만이다.

63

참으로, 나는 진리로 존재하는 지고한 브람만이다. 참으로, 나는 늘 희열 속에 있는 지고한 브람만이다. 참으로, 나는 의식인 지고한 브람만이다. 참으로, 나는 의식의 공간인 지고한 브람만이다. 참으로, 나는 오점 없는 지고한 브람만이다. 참으로, 나는 더럽혀지지 않는 지고한 브람만이다. 참으로, 나는 나 자신의 성품인 지고한 브람만이다. 참으로, 나는 하나의 완벽하게 충만한 지고한 브람만이다.

64

참으로, 나는 계급이나 종족 같은 것이 없는 지고한 브람만이다. 참으로, 나는 모든 인연들을 버린 지고한 브람만이다. 참으로, 나는 끝도 시작도 없는 지고한 브람만이다. 참으로, 나는 의미 없는 모든 것을 버린 지고한 브람만이다. 참으로, 나는 슬픔이 없는 지고한 브람만이다. 참으로, 나는 장엄한 지고한 브람만이다. 참으로, 나는 차이들이 없는 지고한 브람만이다. 참으로, 나는 애착들이 없는 지고한 브람만이다.

65

참으로, 나는 '이것'이라고 지칭할 수 없는 브람만이다. 참으로, 나는 '나'라고 가리킬 수 없는 브람만이다. 참으로, 나는 '저것'이라고 지적할 수 없는 브람만이다. 참으로, 나는 그 자체와 분리된 것이 아무것도 없는 브람만이다. 참으로, 나는 어떤 것에도 뿌리를 내리고 있다고 할 수 없는 브람만이다. 참으로, 나는 볼 대상들이 없는 브람만이다. 참으로, 나는 항상 같은 채로 있는 브람만이다. 참으로, 나는 움직이지 않고 있는 지고한 브람만이다.

66

참으로, 나는 절대적으로 영원한 지고한 브람만이다. 참으로, 나는 절대적으로 순수한 지고한 브람만이다. 참으로, 나는 절대적인 지식인 지고한 브람만이다. 참으로, 나는 절대적인 해방인 지고한 브람만이다. 참으로, 나는 절대적으로 오점들이 없는 지고한 브람만이다. 참으로, 나는 절대적으로 인과 관계들이 없는 지고한 브람만이다. 참으로, 나는 절대적으로 움직임이 없는 지고한 브람만이다. 참으로, 나는 절대적으로 분리가 없는 지고한 브람만이다.

67

참으로, 나는 절대적 진리의 덩어리인 브람만이다. 참으로, 나는 절대적 의식의 덩어리인 브람만이다. 참으로, 나는 절대적 희열의 덩어리인 브람만이다. 참으로, 나는 절대적으로 미세한 브람만이다. 참으로, 나는 절대적으로 순수한 브람만이다. 참으로, 나는 절대적으로 상서로운 브람만이다. 참으로, 나는 절대적으로 영원한 브람만이다. 참으로 나는 절대적 평화인 브람만이다.

68

참으로, 나는 유일한 존재인 지고한 브람만이다. 참으로, 나는 유일한 의식인 지고한 브람만이다. 참으로, 나는 유일한 선인 지고한 브람만이다. 참으로, 나는 유일한 소리인 지고한 브람만이다. 참으로, 나는 유일한 공간인 지고한 브람만이다. 참으로, 나는 유일하게 홀로 있는 지고한 브람만이다. 참으로, 나는 이렇게 유일한 성품만을 가진 브람만이다. 참으로, 나는 단순한 simple 장엄한 지고한 브람만이다.

69

참으로, 나는 부분들로 변하지 않는 브람만이다. 참으로, 나는 모든 부분들을 초월하는 바람만이다. 참으로, 나는 한 점의 마음도 없는 브람만이다. 참으로, 나는 상칼파(개념)나 비칼파(의심)가 없는 브람만이다. 참으로, 나는 다양한 이름들이 없는 브람만이다. 참으로, 나는 여러 형상들이 없는 브람만이다. 참으로, 나는 자아가 접촉할 수 없고 흠이 없는 지고한 브람만이다. 참으로, 나는 의식의 분리되지 않은 공간인 지고한 브람만이다.

70

참으로, 나는 모든 것이며 완전한 브람만이다. 참으로, 나는 몸과 같은 조건들이 없는 브람만이다. 참으로, 나는 모든 곳에 편재하며 어떤 부분들도 없는 브람만이다. 참으로, 나는 지식의 덩어리인 브람만이다. 참으로, 나는 모든 것의 토대인 지고한 브람만이다. 참으로, 나는 모든 것들로 나타나는 지고한 브람만이다. 참으로, 나는 어떤 두드러진 특성들이 없는 브람만이다. 참으로, 나는 나뉘지 않고 어떤 것도 없는 지고한 브람만이다.

71

참으로, 나는 존재들과 같은 어떤 구분이 없는 브람만이다. 참으로, 나는 다양성과 같은 어떤 구분도 없는 브람만이다. 참으로, 나는 구분이나 결과가 없는 브람만이다. 참으로, 나는 '모든'과 같은 어떤 구분도 없는 브람만이다. 참으로, 나는 베다들과 같은 어떤 구분도 없는 브람만이다. 참으로, 나는 브람마(창조자) 같은 구분이 없는 브람만이다. 참으로, 나는 어떤 구분도 없는 브람만이다. 참으로, 나는 늘 하나인 지고한 브람만이다.

72

참으로, 나는 형상이 없는 지식인 브람만이다. 참으로, 나는 모든 것으로 엮여 있는 지고한 브람만이다. 참으로, 나는 망상이 없는 지식인 브람만이다. 참으로, 나는 '해방'이나 그 반대가 없는 지고한 브람만이다. 참으로, 나는 나뉘지 않은 지식을 지닌 브람만이다. 참으로, 나는 한계들이 없는 지고한 브람만이다. 참으로, 나는 슬픔이 없는 지식인 브람만이다. 참으로, 나는 스스로 빛나는 지고한 브람만이다.

73

참으로, 나는 오점이 없는 지고한 브람만이다. 참으로, 나는 움직임이 없는 지고한 브람만이다. 참으로, 나는 하나의 성품을 지닌 지고한 브람만이다. 참으로, 나는 무엇을 통해서도 이해할 수 없는 지고한 브람만이다. 참으로, 나는 둘째가 없는 하나인 지고한 브람만이다. 참으로, 나는 언제 어디서나 존재하는 브람만이다. 참으로, 나는 완전히 모든 것에 스며 있는 브람만이다. 참으로, 나는 모든 진리인 지고한 브람만이다.

74

참으로, 나는 늘 변하지 않는 브람만이다. 참으로, 나는 조금의 의심도 없는 브람만이다. 참으로, 나는 끝없고 무한한 지고한 브람만이다. 참으로, 나는 조금의 자아도 없는 브람만이다. 참으로, 나는 순수하고 관계가 없는 지고한 브람만이다. 참으로, 나는 행복이나 불행의 흔적이 없는 브람만이다. 참으로, 나는 초월적이고 집착이 없는 브람만이다. 참으로, 나는 세상의 굴레가 조금도 없는 브람만이다.

75

참으로, 나는 브람마와 같은 다섯 신들이 없는 브람만이다. 참으로, 나는 다섯 기능들이 없는 브람만이다. 참으로, 나는 망상의 영향을 조금도 받지 않는 브람만이다. 참으로, 나는 오점들이 없고 고상한 브람만이다. 참으로, 나는 스스로 빛을 내는 빛나는 브람만이다. 참으로, 나는 의식의 순수 공간인 브람만이다. 참으로, 나는 행위와 관계가 없는 브람만이다. 참으로, 나는 유일한 의식인 지고한 브람만이다.

76

참으로, 나는 무지의 오점이 없는 브람만이다. 참으로, 나는 무지의 행위들이 없는 브람만이다. 참으로, 나는 다섯 가지 형태의 덮개들이 없는 브람만이다. 참으로, 나는 더 높거나 더 낮은 것이 없는 브람만이다. 참으로, 나는 하찮은 것조차 없으며 홀로 있는 지고한 브람만이다. 참으로, 나는 어떤 행위도 필요 없는 브람만이다. 참으로, 나는 지식과 다르지 않은 브람만이다. 참으로, 나는 순수하며 비어 있는 지고한 브람만이다.

77

참으로, 나는 우주의 근원인 지고한 브람만이다. 참으로, 나는 모든 것을 초월하는 지고한 브람만이다. 참으로, 나는 모든 곳에 스며 있는 지고한 브람만이다. 참으로, 나는 늘 오점이 없는 지고한 브람만이다. 참으로, 나는 모든 것의 정수인 지고한 브람만이다. 참으로, 나는 모든 감각인 지고한 브람만이다. 참으로, 나는 절대 자유를 지닌 지고한 브람만이다. 참으로, 나는 진리-지식-희열인 지고한 브람만이다.

78

나는 몸이나 감각들이 아니다. 나는 살아 있는 존재들이나 생각들이 아니다. 나는 지성이나 마음이 아니다. 나는 하잘것없는 자아가 아니다. 나는 자아의 원인인 무지가 아니다. 나는 전체나 분리된 것이 아니다. 나는 지성을 지닌 어떤 것이 아니다. 참으로, 나는 언제나 나뉘지 않는 지고한 브람만이다.

79

나는 죽어야 하는 존재가 아니다. 나는 어린아이, 젊은이, 나이가 든 이가 결코 아니다. 나는 작은 것이나 큰 것이 아니다. 나는 죽어 없어지는 자가 아니다. 나는 개별적인 영혼(지바)이나 신(이슈와라)이 아니다. 나는 감각이 있거나 감각이 없는 세상이 아니다. 나는 아무것도 없는 상태로 존재하는 변함없는 나이다. 나는 비이원이고 분리되지 않는 지고한 브람만이다.

80

나는 언제나 진리인 브람만이다. 나는 언제나 의식인 브람만이다. 나는 언제나 완전하게 선한 브람만이다. 나는 언제나 '그것'인 브람만이다. 나는 언제나 순수한 브람만이다. 나는 언제나 속성이 없는 브람만이다. 나는 언제나 움직임이 없는 브람만이다. 나는 언제나 분리할 수 없는 지고한 브람만이다.

81

현자여! 그것을 다양하게 묘사한들 무슨 소용이 있겠는가? 나는 브람만이고, 브람만이 나며, 그리고 나는 모든 것이다. 이렇게 확고해진, 나뉘지 않은, 지고한 이 확신은 지고한 쉬바의 은총으로 내가 얻은 변함없는 경험이다. 순수하고 고결한 이 나에 대한 의심은 전혀 없다! 쉬바의 이름으로 말하건대, 이것은 진리이다. 이런 적합한 설명을 한 번이라도 주의하여 경청하고 깨닫는 이들은 지고한 자가 될 것이다.

82

한계가 없고 최소한의 구분도 없는 비이원인 지고한 쉬바는 베단타가 두려움 없이 증명하는 위대한 진리로서 서 있다. 이원에 관한 경전들로 인해 차별 쪽으로 마음이 흘러간, 순수하지 못한 마음을 지닌 어리석은 바보들은 베단타 가르침의 에센스 중의 에센스인, 나뉘지 않은 지고한 쉬바를 결코 알 수 없다.

83

쉬바에 대한 헌신과 봉헌물로 매일 경배하여 마음의 순수성을 얻은 용기 있는 이들은 비이원인 지고한 쉬바가 베다와 그 밖의 모든 것의 핵심이고 참으로 쉬바가 그들 자신이라는 변함없고 분리될 수 없는 쉬바의 지식을 얻을 것이다. 망상과 세상의 굴레를 없앤 그들이 의식-희열인 지고한 쉬바가 될 것이다.

84

수타는 이같이 모든 위대한 현자들에게 모든 것을 아는 스칸다가 진지하게 묻는 자이기샤비야에게 이렇게 명확한 설명을 했다고 말하면서 지고한 쉬바의 자비로운 가르침에 대하여 성자 리부가 자비심을 베풀어 비이원이고 분리 없는 나의 숭고한 상태에서 자신이 경험한 개인적인 체험을 니다가에게 말한 것을 묘사했다.

모든 것을 포용하며 완전히 충만하며 나뉘지 않은 나의 성품에 대한 정의를 드러내며, 또한 진리-의식-희열로 존재하는 비길 데 없는 지고한 자의 자각을 묘사하는 분은 기쁨으로 춤을 추는 상태에 있는 신들 중의 신의 무한한 형상이다. 이것이 나이며 지고한 자인 나이다.

제2장
그대는 브람만이다

1

니다가가 물었다.

최고의 구루시여! 저 지고한 브람만의 지식을 얻음으로써 지고한 브람만이 될 수 있는 자격이 있는 이는 누구입니까? 그것을 위해 꼭 필요한 지식은 무엇입니까? 무엇이 저의 진정으로 더럽혀지지 않는 성품입니까? 지고한 쉬바가 설명하셨던 방식으로 이것에 대한 대답을 상세히 설명해 주십시오. 그 현자(리부)는 다음과 같이 적절히 대답하였다.

2

여러 번의 탄생 동안, (그 타파스들─강렬한 수행이나 고행의) 결과들에 집착하지 않으면서 오점 없이 올바른 길을 걸어옴으로써 네 가지 도움을 얻은 이들과, 스라바나(듣기)와 여러 방법에 자연스럽게 의존하여 망상 없이 가슴의 순수함을 얻어서 지고한 브람만의 지식에 도달한 이들은, 그것과 분리된 것이 하나도 없는 나뉘지 않은 비이원의 지고한 브람만이 될 것이다.

3

선명한 탐구를 통해 개체(지바)와 지고자(파라)와 같은 모든 환영의 속성들을 부정하고, "나는 브

람만이다."와 같이 나뉘지 않은 지고한 브람만을 두려움 없이 깨닫는 것이 브람만의 성품에 도
달하기 위한 적절한 지식이다. 오점 없는 자인 브람만의 이 지식에 맞추어진 불굴의 강인한 이
들은 세상의 존재라는 기본이 되는 굴레의 영향을 결코 받지 않는다.

4

그대의 진정한 성품은 늘 나뉘지 않는 둘이 없는 브람만이다. 그것은 존재−의식−희열의 덩어
리이며, 움직임이 없으며, 오래되었으며, 고요하며, 영원하며, 속성들이 없으며, 혼란이 없으
며, 덮개들이 없으며, 부분들이 없으며, 불순이 없으며, 이원의 모든 환영으로부터 전적으로 자
유로우며, 충만하며, 비길 데 없는 유일자이다.

5

그대 자신이 오로지 존재인 지고한 브람만이다. 그대 자신이 모든 면들에서 충만한 브람만이
다. 그대 자신이 오로지 의식인 지고한 브람만이다. 그대 자신이 세상, 개체(지바) 혹은 지고한
자와 관련이 없는 브람만이다. 그대 자신이 오로지 선인 브람만이다. 그대 자신이 이름이나 형
상이 없는 브람만이다. 그대 자신이 오로지 '그것'인 지고한 브람만이다. 그대 자신이 스스로 홀
로 서 있는 지고한 브람만이다.

6

그대 자신이 형상이 없으며 하늘과 같은 브람만이다. 그대 자신이 오점이 없는 실재인 브람만
이다. 그대 자신이 지식의 덩어리인 브람만이다. 그대 자신이 세상이나 그와 같은 것들을 갖고
있지 않은 브람만이다. 그대 자신이 공으로서 존재하는 지고한 브람만이다. 그대 자신이 순수
한 의식의 확장인 브람만이다. 그대 자신이 불멸하며 둘이 없는 브람만이다. 그대 자신이 완벽
하고 충만하며 나뉘지 않은 브람만이다.

7

그대 자신이 모든 것의 바탕인 지고한 브람만이다. 그대 자신이 모든 것의 목격자인 브람만이다. 그대 자신이 구별의 표식들이 없는 브람만이다. 그대 자신이 모든 것을 초월하는 지고한 브람만이다. 그대 자신이 아무런 대상들이 없이 맑은 하늘과 같은 브람만이다. 그대 자신이 시간과 공간이 없는 브람만이다. 그대 자신이 그것과 분리된 것이 아무것도 없는 브람만이다. 그대 자신이 오점 없이 있는 지고한 브람만이다.

8

그대 자신이 존재의 덩어리로 자리 잡고establish 있는 브람만이다. 그대 자신이 언제나 희열의 덩어리로 있는 브람만이다. 그대 자신이 의식의 덩어리로 자리를 잡고 있는 브람만이다. 그대 자신이 의식-희열의 모든 것인 브람만이다. 그대 자신이 슬픔이나 기쁨이 없는 브람만이다. 그대 자신이 상반되는 짝들이 없는 브람만이다. 그대 자신이 쇠퇴하지 않는 브람만이다. 그대 자신이 하나의 나뉘지 않은 정수인 브람만이다.

9

그대는 진리인 지고한 브람만이다. 그대는 태고인 지고한 브람만이다. 그대는 영원인 지고한 브람만이다. 그대는 오점이 없는 지고한 브람만이다. 그대는 순수인 지고한 브람만이다. 그대는 스스로 태어난 지고한 브람만이다. 그대는 해방인 지고한 브람만이다. 그대는 망상이 없는 지고한 브람만이다.

10

그대는 평온인 지고한 브람만이다. 그대는 평화인 지고한 브람만이다. 그대는 욕망이 없는 지고한 브람만이다. 그대는 위대한 지고한 브람만이다. 그대는 오점이 없는 지고한 브람만이다. 그대는 모든 것에 존재하는 지고한 브람만이다. 그대는 결점이 없는 지고한 브람만이다. 그대는 동요가 없는 지고한 브람만이다.

11

그대는 흠 없는 지고한 브람만이다. 그대는 고통이 없는 지고한 브람만이다. 그대는 하나인 지고한 브람만이다. 그대는 두 번째가 없는 지고한 브람만이다. 그대는 몸이 없는 지고한 브람만이다. 그대는 완전히 충만한 지고한 브람만이다. 그대는 지고한 쉬바인 지고한 브람만이다. 그대는 가장 높은 것보다 더 높은 지고한 브람만이다.

12

그대는 몸이 없는 의식일 뿐이다. 그대는 신성한 의식일 뿐이다. 그대는 슬픔이 없는 의식일 뿐이다. 그대는 희열의 덩어리인 의식일 뿐이다. 그대는 하나로 있는 의식일 뿐이다. 그대는 둘이 없는 의식일 뿐이다. 그대는 분리될 수 없는 의식일 뿐이다. 그대는 조각나지 않은 의식일 뿐이다.

13

그대는 베일에 가려지지 않는 의식일 뿐이다. 그대는 부분들이 없는 의식일 뿐이다. 그대는 오래된 의식일 뿐이다. 그대는 완전한complete 의식일 뿐이다. 그대는 움직임 같은 것이 없는 의식일 뿐이다. 그대는 흔들림이 없는 의식일 뿐이다. 그대는 스스로 더 높기도 하고 더 낮기도 한 의식일 뿐이다. 그대는 신성시 되는 의식일 뿐이다.

14

그대는 오점 없는 의식일 뿐이다. 그대는 어디에나 존재하는 의식일 뿐이다. 그대는 차이들이 없는 의식일 뿐이다. 그대는 위대한 의식일 뿐이다. 그대는 빛나는 의식일 뿐이다. 그대는 스스로 결정하는 의식일 뿐이다. 그대는 시작이 없는 의식일 뿐이다. 그대는 분리되지 않는 의식일 뿐이다.

15

그대는 세상에 대한 망상이 조금도 없는 성품을 가지고 있다. 그대는 상칼파(개념)나 비칼파(우유부단)를 갖고 있지 않다. 그대는 조금의 자아도 없다. 그대는 오염되지 않은 지식이다. 그대는 조금의 오점도 없는 4번째 상태(깨어 있음, 꿈, 깊은 수면을 넘어 선 상태)의 지고한 성품을 가지고 있다. 그대는 '네 번째 상태'조차 넘어선 지고한 자이다. 그대는 희열의 덩어리로서 모든 것에 존재하는 지고한 자이다. 그대는 순수한 지고한 브람만이다.

16

그대는 늘 모든 곳에 존재한다. 그대는 두 번째가 없이 하나로 존재하는 지고한 자이다. 그대는 나 지식인 공Void이다. 그대는 스스로 홀로 있는 지고한 자이다. 그대는 돌처럼 움직이지 않는다. 그대는 조금도 상상할 수 없는 성품을 가지고 있다. 그대는 진리-지식-희열의 덩어리이다. 그대는 침묵 속에 잠겨 있다.

17

그대는 영원하며 속성이 없다. 그대는 형상이 없는 지고자이다. 그대는 진리-지식-희열이다. 그대는 영원한 지고한 자이다. 그대는 순수한 공간이다. 그대는 스스로 빛난다. 그대는 둘이 없는 것으로 가득하다. 그대는 희열의 덩어리이다.

18

그대는 손발이 없고 몸이 없는 지고한 자이다. 그대는 시작도 끝도 없는 지고한 자이다. 그대는 집착이 없는 지고한 자이다. 그대는 여섯 가지 상태들이 없는 지고한 자이다. 그대는 부서지지 않는 지고한 자이다. 그대는 세상 탄생이라는 굴레의 흔적이 조금도 없다. 그대는 결코 희미해

지지 않는 지고한 빛이다. 그대는 결점이 없는 지고한 브람만이다.

19

그대는 모든 것에 퍼져 있으며 변함이 없다. 그대는 베단타를 통해 깨달아진다. 그대는 잘릴 수 없으며 모든 속성들을 초월하여 있다. 그대는 눈에 띄는 특징들이나 식별할 수 있는 표식들이 없다. 그대는 변화 없는 위대함이다. 그대는 단어들나 마음이 이를 수 있는 곳 너머에 있다. 그대는 나누어질 수 없는 유일한 나이다. 그대는 이원이 전혀 없다.

20

그대는 진실한 것들 중에서도 가장 진실하다. 그대는 존재와 비존재를 넘어서 있다. 그대는 의식의 의식이다. 그대는 의식과 의식이 아닌 것 너머에 있다. 그대는 씨앗들 중의 씨앗이다. 그대는 지고하고 순수하며 뿌리가 없다. 그대는 그 무엇도 도달할 수 없는 곳에 있다. 그대는 있는 그대로 존재한다.

21

그대는 구루들 중의 구루이다. 그대는 속성들이나 결점들이 없다. 그대는 은총들 중의 은총이다. 그대는 더러움이 없는 지고한 자이다. 그대는 지식 중의 지식이다. 그대는 조금도 볼 수 없는 존재이다. 그대는 심지어 베다들조차도 설명할 수 없다. 그대는 그냥 존재하며 움직임이 없다.

22

그대는 눈 중의 눈이다. 그대는 마음 중의 마음이다. 그대는 공간 중의 공간이다. 그대는 모든 곳에 편재한다. 그대는 열거될 수 없다. 그대는 미혹의 범위를 넘어서 있다. 그대는 묘사할 수 없다. 그대는 말 등의 범위를 넘어서 있다.

23

그대는 원인 중의 원인이다. 그대는 행해지는 한 번의 행위도 없다. 그대는 충만 중에서 가장 충만하다. 그대는 상호 작용이 없다. 그대는 쇠퇴하지 않은 의식이다. 그대는 의식의 공간이라는 지고한 성품을 가지고 있다. 그대는 베다에 의해 성품이 드러난다. 그대는 하나의 나뉘지 않은 정수이다.

24

그대는 가장 단순한 것 중에서 가장 단순하다. 그대는 지극히 장엄하다majestic. 그대는 성스러운 것 중에 가장 성스럽다. 그대는 더 높거나 더 낮은 상태를 갖지 않는다. 그대는 끝없는 자각이다. 그대는 어떤 것에 의해서도 이해되지 않는다. 그대는 묘사할 수 없다. 그대는 진리-의식-희열이다.

25

그대가 바로 '그것'이 지칭하는 그것이다. 그대가 바로 '그대'가 지칭하는 그것이다. 그대가 바로 '이다are'가 지칭하는 그것이다. 그대가 바로 이것들의 나뉘지 않은 의미인 지고한 자이다. 그대가 자리 잡고 있으며establish 그리고 두려움이 없는 그것이다. 그대가 바로 탁월한 희열의 지고한 자이다. 그대가 바로 '실재' 등의 말이 지칭하는 그것이다. 그대가 바로 소리의 표현들의 모든 것의 의미이다.

26

그대 자신이 바로 베다들의 말미에 있는 다양한 단어들과 문장들이 가리키는 의미이다. 그대 자신이 바로 "지식은 브람만이다."와 같은 모든 마하바키야들(위대한 우파니샤드의 경구)의 의미이다. 개별적 마하바키야의 분석은 제쳐놓고도, 그대 자신이 바로 전적으로 묘사할 수 없는 그것이다. 그대는 스스로 거주하는 지고한 자로 늘 존재하고 있어서 그대를 묘사할 수 있는 어떤 단어도 없다.

27

그대 자신이 바로 브람마(창조자)와 같은 다섯 가지 형상의 여러 변형들이 없는 지고한 신이다. 그대 자신이 바로 모든 상상을 초월한 궁극의 실재로 존재하는 지고한 신이다. 그대 자신이 바로 조금의 망상도 없이 존재하는 위대한 것들 중에서 가장 위대한 신이다. 그대 자신이 바로 의식의 공간인, 움직임이 없는 쉬바로 존재하는 지고한 신이다.

28

그대 자신이 바로 오직 진리이며, 언제나 불변하며 흔들리지 않는 지고한 신이다. 그대 자신이 바로 그냥 의식이며, 마음과 같은 지각의 대상이 없는 지고한 신이다. 그대 자신이 바로 오직 희열이며, 탄생과 죽음의 슬픔이 없는 지고한 신이다. 그대 자신이 바로 굴레나 해방이 없는, 완전한 지고한 신이다.

29

그대 자신이 바로 나뉘지 않은 지식이고 무한한 공간이며, 위대한 것들 중에서 가장 위대한 브람만이다. 그대 자신이 바로 탄생과 같은 어떤 조건들이 없는, 의식의 덩어리로 퍼져 있는 브람만이다. 그대 자신이 바로 나뉘지 않은 나와 같으며, 그것과 조금도 분리되지 않는 지고한 브람만이다. 그대 자신이 바로 스스로 존재하며 그 자체 내에 거주하는 오직 '그것'인 지고한 브람만이다.

30

모든 차이점들을 지적하며 끝없이 말해 봐야 무슨 소용이 있겠는가? 오, 위대한 타파스의 현자여! 부분도 없고 나뉘지도 않은 그 브람만이 그대의 진정한 성품이다. 나는 마하데바(쉬바, '위대한 신')가 말한 모든 것을 설명하였다. 여기에는 조금의 의심도 없다. 신의 두 발에 맹세코, 내가 말한 것은 진실이다. 그러므로 나가 브람만이라는 지식을 깨닫는다면, 그대 나는 나뉘지 않은 지고한 브람만이 될 것이다.

31

이같이 비교할 수 없을 정도로 설명을 잘 해준 리부를 보면서, 니다가는 형용할 수 없는 기쁨의 환희 속에서 현자를 찬양하며 아주 겸손하고 경탄하는 마음으로 나뉘지 않은 브람만의 지식을 더 가르쳐 달라고 간청하였다. 위대한 현자 리부는 애정을 가지고 답하기 시작하였다.

32

모든 존재들에게 늘 선행만을 베푸시는 자비의 화신이신 샹카라가 카일라사에서 이것을 자비롭게 설명했듯이 나는 니다가의 마음속에 나뉘지 않은 절대자의 정의가 분명히 간직되도록 그것을 더 다양하게 설명하겠다. 이제 열린 마음으로 이 분리될 수 없는 절대자의 정의를 들어 보라.

33

정말로, 세상은 결코 존재하지 않는다. 세상은 결코 창조되지 않았다. 그것은 확장되지 않았다. 그것은 불가해하게 용해되어 사라진 적도 결코 없다. 영원히 확고한 자리를 잡고 있는 존재는 이러한 세상의 모습을 조금도 가지고 있지 않은 오로지 의식일 뿐인 지고한 브람만이다. 니다가여! 여기엔 조금의 의심도 없다. 그것은 확실하다.

34

이러한 이원의 세상이 모든 사람들 앞에서 세상의 상호 작용 속에서 나타나기에 어떤 이들은 세상으로 나타나는 이 마음이 의식의 비바르타(환영의 모습)라고 말한다. 바르게 탐구해 보면, 마음은 의식의 성품을 가진 브람만의 바깥에 존재하지 않는다는 것을 알 수 있다. 그러므로 아들이여! 완전하고 영원히 존재하는 것은 오직 브람만뿐이다.

35

진주조개의 환영의 모습에 지나지 않는 은빛을 면밀히 조사해 보면 진주조개만 있지, 은빛은 없다. 마찬가지로, 의식의 환영에 지나지 않는 마음을 면밀히 조사해 보면 오직 의식만 있을 뿐, 마음은 없다. 마음이 없으므로 세상도 없다. 그러므로 아들이여! 완전하고도 영원히 존재하는 것은 오직 브람만뿐이다.

36

충분히 탐구를 하면, 모든 것의 근원인 브람만과 다르게 보이는 모든 것들은 다른 어떤 것이 아닌, 오로지 브람만 즉 실재로 보일 것이다. 철저히 조사해 보면 밧줄에 나타나던 덧없는 뱀도 다름 아닌 밧줄이 아니겠는가? 그러므로 훌륭한 아들이여! 완전하고 영원히 존재하는 것은 오직 브람만뿐이다.

37

마야(환영)도 없고, 마야가 만들어 낸 결과도 없다. 망상의 개념도 없고, 망상을 들게 하는 세상도 없다. 잘못된 자아도, 마음도, 마음의 활동도, 지성도 없다. 몸도, 행위도, 행위자도 없다. 결과도, 보는 자도, 보이는 대상도 도무지 없다. 얻어야 할 것도, 버려야 할 것도 없이 영원히 존재하고 있는 것은 오직 브람만뿐이다.

38

몸과 같은 다양한 조건들이 없다. 무지도, 식별의 결핍도, 성공에 이르는 도움의 획득도, 듣기(스라바나)와 같은 지식의 분화도, 슬픔을 없애는 사마디(잠김의 상태)도 없다. 지식도, 피곤하게 하는 굴레도, 해방도 없다. 하나의 완전하고, 완벽하게 충만하며, 쇠퇴함이 없는 실재로 늘 존재하고 있는 것은 오로지 지고한 브람만뿐이다.

39

비샤야(주제)와 같은 네 가지 종속물adjunct들은 존재하지 않는다. 세 가지 관계들도 존재하지 않는다. 둔한 다섯 가지 원소들도 존재하지 않는다. 사다쉬바와 같은 다섯 신들은 없다. 항아리나 천과 같은 것은 없다. 시간이나 공간 같은 그러한 것은 없다. 영원히 존재하는 것은 고통 받지 않는 희열과 빛나는 의식인 오로지 지고한 브람만뿐이다.

40

과거나 미래와 같은 것은 없다. 현재로 존재하는 것도 없다. 세투, 가야, 강가 같은 성스러운 강들은 없다. 규칙에 따라 지켜야 할 맹세(브라타)들도 없다. 쉬바와 같이, 공경해야 할 신도 없다. 이루어야 할 성과도 없다. 영원한 실재이며 무로서 존재하는 것은 오로지 지고한 브람만뿐이다.

41

카스트들도, 삶의 여러 순서(아스라마)들도, 여럿으로 분류되는 바바(태도, 개념)들도, 다르마(행동, 의무, 관습, 관례의 규약)들도, 도달해야 할 천국이나 지옥도, 슬픔이나 행복 같은 상반되는 쌍들도, 차별에 기초하는 이원도, 어떤 종류의 정체성도, 환영인 첨가물도 없다. 근원 없는originless 존재인, 하나의 변치 않는 실재는 오로지 지고한 브람만뿐이다.

42

지성으로 결정해야 할 것도, 결함 있는 마음으로 회고하여야 할 것도, 마음으로 생각해야 할 것도, 수많은 단어들로 말해야 할 것도, 집착들로 나타나는 이원도, 이원에서 오는 두려움도 없다. 영원한 존재인, 하나의 불변하는 실재는 오로지 지고한 브람만뿐이다.

43

탄생이나 여섯 가지 상태들을 구성하는 여타의 변형들도 없다. 여섯 가지 변형들을 거치는 몸도 없다. 깨어남과 같은 네 가지 상태(깨어남, 꿈, 깊은 잠, 네 번째 상태인 투리야. 투리야는 사실 또 다른 상태가 아니라, 다른 세 가지 상태인 깨어남, 꿈, 깊은 잠의 기초가 되는 근원적인 바탕이다)와 같은 것들도 없다. 그런 상태들을 경험하는 사람도 없다. 존재와 비존재로 묘사할 것도 없다. 분리된 입자나 합쳐진 집합과 같은 다양한 것들이 없다. 나눌 수 없는 진리와 지식인 하나의 불변하는 실재는 둘째가 없는 오로지 지고한 브람만뿐이다.

44

모든 것이 존재하지 않는다는 말은 있을 수 없다. 모든 것이 환영이라는 말도, 모든 것이 브람만이라는 말도, 나는 늘 브람만이라는 말도, 브람만이 나라는 말도 또한 있을 수 없다. 그대와 나와 같은 것은 없다. 존재하는 것은 모든 진술들을 초월하여 있으면서 나뉘지 않고, 불변의 immutable 지고한 브람만뿐이다.

45

삿트와 같은 세 가지 구나들은 존재하지 않는다. 또한 이 속성들이 만들어 내는 결과들도 존재하지 않는다. 또한 드바이타(이원)나 아드바이타(비이원)와 같은 어떤 분파들도 존재하지 않는다. 이들과 관계하는 구루들이나 제자들이 존재하지 않는다. 이원이라는 괴물은 조금도 존재하지 않는다. 없다고 한 앞의 이 모든 부정의 말들도 존재하지 않는다. 의식의 순수한 공간, 자연스러운 의식, 희열의 덩어리로서 존재하는 것은 오로지 지고한 브람만뿐이다.

46

오, 위대한 타파스의 현자여! 시작도 없는 탄생의 이러한 굴레가 사라지게 되는 것은 지금 설명한 나뉘지 않은 지고한 자를 확신함으로써 불안한 마음의 동요들을 없애고 시작도 끝도 없는 무한한 비이원의 지고한 브람만이 되는 그런 사람들에게만 해당된다. 그렇지 않은 사람들에게는 이 굴레가 결코 없어지지 않을 것이다. 그러므로 이 나뉘지 않은 절대적인 깨달음으로, 그대는 늘 나눌 수 없는indivisible 지고한 브람만이 될 것이다.

47

나는 그대에게 흠 없는 쉬바가 설명했던 방식으로, 마야 때문에 영원한 지고한 브람만에게 부가된 모든 것들을 부정한 후에 남아 있는 실재인 분리할 수 없는 순수한 절대자에 대한 정의를 말했다. 이것의 의미를 한 번이라도 듣고 명확하게 이해한 이들은 스스로 지고한 자가 될 것이다.

48

마치 바다에 파도들과 기포들과 물거품들이 나타나듯이, 무한한 지고한 쉬바 위에는 움직이고 움직이지 않는 것들의 활기 없는 현상계 전체가 나타난다. 가차 없는 탐구에 의하여 그것들이 모두가 하나의 완전한 지고한 쉬바라는 것을 의심 없이 깨달은 이들만이 탄생이라는 무서운 굴레를 완전히 벗어날 것이며 결점이 없는 지고한 쉬바가 될 것이다.

49

이같이, 성자 수타는 스칸다가 형용할 수 없는 자비로 자이기샤비야에게 이 위대한 진리를 전해 준 경위와, 현자 리부가 사랑의 마음으로 지고한 쉬바가 나뉘지 않은 절대자에 대한 정의로서 설명했던 방식으로 이것을 니다가에게 들려준 경위를 자세히 열거하면서 브람만에 대한 정의를 내려 주었다.

50

그대는 영원하고 속성이 없는 존재이며 모든 현상계들은 존재하지 않으며 지고한 절대자는 이 모든 것들(세계들)을 초월하여 영원히 존재하는 진리라는 것을 엄숙하게 선언하는 것은 바로 기뺨으로 춤을 추는 상태에 있는 신들 중의 신의 무한한 형상이다.

제3장

모든 것은 환영이다. 모든 것은 오로지 의식이다.
속성들이 없는 자에 대한 경배

1

(리부)

나는 지고한 쉬바가 말한 내용을 더 말할 것이다. 다양한 존재들과 세상들은 환영이다. 존재와 비존재는 환영이다. 창조, 유지, 소멸은 환영이다. 만연된 향락과 애착들은 환영이다. 감각들과 여타의 그러한 것들은 환영이다. 브람마는 환영이다. 베다들과 여타의 경전들은 환영이다. 모든 말들은 환영이다. 희열의 덩어리인 지고한 브람만이 유일한 실재이다.

2

여러 재난들과 부유함도 환영이다. 아름다운 집과 재산도 환영이다. 훌륭한 스승과 제자도 환영이다. 선하거나 악한 속성들은 환영이다. 출구와 입구도 환영이다. 닫힘과 열림도 환영이다. 숫자들도 환영이다. 어떤 문장과 의미도 환영이다. 현세와 내세도 환영이다. 공포도 환영이다. 오점 없는 지고한 브람만이 유일한 실재이다.

3

인용되고 있는 푸라나들과 이티하사(전설적인 교훈과 서사시)들도 환영이다. 원인과 결과도 환영이다. 이슈와라(신)도 환영이다. 광대한 세상도 환영이다. 살아 있는 존재들도 환영이다. 굴레, 해방, 행복과 슬픔도 모두 환영이다. 신들과 악마들도 환영이다. 명상도 환영이다. 순수한 마음과 말들도 환영이다. 직접적이고 간접적인 의미들도 환영이다. 의식인 지고한 브람만이 유일한 실재이다.

4

지식으로 이해된 대상들도 환영이다. 지성으로 깊이 생각한 대상들도 환영이다. 마음으로 생각한 대상들도 환영이다. 말로 묘사한 대상들도 환영이다. 감각들과 관련을 맺고 있는 대상들도 환영이다. '이것들'이라고 지적할 수 있는 대상들도 환영이다. 상반된 짝을 이루는 모든 대상들도 환영이다. 오점 없는 지고한 브람만이 유일한 실재이다.

5

귀와 귀로 듣는 소리들은 환영이다. 민감한 피부와 그것이 느끼는 감촉들은 환영이다. 눈과 눈으로 보는 형상도 환영이다. 혀와 혀로 느끼는 맛들은 환영이다. 코와 코로 맡는 냄새도 환영이다. 공물들과 공물들로 달래는 신들도 환영이다. 고트라(혈통), 수트라(종교적 경전), 일족clan도 모두 환영이다. 결점 없는 지고한 브람만이 유일한 실재이다.

6

이것저것 같은 다양한 것들과 그 밖의 것들은 환영이다. 언급되는 '나', '당신' 그리고 '여타 사람들'은 모두 환영이다. '이곳'과 '그 밖의 곳'이라 생각되는 것은 모두 환영이다. 모든 종류의 수행들과 비밀스러운 의식들은 환영이다. 이 망라한 세상의 모든 것들은 환영이다. 이 모든 우주의 원인조차도 전적으로 환영이다. 보이는 모든 것은 환영이다. 보는 자인 지고한 브람만이 유일한 실재이다.

<h1 style="text-align:center">7</h1>

모든 움직임과 움직이지 않음이라는 개념은 환영이다. 모든 것을 서로 구별하는 개념은 환영이다. 하나의 완전한 전체라는 개념은 환영이다. 완전한 전체는 잘못된 관념이라는 개념도 환영이다. 모든 세상의 원인인 브람마는 환영이다. 모든 것의 유지자인 하리는 환영이다. 세상의 파괴자인 하라는 환영이다. 나뉘지 않은 지고한 브람만이 유일한 진리이다.

<h1 style="text-align:center">8</h1>

고행과 기도는 환영이다. 신성한 물들은 환영이다. 베다들의 연구는 환영이다. 호마(희생)들은 환영이다. 쉬바와 다른 것들의 숭배는 환영이다. 만트라(신비한 말)들은 환영이다. 다양한 계급(바르남)과 삶의 순서들(아쉬라마)은 환영이다. 길조의 삿상 같은 것들은 환영이다. 과거 등의 시간대들은 환영이다. 이 모든 가치 없는 세상적인 모습들은 환영이다. 불멸의 지고한 브람만이 유일한 실재이다.

<h1 style="text-align:center">9</h1>

순수한 영혼이여! 보이는 다양한 모습들은 정말이지 전혀 존재하지 않는다. 마야(망상)로부터 생겨나는 어떤 모습도 마비시키는 환영임을 이해하라. 앞으로 더 나는 그대가 이해할 수 있는 방법으로 지고한 쉬바가 말했던 비밀스러운 정의를 내려 줄 것이다. 모든 세상, 개체들(지바), 그리고 지고한 자(파라)는 순수한 지식인 지고한 브람만으로 영원히 존재하고 있다.

<h1 style="text-align:center">10</h1>

어둠과 그 모든 구분들을 만들어 내는 무지, 이원과 그 모든 구분들을 만들어 내는 마음, 펼쳐진 세상과 그 모든 구분들, 백만 개의 은하로 된 대우주와 그 모든 구분들, 세 가지 세상과 그러한

것들의 모든 변형들, 다양한 속성(구나)들, 결점(도사)들, 그리고 그 모든 것들의 변형들, 그리고 은총의 구현인 구루의 모든 말들, 이 모든 것들은 지식인 브람만임을 확실히 알아라.

11

최고, 중간, 최하의 모든 것, 옴카라(문자 옴), 첫 번째 문자 '에이'(아카라), 그리고 모든 문자들, 선과 악과 같은 모든 다양한 행위들, 여러 형태의 모든 활동들, 여러 형태로 보이는 모든 것들, 여러 장소에서 들을 수 있는 모든 것들, 이 세상의 모습을 이루고 있는 모든 것들, 이 모든 것들은 순수한 의식인 브람만임을 확신하라.

12

다양한 방법들로 서로 의존하고 있는 모든 것들, 말로 서술되고 있는 모든 것들, 경멸과 함께 거절되고 있는 모든 것들, 즐겁게 받아들여지고 있는 모든 것들, 점점 더 많은 것을 제공하는 모든 것들, 더욱더 훌륭하게 이루어지고 있는 모든 행위들, 신성한 물과 같은 곳에서 목욕하는 것과 같은 모든 고귀한 행위들, 이 모든 것들은 오점 없는 브람만임을 확신하라.

13

다양하게 존재하고 있으면서 '이것'으로 지칭되고 있는 모든 것이 브람만임을 확신하라. '나', '나'로서 항상 존재하고 있는 모든 것이 모두 브람만임을 확신하라. 그 어디에서든 어떤 방식으로든 보이는 대상으로서 무엇이 나타나든 간에 그 모든 나타남들은 보는 자인 브람만이다. 이 것을 변함없이 늘 확신하라.

14

숭고한 카일라사 산 위에서 이슈와라 신께서 내게 알려 준 대단히 비밀스럽고 놀랄만한 정의를 더 들어라. 나는 지금 모든 이에게 이로움을 주기 위하여 정의를 내릴 것이다. 구별된 것으로 보이는 모든 것들은 늘 구별이 없는 의식일 뿐이다. 홀로 존재하고 있는 이 칭송 받는 의식의 성품은 분리할 수 없는 지고한 브람만의 성품이다.

15

여기에서 '나'로 생각되는 것은 오직 의식일 뿐이다. '이것'으로 보이는 것도 오직 의식일 뿐이다. 순수한 의식의 조건도 역시 오직 의식일 뿐이다. 있는 모습 그대로의 세상도 오직 의식일 뿐이다. 그 속에서 '그대'나 '나'로 지칭되는 것도 오직 의식일 뿐이다. 공간과 공기와 불도 오직 의식일 뿐이다. 물과 흙 역시 오로지 의식일 뿐이다. 다섯 신들 모두가 오로지 의식일 뿐이다.

16

과거와 미래는 오로지 의식일 뿐이다. 현재도 오로지 의식일 뿐이다. 변화를 겪는 물질도 오로지 의식일 뿐이다. 묘사되는 특성들도 오로지 의식일 뿐이다. 아는 자와 지식도 오로지 의식일 뿐이다. 지식과 그것으로 알려지는 것 역시 오로지 의식일 뿐이다. 시작과 끝도 또한 오로지 의식일 뿐이다. 크고 작은 것도 또한 오로지 의식일 뿐이다.

17

모든 다양한 언어들도 오로지 의식일 뿐이다. 언어들로 표현되는 말들도 오로지 의식일 뿐이다. 다양한 집단들로 나타나는 것도 오로지 의식일 뿐이다. 이런 나타남을 따르는 것도 오로지 의식일 뿐이다. 가장 강렬한 욕망도 오로지 의식일 뿐이다. 욕망하였던 것을 혐오하는 것도 오로지 의식일 뿐이다. '여기'와 '다른 곳'으로 지칭되는 것도 오로지 의식일 뿐이다. 모든 존재와 비존재도 오로지 의식일 뿐이다.

18

다양성의 창조자인 브람마는 오로지 의식일 뿐이다. 유지자인 비슈누는 오로지 의식일 뿐이다.

파괴자인 하라는 오로지 의식일 뿐이다. 모든 신들과 악마 및 사람들은 오로지 의식일 뿐이다. 방황하는 피조물인 모든 동물들은 오로지 의식일 뿐이다. 움직이거나 정지하고 있는 모든 세상들은 오로지 의식일 뿐이다. 이끌어 주는 구루와 제자도 오로지 의식일 뿐이다. 아버지와 아들 및 그 밖의 다른 이들은 오로지 의식일 뿐이다.

19

보이는 것과 보는 자는 오로지 의식일 뿐이다. 앎과 알 수 있는 것은 오로지 의식일 뿐이다. 고정되어 있는 것과 변화하는 것은 오로지 의식일 뿐이다. 거칠거나 미세한 몸들은 오로지 의식일 뿐이다. 원인의 몸 역시 오로지 의식일 뿐이다. 환영인 마야와 절대적 의식으로부터 투영된 빛인 마하트 역시 오로지 의식일 뿐이다. 몸을 가진 것과 몸이 없는 것 역시 오로지 의식일 뿐이다. 행위와 원인 모두가 오로지 의식일 뿐이다.

20

베다들과 베단타는 오로지 의식일 뿐이다. 이원과 비이원은 오로지 의식일 뿐이다. 방향들과 방향 없음도 오로지 의식일 뿐이다. 방향의 보호자들도 오로지 의식일 뿐이다. 철학적 토론에 사용되는 예들인 천과 항아리 및 기타 그러한 비유들은 오로지 의식일 뿐이다. 보이는 다양한 상호작용들은 모두 오로지 의식일 뿐이다. 이름과 형상 모두는 오로지 의식일 뿐이다. 모든 대상들은 오로지 의식일 뿐이다.

21

다양한 존재들은 오로지 의식일 뿐이다. 광대한 세상들도 오로지 의식일 뿐이다. 이리저리 움직이는 생명의 공기인 다양한 프라나들도 오로지 의식일 뿐이다. 흔들리는 능력도 오로지 의식일 뿐이다. 여러 덮개들도 오로지 의식일 뿐이다. 행위들에 기인한 좋고 나쁜 결과들도 오로지 의식일 뿐이다. 변화하며 살아가는 존재들도 오로지 의식일 뿐이다. 모든 것은 늘 오로지 의식일 뿐이다.

22

고정되어 있는 영구적인 것은 오로지 의식일 뿐이다. 불안정한 비영구적인 것도 오로지 의식일 뿐이다. 고양된 진리도 오로지 의식일 뿐이다. 피해야 할 비진리도 오로지 의식일 뿐이다. 확고한 토대도 오로지 의식일 뿐이다. 변덕스러운 부가물도 오로지 의식일 뿐이다. 여러 종류들의 행복과 슬픔도 오로지 의식일 뿐이다. 구별되는 모든 대상들도 오로지 의식일 뿐이다.

23

영적 수행을 위한 네 가지 필수 조건들도 오로지 의식일 뿐이다. 변치 않는 해방 또한 오로지 의식일 뿐이다. 다양하게 변화되는 모든 것은 오로지 의식일 뿐이다. 베다들이 주장하는 것은 오로지 의식일 뿐이다. 진귀한 경전들이 밝히는 것은 오로지 의식일 뿐이다. 도달할 수 있는 것과 도달할 수 없는 것은 오로지 의식일 뿐이다. 어디에서든, 어떤 방식으로든 존재하는 모든 것은 모두가 오로지 의식일 뿐이다.

24

의식이 없다면, 굴레도 없다. 의식이 없다면, 해방도 없다. 의식이 없다면, 개체(지바)도 없다. 의식이 없다면, 신(이슈와라)도 없다. 의식이 없다면, 세상도 없다. 의식이 없다면, 원자도 없다. 의식은 어디에서도 파괴되지 않을 것이다. 그것은 지고한 브람만이다.

25

자애로운 분인 샹카라가 선언한 이 말은 진리이다. 거기엔 의심의 여지가 없다. 나는 숭고하며 지고한 쉬바의 우리를 지켜 주는 발을 만지면서 이렇게 단언한다. 이것은 베다들의 모든 장에서 주장되고 있는 의미이다. 여기엔 의심의 여지가 없다. 누구라도 이것을 사랑으로 한 번 듣는다면 그는 하나인 지고한 브람만이 될 것이다.

26

헌신적으로 우파니샤드들을 연구함으로, 지고한 쉬바인 파람마쉬바의 헌신자들에게 봉헌함으로, 성스러운 링가의 형상으로 있는 결점 없고 완벽하게 충만한 지고한 쉬바에 대한 숭배로, 널리 퍼져 있는 성스러운 쉬바의 성소에서 머무름으로, 기타 다양하게 정해 놓은 규칙들을 지킴으로 브람만인 지고한 쉬바의 은총이 넘쳐날 것이다. 그리하면 나의 나뉠 수 없는 무한한 지식이 드러날 것이다.

27

스푸라나(번쩍이는, 불꽃을 내는, 깨트리며 나오는, 고동치는)의 모습으로 있는 지고한 쉬바를 (고정된 곳에서) 어떻게 숭배할 수 있겠는가? 모든 것의 바탕인 지고한 쉬바에게 어떻게 자리를 드릴 수 있겠는가? 이미 순수한 분에게 어떻게 발 씻을 물과 다른 영예들을 드릴 수 있겠는가? 어떤 것으로도 젖지 않는 나에 거주하는 분을 어떻게 목욕시켜 드릴 수 있겠는가? 모든 곳에 스며들어 있으며 오로지 공간으로 옷을 입고 계시는 지고한 분에게 어떻게 봉헌한 옷을 입혀 드릴 수 있겠는가?

28

규정된 모든 계급들과 신분들을 초월해 계신 분에게 어떻게 신성한 실을 걸쳐 드릴 수 있겠는가? 비물질적이며 분화되지 않은 분을 어떻게 빛나는 장신구들로 치장할 수 있겠는가? 어떤 인연들이나 애착들이 없으신 분에게 어떻게 향기로운 백단향 연고를 바를 수 있겠는가? 그 어떤 바사나(기억의 냄새, 경향성)들이 없는 분에게 어떻게 향기로운 꽃들로 숭배할 수 있겠는가?

29

코도 없이 스스로 빛나는 분에게 어떻게 사랑으로 향과 빛을 드릴 수 있겠는가? 정말로 희열에 깊이 잠긴 분에게 어떻게 음식(나이베디야)을 드릴 수 있겠는가? 정말로 온 세상들을 기쁘게 하는 분에게 어떻게 구장나무^{betel}를 드릴 수 있겠는가? 어떻게 모든 여러 영예들을 드릴 수 있겠는가?

30

불과 같은 여러 빛들을 내는 빛나는 의식에게 어떻게 장뇌의 빛을 드릴 수 있겠는가? 끝이 없으신 분 주위를 어떻게 돌 수 있겠는가? 늘 비이원의 상태이신 분 앞에 어떻게 엎드려 절할 수 있겠는가? 마음과 말의 경지 너머에 있는 분을 어떻게 말로써 칭송할 수 있겠는가?

31

안과 밖의 모든 것에 스며 있는 분을 숭배한 후에 어떻게 그분을 일상의 거처에 방치할 수 있겠는가? 비록 이러한 모든 영예와 함께 드리는 그런 외형적인 숭배가 신(이슈와라)에게 적합하지 않지만, 사랑하는 아들아! 주의와 관심을 가지고 지식이 담긴 베단타 경전에 설명된 내면의 확신으로, 존재-지식-희열인 변하지 않는 삼부(행복을 주시는 분)를 숭배하는 법을 경청하라.

32

마야(망상)와 같은 그런 것들은 없으며 내가 미혹이 없는 지고한 쉬바로 있다는 확신이 아바하나(탄원)이다. 내가 변함없고 자기 안에 거주하는 순수한 지고한 쉬바라는 확신이 오점 없는 아사나(자세)를 드리는 것이다. 내가 마음의 연결들의 결과로 생긴 선악의 영향을 받지 않는다는 확신이 파디야(발을 씻는)의 물을 드리는 것이다.

33

오랫동안 만연되어 있는 변덕스러운 무지를 포기하는 것이 나의 링가에 바치는 정중한 헌주이다. 지고한 쉬바인 희열의 쏟아지는 물방울을 모두가 마실 것이라는 확신이 아차마나(물을 한 모금 마시는)의 봉헌이다. 아들아! 아비세카(세정식)를 행하는 방법을 더 들어라.

34

온 세상들이 나 자신인 완벽하게 가득 찬 기쁨의 빗물로 젖어 있다는 묵상과, 나는 행위의 물에 젖을 수 없는 오점 없는 브람만이라는 묵상이 사실상의 세정식이다. 내가 다른 어떤 것으로도 조금도 덮일 수 없는 완벽한 충만이라는 확신이 지고한 나의 링가(쉬바의 상징)에게 드리는 적절한 옷의 봉헌이다.

35

내가 이 세상을 구성하고 있는 세 가닥의 세 구나(속성)들을 걸치고 있는 힘인 지고한 브람만이라는 명상은 지고한 나의 링가에게 걸쳐 주는 신성한 실의 봉헌이다. 내가 비물질적이며 모든 구별의 표식들이 전혀 없는 나라고 결정짓는 것이 장식물을 봉헌하는 것이다. 내가 여러 향기(과거의 인상, 바사나)들로 온 세상에 스며있는 힘이라고 묵상하는 것은 백단향 가루를 봉헌하는 것이다.

36

세 구나(속성)들의 결과로 생긴 브릿티(양상)들을 포기하는 것이 최초의primordial 링가에게 쌀 곡물을 봉헌하는 것이다. '스승', '나' 그리고 '이슈와라(신)'의 세 구분을 거부하는 것이 빌바 잎들을 봉헌하는 것이다. 바사나(과거의 인상)들의 나쁜 냄새를 피하는 것이 향을 피워 흔드는 것이다. 나는 속성들이 없으며 나로 빛나는 지고한 쉬바라는 변함없는 확신이 빛을 봉헌하는 것이다.

37

내가 수천만 개들의 우주라는 이해가 지고한 쉬바에게 음식을 봉헌하는 것이다. 변함없는 브람만-희열의 즐김인 나뉘지 않은 모습이 비얀자나(조미료)를 봉헌하는 것이다. 근본적인, 변덕스러운 무지라 불리는 들어붙는 오염된 잔존물들을 지식으로 쉴 새 없이 깨끗이 하는 것이 손씻을 물을 봉헌하는 것이다.

38

감각적인 쾌락들에 대한 집착을 끊어 버리는 것이 탐불라(구장식물의 다발)를 봉헌하는 것이다. 무지의 암흑을 쫓아 버리는 브람만의 순수한 지식이 타오르는 장뇌를 봉헌하는 것이다. 다양성으로서 나타나는 모든 것이 하나의 브람만이라고 지각하는 것이 오, 순수한 자여! 희열의 덩어리인, 지고한 쉬바의 링가에게 순수한 화환을 봉헌하는 것이다.

39

나는 완벽하게 충만한, 희열의 나라는 묵상이 숭배의식에서 꽃들을 뿌리는 것이다. 우주가 그 무수한 활동들로 나의 둘레를 돌고 있다는 묵상이 정해진 둘레를 도는 방법이다. 모든 사람이 나에게 절할 것이며 나는 어떤 이에게도 절하지 않을 것이라는 묵상이 나의 위대한 링가에게 늘 절하는 것이다.

40

우주인 내 안에는 이름이나 형상의 흔적이 없다는 생각이 고귀한 이름들을 노래하는 것이고, 그것은 지고자를 숭배하는 정해진 모습prescribed feature이다. 이 세상에서 나를 위한 어떤 행위도 필요 없다는 묵상이 마음에 의한 숭배에서 확대되어야 할 다른 영광이다.

41

마음의 모든 망상들과 혼란들에서 벗어나 명상에 전념하는 것이 부분이 없는 지고한 쉬바인 링가를 다시 평소의 거처로 돌아가게 하는 것이다. 베단타에서 전해진 것처럼 한 번만이라도 이런 순수한 숭배를 행하는 사람은 바사나(과거 인상, 경향)들과 모든 아갸나(무지)와 슬픔을 없애고

리부의 노래

위대한 해방의 희열을 얻을 것이다.

42

지금 설명한 대로 숭배를 바르게 할 수 없는 이들과, 또 성상들이나 그 밖의 것에 대한 규정된 의식들에 따라 지고한 쉬바에게 사랑으로 외적인 숭배를 행하는 자들에게조차도 이슈와라(신)는 깊은 자비심으로 서서히 단계적으로 지식과 해방을 줄 것이다.

43

늘 모든 것을 알고 있는 수타는 모든 위대한 현자들에게 말하기를, 지고한 쉬바가 자비심으로 가르쳤던 것과 같은 방식으로 어떻게 현자 리부가 니다가에게 자애롭게 지고한 원리의 정의를 설명해 주었는지를, 스칸다가 끝없는 연민으로 자이기샤비야에게 말하였다고 하였다.

44

수많은 다양성으로 나타나는 것은 단지 환영에 불과하다고 여기서 설명해 주고, 이 비실재의 토대가 오직 지식이라는 깨달음을 주며, 그리고 마음으로 속성 없는 것에 대한 이러한 숭배 행사의 절차를 주는 것은 기쁨의 춤을 주는 상태에 있는 오점 없는 이슈와라(신)의 무한한 형상이다.

제4장
하나의 분리되지 않은 에센스와 분리되지 않은 경험에 대한 정의

1

나는 이제, 희열의 화신인 지고한 쉬바가 자신의 은총으로 일찍이 설명한 바 있는 하나의 분리되지 않은 에센스, 지극히 드문 것, 모든 다양한 세상들의 뛰어난 지주인 베다 경전들의 에센스를 정의하도록 하겠다. 모든 다양한 존재들과 이슈와라(신)와 모든 세상들은 분리되지 않은 하나의 에센스이다.

2

땅은 하나의 분리되지 않은 에센스이다. 광활한 물은 하나의 분리되지 않은 에센스이다. 불과 빛은 하나의 분리되지 않은 에센스이다. 휘몰아치는 공기는 하나의 분리되지 않은 에센스이다. 우리가 말하는 공간은 하나의 분리되지 않은 에센스이다. 소리 등은 하나의 분리되지 않은 에센스이다. 모든 존재들은 하나의 분리되지 않은 에센스이다. 이른바 모든 행위는 하나의 분리되지 않은 에센스이다.

3

모든 결과들은 하나의 분리되지 않은 에센스이다. 행복과 슬픔은 하나의 분리되지 않은 에센스이다. 지옥 등은 하나의 분리되지 않은 에센스이다. 천국 역시 하나의 분리되지 않은 에센스이다. 광대한 세상은 하나의 분리되지 않은 에센스이다. 브람마(창조자) 역시 하나의 분리되지 않은 에센스이다. 하리와 하라(유지자와 파괴자) 역시 하나의 분리되지 않은 에센스이다. 모든 신들은 하나의 분리되지 않은 에센스이다.

4

태양은 하나의 분리되지 않은 에센스이다. 달 역시 하나의 분리되지 않은 에센스이다. 베다들의 의미 역시 하나의 분리되지 않은 에센스이다. 모든 베다들은 하나의 분리되지 않은 에센스이다. 일시적인 것들 역시 하나의 분리되지 않은 에센스이다. 영속하는 것들 역시 하나의 분리되지 않은 에센스이다. 모든 이름들은 정말이지 하나의 분리되지 않은 에센스이다. 모든 형상들은 정말이지 하나의 분리되지 않은 에센스이다.

5

지고한 신은 정말이지 하나의 분리되지 않은 에센스이다. 지고한 여신은 정말이지 하나의 분리되지 않은 에센스이다. 기쁨으로 충만한 스승은 정말이지 하나의 분리되지 않은 에센스 이다. 제자는 하나의 분리되지 않은 에센스이다. 빛은 정말이지 하나의 분리되지 않은 에센스이다. 보이는 대상들 또한 하나의 분리되지 않은 에센스이다. 모든 것은 정말이지 하나의 분리되지 않은 에센스이다. 나 역시 하나의 분리되지 않은 에센스이다.

6

쇠약해 가는 몸은 하나의 분리되지 않은 에센스이다. 감각들 역시 하나의 분리되지 않은 에센스이다. 이른바 마음은 하나의 분리되지 않은 에센스이다. 지성 역시 하나의 분리되지 않은 에센스이다. 자아 자체는 하나의 분리되지 않은 에센스이다. 머물고 있는 생각은 하나의 분리되지 않은 에센스이다. 이른바 개인의 영혼은 하나의 분리되지 않은 에센스이다. 지고한 브람만은 하나의 분리되지 않은 에센스이다.

7

아버지는 하나의 분리되지 않은 에센스이다. 어머니 역시 하나의 분리되지 않은 에센스이다. 존경받는 남편은 하나의 분리되지 않은 에센스이다. 아내 역시 하나의 분리되지 않은 에센스이다. 친척으로 여기지는 이들은 하나의 분리되지 않은 에센스이다. 친척이 아닌 이들 역시 하나의 분리되지 않은 에센스이다. 움직이는 모든 것은 하나의 분리되지 않은 에센스이다. 정지되어 있는 모든 것은 하나의 분리되지 않은 에센스이다.

8

몸은 하나의 분리되지 않은 에센스이다. 손과 같은 몸의 여러 부분들은 하나의 분리되지 않은 에센스이다. 듣는 것 자체는 하나의 분리되지 않은 에센스이다. 소리는 정말이지 하나의 분리되지 않은 에센스이다. 눈 그 자체는 하나의 분리되지 않은 에센스이다. 형상 역시 하나의 분리되지 않은 에센스이다. 성격은 하나의 분리되지 않은 에센스이다. 다양한 것들은 정말이지 하나의 분리되지 않은 에센스이다.

9

혈통은 정말이지 하나의 분리되지 않은 에센스이다. 종족 등도 역시 하나의 분리되지 않은 에센스이다. 찬양 자체는 하나의 분리되지 않은 에센스이다. 찬양하는 자 역시 하나의 분리되지 않은 에센스이다. 수트라(격언)들은 하나의 분리되지 않은 에센스이고, 그것들의 의미 역시 하나의 분리되지 않은 에센스이다. 경전들은 정말이지 하나의 분리되지 않은 에센스이다. 모든 것들은 정말이지 하나의 분리되지 않은 에센스이다.

10

죽어야 하는 몸은 하나의 분리되지 않은 에센스이다. 모든 경험은 하나의 분리되지 않은 에센스이다. 비스반(깨어 있는 상태의 개인의 영혼) 등은 하나의 분리되지 않은 에센스이다. 비라트(우주)는 하나의 분리되지 않은 에센스이다. 영혼들의 신인 파수파티는 하나의 분리되지 않은 에센스이다. 모든 굴레들은 하나의 분리되지 않은 에센스이다. 없어질 수 있는 것들은 정말이지 하나의 분리되지 않은 에센스이다. 불멸하는 것들도 또한 하나의 분리되지 않은 에센스이다.

11

원인은 정말이지 하나의 분리되지 않은 에센스이고, 결과 역시 하나의 분리되지 않은 에센스이다. 전체 자체는 하나의 분리되지 않은 에센스이다. 사소한 것들 역시 하나의 분리되지 않은 에센스이다. 파괴는 정말이지 하나의 분리되지 않은 에센스이고, 파괴의 대상 또한 하나의 분리되지 않은 에센스이다. 한결같은 마음의 집중 자체는 하나의 분리되지 않은 에센스이고, 거기서 빠져나오는 것 역시 하나의 분리되지 않은 에센스이다.

12

안과 밖은 정말이지 하나의 분리되지 않은 에센스이다. 왕들 역시 하나의 분리되지 않은 에센스이다. 풍요로움 자체는 하나의 분리되지 않은 에센스이다. 그 밖의 모든 것 역시 하나의 분리되지 않은 에센스이다. 자파(만트라를 조용히 반복하는 것)는 하나의 분리되지 않은 에센스이다. 의식의 도구들을 갖춘 경배는 하나의 분리되지 않은 에센스이다. 확고한 지식은 하나의 분리되지 않은 에센스이다.

13

내부와 외부는 정말이지 하나의 분리되지 않은 에센스이다. 얻은 상태는 역시 하나의 분리되지 않은 에센스이다. 얻은 물건들 역시 하나의 분리되지 않은 에센스이다. 얻지 못한 것들 역시 하나의 분리되지 않은 에센스이다. 분명한 것들은 정말이지 하나의 분리되지 않은 에센스이다. 분명하지 않은 것들 역시 하나의 분리되지 않은 에센스이다. 말해진 것들은 정말이지 하나의 분리되지 않은 에센스이다. 말해지지 않은 것들 역시 하나의 분리되지 않은 에센스이다.

14

이른바 즐거움은 하나의 분리되지 않은 에센스이며, 즐거움의 대상 역시 하나의 분리되지 않은 에센스이다. 행위 그 자체는 하나의 분리되지 않은 에센스이며 휴식의 공간 역시 하나의 분리되지 않은 에센스이다. 모든 것은 하나의 분리되지 않은 에센스이다. 모든 것을 목격하는 것 역시 하나의 분리되지 않은 에센스이다. 개인과 지고자(파라)는 하나의 분리되지 않은 에센스이다. 그들의 정체성은 하나의 분리되지 않은 에센스이다.

15

지식은 분리되지 않은 에센스이다. 해방은 분리되지 않은 에센스이다. 행복은 분리되지 않은 에센스이다. 순수는 분리되지 않은 에센스이다. 모든 것nothing of all은 하나의 분리되지 않은 에센스이다. 모든 작은 것nothing of "the little"은 하나의 분리되지 않은 에센스이다. 분리되지 않은 에센스가 아닌 것은 여기에 없다. 분리되지 않은 에센스는 모든 것이다.

16

거친 것은 하나의 분리되지 않은 에센스이다. 미세한 것은 하나의 분리되지 않은 에센스이다. 무지는 하나의 분리되지 않은 에센스이다. 원자는 하나의 분리되지 않은 에센스이다. 그대는 하나의 분리되지 않은 에센스이다. 나는 하나의 분리되지 않은 에센스이다. 모두는 하나의 분리되지 않은 에센스이다. 하나의 분리되지 않은 에센스는 정말이지 모든 것이다.

17

세상은 하나의 분리되지 않은 에센스이다. 창조는 하나의 분리되지 않은 에센스이다. 유지는 하나의 분리되지 않은 에센스이다. 소멸은 하나의 분리되지 않은 에센스이다. 진리는 하나의 분리되지 않은 에센스이다. 비존재는 하나의 분리되지 않은 에센스이다. 신성은 하나의 분리되지 않은 에센스이다. 하나의 분리되지 않은 에센스가 모든 것이다.

18

행위자는 하나의 분리되지 않은 에센스이다. 즐거운 자는 하나의 분리되지 않은 에센스이다. 아는 자는 하나의 분리되지 않은 에센스이다. 개인(지바)은 하나의 분리되지 않은 에센스이다. 신(이슈와라)은 하나의 분리되지 않은 에센스이다. 보이는 우주는 하나의 분리되지 않은 에센스이다. 원자는 하나의 분리되지 않은 에센스이다. 하나의 분리되지 않은 에센스가 모든 것이다.

19

방금 내가 말한 이 말에는 조금의 의심도 없다. 나는 완전히 충만한 지고한 쉬바의 충만한 지식 안에서 이것을 말한다. 무한한 힘을 가진, 희열의 덩어리이며, 신(이슈와라)인, 세상들의 신이 설명한, 모든 것이 하나의 분리되지 않은 에센스라는 이 정의를 사랑으로 듣고 배우는 자는 정말로 지고한 브람만, 존재-의식-희열이 될 것이다.

20

이 세상이나 다른 어떤 곳에서도 얻기 어려운, 가장 신비하고 가장 위대하고 경이로운, 내가 가졌던 행운인 변함없는 이 경험을 더 깊이 설명하도록 하겠다. 마음으로 집중하여 듣도록 하여라. 나는 정말이지 어떤 분리된 차이들이 없는 분리되지 않은 의식의 지고한 공간인 지고한 브람만이다.

21

나는 언제나 절대 진리이다. 나는 언제나 절대 의식이다. 나는 언제나 희열의 덩어리이다. 나는 언제나 하나의 분리되지 않은 에센스이다. 나는 언제나 모든 것으로 나타나며, 나는 아무것도, 원자 하나라도, 가지지 않는다. 나는 모든 곳에 스며들어 있으며 차이 나지 않는다. 나는 언제나 지고한 브람만으로 남아 있다.

22

나는 모두의 원인이다. 나는 모두의 충만이다. 나는 모두의 바탕이다. 나는 모두의 형상이다. 나는 오점 없는 지식이다. 나는 불변하는 원자이다. 나는 분열되지 않은 것이다. 나는 오점 없는 지고한 브람만이다.

23

나는 언제나 지고한 쉬바이다. 나는 언제나 지고한 구루이다. 나는 언제나 진리이다. 나는 언제나 태곳적부터 있는 것이다. 나는 언제나 순수하다. 나는 언제나 미세하다. 나는 언제나 굴레가 없다. 나는 언제나 지고한 브람만이다.

24

나는 언제나 속성이 없다. 나는 언제나 상반되는 짝들이 없다. 나는 언제나 부분이 없다. 나는 언제나 행위가 없다. 나는 언제나 고통이 없다. 나는 언제나 형상이 없다. 나는 언제나 팔다리가 없다. 나는 언제나 순수한 지고한 브람만이다.

25

나 자신은 구별되는 특성들이 없다. 나 자신은 이원이나 비이원도 아니다. 나 자신은 욕망도 기쁨도 없다. 나 자신은 어둠도 빛도 없다. 나 자신은 어리석은 개념들이 없다. 나 자신은 명예도 불명예도 아니다. 나 자신은 존재도 비존재도 아니다. 나 자신은 분리되지 않은 지고한 쉬바이다.

26

나 자신은 자아가 없다. 나 자신은 후원하는 것도 후원 받는 것도 없다. 나 자신은 몸 등과 같은 조건형성들이 없다. 나 자신은 분명한 차이탄야(의식, 지각)이다. 나 자신은 아무런 마음이나 심취함infatuation이 없다. 나 자신은 해방도 굴레도 가지고 있지 않다. 나 자신은 질문이나 결론이 없다. 나 자신은 모든 것이 없는 지고한 브람만이다.

27

나 자신은 생각 같은 것이 없다. 나 자신은 부지런히 탐구한다. 나 자신은 마음(붓디)으로 명상한다. 나 자신은 명상 같은 것이 없다. 나 자신은 'a'로부터 시작하는 변화이다. 나 자신은 옴카라(옴의 소리)로 나타난다. 나 자신은 지극히 신성하다. 나 자신은 진리인 지고한 브람만이다.

28

나 자신은 가장 큰 것보다 더 크다. 나 자신은 차별이 없이 작용한다. 나 자신은 가장 진귀한 것보다 더 진귀하다. 나 자신은 하나의 분리되지 않는 에센스이다. 나 자신은 베다들 너머에 있다. 나 자신은 단어들과 그 의미들을 좌절시킨다. 나 자신은 모든 것 너머에 있다. 나 자신은 변함없는 지고한 브람만이다.

29

나 자신은 여섯 가지 변형들이 없다. 나 자신은 여섯 개의 덮개들이 없는 지고이다. 나 자신은 여섯 개의 물결들이 없다. 나 자신은 여섯 명의 적들이 없이다. 나 자신은 가슴의 매듭이 없다. 나 자신은 내적인 것들 중에서 가장 내적이다. 나 자신은 광대한 시간과 공간이다. 나 자신은 오로지 의식인 지고이다.

30

나 자신은 마음 같은 것에 동기를 준다. 나 자신은 오점이 없으며 의식으로 가득하다. 나 자신은 순수한 의식의 공간이다. 나 자신은 온 세상의 형상이다. 나 자신은 원자 하나도 나와 떨어져 있지 않다. 나 자신은 부적인negative 의미가 없다. 나 자신은 신성하며 분리되지 않은 형태에 스며든 완벽한 충만이다.

31

나 자신은 단지, 완벽하게 가득한 의식이다. 나 자신은 환영의 세상들이 없다. 나 자신은 원인과 결과가 없다. 나 자신은 세 가지 시간대가 없다. 나 자신은 에센스가 없는 몸 없이 있다. 나 자신은 몸의 경험이 없다. 나 자신은 무서운 욕망과 같은 결점들에 영향 받지 않는 지고한 브람만이다.

32

나 자신은 변덕스러운 환영들이 없다. 나 자신은 존재와 비존재 너머에 있다. 나 자신은 흔들리는 굴레가 없다. 나 자신은 영원히 가장 좋은 것이다. 나 자신은 부서지지 않는 존재의 덩어리이다. 나 자신은 오점 없는 의식의 덩어리이다. 나 자신은 견실한 희열의 덩어리이다. 나 자신은 무한한 지고한 브람만이다.

33

나 자신은 상호 작용들이 없다. 나 자신은 가야 할 곳이 없다. 나 자신은 깨어남과 같은 상태들이 없다. 나 자신은 언제나 평화로운 존재다. 나 자신은 모든 것에 스며있다. 나 자신은 존재-의식-희열이다. 나 자신은 마음과 말들의 범위를 넘어선 지고한 브람만이다.

34

나 자신은 공으로서도, 공 아닌 것으로서도 존재하지 않는 순수한 지고한 브람만이다. 나 자신은 행운이나 불운에서 벗어난, 분리되지 않은 존재로 있는 지고한 브람만이다. 나 자신은 어떤 길조나 흉조가 없이 하나로서 존재하는 지고한 브람만이다. 나 자신은 하늘과 다른 원소들이 없이 실재로 존재하는 지고한 브람만이다.

35

나 자신은 하나, 둘 등과 같은 셈 속에 들어갈 수 없는 지고한 브람만이다. 나 자신은 그 외에 도besides, 존재도 비존재도 없이 모든 것에 퍼져 있는 지고한 브람만이다. 나 자신은 공평한 것도 불공평한 것도 없는 지고한 브람만이다. 나 자신은 언제든지 아무것도 없는 하나로서 머무는 지고한 브람만이다.

36

나 자신은 사소한 것과 거기에 수반된 여러 가지 다른 개념(상칼파)들이 없는 순수하고 지고한 브람만이다. 나 자신은 조금의 거짓된 투사들도 없는, 베일 없는 지고한 브람만이다. 나는 '나의 여러 차이들에 대한 어떤 무지도 없이 위대하게 존재하는 지고한 브람만이다. 나는 천, 항아리 등과 같은 물질적인 것이 조금도 없으며, 어디에나 스며있으며, 오염되지 않는 지고한 브람만이다.

37

나 자신은 다양한 변화의 세상을 지켜보는 존재-의식-희열이다. 나 자신은 눈 등과 같은 행위의 어떤 매개들과도 섞이지 않는 의식일 뿐이다. 나 자신은 인식의 대상, 인식하는 자, 인식과 같은 어떤 삼 요소도 없는 존재이다. 나 자신은 정의나 정의되는 것에 얽매이지 않는 지고한 브람만이다.

38

비록 충동이나 행위의 촉매자 역할을 하지만 나 자신은 오로지 지고한 브람만이다. 나 자신은 성장과 같은 어떤 변화들도 없는 형상 없는 실재인 지고한 브람만이다. 나 자신은 지루한 슬픔이나 행복이 조금도 없는 홀로 있는 지고한 브람만이다. 나 자신은 자로 잴 수 없는 무한한 존재인 지고한 브람만이다.

39

나 자신은 베단타의 길을 실수 없이 걸어가는 모든 이들에게 쉽게 다가갈 수 있는 존재이다. 나 자신은 베단타 경전들의 모든 다양한 교의tenet들에 항상 시험받는 존재이다. 나 자신은 위대하며 우주적인universal 침묵의 힘인 희열의 덩어리이다. 나 자신은 이른바 마음의 매듭들을 자르는 지고한 의식인 지고한 브람만이다.

40

모두를 이롭게 하기 위하여 나는 지고한 쉬바의 연민으로 내가 겪었던 직접적인 경험을 설명하였다. 한 번이라도 이 순수한 의미를 사랑으로 들은 사람과 그것을 마음으로 확고하게 이해하고 있는 사람은 모든 무지를 피하면서 영원한 지고한 브람만이 될 것이다.

41

확고한 지식을 드러내는, 우마의 배우자인 지고한 쉬바를 경배하면서 그분의 자비로 모든 죄(파파)들을 씻어 버리고 가슴의 순수를 얻은 사람들은 모든 슬픔들을 없애고, 그들 스스로가 희열의 덩어리며, 모든 이 우주의 나이며, 또한 분리되지 않은 의식의 공간처럼 형상이 없으며, 모든 곳에 스며드는 지고한 쉬바와 같이 된다는 것을 알 것이다.

42

설명한 대로, 파괴적인 무지로 어리석고, 쉬바의 은총을 잃고, 계급과 신분이라는 삶의 위계질서들에 속박되어 괴로워하며, 여러 가지의 행위들로 지쳐 있으며, 물질적 욕구들로 허약해져 있는 사람들은 비참한 상태에서 영원히 방황하게 될 것이다. 이렇게 리부는 나뉘지 않는 지고한 진리의 의미를 니다가에게 설명하였다.

43

지고한 지식, 모든 이의 군주, 그리고 우마의 배우자인 신들 중의 신은 기쁨의 춤을 주는 상태에서, 움직이거나 움직이지 않는 모든 모습은 나뉘지 않는 하나의 에센스이며, 의식-희열로 가득찬, 비길 데 없는 순수한 절대자(파라)가 바로 우리 자신이라고 선언하고 있다.

제5장
모든 것은 토끼의 뿔과 같다.
모든 것은 브람만이다.

1

이동할 수 있거나 이동할 수 없는 모든 세상은 토끼의 뿔과 같다. 지고한 쉬바의 은총에 의한 귀한 설명인 이것이 내가 지금 말하고자 하는 바이다. 마음을 집중하여 이것을 들어라. 다양한 것처럼 보이는 모든 것은 토끼의 뿔과 같다. 불가사의하게 들리는 모든 것은 토끼의 뿔과 같다. 보이는 모든 대상들은 토끼의 뿔과 같다. 보는 자 역시 토끼의 뿔과 같다.

2

모든 퍼져 있는 공간, 바람, 불, 물, 흙과 같은 다섯 원소들은 토끼의 뿔과 같다. 이 원소들의 합성의 결과로 생긴 모든 세상은 토끼의 뿔과 같다. 네 가지 내적 기능인 마음, 지성, 자아, 생각과 같은 것들은 모두 토끼의 뿔과 같다. 형상을 갖고 있는 우주의 모든 존재들은 토끼의 뿔과 같다.

3

몸 혹은 마음으로의 탄생, 노쇠, 죽음, 질병, 그리고 장점과 단점은 모두 토끼의 뿔과 같다. 욕망, 분노, 탐욕, 홀림, 오만, 그리고 질투는 모두 토끼의 뿔과 같다. 의기양양, 성공, 실패, 영광, 그리고 불명예는 모두 토끼의 뿔과 같다. 구루와 제자 그리고 그들 간의 가르침들은 모두 토끼의 뿔과 같다.

4

시작, 중간, 끝, 그 사람, 당신, 이것 등과 같은 모든 것들은 토끼의 뿔과 같다. 과거, 미래, 그리고 현재의 모든 대상들은 토끼의 뿔과 같다. 자신이 사랑하는 거친 몸, 미세한 몸, 그리고 원인의 몸은 모두 토끼의 뿔과 같다. 행위, 성취, 그리고 그 밖의 모든 것들은 모두 토끼의 뿔과 같다.

5

소유욕을 일으키는 즐거운 대상과, 향락을 즐기는 자는 모두 토끼의 뿔과 같다. 평정, 환희, 탐구, 좋은 분과의 교제 등과 같은 이런 좋은 모든 것들은 토끼의 뿔과 같다. 절제들, 준수들, 신체적 자세들, 호흡 조절과 같은 요가의 여러 측면들 모두는 토끼의 뿔과 같다. 모든 다양한 목표들과 그것들의 정의는 모두 토끼의 뿔과 같다. 흔들리는 생각과 흔들리지 않는 생각은 토끼의 뿔과 같다.

6

실재하는 것과 실재하지 않는 것 간의 결점 없는 식별들을 포함한 네 가지 수단들은 모두 토끼의 뿔과 같다. 얘기되고 있는 스물네 가지 탓트바(경험의 요소)들 모두는 토끼의 뿔과 같다. 브람마와 같은 다섯 신들과 다섯 원소들은 물론 세 가지 몸(물질적인, 미세한, 원인의 몸)들과 세 가지 상태들(깨어 있음, 꿈, 깊은 잠), 그리고 감각과 운동 기관들의 두 쌍 모두는 토끼의 뿔과 같다.

7

카스트라는 계급들과 삶의 순서들 그리고 거기에 따르는 지켜야 할 것들, 인종과 혈통 모두는 토끼의 뿔과 같다. 향락을 향한 변덕스러운 욕망과 해방을 향한 욕망, 그리고 그것들의 성취 모두는 토끼의 뿔과 같다. 단일 범주와 다수의 범주들과 같은 분류, 그리고 그것들을 결정짓는 요인들은 모두 토끼의 뿔과 같다. 심지어 보이는 것과 보는 것의 가장 작은 부분까지도 토끼의 뿔과 같다.

8

생각으로 존재하는 모든 것들은 토끼의 뿔과 같다. 지성으로 제각기 확인되는 모든 것은 토끼의 뿔과 같다. 상반되는 짝들의 정의를 따르는 모든 것은 토끼의 뿔과 같다. 언제라도 감각들로 지각되는 모든 대상은 토끼의 뿔과 같다.

9

많은 존재들은 토끼의 뿔과 같다. 세상들의 불가사의한 변화는 토끼의 뿔과 같다. 모든 성스러운 물들은 토끼의 뿔과 같다. 모든 신성한 성소들은 토끼의 뿔과 같다. 모든 종교의 행동 규범들은 토끼의 뿔과 같다. 모든 다양한 종교의 결과들은 토끼의 뿔과 같다. 베다들은, 온전히 그대로, 토끼의 뿔과 같다. 모든 경전들은 토끼의 뿔과 같다.

10

모든 무지는 토끼의 뿔과 같다. 모든 지식은 토끼의 뿔과 같다. 모든 속박은 토끼의 뿔과 같다. 모든 '해방'은 토끼의 뿔과 같다. 모든 시간은 토끼의 뿔과 같다. 모든 행위는 토끼의 뿔과 같다. 모든 것의 이해는 토끼의 뿔과 같다. 모든 것의 신(이슈와라)은 토끼의 뿔과 같다.

11

모든 종류의 개별적 영혼들은 토끼의 뿔과 같다. 모든 것들의 병합은 토끼의 뿔과 같다. 모든 이원의 방법은 토끼의 뿔과 같다. '모든 것에 대한 진리'는 토끼의 뿔과 같다. 모든 형식의 경전들은 토끼의 뿔과 같다. 경전들이 설명한 모든 비밀들은 토끼의 뿔과 같다. 모든 종류의 베단타와 확정된 결론들은 토끼의 뿔과 같다. 모든 것은 늘 토끼의 뿔과 같다.

12

결점처럼 버려지는 것은 토끼의 뿔과 같다. 좋은 것으로 받아들여지는 것은 토끼의 뿔과 같다. 충만한 것으로 생각되는 것은 토끼의 뿔과 같다. 유익한 것으로 생각되는 것도 토끼의 뿔과 같다. 타인에게 속하는 모든 것들은 토끼의 뿔과 같다. 자신에게 속하는 모든 것들은 토끼의 뿔과 같다. 나와 나 아님의 구별과 같은 그 모든 것들은 토끼의 뿔과 같다.

13

모두로 보이는 것은 토끼의 뿔과 같다. '진리'로 나타나는 것은 토끼의 뿔과 같다. 사랑으로 말하여지는 것은 토끼의 뿔과 같다. 관심을 가지고 그 말을 듣는 것은 토끼의 뿔과 같다. 애정을 담은 가르침은 토끼의 뿔과 같다. 세상을 창조하는 브람마는 토끼의 뿔과 같다. 세상을 보호하는 하리는 토끼의 뿔과 같다. 세상을 파괴하는 하라는 토끼의 뿔과 같다.

14

우리가 공부하는 민간 전승은 토끼의 뿔과 같다. 재편집된 작품들과 서사시들은 토끼의 뿔과 같다. 신성한 우파니샤드들은 토끼의 뿔과 같다. 여러 가지 경전들의 의미는 토끼의 뿔과 같다. 세상, 개체(지바)들, 지고한 분(파라)은 토끼의 뿔과 같다. 삼사라(탄생과 죽음의 끝없는 순환)는 토끼의 뿔과 같다. 사랑하는 이여, 순수한 지고한 브람만이 언제나 하나의 숭고한 실재이다.

15

언제 어디서나, 세상과 개체(지바)와 지고한 자를 묘사하는 이원은 모두 거짓이며 토끼의 뿔과 같다. 모든 세 시간대에서 오점 없이 불멸로 남아 있는 완벽하게 충만한 지고한 브람만이 절대적 진리이다. 이 극히 비밀스러운 진리를 흔들림 없이 듣고 이해한 사람은 브람만이 된다.

16

모든 신들과 사람들에게 얻기 어려운 "모든 것이 브람만이다."라는 이 확신을 들어라. 이것은 삼부('행복을 주는 자'인 쉬바)가 나에게 설명한 비밀이다. '나'라는 것의 마음의 형태의 내용이 무엇이든, '이것'이라고 생각하는 마음의 형태의 성분이 무엇이든, 그리고 '보이는 대상'이 무엇으로 나타나든 그 모두가 브람만이다.

17

"나는 몸이다." 라고 생각하는 관념은 내적 감각이라고 말할 수 있다. "나는 몸이다." 라고 생각하는 관념은 당혹케 하는 삼사라라고 말할 수 있다. "나는 몸이다."라고 생각하는 관념은 커다란 두려움의 원인이라고 할 수 있다. "나는 몸이다."라는 관념은 조금도 사실이 아니다. 모든 것은 브람만이다.

18

"나는 몸이다."라고 생각하는 관념은 나타나는 모든 세상이라고 말할 수 있다. "나는 몸이다." 라고 생각하는 관념은 가장 강한 속박이라고 말할 수 있다. "나는 몸이다."라고 생각하는 관념은 아주 큰 슬픔이라고 말할 수 있다. "나는 몸이다."라는 그 관념은 조금도 사실이 아니다. 모든 것은 브람만이다.

19

"나는 몸이다."라고 생각하는 '지식'은 정말이지 지식이 없는 무지라고 말할 수 있다. "나는 몸이다."라고 생각하는 '지식'은 마음의 강한 매듭이라고 말할 수 있다. "나는 몸이다."라고 생각하는 '지식'은 존재나 비존재라고 말할 수 있다. "나는 몸이다."라고 생각하는 '지식'은 조금도 사실이 아니다. 정말이지 모든 것은 브람만이다.

리부의 노래

20

"나는 몸이다."라고 생각하는 '지식'은 시련을 겪는 마음이라고 말할 수 있다. "나는 몸이다."라고 생각하는 '지식'은 오염된 바사나(과거의 인상. 경향)들의 악취라고 말할 수 있다. "나는 몸이다."라고 생각하는 '지식'은 지옥의 모든 공포라고 말할 수 있다. "나는 몸이다."라고 생각하는 '지식'은 조금도 사실이 아니다. 정말이지 모든 것은 브람만이다.

21

"나는 몸이다."라고 단정 짓는 지성은 변하기 쉬운 개체(지바)로 생각할 수 있다. "나는 몸이다."라고 단정 짓는 지성은 한계 짓는 요소라고 생각할 수 있다. "나는 몸이다."라고 단정 짓는 지성은 끝없는 슬픔의 연속이라고 생각할 수 있다. "나는 몸이다."라고 단정 짓는 그 지성은 조금도 사실이 아니다. 정말이지 존재하는 모든 것은 브람만이다.

22

"나는 몸이다."라고 단정 짓는 지성은 끝없는 집착이라고 생각할 수 있다. "나는 몸이다."라고 단정 짓는 지성은 탄생, 노쇠, 죽음이라고 생각할 수 있다. "나는 몸이다."라고 단정 짓는 지성은 매우 큰 죄라고 생각할 수 있다. "나는 몸이다."라고 단정 짓는 지성은 조금도 사실이 아니다. 정말이지 존재하는 모든 것은 브람만이다.

23

"나는 몸이다."라고 단정 짓는 지성은 측량할 수 없는 불운이라고 생각할 수 있다. "나는 몸이다."라고 단정 짓는 지성은 무한한 욕망이라고 생각할 수 있다. "나는 몸이다."라고 단정 짓는 지성은 셀 수 없이 다양한 결함들이라고 생각할 수 있다. "나는 몸이다."라고 단정 짓는 지성은 조금도 사실이 아니다. 정말이지 존재하는 모든 것은 브람만이다.

24

"나는 몸이다."라고 결론짓는 생각은 커다란 불순이라고 말할 수 있다. "나는 몸이다."라고 결론짓는 생각은 무한한 의심이라고 말할 수 있다. "나는 몸이다."라고 결론짓는 생각은 모든 오해를 초래하는 근원이다. "나는 몸이다."라고 결론짓는 생각은 조금도 사실이 아니다. 정말이지 존재하는 모든 것은 브람만이다.

25

어떠한 생각이든, 그것은 정말이지 개체(지바)이다. 어떠한 생각이든, 그것은 정말이지 신(이슈와라)이다. 어떠한 생각이든, 그것은 정말이지 또한 세상이다. 어떠한 생각이든, 그것은 정말이지 또한 마음이다. 어떠한 생각이든, 그것은 정말이지 또한 욕망이다. 어떠한 생각이든, 그것은 정말이지 또한 행위이다. 어떠한 생각이든, 그것은 정말이지 또한 슬픔이다. 어떠한 생각이든, 그것은 정말이지 모든 것이다.

26

관념들 없이 있는 것은 분리되지 않은 것이다. 관념들 없이 있는 것은 고요 속으로 가라앉는 것이다. 관념들 없이 있는 것은 진정한 지식이다. 관념들 없이 있는 것은 해방이다. 관념들 없이 있는 것은 자연스러운 상태(사하자)에 있는 것이다. 관념들 없이 있는 것은 브람만이 되는 것이다. 관념들 없이 있는 것은 쉬바가 되는 것이다. 관념들은 존재하지 않는다. 그것들은 흔적조차 없다, 정말이지 모든 것은 브람만이다.

27

상칼파(개념conept)와 관념idea 사이에는 조금의 차이도 없다. 정말이지, 관념은 그 자체가 상칼파이다. 상칼파가 무엇이든, 바로 그것은 크나큰 망상이다. 상칼파가 무엇이든, 바로 그것은 정신적, 육체적 병이다. 상칼파가 무엇이든, 바로 그것은 욕망이며 분노이다. 상칼파가 무엇이든,

바로 그것은 부가물이다. 상칼파가 무엇이든, 바로 그것은 모든 고통이다.

28

상칼파가 무엇이든, 바로 그것은 모든 잘못들이다. 상칼파가 무엇이든, 바로 그것은 모든 오점이다. 상칼파가 무엇이든, 바로 그것은 시간과 공간이다. 상칼파가 무엇이든, 바로 그것은 여러 개의 형상들이다. 상칼파가 무엇이든, 바로 그것은 세상의 환영이다. 상칼파가 무엇이든, 바로 그것은 개체(지바)이다. 상칼파가 무엇이든, 바로 그것은 신(이슈와라)이다. 상칼파가 무엇이든, 바로 그것은 모든 것이다.

29

상칼파만이 근본적 무지다. 상칼파만이 수많은 차이다. 상칼파만이 완전한 무지다. 상칼파만이 모든 두 쌍들이다. 상칼파만이 모든 행위이다. 상칼파만이 천국과 지옥이다. 상칼파만이 모든 존재이다. 상칼파만이 모든 세상이다.

30

상칼파만이 몸과 같은 그러한 것이다. 상칼파만이 듣는 것과 같은 그러한 것이다. 상칼파만이 자기 자신에 대한 생각이다. 상칼파만이 모든 다른 것이다. 상칼파가 나타나는 곳마다 모든 세상, 개체(지바)들, 지고자(파라)가 나타날 것이다. 상칼파는 전적으로 사실이 아니다. 정말이지 모든 것은 브람만이다.

31

마음과 상칼파 사이에는 조금의 차이도 없다. 마음은 모든 세상들이다. 마음 그 자체가 가장 큰 적이다. 더구나 마음 그 자체는 큰 윤회이다. 바로 마음이 탄생, 노쇠, 죽음이다. 마음 그 자체는 큰 슬픔이다. 마음 그 자체는 큰 오점이다. 마음 그 자체는 시간과 같은 그런 모든 것이다.

32

마음 그 자체가 상칼파이며 비칼파이다. 마음 그 자체가 지성이며 생각이다. 마음 그 자체가 자아이다. 정말이지 마음 그 자체가 일반적으로 모든 내적 능력이다. 마음 그 자체가 개체(지바)이며 굴레이다. 마음 그 자체가 행위자이며 즐기는 자이다. 마음 그 자체가 흙, 물, 불이다. 마음 그 자체가 공기이며 광활한 공간이다.

33

마음 그 자체가 소리이며 촉감이다. 마음 그 자체가 형상이며 맛이다. 마음 그 자체가 냄새로 나타난다. 마음 그 자체가 음식의 덮개이다. 마음 그 자체가 생명을 주는 공기(프라나)의 덮개이다. 마음 그 자체가 마음의 덮개이다. 마음 그 자체가 지성적 지식의 덮개이다. 마음 그 자체가 희열의 덮개이다.

34

마음 그 자체가 거친 몸이다. 마음 그 자체가 미세한 몸이다. 마음 그 자체가 원인의 몸이다. 마음 그 자체가 깨어남과 꿈의 상태이다. 마음 그 자체가 집착이 없고 꿈이 없는 잠의 상태이다. 마음 그 자체가 깨어 있는 상태의 모든 지바(개체)들이다. 마음 그 자체가 꿈꾸는 상태의 모든 지바들이다. 마음 그 자체가 꿈 없는 잠의 상태에 있는 모든 지바들이다.

35

마음 그 자체가 모든 집합체이다. 마음 그 자체가 모든 분리이다. 마음 그 자체가 다양한 신들이다. 마음 그 자체가 창조자 등과 같은 다섯 신들이다. 마음 그 자체가 정말이지 알려진 대상이다. 마음 그 자체가 정말이지 또한 알려지지 않은 대상이다. 마음 그 자체가 모든 움직이지 않는 것과 지각이 없는 것이다. 마음 그 자체가 보이는 모든 이원성이다.

36

언제나 허상인 것이 마음이다. 마음은 마술의 덫과 같은 것이다. 불임 여성의 아들인 것이 바로 마음이다. 마음 자체는 전혀 존재하지 않는다. 마음이 없으므로, 상칼파와 같은 것은 없다. 마음이 없으므로, 구루나 제자도 없다. 마음이 없으므로, 세상이나 영혼도 없다. 마음으로 가득 차 있는 모든 것은 브람만이다.

37

마음은 존재하지 않는다. 세상과 개체(지바)와 마음으로 만든 그 밖의 모든 것은 존재하지 않는다. 늘 모든 것은 오점 없는 존재-희열-의식의 공간이며 분리되지 않은 지고한 브람만이다. 이것에 대해서는 어떤 의문도 있을 수 없다. 이것이 진리이다. 나는 모든 곳에 존재하는 지고한 쉬바의 면전에서 이것을 말한다. 이 비밀스러운 설명을 잘 듣고 이해하는 사람이면 누구나 브람만이 될 것이다.

38

마음을 정화하는 베단타를 탐구함으로써, 지고한 쉬바에 대한 기쁜 헌신을 함으로써, 부유함과 다른 버려져야 할 것들을 포기함으로써, 지고한 쉬바에 대한 오점 없는 명상을 함으로써 해방을 주는 지식이 생길 것이며 앞서 말한 마음의 침묵이 완전히 지배할 것이다. 마음은 어떤 시끄러운 논쟁을 벌인다 해도 결코 평화를 얻을 수 없다.

39

볼 것이 없는데도 홀로 보는 자가 되는 이들과 마음에 잘못된 개념들이 없는 상태로 존재하는 이들에게는 깨어 있음이나 꿈, 혹은 깊은 잠이 전혀 없으며 죽음이나 구원이나 그 밖의 어떤 것도 없다. 공Void이란 고독의 적막 속에 자리 잡은 숭고한 마음상태에 대해서는 우리가 어떤 말을 해야 하는가! 이와 같이 리부는 절대 진리에 대한 확신을 니다가에게 설명해 주었다.

40

기쁨의 춤을 추는 상태에 있는 우리 신의 완벽하게 충만한 형상은 다음의 내용을 선언한다. 움직이고 움직이지 않는 모든 나타남들은 토끼의 뿔과 같다. 꿈처럼 모든 것에 나타나고 마음에서 비롯되는 모든 세상, 개체(지바)들, 지고자(파라)는 분리되지 않은 지고자이다.

제6장

브람만의 물로 목욕하는 것과
브람만의 만트라에 대하여

1

무지한 이를 위하여 자비로운 횃불을 비추소서! 당신은 매일 정화의 목욕을 어떤 물에서 하십니까? 목욕의 본질은 무엇입니까? 목욕을 하는 동안 암송하기에 적당한 만트라는 무엇입니까? 무엇 때문에 헌주를 합니까? 불은 왜 봉헌합니까? 부디 자비를 베푸시어 이 모든 것을 우리에게 가르쳐 주십시오. 이렇게 기도한 니다가에게 리부는 다음과 같이 답하였다.

2

모든 목욕 중에서 최상의 목욕은 나와 다르지 않은, 완벽하게 가득 찬 지고한 브람만의 저수지에서 하는 상쾌한 목욕이다. 용감한 아들아! 다른 어떤 물에서 하는 그 밖의 목욕은 목욕이 아니다. 나는 지고한 브람만의 바다인 차이 없는 광활한 지식의 공간에서 항상 목욕을 한다.

3

"나는 브람만이다."라는 철저한 확신이 목욕 중에서 최상의 목욕이다. 지고한 쉬바가 해박하게 설명한 그러한 목욕의 진정한 뜻을 들어라. 나는 언제나 지고한 브람만이다. 나는 언제나 존재−의식−희열이다. 나는 언제나 지고한 쉬바이다. 나는 브람만이라는 이러한 확신이 최고의 목욕이다.

4

나는 언제나 오직 지고자이다. 나는 언제나 오직 평화인 자이다. 나는 언제나 오직 영원한 자이다. 나는 언제나 오직 순수한 자이다. 나는 언제나 오직 깨달은 자이다. 나는 언제나 오직 해방된 자이다. 나는 언제나 오직 지고한 브람만이다. 나는 브람만이라는 이러한 확신이 최고의 목욕이다.

5

나는 언제나 오점이 없는 나이다. 나는 언제나 중단되지 않는다. 나는 언제나 부분이 없다. 나는 언제나 행위가 없다. 나는 언제나 오염되지 않는다. 나는 언제나 고통이 없다. 나는 언제나 지고한 브람만이다. 나는 브람만이라는 이러한 확신이 최고의 목욕이다.

6

나는 언제나 오점이 없다. 나는 언제나 베일이 없다. 나는 언제나 팔다리가 없다. 나는 언제나 속성이 없다. 나는 언제나 모든 것의 나이다. 나는 언제나 모든 것이 없다. 나는 언제나 지고한 브람만이다. 나는 브람만이라는 이러한 확신이 최고의 목욕이다.

7

나는 자아가 없다. 나는 '이것'이라는 것을 아무것도 가지지 않는다. 나는 애착이 없다. 나는 분할되지 않는다. 나는 네 번째 상태이다. 나는 네 번째 상태를 초월한다. 나는 지고한 브람만이다. 나는 브람만이라는 이러한 확신이 최고의 목욕이다.

리부의 노래

8

나는 오해가 없는 모든 것이다. 나는 한계가 없는 모든 것이다. 나는 아무것도 그것과 분리되지 않은 모든 것이다. 나는 측량할 수 없는 모든 것이다. 나는 완벽하게 충만한 모든 것이다. 나는 모든 것의 원인이다. 나는 언제나 지고한 브람만이다. 나는 브람만이라는 이러한 확신이 최고의 목욕이다.

9

나는 완벽하게 충만한 희열인 모든 것이다. 나는 끝이 없는 크나큰 희열이다. 나는 오점 없는 지고한 희열이다. 나는 언제나 능가할 자 없는 지고한 희열이다. 나는 언제나 존재−희열의 덩어리이다. 나는 언제나 의식−희열의 덩어리이다. 나는 언제나 지고한 브람만이다. 나는 브람만이라는 이러한 확신이 최고의 목욕이다.

10

나는 오로지 진리이다. 나는 오로지 자각이다. 나는 오로지 행복이다. 나는 오로지 유일한 자이다. 나는 오로지 움직임이 없다. 나는 오로지 나이다. 나는 오로지 브람만이다. 나는 브람만이라는 이러한 확신이 최고의 목욕이다.

11

나는 늘 거대한 공간이다. 나는 늘 위대하다. 나는 늘 의식의 공간이다. 나는 늘 의식의 덩어리이다. 나는 늘 지고한 무한함이다. 나는 언제나 지고한 나이다. 나는 언제나 지고한 브람만이다. 나는 브람만이라는 이러한 확신이 최고의 목욕이다.

12

나는 늘 몸, 감각들, 생명의 공기들, 마음, 자아와 같은 것들이 없다. 나는 늘 이름이나 형상이 조금도 없는 비이원의 존재이다. 나는 영원하고 자유로우며 속박되지 않는 하나의 나뉘지 않은 에센스이다. 나는 지고한 브람만이다. 나는 브람만이라는 이러한 확신이 최고의 목욕이다.

13

나는 몸에서 무지(아갸나)에 이르기까지 모든 것들과 다르다. 나는 언제나 마음과 말이 미치지 않는 곳에 있는 나뉘지 않고 비이원의 지고자이다. 나는 모든 것을 떠받치는 지지물이지만 어떤 것에 대해서도 조금의 집착도 가지지 않는다. 나는 지고한 브람만이다. 나는 브람만이라는 이러한 확신이 최고의 목욕이다.

14

나는 언제나 모든 지각력이 있는 것과 보이는 대상들을 초월한 지고한 존재이다. 나는 언제나 최상의 베다에서 이해되었던 나와 다르지 않은 지고자이다. 나는 티끌 하나도 별개로 있지 않으며, 언제나 '나' 그 자체로 남아 있는 지고자이다. 나는 순수한 지고한 브람만이다. 나는 브람만이라는 이러한 확신이 최고의 목욕이다.

15

비록 내가 모든 것의 마음속에 있으면서 그것들을 움직인다 하더라도 나는 전적으로 움직이지 않는 상태로 있다. 나는 모든 원소들, 그것들의 합성적인 결과물들, 그리고 개체(지바)와 같은 것들이 없다. 나는 시간, 공간, 대상들이 없는 비이원의 존재이다. 나는 순수한 지고한 브람만이다. 나는 브람만이라는 이러한 확신이 최고의 목욕이다.

16

이렇게 나는 너에게 지고한 브람만의 바다에서 정화의 목욕을 하는 쉬운 방법에 대해 말하였다. 소중한 이여! 망상 없이 이것을 단 한 번만이라도 듣고 이해한 사람이라면 누구나 브람만이 될 것이다. 지고한 쉬바가 가르쳤던 지고한 브람만의 만트라를 이제 들어라. 언제나 이것은 모든 위대한 만트라들 중의 에센스이며 가장 훌륭한 것이다.

17

나는 늘 존재인 브람만이다. 나는 늘 의식인 브람만이다. 나는 늘 희열인 브람만이다. 나는 늘 순수인 브람만이다. 나는 늘 비이원인 브람만이다. 나는 늘 나뉘지 않은 지고한 브람만이다. 이와 같이 자아 없는 나는 브람만이라는 확신이 정말이지 모든 것보다도 뛰어난 만트라이다.

18

나는 모든 것의 원인인 브람만이다. 나는 모든 것이 완전한 브람만이다. 나는 모든 것과 구별되는 브람만이다. 나는 원자 하나도 따로 떨어져 있지 않은 브람만이다. 나는 '나'로서 자리 잡은 브람만이며 나는 언제나 나뉘지 않은 지고한 브람만이다. 이와 같이 자아 없는 나는 브람만이라는 확신이 정말이지 모든 것보다도 뛰어난 만트라이다.

19

나는 망상이 없는 브람만이다. 나는 마야(환영, 미혹)에 기인하는 성품(비카라)의 어떤 변화도 없는 브람만이다. 나는 언제나 무지 없이 존재하는 브람만이다. 나는 이 때문에 생기는 어떤 변화도 없는 브람만이다. 나는 이원이 없는 브람만이다. 나는 늘 유일한 지고한 브람만이다. 이 자아 없는 나는 브람만이라는 확신이 참으로 모든 것보다도 뛰어난 만트라이다.

20

나는 늘 존재의 덩어리인 브람만이다. 나는 늘 오로지 존재인 브람만이다. 나는 늘 의식의 덩어리인 브람만이다. 나는 늘 오로지 의식인 브람만이다. 나는 늘 희열의 덩어리인 브람만이다. 나는 늘 미세한 지고한 브람만이다. 이 자아 없는 나는 브람만이라는 확신이 정말이지 모든 것보다도 뛰어난 만트라이다.

21

나는 늘 영원한 자인 지고한 브람만이다. 나는 늘 순수한 자인 지고한 브람만이다. 나는 늘 지식이 있는 자인 지고한 브람만이다. 나는 늘 해방된 자인 지고한 브람만이다. 나는 늘 오점이 없는 자인 지고한 브람만이다. 나는 늘 나뉘지 않은 지고한 브람만이다. 이 자아 없는 나는 브람만이라는 확신이 정말이지 모든 것보다도 뛰어난 만트라이다.

22

나는 언제나 숭고한 지식이다. 나는 언제나 지고한 나이다. 나는 언제나 지고한 쉬바이다. 나는 언제나 순수하다. 나는 언제나 가장 높은 것보다 더 높다. 나는 언제나 지고한 브람만이다. 이 자아 없는 나는 브람만이라는 확신이 참으로, 모든 것보다도 뛰어난 만트라이다.

23

나는 언제나 더러워지지 않는다. 나는 언제나 속성이 없다. 나는 언제나 베일이 없다. 나는 언제나 행위가 없다. 나는 고통이 없다. 나는 오점이 없는 지고한 브람만이다. 이 자아 없는 나는 브람만이라는 확신이 참으로, 모든 것보다도 뛰어난 만트라이다.

24

나는 언제나 애착이 없다. 나는 언제나 지극히 평화롭다. 나는 언제나 조각나지 않는다. 나는 언제나 절대 진리이다. 나는 언제나 속박이 없다. 나는 언제나 지고한 브람만이다. 이 자아 없는 나는 브람만이라는 확신이 참으로, 모든 것보다도 뛰어난 만트라이다.

25

비록 내가 모든 세계, 개체(지바)들 그리고 지고자(파라)로 나타나더라도 나는 전적으로 이와 같은 어떤 차이들도 없는 존재이다. 나는 최상의 베다들에서 알려져 있는 분리되지 않은 에센스이다. 나는 언제나 존재-의식-희열로 남아 있는 비이원의 지고한 브람만이다. 이 자아 없는 나는 브람만이라는 확신이 참으로, 모든 것보다도 뛰어난 만트라이다.

26

지고한 존재의 흠이 없는 지식은, 나는 브람만이라는 비길 데 없이 뛰어난 만트라를 매일, 끊임없이, 부지런히, 오랜 시간 반복해야 한다. 나는 브람만이라는 만트라만이 모든 큰 죄들을 없애 줄 것이다. 조금의 흠도 없는, 나는 브람만이라는 만트라는 이원이 만들어 내는 고통을 없애 줄 것이다.

27

"나는 브람만이다."라는 유명한 만트라만이 모든 거짓 차이점들을 파괴한다. "나는 브람만이다."라는 탁월한 만트라만이 생각의 모든 강한 악의들을 파괴할 것이다. "나는 브람만이다."라는 즐거운 만트라만이 마음의 모든 불행을 파괴할 것이다. "나는 브람만이다."라는 만트라만이 마음의 갖가지 질병들을 파괴할 것이다.

28

"나는 브람만이다."라는 변치 않는 만트라만이 상상할 수 있는 모든 슬픔을 파괴할 것이다. 나는 브람만이다."라는 광대한 만트라만이 가슴의 모든 욕망들을 파괴할 것이다. "나는 브람만이다."라는 탁월한 만트라만이 부푼 모든 노여움을 파괴할 것이다. "나는 브람만이다."라는 위대한 만트라만이 모든 개념(상칼파)들을 파괴할 것이다.

29

"나는 브람만이다."라는 만트라를 말하면 그것은 여러 가지 생각들을 파괴할 것이다. "나는 브람만이다."라는 광대한 만트라만이 '나'의 모든 불행들을 파괴할 것이다. "나는 브람만이다."라는 결점 없는 만트라만이 '이것'의 모든 불행들을 파괴할 것이다. "나는 브람만이다."라는 탁월한 만트라만이 모든 현상계를 파괴할 것이다.

30

"나는 브람만이다."라는 순수한 만트라만이 모든 무지를 파괴할 것이다. "나는 브람만이다."라는 순수한 만트라만이 식별의 모든 부족한 점을 파괴할 것이다. "나는 브람만이다."라는 순수한 만트라만이 모든 자만을 파괴할 것이다. "나는 브람만이다."라는 순수한 만트라만이 세상적인 존재의 불행을 파괴할 것이다.

31

"나는 브람만이다."라는 탁월한 만트라만이 '몸'의 개념에 대한 모든 결점들을 파괴할 것이다. "나는 브람만이다."라는 결점 없는 만트라만이 '감각들'의 개념에 대한 모든 결점들을 파괴할 것이다. "나는 브람만이다."라는 즐거운 만트라만이 '마음' 등의 개념에 대한 결점들을 파괴할 것이다. "나는 브람만이다."라는 만트라만을 말할 때 그것은 수백만의 결점들을 진실로 파괴할 것이다.

32

"나는 브람만이다."라는 고양시키는 만트라만이 모든 얀트라(신비한 도형)들과 탄트라(의식)들을 파괴할 것이다. "나는 브람만이다."라는 정화시키는 만트라만이 나타나는 것과 나타나지 않는 모든 것들을 파괴할 것이다. "나는 브람만이다."라는 변형시키는 만트라만이 모든 가공의 망상을 파괴할 것이다. "나는 브람만이다."라는 계시적인 만트라만이 모든 이원을 파괴할 것이다.

33

"나는 브람만이다."라는 소중한 만트라만이 모든 원소들을 파괴할 것이다. "나는 브람만이다." 라는 계시적인 만트라만이 모든 일련의 세상들을 파괴할 것이다. "나는 브람만이다."라는 변형시키는 만트라만이 나 아님의 모든 느낌을 지울 것이다. "나는 브람만이다."라는 철저한 만트라만이 세상, 개체들 그리고 지고자를 없애 줄 것이다.

34

"나는 브람만이다."라는 철저한 만트라만이 지속적인 명상을 가져다줄 것이다. "나는 브람만이다."라는 철저한 만트라만이 사비칼파(구별이 있는) 사마디를 가져다줄 것이다. "나는 브람만이다."라는 철저한 만트라만이 비칼파(거짓의 관념, 차별, 다양성) 없는 사마디를 가져다줄 것이다. "나는 브람만이다."라는 철저한 만트라만이 즉각적인 자각을 불러일으킨다.

35

"나는 브람만이다."라는 비길 데 없는 만트라만이 선에 대한 지각을 일으킨다. "나는 브람만이다."라는 결점 없는 만트라만이 힘에 대한 지각을 가져다준다. "나는 브람만이다."라는 만트라만을 말할 때 그것은 범주들이 없다는 지각을 가져다준다. "나는 브람만이다."라는 결점 없는 만트라만이 네 번째 상태에 대한 지각을 가져온다.

36

나의 오점 없는 지식을 드러내는 것은 늘 "나는 브람만이다."라는 만트라이다. 나의 오점 없는 세상blemishless world of the Self(아트마로카)을 정복하게 하는 것은 언제나 "나는 브람만이다."라는 만트라이다. 나의 황홀한 희열을 주는 것은 언제나 "나는 브람만이다."라는 만트라이다. 나뉘지 않는 해방의 희열을 주는 것은 언제나 "나는 브람만이다."라는 만트라이다.

37

7,000만 개의 강력한 만트라들은 오로지 수천만 번의 탄생을 초래할 뿐 탄생의 연속을 조금도 바꾸지 못하므로 "나는 브람만이다."라는 이 진귀한 만트라를 능가하는 만트라는 전혀 없다. 그러므로 모든 것보다 더 위대한 "나는 브람만이다."라는 오점 없는 만트라에 의지하여, 다른 모든 만트라들은 버려야 한다.

38

모든 종류의 만트라들을 치워 버린 뒤에 해방을 추구하는 모든 구도자들은 확고하게, 부지런히, 중단됨이 없이 늘 "나는 브람만이다."라는 만트라를 수행해야 한다. 그러한 변함없는 수행으로 지식(갸나)과 해방(목샤) 등 모든 것이 일순간에 얻어질 것이다. 모든 것을 주재하시는 지고한 쉬바의 발에 손을 대고 나는 이것을 진리라고 말한다. 이것은 의심의 여지가 없다.

39

니다가여! 나는 그대에게, 진리의 자각이요, 희열의 덩어리인 신(이슈와라)께서 모두의 이익을 위하여 나에게 설명해 주셨던 것처럼 모든 베다들, 베단타, 모든 서사시들, 모든 경전들에서 매우 비밀스럽게 다루어졌던 이 의미를 설명하였다. 이것을 듣고 이해하는 사람이면 누구나 완벽하게 충만한 지고한 브람만이 될 것이다.

40

상상으로 보는 모든 것들은 언제나 환영이다. 오점이 없는 지고한 쉬바는 유일한 진리이다. 마음, 말, 연약한 어떤 감각들도 도달할 수 없는 지식-희열의 위대한 덩어리인 "나는 그것이다."라는 지식은 해방의 유일한 적합한 수단이다. 이것은 확실하다. 이렇게 리부는 목욕을 위한, 두려움 없는 만트라를 가르쳐 주었다.

　　　　　　　　　　　　　　　　　　　　　　　　　리부의 노래

나는 불변하고, 더러워지지 않으며, 속성이 없으며, 영원하며, 부분이 없으며, 오점이 없으며, 차이가 없으며, 완전하게 충만한 존재—의식—희열인 브람만이라는 숭고한 진리를 말하고, 그리고 고귀한 목욕과 "나는 브람만이다."라는 순수한 만트라를 주는 것은 기쁨의 춤을 추는 상태에 있는 우리 신의 완벽하게 충만한 형상이다.

제7장
브람만을 위한 타르파나(물의 헌주)와
브람만을 위한 호마(불의 봉헌)에 대하여

1

니다가여! 앞서 신성한 목욕과 만트라에 대하여 말했으므로, 이제 모든 이의 이익을 위하여 고결한 지고한 쉬바가 설명한 매일 행하는 물의 헌주(타르파나)와 호마(불의 봉헌)에 대하여 그대에게 말하고자 한다. 모든 세상에서도, 베다들과 경전들에서도 이처럼 무게 있는 말은 드물다. 다음 설명을 주의 깊게 들어라.

2

우주는, 심지어 그 원자 하나조차, 진실로 어디에서건 결코 존재하지 않는다. 결코. 리그와 다른 베다들의 결론에 따라, 지고한 브람만인 보는 자만이 영원히 존재하며 내가 바로 그 브람만이라는 추론의 지지를 받은 오직 그 확신만이 바로 물의 헌주이다.

3

나는 브람만이며, 전적으로 완벽하다. 나는 브람만이며, 존재−지식−희열이다. 나는 지고한 브람만이며, 모든 것의 바탕이다. 나는 브람만이며, 원자 하나도 나와 조금도 떨어져 있지 않다. 나는 브람만이며, 의식의 비할 데 없는 공간이다. 나는 나의 성품을 지닌 흠 없는 브람만이다.

나는 브람만이며, 형상이 없다. 브람만이라는 이 확신이 바로 물의 헌주이다.

4

나는 슬픔이 없는 행복의 덩어리이다. 나는 순수한 지고한 나이다. 나는 아무런 오해들을 지니지 않고 있다. 나는 비이원의 희열이다. 나는 순수하게 망상 없음으로 있다. 나는 지식인 지고한 빛이다. 나는 유일한 지고한 브람만이다. 브람만이라는 이 확신이 바로 물의 헌주이다.

5

나는 비길 데 없는 존재이다. 나는 하나하나 열거될 수 없는 존재이다. 나는 변함이 없는 순수한 절대자(파라)이다. 나는 공간보다 더 미세한 존재이다. 나는 그 자체에 뿌리를 두고 있는 존재이다. 나는 오로지 존재 그 자체이다. 나는 아무것도 가지고 있지 않은 지고한 브람만이다. 브람만이라는 이 확신이 바로 물의 헌주이다.

6

나는 어떠한 말들로도 설명할 수 없는 존재이다. 나는 행위가 없는 존재이다. 나는 돌과 같이 움직이지 않는 존재이다. 나에게는 지각자도 없고 지각되는 대상도 없다. 나는 고통이 없고 나눌 수 없는 희열의 존재이다. 나는 그 자체 이외에는 아무것도 가지고 있지 않은 지고한 해방의 존재이다. 나는 무한한 지고한 브람만이다. 브람만이라는 이 확신이 바로 물의 헌주이다.

7

나는 늘 희열로 충만하다. 나는 늘 평화롭다. 나는 늘 의식-희열로 충만하다. 나는 지고한 쉬바이다. 나는 의식으로 충만한 지고한 쉬바이다. 나는 관대하고 완전하다. 나는 그 어떤 것으로도 이해될 수 없다 나는 최소한의 것도 가지고 있지 않은, 털끝만큼도 가지고 있지 않은 존재이다. 브람만이라는 이 확신이 바로 물의 헌주이다.

8

나는 흠이 없는 지고한 브람만이다 나는 속성(구나)들이 없는 지고한 브람만이다. 나는 비교할 수 없는 지고한 브람만이다. 나는 오점 없는 지고한 브람만이다. 나는 무한한 지고한 브람만이다. 나는 부분이 없는 지고한 브람만이다. 나는 이원이 없는 지고한 브람만이다. 브람만이라는 이 확신이 바로 물의 헌주이다.

9

볼 것이 아무것도 없으므로 나는 보는 자가 아니다. 볼 것도, 보는 자도 없기에 나는 방해받지 않는 유일한 하나(케발라)이다. 어떠한 해방이나 속박도 없으므로 나는 특별한 특징이 없는 존재이다. 나는 보는 등의 활동이 없는 존재이다. 브람만이라는 이 확신이 바로 물의 헌주이다.

10

나는 몸, 감각들, 생명, 눈, 마음, 지성, 생각 혹은 자아가 없다. 나는 무지에서 나오는, 이름이나 형상 같은 망상의 흔적에 의해서도 영향을 받지 않는 존재이다. 나는 나뉘지 않는 의식이며 언어와 말이 미칠 수 없는 곳에 있다. 나는 지고한 희열의 고통 없는 덩어리이다. 브람만이라는 이 확신이 바로 물의 헌주이다.

11

나는 존재-의식-희열의 덩어리이다. 나는 영원한 공이다. 나는 위대하고 완벽한 침묵이다. 나는 유일한 변함없는 나이다. 나는 숭고한 네 번째 상태이다. 나는 네 번째 상태를 초월한다. 나는 이러한 것을 하나도 가지고 있지 않다. 브람만이라는 이 확신이 바로 물의 헌주이다.

12

나는 탄생과 같은 변화들 없는 존재이다. 나는 동요하는 행위가 없다. 나는 어떤 깨어남도, 꿈도, 그리고 깊은 수면의 상태들도 없다. 나는 깨어 있는 상태의 모든 경험(비스반)과 같은 그러한 것이 없다. 나는 세 개의 몸들이라는 것이 없다. 나는 세상도, 개체(지바)도, 그리고 지고자(파라)도 없다. 나는 항상 지고한 브람만이다. 브람만이라는 이 확신이 바로 물의 헌주이다.

13

나는 항상 진리이다. 나는 변함없는 의식이다. 나는 집착이 없는 희열이다. 나는 두 번째가 없는 비이원이다. 나는 속박이 없는 절대 해방이다. 나는 의식의 지고한 공간인 숭고함이다. 나는 무한한 지고한 브람만이다. 브람만이라는 이 확신이 바로 물의 헌주이다.

14

저것, 이것, 너 그리고 나로 보이는 것은 조금도, 아니 전혀 존재하지 않고 있다. 어디에서든, 어떤 방식으로든 지각 대상으로서 나타나는 모든 것들에 대해 말하자면, 그 모든 현상들은 단지 모든 것에 스며들어 있는 지각자인 브람만이다. 이것은 의심할 여지가 없다고 나는 확신한다. 이 모든 것과 나 자신은 지고한 브람만이다. 브람만이라는 이 확신이 바로 물의 헌주이다.

15

소중한 사람아! 나는 이처럼 모두의 이익을 위하여 브람만에게 바치는 물의 헌주(타르파나)를 설명했다. 이것을 단 한 번이라도 듣고 이해하는 사람은 누구나 브람만이 된다. 이와 마찬가지로, 니다가여! 이제 나는 그대에게 지고한 브람만에 바치는 호마(불의 봉헌)를 설명해 주겠다. 흔들림 없는 마음으로 들어라.

16

나는 늘 지고한 브람만이다. 나는 늘 지고한 나이다. 나는 늘 지고한 쉬바이다. 나는 늘 고귀한 것 중에 가장 고귀하다. 나는 늘 지고한 희열이다. 나는 늘 완전하게 충만하다. 나는 늘 지혜이다. 나는 브람만이라는 이 확신이 바로 귀한 불의 봉헌이다.

17

정말로 나는 오로지 오점 없는 지고한 브람만이다. 정말로 나는 오로지 영원한 지고한 브람만이다. 정말로 나는 오로지 모든 것에 퍼져 있는 지고한 브람만이다. 정말로 나는 오로지 흠 없는 지고한 브람만이다. 정말로 나는 오로지 나뉘지 않은 지고한 브람만이다. 정말로 나는 오로지 옴이라는 음절의 의미인 지고한 브람만이다. 나는 오로지 형상이 없는 지고한 브람만이다. 나는 브람만이라는 이 확신이 바로 귀한 불의 봉헌이다.

18

정말로 나는 영원한 희열의 지고한 브람만이다. 정말로 나는 평화인 지고한 브람만이다. 정말로 나는 의식–희열인 지고한 브람만이다. 정말로 나는 의식으로 충만한 지고한 브람만이다. 정말로 나는 숭고한 지고한 브람만이다. 정말로 나는 오직 하나인 지고한 브람만이다. 나는 '그것'인 지고한 브람만이다. 나는 브람만이라는 이 확신이 바로 귀한 불의 봉헌이다.

19

나는 생각에 에워싸이지 않는 지고한 브람만이다. 나는 오점이 없는 지고한 브람만이다. 나는 형상이 없는 지고한 브람만이다. 나는 오직 자각 그 자체인 지고한 브람만이다. 나는 행위 없는 지고한 브람만이다. 나는 홀로 있는 지고한 브람만이다. 나는 보이지 않는 지고한 브람만이다. 나는 브람만이라는 이 확신이 바로 귀한 불의 봉헌이다.

20

나는 결코 육체도 아니며 감각들도 아니다. 나는 결코 그 생명의 공기(프라나)들도 아니며 마음도 아니다. 나는 결코 지성도 아니며 생각도 아니다. 나는 결코 자아가 아니다. 나는 결코 이들의 근원에 있는 무지가 아니다. 나는 결코 깨어 있는 자도, 꿈꾸는 자도, 잠자는 자도 아니다. 나는 늘 모든 것과 다른 바로 그런 존재이다. 나는 브람만이라는 이 확신이 바로 귀한 불의 봉헌이다.

21

나는 결코 거친 몸 등과 같은 세 가지 몸들이 아니다. 나는 존재들로 된 세상의 경험자가 아니다. 나는 결코 음식과 같은 것의 덮개가 아니다. 나는 결코 이러한 것들의 경험자가 아니다. 나는 결코 과거의 축적이 아니다. 나는 어떠한 이름들도 형상들도 아니다. 나는 언제나 모든 것과 다르다. 나는 브람만이라는 이 확신이 바로 귀한 불의 봉헌이다.

22

나에 관해 듣고 연구할 수는 없다. 나에 관한 생각과 숙고도 없다. 나에 관한 차별 없는 명상도 없다. 나에 관한 명상에 있어 차별화되지 않은 잠김absorption도 없다. 나에 관한 '공의 지식'도 없다. 나에 관한 '비이원의 해방'도 없다. 나는 시작이 없는 지고한 브람만이다. 나는 브람만이라는 이 확신이 바로 귀한 불의 봉헌이다.

23

내부 등과 같은 세 가지 차이(베다bheda)들은 실재하지 않는다. 다섯 가지 미세한 원소들은 실재하지 않는다. 마음 등과 같은 네 요소는 실재가 아니다. 현재 등과 같은 시간의 세 요소는 실재가 아니다. 세 가지 다른 성질은 실재가 아니다. 브람마(창조자)와 같은 세 분의 신들도 실재가 아니다. 나는 항상 지고한 브람만이다. 나는 브람만이라는 이 확신이 바로 귀한 불의 봉헌이다.

24

모든 베다들은 실재가 아니다. 경전들은 실재가 아니다. 베다들의 의미는 실재가 아니다. 모든 원소들은 실재가 아니다. 이러한 요소들로 이루어진 움직이거나 움직이지 않는 세상은 실재가 아니다. 모든 차이들은 실재가 아니다. 그와 같은 차이들 때문에 분리되어 있는 것으로 보이는 대상들은 실재가 아니다. 나는 어떠한 고뇌도 없는 지고한 존재다. 나는 브람만이라는 이 확신이 바로 귀한 불의 봉헌이다.

25

모든 종류의 철학들은 정말이지 실재가 아니다. 모든 종류의 세상들은 정말이지 실재가 아니다. 모든 종류의 계급caste들은 정말이지 실재가 아니다. 모든 종류의 삶의 순서(아쉬라마)들은 정말이지 실재가 아니다. 모든 종류의 이름들은 정말이지 실재가 아니다. 모든 종류의 형상들도 정말이지 실재가 아니다. 나는 이 모든 것이 없는 지고한 브람만이다. 나는 브람만이라는 이 확신이 바로 귀한 불의 봉헌이다.

26

베다들에서 얻은 지식 또한 정말이지 실재가 아니다. 미묘하고 복잡한 경전들에서 얻은 지식 또한 정말이지 실재가 아니다. 모든 성스러운 물들 또한 정말이지 실재가 아니다. 모든 고행과 자선 또한 정말이지 실재가 아니다. 구루와 제자 또한 정말이지 실재가 아니다. 구루에게서 전해진 만트라 또한 정말이지 실재가 아니다. 나는 보이지 않는 지고한 브람만이다. 나는 브람만이라는 이 확신이 바로 귀한 불의 봉헌이다.

27

모든 상반되는 두 생각들은 정말이지 실재가 아니다. 모든 이원은 정말이지 실재가 아니다. 속박으로 고통 받는 육체와 같은 것들은 정말이지 실재가 아니다. 다양한 종류의 존재들은 정말이지 실재가 아니다. 마음의 경험들은 정말이지 실재가 아니다. 행위의 모든 결과들은 정말이지 실재가 아니다. 나는 끝없는 지고한 브람만이다. 나는 브람만이라는 이 확신이 바로 귀한 불의 봉헌이다.

28

해박하게 설명되는 것 또한 정말이지 실재가 아니다. 탐하여 들리는 것 또한 정말이지 실재가 아니다. 사실처럼 보이는 것 또한 정말이지 실재가 아니다. 확신 없이 느껴지는 것 또한 정말이지 실재가 아니다. 모든 종류의 모습 또한 정말이지 실재가 아니다. 지각되는 모든 것 또한 정말이지 실재가 아니다. 나는 비할 수 없는 지고한 브람만이다. 나는 브람만이라는 이 확신이 바로 귀한 불의 봉헌이다.

29

나 자신인 오점 없는 지고한 브람만 안에 날줄과 씨줄로 엮인 것으로 보이는 것은 정말이지 실재가 아니다. 나 자신인 오점 없는 지고한 브람만 안에 보이는 모든 원인과 결과는 정말이지 실재가 아니다. 나 자신인 영원한 지고한 브람만 위에 부가되는 모든 덧없는 첨가물들은 정말이지 실재가 아니다. 나는 지각할 수 있는 어떤 것도 가지지 않는 지고한 존재이다. 나는 브람만이라는 이 확신이 바로 귀한 불의 봉헌이다.

30

전부와 부분 역시 정말이지 실재가 아니다. 덧없는 슬픔과 행복감은 정말이지 실재가 아니다. 활기참과 의기소침도 정말이지 실재가 아니다. 장점(푼야)과 단점(파파)은 정말이지 실재가 아니다. 생겨나는 성공과 실패는 정말이지 실재가 아니다. 행복을 얻는 것과 잃는 것 또한 정말이지 실재가 아니다. 나는 형상 없는 지고한 브람만이다. 나는 브람만이라는 이 확신이 바로 귀한 불의 봉헌이다.

31

마음과 다른 그러한 실체들 또한 정말이지 실재가 아니다. 모든 작은 구분 또한 정말이지 실재가 아니다. 다채로운 지식은 정말이지 실재가 아니다. 지각의 다양성 역시 정말이지 실재가 아니다. 소리 등과 같은 다섯 가지 미묘한 감각들 역시 정말이지 실재가 아니다. 움직이거나 움직이지 않는 모든 세상은 실재가 아니다. 나는 오점 없는 지고한 브람만이다. 나는 브람만이라는 이 확신이 바로 귀한 불의 봉헌이다.

32

소중한 사람아! 모든 고유한 의미는 실재가 아니다. 모든 외적인 설명 또한 실재가 아니다. 헌신하고 있는 당신 또한 정말이지 실재가 아니다. 설명하고 있는 나 역시 정말이지 실재가 아니다. 모든 다른 것들 역시 정말이지 실재가 아니다. 세상과 개체(지바)들의 넓은 공간은 정말이지 실재가 아니다. 나 자신은 비이원의 브람만이다. 나는 브람만이라는 이 확신이 바로 귀한 불의 봉헌이다.

33

나는 브람만이라는 확신이 정화의 목욕이다. 나는 브람만이라는 확신이 만트라이다. 나는 브람만이라는 확신이 물의 헌주(타르파나)이다. 나는 브람만이라는 확신이 불의 봉헌(호마)이다. 귀한 사람아! 나는 브람만이라는 확신은 규정된 모든 의무들이다. 그러므로 해방을 추구하는 구도자는 매일 끊임없이 나는 브람만이라는 확신을 갈고 닦아야 한다.

34

이렇게 하여 나는 지고한 쉬바가 나에게 설명해 준 대로 신성한 목욕에서부터 물의 봉헌 등에 이르기까지 이 모든 것들을 설명하였다. 내가 말한 것에는 어떠한 의심도 없다. 이것은 진리이다. 내가 말했던 것이 진리라는 것을 나는 모든 곳에 찬란하게 퍼져 있는 신(이슈와라)의 발에 맹세코 단언한다. 이를 단 한 번만이라도 주의 깊게 사랑으로 듣고 이해한 사람은 누구나 브람만이 될 것이다.

35

그것 안에서 모든 세상이 생겨나고 없어지며 그것에 의해서 빛나는 태양, 달, 불, 별 그리고 번개와 같은 여러 가지 빛나는 물체들이 나타난다. 그러나 그것은 이것들에 의해 나타날 수 없으며 이것을 두려워하면서 신들과 악마들은 각각 그들에게 주어진 행위들을 한다. 순수한 지식인 지고한 쉬바에 의지하여 그대는 모든 덧없는 지각의 대상들을 피하면서 명상해야 한다.

36

나 자신은 나뉘지 않은 지식인 지고한 쉬바이다. 이 부단한 명상이 규정된 숭배이다. 이것에 의하여, 그리고 진리에 바탕을 둔 선한 마음으로 우리는 지고한 쉬바를 깨달을 수 있다. 다른 어떤 방법으로도 그것의 순수함을 알 수 없다. 그러므로 그대는 구루가 가르친 대로 지고한 쉬바를 항상 헌신으로 명상해야 한다.

37

나는 영원히 존재−지식−희열이며 모든 것의 바탕인 브람만이라는 것을 깨닫지 못한 사람들은 윤회의 바다를 건너 유일한 지고한 쉬바인 피안에 도달하여 희열을 얻지 못한다. 그러므로 우리는 설명한 바와 같이 지고한 쉬바를 반드시 깨달아야만 한다.

38

이같이, 위대한 현자 리부는 니다가에게, 온 우주의 신이며, 모든 이에게 기쁨과 해방의 기분 좋은 혜택들과 삶의 모든 목적(푸루샤르타)을 자비롭게 부여하는 지고한 쉬바가 설명했던 식으로, 니다가의 마음속에 있던 모든 의심들이 풀릴 때까지 속박을 없애는 타르파나(물의 헌주)와 호마(불의 봉헌)를 사랑으로 자세히 설명하였다.

39

지고한 분에게 바치는 호마와 브람만에게 바치는 타르파나에 대하여, 나는 볼 대상이 하나도 없이 늘 보는 자이며 오로지 완벽하여 분리되지 않으며 평온하며 존재–의식–희열인 차별 없는 지고자라는 설명을 하신 분은 기쁨으로 춤을 추고 있는 우리 신의 완벽하게 충만한 형상이다.

리부의 노래

제8장
지반묵타(살아 있는 동안 해방을 얻은 사람)의 정의

1

니다가여! 이번 설명에서는 지반묵타(살아 있는 동안 해방을 얻은 사람)의 특징에 대하여 말하겠다. 언제나 나이며, 희열의 덩어리이며, 평화로 가득한 이가 지반묵타이다. 거대하고 더할 나위 없이 충만한 평정 상태에서 "나는 완전하며 궁극의 진리이며 자각인 나와 다르지 않은, 의식—희열인 지고한 브람만이다."라는 확신을 가진 자가 지반묵타이다.

2

"나는 가장 높은 것을 초월하는 진리이며, 의식—희열의 존재인, 삿트와(빛을 내는)와 기타(라자스—동요, 타마스— 어둠)의 세 가지 속성들이 없는 지고한 브람만이다." 라는 확신을 가진 이가 지반묵타이다. "나는 세 가지 몸(거친 몸, 미세한 몸, 원인의 몸)들이 없는 지식의 존재이며, 희열의 덩어리이며, 유일한 자이며, 영원한 자인, 영원하고 지고한 나이다."라는 확신을 늘 가지고 있는 이가 지반묵타이다.

3

"나는 유일자인 지고한 브람만이다."라는 확신으로 몸과 같은 것에 대한 애착들이 조금도 없이 희열의 상태에 늘 머무는 자가 지반묵타이다. 망상에서 벗어나 언제나 침묵과 큰 희열 속에 있으며 슬픔으로 괴로워하는 자아를 조금도 갖지 않고 오로지 순수한 의식으로만 존재하는 자가 지반묵타이다.

4

순수한 마음 상태에서 오로지 의식만을 깨닫고 직접 의식의 존재가 되려는 데 늘 집중하며, 망상과 같은 모든 상상의 것들을 무시하는 자가 지반묵타이다. 비록 몸 안에 있지만 어떤 환영에도 집착하지 않으며 늘 희열의 상태에서 순수하고 변함이 없는 이가 지반묵타이다.

5

나 안에 언제나 거주하면서 "나는 유일한 지고한 지식이다."라는 것을 알며 어떠한 자아도 없이 직접 지고한 희열이 되는 이가 지반묵타이다. 마음이 바위처럼 움직이지 않고, 오점 없는 순수한 나만으로서 언제나 진리와 희열을 즐기는 이가 지반묵타이다.

6

모든 여러 관념들을 완전히 버리고, 분리할 수 없는 하나이며, 평화롭고, 다양성이라는 모든 관념들이 없으며, 차이 없이 존재하는 이가 지반묵타이다. "나에게는 아무런 망상, 마음, 지성, 지혜, 자아, 생명과 여러 감각들이 없다. 나는 브람만이다."라는 확신을 가진 이가 지반묵타이다.

7

나는 소리와 같은 다섯 감각들을 가지고 있지 않다. 또한 욕망, 분노, 결점, 지성의 영향이라고 알려진 적들도 없다. 또한 나는 어떤 여러 환영 같은 것들도 가지고 있지 않으며 천한 속박이나 해방도 가지고 있지 않다. 나에게는 마음이나 생각 같은 것이 없기 때문에 나는 이 모든 것들이 없는 브람만이다. 이런 확고한 신념을 가진 이가 지반묵타이다.

8

나 외에는 거친 몸과 같은 그런 몸이 없다. 나 외에는 깨어 있는 상태와 같은 그런 상태가 없다. 나 외에는 깨어 있는 자가 없다. 나 외에는 소우주나 대우주가 없다. 나 외에는 내적 세계가 없다. 나 외에는 외적 세계가 없다. 나 외에는 아무것도 없다. 나는 브람만이다. 이런 확신을 가진 이가 지반묵타이다.

9

나 외에는 성스러운 강이나 목욕이 없다. 나 외에는 성소나 신이 없다. 나 외에는 숭배나 신들이 없다. 나 외에는 다르마나 죄가 없다. 나 외에는 탄생이나 속박이 없다. 나 외에는 지식이나 해방이 없다. 나 외에는 아무것도 없다. 정말이지 나는 브람만이다. 이런 확신 속에 머무는 이가 지반묵타이다.

10

나 외에는 베다들이나 경전들이 없다. 나 외에는 규정이나 금지가 없다. 나 외에는 구루나 제자가 없으며, 나 외에는 교훈이나 입문이 없으며, 나 외에는 지고자의 깨달음이라는 지식이 없으며, 나 외에는 시간이나 공간이 없다. 나 외에는 언제나 아무것도 없다. 나는 브람만이다. 이렇게 깨닫는 이가 지반묵타이다.

11

나 외에는 원소나 세상이 없다. 나 외에는 원소들로 구성된 것이 하나도 없다. 나 외에는 전부도, 조금도 없다. 나 외에는 비이원도, 이원도 없다. 나 외에는 멀리 있는 것도, 가까이 있는 것도 없다. 나 외에는 높은 것도, 낮은 것도 없다. 나 외에는 명예도, 불명예도 없다. 나는 브람만이다. 이렇게 깨닫는 이가 지반묵타이다.

12

나 외에는 계급이나 규범이 없다. 나 외에는 종족이나 계보가 없다. 나 외에는 행위나 결과가 없다. 나 외에는 원인이나 결과가 없다. 나 외에는 지식이나 무지가 없다. 나 외에는 묵상이나 명상에의 몰입이 없다. 나 외에는 소리나 소음이 없다. 나는 브람만이다. 이렇게 깨닫는 이가 지반묵타이다.

13

나 외에는 자파(만트라의 반복)나 타파스(강한 수련, 고행)가 없다. 나 외에는 의식이나 만트라가 없다. 나 외에는 호마나 속죄가 없다. 나 외에는 낮이나 밤이 없다. 나 외에는 브람마나 비슈누가 없다. 나 외에는 하라나 다른 신이 없다. 나 외에는 신들이 없다. 나는 브람만이다. 이렇게 깨닫는 이가 지반묵타이다.

14

여기 나에게는 추위나 더위가 없다. 여기 나에게는 성공이나 실패가 없다. 여기 나에게는 두려움이나 두려움 없음이 없다. 여기 나에게는 배고픔이나 목마름 같은 고통이 없다. 여기 나에게는 정신적이거나 신체적인 질병이 없다. 여기 나에게는 바닥이나 천정이 없으며, 위에 있는 것도 아래에 있는 것도 없다. 나는 지식의 덩어리인 브람만이다. 이 충만한 깨달음을 지닌 이가 지반묵타이다.

15

나에게는 주요한 지점point(방향)들이나 이들의 부재도 없다. 나에게는 내적인 것도 외적인 것도 없으며, 구해야 하는 것도 없다. 내가 밝혀내야 하는 것도 없으며 기억해야 하는 것도 없고, 이해해야 하는 것도 없다. 정말이지 나는 브람만 이외의 아무것도 없는 브람만이다. 이 나뉘지 않은 지고한 지식을 지닌 이가 지반묵타이다.

16

여기 나에게는 경험의 여러 가지 대상들이 없다. 여기 나에게는 경험에 대한 애착이 없다. 여기 나에게는 혼란스러운 애착이 없다. 여기 나에게는 평화 안에 자리 잡고 있다는 것 역시 없다. 여기 나에게는 변덕스러운 무지가 없다. 여기 나에게는 제거할 수 없는 구속이 없다. 정말이지 나는 변하지 않는 브람만이다. 이런 불변의 확신을 가진 이가 지반묵타이다.

17

나는 여기에 아무런 욕망도 혐오도 없다. 나는 여기에 도취감도 황홀함도 없다. 부가되는 이원이 여기의 나에게는 없다. 비존재에 대한 비판이 여기의 나에게는 없다. 여기 나에게는 순수에 대한 표시hallmark도 없으며 요가에 대한 확고함도 없다. 나는 하나인 브람만이다. 이런 확신 속에 있는 이가 지반묵타이다.

18

나에게는 탄생, 존재, 성장, 발달, 노쇠, 죽음, 그리고 피부와 같은 지각의 수단들이 없다. 여기 나에게는 유년기, 청년기, 노년기도 없으며 경험할 수 있는 조건들이 없다. 나에게는 비이원도 이원도 없다. 정말이지 나는 완벽히 충만한 지식이며, 지고한 자이다. 이렇게 자리 잡고 있는 이가 지반묵타이다.

19

검은색이나 흰색이나 빨강색도 없으며 수많은 형상들이나 이름들도 없으며 무지나 두려움이나 공도 없으며 그림자나 어둠이나 빛도 없으며 고행들이나 행복이나 슬픔도 없다. 나 외에는 여기에 아무것도 없다. 정말이지 나는 빛나는 브람만이다. 확고히 이 상태에 있는 이가 지반묵타이다.

20

마음에 들지 않는다고 버려야 할 것이 없고 마음에 든다고 추가할 것도 없으며 가르치는 구루나 제자와 같은 것이 없으며 지식, 아는 자, 알 수 있는 것도 없으며 지각력이 있는 것이나 어리석은 지각력이 없는 것도 없으며 길조, 흉조도 없다. 나는 차이 없는 브람만이다. 이 깨지지 않는 확신 속에 사는 이가 지반묵타이다.

21

나에게는 경이로운 것이 없다. 여기 나에게는 나나 나 아닌 것도 없다. 천국이나 여타의 그러한 보답 같은 가공의 실체들도 없으며 배울 학문도 없고 여러 가지 의심과 설명도 없고 가꾸어야 할 평화나 극기도 없다. 나는 '그것'으로 있는 브람만이다. 이 확신에 확고히 있는 이가 지반묵타이다.

22

여기 나에게는 부서질 오해들이 없다. 여기 나에게는 여러 가지 세상들이 없다. 여기 나에게는 비난할 것이 없으며 여기 나에게는 칭찬해야 할 것도 없고 나에게는 표현할 말도 없고 지켜야 할 침묵도 없다. 나는 순수한 브람만이다. 이런 확신 안에 있는 이가 지반묵타이다.

23

세 가지 속성들의 균형과 같은 것은 없으며 삿트와 상태의 탁월함과 같은 환영도 없으며 다른 두 가지 속성quality들에 의해 지배되는 무지도 없으며 타마스의 어둠이 지배하는 분리도 없다. 어떤 종류의 조건화도 없기에 세상, 개체(지바), 지고자(파라)도 없다. 비이원의 브람만만이 존재할 뿐이며, 나는 정말이지 그것이다. 이렇게 깨닫는 이가 지반묵타이다.

24

나는 정말이지 존재−지식−희열이다. 나는 오로지 존재−지식−희열이다. 나는 정말이지 영원한 지식−희열이다. 나는 오로지 영원한 지식−희열이다. 나는 정말이지 순수이며 완벽한 충만이다. 나는 오로지 순수이며 완벽한 충만이다. 이렇듯 변함없이 이 확고한 확신 속에 늘 있는 자가 지반묵타이다.

25

집착이 없는 지반묵타는 그가 그 자체 내에 그 자체로서 머물고 있는 지고한 브람만이라는 분리되지 않은 깨달음을 가진 자이며, 둘째가 없는 나를 즐기는 자이며, 그 자신 안에서 그 자신으로서 오로지 홀로 자리 잡고 있는 자이며, 그리고 자기 자신의 희열을 즐기고 있는 자이다.

26

탁월한 지반묵타는 브람만의 성품 안에서 안전하게 자리 잡아 "나는 브람만이다. 브람만은 나다. 나는 모든 것이다."라는 확신을 가진 자이며, 모든 그릇된 관념에서 벗어나 세상, 지고한 자, '나'와 '이것'으로 일어나는 모든 이미지에 손상 받지 않는 자이며, 마음에 모든 기억들이 없는 자이며, 브람만−지식이라는 숭고한 확신인 지극한 행복에 둘러싸여 있는 자다.

27

니다가여! 지고한 쉬바가 일찍이 내게 자비롭게 가르쳐 주었듯이 지반묵타의 특질characteristic들에 대한 이 확실한 지식을 나는 그대에게 분명하게 설명하였다. 이것은 베다들과 다른 경전들보다 미묘하며 비밀스럽다. 한 번이라도 이것을 듣고 이해하는 자는 누구든 그 스스로가 브람만이 될 것이다.

28

믿음이 변덕스러워 신(이슈와라)의 비존재를 논쟁하면서 영원한 천국을 얻으려는 희망으로 리그 등과 같은 베다들의 카르마 칸다(희생, 제례의식, 지켜야 할 것들과 같은 행위에 대한 장)에서 말하는 행위들로 자신의 몸을 학대하는 자들은 결코 브람만의 희열을 얻지 못할 것이며 오직 윤회의 고통에 갇힐 것이다.

29

지고한 쉬바에 대한 숭배에서 생겨나는 분리되지 않은 지식이라는 배를 타야만 지고한 신(파라메스와라)의 헌신자는 윤회의 바다를 건널 수 있다. 다른 이들은 말의 뿔처럼 실체가 없는 이 바다를 건널 수 없다. 이와 같이 성자 리부는 지반묵타의 특성들을 니다가에게 설명하였다.

30

기쁨의 춤을 추는 상태에 있는 우리 신의 완벽하게 충만한 형상은 다음과 같이 말한다. 지반묵타의 특징은 마야(환영, 망상)나 무지나 신(이슈와라)이나 현상계는 전혀 없으며, 분리되지 않고 부분이 없는 저 브람만이 오로지 나라는 확실하고 분명한 지식이다.

제9장
비데하묵타(몸을 떠난 해방을 얻은 사람)의 정의

1

니다가여! 비데하묵타(몸으로부터 해방된 사람)의 특성들에 관한 이 진귀한 설명을 들어라. 모든 기억들이 전혀 없으며, '그것' 그 자체에 머무르며, 평화롭고, 고귀하며, 숭고한 희열의 덩어리이며, 어떤 형상들에도 집착하지 않으며, 거대한 침묵의 상태에 있고, 단지 브람만으로, 자각으로 있는 이가 비데하묵타이다.

2

비데하묵타는 모든 것의 분리되지 않은 나이며, 분리되지 않은 지고한 평화이며, 애착하지 않으며, 아무것도 지니지 않으며, '해방'조차도 지니지 않으며, 아무런 형상이 없으며, 진리–깨달음–희열이며, 오로지 완전히 충만한 브람만이다.

3

나로서 존재하며, 위대한 잠언(마하바키야)들로 정의되며, 희열의 덩어리인 지고한 나이며, 아무런 행위들이 없는 순수한 나이며, 그냥 의식인 자연스러운 나이며, 떨어져 있는 것이 하나도 없는 오롯한 나이며, 여섯 가지 변형들을 가지지 않는 분리되지 않은 나이며, 그리고 망상이 없이 완전히 충만한 브람만으로 있는 이가 비데하묵타이다.

4

브람만이 나이고 내가 브람만이라는 어떤 결론이나 의도를 지니지 않고 순수한 의식으로 존재하는 이가 비데하묵타이다. 지고한 분이 나 자신이든지 혹은 그렇지 않든지 모든 것이 존재하든지 혹은 그렇지 않든지 같은 마음의 어떤 변화들도 없이 변함없이 있는 이가 비데하묵타이다.

5

변함이 없으며, 어떤 것, 어떤 장소, 어떤 시간에 관한 잘못된 생각들을 가지지 않으며, '그것'에 관한 어떤 지식도 피하며, 그 자신이 브람만으로 존재하는 이가 비데하묵타이다. 움직이지 않으며, 자신이 "돌처럼 움직이지 않는다."는 생각들이 없으며, 어떤 종류의 덧붙임도 가지지 않으며, 항상 브람만 그 자체인 존재–지식–희열의 덩어리로 있는 이가 비데하묵타이다.

6

과거 등과 같은 시간의 변화들, 환영적인 장소의 변화들, 대상들의 변화들, 이런 것들을 갖지 않음이 비데하묵타이다. 이것, 그것, 당신, 이 사람, 저 사람, 나, 그녀, 그, 그리고 다른 이러한 개념들과 같은 구별들의 어떤 흔적도 없이 지식의 덩어리인 지고한 브람만에 머무는 이가 비데하묵타이다.

7

영원한 지식이면서 미세한, 순수하고 속성들이 없는 영원한 나, 시간적이지만 무시간적인 나, 신들의 나이면서도 신들이 없는 나, 모든 것이 없는 모든 것의 나, 진리, 희열의 덩어리, 평화로움, 빛남, 빛나는 지고한 브람만으로 있는 이가 비데하묵타이다.

8

아는 자와 앎의 구분들이 없는 순수한 나, 어떤 세상들도 없이 홀로 있는 지고한 나, 무감각하

리부의 노래

지 않은 지식의 나, 어떤 나 아닌 것도 없는 하나의 나, 두려움을 유발하는 어떤 오해들도 없는 용감한 나, 구별 없는 의식이며 희열인 나, 시작이 없으며 분리되지 않은 지고한 브람만인 나, 이런 것들로 자리잡고 있는 이가 비데하묵타이다.

9

어떤 속박도 없는 해방인 나, 이원이 없는 존재인 오롯한 나, 어떤 차이들도 없는 순수한 지식인 나, 구별이 없는 혼자임(케발라)인 나, 그릇된 자아가 없는 나, 보이는 것이 없는 빛나는 나, 분리되지 않은 지고한 브람만인 나, 그런 것이 비데하묵타이다.

10

존재들, 이슈와라(신), 세상, 유명한 베다들, 경전들, 신성한 서사시들, 신성한 푸라나(전설집)들, 아가마(경전의 형태)들, 다른 작품들, 그리고 모든 나타난 것들은 정말이지 브람만이며, 나는 이 진실한 브람만이며, 이것들과 다르지 않다. 이러한 어떤 관념들도 없이 지고자로 자리 잡고 있는 이가 비데하묵타이다.

11

세상, 개체(지바)들 그리고 지고자(파라) 같은 어떤 모습들도 결코 존재하지 않는다. 모든 것은 지식이고 브람만이며, 나는 그 지고한 브람만이다. 적어도 어떤 그런 바바bhava(상태)들도 없이 오로지 완전히 충만한 의식으로 있는 순수하고 평화롭고 고요한 희열의 덩어리가 비데하묵타이다.

12

무한하고, 조금도 깊이를 알 수 없으며, 지식이며, 원자 중의 원자이며, 오점 없고, 그와 분리된 것이 없으며, 네 번째 상태를 초월한 이런 상태로 있는 것이 비데하묵타이다. 이름과 형상의 환영 없이 오점 없는 지고한 희열의 덩어리, 순수한 나, 지고한 브람만, 그리고 오직 그것 자체로 홀로 있는 것이 비데하묵타이다.

13

모든 움직이거나 움직이지 않는 세상을 초월하여 있으며, 선이나 악을 가지지 않고, 그릇된 속박이나 해방도 가지지 않는, 오로지 진리이며, 하나의 완전히 충만하고 분리되지 않는 나이며, 비길 데 없는 지고 중의 지고이며, 모든 것의 나이며, 모든 것이 없으며, 중단 없고 고귀하며 충만한 의식의 공간인 지고한 브람만이 된, 거꾸로 돌아감이 없이 이렇게 머무는 이가 비데하묵타이다.

14

진리도 비진리도 없고, 감각sentience이나 무감각도 없고, 마찬가지로 지식이나 무지도 없고, 명상이나 명상 없음도, 생각이나 생각 없음의 상태도 없고, 마찬가지로 목적들이나 목적들 없음도 없고, 영원한 지고한 브람만으로서 스스로 자리 잡고 있는 이가 비데하묵타이다.

15

침묵으로 가라앉아 있고 진리-지식-희열이며 영원한 평화이며 무한한 충만함이며 거대한 의식의 공간이며 오로지 영원한 의식이며 스스로 충만하고 오점 없는 지고한 브람만이 된 이가 비데하묵타이다.

16

늘 지고한 브람만이며 늘 분리되지 않으며, 늘 진리이며 늘 변화가 없으며 늘 충만한 의식이며 늘 충만한 의식-희열이며 그리고 늘 이원이 없는 분리되지 않은 하나의 본질을 갖고 있는 이가 비데하묵타이다.

17

전적으로 완전히 충만한 진리─지식─희열의 덩어리이며, 움직임이 없으며, 바위 같은 고귀한 지식의 덩어리이며, 오점이 없는 순수이며, '그것'에 관한 어떤 생각도 없이, 늘 모든 것을 초월하여 있으며, 말들과 마음의 범위 너머에서 지고한 브람만 그 자체로서 거주하는 이가 비데하묵타이다.

18

육체와 같은 어떤 가공의 조건들도 없으며 보이는 대상들이 없으며 망상에서 일어나는 아무런 행위들도 없으며 완전한 침묵으로 머물고 있는 이가 비데하묵타이다. 다름들이라는 어떤 생각들이 없으며 기억의 흔적이 없으며 그 자신이 이원이 없이 하나의 지고한 브람만으로 있는 이가 비데하묵타이다.

19

니다가여! 다양한 세상들에 대한 생각들이 없으며 비길 데 없는 지고한 브람만에 대한 어떤 생각들도 없으며 모든 행복에 넘친 지고자 그 자체로서 있는 것, 그리고 끝없는 존재로 있는 이가 비데하묵타이다. 완전하고 완벽하게 충만한 희열, 비길 데 없는 놀라운 희열, 의식으로 충만한, 의식─희열의 지고한 브람만으로 존재하는 이가 비데하묵타이다.

20

생각들의 다양성이 없으며, 어떤 특성quality들의 변화도 없으며, 무지에서 벗어나 스스로 빛나는 지고자 자체가 된 이가 비데하묵타이다. 조금도 방랑하는 마음의 활동들이 없으며, 마찬가지로, 어떤 행동deed의 필요도 없으며, 스스로 변함없는 지고한 브람만이 된 이가 비데하묵타이다.

21

세 가지 몸들의 흔적이 없이, 육체에 대한 어떤 기억들도 없이, 탄생과 같은 어떤 변화들도 없이, 분리되지 않은 상태로 있고 슬픔을 일으키는 이원의 흔적이 없이, 무한한 존재뿐만 아니라 원자적 존재가 되고 스스로 분열 없는 존재가 되고 분리되지 않는 지고한 브람만으로 존재하는 이가 비데하묵타이다.

22

지고한 쉬바, 가장 높은 것보다 더 높은 지고한 나, 지고한 희열, 최고로 순수한 성품, 어떤 사람도 알아차릴 수 없는 진리, 안이나 밖이 없는 무한함, 베다 정점의 에센스, 형언할 수 없는 순수한 의식으로서 변함없는 상태로 남아 있으면서 스스로 오점 없는 지고한 브람만이 된 이가 비데하묵타이다.

23

참으로, 비데하묵타는 이것이나 저것으로 묘사할 수 없는 하나의 나로, 영원한 절대적인 실재로, 마음의 힘이 미치지 않는 거대한 의식으로, 말과 마음의 범위를 넘어선 희열로, 불안정한 이원으로 더럽혀지지 않은 변하지 않는 비이원의 성품으로, 항상 하나의 측면aspect인 지고자로 자리 잡고 있다.

24

나눌 수 없는 지고자가 된 비데하묵타는 넥타와 같은 브람만의 정수로 남아 있는 자이며, 넥타와 같은 브람만의 정수를 먹는 자이며, 넥타와 같은 브람만의 정수에 빠져 있는 자이며, 넥타와 같은 브람만의 정수를 즐기는 자이며, 넥타와 같은 브람만의 정수에 잠겨 있는 자이며, 넥타와 같은 브람만의 정수에 거주하는 자이며, 그리고 스스로 넥타와 같은 브람만의 정수인 자이다.

25

나눌 수 없는 지고자가 된 비데하묵타는 브람만의 거대한 희열 속에 있는 자이며, 브람만의 거대한 희열을 경험하는 자이며, 브람만의 거대한 희열에 행복해하는 자이며, 브람만의 거대한 희열에 기뻐하는 자이며, 브람만의 거대한 희열에 잠겨 있는 자이며, 브람만의 거대한 희열에 조율되어 있는 자이며, 그리고 스스로 브람만의 거대한 희열인 자이다.

26

비데하묵타는 나눌 수 없는 지고한 나이며, 브람만의 거대한 희열이며, 브람만의 거대한 희열의 일원family이며, 브람만의 거대한 희열인 쉬바를 숭배하며, 브람만의 거대한 희열을 얻는 데 성공했으며, 브람만의 거대한 희열의 넥타를 즐기며, 브람만의 거대한 희열에 도취되어 있으며, 그리고 스스로 브람만의 거대한 희열이다.

27

비데하묵타는 세상, 개체(지바), 지고자의 모습을 투사하는 탄생과 죽음의 주기와는 아무런 상호작용들이 없는 자이며, 완전하고 완전히 충만한 모든 것이며, 무한한 존재이며, 진정한 지식이며, 희열의 덩어리이며, 유일자이며, 스스로 비길 데 없는 광활한 공간의 지고한 브람만이며, 그리고 언제나 어떤 망상들도 없이 완전히 충만하다.

28

니다가여! 나는 그대에게 자비로운 지고한 쉬바가 나에게 설명한 대로 비데하묵타의 특성들을 말해 주었다. 이 미묘하고 진귀한 베다들의 최고의 정수를 주의 깊게 듣고 틀림없이 이해하는 사람이면 누구나 스스로 형상이 없는 지고한 브람만이 될 것이다.

29

오직 의식일 뿐인 쉬바에게 마음을 항복시키지 못하고, "우리가 바로 쉬바이다."라는 것을 깨닫지 못한 자들은 실재 그 자체인 지고한 브람만으로 변함없이 있어야 하는 비데하묵타의 상태에 결코 도달할 수 없다. 니다가여! 이것은 진리이다. 이렇게, 현자 리부는 비데하묵타 상태의 특성을 설명해 주었다.

30

영원한 나로서, 존재−의식−희열과 다르지 않고 세상, 개체(지바), 지고자와 모습들에 애착되지 않은 존재로서 말들과 마음의 이해 너머에 있는 비데하묵타를 설명해 준 것은 기쁨의 춤을 추는 상태에 있는 우리 신의 완전히 충만한 형상이다.

제10장
모든 것은 나이다

1

나의 위대함에 대한 이 설명을 들어보라 그것은 평화롭고 가장 순수한 에센스이다. 지각력이 없지 않으며, 유일자이며, 존재-의식-희열인 나는 널리 퍼져 있다. 나는 그것 자체이다. 나와 떨어져 있는 것은 하나도 없다. 다양해 보이는 항아리와 천 등은 모두가 나이다.

2

나는 모든 세상에 널리 퍼져 있다. 나는 세상을 초월하여 있다. 나는 모든 것이다. 나는 모든 것을 초월하여 있다. 나는 평화로운 것이다. 나는 존재-의식-희열이다. 비할 데 없는 나와 분리된 것은 하나도 없다. 모든 것은 항상 나이다.

3

나는 모두에게 귀중하다. 나는 불멸이다. 나는 희열의 거주지이다. 나는 가장 위대한 것보다 더 위대하다. 나는 여섯 가지 변화들(출생, 존재, 성장, 질병, 부패, 죽음)이 없다. 나는 순수하고 오점이 없다. 희열의 덩어리인 나와 떨어져 있는 것은 하나도 없다. 모든 대상들은 나이다.

4

나는 개인(지바)과 지고자의 구별이 없다. 나는 마음과 같은 그러한 것이 없다. 나는 자기 아닌 것이 없다. 나는 가장 위대한 비이원이다. 나는 순수한 의식이다. 나는 동질의 성품을 가지고 있다. 신성한 나와 분리된 것은 하나도 없다. 볼 수 있는 모든 것은 나이다.

5

나는 비이원과 이원을 지니고 있다. 나는 또한 이러한 방법들로 표현할 수 없는 것이기도 하다. 나는 또한 해방과 굴레이다. 나는 '해방'과 같은 낱말들이 없는 것이다. 나는 이 모든 것들이 없는 것이다. 나는 나뉘지 않은 하나의 풍부함이다. 진실로 나와 떨어진 것은 없다. 항상, 모든 것은 나이다.

6

나는 상칼파의 흔적이 없다. 나는 영원한 희열이다. 나는 속박이 없다. 나는 지고한 신이다. 나는 눈에 띄지 않는 흠이 없다. 나는 변함이 없고 부분이 없다. 고귀한 나와 분리된 것은 하나도 없다. 즐길 수 있는 대상과 즐거움은 나의 성품이다.

7

나는 오래된 것이며 불멸이다. 나는 존재-의식-희열의 덩어리이다. 나는 이해할 수 없는 것이다. 나는 죽음이 없다. 나는 차이가 없는 모든 것이다. 나는 증명을 초월하는 것이다. 시작이 없는 나와 분리된 것은 하나도 없다. 분리된 것으로 보이는 모든 것이 나다.

8

나는 분명히 네 번째 상태이다. 나는 이원을 말라 죽게 한다. 나는 참으로 지고한 브람만이다. 나는 직접적인 지식이다. 나는 비실재의 흔적이 조금도 없다. 나는 분리된 것이 조금도 없다. 브람만인 나와 떨어져 있는 것은 하나도 없다. 떨어져 있는 것으로 보이는 모든 것은 또한 나이다.

9

나는 성취의 네 가지 수단들을 가지고 있지 않다. 나는 '얻어야 할 목적인 지식'이 없다. 나는 무지와 장애물이 없다. 나는 이들 중 무엇으로부터도 영향 받지 않는다. 굉장한 타파스(극도의 영적 수행, 고행)를 행하는 자인 나는 지극히 순수하다. 나는 자만심과 불명예가 없다. 참지식의 집합인 나와 분리된 것은 하나도 없다. 감각으로 경험될 수 있는 모든 것은 나이다.

10

나는 음식의 덮개가 없다. 나는 프라나(생명의 공기)의 덮개가 없다. 나는 마음의 덮개가 없다. 나는 지적인 지식의 덮개가 없다. 나는 희열의 덮개가 없다. 나는 다섯 가지 덮개들이 없다. 분리할 수 없는 나와 분리된 것은 하나도 없다. 가지각색으로 보이는 모든 것이 나이다.

11

나는 거친 몸과 같은 것들(거친, 미세한, 원인의 몸)이 없다. 나는 이원으로 경험되는 상태들이 없다. 나는 근원적인 무지가 없다. 나는 해방시키는 지식이 없다. 나는 네 개의 위대한 금언(마하바키야)들이 없다. 나는 사마디(잠김의 단계)의 여섯 가지 단계들이 없다. 세상이 없는 나 이외에는 아무것도 없다. 아는 자와 앎은 모두 나이다.

12

나는 옴과 같은 음절이 없다. 나는 불멸의 의식으로서 빛난다. 나는 자아와 여타의 것들이 없다. 나는 희열의 충만함으로 이루어져 있다. 나는 유일한 불변의 존재이다. 나는 움직일 수 없음으로 이루어져 있다. 자연스러운 나와 분리된 것은 하나도 없다. 가지각색으로 보이는 모든 것이 나이다.

13

나는 세 가지 모든 시간대에 존재한다. 나는 시작, 중간, 끝이 없다. 나는 표면상의 불확실성들이 없다. 나는 단지 순수한 의식이다. 나는 자리 잡고 있는 셋들이 없다. 나는 그 밖의 어떤 것도 가지지 않은 단 하나이다. 가치 있는 단 하나인 나와 분리된 것은 하나도 없다! 모든 것은 항상 나이다.

14

나는 이원도 비이원도 없다. 나는 네 번째 상태를 초월한다. 나는 흠 없이 스스로 빛나는 것으로서 존재한다. 나는 우리의 자연스러운 참된 상태로 여겨진다. 나는 '이것', '그것' 또는 그 밖의 어떤 것도 없이 존재한다. 나는 하나이며 완전히 충만하다. 나와 상관없는 것은 하나도 없다. 따로 분리되어 존재하는 것으로 보이는 모든 것은 나이다.

15

나는 프라나와 아파나(생명력을 주는 것과 아래로 움직이는 것) 같은 생명의 공기들이 없다. 나는 지고한 의식의 공간이다. 나는 마음과 말로 헤아릴 수 없다. 나는 희열의 큰 덩어리이다. 나는 예외가 없는 모든 것들이다. 참으로, 나는 어떤 것도 아니다. 지식의 덩어리인 나와 분리된 것은 하나도 없다. 세상, 삶, 그리고 지고한 존재는 모두 나이다.

16

니다가여! 그대의 나와 상관없는 것은 하나도 없으므로 그대의 나를 그대 자신으로 생각하라. 그대의 나를 경험하고, 늘 자신 속에 있는 나의 희열을 즐겨라. 조금의 슬픔도 없이 행복의 바다에 들어가 평화를 찾아라. 나의 아들아! 희열의 덩어리로 존재하라!

리부의 노래

17

분리되지 않은 희열의 나를 깨닫기 위해서는 먼저 꾸준히 스라바나(듣기)에 매진하여야 한다. 분리되지 않은 희열의 나를 실현하기 위해서는 매일 꾸준히 마나나(숙고)에 매진해야 한다. 분리되지 않은 희열의 나를 깨닫기 위해서는 항상 확고하고 깊은, 지속적인 명상(니디디야사나)을 해야한다. 분리되지 않은 희열의 나를 깨닫기 위해서는 내가 브람만이라는 지식을 항상 닦아야 한다.

18

분리되지 않은 희열인 나를 이야기해야 한다. 분리되지 않은 희열인 나를 이해해야 한다. 분리되지 않은 희열인 나를 생각해야 한다. 분리되지 않은 희열인 나를 숭배해야 한다. 분리되지 않은 희열인 나에 열중해야 한다. 분리되지 않은 희열인 나를 즐겨야 한다. 분리되지 않은 희열인 나에 잠겨야merge in 한다. 분리되지 않은 희열인 나가 되어야become 한다.

19

분리되지 않은 희열의 나는 모두에게 사랑을 받으므로, 모든 면에서 분리되지 않은 희열의 나가 '나' 자신임을 직접 깨달음으로써 분리되지 않은 희열의 나를 지식의 수행으로 숭배해야 한다. 분리되지 않은 희열의 나가 되는 흠 없는 해방의 희열을 얻어야 한다.

20

따라서 분리되지 않은 희열의 나가 '나'이고 '내'가 모든 것이라는, 그런 분리되지 않은 희열인 나의 지식을 얻고 반복된 출생의 슬픔에서 벗어난 뒤에 지식 희열의 덩어리인 나로 완전히 자리 잡아라. 위대한 현자여! 나는 모든 것이며 나와 분리된 것은 원자 하나조차 없다.

21

나는, 참으로, 3종류의 속성들이다. 나는, 참으로, 이러한 모든 행위이다. 나는, 참으로, 자아이고 지성이다. 나는, 참으로, 마음이고 생각이다. 나는, 참으로, 삶이고 감각들이다. 나는, 참으로, 신체이고 감각 기관들이다. 나는, 참으로, 존재하고 있는 그 밖의 모든 것이다. 나와 분리된 것은 원자 하나조차 없다.

22

나는, 참으로, 흙이며 향기이다. 나는, 참으로, 물이며 맛이다. 나는, 참으로, 빛이며 형상이다. 나는, 참으로, 공기이며 촉각이다. 나는, 참으로, 공간이며 청각이다. 나는, 참으로, 모든 원소들이다. 나는, 참으로, 모든 세상이다. 나와 분리된 것은 하나도 없다.

23

나는, 참으로, 비스반(깨어 있는 상태에서 거친 대상들을 전체적으로 경험하는 개인)들이며, 또한 깨어 있는 상태이다. 나는, 참으로, 타이자사(꿈을 꾸는 상태에서 미세한 것을 인식하는 개인)들이며, 또한 꿈을 꾸는 상태이다. 나는, 참으로, 프라갸(깊은 수면 상태에서 축복된 의식을 개인적으로 경험하는 자)이며, 또한 깊은 수면의 상태이다. 나는, 참으로, 투리얀 즉 네 번째 단계의 경험자이며, 또한 투리야, 즉 4번째 상태이다. 나는, 참으로, 비라트(깨어 있는 상태에서 모든 몸들의 결합체를 통해서 작용하는 나의 우주적 형태)로부터 사마스티(집합적이거나 통합된 상태)에 이르는 모든 것이다. 나는, 참으로, 비스반으로부터 비야스티(별개의, 분리된 것)에 이르는 모든 것이다. 나는, 참으로, 지각이 있는 모든 것이다. 나와 분리된 것은 원자 하나조차 없다.

24

나는, 참으로, 만트라(주문, 신성한 말)이며 탄트라(의식)이다. 나는, 참으로, 자파(반복하여 조용히 말하는 기도)이며 타파스(고도의 수행 훈련, 고행)이다. 나는, 참으로, 모든 무한한 종류의 활동들이다. 나는, 참으로, 모든 행복이며 슬픔이다. 나는, 참으로, 세상의 사람들이다. 나는, 참으로, 지각이 있는sentient 모든 것이다. 나는, 참으로, 원인이며 결과이다. 나와 분리된 것은 원자 하

리부의 노래

나조차 없다.

25

나는, 참으로, 브람마(창조자)를 비롯한 다섯 신들이다. 나는, 참으로, 태양과 같은 여러 신들이다. 나는, 참으로, 명상이며 요가이다. 나는, 참으로, 이런 모든 것의 결실이다. 나는, 참으로, 경험적 세상의 이원이다. 나는, 참으로, 지고한 진리의 비이원이다. 나는, 참으로, 하나의 분리되지 않은 성품이다. 나와 분리된 것은 원자 하나조차 없다.

26

모든 존재들은 참으로, 나다. 모든 세상들은 참으로, 나다. 모든 성취들은 참으로, 나다. 모든 경전들은 참으로, 나다. 모든 베다는, 참으로, 나다. 모든 행동이 욕망하는 결과들은 참으로, 나다. 모든 차이점들은 참으로, 나다. 나뉜 모든 것들은 참으로, 나다.

27

몸들은 모두 참으로, 나다. 모든 존재들은 참으로, 나다. 모든 경험은 참으로, 나다. 모든 경험의 대상들은 참으로, 나다. 모든 착각들은 참으로, 나다. 모든 깨달음은 참으로, 나다. 모든 요가는 참으로, 나다. 요가의 모든 목적들은 참으로, 나다.

28

모든 동경들은 참으로, 나다. 모든 활동은 참으로, 나다. 모든 이해는 참으로, 나다. 모든 행운은 참으로, 나다. 사라지는 모든 것은 참으로, 나다. 남아 있는 모든 것은 참으로, 나다. 변형되는 모든 것은 참으로, 나다. 지각이 있는 sentient 모든 것은 참으로, 나다.

29

모든 사람들은 참으로, 나다. 모든 남편과 아내는, 참으로, 나다. 모든 구루와 제자는, 참으로, 나다. 모든 관념들의 표현은 참으로, 나다. 모든 획득된 지식은 참으로, 나다. 모든 신성한 물은 참으로, 나다. 모든 신성한 성소들은 참으로, 나다. 모든 천체celestial들은 참으로, 나다.

30

모든 방향들은 참으로, 나다. 모든 나라들은 참으로, 나다. '나'와 '타인'은 참으로, 모두 나다. 모든 자아egoity는 참으로, 나다. 마음과 같은 것은 참으로, 모두 나다. 모든 분노는 참으로, 나다. 기억나는 모든 것은 참으로, 나다. 일어나는 모든 것은, 참으로, 나다.

31

자선과 여러 행위들은 모두 나다. 용감한 것은 모두 나다. 이원으로 보이는 모든 것은 나다. 괴롭히는 두려움은 모두 나다. 통일되어 보이는 것은 모두 나다. 안심시키는 위안은 모두 나다. 차별의 생각들은 모두 나다. 차이점 없는 사상들은 모두 나다.

32

차별의 모든 환영들은 나다. 차별 없음의 모든 진리는 나다. 명확히 보이는 모든 것들은 나다. 신비해 보이는 모든 것들은 나다. 지식으로 보이는 모든 것들은 나다. 순수해 보이는 모든 것들은 나다. 아는 자와 지식과 모든 것들은 나다. 세상, 개인(지바), 그리고 지고자는 모두 나다.

33

나는 완전히 가득 찬 존재의 덩어리이다. 나는 슬픔 없는 희열의 덩어리이다. 나는 줄지 않는 지식의 덩어리이다. 나는 단 하나의 변함없고 분리되지 않은 성품이다. 나는 여기저기 모든 곳에 있다. 나는 하나의 완전한 충만함이다. 고귀한 나와 분리된 것은 하나도 없다. 이원으로 보이는 모든 것은 완전히 충만한 나이다.

34

어디에나 퍼져 있고 완전히 가득한 나 외에는 세상이나 개인(지바)같은 것이 하나도 없다. 세상, 개인(지바) 그리고 지고자는 모두 가장 높은 것보다 더 높은 지고한 나다. 이 확고한 말에는 조금의 의심도 없다. 이것은 진리이다. 단 한 번이라도 이것을 확고히 들었거나 이해한 사람은 누구나 브람만이 될 것이다.

35

마야를 지배하고 있는 무한한 권력으로서 자리 잡고 있는 우마의 배우자이며 은총의 화신인 지고한 쉬바는 이 세상과 모든 다른 세상들을 포함한 우주로 있는 이 놀라운 결과의 원인이다. 이 모든 우주를 탐구하여 보면, 결과인 그것은 지고한 쉬바인 원인의 한 형태일 뿐이다. 따라서 보기 드문 현자인 리부는 위대한 현자인 니다가에게 분리되지 않은 나의 위대함을 말해 주었다.

36

기쁨의 춤을 추는 상태에 있는 우리 신의 완전히 충만한 형상은 다음과 같이 말한다. 분리된 상태에 있는 모든 존재들, 바라던 행운을 주는 신, 그리고 매우 다양한 놀랍고 넓은 세상은 모두 완전히 충만한 나이지, 그 밖의 다른 것이 전혀 아니다.

제11장
모두가 브람만이며 나는 '그것'이다

1

흠 없는 니다가여, 들어라! 이원이라는 말은 결코 존재하지 않는다. 항상 모든 것은 브람만이다. 이것은 진리다. 이것은 진리다. 그것에는 의심의 여지가 없다. 나는 완전하게 가득 차고 충만한 쉬바의 이름으로 이것을 말한다. 다시 말하지만, 의심의 여지가 없다. 거기에는 의심의 여지가 없다. 이것은 희열의 덩어리인 지고한 쉬바에 의해 자비롭게 밝혀진 베다의 최상의 내용이다.

2

진리, 순수 의식, 평화, 영원한 희열의 덩어리, 신비함, 영원함, 속성 없음, 모양 없음, 순결함, 깨끗함, 완전한 충만함, 움직이지 않음, 비이원이고, 나와 다르지 않은 것인 브람만 외에는 이 세상이나 개인(지바)들이 결코 존재하지 않는다. 이 모든 것은 늘 브람만이다.

3

상칼파(개념, 고정관념, 의지)와 비칼파(의심, 상상)는 브람만이다. 부서지기 쉬운 모든 세상은 브람만이다. 그 안에 있는 모든 몸들은 브람만이다. 그것들의 모든 감각들은 브람만이다. 여기에 있는 모든 존재들은 브람만이다. 그들이 경험하는 즐거움은 브람만이다. 부분이 없는 브람만 외에는 아무것도 없다. 보이는 모든 것은 브람만이다.

4

모든 세상의 것들은 브람만이다. 보이는 모든 다양한 것들은 브람만이다. 영구적인 것처럼 보이는 모든 것들은 브람만이다. 순간적인 것처럼 보이는 모든 것들은 브람만이다. 마찬가지로 무지(아갸나)도 브람만이다. 그것의 결과들도 전적으로 브람만이다. 진리인 브람만 이외에는 원자 하나도 없다. 모든 것은 늘 브람만이다.

5

공간 등과 같은 다섯 원소들은 브람만이다. 이것들로부터 탄생한 모든 자연은 브람만이다. 파괴되게 되어 있는 세 가지 몸들은 브람만이다. 존재의 세 가지 상태들도 브람만이다. 경험과 경험자는 브람만이다. 지각력이 있는 모든 것은 브람만이다. 지식의 덩어리인 브람만과 별개로는 원자 하나도 없다. 세상과 그 외의 모든 것들은 브람만이다.

6

망상처럼 보이는 것은 브람만이다. 마음이나 그와 같은 것으로 보이는 것은 브람만이다. 육체처럼 보이는 것은 브람만이다. 보이는 것으로 나타나는 모든 것은 브람만이다. 매력적으로 보이는 것은 브람만이다. 영구적인 것처럼 보이는 것은 브람만이다. 순수한 지고한 브람만과 별개로는 원자 하나도 없다. 모든 다양한 현상들은 브람만이다.

7

불완전해 보이는 것은 브람만이다. 좋아 보이거나 나빠 보이는 것은 브람만이다. 완전해 보이는 것은 브람만이다. '너' 그리고 '나'처럼 보이는 것은 브람만이다. 신처럼 보이는 것은 브람만이다. 신의 행위처럼 나타나는 것은 브람만이다. 지식인 브람만과 별개로는 원자 하나도 없다. 모든 다양한 현상들은 브람만이다.

8

모든 신이나 악마들은 브람만이다. 다섯 신(브람마와 그 밖의 신들)들은 브람만이다. 그들의 모든 행위들은 브람만이다. 완전하게 가득 찬 마하데바는 브람만이다. 신성한 우마 데비는 브람만이다. 빛나는 스칸다와 비나야카는 브람만이다. 지고한 브람만과 별개로는 원자 하나도 없다. 생각되는 모든 생각들은 브람만이다.

9

지고한 쉬바의 수행원들은 모두 브람만이다. 모든 훌륭한 현자들은 브람만이다. 베다들과 최상의 베다들은 모두 브람만이다. 다시 편찬된 모든 경전(스므리티)들은 브람만이다. 모든 관련된 푸라나(전설상의 가르침)들은 브람만이다. 여타의 모든 경전들은 브람만이다. 분할할 수 없는 지고한 브람만과 별개로는 원자 하나도 없다. 구별된 것으로 보이는 모든 것은 브람만이다.

10

더럽혀지지 않은 프라나바(옴)는 브람만이다. 모든 훌륭한 금언(마하바키야)들은 브람만이다. 순수한 스라바나(듣기)는 브람만이다. 추론과 숙고(마나나)은 브람만이다. 순수한 명상은 브람만이다. 불변의 지식은 브람만이다. 균형 잡힌 브람만과 별개로는 원자 하나도 없다. 늘 모든 것은 브람만이다.

11

모든 경전들의 핵심은 브람만이다. 모든 경전들의 결실들은 브람만이다. 학문적 경전들과 관련이 있는 모든 것은 브람만이다. (이런 경전을 연구할) 모든 적임자들은 브람만이다. 모든 방법들은 브람만이다. 모든 관련된 목표end들은 브람만이다. 영원한 브람만과 별개로는 원자 하나도 없다. 늘 모든 것은 브람만이다.

12

결함 없는faultless 헌신은 브람만이다. 이슈와라(신)의 개념은 브람만이다. 과거와 같은 시간들은 브람만이다. 모든 나라들은 브람만이다. 구별되는 모든 것들은 브람만이다. 이야기되는 모든 차이점들은 브람만이다. 지식의 덩어리인 브람만과 별개로는 원자 하나도 없다. 감각들을 통해 보이는 모든 것은 브람만이다.

13

신성한 모든 성소들은 브람만이다. 그곳에서 행해지는 좋고 나쁜 모든 행위들은 브람만이다. 그 외의 모든 여타 행위들은 브람만이다. '나와 타인'이라는 이 망상은 브람만이다. 천국과 지옥은 브람만이다. 지옥의 두려움과 천국의 기쁨은 브람만이다. 지식의 덩어리인 브람만과 별개로는 원자 하나도 없다. 아는 자와 지식은 모두 브람만이다.

14

행복과 슬픔, 칭찬과 경멸은 모두 브람만이다. 반복하는 탄생과 죽음은 브람만이다. 적절한 성공과 실패는 브람만이다. 지각 있고 지각없는 것으로 나타나는 것들은 브람만이다. 움직이는 것과 움직이지 않는 것들은 브람만이다. 모든 풍부한 속박과 해방은 브람만이다. 소멸하지 않고 있는 브람만과 별개로는 원자 하나도 없다. 별개의 것으로 보이는 모든 것은 브람만이다.

15

마음이나 그와 같은 모든 것들은 브람만이다. 다섯 가지 덮개들은 브람만이다. 다양한 우주는 브람만이다. 비야스티(떨어진, 별개의 것)와 사마스티(집단적 혹은 통합된 것)는 브람만이다. 영원한 브람만과 별개로는 원자 하나도 없다. 발생하는 모든 사건들은 브람만이다. 진실로 나는 쉬바의 이름으로 이렇게 말한다. 의심의 여지가 없다. 의심의 여지가 없다. 이것은 진리이다.

16

시작과 끝은 브람만이다. 바닥, 꼭대기 그리고 중간은 모두 브람만이다. 과거나 미래 역시 브람만이다. 존재하는 모든 것은 브람만이다. 차이 없는 브람만과 별개로는 원자 하나도 없다. 다르게 보이는 모든 것은 브람만이다. 나는 기원 없는 쉬바의 이름으로 이것을 말한다. 여기에는 의심의 여지가 없다. 이것은 진리이다.

17

보이는 것은 브람만이다. 이것을 보는 자는 브람만이다. 다르게 보이는 것은 브람만이다. 다름없이 보이는 것은 브람만이다. 빛나는 브람만과 별개로는 원자 하나도 없다. 감각들을 통해 보이는 것은 무엇이든지 모두 브람만이다. 여기서 말하는 것에는 의심의 여지가 없다. 쉬바의 이름으로 맹세코 이것은 진리이다.

18

어두운 무지는 브람만이다. 그것으로 인해 발생되는 이원은 브람만이다. 희열로 가득한 지식은 브람만이다. 바꿀 수 없는 자연스러운 상태는 브람만이다. 빛나는 브람만과 별개로는 원자 하나도 없다. 보이는 모든 현상들은 브람만이다. 비할 데 없는 지고한 쉬바의 이름으로 맹세코 내가 말한 것에는 의심의 여지가 없다. 이것은 진리이다.

19

이 광활한 세상은 모두 브람만이다. 모든 상호 작용들은 브람만이다. 모든 철학은 브람만이다. 지고자와 개인(지바)은 브람만이다. 분리될 수 없는 브람만과 별개로는 원자 하나도 없다. 분리된 것처럼 보이는 모든 것은 브람만이다. 내가 말한 것에는 의심의 여지가 없다. 구루와 지고한 쉬바의 이름으로 맹세코, 이것은 진리이다.

20

세상, 개인(지바), 지고자(파라)로 지각되는 것은 모두가 의식인 브람만에 겹쳐 놓은 것들이다. 따라서 지바 그리고 여러 부가물들은 모두 토대인 브람만이다. 나는 오로지 그 브람만일 뿐이다. 이것을 아무 문제없이 자각할 때, 그대는 해방될 것이다. 순수한 지고한 쉬바의 발에 맹세코 내가 말한 것에는 의심의 여지가 없다. 이것은 진리이다.

21

참으로, 나는 모든 것의 토대인 지고한 브람만이다. 참으로, 나는 모든 것의 나인 지고한 브람만이다. 참으로, 나는 의식인 빛나는 지고한 브람만이다. 참으로, 나는 오로지 존재인 지고한 브람만이다. 참으로, 나는 비할 데 없는 희열의 덩어리인 지고한 브람만이다. 참으로, 나는 순수하고 나눌 수 없는 지고한 브람만이다. 참으로, 나는 완전하고 완벽하게 가득한 지고한 브람만이다. 젊은이여, 어떤 망상도 없이 늘 이것을 이해해라.

22

참으로, 나는 영원하고 속성 없는 브람만이다. 참으로, 나는 항상 완벽하게 가득한 브람만이다. 참으로, 나는 존재−의식−희열의 덩어리인 브람만이다. 참으로, 나는 항상 변함없는 브람만이다. 참으로, 나는 대단히 신비로운 브람만이다. 참으로, 나는 가장 평화로운 지고한 브람만이다. 참으로, 나는 설명할 수 없는, 분리되지 않은 지고한 브람만이다. 사랑하는 이여, 어떤 망상도 없이 늘 이것을 이해해라.

23

참으로, 나는 태곳적부터 지고한 브람만이다. 참으로, 나는 영구불변하는 지고한 브람만이다. 참으로, 나는 파괴할 수 없는 지고한 브람만이다. 참으로, 나는 모든 곳에 퍼져 있는 지고한 브람만이다. 참으로, 나는 마음과 같은 그런 것이 없는 지고한 브람만이다. 참으로, 나는 위대한 지고한 브람만이다. 참으로, 나는 고통이 없는 지고한 브람만이다. 사랑하는 이여, 어떤 망상도 없이, 늘 이것을 이해해라.

24

참으로, 나는 조각나지 않는 오직 지고한 브람만이다. 참으로, 나는 지고한 빛인 지고한 브람만이다. 참으로, 나는 새벽이나 낮이 없는 지고한 브람만이다. 참으로, 나는 원인과 결과가 없는 단지 브람만이다. 참으로, 나는 어디에나 있는 지고한 브람만이다. 참으로, 나는 두 번째가 없으며 나누어지지 않은 지고한 브람만이다. 참으로, 나는 순수하고, 부분이라는 것이 없는 지고한 브람만이다. 젊은이여, 어떤 망상도 없이 늘 이것을 이해해라.

25

참으로, 나는 구루의 구루인 브람만이다. 참으로, 나는 속성들을 초월하여 있는 브람만이다. 참으로, 나는 보이는 것 너머에 있는 브람만이다. 참으로, 나는 볼 것이 하나도 없는 브람만이다. 참으로, 나는 베다들이 닿을 수 없는 브람만이다. 참으로, 나는 순수한 의식의 공인 브람만이다. 참으로, 나는 은총 중의 은총인 브람만이다. 젊은이여, 어떤 망상도 없이 늘 이것을 이해해라.

26

참으로, 나는 브람만으로, 원인이 아니다. 참으로, 나는 브람만으로, 상상을 뛰어넘는다. 참으로, 나는 브람만으로, 원자조차도 아니다. 참으로, 나는 브람만으로, 어떤 것으로도 이해될 수 없다. 참으로, 나는 브람만으로, 오직 완전한 의식이다. 참으로, 나는 브람만으로, 오래된 순수한 존재이다. 참으로, 나는 브람만으로, 베다들에 의하여 이해되지 않는다. 젊은이여, 어떤 망상도 없이 늘 이것을 이해해라.

27

참으로, 나는 브람만으로, 탁월한 희열의 덩어리이다. 참으로, 나는 브람만으로, 영원하고 오점이 없다. 참으로, 나는 브람만으로, 무지로 인해 손상되지 않는다. 참으로, 나는 브람만으로, 위대한 잠언(마하바키야)의 핵심이다. 참으로, 나는 브람만으로, 가장 높은 것보다 더 높다. 참으로, 나는 개인과 지고자의 어떤 차이도 없는 브람만이다. 참으로, 나는 눈에 보이지 않고 나눌 수도 없는 브람만이다. 아들아, 어떤 망상도 없이 늘 이것을 이해해라.

28

참으로, 나는 늘 경사스러운 브람만이다. 참으로, 나는 브람만으로 모든 것을 행한다. 참으로, 나는 브람만으로, 존재-지식-희열이다. 참으로, 나는 세상, 개인 그리고 지고자가 없는 브람만이다. 참으로, 나는 브람만으로, 무한히 퍼져 있다. 참으로, 나는 베단타를 통해 이해되는 브람만이다. 참으로, 나는 분할되지 않고 비이원의 브람만이다. 젊은이여, 어떤 망상도 없이 늘 이것을 이해하라.

29

참으로, 나는 지고한 브람만으로, '의식'과 동의어이다. 참으로, 나는 지고한 브람만으로, 오로지 의식이다. 참으로, 나는 지고한 브람만으로, 환영이 없다. 참으로, 나는 지고한 브람만으로, 결점이 없다. 참으로, 나는 지고한 브람만으로, "그것"이라는 말과 동의어이다. 참으로, 나는 지고한 브람만으로, 어떤 장애들도 없다. 참으로, 나는 지고한 브람만으로, 경이로움이다. 아들아, 어떤 망상도 없이 늘 이것을 이해하라.

30

참으로, 나는 늘 순수한 지고한 브람만이다. 참으로, 나는 늘 지식인 지고한 브람만이다. 참으로, 나는 늘 해방인 지고한 브람만이다. 참으로, 나는 늘 토대인 지고한 브람만이다. 참으로, 나는 늘 희열로 가득한 지고한 브람만이다. 참으로, 나는 늘 덮개들이 없는 지고한 브람만이다. 참으로, 나는 늘 나뉘지 않은 비이원의 지고한 브람만이다. 젊은이여, 어떤 망상도 없이 늘 이것을 이해해라.

31

참으로, 나는 브람만으로, 오로지 영원한 희열이다. 참으로, 나는 브람만으로, 오로지 영원한 희열이다. 참으로, 나는 브람만으로, 오로지 의식-희열이다. 참으로, 나는 브람만으로, 오로지 의식-희열이다. 참으로, 나는 브람만으로, 은총의 충만함이다. 참으로, 나는 브람만으로, 은총의 충만함이다. 참으로, 나는 지고한 브람만으로, 의식의 공간이다. 젊은이여, 어떤 망상도 없이 늘 이것을 이해해라.

32

참으로, 나는 브람만으로, '나'로서 나타난 '나'이다. 참으로, 나는 브람만으로, 나와 다르지 않다. 참으로, 나는 브람만으로, 모든 것으로 나타난다. 참으로, 나는 브람만으로, 전혀 아무것도 아니다. 참으로, 나는 브람만으로, 전부이고 완전하며 완전히 충만하다. 참으로, 나는 브람만으로, 빈틈이 없이 자리 잡고 있다. 참으로, 나는 브람만으로, 어떤 특징도 없다. 젊은이여, 어떤 망상도 없이 늘 이것을 이해해라.

33

나뉘지 않은 지고한 브람만이 없이는 원자 하나조차 없다. 원자 하나조차, 원자 하나조차, 원자 하나도 없다. 나뉘지 않은 지고한 브람만이 전부이다. 그대는 그것이다. 나는 그것이다. 모든 사람은 나뉘지 않은 지고한 브람만이다. 쉬바의 이름으로, 여기에는 의심의 여지가 없다. 내가 이야기한 것에 대해서는 의심할 여지가 없다. 참으로, 나는 나뉘지 않은 지고한 브람만이다. 아들아, 어떤 망상도 없이 늘 이것을 이해해라.

34

나에게 덧씌워진 신(이슈와라), 세상 그리고 개인들(지바)은 결코 나와 다르거나 떨어져 있지 않다. 절대로 그렇지 않다. 개인(지바), 신(이슈와라) 그리고 세상이 완전히 나 자신이라는 것을 망상 없이 이해함으로 해방되어라! 내가 말한 것에는 의심의 여지가 없다. 이것은 진리이다. 나는 늘 자유로운 쉬바의 이름으로 맹세코 이것을 말한다.

35

마음속에 환영으로 보이는 겹쳐진 것들이 무엇이든 간에 그것은 단지 토대의 지식이고, 그것과 다르지 않다. 지고한 브람만은 지식이다. 그대는 지식이다. 따라서 그대 안에 지식으로 보이는 것이 무엇이든 그것은 그대 자신이고, 그대는 지식이다. 의심 없이 이렇게 깨달음으로 그대는 지식인 지고한 브람만이 될 것이며 되풀이되는 탄생과 죽음의 속박에서 해방될 것이다.

36

"물에서 보이는 파도가 시작부터 끝까지 같은 물이다."라는 금언처럼 의식인 그대 속에 보이는 세상, 개인들, 그리고 신은 모두 의식인 당신 자신이다. 베다들의 말들에 의한, 그리고 쉬바의 가르침에 의한 이 결론으로부터 "나는 모든 것이다. 그리고 나는 하찮은 브람만이 결코 아니다." 란 것을 깨닫는다면 그대는 탄생과 죽음의 속박에서 해방될 수 있을 것이다.

37

의식 안에 보이는 세상이나 존재들, 그리고 그 외의 것들은 브람만과 별개의 것이 아니고, 의식이다. 나는 그 브람만과 떨어져 있지 않다. 마찬가지로, 브람만 역시 나와 떨어져 있지 않다. 모든 종류의 현상들은 브람만이고, 나는 둘이 없는 브람만이라는 나뉘지 않은, 비이원의, 지고한 지식을 깨달음으로써 그대는 반복되는 탄생과 죽음의 속박에서 해방될 것이다.

38

모든 것은 존재의 덩어리인 브람만이다. 모든 것은 의식의 덩어리인 브람만이다. 모든 것은 희열의 덩어리인 브람만이다. 모든 것은 나뉘지 않은 지고한 브람만이다. 나는 그 나뉘지 않은 지고한 브람만이다. 나는 완벽하게 그 브람만이다. 이 나눌 수 없는 지고한 지식을 바르게 깨달음으로 그대는 계속되는 탄생과 죽음의 속박에서 해방될 것이다.

39

나와 별도로 원자는 없다. 나와 별도로 없다. 나눌 수 없는 나는 늘 브람만이다. 나눌 수 없는 나는 늘 브람만이다. 나는 "다른 것"이 아무것도 없는, 나뉘지 않은 지고한 브람만이다. 나는 "다른 것"이 아무것도 없는, 나뉘지 않은 지고한 브람만이다. 이 확고한 나뉘지 않은 지식을 가짐으로써 그대는 계속되는 탄생과 죽음의 속박에서 해방될 수 있다.

40

항상 모든 것은 브람만이다. 나 자신이 변함없는 그 브람만이다. 신이 나에게 자비롭게 설명하였듯이 나는 이 깨달음을 이런 방법으로 아들인 네게 설명하였고, 그래서 해방을 갈망하는 모든 사람들은 그것을 깊이 생각하면 탄생과 죽음의 수레바퀴에서 벗어나 해방을 얻을 수 있다. 망상 없이 헌신적으로 이것을 듣고 이해하는 자는 누구라도 브람만이 될 것이다.

41

비록 설명된 대로 이 설명을 깨우칠 수 없다 할지라도 단지 매일 사랑으로 이것을 읽거나 깊이 생각함으로써, 혹은 다른 사람들에게 자세하게 이야기해 줌으로써 그 사람은 그의 불순함을 제거할 수 있고, 나뉘지도 나눌 수도 없는 지고한 지식의 진리를 얻어서 차이 없는 지고한 브람만이 된다.

42

존재–의식–희열인 지고한 쉬바를 끈기 있게 항상 숭배하는 사람은 확실하게 영원하고 완전한 쉬바를 깨달을 것이며 마음의 매듭들을 산산조각 내어 지고한 쉬바에 융합될 것이다. 해방의 기쁨을 얻는다면, 그는 바로 쉬바가 된다. 헌신하지 않는 어리석은 사람들은 지고한 해방의 기쁨을 얻지 못할 것이다.

43

따라서 해방을 갈망하는 모든 이들은 매일 끊임없이 지고한 쉬바를 숭배해야 하고, 베다들을 초월해 있는 쉬바의 은총에 의해, 그리고 모든 것이 지고한 브람만이고 그것이 나 자신이라는 지식에 의해 해방을 얻어야 한다. 이와 같이 리부는 자비롭게 니다가에게 시작도 없는 탄생과 죽음의 윤회라는 모든 속박을 없애 줄, 나뉘지 않은 지고한 지식을 설명해 주었다.

44

비록 말들과 마음이 미치지 않는 곳에 있지만 기쁨의 춤을 추는 상태에 있는 우리 신의 무한한 형상은 그에게 위안을 찾는 자들에게, 지각의 대상으로 보이는 모든 모습이 단지 의식의 덩어리이며 지각자인 브람만이라는 것과 지고한 브람만이 나 자신이라는 지식을 설명해 줌으로써 그들을 생사의 윤회로부터 해방시켜 준다.

제12장
모든 것은 오로지 브람만이다

1

지고한 신이 일찍이 나에게 설명했듯이 비밀 중의 깊은 비밀이자 최고의 비밀이며, 얻기 어렵고, 베단타를 통하여 이해될 수 있는 비밀인 진리에 대한 드문 해석을 모두의 이익을 위하여 나는 그대에게 설명하리라. 아들아! 일점 지향의 주의를 기울여 이것을 듣고 잘못 없이 그 의미를 이해하라!

2

언제나 모든 것은 오직 브람만이다. 무지와 그것의 결과는 오직 브람만이다. 지각이 있고 지각이 없는 모든 것이 오직 브람만이며, 실재나 비실재인 것 같은 모든 것은 오직 브람만이다. 다양한 존재들도 오직 브람만이다. 다양한 세상들도 오직 브람만이다. 부패하는 모든 몸들도 오직 브람만이다. 그 몸들이 이용하는 모든 생명life도 오직 브람만이다.

3

위대한 만트라들도 오직 브람만이다. 헌신으로 경청되는 것도 오직 브람만이다. 위대한 격언mahavakya들도 오직 브람만이다. 이해되는 이것들의 의미도 브람만이다. 아무것도 분리되지 않은 지고한 지식도 오직 브람만이다. 나누어지지 않은 해방도 오직 브람만이다. 완전히 감싸고 있는 속박도 오직 브람만이다. 가지각색인 것 같은 무엇이나 오직 브람만이다.

4

여러 행위들도 오직 브람만이다. 그들의 결과들도 오직 브람만이다. 훌륭하고 나쁜 속성들도 오직 브람만이다. 찬양과 비웃음도 모두 다 브람만이다. 덧없는 시간도 오직 브람만이다. 거대한 공간 위에 펼쳐져 있는 여러 나라들도 오직 브람만이다. 모든 움직이는 것들은 오직 브람만이다. 언제나 모든 것은 오직 브람만이다.

5

피해야 할 무지도 오직 브람만이다. 안타카라나(마음, 지성, 자아, 생각으로 이루어져 있는 내적인 기능들)는 오직 브람만이다. 나쁜 영향을 주는 자아도 오직 브람만이다. 현혹되는 마음과 지성도 오직 브람만이다. 일어나는 생각은 오직 브람만이다. 변덕스런 감각들도 오직 브람만이다. 부패하는 몸도 오직 브람만이다. 불가사의한 모든 것들은 오직 브람만이다.

6

거친 몸과 깨어 있음은 오직 브람만이다. 미세한 몸과 꿈은 오직 브람만이다. 원인의 몸과 깊은 수면은 오직 브람만이다. 이 셋 모두를 경험하는 자는 오직 브람만이다. 형상을 취하는 비야스티(분리된 것, 별개의 것)는 오직 브람만이다. 사마스티(총합)도 오직 브람만이다. 시간과 같은 것은 오직 브람만이다. 나타나는 모든 모습들은 오직 브람만이다.

7

집착이 없는 네 번째 상태는 오직 브람만이다. 네 번째 상태의 경험자는 오직 브람만이다. 다섯 가지 덮개들은 오직 브람만이다. 이것들의 경험자는 오직 브람만이다. 원소들에서 일어나는 모든 것은 오직 브람만이다. 공간과 기타 다섯 가지 원소들 모두는 오직 브람만이다. 생각되는 모든 것은 오직 브람만이다. 무수히 많은 움직이는 것과 움직이지 않은 것은 모두 오직 브람만이다.

8

이 남자 저 남자, 이 여자 저 여자는 모두 오직 브람만이다. 이것, 저것, 그 밖의 무엇이나 오직 브람만이다. 남자와 여자로 기술된 것은 모두 오직 브람만이다. 수컷도 암컷도 아닌 것은 오직 브람만이다. 다양한 세상들과 존재들은 오직 브람만이다. 모든 곳에 퍼져 있는 신(이슈와라)은 오직 브람만이다. 어디에나 어떻게든 존재하는 것은 무엇이나 모두 오로지 브람만이다.

9

존재하는 것처럼 보이는 것은 오직 브람만이다. 존재하지 않는 것처럼 보이는 것은 오직 브람만이다. 지각자처럼 보이는 것은 오직 브람만이다. 지각되고 있는 것처럼 보이는 것은 오직 브람만이다. 덮고 있는 것처럼 보이는 것은 오직 브람만이다. 나머지의 것처럼 보이는 것은 오직 브람만이다. 펼쳐져 있는 것처럼 보이는 것은 오직 브람만이다. 모든 다양한 나타남들은 오직 브람만이다.

10

여러 겹들로 나타나는 것처럼 보이는 것은 오직 브람만이다. 발달되지 않은 것처럼 보이는 것은 오직 브람만이다. 놀랄만한 그림처럼 보이는 것은 오직 브람만이다. 구별되지 않는 것처럼 보이는 것은 오직 브람만이다. 특별한 것처럼 보이는 것은 오직 브람만이다. 강한 인상을 주는 것처럼 보이는 것은 오직 브람만이다. 어떤 식으로든 나타나는 모든 것은 오직 브람만이다. 다른 것처럼 보이는 모든 나타남들은 오직 브람만이다.

11

하나로 보이는 것은 오직 브람만이다. 둘처럼 보이는 것은 오직 브람만이다. 부분처럼 보이는 것은 오직 브람만이다. 부분이 없는 것처럼 보이는 것은 오직 브람만이다. 천국처럼 보이는 것은 오직 브람만이다. 지옥처럼 보이는 것은 오직 브람만이다. 미혹처럼 보이는 것은 오직 브람만이다. 지혜처럼 보이는 것은 오직 브람만이다.

12

지식처럼 보이는 것은 오직 브람만이다. 아는 자처럼 보이는 것은 오직 브람만이다. 갈증처럼 보이는 것은 오직 브람만이다. 물처럼 보이는 것은 오직 브람만이다. 슬픔처럼 보이는 것은 오직 브람만이다. 행복처럼 보이는 것은 오직 브람만이다. 말을 못하는 것처럼 보이는 것은 오직 브람만이다. 이해의 능력을 가진 것처럼 보이는 것은 오직 브람만이다.

13

'당신'과 '나'로 나타나는 것은 오직 브람만이다. 모든 것으로 보이는 것은 오직 브람만이다. 다양하게 보이는 것은 오직 브람만이다. 우리의 것으로 보이는 것은 오직 브람만이다. 존경과 무례도 오직 브람만이다. 즐거움의 얻음과 잃음도 오직 브람만이다. 선물과 자비도 오직 브람만이다. 쇠약하게 만드는 죄도 오직 브람만이다.

14

산과 강들은 오직 브람만이다. 성소들과 성수들은 오직 브람만이다. 그 속에 존재하고 있는 신들은 오직 브람만이다. 이 신들에게 하는 예배 의식도 오직 브람만이다. 굽이치는 바다는 오직 브람만이다. 거기에 있는 섬들은 오직 브람만이다. 여러 숲들은 오직 브람만이다. 새들과 곤충들은 오직 브람만이다.

15

브람마를 비롯한 여러 신들은 오직 브람만이다. 수천만 개의 대우주는 오직 브람만이다. 하라를 비롯한 여타 신들의 세상들은 오직 브람만이다. 그 안에 있는 모든 차별들은 오직 브람만이다. 여기와 저기로 이해되는 것은 오직 브람만이다. 보이거나 생각되는 것은 무엇이든 오직 브람만이다. 모든 종류의 조건형성들은 오직 브람만이다. 세상, 개체(지바)들 그리고 지고자(파라)는 모두 오로지 브람만이다.

16

브람만은 존재-의식-희열이다. 브람만은 모두all 완전한 가득함이다. 브람만은 영원하며 흠이 없다. 브람만은 부분이 없고 순수하다. 브람만은 순수한 형상 없음이다. 브람만은 스스로 빛난다. 브람만은 둘이 아니다. 브람만은 나뉘지 않고 완전하며 완벽히 가득하다.

17

브람만은 가장 높은 것보다 더 높다. 브람만은 지고한 상태이다. 브람만은 어떤 덮개들이 없는 것이다. 브람만은 행위가 없는 것이다. 브람만은 아무런 움직임 같은 것이 없는 것이다. 브람만은 움직임이 없는 것이다. 브람만은 오래된 것이다. 브람만은 완벽히 가득한 것이다.

18

브람만은 마음 같은 것이 없는 하나이다. 브람만은 위대한 하나이다. 브람만은 오래된 하나이다. 브람만은 불변의 하나이다. 브람만은 불멸의 존재로 있는 하나이다. 브람만은 빛나는 의식으로 있다. 브람만은 기원이 없는 희열의 덩어리이다. 브람만은 나뉘지 않은 하나의 에센스이다.

리부의 노래

19

브람만은 진리−지식−희열의 덩어리이다. 브람만은 전적인 평화로움이다. 브람만은 '그것'에 대한 지식인 공Void이다. 브람만은 그것 자체 내에 머물고 있는 자이다. 브람만은 바위처럼 움직일 수 없다. 브람만은 때 묻지 않은 케발라(홀로임)이다. 브람만은 언제나 하나의 성품nature이다. 브람만은 하나의 완전한 가득함이다.

20

브람만은 지식의 덩어리이다. 브람만은 침묵의 상태다. 브람만은 해방된 자가 도달하는 상태다. 브람만은 흠이 없다. 브람만은 그 밖의 어떤 것과 다르다. 브람만은 헤아릴 수 없다. 브람만은 의식의 나뉘지 않은 공간이다.

21

브람만은 지식 중의 지식이다. 브람만은 모든 것의 너머에 있다. 브람만은 충만 중의 충만이다. 브람만은 모든 것 너머에 있다, 브람만은 줄어들지 않는 편재이다. 브람만은 품질quality이 없고 속성attribute들이 없다. 브람만은 더럽혀지지 않는 기쁨이다. 브람만은 마음과 언어가 닿지 않는 곳에 있다.

22

브람만은 실재 중의 실재이다. 브람만은 모든 것 중의 에센스인 것이다. 브람만은 의식 중의 의식이다. 브람만은 다른 것과 구별되는 특성characteristic들이 없는 것이다. 브람만은 씨앗 중의 씨앗이다. 브람만은 베단타를 통해 이해되는 것이다. 브람만은 어떤 것과도 다르다. 브람만은 모든 곳에 존재하는 하나이다.

23

브람만은 홀로 존재하는 하나이다. 브람만은 슬픔 없는 하나이다. 브람만은 순수한 하나이다. 브람만은 절대 진리인 하나이다. 브람만은 이동하지 않는unshifting 하나이다. 브람만은 진리이다. 브람만은 집착이 없는 하나이다. 브람만은 어떤 것도 없는 하나이다.

24

브람만은 실재인 하나이다. 브람만은 아무런 연결들이 없는 하나이다. 브람만은 영원한 하나이다. 브람만은 어디에나 있는 하나이다. 브람만은 경이로운 하나이다. 브람만은 품질을 나타내는 아무런 모습feature들이 없는 하나이다. 브람만은 순수한 하나이다. 브람만은 자유로운 하나이다.

25

브람만은 단어 '탓(그것)'의 의미이다. 브람만은 단어 '트밤(당신)'의 의미이다. 브람만은 단어 '아시(이다)'의 의미이다. 브람만은 단어 '아칸다이카라사(나뉘지 않은 에센스)'의 의미이다. 브람만은 단어 '아함(나)'의 의미이다. 브람만은 단어 '브람만'의 의미이다. 브람만은 단어 '아스미(이다)'의 의미이다. 브람만은 나뉘지 않는 에센스의 의미이다.

26

브람만은 단어 '존재'의 의미다. 브람만은 단어 '의식'의 의미다. 브람만은 단어 '희열'의 의미다. 브람만은 단어 '하나의 나뉘지 않은 에센스'의 의미다. 브람만은 단어 '현상 세계'의 의미다. 브람만은 단어 '지바(개체)'의 의미이다. 브람만은 단어 '이슈와라(신)'의 의미이다.
브람만은 단어 '하나의 나뉘지 않은 에센스'라는 의미다.

27

브람만 그 자체는 환영처럼 나타난다. 브람만 그 자체는 무지처럼 나타난다. 브람만 그 자체는 생각처럼 나타난다. 브람만 그 자체는 세상처럼 나타난다. 브람만 그 자체는 개인(지바)처럼 나타난다. 브람만 그 자체는 신(이슈와라)처럼 나타난다. 브람만 그 자체는 구루처럼 나타난다. 브람만 그 자체는 제자처럼 나타난다.

28

브람만 그 자체는 브람마(창조자)처럼 나타난다. 브람만 그 자체는 하리(유지자)처럼 나타난다. 브람만 그 자체는 하라(파괴자)처럼 나타난다. 브람만 그 자체는 신들처럼 나타난다. 브람만 그 자체는 창조처럼 나타난다. 브람만 그 자체는 존재처럼 나타난다. 브람만 그 자체는 용해dissolution처럼 나타난다. 브람만 그 자체는 모든 것으로 나타난다.

29

어디에서 어떤 식으로든 어떤 다른 것으로 나타나는 모든 것들은 지식인 브람만이고, 브람만은 도처에 있는 모든 것의 근원이며, 브람만과 떨어진 것은 아무것도 없다. 어디서나 파도들이나 그와 같은 것이 보이는 곳이면 이들은 오로지 바다이다. 그것들이 분리되어 있는 어떤 것일 수 있겠는가? 이와 마찬가지로, 어떤 현상들이 보이더라도 그것은 어디에서든 브람만이며, 브람만과 떨어진 어떤 것이 아니다.

30

바닷물에서 일었다가 내려앉는 수많은 파도들은 오직 물이 변화된 것일 뿐이다. 그 사이에서 물이 아닌 다른 어떤 상태를 본 사람이 있는가? 브람만-의식의 바다에서 일었다가 가라앉는 현상계의 파도들과 그 밖의 어떤 것들도 역시 오로지 그 브람만-의식이기 때문에 진실로 그 사이에 다른 어떤 것이 있을 수 없다.

31

흙의 모든 변화들이 오직 흙이라는 자명한 이치처럼 물의 모든 변화들도 오직 물일 뿐이고, 공간의 모든 변화들도 오직 공간일 뿐이다. 그러므로 모든 세계, 개체(지바)들, 그리고 지고자(파라)는 브람만-의식이기 때문에 오직 브람만일 뿐이다.

32

두려움 때문에 나무에서 보이는 도둑이 오직 나무에 불과하다는 자명한 이치처럼, 진주조개에서 잘못 보이는 은빛이 오직 진주조개일 뿐이라는 자명한 이치처럼, 어둠 속의 새끼줄에서 보이는 뱀이 오로지 새끼줄이라는 자명한 이치처럼, 브람만 안에서 보이는 세상과 존재들의 차이 differentiation도 항상 완전히 브람만이다.

33

어디에서나 덧씌워진 모든 것들이 오로지 그 토대이듯이 브람만의 토대 위에 놓여 있는 것으로 보이는 세계와 존재, 그리고 덧씌워진 것들은 오로지 항구적인 토대인 지고한 브람만일 뿐이다. 이것은 최고의 베다들이 내린 궁극의 결론이다. 쉬바가 자비롭게 설명해 준 결론도 바로 이것이다. 깨달은 이의 경험도 또한 이것이다.

34

그러므로 브람만과 떨어져 있는 것은 티끌만큼도 없다. 모든 것이 언제나 오직 브람만이다. 개체로서 나쁜 바사나(경향, 인상, 관념, 개념)들 때문에 탄생과 죽음이라는 바다 속에 가라앉아 있는 것은 무엇이나 오직 브람만이다. 좋은 바사나들 때문에 듣는 것(스라바나)과 여러 수단들을 경험하는 것은 오직 브람만이다. 차별이 없는 바사나 때문에 두려움에서 벗어나 브람만으로 남아 있는 것 또한 오직 브람만이다.

35

규정된 대로 하나의 목적을 향하여 매일 또는 간혹 의식을 올리는 것은 오직 브람만이다. 그러한 행위들로 마음의 순수성을 얻는 것은 오직 브람만이다. 순수한 마음으로 듣기(스라바나)를 잘하는 것은 오로지 브람만이다. 변함없는 헌신으로 명상(마나나)을 잘하는 것은 오로지 브람만이다.

36

계속해서 끊임없이 묵상contemplation에 몰두하는 것은 오로지 브람만이다. 감각들이 작용하는 상태에서 명상 속에 잠기는 것은 오로지 브람만이다. 감각들의 작용 없이 명상에 몰입하여 그것의 지식이나 공으로 자리 잡고 있는 것은 오로지 브람만이다. 바위처럼 움직이지 않고 더럽혀지지 않은 상태로 있는 것은 오로지 브람만이다.

37

망상과 같은 조건형성 때문에 사물들을 다양하고 차이가 있는 것으로 잘못 보는 것은 오로지 브람만이다. 오직 브람만만이 존재한다는 지고한 지식에 의한 결론 또한 오로지 브람만이다. 마야라는 무지 때문에 나는 개체(지바)이며 다른 존재라는 생각은 오로지 브람만이다. 지고한 지식으로 이원에서 벗어나 내가 지고자라는 결단은 오로지 브람만이다.

38

근본적인 무지는 오로지 브람만이다. 그로 인하여 일어나는 모든 행위들 또한 오로지 브람만이다. 굴레를 낱낱이 잘라 버리는 지식은 오로지 브람만이다. 해방의 지고한 상태는 오로지 브람만이다. 집착으로 행해지는 모든 세상의 상호작용들은 오로지 브람만이다. 이원이 없는 지고한 원리는 오로지 브람만이다. 모든 것은 늘 오로지 브람만이다. 쉬바의 발에 맹세코, 여기에는 의심의 여지가 없다.

39

영원한 브람만과 떨어져서 영속하는 것은 어느 때든지 하나도 없다. 어떠한 방식으로든 어디에나 존재하는 모든 것은, 그 모든 방식으로 존재하는 모든 것은 오로지 브람만이다. 존재-의식-희열의 덩어리인 쉬바의 이름을 걸고 내가 말하는 것은 진리이다. 여기에는 의심의 여지가 없다.

40

나는 언제나 오로지 브람만이다. 이것에는 의심할 여지가 없다. 나는 언제나 오로지 브람만이다. 이것에는 의심할 여지가 없다. 그대는 언제나 오로지 브람만이다. 이것에는 의심할 여지가 없다. 그대는 언제나 오로지 브람만이다. 이것에는 의심할 여지가 없다. 다른 모든 것은 오로지 브람만이다. 이것에는 의심할 여지가 없다. 다른 모든 것은 오로지 브람만이다. 이것에는 의심할 여지가 없다. 모든 것은 오로지 브람만이다. 이것에는 의심할 여지가 없다. 모든 것은 오로지 브람만이다. 이것에는 의심할 여지가 없다.

41

브람만과 떨어져 있는 것은 조금도 없다. 조금도 없다. 브람만과 떨어져 있는 것은 조금도 없다. 조금도 없다. 모든 것은 언제나 오로지 브람만이다. 모든 것은 언제나 오로지 브람만이다. 나는 지고한 쉬바의 숭고한 발에 맹세코 이것을 말한다. 나는 지고한 쉬바의 숭고한 발에 맹세코 이것을 말한다. 이 모든 설명은 진리이다. 이 모든 설명은 진리이다.

42

세상이나 개체들이나 지고자로 나타나는 모든 것은 오로지 브람만이라는 이 명제를 타인에게 말하거나 듣거나 가르친다면 그는 그럼으로써 빨리 순수한 지고자의 지식을 얻고 모든 자아에서 벗어나 완전히 충만한 희열인 브람만이 될 것이다.

43

모든 것이 언제나 하나의 지고한 브람만이고 아무것도 그것과 조금도 떨어져 있지 않을지라도, 지고한 쉬바의 은총을 받지 못하고 마음이 정직하지 못하며 모든 것을 구별된 것으로 보는 사람들은 생사윤회의 불행을 받게 된다. 그러므로 해방을 원하는 모든 이들은 아무도 그것 없이는 지낼 수 없는 지고한 쉬바의 은총을 얻어서 삼사라(생사고통의 윤회)의 불행을 피해야만 한다.

44

지고한 쉬바가 자비롭게 베풀어 준 나뉘지 않은 지식의 은총으로, 삼사라(생사고통의 윤회)로부터 해방을 위하여 수준이 각기 다른 구도자들에게 적합한 여러 행동들과 같은 보기 드문 경전들이 규정한 다양한 방편들이 있다. 이들 가운데, 듣기(스라바나)와 같은 방법들은 유용하며, 브람만에 대한 묵상이 가장 좋다. 그럼으로써 은총은 실현될 것이다.

45

그러므로 삼사라의 불행은, 지각이 있는 모든 것은 나뉘지 않은 지고한 브람만이고 또 지고한 브람만이 바로 나 자신이라는 브람만에 대한 묵상을 끊임없이 함으로써 없애야 한다. 따라서 이러한 수행을 통하여 우리는 스스로 지식의 덩어리인 지고한 브람만이 됨으로써 지고한 쉬바의 은총과 나뉘지 않은, 흔들림 없는 나의 지식을 얻게 된다.

46

영원한 희열인 지고한 이슈와라(신)가 일찍이 자비롭게 설명해 주었던 것처럼, 모두에게 이익이 되도록 나는 오늘 여기에서 이것을 그대에게 설명하였다. 여기에는 티끌만큼의 의심도 있을 수 없다. 니다가여! 신께서 말씀하신 것에 어찌 의심이 있을 수 있겠는가? 이처럼, 현자 리부는 변치 않는 지고한 실재에 대하여 말하였다.

기쁨의 춤을 추는 상태에 있는 우리 신의 무한한 형상은 헌신자들의 끝없이 반복되는 탄생과 죽음의 불행을 없애기 위하여 다음과 같이 말한다. 분리되어 있는 놀라운 존재들과, 무한하게 퍼져 있는 이슈와라(신)와 놀라운 세상은 모두가 오로지 브람만이다.

제13장
모든 것은 비실재이며, 모든 것은 의식이다

1

주의하여 들어라! 그대에게 베다들과 경전들, 아가마(일종의 경전)들, 다른 미묘한 경전들과 그밖의 다른 곳에서 드물게 들을 수 있는 것을 설명해 줄 것이다. 브람만 이외의 어떤 차이가 보이더라도 그것은 늘 비실재이다. 변하지 않고 모든 것을 초월하여 있는 유일한 실재는 오로지 브람만뿐이다.

2

어떤 것이 어떤 식으로 알려지든지, 그것은 참으로 비실재이다. 어떤 것이 어떤 식으로 생각되든지, 그것은 참으로 비실재이다. 어떤 것이 어떤 식으로 보이든지, 그것은 참으로 비실재이다. 어떤 것이 어떤 식으로 들리든지, 그것은 참으로 비실재이다. 어떤 것이 어떤 식으로 탐구되든지, 그것은 참으로 비실재이다. 어떤 것이 어떤 식으로 말하여지든지, 그것은 참으로 비실재이다. 어떤 것이 어떤 식으로 경험되든지, 그것은 참으로 비실재이다. 존재하는 유일한 것은 늘 지고한 브람만뿐이다.

3

모든 종류의 성지들은 오로지 비실재이다. 모든 종류의 성수들은 오로지 비실재이다. 모든 신들은 오로지 비실재이다. 모든 종류의 봉사도 오로지 비실재이다. 모든 종류의 타파스(금욕이나 강렬한 열망)들도 오로지 비실재이다. 모든 종류의 자파(만트라의 반복)들도 오로지 비실재이다. 모든 종류의 보이는 모든 것도 오로지 비실재이다. 존재하는 유일한 것은 늘 지고한 브람만뿐이다.

4

모든 감각들은 무엇이나 오로지 비실재이다. 모든 감각 기관들은 무엇이나 오로지 비실재이다. 모든 경험자는 누구나 오로지 비실재이다. 모든 경험은 무엇이나 오로지 비실재이다. 모든 자부심egoity은 무엇이나 오로지 비실재이다. 모든 욕망들은 무엇이나 오로지 비실재이다. 모든 차이들은 무엇이나 오로지 비실재이다. 존재하는 유일한 것은 늘 지고한 브람만뿐이다.

5

놀라운 마야(착각, 환영)는 오로지 비실재이다. 그것이 널리 미치는 결과들도 오로지 비실재이다. 끊임없이 지속하는 자아도 오로지 비실재이다. 그 결과들의 자취도 오로지 비실재이다. 지성의 결과들도 오로지 비실재이다. 마음의 활동들도 오로지 비실재이다. 생각의 활동들도 오로지 비실재이다. 영향 받지 않은 채 지속되는 것은 늘 브람만뿐이다.

6

시작이 있는 거친 몸은 오로지 비실재이다. 깨어 있는 변덕스러운 상태는 오로지 비실재이다. 차별의 경향이 있는 미세한 몸은 오로지 비실재이다. 독립하여apart 보이는 꿈은 오로지 비실재이다. 오점이 있는 원인의 몸은 오로지 비실재이다. 둘이 없는 깊은 잠의 상태는 오로지 비실재이다. 우리에게 와 닿는 모든 차이들은 오로지 비실재이다. 불멸인 것은 늘 브람만뿐이다.

7

깨어 있는 상태와 꿈의 상태도 오로지 비실재이다. 어떤 불확실성도 없는 깊이 잠든 상태도 오로지 비실재이다. 상서로운 네 번째 상태도 오로지 비실재이다. 이러한 모든 것의 경험자는 오로지 비실재이다. 혼합된 집합체도 오로지 비실재이다. 구별된 것의 집합도 오로지 비실재이다. 진리에 기초를 두지 않는 모든 차이들도 오로지 비실재이다. 영원히 존재하는 것은 늘 브람만뿐이다.

8

자기 자신처럼 보이는 것은 오로지 비실재이다. 자신의 것으로 보이는 것은 오로지 비실재이다. 너와 나처럼 보이는 것은 오로지 비실재이다. 모든 것처럼 보이는 것은 오로지 비실재이다. 왕처럼 보이는 것은 오로지 비실재이다. 구루처럼 보이는 것은 오로지 비실재이다. 모든 겉모양의 변화들은 오로지 비실재이다. 불멸의 것은 늘 브람만뿐이다.

9

행위자처럼 보이는 것은 오로지 비실재이다. 행위처럼 보이는 것은 오로지 비실재이다. 실재처럼 보이는 것은 오로지 비실재이다. 실재하고 실재하지 않는 것처럼 보이는 것은 오로지 비실재이다. 씨앗처럼 보이는 것은 오로지 비실재이다. 다양한 방식으로 보이는 것은 오로지 비실재이다. 어떤 식으로든 보이는 것은 무엇이나 오로지 비실재이다. 존재하는 것은 늘 지고한 브람만뿐이다.

10

좋은 것으로 보이는 것은 오로지 비실재이다. 좋지 않은 것으로 보이는 것은 오로지 비실재이다. 말하여진 것으로 보이는 것은 오로지 비실재이다. 말하여지지 않은 것으로 보이는 것은 오로지 비실재이다. 비존재인 것으로 보이는 것은 오로지 비실재이다. 존재인 것처럼 보이는 것은 오로지 비실재이다. 모든 겉모양들은 오로지 비실재이다. 완전한 것은 늘 브람만뿐이다.

11

베다들과 경전들은 오로지 비실재이다. 다양한 종류의 저서들은 오로지 비실재이다. 잘못과 같은 모든 성질quality들은 오로지 비실재이다. 모든 욕망들과 무욕은 오로지 비실재이다. 원소들과 원소들로 구성된 것은 오로지 비실재이다. 공덕(푼야)과 단점(파파) 모두는 오로지 비실재이다. 구분된 모든 것들은 오로지 비실재이다. 항상 차별 없이 존재하는 것은 브람만뿐이다.

12

여기에 있는 모든 것들은 오로지 비실재이다. 여기에 있지 않은 모든 것은 오로지 비실재이다. 그곳에 있는 모든 것들은 오로지 비실재이다. 그곳에 있지 않은 모든 것은 오로지 비실재이다. 그것들이 어디에 있든지 간에 모든 것들은 오로지 비실재이다. 어떠한 종류든 간에 모든 것들은 오로지 비실재이다. 상칼파(개념, 고정관념, 의지)를 가지고 있는 것은 모두 오로지 비실재이다. 변화가 없는 것은 늘 브람만뿐이다.

13

줄어드는 모든 것들은 오로지 비실재이다. 결코 줄어들지 않는 모든 것들은 오로지 비실재이다. 감춰진 모든 것들은 오로지 비실재이다. 결코 사라지지 않는 모든 것들은 오로지 비실재이다. 감각들이 있는sentient 모든 것들은 오로지 비실재이다. 감각들이 없는 모든 것들은 오로지 비실재이다. 성장하는 모든 것들은 오로지 비실재이다. 영향 받지 않는 것은 늘 브람만뿐이다.

14

모든 다양한 세상들은 오로지 비실재이다. 신들과 악마들도 오로지 비실재이다. 네 가지 계급 caste들도 오로지 비실재이다. 혼합된 계급들도 오로지 비실재이다. 훌륭한 집단생활ashrama들도 오로지 비실재이다. 거기에서 일어나는 모든 활동들도 오로지 비실재이다. 거기에서 오는 모든 결실들도 오로지 비실재이다. 고정된steady 것은 늘 브람만뿐이다.

리부의 노래

15

무지의 검은 연고는 오로지 비실재이다. 다섯 원소들은 오로지 비실재이다. 다섯 신들은 오로지 비실재이다. 다섯 덮개들은 오로지 비실재이다. 무지 속에 있는 모든 존재들은 오로지 비실재이다. 모든 다양한 조건형성들은 오로지 비실재이다. 안정적이지 않게 보이는 모든 것은 오로지 비실재이다. 변함없이 있는 것은 늘 브람만뿐이다.

16

여섯 가지 근심들은 오로지 비실재이다. 여섯 가지 변화들은 오로지 비실재이다. 여섯 가지 적들은 오로지 비실재이다. 모든 구속하는 집착들은 오로지 비실재이다. 진행하는 모든 시간들은 오로지 비실재이다. 모든 나라들과 물건들은 오로지 비실재이다. 무지 속에서 보는 것들은 모두가 오로지 비실재이다. 불변하는 것은 항상 브람만뿐이다.

17

말하는 것과 말하지 않는 것은 오로지 비실재이다. 자유로운 것은 늘 브람만뿐이다. 구분된 것처럼 보이는 어떠한 것도 오로지 비실재이다. 차별이 없는 것은 늘 단지 브람만뿐이다. 이러한 설명을 주의 깊게 듣고 그것을 들은 대로 이해하는 사람은 누구나 지고자가 될 것이다. 깨달음으로 직접 나아가게 하는 말을 더 들어 보아라.

18

모든 것들은 존재−희열인 브람만이다. 모든 사람은 존재−희열인 브람만이다. 나는 의식−희열인 브람만이다. 그대는 의식−희열인 브람만이다. 니다가여! 그러므로 조금의 의심도 없이 모든 것이 늘 브람만이며 그 영원한 브람만이 나 자신이라는 이 변함없는 확신을 가져라.

19

나는 항상 오로지 의식이다. 나는 오로지 변하지 않는 의식이다. 나는 오로지 속박이 없는 희열이다. 나는 오로지 순수하며 둘이 아닌 절대자이다. 나는 오로지 순결함과 속박 없음이다. 나는 오로지 장엄한 평화이다. 나는 오로지 무한한 지고한 브람만이다. 이 확신을 항상 가져라.

20

나는 오로지 존재-의식-희열의 덩어리이다. 나는 오로지 출생과 죽음의 윤회(삼사라)와 관계가 없다. 나는 오로지 순수와 특성attribute이 없이 있다. 나는 오로지 더럽혀지지 않으며 부분이 없다. 나는 오로지 완전한 가득함이다. 나는 오로지 스스로 빛난다. 나는 오로지 둘이 없는 지고한 브람만이다. 이 확신을 항상 가져라.

21

나는 오로지 모든 것인 의식일 뿐이다. 나는 오로지 변하지 않는 의식일 뿐이다. 나는 오로지 오점이 없는 의식일 뿐이다. 나는 오로지 둘이 없는 의식일 뿐이다. 나는 오로지 비길 데 없는 의식일 뿐이다. 나는 오로지 부분이 없는 의식일 뿐이다. 그대 안에 이 확신을 가짐으로 그대 자신이 항상 의식이 되어라.

22

넓은 세계들은 단지 의식일 뿐이다. 다양한 존재들은 단지 의식일 뿐이다. 신(이슈와라) 또한 단지 의식일 뿐이다. 브람마(창조자) 등 다섯 신들도 단지 의식일 뿐이다. 이러한 여러 신들의 행위 또한 의식일 뿐이다. 더 나아가서 모든 차이들은 단지 의식일 뿐이다. 환영에 기인한 속박도 단지 의식일 뿐이다. 미혹 없는 해방도 단지 의식일 뿐이다.

23

마음의 모든 활동들은 단지 의식일 뿐이다. 생각에 의해 행해진 모든 것들은 단지 의식일 뿐이다. 순수하게 하는 경청은 단지 의식일 뿐이다. 미세한 묵상은 단지 의식일 뿐이다. 끊임없는 심오한 숙고는 단지 의식일 뿐이다. 순수한 사마디(강한 흡수) 역시 단지 의식일 뿐이다. 불이의 깨달음 역시 단지 의식일 뿐이다. 희열의 경험은 역시 단지 의식일 뿐이다.

24

자신의 자연스러운 나로 자리 잡고 있는 것은 단지 의식일 뿐이다. 모든 곳에서 자리 잡고 있는 것 역시 단지 의식일 뿐이다. 힘에 자리 잡고 있는 것 역시 단지 의식일 뿐이다. 공간으로서 자리 잡고 있는 것 역시 단지 의식일 뿐이다. 어떤 것과 혼합되지 않고 자리 잡고 있는 것 역시 단지 의식일 뿐이다. 진리로서 자리 잡고 있는 것은 단지 의식일 뿐이다. 움직이지 않는 것으로 자리 잡고 있는 것은 단지 의식일 뿐이다. 나뉘지 않은 것으로 자리 잡고 있는 것 역시 단지 의식일 뿐이다.

25

사물들이 떨어져 있는 것으로 보이게 하는 무지는 단지 의식일 뿐이다. 순수한 지식은 단지 의식일 뿐이다. 강하게 묶는 상칼파(개념, 고정관념, 의지) 역시 단지 의식일 뿐이다. 탐구된 모든 세상은 단지 의식일 뿐이다. 탐구하는 그대 역시 단지 의식일 뿐이다. 대답하는 나 역시 단지 의식일 뿐이다. 강연된 다양한 주제들 역시 단지 의식일 뿐이다. 지고한 자, 개인들(지바) 그리고 세상은 모두 단지 의식일 뿐이다.

26

코끼리의 머리를 하고 있는 신(가네샤)과 여섯 머리들을 하고 있는 신(스칸다) 역시 단지 의식일 뿐이다. 신성한 어머니와 인자한 쉬바 역시 단지 의식일 뿐이다. 모든 쉬바의 수행원들 역시 단지 의식일 뿐이다. 쉬바의 사랑스러운 헌신자들 역시 단지 의식일 뿐이다. 모든 가치 있는 현자들 역시 단지 의식일 뿐이다. 모든 빛나는 신들 역시 단지 의식일 뿐이다. 결함이 없는 자는 속성들이 없는 의식일 뿐이다. 가장 좋은 것, 속성이 없는 것 역시 단지 의식일 뿐이다.

27

지고한 쉬바의 경배 역시 단지 의식일 뿐이다. 수행으로 하는 하리의 경배 역시 단지 의식일 뿐이다. 의지하는 브람마의 경배 역시 단지 의식일 뿐이다. 모든 다른 신들의 경배 역시 단지 의식일 뿐이다. 우마에 대한 훌륭한 숭배 역시 단지 의식일 뿐이다. 락슈미와 같은 신들에 대한 경배 역시 단지 의식일 뿐이다. 모든 신들의 경배 역시 단지 의식일 뿐이다. 모든 것은 늘 단지 의식일 뿐이다.

28

공간과 같은 모든 원소들은 역시 단지 의식일 뿐이다. 모든 성품은 역시 단지 의식일 뿐이다. 태양과 빛의 3원소와 같은 것들은 단지 의식일 뿐이다. 별들의 거대한 공간 역시 단지 의식일 뿐이다. 결함 없는 구름 역시 단지 의식일 뿐이다. 세월의 경과 역시 단지 의식일 뿐이다. 하늘에서의 모든 변화들 역시 단지 의식일 뿐이다. 우주의 모든 변화들 역시 단지 의식일 뿐이다.

29

미생물들에서 나온 모든 생명은 단지 의식일 뿐이다. 산들, 강들, 숲들은 단지 의식일 뿐이다. 모든 팽창하는 도시들은 단지 의식일 뿐이다. 모든 경이로운 활동들은 단지 의식일 뿐이다. 변화가 많은 힘들은 단지 의식일 뿐이다. 천만 개의 우주들은 단지 의식일 뿐이다. 움직이거나 움직이지 않는 모든 것들은 단지 의식일 뿐이다. 모든 것들은 항상 단지 의식일 뿐이다.

30

남편, 아들, 그리고 아내는 단지 의식일 뿐이다. 아버지와 어머니는 단지 의식일 뿐이다. 모든 특별한 관계들은 단지 의식일 뿐이다. 외부인들과 적들은 단지 의식일 뿐이다. 가르침을 따르는 제자들은 단지 의식일 뿐이다. 가르침을 주는 구루는 단지 의식일 뿐이다. 여러 상태들에 있는 모든 존재들은 단지 의식일 뿐이다. 보이는 모든 것은 단지 의식일 뿐이다.

31

원인과 결과는 단지 의식일 뿐이다. 눈들과 귀들과 그 밖의 것들은 단지 의식일 뿐이다. 죽이는 힘과 그것의 극치culmination는 단지 의식일 뿐이다. 분리되지 않은 지고한 확신은 단지 의식일 뿐이다. 달성된 목표는 단지 의식일 뿐이다. 사람을 목표에 이르게 할 수 있는 쉬바는 단지 의식일 뿐이다. 지구와 그 나머지 것들은 모두 단지 의식일 뿐이다. 모든 지각이 있는 것과 지각이 없는 것은 단지 의식일 뿐이다.

32

경이로워 보이는 것들은 단지 의식일 뿐이다. 다르고 별개인 것들로 보이는 것은 단지 의식일 뿐이다. '그것'으로 보이는 것은 단지 의식일 뿐이다. 자기 자신으로 보이는 것은 단지 의식일 뿐이다. '의식'이라는 단어로 보이는 것은 단지 의식일 뿐이다. 의식이 아닌 것으로 보이는 것들은 역시 의식일 뿐이다. 상상으로 보이는 모든 것들은 단지 의식일 뿐이다. 보이는 모든 겉모습들은 단지 의식일 뿐이다.

33

마야(착각, 환영) 같은 모든 조건들은 단지 의식일 뿐이다. 지고자, 개인들(지바)은 모두 단지 의식일 뿐이다. 모든 다양한 망상의 세계들은 단지 의식일 뿐이다. 거기에 있는 모든 다른 차이들은 단지 의식일 뿐이다. 순수한 쉬바-성품은 단지 의식일 뿐이다. 둘이 아닌 지고한 성품은 단지 의식일 뿐이다. 자신이 사랑하는 성품은 단지 의식일 뿐이다. 모든 것은 단지 완전한 의식일 뿐이다.

34

죽음과 출생은 단지 의식일 뿐이다. 불확실성에 탐닉하는 것은 단지 의식일 뿐이다. 가고 오는 것은 단지 의식일 뿐이다. 공덕(푼야)과 단점(파파)은 단지 의식일 뿐이다. 창조와 소멸은 단지 의식일 뿐이다. 어떤 것이 별개인 것처럼 이해되는 것은 단지 의식일 뿐이다. 갈망이 없는 것은 단지 의식일 뿐이다. 모든 것을 완전한 하나로 이해하는 것은 단지 의식일 뿐이다.

35

다르게 보이는 방법들은 단지 의식일 뿐이다. 의식으로서의 묵상contemplation은 단지 의식일 뿐이다. 지고한 존재에 대한 망상이 없는 지식은 단지 의식일 뿐이다. 성숙한 지식에 기반을 둔 경배는 단지 의식일 뿐이다. 슬픔이 없는 행복의 상태는 단지 의식일 뿐이다. 완전한 침묵은 단지 그 의식일 뿐이다. 하나로 남아 있는 것은 단지 의식일 뿐이다. 행동 없이 남아 있는 것은 단지 의식일 뿐이다.

36

가지각색의 훌륭한 만트라들은 단지 의식일 뿐이다. 탄트라(제례의식, 신비적인 의식)의 끝없는 방법들은 단지 의식일 뿐이다. 경배들과 행위들은 다지 의식일 뿐이다. 꾸밈없는simple 헌신은 단지 그 의식일 뿐이다. 가슴의 공간 역시 단지 그 의식일 뿐이다. 이러한 것들에 대한 모든 생각들은 단지 의식일 뿐이다. 하찮은 풀잎과 그 밖의 모든 것들은 단지 의식일 뿐이다. 보이는 모든 겉모습들은 단지 의식일 뿐이다.

37

몸, 생명, 감각들과 기관들은 단지 의식일 뿐이다. 미혹된 마음과 지성은 단지 의식일 뿐이다. 자아 그 자체는 단지 의식일 뿐이다. 흔들리는 생각들은 단지 의식일 뿐이다. 미혹과 세 가지 몸들은 단지 의식일 뿐이다. 이들 셋의 경험들은 단지 의식일 뿐이다. 슬픔 없는 네 번째 상태는 단지 의식일 뿐이다. 지금까지 말한 모든 것들의 요약은 단지 의식일 뿐이다.

38

속박의 상태는 단지 의식일 뿐이다. 네 번째 상태는 단지 의식일 뿐이다. 다섯 덮개들은 단지 의식일 뿐이다. 이러한 것들의 경험자는 단지 의식일 뿐이다. 모든 것은 항상 단지 의식일 뿐이다. 사마스티(우주적, 집단적)와 비야스티(별개의, 떨어진)는 단지 의식일 뿐이다. 어떤 종류의 겉모습들도 단지 의식일 뿐이다. 신(이슈와라)과 세계와 존재들은 단지 의식일 뿐이다.

39

의식 그 자체는 단지 존재일 뿐이다. 의식 그 자체는 단지 의식일 뿐이다. 의식 그 자체는 단지 희열일 뿐이다. 의식 그 자체는 단지 나눌 수 없는 하나일 뿐이다. 의식 그 자체는 지고한 브람만이다. 의식 그 자체는 지고한 쉬바이다. 의식 그 자체는 청정함이다. 의식 그 자체는 지고한 나이다.

40

의식 그 자체는 역시also, 항상ever 상서로운 것이다. 의식 그 자체는 역시, 항상 흠이 없는 것이다. 의식 그 자체는 역시, 부분이 없고 속성attribute이 없는 것이다. 의식 그 자체는 역시, 항상 고통이 없는 것이다. 의식 그 자체는 역시, 항상 덮개들이 없는 것이다. 의식 그 자체는 더할 나위 없는 희열이다. 의식 그 자체는 순결한 것이고, 움직임이 없는 것이다. 의식 그 자체는 모든 곳에 퍼져 있는 것이다.

41

의식 그 자체는 무한한 평화이다. 의식 그 자체는 지고한 거처이다. 의식 그 자체는 최고의 높음이다. 의식 그 자체는 최고의 높음보다 더 높은 것이다. 의식 그 자체는 지고한 지식이다. 의식 그 자체는 지고한 달성attainment이다. 의식 그 자체는 지고한 존재이다. 의식 그 자체는 완전히 가득함이다.

42

의식 그 자체는 순수함이다. 의식 그 자체는 지고한 진리이다. 의식 그 자체는 순수한 의식의 공간이다. 의식 그 자체는 스스로 빛나는 것이다. 의식 그 자체는 변화 없음이다. 의식 그 자체는 흔적 없음이다. 의식 그 자체는 초월적인 지고자이다. 의식 그 자체는 나뉘지 않은 지고자이다.

43

의식 그 자체는 모든 것의 동등함이다. 의식 그 자체는 모든 것의 나이다. 의식 그 자체는 관계 없음이다. 의식 그 자체는 중단되지 않음이다. 의식 그 자체는 편재함이다. 의식 그 자체는 하나의 나One Self이다. 의식 그 자체는 지고한 신이다. 의식 그 자체는 지고한 브람만이다.

44

의식은 참으로 진정한 브람마(창조자)이다. 의식은 참으로 진정한 하리(유지자)이다. 의식은 참으로 진정한 하라(파괴자)이다. 의식은 참으로 진정한 신들이다. 의식은 참으로 진정한 사람들이다. 의식은 참으로 우리의 진정한 성품이다. 의식은 참으로 그대의 진정한 성품이다. 의식은 참으로 모든 것의 진정한 성품이다.

45

어떤 바탕 위에서 어떤 현상들이 일어나든 그 모든 덧씌워진 것들은 오로지 그 바탕일 뿐이다.

진주조개 위에 첨가되어 있는 것으로 보이는 은색은 단지 진주조개 층일 뿐이다. 마찬가지로, 브람만 위에 나타나는 신(이슈와라), 세상과 존재들은 단지 브람만일 뿐이다. 의식과 분리되어 있는 것은 티끌만큼도 없다. 모든 것은 의식이다. 나는 의식일 뿐인 쉬바의 이름으로 맹세코 이것을 말한다.

46

그러므로 그대는 의식이다. 나는 의식이다. 모든 세상, 존재들과 신(이슈와라)은 의식이다. 내가 가르친 이러한 확신을 아주 확고히 그대의 마음에 지녀라. 이러한 분리되지 않은 확신으로 그대는 지고한 브람만의 분리되지 않은 지식을 얻을 것이다. 위대한 현자여! 그래서 생사윤회의 슬픔을 빨리 극복하여 위대한 해방의 희열을 얻어라.

47

참으로 그대는 의식이다. 참으로 나는 의식이다. 참으로 모든 것은 의식이다. 의식과 떨어져 있는 것은 티끌만큼도 없다. 모든 것은 의식이다. 이 몸이나 다른 몸이라는 것은 조금도 없다. 이 나라나 다른 나라라는 것은 조금도 없다. 참으로 모든 몸과 나머지 것들은 의식이다. 참으로 모든 나라들과 나머지 것들은 의식이다. 나는 이것을 헌신자들의 욕망을 충족시켜 주는 쉬바의 이름으로 말한다. 지금 말한 것은 의심의 여지가 없다. 이것은 지고한 진리이다.

48

나는 오로지 의식이다. 나는 오로지 의식이다. 모든 것은 의식이다. 나는 오로지 의식이다. 나는 오로지 의식이다. 모든 것은 의식이다. 나는 오로지 존재이다. 나는 오로지 존재이다. 모든 것은 존재이다. 나는 오로지 존재이다. 나는 오로지 존재이다. 모든 것은 존재이다. 나는 오로지 '그것(브람만)'이다. 나는 오로지 '그것'이다. 나는 참으로 모든 것이다. 나는 오로지 '그것'이다. 나는 오로지 '그것'이다. 나는 참으로 모든 것이다. 니다가여! 이러한 방법으로 완전히 끊임없이 항상 이 확신을 가져라.

49

지고한 쉬바가 그의 은총으로 시작과 소멸의 지배를 받는 모든 존재들의 출생, 노쇠 그리고 죽음의 모든 슬픈 순환^{cycle}을 제거하기 위하여 설명해 주었듯이, 나는 베다들과 여타의 경전들에서 얻기 어려운 이 문제를 설명했다. 단 한 번이라도 이 설명을 듣고 그것을 적절히 이해한 자라면 누구든 브람만이 된다.

50

출생, 노쇠와 죽음을 경험하는 모든 존재들은 출생과 같은 것이 없는 쉬바에 의지하고 그분을 심사숙고하고 묵상함으로써 큰 망상을 극복하게 될 것이며, 또 두려움이 없고 그들의 마음에 있는 매듭들이 잘려 나간 상태에서 둘이 없는 나뉘지 않은 지고한 지식으로 둘이 아닌 지고한 쉬바가 될 것이다. 이렇게 현자 리부는 지고자의 진귀한 의미를 니다가에게 설명하였다.

51

모든 세상과 개체들(지바)과 지고한 자(파라)가 실재하지 않는다는 확신으로 여기에서 여러 방법들로 설명된 모든 베다 지식의 본질은 바로 기쁨의 춤을 추는 상태에 있는 우리 신의 완전하게 가득한 형상이다. 모든 것은 늘 의식이다. 완벽하고 완전히 가득한 의식은 그대 자신이다. 무한한 의식은 나 자신이다.

제14장

나누어지지 않는 성품에 대한 탐구

1

이번 설명부에서는 모든 결론들의 비밀의 요점을 들어 보라. 이야기해야 할 이원 혹은 비이원은 없다. 오직 평화로운 브람만이 늘 존재하고 있다. 결함 없이, 언제 어디에나 존재하는 유일자인 브람만이 그대와 나이다. 모든 것이 지고한 브람만이다. 그러므로 그대는 여기에 대한 탐구를 시작해야만 한다.

2

나는 언제나 지고한 브람만이다. 나는 언제나 지고한 쉬바이다. 나는 언제나 지고한 나이다. 나는 언제나 최고보다 더 높다. 나는 언제나 순수하다. 나는 언제나 완벽히 가득하다. 나는 언제나 나뉘지 않은 지고자이다. 매일 이것을 끊임없이 탐구하라.

3

나는 언제나 불멸의 존재이다. 나는 언제나 빛나는 의식이다. 나는 언제나 비할 데 없는 희열이다. 나는 언제나 나뉘지 않은 에센스이다. 나는 언제나 충만한 모든 것이다. 나는 언제나 모든 것인 그 하나이다. 나는 언제나 나뉘지 않은 지고한 브람만이다. 매일 이것을 끊임없이 탐구하라.

4

나는 언제나 '그것'이란 단어가 의미하는 지고자이다. 나는 언제나 "당신"이란 단어가 의미하는 지고자이다. 나는 언제나 '이다are'란 단어가 나타내는 지고자이다. 나는 언제나 나뉘지 않은 하나의 에센스이다. 나는 언제나 모든 것의 가장 깊은 내부이다. 나는 언제나 모든 것의 외부이다. 나는 언제나 나뉘지 않은 지고한 브람만이다. 매일 이것을 끊임없이 탐구하라.

5

나는 언제나 영원한 것이다. 나는 언제나 속성들이 없는 것이다. 나는 언제나 오점들이 없는 것이다. 나는 언제나 덮개들이 없는 것이다. 나는 언제나 부분들이 없는 것이다. 나는 언제나 고통이 없는 것이다. 나는 언제나 모든 것에 충만한 지고자이다. 매일 이것을 끊임없이 탐구하라.

6

나는 언제나 무한한 것이다. 나는 언제나 부패되지 않는 것이다. 나는 언제나 불멸인 것이다. 나는 언제나 희열이다. 나는 언제나 해방이다. 나는 언제나 해방시키는 자이다. 나는 언제나 나뉘지 않은 지고자이다. 매일 이것을 끊임없이 탐구하라.

7

나는 모든 것의 원인이다. 나는 완벽히 가득하다. 나는 모든 개인(지바)들과 지고자이다. 나는 언제나 티끌조차도 아니다. 나는 언제나 평화이다. 나는 언제나 유일자이다. 나는 나뉘지 않은 지고자이다. 매일 이것을 끊임없이 탐구하라.

8

나는 모든 활동이다. 나는 모든 것의 행위자이다. 나는 모든 것의 보호자이다. 나는 모든 것의 파괴자이다. 나는 언제나 어떤 것도 아닌 것이다. 나는 나 자신으로 자리 잡고 있다. 나는 언제나 나뉘지 않은 절대자이다. 매일 이것을 끊임없이 탐구하라.

9

나는 모든 원소들이다. 나는 모든 원소들의 합성composite들이다. 나는 모든 것의 목격자이다. 나는 모든 것의 증거이다. 나와 별개로 있는 것은 아무것도 없다. 나는 언제나 비이원이다. 나는 언제나 나뉘지 않은 절대자이다. 매일 이것을 끊임없이 탐구하라.

10

나는 언제나 '그대'이다. 나는 언제나 '나'이다. 나는 언제나 다른 이들이다. 나는 언제나 모든 것의 나이다. 나는 언제나 움직이지 않는 것이다. 나는 언제나 연결이 없는 지고자이다. 나는 언제나 나뉘지 않은 절대자이다. 매일 이것을 끊임없이 탐구하라.

11

나는 언제나 충만한 의식이다. 나는 언제나 거대한 의식이다. 나는 언제나 오로지 의식이다. 나는 언제나 의식으로 덮여 있다. 나는 언제나 의식의 공간이다. 나는 언제나 의식이다. 나는 언제나 의식−브람만이다. 매일 이것을 끊임없이 탐구하라.

12

나는 모든 것의 바탕이다. 나는 모든 형태이다. 나와 별개로 있는 것은 원자 하나도 없다. 나는 오직 나 자신이다. 나는 언제나 몸이 없다. 나는 순수한 공간이다. 나는 순수한 지고한 브람만이다. 매일 이것을 끊임없이 탐구하라.

13

나는 모두의 구루이다. 나는 또한 모든 제자들이다. 나는 모든 수단들이다. 나는 또한 모든 목적들이다. 나는 모든 베단타이다. 나는 그것들을 통해 이해되는 것이다. 나는 순수한 지고한 브람만이다. 매일 이것을 끊임없이 탐구하라.

14

나는 언제나 태곳적부터 있는 것이다. 나는 언제나 완전함이다. 나는 언제나 불멸이다. 나는 언제나 파괴될 수 없는 것이다. 나는 언제나 홀로 있는 그것이다. 나는 언제나 슬픔 없다. 나는 언제나 지고한 브람만이다. 매일 이것을 끊임없이 탐구하라.

15

나는 언제나 나뉘지 않은 지고한 신이다. 나는 언제나 흠 없는 지고한 지식이다. 나는 언제나 지고한 존재이다. 나는 언제나 지고한 희열이다. 나는 언제나 지고한 빛이다. 나는 언제나 지고한 거처이다. 나는 언제나 지고한 브람만이다. 매일 이것을 끊임없이 탐구하라.

16

나는 모든 것의 가장 깊은 내부이다. 나는 언제나 모든 것의 나이다. 나는 모든 상서로운 것이다. 나는 조금의 불순함도 없는 것이다. 나는 지고한 네 번째 상태이다. 나는 네 번째 상태를 초월하는 지고자이다. 나는 언제나 지고한 브람만이다. 매일 이것을 끊임없이 탐구하라.

17

나는 모든 시간을 초월한다. 나는 모든 공간을 초월한다. 나는 모든 대상들을 초월한다. 나는 언제나 모든 것을 초월한다. 나는 티끌만한 자만도 없다. 나는 티끌만한 애착도 없다. 나는 청정한immaculate 지고한 브람만이다. 매일 이것을 끊임없이 탐구하라.

리부의 노래

18

나는 언제나 존재일 뿐이다. 나는 언제나 오로지 의식일 뿐이다. 나는 언제나 오로지 선함이다. 나는 언제나 중도이다. 나는 언제나 비이원이다. 나는 언제나 모든 것의 나이다. 나는 언제나 지고한 브람만이다. 매일 이것을 끊임없이 탐구하라.

19

나는 언제나 시들지 않는 희열이다. 나는 모든 곳에 충만하며 움직임이 없다. 나는 언제나 의지가 없다. 나는 무엇으로도 이해될 수 없는 지고자이다. 나는 언제나 지성이나 그와 같은 것들이 없다. 나는 언제나 지성을 초월한 거처abode이다. 나는 언제나 지고한 브람만이다. 매일 이것을 끊임없이 탐구하라.

20

나는 망상의 티끌조차 없다. 나는 환영의 속성attribute들이 없다. 나는 마음이나 그와 같은 것이 없다. 나는 욕망이나 그와 같은 것이 없다. 나는 형태나 그와 같은 것이 없다. 나는 이런 것들의 어떠한 변형modification들도 없다. 나는 청정한 지고한 브람만이다. 매일 이것을 끊임없이 탐구하라.

21

나는 깨어 있는 자도, 다른 어떤 자들이 없이 있다. 나는 깨어 있음이나 그런 것이 없이 있다. 나는 네 번째 상태의 지식이다. 나는 지고한 쉬바이다. 나는 흠이 없다. 나는 세상의 고통이 없는 의식이다. 나는 지고한 브람만이다. 매일 이것을 끊임없이 탐구하라.

22

나는 언제나 신이다. 나는 언제나 지고한 지식이다. 나는 언제나 모든 곳에 퍼져 있는 충만함이다. 나는 언제나 경험적 지식이다. 나는 언제나 모든 존재이다. 나는 존재-의식-희열이다. 나는 언제나 지고한 브람만이다. 매일 이것을 끊임없이 탐구하라.

23

나는 언제나 흠이 없는 브람만이다. 나는 언제나 부분이 없는 브람만이다. 나는 언제나 고통이 없는 브람만이다. 나는 언제나 순수한 브람만이다. 나는 언제나 속성들이 없는 브람만이다. 나는 언제나 비할 데 없는^{peerless} 브람만이다. 나는 언제나 순수한 지고자이다. 매일 이것을 끊임없이 탐구하라.

24

나는 모든 이름들과 형태들이 있는 세상이다. 나는 모든 것의 바탕이다. 나는 앞이고 뒤이고 옆이며, 정상이고 바닥이다. 나는 나뉘지 않은 지식이다. 나는 원자 하나도 따로 떨어져 있지 않은, 나 자신인 희열이다. 나는 언제나 나뉘지 않은 지고자이다. 매일 이것을 끊임없이 탐구하라.

25

나는 나에 대한 아무런 지식이 없는 무지한 이들은 도달할 수 없는 진귀한 것이다. 나는 나에 대한 지식을 가진 자들은 쉽게 도달할 수 있는 지고자이다. 나는 나뉘지 않은, 모든 곳에 퍼져 있는, 지고한 의식의 공간이다. 나는 늘 지고한 브람만이다. 매일 이것을 끊임없이 탐구하라.

26

나는 언제나 여섯 가지 변화들이 없는 나뉘지 않은 절대자이다. 나는 언제나 속박 없이 늘 자유로운 나뉘지 않은 절대자이다. 나는 언제나 혼란스럽지 않은 완전한 희열이다. 나는 언제나 지고한 브람만이다. 매일 이것을 끊임없이 탐구하라.

27

나는 언제나 상칼파(고정관념, 개념)나 망상의 흔적이 없는 평화로운 브람만이다. 나는 밤낮없이 나뉘지 않은 빛인 지고한 브람만이다. 나는 언제나 티끌만큼의 자아도 없는 나뉘지 않은 지고한 희열이다. 나는 언제나 지고한 브람만이다. 매일 이것을 끊임없이 탐구하라.

28

나는 언제나 어떠한 자아도 없이 나뉘지 않은 지식인 지고한 브람만이다. 늘 세상 존재의 불행인 것은 바로 자아이다. 위대한 진리는, 자아가 없다는 것이며 나와 분리된 것이 티끌만큼도 없다는 것이다. 나는 나뉘지 않고 완벽하며 충만하다. 나는 언제나 지고한 브람만이다. 매일 이것을 끊임없이 탐구하라.

29

그대가 '나'이고, 나는 '나'이며, 존재하는 그 밖의 모든 것이 '나'이다. 이것에 대하여 의심의 여지가 없다. 어떠한 이원도 없이, 순수한 '내'가 지고한 브람만이라는 명상에 계속 잠겨라immerse. 망상도 없고, 망상의 어떠한 결과들도 없으며, 어떠한 종류이든 차이들이 없으며, 전혀 없다. 나는 지고한 브람만이다. 매일 이것을 끊임없이 탐구하라.

30

내가 없이는, '그것'이라는 말은 의미가 없다. 내가 없이는, '당신'이라는 말은 의미가 없다. 내가 없이는, '이다'라는 말은 의미가 없다. 내가 없이는, 나뉘지 않은 것이 아무것도 없다. 내가 없이는, 실재도 비실재도 없다. 내가 없이는, 지성도 지각력insentience 없음도 없다. 내가 없이는, 어떠한 것도 전혀 있을 수 없다. 언제나 내가 브람만이라는 명상에 잠겨라.

31

내가 없이는, '이 남자'라는 차이difference가 없다. 내가 없이는, '이 여자'라는 차이가 없다. 내가 없이는, '이것'이라는 차이가 없다. 내가 없이는, '그것'이라는 차이가 없다. 내가 없이는, '여기에 있다.'라는 차이가 없다. 내가 없이는, '여기에 없다.'라는 차이가 없다. 내가 없이는, 티끌만큼도 어떠한 차이도 없다. 언제나 내가 브람만이라는 명상에 잠겨라.

32

'이것'으로 보이는 것은 오직 브람만이다. 나 자신으로 보이는 것은 오직 브람만이다. '그것'으로 보이는 것은 오직 브람만이다. 다양하게 보이는 것은 오직 브람만이다. 안정되어 보이는 것은 오직 브람만이다. 불안정해 보이는 것은 오직 브람만이다. '이것이 무엇인가?' 라고 관찰되는 것은 모두 오직 브람만이다. 언제나 내가 브람만이라는 명상에 잠겨라.

33

근원적인 무지는 브람만일 뿐이다. 떠오르는emerging 생각이나 그런 것들은 브람만일 뿐이다. 형태가 있는 몸은 브람만일 뿐이다. 개인의 감각들은 브람만일 뿐이다. 시간과 공간은 브람만일 뿐이다. 보이는 모든 것들은 브람만일 뿐이다. 모든 것은 거처이고 나 자신인 오로지 브람만이다. 나는 '그것'이라는 명상에 늘 잠겨라.

34

공간과 여러 원소들은 브람만일 뿐이다. 성품에 관련된 모든 것들이 브람만일 뿐이다. '나'라고 생각되는 것은 브람만일 뿐이다. '내가 아니다.'라고 생각되는 것 또한 브람만일 뿐이다. '그대'라고, '나'라고 생각되는 것들 또한 브람만일 뿐이다. 모든 생각들은 브람만일 뿐이다. 기원이 없는 브람만은 모든 것이고, 그것이 나 자신이다. 끊임없이 이 탐구에 잠겨라.

35

단어들도, 단어들로 구성된 문장 같은 것도 없다. 어떠한 기타^{Gita}들도, 다른 경전들도, 그 작가들도 없다. 비실재의 세상이나 지바들도 없다. 바라는 것들을 주는 이슈와라도 없다. 불순물이나 속성, 시간도 없고, 결점이나 틈도 없으며, 모든 곳에 퍼져 있고 움직이지 않는 지고한 브람만이 모든 것이다. 내가 그 브람만이다. 끊임없이 이 탐구에 잠겨라.

36

나는 브람만이다. 나는 브람만이다. 나는 참으로 모든 것이다. 나는 브람만이다. 나는 모든 것이다. 내가 브람만이라는 이런 태도가 안정될 때까지 매일 그리고 끊임없이 이 물음 속에 빠져들어라. 내가 브람만이라는 확신이 든 후에는 이런 생각마저 벗어 던지고 브람만이 되어라. 이 나뉘지 않은 행복한 경험 속에 변함없이 자리 잡아라.

37

내가 영원하고, 부분이 없으며, 망상이 없고, 깨끗하며, 고통이나 흠이 없고, 움직임이 없는, 오래된 희열의 덩어리이며, 실재이고, 정말로 평화로운 의식으로 되어 있는 지고한 브람만이라는 지식을 진지하게 수행하는 자들은 비이원을 자각하여 나뉘지 않은 지고자가 될 것이다. 여기에는 아무런 의심의 여지가 없다.

38

따라서 모든 차이가 사라질 때까지 모든 것이 브람만이고 나는 정말로 그 지고한 브람만이라는 이러한 유익한 신념 속에 항상 남아 있어야 한다. 모든 불확실과 혼란이 완전히 사라질 때까지 사랑과 열정을 가지고 차별들이 없이 그리해야 한다. 그리고 그 밖의 어떤 것에도 무관심한 채 희열 속의 평안^{repose}에 있어라.

39

이같이 지고한 쉬바가 나에게 설명해 준 것에는 아무런 의심의 여지가 없다. 그것은 진리이며 진리이다. 그것에 대해 아무런 의심의 여지가 없다. 이것을 한 번만이라도 듣고 이해하는 이는 누구나 자유로워질 것이고 지고한 브람만이 될 것이다. 친절하게도 나는 그대에게 어디에서도 찾기 힘든 이것의 진정한 의미를 말하였다.

40

아들아! 성스러운 재들을 몸에 바르고 루드략샤를 두르고 쉬바에게 헌신하는 마음으로 지고한 쉬바 신을 늘 명상하는 이들만이 세상 존재의 슬픈 속박에서 벗어나 그 지고한 하나의 쉬바가 될 것이다. 이렇게 위대한 성인 리부는 제자 니다가에게 하나임의 명상을 설명하였다.

41

나타나는 경이로운 존재들과, 이원인 것처럼 나타나는 신비한 세상과, 찬양받는 태곳적부터의 신(이슈와라)이 모두 완벽하게 완전한 절대자이며, 그것과 분리된 것은 아무것도 없으며, 또 내가 늘 그 절대자이며, 내가 모든 것이라는 명상에 대해 말해 주신 분은 바로 기쁨의 춤을 추는 상태에 있는 우리 신의 완벽하게 충만한 형상이다.

리부의 노래

제15장
마음을 정복하는 방법들

1

들어 보아라! 지고한 해방을 즉시 주는 지고자에 대해서 더 말해주려 한다. 모든 것은 늘 브람만이다. 모든 것은 평화로운 브람만이다. 진귀한 성자여! 세상으로 보이는 그 모든 것은 나눠지지 않고 완벽하게 충만한 브람만이다. 결코 어떤 것도 떨어져 있는 것이 없다. 조각난 것으로 보이는 것도 모두 브람만이다.

2

어떤 식으로든 작용하는 모든 것은 브람만이다. 어떤 식으로든 생각되는 모든 것도 브람만이다. 베다들의 금언들도 브람만이다. 베단타의 경구들도 브람만이다. 구루의 훌륭한 계율들도 브람만이다. 한없이 위대한 경구(마하바키야)들도 브람만이다. 요가도 브람만이다. 지식도 브람만이다.

3

매몰차게 말하는 것도 브람만이다. 정감 있게 말하는 것도 브람만이다. 듣는 것도 브람만이다. 생각하는 것도 브람만이다. 침착한unperturbed 명상도 브람만이다. 확고한steadfast 사마디 역시 브람만이다. 강한 확신도 브람만이다. 깊은 신념도 브람만이다.

4

구루의 훈계도 브람만이다. 구루에게 경의를 표하는 것도 브람만이다. 여러 가지 방법들도 브람만이다. 추구되는 목적들도 브람만이다. 모든 보이는 것들은 브람만이다. 보는 자도 브람만이다. 모든 것은 늘 브람만이다. 세상과 개체(지바)들, 그리고 지고자(파라)는 모두 브람만이다.

5

브람만과 별개로 보이는 모든 것은 오직 슬픔을 일으키는 두려움을 자아낼 것이므로, 보이는 모든 것은 오직 보는 자, 즉 브람만임을 묵상하며 모든 존재가 브람만이라는 그 생각조차도 던져버리고, 공 속에 있는 침묵의 명상에 잠기면, 엄청난 희열을 얻을 것이고 두려움이 사라질 것이다. 이러한 확신 때문에 그대의 관심을 명상에 거주abidance하는 쪽으로 돌려라.

6

모든 것을 제쳐 두고 공이 되는 것이, 모든 것을 버리는 것이다. 이 모든 것은 오직 마음일 뿐이다. 마음을 버리는 것이 모든 것을 버리는 것이다. 잘못된 마음을 버리는 것이 자아와 같은 모든 것을 버리는 것이다. 그것은 또한 모든 세상과 개체들 그리고 지고자를 버리는 것이다. 니다가여! 그것은 그대에게 비길 데 없는 놀라운 희열을 줄 것이다.

7

마음을 버리는 것이 바로 위대한 성공이다. 마음을 버리는 것이 바로 위대한 성취이다. 마음을 버리는 것이 바로 엄청난 기쁨이다. 마음을 버리는 것이 바로 엄청난 요가이다. 마음을 버리는 것이 바로 위대한 지식이다. 마음을 버리는 것이 바로 위대한 해방이다. 마음을 버리는 것이 바로 모든 것을 버리는 것이다. 마음을 버리는 것이 바로 생각을 버리는 것이다.

8

생각이 바로 엄청난 미혹이다. 생각이 바로 몸이요, 감각들이요, 삶life이다. 생각이 바로 세상이고 존재이다. 생각이 바로 세상적인 굴레이다. 생각이 바로 베다들이요, 경전들이다. 생각이 바로 탐구이고 모든 다른 것이다. 생각이 바로 좋고 나쁜 자질quality들이다. 생각이 바로 지각력 있음sentience과 지각력 없음이다.

9

생각이 바로 엄청난 죄이다. 생각이 바로 엄청난 결점이다. 생각이 바로 엄청난 논쟁자이다. 생각이 바로 엄청난 질병이다. 생각이 바로 엄청난 두려움이다. 생각이 바로 엄청난 굴레이다. 생각이 바로 모든 걱정을 만들어 낸다. 생각이 바로 모든 것으로 나타난다.

10

생각이 없을 때는 조금의 세상도 그것의 존재들도 없다. 만일 생각이 있다면, 그것들은 거기에 있다. 그러므로 아들아! 생각이 바로 개체들이요, 지고자요, 세상이다. 모든 가능한 방법들을 통해서 생각을 정복해야만 한다. 생각을 정복하는 것은 비교할 수 없는 엄청난 승리이다. 만일 그대가 이처럼 불쾌한 생각을 극복할 방법들이 무엇인지 묻는다면 이제 다음 이야기를 들어 보아라.

11

생각과 같은 그런 것은 전혀 없다. 영원하고 완벽하게 가득한 모든 의식인 오로지 지고한 브람만만이 있을 뿐이다. 아들아! 이러한 불변의 확신만이 생각을 극복하여 승리할 수 있는 확실한 방법이다. 이것을 통해서 마음의 파괴는 정말로 일어날 것이다. 만일 이것이 일어난다면 모든 것은 의식으로 빛날 것이다.

12

만일 우리가 잠시라도 생각과 같은 것들이 있다고 생각하면, 의식 그 자체는 곧 생각으로 나타날 것이다. 그것은 곧 세상과 지바들 그리고 지고자로 나타날 것이다. 그것으로부터 생겨나는 비극이 있을 것이다. 그러므로 아들아! 생각과 같은 것은 없고 모든 것이 의식이라는 확신을 통하여 생각을 쉽게 정복하고 그럼으로써 희열을 얻어라.

13

생각의 정복은 그것만으로도 위대한 성공이다. 생각의 정복은 그것만으로도 대단한 성취이다. 생각의 정복은 그것만으로도 대단한 요가이다. 생각의 정복은 그것만으로도 엄청난 지식이다. 생각의 정복은 그것만으로도 대단한 정화이다. 생각의 정복은 대단한 해방이다. 생각의 정복은 그것만으로도 슬픔을 없애는 것이다. 생각의 정복은 그것만으로도 가장 큰 행복이다.

14

생각의 정복은 곧 생각을 버리는 것이다. 생각을 버리는 것은 의식이다. 아들아! 너의 진정한 성품은 의식이다. 생각과 다른 것들 또한 의식이다. 진실로, 모든 것은 의식이다. 나는 늘 그러한 의식이라는 확신을 통하여 너는 생각을 쉽게 정복하여 행복을 얻을 것이다.

15

나는 늘 의식인 브람만과 같은 그런 존재이다. 생각과 또 그런 식으로 묘사되는 것들 또한 나라는 의식이다. 나로부터 분리되어 있는 것은 조금도 없다. 다양해 보이는 모든 것은 단지 나이고, 지고자이다. 나는 완벽한 충만함이다. 나는 불멸이다. 나는 늘 하나이다. 이러한 끊임없는 확신을 통하여 생각을 정복하라.

16

나는 늘 원소들이 없다. 나는 늘 원소들로 이루어진 것이 없다. 나는 늘 몸과 같은 것들이 없다. 나는 늘 어떤 조건들도 없다. 나는 늘 옛날부터 있던 존재이다. 나는 늘 완벽하게 가득한 지식이다. 나는 늘 지고한 브람만이다. 이러한 끊임없는 확신을 통하여 생각을 정복하라.

17

의식의 공간과 별도로 원자 하나도 없다. 의식의 공간인 것은 그 자체로 모든 것이다. 너는 의식의 공간인 지고한 브람만이다. 누구나 의식의 공간인 지고한 브람만이다. 모든 것은 의식의 공간인 지고한 브람만이다. 나는 의식의 공간이라는 확신을 통하여 생각을 정복하고 늘 의식으로 자리 잡아라.

18

의식의 공간인 것은 움직임이 없는 채로 있다. 의식의 공간인 것은 모든 곳에 퍼져 있다. 의식의 공간인 것은 생각이다. 의식의 공간인 것은 또한 마음이다. 의식의 공간과 별도로 원자 하나도 없다. 의식의 공간 그 자체는 모든 것이다. 내가 의식의 공간이라는 확신을 통하여 생각을 정복하고 늘 의식으로 자리 잡아라.

19

의식의 공간 그 자체는 모든 사람이다. 의식의 공간 그 자체는 모두 신들이다. 의식의 공간 그 자체는 브람만이다. 의식의 공간 그 자체는 하리이다. 의식의 공간 그 자체는 하라이다. 의식의 공간 그 자체는 쉬바 그 자신이다. 내가 그러한 의식의 공간이라는 확신으로 생각을 정복하고 늘 의식으로 자리를 잡아라.

20

만일 그대가 의식의 공간이 무엇이냐고 묻는다면, 어떤 상징(혹은 특징)도 없이 어디에나 있는 것이 바로 의식이다. 의식의 공간 그 자체는 모든 개체들이다. 의식의 공간 그 자체는 모든 세상들이다. 의식의 공간 그 자체는 신(이슈와라)이다. 의식의 공간 그 자체는 모두이다. 내가 의식의 공간이라는 확신을 통하여 생각을 정복하고 늘 의식으로 자리 잡아라.

21

나는 오로지 존재-의식-희열의 덩어리이다. 나는 오로지 영원한 절대자이다. 나는 오로지 늘 덮개들이 없는 것이다. 나는 오로지 능가할 수 없는 희열의 덩어리이다. 나는 오로지 비이원의 충만함이다. 나는 오로지 모든 것인 나뉘지 않은 지고자이다. 나는 위대한 지고한 나이다. 이러한 확신을 통하여 생각을 정복하라.

22

나는 참으로 이 모든 것이다. 이에 관해서는 아무런 의심의 여지가 없다. 나는 참으로 오로지 존재이다. 이에 관해서는 아무런 의심의 여지가 없다. 나는 참으로 지고한 거처이다. 이에 관해서는 아무런 의심의 여지가 없다. 나는 참으로 지고한 실재이다. 이에 관해서는 아무런 의심의 여지가 없다. 나는 참으로 너 자신이다. 이에 관해서는 아무런 의심의 여지가 없다. 나는 참으로 지고자이다. 이에 관해서는 아무런 의심의 여지가 없다. 아들아! 내가 바로 나라는 확신을 얻어 생각을 정복하여라.

23

나는 참으로 모든 존재이다. 이에 관해서는 아무런 의심의 여지가 없다. 나는 참으로 모든 세상들이다. 이에 관해서는 아무런 의심의 여지가 없다. 나는 참으로 마음이요 모든 것이다. 이에 관해서는 아무런 의심의 여지가 없다. 나는 참으로 존재하는 그 밖의 모든 것이다. 이에 관해서

리부의 노래

는 아무런 의심의 여지가 없다. 나는 참으로 모든 것이다. 이에 관해서는 아무런 의심의 여지가 없다. 나는 참으로 지고한 브람만이다. 이에 관해서는 아무런 의심의 여지가 없다. 아들아! 내가 바로 나라는 확신을 얻어 생각을 정복하여라.

24

나 그 자체는 모든 세상들을 창조한다. 나 그 자체는 모든 세상들을 가져간다. 나 그 자체는 모든 세상들을 파괴한다. 나 그 자체는 모든 것으로 나타난다. 나 그 자체는 나뉘지 않으며, 예외란 있을 수 없다. 나는 참으로 비이원이다. 아들아! 내가 바로 나라는 확신을 얻어 생각을 정복하여라.

25

나만이 나의 구루이다. 나만이 나의 제자이다. 나만이 나를 알 수 있다. 나만이 나로서 존재한다. 나만이 나를 가져갈 수 있다. 나만이 완전한 충만함이다. 아들아! 내가 바로 나라는 확신을 얻어 생각을 정복하여라.

26

나는 오로지 나를 위한 만트라이다. 나는 오로지 나를 위한 자파(만트라의 반복)이다. 나는 오로지 나를 위한 성수이다. 나는 오로지 나를 위한 자선이다. 나는 오로지 나를 위한 성소이다. 나는 오로지 나를 위한 열매이다. 아들아! 나는 모든 것이고 나는 오직 그러한 나라는 확신을 얻어 생각을 정복하여라.

27

나만이 나에 귀 기울이는 것이다. 나만이 나에 대한 반사이기도 하다. 나만이 나를 위한 명상이다. 나만이 나를 위한 사마디이다. 나만이 나에 관한 지식이다. 나만이 나를 위한 해방이다. 아들아! 나는 모든 것이고 나는 오직 그러한 나라는 확신을 얻어 생각을 정복하여라.

28

나만이 인간들이고 신들이다. 나만이 브람마요, 하리이다. 나만이 하라요, 쉬바이다. 나만이 우마요, 다른 여성 배우자들이다. 나만이 그대요, 나이다. 나만이 다른 모든 것이다. 아들아! 나는 모든 것이고 나는 오직 그러한 나라는 확신을 얻어 생각을 정복하여라.

29

나 그 자체는 세상이요, 지바요, 지고자이다. 나 그 자체는 모든 것을 초월한다. 나 그 자체는 불멸의 진리이다. 나 그 자체는 스스로 빛을 낸다. 나 그 자체는 영원하고 순수하다. 나 그 자체는 엄청난 희열이다. 아들아! 나는 모든 것이고 나는 오직 그러한 나라는 확신을 얻어 생각을 정복하여라.

30

나는, 참으로, 지고한 네 번째 상태이다. 나는, 참으로, 네 번째 상태를 초월한다. 나는, 참으로, 흠 없는 지고자이다. 나는, 참으로, 모든 곳에 퍼져 있는 것이다. 나는, 참으로, 파괴될 수 없다. 나는, 참으로, 나누어지지 않는 지고자이다. 아들아! 나는 모든 것이고 나는 오직 그러한 나라는 확신을 얻어 생각을 정복하여라.

31

나는, 참으로, 완전한utter 평화이다. 나는, 참으로, 또한 존재-의식-희열이다. 나는, 참으로, 나뉘지 않은 완벽한 충만함이다. 나는, 참으로, 비이원이다. 나로부터 떨어져 있는 것은 조금도 없다. 나는 너이고, 나는 나이며, 나는 모든 것이다. 아들아! 나는 모든 것이고 나는 오직 그러한 나라는 확신을 얻어 생각을 정복하여라.

32

나는 영원하다. 나는 부분이 없다. 나는 흠이 없다. 나는 오점이 없다. 그리고 나는 참으로, 완전하고 완벽한 충만함이다. 나는 진리이다. 나는 평화로움이다. 나는 태곳적부터 있는 것이다. 나는 모든 것이다. 나는 영원한 삼부(행복을 선사하는 쉬바)이다. 나는 또한 순수이다. 나는 희열의 덩어리이다. 나는 자유이다. 나는 미세함이다. 그리고 나는, 참으로, 스스로 빛을 내는 자이다. 나는 해방된 존재이다. 나는 해방이다. 그리고 나는 해방을 주는 존재이다. 나는 망상이 없는 최고의 지식이다.

33

나는 태곳적부터 있는 것이며, 나는 푸루샤이다. 나는 완벽함이요, 나는 성스러움이고, 나는 또한 오점이 없다. 나는 늙지 않고 죽지도 않는다. 나는 의식의 덩어리요, 나는 그냥 의식이며, 또한 나는 의식의 공간이다. 나는 아무런 고통이 없다. 나는 속성이 없다. 나는 영원하다. 나는 무적이다. 나는 또한 더할 수 없는 희열이다. 나는 최고보다 더 높다. 나는 참으로 지고한 쉬바이다. 나는 참으로 지고한 나이다. 나는 참으로 지고한 브람만이다.

34

나는 또한 신이고, 지고한 이슈와라이며, 나는 완전무결하다. 나는 파수(개인적 존재나 영혼)와 파사(속박)의 창조자이며, 동시에 그것들의 파괴자이다. 나는 희열의 덩어리이다. 나는 희열을 주는 자이다. 나는 지치지 않는다. 나는 스스로 태어남이다. 나는 모든 것이다. 나는 모든 세상의 원인이고, 움직임이 없으며, 나에게는 어떤 것도 모든 것도 없다. 나에게는 자아가 없다. 나는 노령이나 죽음에 영향을 받지 않는다. 나는 또한 나뉘지 않은 비이원의 존재이다.

35

나는 세상이요, 개체들(지바)이요, 그리고 지고자(파라)이다. 나는 지바들과 그런 것들이 도무지 없다. 나는 오로지 지고한 브람만 그 자체이다. 나는 장엄한 절대자이다. 나는 성스러운 지고한 브람만이다. 나는 지고한 의식의 공간이다. 아들아! 지고한 브람만의 나뉘지 않은 지식을 진심으로 원하여 얻음으로써 생각을 정복하여라.

36

세상이나 개체들, 지고자라는 것은 조금도 없다. 세상이나 개체들, 지고자라는 것은 조금도 없다. 모든 것은 나뉘지 않은 지고한 브람만이다. 모든 것은 나뉘지 않은 지고한 브람만이다. 참으로, 나는 지고한 브람만이며, 그것이 모든 것이다. 참으로, 나는 지고한 브람만이며, 그것이 모든 것이다. 아들아! 나는 진실로 나뉘지 않은 지고한 브람만이라는 이러한 지식을 얻음으로써 생각을 정복하여라.

37

세상과 개체(지바)와 지고자로 나타나는 것이, 진정한 지식과 희열의 덩어리이며 바위처럼 움직이지 않고 오점이 없으며 어디에든 퍼져 있는 유일한 브람만인 것처럼, 모든 것은 늘 브람만이며, 나는 그 완전한 하나의 충만함이다. 아들아! 이러한 확신에 몰입하여 쉽게 생각을 정복하여라.

38

파괴의 씨앗인 무지는 존재하지 않는다. 그것의 결과물인 이기심과 다른 것들도 존재하지 않는다. 이 모든 것들의 원인인 미혹은 존재하지 않는다. 그것의 영향이란 전혀 있을 수 없다. 창조된 세상과 개체들 그리고 지고자(파라)란 없다. 아들아! 모든 것은 이러한 지고한 브람만이고 그러한 지고한 브람만이 자기 자신이라는 확고한 지식을 통해서 확실히 생각을 정복하여라.

39

기쁨을 주는 지식과 알 수 있는 것은 존재하지 않는다. 변화하는 속박과 해방은 존재하지 않는다. 모든 것은 비이원의 지고한 브람만이다. 그것은 나뉘지 않은 의식의 공간이다. 나는 어디에나 퍼져 있는 하나뿐이고 완전하며 완벽한 충만함이다. 아들아! 이처럼 나뉘지 않는 지고한 지식을 얻음으로써 생각을 정복하여라.

40

생각은 없다. 생각은 없다. 의식이 모든 것이다. 생각은 없다. 생각은 없다. 의식이 모든 것이다. 이것이 진리이다. 이것이 진리이다. 이에 대해서는 의심의 여지가 없다. 나는 삼부(행복의 선 사자인 쉬바)의 발에 맹세코 이렇게 말한다. 이것에는 의심의 여지가 없다. 나는 그 의식이다. 나는 그 의식이다. 오직 의식이 모든 것이다. 나는 그 의식이다. 나는 그 의식이다. 오직 의식이 모든 것이다. 아들아! 그런 확고한 지식을 가짐으로써 쉽게 생각을 정복하여라.

41

나와 떨어진 미혹이 없으며 신(이슈와라)도 없다. 나와 떨어진 무지가 없으며 개체(지바)들도 없다. 나와 떨어진 뒤를 따르는 운명이란 없다. 나와 떨어져 남아 있는 세상이란 없다. 나와 떨어진 것으로 보이는 것은 없다. 나와 떨어진 지고한 브람만은 없다. 나와 떨어진 것은 없다. 나는 모든 것이다. 이러한 확신을 통해서, 생각을 정복하여라.

42

나와 떨어진 '그것'이란 단어는 없다. 나와 떨어진 '당신'이란 단어도 없다. 나와 떨어진 '있다'란 단어도 없다. 나와 떨어진 분리되지 않은 것은 아무것도 없다. 나와 떨어진 말해지는 것이란 없다. 나와 떨어진 바라는 것도 없다. 나와 떨어진 것이란 없다. 나는 모든 것이다. 이러한 확신을 통해서, 생각을 정복하여라.

43

나와 떨어진 '존재'란 없다. 나와 떨어진 '의식'이란 없다. 나와 떨어진 '희열'이란 없다. 나와 떨어진 '순수한' 것이란 없다. 나와 떨어진 '이원의' 것이란 없다. 나와 떨어진 '비이원의' 것도 없다. 나와 떨어진 것이란 없다. 나는 모든 것이다. 이러한 확신을 통해서, 생각을 정복하여라.

44

나와 떨어진 것으로 보이는 것은 모두가 환영이다. 나와 떨어진 것으로 보이는 것은 모두가 비실재이다. 나와 떨어진 것으로 보이는 것은 모두가 눈을 속이는 마술이다. 나와 떨어진 것으로 보이는 것은 모두가 새끼줄로 된 뱀이다. 나와 떨어진 것으로 보이는 것은 모두가 불임 여성의 아들이다. 나와 떨어진 것으로 보이는 것은 모두가 토끼의 뿔이다. 나와 떨어진 것이란 없다. 나는 모든 것이다. 이러한 확신을 통해서, 생각을 정복하여라.

45

브람만은 모든 것이고 나는 그 브람만이라는 차별 없는 깨달음이 정착될 때까지, 브람만이 모든 것이고 브람만이 모든 것이라는 정체성에 대한 명상을 해야만 한다. 나는 브람만이요, 브람만은 모든 것이다. 브람만은 모든 것이요, 나는 브람만이다. 변치 않는 지고한 지식인 그 정체성에 대한 자각이 있을 때 "모든 것은 브람만이고 내가 그것이다."라는 것이 자연스러운 상태(사하자)가 될 것이다.

46

따라서 모든 것은 브람만이고 그 나뉘지 않은 지고한 브람만이 나 자신이라는 확신으로, 그리고 그러한 확신에 의하여 자연스러운 자각을 함으로써 생각을 정복하여라. 또한, 그대가 설명된 대로 생각의 정복을 이룬다면 그 이후에 그대가 할 일은 아무것도 없다. 전지하신 지고한 쉬바가 내게 가르치신 방식대로 나는 그대에게 모든 것을 말해 주었다.

47

니다가여! 그러므로 내가 그대에게 말한 모든 것은 명백한 사실이다. 왜 더 말을 해야 하는가! 만일 그대가 조금의 예외도 없이 "나는 브람만이다."라는 확신에 항상 몰두한다면, 그대는 그 것을 통해서 쉽게 생각의 정복을 이룰 것이다. 그대는 완전한 지고한 브람만의 희열을 얻으면서 살아갈 것이다. 나는 이렇게 영광스럽고 완전히 충만하며 완벽한 쉬바의 이름으로 말한다. 지금까지 말해진 것에 대해서는 아무런 의심의 여지가 없다. 내가 공언한 것은 모두 진리이다.

48

보이는 모든 것은 지고자이고 나도 그러한 완벽하게 충만한 그 지고자라는 훌륭한 확신을 통해서 생각의 정복을 이룬 사람들만이 해방될 수 있을 것이다. 산란하지 않은 굳건한 마음을 가지고 지고한 쉬바가 이같이 설명해 준 이 의미를 적어도 한 번이라도 듣고 이해한 사람들은 틀림없이 지고한 브람만이 될 것이다.

49

사람이나 신, 그리고 짐승이나 새, 그밖에 여러 가지 다른 생명체로 보이는 모든 것이 단지 신들 중에서 진짜 신의 신성한 형상을 한 겉모습뿐이라는 것을 흔들림 없이 명상함으로써, 그리고 오직 다른 두 가지 구나(라자스와 타마스, 동요와 불 활동)들을 압도하는 삿트와 구나 (빛나는 특성)로 가득 차 있는 미세한 마음을 통해서만 완벽하게 충만한 지고한 쉬바가 지각될 수 있을 것이다. 다른 어떤 방법으로는 지각될 수 없다.

50

그러므로 그들의 미세한 마음속에서 지식으로 알아차릴 수 있는 모든 것이 단지 지식인 지고한 쉬바이며, 그것이 우리 자신이라는 방해받지 않는 명상의 방식을 통해서 쉬바를 깨달은 자들만이 늘 두려움을 만들어 내는 생각을 정복해 가면서 브람만의 위대한 희열을 깨달을 것이다. 이와 같이 성자 리부는 니다가에게 생각을 정복하는 방법들을 자세히 설명하였다.

51

영원한 춤을 추는 상태에 있는, 비할 데 없는 우리 신의 무한한 형상은 다음과 같이 말한다. 생각으로 지각되는 세상과 많은 존재들과 이슈와라(신)는 단지 지고한 의식이며, 나는 그 비할 데 없는 절대자라는 흔들림 없는 확실한 지식이야말로 생각에 대한 최고의 정복 가운데서도 최고의 정복을 달성하는 칭찬할 만한 수단이다.

제16장
마음의 평화

1

니다가여! 자비심이 일어, 숭고한 희열의 지고한 진리를 그대에게 상세히 설명하니 다시 나에게 귀를 기울여라. 이 모든 것은 어떤 세상에서도 진귀한 것이다. 그들의 가슴속에서 이것을 명상하는 사람들은 반드시 존재–희열의 덩어리인 지고자가 될 것이며 불변의 평화로운 상태를 얻을 것이다. 그러므로 나는 나뉘지 않은 지고자임을 늘 열심히 명상하여 평화를 얻어라.

2

나는, 참으로, 언제나 지고한 브람만–희열이다. 나는, 참으로, 변함없는 지고한 브람만–희열이다. 나는, 참으로, 지식의 지고한 브람만–희열이다. 나는, 참으로, 완전히 충만한 지고한 브람만–희열이다. 나는, 참으로, 생각이 없는 지고한 브람만–희열이다. 나는, 참으로, 의식이 충만한 지고한 브람만–희열이다. 나는, 참으로, 끝없는 지고한 브람만–희열이다. 언제나 이렇게 명상하여 평화를 얻어라.

3

나는, 참으로, 영원한 지고한 브람만–희열이다. 나는, 참으로, 탁월한 지고한 브람만–희열이다. 나는, 참으로, 실재인 지고한 브람만–희열이다. 나는, 참으로, 영구한 지고한 브람만–희열이다. 나는, 참으로, 끝없는 지고한 브람만-희열이다. 나는, 참으로, 나뉘지 않은 지고한 브람만-희열이다. 나는, 참으로, 비이원의 지고한 브람만-희열이다. 항상 이렇게 명상하여 평화를 얻어라.

4

망상과 같은 것들은 오직 의식-희열이다. 이슈와라와 그 밖의 다른 것들은 오직 의식-희열이다. 무지와 같은 것들은 오직 의식-희열이다. 생각과 같은 것들은 오직 의식-희열이다. 개인(지바)들과 여러 사람들은 오직 의식-희열이다. 쉬바 신 및 여러 신들은 오직 의식-희열이다. 모든 것은 오직 의식-희열이고, 나는 그것이다. 성실하게 이렇게 명상하여 평화를 얻어라.

5

존재-희열로 충만한 브람만은 모든 것이다. 나는, 참으로, 오직 존재-희열인 브람만이다. 의식-희열로 충만한 브람만은 모든 것이다. 나는, 참으로, 오직 의식-희열인 브람만이다. 모든 은총으로 충만한 지고자는 모든 것이다. 나는, 참으로, 은총의 충만함인 지고자이다. 니다가여! 끊임없는 노력으로 항상 이렇게 명상하여 평화로워라.

6

환영인 생각은 결코 존재하지 않는다. 비실재인 세상과 여타의 것들은 존재하지 않는다. 환영 같은 말들은 늘 존재하지 않는다. 완전히 무지한 자는 존재하지 않는다. 모든 것이 궁극의 존재-의식-희열이다. 그리고 나는, 참으로, 언제나 그것이다. 꾸준한 노력으로 항상 이렇게 명상하여 평화에 있어라.

7

오점인 생각은 존재하지 않는다. 보이는 세상은 존재하지 않는다. 이기심과 같은 것들은 조금

리부의 노래

도 존재하지 않는다. 진실로 모든 것은 나뉘지 않은 지고한 브람만이다. 나는 흠 없는 지식이며, 가득하고 어디에나 퍼져 있는 지고자이다. 잠들지 않고 잠의 상태에 있는 그 존재의 상태를 얻을 때까지 끊임없이 이것을 명상하여 평화로워라.

8

'금세'와 '내세'라는 것은 조금도 없다. 모든 것이 나 자신인 지고한 브람만이다. 나는, 참으로, 희열의 덩어리인 지고한 브람만이다. 나는, 참으로, 순수한 지식인 지고한 브람만이다. 나는 '나', '나'로서 빛나는 그것이다. 나는, 참으로, 나뉘지 않은 지고자이다. 모든 마음의 환영들을 이겨낼 때까지 항상 이렇게 명상하여 평화에 있어라.

9

나, 나 자신은 결점이 없는 지고한 존재이다. 나, 나 자신은 지고한 의식이다. 나, 나 자신은 지고한 희열이다. 나, 나 자신은 모든 곳에 퍼져 있다. 나, 나 자신은 부분과 같은 것이 전혀 없다. 나, 나 자신은 가장 높은 것보다 더 높은 지고한 브람만이다. 세상으로 나타나는 것이 사라질 때까지 항상 이렇게 명상하여 평화에 있어라.

10

모든 것은 항상 브람만이다. 세상, 개체들과 지고자는 브람만이다. 나는 참으로 모든 것인 지고한 브람만이다. 나, 나 자신은 오점 없는 지고한 브람만이다. 나, 나 자신은 오직 항상 나뉘지 않은 지고한 브람만이다. 나는 늘 오직 오점 없는 지고한 브람만이다. 세상으로 나타나는 것과 다른 모든 것이 사라질 때까지 항상 이렇게 명상하여 평화에 있어라.

11

진실로 세상과 같은 그러한 것은 결코 존재하지 않는다. 오직 불완전한 생각이 세상으로 나타난다. 그러므로 아들아! 생각은 환영의 세상이라고 말할 수 있다. 생각은 큰 결함이다. 생각은 참으로 거대한 망상이다. 생각은 (생사) 윤회를 만들어 내는 것이며 어린이와 같은 것으로 나타난다. 생각만이 오직 몸이고 모든 것이다.

12

생각만이 존재로 나타나는 것이다. 생각만이 모든 것으로 나타나는 것이다. 그러므로 아들아! 세상, 개체와 지고자는 오로지 생각으로 채워져 있다. 생각은 전적으로 실재하지 않으며, 환영이고, 완전히 거짓이다. 불임 여성의 아들과 같은 것이다. 토끼의 뿔과 같고 정말로 쓸모없는 것이다. 이것은 의심할 여지가 없다.

13

아들아! 탐구의 부족으로 비록 생각 그 자체가 세상과 개인들과 지고자로 나타나지만 생각 그 자체를 탐구하면, 그것은 세상이나 개인들이나 지고자의 흔적이 조금도 없는 의식인 오직 브람만인 것이다. 생각을 쉽게 극복하기 위하여 항상 진지하게 탐구에 몰두하여 "세상과, 생각으로 가득 찬 모든 것이 정말로 브람만이다. 그것은 의식이며, 나는 그것이다."라는 것을 깨달아 평화에 있어라.

14

생각, 그 자체는 마음으로 나타난다. 마음, 그 자체는 가장 거대한 환영이다. 마음, 그 자체는 존재이며 세상이고 모든 것이다. 마음, 그 자체는 몸과 모든 것이다. 마음, 그 자체는 거대한 환생의 윤회이다. 마음, 그 자체는 거대한 속박이다. 마음, 그 자체는 가장 거대한 죄이다. 마음은 참으로 거대한 비참함이다.

15

마음, 그 자체는 거대한 적이다. 마음, 그 자체는 거대한 공포이다. 마음, 그 자체는 상칼파의 모습을 하고 있다. 마음, 그 자체는 변덕스럽다. 마음, 그 자체는 사람들이며, 악마들이며, 신들이다. 마음, 그 자체는 창조자 브람마이며, 유지자 하리이며, 파괴자 하라이다. 마음, 그 자체는 수천만 개의 우주들이다. 마음은 존재하는 모든 것이다.

16

마음, 그 자체는 변하는 감각들의 모습을 하고 있다. 마음, 그 자체는 모든 것으로 나타난다. 마음, 그 자체는 모든 것으로 생각된다. 마음, 그 자체는 모든 것이라고 말할 수 있다. 마음, 그 자체는 거대한 환영이다. 마음은 놀라운 마술이 펼쳐지는 것이다. 마음, 그 자체는 늘 실재가 아니다. 왜냐하면 마음은 불임 여성의 자식과 같기 때문이다.

17

아들아! 탐구의 부족으로 마음 그 자체가 환영의 세상과 같은 것으로 나타나지만 만일 마음-모습을 철저히 탐구한다면 그것이 거대한 의식임을 깨닫게 될 것이다. 마음을 쉽게 극복하여 거대한 의식으로 늘 거주하려면, 마음과 모든 것이 의식이고 내가 그것임을 확고하게 묵상하라. 그래서 평화에 있어라.

18

마음의 정복이 완성될 때까지 모든 다른 활동을 멈추어라. 그리고 불가사의한 모든 것이 의식이며 내가 그것이라는 것을 계속하여 주의 깊게 명상하라. 그러면 그대는 마음의 정복인, 그리고 그것을 통해 세상과 같은 모든 무지가 사라질 위대한 지식을 얻게 될 것이다. 일단 해가 떠오르고 난 뒤에 어느 누가 어두움을 본 자가 있는가?

19

지고한 브람만인 흠잡을 데 없는 지식은 무지 때문에 변덕스러운 마음으로 나타날 것이다 지고한 브람만인 탐구하고 있는 지성은 지식에 의해 높고 확고한 지고자가 된다. 만일 마음이 움직이면 그것은 거대한 세상, 개인들, 지고자로 나타나게 될 것이다. 그러나 만일 마음 그 자체가 움직이지 않는다면 그것은 지고자인 오점 없는 지식이 될 것이다.

20

그러므로 지식으로 가득 찬 마음이 시작과 모든 것인 브람만이며, 그 차이 없는 브람만이 나 자신이라는 것을 항상 명상하고, 그와 같은 명상으로 마음을 정복하고, 불안정한 마음의 모든 변덕스러움을 극복하고, 그 생각 또한 없어질 때 의식인 지고자가 되어라. 그래서 평화에 있어라.

21

나는, 참으로, 지식의 덩어리인 지고한 브람만이다. 나는, 참으로, 완벽히 가득 찬 희열인 지고한 브람만이다. 나는, 참으로, 어떤 것도 없는 지고한 브람만이다. 나는, 참으로, 움직임이 없는 지고한 브람만이다. 나는, 참으로, 시작이나 끝이 없는 지고한 브람만이다. 나는, 참으로, 무한자인 지고한 브람만이다. 그런 명상으로 마음을 정복하여 변함이 없는 지고자가 되어라. 그래서 평화에 있어라.

22

나는, 참으로, 하나의 성품으로 있는 지고한 브람만이다. 나는, 참으로, 자각으로 자리 잡고 있는 지고한 브람만이다. 나는, 참으로, 탁월한 희열인 지고한 브람만이다. 나는, 참으로, 모든 것이 된 지고한 브람만이다. 나는, 참으로, 무한한 공간인 지고한 브람만이다. 나는, 참으로, 가장 높은 것보다 더 높은 지고한 브람만이다. 그런 확고한 태도로 마음을 정복하여 결점 없는 지고자가 되어라. 그래서 평화에 있어라.

23

나는, 참으로, 티끌 하나 없는 지고한 브람만이다. 나는, 참으로, 영원한 지고한 브람만이다. 나는, 참으로, 모든 것인 지고한 브람만이다. 나는, 참으로, 이런 모든 것이 아닌 지고한 브람만이다. 나는, 참으로, 움직임이 없는 지고한 브람만이다. 나는, 참으로, 오직 지고한 브람만일 뿐이다. 그런 확고한 확신으로 마음을 정복하고서 나뉘지 않은 지고자로 있어라. 그래서 평화에 있어라.

24

나와 떨어져 있는 원인의 무지는 없다. 나와 떨어져 있는 기능하는 자아는 없다. 나와 떨어져 있는 지성이나 사고는 없다. 나와 떨어져 있는 마음이나 과거의 인상들은 없다. 나와 떨어져 있는 삶이나 존재 또는 감각들은 없다. 나와 떨어져 있는 몸이나 감각 기관들은 없다. 나와 떨어져 있는 것은 아무것도 없다. 나는 참으로 지고자이다. 항상 이 확신을 가지고 평화에 있어라.

25

나와 떨어져 있는 삶의 방법이나 카스트는 없다. 나와 떨어져 있는 다르마(올바른 방법)나 죄는 없다. 나와 떨어져 있는 선한 자질이나 실수는 없다. 나와 떨어져 있는 슬픔이나 행복은 없다. 나와 떨어져 있는 자파(만트라의 반복)나 타파스(집중적인 영적 수행, 금욕)는 없다. 나와 떨어져 있는 만트라나 탄트라는 없다. 나와 떨어져 있는 것은 아무것도 없다. 나는 참으로 지고자이다. 항상 이 확신을 가지고 평화에 있어라.

26

나와 떨어져 있는 성소나 성수는 없다. 나와 떨어져 있는 신이나 숭배는 없다. 나와 떨어져 있는 헌신이나 그것에 의한 결실은 없다. 나와 떨어져 있는 천국이나 지옥은 없다. 나와 떨어져 있는 시간이나 공간은 없다. 나와 떨어져 있는 보이는 것은 없다. 나와 떨어져 있는 것은 아무것도 없다. 나는 참으로 지고자이다. 항상 이 확신을 가지고 평화에 있어라.

27

나와 떨어져 있는 카스트 제도나 올바른 행위는 없다. 나와 떨어져 있는 인종이나 혈통은 없다. 나와 떨어져 있는 아버지나 어머니는 없다. 나와 떨어져 있는 나의 것이나 나의 것이 아닌 사람은 없다. 나와 떨어져 있는 친구나 적은 없다. 나와 떨어져 있는 칭찬이나 비난은 없다. 나와 떨어져 있는 것은 아무것도 없다. 나는 참으로 지고자이다. 항상 이 확신을 가지고 평화에 있어라.

28

나와 떨어져 있는 욕망이나 성냄은 없다. 나와 떨어져 있는 탐욕이나 심취infatuation 없다. 나와 떨어져 있는 증오나 오만은 없다. 나와 떨어져 있는 명예나 불명예는 없다. 나와 떨어져 있는 공포나 친밀함은 없다. 나와 떨어져 있는 속박이나 속박으로부터의 단절은 없다. 나와 떨어져 있는 것은 아무것도 없다. 나는 참으로 지고자이다. 항상 이 확신을 가지고 평화에 있어라.

29

나와 떨어져 있는 높거나 낮은 것은 아무것도 없다. 나와 떨어져 있는 행위는 없다. 나와 떨어져 있는 즐거움이나 즐거워하는 자는 없다. 나와 떨어져 있는 즐거움의 대상은 없다. 나와 떨어져 있는 원인이나 결과는 없다. 나와 떨어져 있는 활동과 같은 그러한 것은 없다. 나와 떨어져 있는 것은 아무것도 없다. 나는 참으로 지고자이다. 항상 이 확신을 가지고 평화에 있어라.

30

나와 떨어져 있는 몸이나 탄생은 없다. 나와 떨어져 있는 유년기나 청년기는 없다. 나와 떨어져 있는 노화나 죽음은 없다. 나와 떨어져 있는 최소한의 변화는 없다. 나와 떨어져 있는 안이나 바깥은 없다. 나와 떨어져 있는 최하, 중간이나 최상은 없다. 나와 떨어져 있는 것은 아무것도 없다. 나는 참으로 지고자이다. 항상 이 확신을 가지고 평화에 있어라.

31

나와 떨어져 있는 세상이나 원소들은 없다. 나와 떨어져 있는 원소들로부터 일어난 것은 아무것도 없다. 나와 떨어져 있는 변화나 평화는 없다. 나와 떨어져 있는 권력이나 성취는 없다. 나와 떨어져 있는 속박이나 윤회는 없다. 나와 떨어져 있는 궁극이나 해방은 없다. 나와 떨어져 있는 것은 아무것도 없다. 나는 참으로 지고자이다. 항상 이 확신을 가지고 평화에 있어라.

32

나와 떨어져 있는 샤이비즘(쉬바파의 철학)이나 다른 어떤 종교는 없다. 나와 떨어져 있는 쉬바와 같은 신들은 없다. 나와 떨어져 있는 베다의 계시는 없다. 나와 떨어져 있는 경전들이나 책들은 없다. 나와 떨어져 있는 신성한 지식이나 전설들은 없다. 나와 떨어져 있는 서사시들은 없다. 나와 떨어져 있는 것은 아무것도 없다. 나는 참으로 지고자이다. 항상 이 확신을 가지고 평화에 있어라.

33

나와 떨어져 있는 거절할 수 있는 것은 아무것도 없다. 나와 떨어져 있는 획득할 수 있는 것은 아무것도 없다. 나와 떨어져 있는 실제적인 것은 아무것도 없다. 나와 떨어져 있는 환영의 것은 없다. 나와 떨어져 있는 지각할 수 있는 것은 아무것도 없다. 나와 떨어져 있는 지각자는 없다. 나와 떨어져 있는 것은 아무것도 없다. 나는 참으로 지고자이다. 항상 이 확신을 가지고 평화에 있어라.

34

나와 떨어져 있는 세 가지 몸들은 없다. 나와 떨어져 있는 세 가지 상태들은 없다. 나와 떨어져 있는 다섯 가지 덮개들은 없다. 나와 떨어져 있는 이들의 경험자는 없다. 나와 떨어져 있는 집단 적이거나 분리된 것은 아무것도 없다. 나와 떨어져 있는 세상이나 개인 혹은 지고자는 없다. 나와 떨어져 있는 원자는 없다. 나는 참으로 지고자이다. 항상 이 확신을 가지고 평화에 있어라.

35

브람만인 나와 다른 '이것'과 같은 저명한eminent 대상은 없다. 브람만인 나와 다른 '나'와 같은 그런 저명한 대상은 없다. 브람만인 나와 다른 그런 저명한 것은 결코 언제나 없다. 나는 브람만이다. 항상 이 확신을 가지고 평화에 있어라.

36

떨어져 있는 것으로 보이는 것은 무엇이나 오직 브람만이다. 그러므로 지고한 브람만은 존재하고 있는 유일한 것이다. 분리되어 있는 것으로 나타나는 모든 구루와 그 제자들, 세상 그리고 다른 차별적인 것들은 비록 그것들이 이러한 모습으로 존재하는 것처럼 보이지만 모두가 오직 브람만일 뿐이다. 그리고 그 브람만이 오직 나 자신이다. 이러한 확신으로 마음을 정복하여 위대한 브람만으로 거주하며, 평화에 있어라.

37

나와 떨어진 것은 조금도 없다. 모든 것이 항상 오로지 나이다. 나와 떨어진 브람만은 없다. 그 브람만으로부터 떨어진 나는 없다. 나는 참으로 나뉘지 않은 지고한 브람만이다. 나뉘지 않은 지고한 브람만이 나이다. 나는 참으로 나인 지고한 브람만이다. 항상 이 확신을 가지고 평화에 있어라.

38

나는, 참으로, 모든 것의 기초이다. 나는, 참으로, 모든 것의 에센스이다. 나는, 참으로, 모든 것이다. 나는, 참으로, 아무것도 아님이다. 나는, 참으로, 둘이 아님이다. 나는, 참으로, 나뉘지 않은 지고한 브람만이다. 나는, 참으로, 나인 지고한 브람만이다. 항상 이 확신을 가지고 평화에 있어라.

39

나는, 참으로, 영원한 존재이다. 나는, 참으로, 순수한 의식이다. 나는, 참으로, 비할 데 없는 희열이다. 나는, 참으로, 완전하고 완벽한 충만한 모든 것이다. 나는, 참으로, 부분이 없다. 나는, 참으로, 모든 곳에 퍼져 있는 지고한 브람만이다. 나는, 참으로, 나인 지고한 브람만이다. 항상 이 확신을 가지고 평화에 있어라.

40

모든 것은 홀로 존재하는 지고한 브람만이다. 참으로, 나는 홀로 존재하는 지고한 브람만이다. 모든 것은 그냥 의식인 지고한 브람만이다. 참으로, 나는 그냥 의식인 지고한 브람만이다. 모든 것은 순수로 있는 지고한 브람만이다. 참으로, 나는 순수로 있는 지고한 브람만이다. 자기 자신에 대한 이런 확신을 통해 마음을 정복하여라. 그리고 스스로 그것이 되어 평화에 있어라.

41

모든 것이 지고한 브람만이다. 이것은 의심할 바 없다. 나는 그 지고한 브람만이다. 이것은 의심할 바 없다. 나는 참으로 모든 것인 지고한 브람만이라는 확신을 늘 가지고 마음을 정복하고 자신이 희열의 덩어리인 그 지고한 브람만이 되어 그러한 평정의 상태로 있는 평화가 가장 훌륭한 경배요 자선이요, 타파스(집중적인 수행)요, 자파(만트라의 반복)이며 사마디(집중적 몰입)이다.

42

그러므로 지식의 덩어리인 지고한 브람만이 모든 것이고 완벽하게 가득 차 있으며 내가 그 지고한 브람만이라는 확고부동의 유익한 확신을 가지고, 결점이 없는 마음으로 지고한 브람만을 매일 탐구하여 변덕스러운 마음을 완전히 정복하고 스스로 빛나는 지고한 브람만이 됨으로써 적정의 평화를 얻어라.

43

광대한 물에서 일어나는 파도들이 오직 물 그 자체인 것처럼 의식으로 된 나에게서 나타나는 세상과 개인들과 지고자는 모두 오로지 나요, 그 의식이다. 마찬가지로 나는 항상 브람만이다. 항상 이 확신을 가지고 마음을 정복함으로써 스스로 순수한 지고한 브람만이 되어 절대 고요의 평화를 얻어라.

44

브람만의 화신이 아닌 것은 조금도 없다. 그것은 같은 것으로 모든 곳에 있으며, 모든 곳에 퍼져 있고, 무한한 존재이다. 모든 것은 참으로 나뉘지 않은 지고한 브람만이다. 모든 것인 그 지고한 브람만은 참으로 나 자신이다. 이 확신을 가지고 마음을 정복하여 말로 표현할 수 없는 지고자가 되어라. 그리고 절대적 고요의 평화를 얻어라.

45

원소들과 그것들의 복합으로 생기는 산물 그리고 모든 세상, 서사시, 베다들 그리고 베단타(우파니샤드)와 같은 이러한 고매한 모든 작품들, 그것들을 탐구하고 그것들과 같은 것들을 배우고 숙고하는 것은 늘 존재하지 않고 있다. 모든 것은 지고한 브람만이고 그것이 오로지 나 자신이다. 이 도움이 되는 확신으로 마음을 정복하여 노력 없이 평화에 있어라.

46

말하여진 모든 것을 그냥 말하여진 말들이 아니라고 생각하고, 그것들을 진지하게 가슴으로 받아들이고, 모든 것이 그냥 의식인 언제나 지고한 브람만이며 그것이 나라는 이 확신에 마음을 충분히 집중하고 지고자에 대한 그러한 확신으로 마음을 정복하여 흔들리지 않는 평화에 있어라. 말해진 모든 것은 진리이다. 이것에는 의심의 여지가 없다. 나뉘지 않은 지고한 쉬바의 이름으로 이것은 진리이다. 이것은 의심의 여지가 없다.

47

마음에 의하여 행하여진 것은 실제로 행하여진 것이다. 다른 사람들에 의하여 행하여진 것은 행위가 아니다. 한결같은 마음에 의해 매일 매일 보이는 모든 것은 무한한 지고한 브람만인 보는 자이며, 그것이 나 자신이다. 만일 그대가 무한한 지고한 브람만에 대하여 마음으로 이러한 부동의 확신을 가진다면, 그러한 심오한 명상으로 마음을 정복하여 아무런 혼란이 없는 진정한 평화에 있을 것이다.

48

마음, 말, 나를 위하여 존재하는 어떤 것과 같은 그런 구별은 없다. 보는 자신과 떨어져 있는 어떤 것이 꿈속에서 보이는가? 깨어 있는 상태에서 보이는 것들도 이와 마찬가지이다. 참으로, 나는 지식이다. 그와 같은 견고한 확신으로 마음을 정복하여라. 그리고 하나의 절대자로 거주하며 평화에 있어라.

49

모든 것이 오로지 의식인 브람만이며 나도 늘 그 지고한 브람만이라는 확신을 가지고 있는 사람들은 마음을 정복할 것이며 스스로 그 나뉘지 않은 존재가 되어 평화에 머물러 있을 것이다. 니다가여! 나는 모든 우주의 신인 쉬바가 나에게 설명한 방식으로 이것을 너에게 말하였다. 이것을 듣고 이해한 사람은 누구나 의심의 여지 없이 지고한 브람만이 될 것이다.

50

베다들의 최상의 가르침을 공부하면서 미묘한 경전들의 길을 따라 걷고 사랑으로 지고한 쉬바를 묵상하고 그분의 은총을 얻는 사람들만이 세상과 존재들과 모든 것들이 옳지 못한 마음의 착각이라는 것을 깨달음으로써 해방을 얻을 것이다. 이와 같이 위대한 리부는 나눌 수 없는 마음의 평화를 니다가에게 설명하였다.

51

기쁨의 춤을 추는 상태에 있는 신들 중의 신의 무한한 형상은 다음과 같이 말한다. 불안정한 마음의 환영으로 존재하는 세상과 모든 그러한 것들은 모두 오직 하나인 변함없는 지고한 의식이다. 그리고 그것은 우리 자신이다. 그러한 이해로 우리는 마음의 망상을 늘 피할 수 있고 나눌 수 없는 평화를 얻을 수 있다.

리부의 노래

제17장
절대자에 대한 지식에 의해
절대자로 존재하는 상태

1

니다가여! 나는 그대에게 대단히 비밀스러우며 만나기도 힘들며 내용에 있어서는 놀라운, 그리고 받을 만한 가치를 가진 사람에게 즉시 해방을 줄 지고자에 대하여 기쁘게 더 설명할 것이다. 순수한 가슴으로 이 말을 들으라. 희열의 덩어리인 지고한 브람만의 지식은 대단히 순수한 마음을 가진 자들에게는 얻기가 쉽다.

2

브람만에 대한 이 중대한 지식은 끝없는 윤회를 통해 행해진 올바른 행위가 결실을 맺은 그런 사람들의 확고부동한 마음속으로 쉽게 들어올 것이다. 금생에서 매일 꾸준히 마음으로 브람만 수행을 한 자들에게 그들의 마음이 정화될 때 이것은 지고한 지식의 성취를 가져올 것이다.

3

지고자에 대한 자각은 마음의 노력으로 브람만의 수행을 지속하여 마음을 정복한 사람들에게만 일어날 것이다. 다른 사람들에게는 결코 쉽지 않다. 이 자각은 쉽게 와서 희열을 주고, 슬픔을 없애 주며, 경사스러운 것들 중에서 가장 경사스러운 것이 되며, 탄생과 같은 그런 모든 변화들을 피하게 해주고, 자신의 나를 존재–의식–희열인 지고자로 만들 것이다.

4

지고자가 되어 이 세상적인 존재를 벗어나게 될 사람들에게 마음은 세상적인 존재에 대한 두려움을 일으킬 수 있는 적이다. 그러므로 마음과 지각의 대상 같은 그러한 것들은 늘 지각자인 브람만이며, 그것이 나라는 지고한 확신으로 마음을 정복하여 아무 방해 받지 않고 남아 있을 수 있는 자들에게만 지고한 지식에 의하여 세상적인 존재에 대한 환영적인 두려움은 사라질 것이다. 그렇지 않은 사람들에게는 세상적인 존재에 대한 두려움이 결코 사라지지 않을 것이다.

5

그러므로 아들아! 마음을 정복하고 지고한 브람만의 나뉘지 않은 지식을 얻음으로 반복되는 탄생에 대한 이 쇠약하게 하는 두려움을 제거하라. 마음의 변덕스러운 모습의 변형인 온 세상은 오직 변덕스러운 마음이며, 그 마음이 늘 변치 않는 자각인 지고자이며, 그것이 나자신이라는 차별 없는 확신을 가지고 말이다. 그렇게 해서 지고한 브람만에 대한 지식을 얻음으로 지고자와 하나가 되어라.

6

마음과 같은 것으로 보이는 것은 오직 브람만이다. 마음이나 다른 어떤 것들은 없다. 견디기 어려운 세상적 불행으로 보이는 것은 오직 브람만이다. 들뜬 세상도 없고 더럽혀진 것은 하나도 없다. 두려움으로 보이는 것은 오직 브람만이다. 추구의 두려움이나 갈망은 없다. 항상 나는 둘이 없는 브람만이다. 이 지식으로 충만하여, 나뉘지 않은 절대자와 하나가 되어라.

7

다양해 보이는 것은 오직 브람만이다. 구별되는 것은 아무것도 없다. 다양한 무리들로 보이는

리부의 노래

것은 오직 브람만이다. 한 무리라는 것은 결코 없다. 세상 등과 같은 것으로 보이는 것은 오직 브람만이다. 세상이나 개인이나 지고자라는 것은 결코 없다. 항상 나는 둘이 없는 브람만이다. 이 지식으로 충만하여 나뉘지 않은 절대적 브람만과 하나가 되어라.

8

구루와 같은 것으로 보이는 것은 오직 브람만이다. 구루와 제자와 같은 그 밖의 것은 하나도 없다. 형상과 같은 것으로 보이는 것은 오직 브람만이다. '형상이 있는, 형상이 없는'과 같은 것은 하나도 없다. 보이는 모든 것들은 오직 브람만이다. 보이는 대상과 같은 것은 없다. 지고한 브람만은 형상이 없으며, 나는 그것이다. 이 지식으로 충만하여 나뉘지 않은 절대자와 하나가 되어라.

9

모든 것은 늘 브람만이다. '모든 것'과 같은 그러한 것은 결코 없다. 모든 곳에 퍼져 있는 완전하고 완벽하고 충만한 브람만이 오직 나 자신이다. 떨어져 있는 것은 아무것도 없다. 지고한 브람만에 대한 자각의 나뉘지 않은 지식을 얻어 세상적 존재에 대한 이 병적인 두려움에서 벗어나 늘 완전히 충만한 브람만이 되어라.

10

망상과 지각되는 여러 것들은 모두 브람만이다. 그것으로부터 일어나는 행위들은 모두 브람만이다. 창조물로 보이는 것들은 모두 브람만이다. 그것의 모든 행위들은 전적으로 브람만이다. 몸과 보이는 여러 것들은 모두 오직 브람만이다. 풀잎에 이르기까지 여러 것들은 모두 브람만이다. 지고한 브람만은 하나이고, 그것은 나 자신이다. 이 자각으로 절대자로 늘 머물러라.

11

행위와 여타의 모든 수단들은 오직 브람만이다. 성취되는 모든 결과들은 오직 브람만이다. 맛으로 먹는 음식들은 오직 브람만이다. 세상에서 얻어지는 모든 것들은 오직 브람만이다. 세 가지 속성들을 지닌 모든 형상들은 오직 브람만이다. 세 분의 신들은 오직 브람만이다. 나는 둘이 없는 이 브람만이다. 이 자각으로 절대자로 늘 머물러라.

12

가장 높은 모든 신들은 오직 브람만이다. 모든 결점 없는 리쉬(성인, 현인)들은 오직 브람만이다. 모든 보통 사람들은 오직 브람만이다. 여러 모든 존재들은 오직 브람만이다. 생각과 같은 것들은 모두 오직 브람만이다. 세상, 개인들 그리고 지고자는 모두 오직 브람만이다. 그 지고한 브람만은 둘이 아니며, 나는 그것이다. 이 지식으로 충만하여 나뉘지 않은 절대자와 하나로 머물러라.

13

지고한 브람만과 떨어져 있는 공간은 없다. 지고한 브람만과 떨어져 있는 공기는 없다. 지고한 브람만과 떨어져 있는 불은 없다. 지고한 브람만과 떨어져 있는 물은 없다. 지고한 브람만과 떨어져 있는 땅은 없다. 지고한 브람만과 떨어져 있는 감각들은 없다. 모두가 지고한 브람만이고, 나는 그것이다. 지고자에 대한 그런 지식을 얻음으로 그대 자신이 지고자가 된다.

14

지고한 브람만과 떨어져 있는 존재들은 없다. 지고한 브람만과 떨어져 있는 세상들은 없다. 지고한 브람만과 떨어져 있는 즐거움은 없다. 지고한 브람만과 떨어져 있는 즐기는 자는 없다. 지고한 브람만과 떨어져 있는 행위는 없다. 지고한 브람만과 떨어져 있는 행위자는 없다. 지고한 브람만이 모두이고, 나는 그것이다. 지고자에 대한 그런 지식을 얻음으로 그대 자신이 지고자가 된다.

15

지고한 브람만과 떨어져 있는 망상은 없다. 지고한 브람만과 떨어져 있는 몸은 없다. 지고한 브람만과 떨어져 있는 요가는 없다. 지고한 브람만과 떨어져 있는 지식은 없다. 지고한 브람만과 떨어져 있는 굴레는 없다. 지고한 브람만과 떨어져 있는 해방은 없다. 모든 것은 지고인 브람만이고, 나는 그것이다. 지고자에 대한 그런 지식을 얻음으로 그대 자신이 지고자가 된다.

16

지고한 브람만과 떨어져 있는 자아는 없다. 지고한 브람만과 떨어져 있는 '이것'은 없다. 지고한 브람만과 떨어져 있는 분리의 상태는 없다. 지고한 브람만과 떨어져 있는 완전한 상태는 없다. 지고한 브람만과 떨어져 있는 '여기'는 없다. 지고한 브람만과 떨어져 있는 '여기로부터'는 없다. 모든 것이 지고인 브람만이고, 그것은 나이다. 지고한 그런 지식을 얻음으로 그대 자신이 지고자가 된다.

17

지고한 브람만과 떨어져 있는 '보는 자'는 없다. 지고한 브람만과 떨어져 있는 '보이는 것'은 없다. 지고한 브람만과 떨어져 있는 '나'는 없다. 지고한 브람만과 떨어져 있는 '너'는 없다. 지고한 브람만과 떨어져 있는 사람은 아무도 없다. 지고한 브람만과 떨어져 있는 것은 아무것도 없다. 모든 것이 지고인 브람만이고, 나는 그것이다. 지고자에 대한 그런 지식을 얻음으로 그대 자신이 지고자가 된다.

18

지고한 브람만과 떨어져 있는 자파는 없다. 지고한 브람만과 떨어져 있는 타파스는 없다. 지고한 브람만과 떨어져 있는 성스러운 성지는 없다. 지고한 브람만과 떨어져 있는 성스러운 강은 없다. 지고한 브람만과 떨어져 있는 신은 없다. 지고한 브람만과 떨어져 있는 봉사는 없다. 모든 것이 지고한 브람만이고, 나는 그것이다. 지고자에 대한 그런 지식을 얻음으로 그대 자신이 지고자가 된다.

19

지고한 브람만과 떨어져 있는 구루는 없다. 지고한 브람만과 떨어져 있는 제자는 없다. 지고한 브람만과 떨어져 있는 탐구의 대상은 없다. 지고한 브람만과 떨어져 있는 힘은 없다. 지고한 브람만과 떨어져 있는 시간은 없다. 지고한 브람만과 떨어져 있는 공간은 없다. 모든 것이 지고인 브람만이고, 그것은 나이다. 지고자에 대한 그런 지식을 얻음으로 그대 자신이 지고자가 된다.

20

지고한 브람만과 떨어져 있는 망상은 없다. 지고한 브람만과 떨어져 있는 신은 없다. 지고한 브람만과 떨어져 있는 무지는 없다. 지고한 브람만과 떨어져 있는 개인은 없다. 지고한 브람만과 떨어져 있는 세상은 없다. 지고한 브람만과 떨어져 있는 것은 조금도 없다. 지고한 브람만은 모두이고, 그것은 나이다. 지고자에 대한 그런 지식을 얻음으로 그대 자신이 지고자가 된다.

21

브람만과 대등한 것은 아무것도 없다. 브람만보다 더 위대한 것은 아무것도 없다. 브람만으로부터 떨어져 있는 것은 조금도 없다. 브람만이 모든 것으로 나타난다. 브람만은 모두의 가장 사랑하는 분이다. 브람만은 위대한 희열의 범람이다. 브람만은 모든 것이고, 그것은 나이다. 그 다름이 없는 지식에 의해 그대 자신이 브람만이 된다.

22

브람만 그 자체가 브람만의 제자이다. 브람만 그 자체가 브람만의 구루이다. 브람만 그 자체가 브람만의 신이다. 브람만 그 자체가 브람만의 숭배이다. 브람만 그 자체가 브람만의 명상이다.

브람만 그 자체가 브람만의 지식이다. 브람만은 모든 것이고, 그것은 나이다. 그 다름이 없는 지식에 의해 그대 자신이 브람만이 된다.

23

브람만 그 자체가 브람만의 아버지다. 브람만 그 자체가 브람만의 어머니다. 브람만 그 자체가 브람만의 아들이다. 브람만 그 자체가 브람만의 여러 친척들이다. 브람만 그 자체가 브람만의 적이다. 브람만 그 자체가 브람만의 친구이다. 브람만은 모든 것이고, 그것은 나이다. 그 다름이 없는 지식에 의해 그대 자신이 브람만이 된다.

24

브람만 그 자체가 브람만의 결함이다. 브람만 그 자체가 브람만의 장점이다. 브람만 그 자체가 브람만의 두려움이다. 브람만 그 자체가 브람만의 성공이다. 브람만 그 자체가 모든 차이들이다. 브람만 그 자체가 조금의 차이도 없다. 브람만 그 자체가 모든 것이고, 그것은 나이다. 그 다름이 없는 지식에 의해 그대 자신이 브람만이 된다.

25

브람만 그 자체가 무지로 나타난다. 브람만 그 자체가 자아로 나타난다. 브람만 그 자체가 지성과 마음으로 나타난다. 브람만 그 자체가 생각과 같은 그런 것들로 나타난다. 브람만 그 자체가 세상과 존재들로 나타난다. 브람만 그 자체가 쉬바의 형상으로 나타난다. 브람만은 모든 것이고, 그것은 나이다. 그 다름이 없는 지식에 의해 그대 자신이 브람만이 된다.

26

브람만 그 자체가 거친 형상으로 나타난다. 브람만 그 자체가 미세한 형상으로 나타난다. 브람만 그 자체가 성상의 형상으로 나타난다. 브람만 그 자체가 성상이 아닌 형상으로 나타난다.

브람만 그 자체가 뿌리의 형상으로 나타난다. 브람만 그 자체가 또한 전체로서 나타난다. 브람만은 모든 것이고, 그것은 나이다. 그 다름이 없는 지식에 의해, 그대 자신이 브람만이 된다.

27

브람만 그 자체가 힘으로 나타난다. 브람만 그 자체가 싯디siddhi들로 나타난다. 브람만 그 자체가 둔한 것으로 나타난다. 브람만 그 자체가 의식으로 나타난다. 브람만 그 자체가 다양한 것으로 나타난다. 브람만 그 자체가 모든 나타남들이다. 브람만은 모든 것이고, 그것은 나이다. 그 다름이 없는 지식에 의해 그대 자신이 브람만이 된다.

28

브람만 그 자체가 나이고, 나 그 자체가 브람만이다. 나는 브람만과 떨어져 있지 않다. 이 나와 다른 것은 결코 아무것도 없다. 그것은 모두 브람만이다. 브람만의 성품인 이 나는 그들 스스로를 다른 것으로 나타내는 모든 것들이다. 브람만의 성품인 나가 자신이라는 것을 자각하는 그 다름이 없는 지식에 의해 그대 자신이 브람만이 된다.

29

자기 자신은, 참으로, 그 자체로서 빛을 내는 빛이다. 자기 자신은, 참으로, 그 자체로 자리 잡고 있는 즐거움이다. 자기 자신은, 참으로, 자신이 되는 진리이다. 자기 자신은, 참으로, 완전한 것이고, 완벽하게 가득한 것이다. 자기 자신은, 참으로, 그 자체와 필적할 것이 없는 신이다. 자기 자신은, 참으로, 그 자체와 떨어진 것이 하나도 없는 것이다. 자기 자신은, 참으로, 브람만이다. 그런 확고한 지식에 의하여 그대는 자기 자신인 브람만이 된다.

30

자신의 나는, 참으로, 중단이 없는 존재이다. 자신의 나는, 참으로, 방해받지 않고 빛나는 의식이다. 자신의 나는, 참으로, 비길 데 없는, 비교할 수 없는 위대한 희열이다. 자신의 나는, 참으로, 모두 해결된 결론인 궁극이다. 자신의 나는, 참으로, 위대한 금언들의 설명이다. 자신의 나는, 참으로, 나눌 수 없고 완전하고 완벽하게 가득 찬 나이다. 자신의 나는, 참으로, 브람만이다. 그런 확고한 지식에 의하여 그대는 자기 자신인 브람만이 된다.

31

자신의 나는, 참으로, 지바타(개인의 영혼)라는 특징을 잃은 것이다. 자신의 나는, 참으로, 신이라는 자신의 지위를 잃은 것이다. 자신의 나는, 참으로, 구별되지 않는 지고한 브람만이다. 자신의 나는, 참으로, 나뉘지 않은 지고한 브람만이다. 자신의 나는, 참으로, 이원이 아닌 것이다. 자신의 나는, 참으로, 나뉠 수 없고 완전하고 완벽하게 가득 찬 것이다. 자신이, 참으로, 자신의 나라는 확고한 지식에 의하여 그대는 자기 자신인 브람만이 된다.

32

자신의 나는, 참으로, 어떤 조건형성들도 없는 것이다. 자신의 나는, 참으로, 불순의 얼룩이 한 점도 없는 것이다. 자신의 나는, 참으로, 극히 순수한 것이다. 자신의 나는, 참으로, 모두의 가장 사랑하는 분이다. 자신의 나는, 참으로, 하늘과 같은 것이다. 자신의 나는, 참으로, 무한한 지고한 나인 것이다. 자신의 나가, 참으로, 자기 자신이라는 확고한 지식에 의해 그대는 자기 자신인 브람만이 된다.

33

자신의 나는, 참으로, 구분과 같은 것들을 초월한 것이다. 자신의 나는, 참으로, 높은 것 중에서 가장 높은 것으로 자리 잡고 있는 것이다. 자신의 나는, 참으로, 한계들이 없는 것이다. 자신의 나는, 참으로, 전적으로 순수한 것이다. 자신의 나는, 참으로, 지식의 덩어리이다. 자신의 나는, 참으로, 지고한 브람만이다. 자기 자신의 나가, 참으로, 자기 자신이라는 그런 확고한 지식에 의하여 그대는 자기 자신인 브람만이 된다.

34

자신의 나는, 참으로, 영원한 브람만이다. 자신의 나는, 참으로, 부분이 없는 브람만이다. 자신의 나는, 참으로, 오점이 없는 브람만이다. 자신의 나는, 참으로, 결점이 없는 브람만이다. 자신의 나는, 참으로, 틈새가 없는 브람만이다. 자신의 나는, 참으로, 고통이 없는 브람만이다. 자신의 나는, 참으로, 모든 곳에 퍼져 있는 절대자이다. 그런 동요하지 않은 지식에 의하여 그대 자신이 절대자 그 자체가 된다.

35

나는, 참으로, 모든 것인 브람만이다. 나는, 참으로, 모든 것이 없는 브람만이다. 나는, 참으로, 진리인 브람만이다. 나는, 참으로, 태고인 브람만이다. 나는, 참으로, 변화가 없는 브람만이다. 나는, 참으로, 영원한 브람만이다. 나는, 참으로, 평화인 지고자이다. 그런 끊임없는 지식에 의하여 그대 자신이 브람만이 된다.

36

나는, 참으로, 기만delusion이 없는 브람만이다. 나는, 참으로, 무지가 없는 브람만이다. 나는, 참으로, 신(이슈와라)이 없는 브람만이다. 나는, 참으로, 어떤 개인(지바)을 가지고 있지 않은 브람만이다. 나는, 참으로, 어떤 세상들을 가지고 있지 않은 브람만이다. 나는, 참으로, 평화로운 브람만이다. 나는, 참으로, 순수한 절대자이다. 그런 끊임없는 지식에 의해 그대 자신이 브람만이 된다.

37

나는, 참으로, 불멸의 브람만이다. 나는, 참으로, 쇠퇴하지 않는 브람만이다. 나는, 참으로, 속박이 없는 브람만이다. 나는, 참으로, 가장 높은 것보다 더 높은 브람만이다. 나는, 참으로, 비이원의 브람만이다. 나는, 참으로, 나뉘지 않은 브람만이다. 나는, 참으로, 순수한 지고한 브람만이다. 그런 끊임없는 지식에 의해 그대 자신은 브람만 그 자체가 된다.

38

나 외에는, 아무런 존재나 아무런 비존재가 없다. 나 외에는, 실재하거나 비실재하는 아무런 대상이 없다. 나 외에는, 아무런 의식이나 아무런 비의식이 없다. 나 외에는, 의식이나 비의식인 아무런 대상이 없다. 나 외에는, 아무런 이원이나 아무런 비이원이 없다. 나 외에는, 지각되는 아무런 대상이 없다. 나는 언제나 지고한 브람만이며, 그것이 나이다. 그런 없어지지 않는 지식에 의하여 그대 자신이 브람만 그 자체가 된다.

39

브람만은 나 자신이다. 나는 브람만이다. 브람만은 모두이다. 브람만으로부터 떨어져 있는 것은 조금도 없다. 이 자각을 가지는 사람들은 자각인 브람만 그 자체가 될 것이며, 결코 그 밖의 어떤 것이 되지 않을 것이다. 이것이 진리라고 나는 말한다. 그것에 대해서는 아무런 의심이 없다. 정말이지 이것은 진리이다. 나는 이것을 모든 곳에 퍼져 있는 삼부의 이름으로 말한다. 이것은 진리이고, 참으로 진리이다. 이것에는 어떤 의심도 없다.

40

브람만이 아닌, 떨어져 있는 것은 조금도 없다. 브람만과 떨어져 있는 것은 무엇이나 오해이다. 브람만이 아닌, 떨어져 있는 것은 조금도 없다. 브람만과 떨어져 있는 것은 무엇이나 환영이다. 브람만이 아닌, 떨어져 있는 것은 조금도 없다. 브람만과 떨어져 있는 것은 무엇이나 비실재이다. 브람만이 아닌, 떨어져 있는 것은 조금도 없다. 브람만과 떨어져 있는 것은 무엇이나 오로지 브람만이다.

41

꿈속에서 모습들로 보이는 항아리와 천이 오로지 환영인 것처럼, 깨어 있는 상태에서 보이는 다양한 세상과 개인들 및 지고자도 오로지 환영이다. 나와 다르지 않으며 다른 모든 것을 아는 보는 자인 브람만만이 늘 불멸이며 진실이다. 이 말에는 조금의 의심도 없다.

42

그러므로 모든 세상은 환영이다. 그 안에 있는 모든 살아 있는 존재들은 환영이다. 여러 모습의 쉬바는 환영이다. 여러 모습의 하리는 환영이다. 모든 여러 신들의 모습은 환영이다. 실재하는 것처럼 보이는 모든 것은 환영이다. 불멸로 늘 존재하는 것은 시작이나 끝이 없는 오로지 나뉘지 않은 브람만이다.

43

철저히 탐구했을 때, 모든 것의 토대인 브람만 위에 세상 그리고 여러 것들로서 일어난 이 환영은 오직 비이원이고 순수한 토대인 브람만 그 자체이다. 밧줄이라는 환영으로 나타난 뱀을 탐구할 때 뱀을 밧줄, 즉 바탕이 아닌 다른 어떤 것으로 본 사람이 있겠는가?

44

바탕과 부가물 둘 다를 철저히 탐구하여, 부가물은 세상과 개인들이며 근본 바탕은 브람만이며 그 차별이 없는 브람만이 나 자신이라는 지고한 브람만에 대한 차별이 없는 지식을 자신의 오점이 없는 마음 안에서 깨달음으로써 우리는 윤회라는 쇠약하게 하는 공포를 피할 것이다.

45

아들아! 마음 그 자체의 노력으로 지고한 브람만에 대한 완전한 지식을 얻을 수 있다. 그 지식으로 모든 이들이 쉽게 위대한 해방에 이를 수 있다. 비이원의 지식을 수행하는 데 두려운 것은

리부의 노래

전혀 없다. 비록 그것이 놀랍더라도 이 수행을 시도하는 데 어떤 어려움이 있을 수 있겠는가?

46

비록 아무런 어려움이 없더라도 저주 받은 마음에는 어려움이 있는 것으로 보일 것이다. 마음이 순수하고, 순수한 마음에 반대되는 모든 죄스러운 행동들을 던져 버린 이들에게는 깨닫기가 아주 쉽다. 그러므로 굴하지 않고 지식을 올바르게 수행하는 사람들에게는 신들 중의 신의 은총에 의하여 확고한 지식이 저절로 생겨날 것이다.

47

브람만의 지식이 확고해질 때까지 "나는 브람만이다. 브람만은 나 자신이다. 나는 모든 것이다."라는 나뉘지 않은 절대자에 대한 지식을 끊임없이, 확고하게, 방해됨이 없이 수행하는 사람들에게만 나뉘지 않은 이슈와라의 은총에 의하여 나는 브람만이라는 지식이 자연스러워질 것이다. 만약 그것이 브람만의 지식에 의하여 자연스러워지면 쇠약하게 하는 윤회의 공포는 사라질 것이다.

48

만약 지고자에 대한 신성한 지식이 자연스러워지면 보이는 모든 것은 완전히, 영구적으로 존재하지 않게 될 것이다. 모든 것은 오로지 완전히, 영구적으로 존재하지 않게 될 것이다. 그대와 나는 완전히, 영구적으로 존재하지 않게 될 것이다. 모든 지바들은 완전히, 영구적으로 존재하지 않게 될 것이다. 이 세상과 파라는 완전히, 영구적으로 존재하지 않게 될 것이다. 지고한 브람만만이 홀로 장엄하고 완전한 충만이 될 것이다.

49

만약 모든 것이 완전히, 영원히 존재하지 않게 되고 나뉘지 않은 절대자가 된다면 윤회라는 무서운 공포가 다시 일어날 기회는 없다. 그러므로 해방을 향한 충동을 지닌 이들은 항상 끊임없이 "모든 것은 브람만이고, 그것은 나이다."라는 수행에 의하여 지고자의 흠 없는 지식을 얻어야만 한다. 그리고 그것을 통하여 윤회라는 슬픔에 시달리는 공포를 제거해야 한다.

50

모든 곳에 퍼져 있는 존재인 브람만은 모든 것이다. 나는 그 무한한 지고한 브람만이며 그것은 말과 마음이 도달하는 것 너머에 있다. 미세한 마음으로 이렇게 수행함으로써 그리고 지고한 브람만의 순수한 지식을 얻음으로써 제거하기 어려운 윤회의 두려움을 떨쳐 버리고 완전한 충만함인 지고자 그 자체가 되어라.

51

배움이 제공하는 모든 것을 배우고 난 뒤에도 윤회의 두려움을 제거할 수 있는 것은 지고한 브람만에 대한 선명한 지식 이외에는 아무것도 없다. 그러므로 "모든 것이 브람만이고, 그것은 나이다."라는, 한 분이신 지고한 브람만에 대한 지식을 항상 지님으로 윤회라는 성가신 두려움을 제거하라. 그러고는 완전한 충만함으로 있는 지고자 그 자체가 되어라.

52

니다가여! 지고한 쉬바가 나에게 상세하게 설명하였던 대로 모든 이에게 유익이 되도록 사랑과 자비심에 감동을 받아 나는 너에게 완전히 브람만일 뿐인 자신의 나의 위대함을 선명하게 설명하였다. 모든 곳에 퍼져 있는 쉬바의 이름으로 나는 이것이 진리라고 말한다. 말해진 것에는 조금의 의심도 없다. 헌신하는 마음으로 이 귀한 설명을 듣고 이해한 사람은 누구나 브람만이 된다.

53

베단타를 탐구하고 사마(평온)와 다마(자기 통제) 같은 방법들에 의지하여 오점 없는 지고한 쉬바가 모든 것이라는 것을 깨닫고 쉬바가 우리 자신이라는 것을 깨달은 사람들만이 윤회의 두려움에서 벗어나 오점 없는 지고한 행복을 즐길 것이다. 이렇게 현자 리부는 비할 데 없는 지고자를 니다가에게 확실히 설명하였다.

54

기쁨의 춤을 추는 상태에 있는 오점 없는 우리 신의 무한한 형상은 다음과 같이 선언한다. 순수한 마음으로 항상 노력함으로 순수한 지식에 입문하여 "모든 것이 브람만이고, 그것은 나이다."라는 흔들리지 않는 지식으로 채워진 사람들은 세상적인 존재에 대한, 쇠약하게 하는 이 두려움을 버리고 지고자와 하나가 될 것이다.

제18장
나뉘지 않은 성품에 대한 명상

1

베다들에 숨겨져 있는 위대한 비밀로 이야기되고 있는 지고자에 대하여 나는 더욱 깊이 말할 것이다. 순수한 가슴으로 들어 그것을 이해하는 사람들은 나뉘지 않은 지고자가 될 것이며, 살아 있는 동안에 해방의 희열을 얻을 것이며, 모든 조건형성들에서 벗어난 뒤에 순수 브람만 그 자체로 머물 것이다.

2

세상과 같은 것들로 보이는 이러한 모든 현상계들은 존재-의식-희열인 브람만이다. '나', '나'로서 존재하고 지식인 모든 개인들은 완전히 나뉘지 않은 브람만이다. 이 가르침을 따라 충만한 지식을 얻는 사람들은 완벽하게 충만한 절대자가 될 것이다. 이 말에 대해서는 조금의 의심도 없다. 쉬바의 이름으로 이것은 위대한 진리이다.

3

'이것'으로 보이는 것 또한 브람만이다. '나'로 보이는 것 또한 브람만이다. '그것'으로 보이는 것 또한 브람만이다. 그 밖의 다른 것으로 보이는 것 또한 브람만이다. 견고해 보이는 것 또한 브람만이다. 한결같지 않아 보이는 것 또한 브람만이다. 어떤 식으로든 보이는 것은 모두 또한 브

리부의 노래

람만이다. 이 말에는 의심의 여지가 조금도 없다.

4

우러러 공경을 받는 구루와 제자 또한 브람만이다. 가치 있는 수단들 또한 브람만이다. 듣는 것과 반추하는 것 또한 브람만이다. 명상 또한 브람만이다. 위대한 원리의 의미를 이해하는 것 또한 브람만이다. 그 원리로 있는 것 또한 브람만이다. 모든 것들은 언제나 브람만이다. 이 말에는 의심의 여지가 조금도 없다.

5

수단들과 목적들은 브람만이다. 평화스러움 같은 모든 선한 특질들은 브람만이다. 아는 것과 알려지는 것은 브람만이다. 베다들과 경전들은 브람만이다. 차이가 없는differenceless 희열은 브람만이다. 모든 다른 것들도 또한 브람만이다. 나는 나뉘지 않고, 시작이 없으며, 끝이 없는 브람만이다. 이런 식으로 명상하라.

6

시작과 끝, 그리고 중간은 브람만이다. 나와 비나는 브람만이다. 모든 원소들은 브람만이다. 원소들을 구성하고 있는 모든 것은 브람만이다. 지각이 있는 것과 지각이 없는 것은 브람만이다. 진리와 거짓은 브람만이다. 나는 그렇게 자리 잡고 있는 그 브람만이다. 이렇게 명상하여 늘 그렇게 있어라.

7

실제로, 나는 무한한 지고한 브람만이다. 거기에는 티끌만큼의 이기심 같은 것들이 없다. 나는 의식인 브람만이다. 거기에는 생각과 같은 것들이 전혀 없다. 나는 진리인 브람만이다. 거기에는 티끌만큼의 세상, 존재들이나 그와 같은 것들이 없다. 순수한 지고한 브람만이 모든 것이고,

그것이 나이다. 늘 희열 속에서 이렇게 명상하라.

8

나는 하나인, 지고한 브람만이다. 이것이나 저것으로 나타나는 것은 아무것도 없다. 나는 망상이 없는 지고한 브람만이다. 일찍이 창조된 것은 아무것도 없다. 나는 부분이 없는 지고한 브람만이다. 다양하게 나누어지는 것은 아무것도 없다. 하나의 지고한 브람만만이 전부이고, 그것이 나다. 늘 방해받지 않고 이렇게 명상하라.

9

'나'로서 나타나는 것은 지고자인 나 자신일 뿐이다. 여기에서 별도의 '나'로 존재하는 것은 아무것도 없다. 세상으로 나타나는 것은 지고자인 오직 나 자신일 뿐이다. 여기에서 별도의 세상으로 존재하는 것은 아무것도 없다. 가장 높은 것으로서 나타나는 것은 오직 나 자신인 지고자이다. 여기에서 가장 높은 것으로 별도로 존재하는 것은 아무것도 없다. 모든 것은 나 자신인 지고자이다. 영원히 지칠 줄 모르게 이렇게 명상하라.

10

완벽하게 충만한 브람만과 별개로는 존재들과 같은 것들이 결코 없다. 원인인 브람만과 별개로는 결과인 것들이 결코 아무것도 없다. 쇠퇴하지 않는 의식인 브람만과 별개로는 세상과 개체들이나 지고자와 같은 것들이 조금도 없다. 나는 이 모든 것을 알게 하는 그 나뉘지 않은 브람만이다. 이런 식으로 명상하라.

11

마음과 같은 것들은 없다. 완전히 충만한 의식인 오직 지고한 브람만만이 실재한다. 그밖에 실재로서 나타나는 것은 무엇이나 토끼의 뿔처럼 실재하지 않는다. 그 브람만은 그대 나와 같은

리부의 노래

것이다. 나는 비이원의 지고한 브람만이다. 늘 변함없이 이렇게 명상하라. 아들아!

12

지고한 브람만은 완전히 충만한 존재-의식-희열인 완전한 전체이다. 눈에 보이는 세상은 가지각색으로 보인다. 그것은 슬픔, 비정함, 비실재의 상징이다. 이 지고한 브람만이 그대의 나이다. 따라서 아무런 이원이 없이 나는 지고한 브람만이라고 늘 명상하라.

13

티끌 하나도 묻지 않은 지고한 브람만만이 실재이다. 보이거나 들리는 것은 아무것도 없다. 오직 완전하게 충만한 지고한 브람만만이 실재한다. 생각되거나 생각되지 않는 것은 아무것도 없다. 오직 영원한 지고한 브람만만이 실재한다. 그밖에는 어떤 것도 없다. 나는 아무런 오점이 없는 지고한 브람만이다. 의심 없이 항상 이런 식으로 명상하라.

14

미묘한 지고한 브람만은 오직 실재이다. 말해야 할 다양한 대상들은 조금도 없다. 무한한 지고한 브람만이 유일한 실재이다. 너나 나나 타인과 같은 것은 조금도 없다. 형체가 없는 지고한 브람만이 유일한 실재이다. 떨어져 있는 것은 조금도 없다. 나는 언어와 다른 것들이 미치지 못하는 그 절대자이다. 늘 슬픔이 없이 바로 이런 식으로 명상하라.

15

나와 별개로 지각되는 것은 조금도 없다. 보는 자인 내 안에서 보이는 모든 것은 지고자인 나 자신이다. 이같이 나와 그대의 구루의 말을 명상하라. 그대에게 이원이 없는 이러한 이야기를 하지만 나에게는 조금의 자만심도 없다. 이것은 위대한 구루인 지고한 쉬바가 나에게 들려준 흠 없는 이야기이다.

16

그대는 매일 부동의 자세로 삿구루(진실한 구루)가 말한 "모든 것이 존재-의식-희열인 속성이 없는 브람만이며, 그것이 나 자신이다."라는 것을 명상해야 한다. 어떠한 구루의 가르침이라도 같으며, 다를 바가 없다. 이것은, 세 가지 속성들을 초월하고 오로지 의식일 뿐인 최초의 지고한 쉬바의 이름으로, 진리이다.

17

삿구루는 오로지 의식일 뿐인 브람만이다. 나 자신은 그 속성이 없는 브람만이다. 이런 식으로 매일 확고히 명상하라. 이것은 경배 받아야 하는 구루인 지고한 쉬바가 일찍이 나에게 진리로 가르쳐 준 확정된 결론이다. 이것은 오점 없는 베단타들의, 흠 없는 책들의 확정된 결론을 말한 것이다.

18

나는, 참으로, 흠이 전혀 없는 지고한 브람만이다. 나는, 참으로, 부분들이 없는 지고한 브람만이다. 나는, 참으로, 비교될 만한 것이 없는 지고한 브람만이다. 나는, 참으로, 속성들이 없는 지고한 브람만이다. 나는, 참으로, 탁월한 지고한 브람만이다. 나는, 참으로, 수족들이 없는 지고한 브람만이다. 나는, 참으로, 움직임이 없는 지고한 브람만이다. 늘 이렇게 명상하여 동요가 없게 하라.

19

나는, 참으로, 모두의 토대가 되는 지고한 브람만이다. 나는, 참으로, 나뉘지 않으며 완전히 충만한 지고한 브람만이다. 나는, 참으로, 티끌만큼의 오점도 없는 지고한 브람만이다. 나는, 참으로, 의식이라는 순수한 공간인 지고한 브람만이다. 나는, 참으로, 심지어 세상과 같은 것이 조금도 없는 브람만이다. 나는, 참으로, 아주 평화로운 지고한 브람만이다. 나는 무엇과도 비교할 수 없는 지고한 브람만이다. 이런 식으로 아무런 동요 없이 늘 명상하라.

20

나는, 참으로, 영원한 브람만이다. 나는, 참으로, 모든 것에 널리 퍼져 있는 브람만이다. 나는, 참으로, 진리로서 번창하는 브람만이다. 나는, 참으로, 변화 없는 브람만이다. 나는, 참으로, 순수한 희열인 브람만이다. 나는, 참으로, 상서로운 것들 중에서도 가장 상서로운 브람만이다. 나는 비이원의 지고한 브람만이다. 아무런 동요 없이 이런 식으로 늘 명상하라.

21

나는, 참으로, 하나 등의 시리즈 같이 열거될 수 없는 브람만이다. 나는, 참으로, 네 번째 상태의 지식인 브람만이다. 나는, 참으로, 카스트와 같은 것들이 없는 브람만이다. 나는, 참으로, 나뉘지 않으며 부분들이 없는 브람만이다. 나는, 참으로, 그것과 떨어져 있는 것이 하나도 없는 브람만이다. 나는, 참으로, 나뉘지 않는 브람만이다. 나는, 참으로, 나뉠 수 없는 지고한 브람만이다. 이렇게 끊임없이 계속 명상하라.

22

착각과 다른 것들은 존재하지 않는다. 모든 것들은 나뉘지 않는 지고한 브람만이다. 부분들로 있는 것은 아무것도 없다. 나뉜 것 같이 보이는 모든 것들은 브람만이다. 나라거나 세상 같은 것은 티끌만큼도 없다. 보이는 대상들로 나타나는 모든 것은 브람만이다. 나는 참으로 하나의 지고한 브람만이다. 이원이 없이 이렇게 끊임없이 명상하라.

23

그밖에 여기에서 보이는 것은 아무것도 없다. 보이는 모든 것들은 보는 자인 브람만이다. 그리고 나는 참으로 두 번째가 없는 그 브람만이다. 나는 참으로 희열에 찬 지고한 브람만이다. 나는 또한 모든 것들이다. 만약 그대가 쉴 새 없이 이렇게 명상한다면, 구별된 것들로 그대의 마음을 덮고 있는 모든 견고한 때가 완전히 일소될 것이다.

24

세상과 같은 생각들을 멀리 던져 버리고 모든 것이 브람만이라고 명상하라. 내가 몸이라는 생각들을 멀리하고 나는 브람만이라고 늘 명상하라. 만일 그대가 모든 것들이 브람만이고 그것이 나 자신이라고 꾸준히 명상한다면, 내가 다르고, 세상과 같은 이 모든 것이 다르다는 모든 망상은 영원히 사라질 것이다.

25

내가 몸이라는 생각을 던져 버리고 나는 진리인 브람만이라고 명상하라. 나는 '나' '나'라는 생각을 버리고 나는 지식인 브람만이라는 것을 명상하라. 다름의 원인이 되는 여러 생각들을 멀리하고 보이는 모든 것들이 지고한 브람만이라고 명상하라. 나는 유일한 자이고, 나는 전부이다. 아들아! 이렇게 명상한다면 그대는 모든 차별들을 벗어나게 될 것이다.

26

나는 이 몸이 아니고, 나는 이러한 것들이 아니다. 나는 이 몸이 아니고, 나는 이러한 것들이 아니다. 나는 의식인, 영원한 지고한 브람만이다. 나는 의식인, 영원한 지고한 브람만이다. 목적으로 삼아야 할 것은 아무것도 없으며 얻기 위해 노력해야 할 것도 아무것도 없다. 모든 것이 의식이며, 그것이 나다. 진지하게 이렇게 명상하여 이 차별들을 벗어나라.

27

이 몸이나 여러 것들은 조금도 존재하지 않고 있다. 이 몸이나 여러 것들은 조금도 존재하지 않고 있다. 어떠한 몸이라도 있다면 그것은 오로지 의식이다. 어떠한 몸이라도 있다면 그것은 오로지 의식이다. 나는 의식이다. 나는 의식이다. 모든 것은 의식이다. 나는 의식이다. 나는 의식이다. 모든 것들은 의식이다. 지고한 브람만은 의식이다. 그것이 나다. 진지하게 이렇게 명상하여, 차별들을 벗어나라.

<h2 style="text-align:center">28</h2>

고귀한 브람만과 떨어져 있는 것은 아무것도 없다. 이 세상과 개체들 그리고 지고자 모두는 전적으로 고귀한 브람만이며, 그것이 그대이다. 나는 이러한 진리를 그대에게 이야기하고 있다. 따라서 '나는 브람만이다. 나는 브람만이며, 나 자신은 모두이다. 나는 브람만이다. 나는 브람만이며, 나는 모든 것이다.'라고 명상하여 분리가 그대에게 조금도 영향을 주지 않도록 그것을 파괴하라.

<h2 style="text-align:center">29</h2>

세상, 지고자, 그리고 개체들은 조금도 존재하지 않고 있다. 모든 것은 오로지 의식일 뿐인 고귀한 지고한 브람만이다. 나는 참으로 고귀한 브람만이다. 나는 모든 것이다. 만약 그대가 항상 나는 브람만이라는 이 신념을 가지고 있다면 이 모든 분리는 그것에 의해 파괴될 것이다. 나는 방향을 자신의 옷으로 삼고 모든 곳에 퍼져 있는 진리인 쉬바의 이름으로 이 진리를 전해 주고 있다.

<h2 style="text-align:center">30</h2>

방황하는 마음의 집중력이 부족하여 나는 브람만이라는 명상을 하기 어렵다면, "나는 브람만이다. 나는 브람만이며, 나는 모든 것이며, 나는 변하지 않는 지고자이며, 나는 지고자이다."라고 항상 큰 소리로 외치기만 해도, 결코 안정되지 않고 방황하는 마음이 그러한 행동으로 서서히 안정되면서 이처럼 흔들림 없는 확신이 될 것이다.

31

만약 마음이 그러한 확신 속에 늘 자리 잡는다면, 변화들이 없고 나뉘지 않은 지고한 지식이 올 것이며, 방황하는 마음에 의하여 잘못 보이는 차이들이 즉시 지워질 것이다. 나타나는 이 차이들이 존재하지 않게 될 때까지, 보이는 모든 것이 지고자이며 그 지고한 브람만이 정말로 나 자신이라는 것을 항상 충분히 명상하라.

32

"모든 것"이라는 소리가 없으며, "모든 것"이라는 말에도 의미가 없으며, 변화하는 신들도, 성수들도, 차이들도, 차이들을 일으키는 변형들도, 영혼도, 개인도, 세상도 없다. 모든 것은 부분이 없는 지고한 브람만이며, 그것은 의식으로 모든 것에 퍼져 있으며, 그 지고한 브람만이 나이다. 그러므로 차별에 대한 모든 생각들이 제거될 때까지 끊임없이 꾸준히 명상하라.

33

모든 것은 망상이다. 이것은 의심의 여지가 없다. 모든 것은 망상이다. 이것에는 아무런 의심의 여지가 없다. 모든 것은 보잘것없는 것이다. 이것에는 아무런 의심의 여지가 없다. 모든 것은 비실재이다. 이것에는 아무런 의심의 여지가 없다. 모든 것은 늘 브람만이다. 그리고 나는 존재-의식-희열의 덩어리이다. 이렇게 '모든 것'과 같은 모든 차이들이 그칠 때까지 쉬지 않고 늘 이렇게 명상하라.

34

모든 것이 지고한 브람만이다. 이것에는 아무런 의심의 여지가 없다. 모든 것이 지고한 브람만이다. 이것에는 아무런 의심의 여지가 없다. 그 브람만이 늘 나다. 이것에는 의심의 여지가 없다. 그 브람만이 늘 나다. 이것에는 의심의 여지가 없다. 모든 것과 브람만 간에는 아무런 차이가 없다. 모든 것은 나뉘지 않은 브람만이다. 모든 차이들이 사라질 때까지 늘 망상이 없이 이렇게 명상하라.

35

모든 것은 오로지 존재인 지고한 브람만일 뿐이다. 실재하거나 실재하지 않는 것은 아무것도 없다. 모든 것은 오로지 의식인 지고한 브람만일 뿐이다. 마음과 같은 그러한 것은 결코 존재하지 않는다. 모든 것은 오로지 그 자체 안에 거주하는 브람만일 뿐이다. 세상, 개체, 지고자는 없다. 지고한 브람만은 완전무결하며, 그것이 나이다. 매일 이렇게 변함없이 명상하라.

36

몸과 같은 것이나 몸의 기초를 이루는 다섯 원소들이나 감각들, 지성, 생각, 마음, 자아, 굴레, 해방, 해방자인 신(이슈와라), 해방을 얻는 개인들(지바) 같은 그러한 것은 없다. 전혀 없다. 모두가 비이원의 브람만이며, 그것이 나다. 이렇게 매일 흔들리지 않게 명상하라.

37

지식인 지고한 브람만과 떨어져 있는 것은 원자 하나도 없다. 지식인 지고한 브람만으로부터 일어난 모든 것은 지식이므로, 참으로, 나는 이 지고한 브람만이다. 그러므로 모든 차이점들이 완전히 지워질 때까지 그대 자신을 지식인 절대자라고 확고하게 명상하라.

38

'모든 것'에 대한 생각을 던져 버리고, 모든 것이 브람만이라고 결심을 하고, 참으로, 브람만이 나 자신이고 나는 참으로 브람만이라는 확신으로, 그래서 차별에 대한 이 모든 환영적인 생각을 없애고, 그 이후에는 그 확신조차도 던져 버리고 확고히, 변화 없이 너 자신의 순수한 나 속에 자리 잡아라.

39

변화 없이 자리 잡고 있다는 생각조차도 던져 버리고 심지어 '그대 자신의 나로 머무는 것'조차 넘어서, 마음과 말들이 도달할 수 없는 절대 성품이 됨으로 아들아! 자연스러운 상태(사하자)를 얻어라. 여기에서는 배워야 할 것이 더 이상 없다. 이것이 참으로 '자기 자신의 성품에 자리 잡고 있는 것'이라고 지고한 쉬바가 이전에 나에게 알려 준 것이다.

40

차이에 대한 모든 생각들을, 심지어 조금의 생각이라도 던져 버리고, 차별이 없는 절대자인 나 안에 생각 없이 움직이지 않고 희열에 잠겨 있는 것이 자기 자신의 성품에 자리 잡고 있는 것이다. 이렇게 머무는 상태를 니르비칼파 사마디(차이 없는, 다른 것이 없는, 변함이 없는, 의심이 없는 잠김)라고 여기저기에서 말하고 있다. 여기저기에서 언급된 것처럼, 지금까지 설명한 것은 나뉘지 않은 지고한 현존, 무한한 존재의 즉각적인 자각이다.

41

이것은 살아 있는 동안에 얻은 해방의 힘이라고 여기저기에서 언급되는 확고부동한 머무는 상태이다. 이것은 평화 속에 머무는 고양된 상태이다. 이것에 대한 적절한 기초는 깨닫기 위한 네 가지 조건이다. 이 지속의 상태와 공명하고 있는 자들에게만 반복되는 재탄생의 두려움은 사라질 것이다. 세상에서 태어나고 죽는 것에 대한 엄청난 두려움은 그 밖의 다른 어떤 것에 의지해서도 결코 사라지지 않을 것이다.

42

완전하고도 충분한 이 절정을 얻은 사람은 계급에서 추방된 버림받은 사람일지라도 순수한 지고자가 되어 해방될 것이다. 이 말에는 의심의 여지가 없다. 이것은 궁극적인 진리이다. 그러므로 이러한 해방을 바라는 모든 이들은 이러한 절정에 이를 때까지 모든 지각할 수 있는 차이

리부의 노래

들이 오직 브람만이며 지식인 그 브람만이 오직 나 자신이라는, 나뉘지 않은 지고자에 대한 확신에 들어야 한다.

43

차별 없이 자기 자신의 성품에 자리 잡는 것에 대한 위대한 가르침에 다시 귀를 기울여라. '이것'과 같은 그러한 것은 없다. 모든 것은 언제나 브람만이다. 원소들과 그 구성물들은 모두 브람만이다. 세상과 대상들 모두는 브람만이다. 사멸하는 모든 것은 브람만이다. 세상, 개체, 그리고 지고자 모두는 브람만이다.

44

망상도 없고, 이기심도 없다. 마음도 없고, 지성도 없으며, 생각도 없다. 몸도 없고, 행위도 없고, 행하는 사람도 없다. 기관들도 없고, 감각들도 없다. 다양한 삶도 없고, 신들도 없다. 브람마(창조자)도 없고, 하리(유지자)도 없으며, 하라(파괴자)도 없다. 그뿐 아니라, 그 밖의 아무것도 없다. 모든 것은 유일하고 완전히 충만하고 나뉘지 않은 영원한 브람만이다.

45

마야(환영)가 없기에 마야의 조건화와 관련된 신(이슈와라)과 같은 구분도 없다. 무지도 없기에 무지와 관련된 개체(지바)들과 같은 구분이 없다. 신성한 브람마(창조자)가 없기에, 창조도 없다. 빛나는 하리(유지자)가 없기에, 유지도 없다. 유익한 하라(파괴자)가 없기에, 파괴도 없다. 모든 것은 완전히 가득한 브람만이다.

46

숭배 받을 신들이 없기에 숭배도 없고, 숭배자들도 없다. 해방시키는 신이 없기에 해방이 없을 뿐더러 해방을 찾는 구도자들도 없다. 보고 말할 것이 없기에 보는 자도 결코 없다. 모든 것은 조금의 흠도 없는 지식인 오로지 지고한 브람만이다.

47

생각해야 할 원인이 도무지 없기에 결과와 같은 것은 결코 없다. 관련된 행위자가 전혀 없기에 그가 즐길 수 있는 결과도 전혀 없다. '모든 것'이라고 부를 것이 하나도 없기에 '모든 것'과 같은 것은 없다. 모든 것은 흠 없고, 나뉘지 않으며, 완전히 충만한 현존인 지고한 브람만이다.

48

차이들을 일으키는 그 원인이 전혀 없다. 차이들에 의해 만들어지는 결과는 전혀 없다. 다양한 것이라는 것은 전혀 없다. 다채로운 것이라는 것은 전혀 없다. '모두'라 불리는 것은 전혀 없다. 세상이나 지바, 지고자는 전혀 없다. 모두가 나뉘지 않고 완전하게 충만한 지식인 지고한 브람만이다.

49

언제라도 아무것도 결코 존재하지 않으며 모든 것이 나뉘지 않은 브람만이며 브람만은 정말이지 나 자신이며 그리고 나는 정말이지 그 브람만이라는 확신에 의하여 그 나뉘지 않은 지식으로 가득 찬 모든 사람들은 모든 차이들을 즉시 초월하여 가장 높은 경지에 이를 것이다. 나는 위대한 쉬바가 자비롭게 나에게 설명해 준 대로 이것을 너에게 말했다. 이것을 듣고 이해한 모든 이는 그들 스스로가 절대자가 될 것이다.

50

지고자에 대한 흠이 없는 지식이 마음속에 일어나며 모든 '사라질 수 없는' 무지가 사라지게 되며 그리고 지고자 그 자체가 되는 해방의 상태가 일어나는 것은 나뉘지 않은 지고한 쉬바의 성품을 매일 사랑으로 명상하여 그의 은총을 얻는 사람들에게만 가능하다. 다른 사람들에게는 이 해방이 일어나지 않는다. 이와 같이 현자 리부는 니다가에게 차별 없는 지고자를 자비롭게 설명해 주었다.

51

기쁨의 춤을 추는 상태에 있는 우리 신의 완전하게 충만한 형상은 다음과 같이 말한다. 모든 환영의 것들은 늘 흠이 없는 지고한 의식이다. 나는 이 지고한 의식이라는 명상을 통해 지식-희열의 지식이 생겨나며, 그 사람은 반복되는 탄생과 죽음의 윤회에 대한 아무런 두려움도 없이 나뉘지 않은 절대자가 될 수 있다.

제19장
현자의 위대함

1

니다가여! 나는 그대에게 위대한 진리에 대하여 더 말하겠다. 방해받지 않는 확신으로 지고자에 대한 지식을 얻을 때까지 주의를 기울인 마음과 사랑이 가득한 가슴으로 이 진리에 귀를 기울여라. 세상, 개체들, 그리고 지고자, 이 모두는 전적으로 환영이다. 모든 것은 의식으로 충만한 브람만이다. 고귀한 브람만이 당신의 진정한 성품이다. 그것이 이 모든 것의 진정한 성품이다.

2

나는 브람만이다. 나 외에는_{apart from me} 의식은 없다. 나는 브람만이다. 나 외에는 지각없음은 없다. 나는 브람만이다. 나 외에는 존재는 없다. 나는 브람만이다. 나 외에는 환영은 없다. 나는 브람만이다. 나 외에는 이원은 없다. 나는 브람만이다. 나 외에는 통합은 없다. 나는 브람만이다. 브람만은 나 자신이다. 나는 모두다. 외에 있는 것은 없다. 이것을 영원히 깨달아라, 아들아!

3

나는 브람만이다. 나 외에는 망상은 없다. 나는 브람만이다. 나 외에는 신은 없다. 나는 브람만이다. 나 외에는 무지는 없다. 나는 브람만이다. 나 외에는 개인은 없다. 나는 브람만이다. 나 외에는 세상은 조금도 없다. 나는 브람만이다. 나 외에 있는 것은 조금도 없다. 나는 브람만이다. 브람만은 나 자신이다. 나는 전부다. 외에 있는 것은 아무것도 없다. 이것을 영원히 깨달아라, 아들아!

4

나는 브람만이다. 나 외에는 존재는 없다. 나는 브람만이다. 나 외에는 우주는 없다. 나는 브람만이다. 나 외에는 사람은 없다. 나는 브람만이다. 나 외에는 신들은 없다. 나는 브람만이다. 나 외에는 동물은 없다. 나는 브람만이다. 나 외에 있는 것은 아무것도 없다. 나는 브람만이다. 브람만은 나 자신이다. 나는 전부다. 외에 있는 것은 아무것도 없다. 이것을 영원히 깨달아라, 아들아!

5

나는 브람만이다. 나 외에는 죄는 없다. 나는 브람만이다. 나 외에는 미덕은 없다. 나는 브람만이다. 나 외에는 슬픔은 없다. 나는 브람만이다. 나 외에는 행복은 없다. 나는 브람만이다. 나 외에는 여기 지금의 것은 없다. 나는 브람만이다. 나 외에는 미래의 것은 없다. 나는 브람만이다. 브람만은 나 자신이다. 나는 전부다. 외에 있는 것은 아무것도 없다. 이것을 영원히 깨달아라, 아들아!

6

나는 브람만이다. 나 외에는 아버지는 없다. 나는 브람만이다. 나 외에는 어머니는 없다. 나는 브람만이다. 나 외에는 그 밖의 나의 것none else of mine은 전혀 없다. 나는 브람만이다. 나 외에는 그 밖의 다른 것none else of others은 전혀 없다. 나는 브람만이다. 나 외에는 구루는 없다. 나는 브람만이다. 나 외에 이는 없다. 나는 브람만이다. 브람만은 나 자신이다. 나는 전부다. 외에 있는 것은 아무것도 없다. 이것을 영원히 깨달아라, 아들아!

7

나는 브람만이다. 나 외에는 신성한 강은 없다. 나는 브람만이다. 나 외에는 자선은 없다. 나는 브람만이다. 나 외에는 신은 없다. 나는 브람만이다. 나 외에는 숭배는 없다. 나는 브람만이다. 나 외에는 행위는 없다. 나는 브람만이다. 나 외에는 행위의 결실은 없다. 나는 브람만이다. 브람만은 나 자신이다. 나는 전부다. 외에 있는 것은 아무것도 없다. 이것을 영원히 깨달아라, 아들아!

8

나는 브람만이다. 나 외에는 몸은 없다. 나는 브람만이다. 나 외에는 즐거움은 없다. 나는 브람만이다. 나 외에는 요가는 없다. 나는 브람만이다. 나 외에는 지식은 없다. 나는 브람만이다. 나 외에는 해방은 없다. 나는 브람만이다. 나 외에는 원자는 없다. 나는 브람만이다. 브람만은 나 자신이다. 나는 전부다. 외에 있는 것은 아무것도 없다. 이것을 영원히 깨달아라, 아들아!

9

내가 브람만이라는 지식이 일어날 것이고, "내가 정말 브람만이다."라는 지식이 니르비칼파(차별 없는, 의심 없는)가 될 정도까지 모든 것은 브람만이 될 것이다. 세상, 개체들 혹은 지고자에 대한 조금의 지각도 없는 "모든 것이 브람만이다."라는 수행을 통해 차별 없는 의식으로 가득 찬 "나는 브람만이다."라는 그 마음 상태를 얻고 그럼으로써 시작도 없는 윤회의 사슬을 끊어라.

10

그밖에 아무것도 나타나지 않는, 나뉘지 않는 즉각적인 현재의 지식을 얻은 자만이 해방된 자이다. 그런 나뉘지 않은 지고한 지식을 얻은 자는 이 세상 어느 곳에서도 만나기 어렵다. 헤아릴 수 없이 무수한 인간들 중에서 확고한 지식을 지닌 현자는 단 한 사람일 것이다. 그를 달샨(봄, 지각, 아는 것, 식별, 만나는 것, 경험) 할 때 진리가 밀어닥칠 것이고 모든 자아는 사라질 것이다.

11

확고부동한 현자의 달샨이 신성한 강에서의 목욕이다. 확고부동한 현자의 달샨은 신에 대한 경배이다. 확고부동한 현자의 달샨은 자파이고 타파스이다. 확고부동한 현자의 달샨은 의무들의 이행이다. 확고부동한 현자의 달샨은 쉬바의 비전이다. 확고부동한 현자의 달샨은 쉬바에 대한 봉사이다. 확고부동한 현자의 달샨은 모든 삼세에서 어느 누구에게도 얻기가 어렵다.

12

기쁜 마음으로 풍부한 음식을 거룩한 현자에게 바침으로써, 필요한 물질적인 봉헌을 존경할 만한 현자에게 성실하게 바침으로써, 다양한 헌신적인 봉사를 지고한 현자에게 함으로써, 그 드문 해방의 희열을 쉽게 얻을 것이다. 이것에는 의심의 여지가 없다.

13

아직 살아 있는 동안에 얻는 해방의 위대한 희열은 현자를 꽃으로 숭배하여 얻는 지식의 힘에 의해 얻어질 수 있다. 그 이후에 그 해방의 희열에 의해 몸을 떠난 해방이 얻어질 수 있다. 따라서 쇠약하게 만드는 생사윤회의 공포에서 벗어나 자기 자신을 알아차리지 못하는 해방의 상태를 얻기 위해서 우리는 현자에 대한 숭배를 해야만 한다.

14

니다가여! 내가 여기에서 반복하는 확고부동한 현자의 확신을 다시 들으라. 나는, 참으로, 존재-희열의 덩어리인 브람만이다. 나는, 참으로, 평화이고 변화가 없는 브람만이다. 나는, 참으로, 의식의 공간으로 되어 있는 브람만이다. 나는, 참으로, 세상, 개인 그리고 지고자가 없는 브람만이다. 나는 관대하고 완전히 충만한 지고자이다. 그러한 것이 이 자각과 함께 하고 있는 현자의 명확한 확신이다.

15

나는, 참으로, 하나이며 가장 위대한 브람만이다. 나는, 참으로, 내부 중에서 가장 내부에 있는 브람만이다. 나는, 참으로, 영원하고 불멸인 브람만이다. 나는, 참으로, 충만함 중에서 가장 충만한 브람만이다. 나는, 참으로, 정말로 싫증이 나지 않는 브람만이다. 나는, 참으로, 모든 것의 나인 브람만이다. 나는 완전히 이원이지 않은 절대자이다. 현자의 깊은 확신은 그러하다.

16

참으로, 나는 장점이나 단점이 없는 브람만이다. 참으로, 나는 구루들 중의 구루인 브람만이다. 참으로, 나는 단 한순간의 시간조차도 없는 브람만이다. 참으로, 나는 환영이 없는 브람만이다. 참으로, 나는 견줄 것이 없는 브람만이다. 참으로, 나는 하나이며 완전하고 완벽하게 충만한 브람만이다. 나는 지고로부터 조금의 떨어짐이 없는 지고자이다. 현자의 깊은 확신은 그러하다.

17

나는, 참으로, 세 가지 속성들이 없는 브람만이다. 나는, 참으로, 선명한 지성 너머에 있는 브람만이다. 나는, 참으로, 베다들 너머에 있는 브람만이다. 나는, 참으로, 방황하는 마음 너머에 있는 브람만이다. 나는, 참으로, 모든 것 너머에 있는 브람만이다. 나는, 참으로, 몸과 같은 것들 너머에 있는 브람만이다. 나는 어떤 집착에 의해 영향을 받지 않는 지고자이다. 이러한 것이 의식을 지니고 있는 자의 명확한 확신이다.

18

나는, 참으로, 깨어 있음을 초월하여 있는 브람만이다. 나는, 참으로, 꿈의 상태를 초월하여 있는 브람만이다. 나는, 참으로, 깊은 수면의 상태를 초월하여 있는 브람만이다. 나는, 참으로, 이원을 초월하여 있는 브람만이다. 나는, 참으로, 몸들 너머에 있는 브람만이다. 나는, 참으로, 모든 경험자들 너머에 있는 브람만이다. 나는 퍼져 있고 끊어짐이 없는 지고자이다. 비길 데 없

리부의 노래

는 현자의 확신은 그러하다.

19

나는, 참으로, 불안한 정서들 너머에 있는 브람만이다. 나는, 참으로, 무지를 초월하여 있는 브람만이다. 나는, 참으로, 가지각색의 것들을 초월하여 있는 브람만이다. 나는, 참으로, 높은 것들 중에서 가장 높은 것을 초월하여 있는 브람만이다. 나는, 참으로, 의식인 브람만이다. 나는, 참으로, 모든 면에 있어서 완전히 충만한 브람만이다. 나는, 참으로, 변화 없는 지고한 브람만이다. 평화로 채워진 현자의 확신은 그러하다.

20

이 확신은 사마디(잠김)의 바깥에 있는 순간에만 존재한다. 이 확신조차도 굴레가 전혀 없는 지고한 사마디에 들어 있는 현자에게는 사라진다. 영원한 사마디 상태에서 무변화로 상칼파나 비칼파도 없이 있는 그는 움직임이 없이, 베일들이나 덮개들이 없이 지고한 희열의 경험 안에 거주한다.

21

상칼파나 망상이 없고, 움직임이 없는 돌이나 나무처럼 변함없이 공으로 거주하고 있고, 우유와 물의 혼합물을 구분할 수 없는 것처럼 흔들림 없이 무변화의 브람만과 하나 되어 있는 지식을 가진 사람의 더할 나위 없는 희열을 누가 감히 말이나 마음으로 설명하고 상상할 수 있겠는가?

22

브람마, 하리, 하라(창조자, 유지자, 파괴자)가 되고 모든 수많은 신들이 된다 하더라도 우리는 지고자를 아는 자의 위대함을 비록 조금이라도 오점이 없이 적절하게 이야기할 수 없다. 정말로 누가 언어와 마음 너머로 솟아 있는 숭고함을 묘사할 수 있겠는가? 무지의 영향을 전혀 받지 않는 그러한 지식을 얻는 것은 어떤 세상에서도 극히 드문 일이다.

23

나는 브람만이라는 확고한 지식은 정말이지 모든 삼계에서 참으로 드물다. 지고자에 대한 지식이 확고하고 자각의 화신이며 지고한 브람만에 대한 사마디에서 깨어나지 않은 그런 성자를 보고 이야기하는 것은 매우 희귀하다. 만약, 우연이라도, 지고한 현자에게 봉사하는 일이 자신의 운명에 찾아오면 지고한 해방의 상태는 또한 일어날 것이다.

24

'현자'라는 말의 물속에서 목욕을 하는 사람은 지식의 덩어리인 지고자가 될 것이다. 여러 탄생들에서 얻어진 좋은 공덕이 결실을 맺게 된 그런 이들만이 금생에서 쉽게 결점 없는 현자와의 달샨과 같은 것을 얻을 것이다. 그와 같은 결점이 없는 성자의 달샨을 얻은 자들에게 다시 태어나는 데 대한 어떤 두려움이 있겠는가?

25

다음과 같이 선언한 것은 정말이지 브람만이다. 한 분인 완전히 충만한 브람만과 떨어져 있는 것으로 보이는 모든 여러 것은 전적으로 거짓이다. 그들은 모두 절대적으로 비실재이다. 다음과 같이 여기에서 반복되는 것은 의심의 여지가 없다. 그러므로 보이는 모든 것은 브람만이고 그것이 나라는, 차별이 없고 나뉘지 않으며 지고한 지식을 얻었을 때 그대는 스스로 차이가 없는 지고한 브람만이 된다.

26

자비심에서 나는 그대에게 모든 것의 확정된 결론, 즉 나뉘지 않은 절대자에 대하여 이같이 간략히 말하였다. 설명한 대로 이것을 결점이 없이 이해하는 사람이면 누구라도 집착이 없는 지고한 브람만으로 머물 것이다. 지금까지 말한 것을 매일 읽는 사람은 누구나 지고자에 대한 결점 없는 지식을 적절히 얻을 것이며, 지고자의 순수한 성품으로 머물면서 희열 속에 있을 것이다.

27

지고자의 지식에 완전히 자리 잡기 위하여 지금 말하고 있는 지고한 진리를 실수 없이 다시 들어라. 언제 어디에서든 결코 아무것도 없다. 존재하는 모든 것은 나뉘지 않은 브람만의 측면이다. 모든 구별된 여러 세상은 브람만의 측면이다. 모든 존재들은 브람만의 한 측면이다. 지고자인 신(이슈와라)도 또한 브람만의 한 측면이다. 지고한 거처도 나뉘지 않은 지고한 브람만의 한 측면이다.

28

몸으로 나타나는 것은 브람만의 한 측면이다. 생명과 같은 것들로 나타나는 것은 브람만의 한 측면이다. 왕으로 나타나는 것은 브람만의 한 측면이다. 구루로 나타나는 것은 브람만의 한 측면이다. 가지각색으로 나타나는 것은 브람만의 한 측면이다. 계속 새롭게 나타나는 것은 브람만의 한 측면이다. 당신과 나로 나타나는 것은 브람만의 한 측면이다. 일어나는 모든 나타남은 브람만의 측면이다.

29

나는, 참으로, 그 성품으로 있는 지고한 브람만이다. 나는, 참으로, 자아 없는 지고한 브람만이다. 나는, 참으로, 이 이원이 없는 지고한 브람만이다. 나는, 참으로, 하나의 의식의 공간인 지고한 브람만이다. 나는, 참으로, 존재─의식─희열의 덩어리인 지고한 브람만이다. 나는, 참으로, 움직임이 없이 평화로운 지고한 브람만이다. 나는 영원하고 경사스러운 지고자이다. 늘 이 변화 없는 확신을 가져라.

30

나는, 참으로, 모든 것이 없는 순수한 존재이다. 나는, 참으로, 모든 것이 없는 순수한 의식이다. 나는, 참으로, 모든 것이 없는 순수한 희열 그 자체이다. 나는, 참으로, 모든 것이 없는 순수한 지고자 그 자체이다. 나는, 참으로, 모든 것이 없는 비이원이다. 나는, 참으로, 모든 것이 없는 고통 없는 자이다. 나는 모든 것이 없는, 나누어지지 않는 지고자이다. 이 흔들림 없는 확신을 늘 지녀라.

31

나는, 참으로, 파괴할 수 없는 것이다. 나는, 참으로, 불멸의 것이다. 나는, 참으로, 둘이 없는 것이다. 나는, 참으로, 늘 하나인 것이다. 나는, 참으로, 늘 순결한 것이다 나는, 참으로, 진실한 지식이다. 나는 늘 지고한 브람만이다. 이 끊임없는 확신을 편안히 지녀라.

32

나는, 참으로, 늘 존재하고 있는 것이다. 나는, 참으로, 늘 분명한 것이다. 나는, 참으로, 늘 즐거운 것이다. 나는, 참으로, 늘 희열의 덩어리이다. 나는, 참으로, 늘 모든 것이다. 나는, 참으로, 늘 모든 것이 없는 것이다. 나는 늘 지고한 브람만이다. 이 끊임없는 확신을 편안히 지녀라.

33

나는, 참으로, 굳게 자리 잡고 있는 궁극이다. 나는, 참으로, 늘 순수한 의식이다. 나는, 참으로, 늘 평화로운 지고자이다. 나는, 참으로, 늘 순수이다. 나는, 참으로, 미묘한 지고자이다. 나는 늘 지고한 브람만이다. 이 끊임없는 확신을 편안히 지녀라.

34

나는, 참으로, 늘 평정이다. 나는, 참으로, 늘 부패하지 않음이다. 나는, 참으로, 늘 잘 자리를 잡은 것이다. 나는, 참으로, 늘 움직임 없음이다. 나는, 참으로, 늘 흠 없음이다. 나는, 참으로, 늘 부분 없음이다. 나는 늘 모든 곳에 퍼져 있는 지고한 브람만이다. 이 끊임없는 확신을 편안히 지녀라.

35

나는, 참으로, 늘 현혹되지 않음이다. 나는, 참으로, 늘 무지 없음이다. 나는, 참으로, 늘 신(이슈와라) 없음이다. 나는, 참으로, 늘 생명 없음이다. 나는, 참으로, 늘 분리되지 않은 지고이다. 나는, 참으로, 늘 비이원이다. 나는, 참으로, 늘 하나의 절대이다. 이 끊임없는 확신을 편안히 지녀라.

36

나는 늘 브람만이다. 브람만은 늘 나이다. 나는 결코 브람만과 떨어져 있지 않다. 나와 떨어진 것은 결코 아무것도 없다. 모든 것은 항상 단지 나이다. 모든 것은 항상 단지 브람만이다. 나는 늘 나인 지고자이다. 이 비이원의 확신을 편안히 지녀라.

37

지금 설명한 이 나뉘지 않은 확신에 의해 그대의 마음속에 일어나는 모든 차이들을 마지막 티끌까지 제거하라. 차이는 가장 큰 두려움이다. 깊은 수면 상태에서는 차별 의식이 전혀 없기 때문에 공포심이 전혀 없다. 차별 의식은 깨어 있는 상태와 꿈의 상태에서는 지속되므로 우리는 그 두 상태에서 공포심이 있다는 것을 안다.

38

그러므로 아들아! 다름이 없는, 나뉘지 않은 절대자라는 확신을 계속 수행하여 모든 큰 두려움의 거처인 차별 의식을 제거하라. 지금 설명한 나뉘지 않은 절대자에 대한 이 확신을 얻은 자만이 세상의 굴레에서 해방된 사람일 것이다. 이러한 방편에 의지하여 수행에 몰두하는 자는 누구라도 탄생과 죽음이 반복되는 윤회의 굴레에서 해방될 것이다.

39

나는 브람만이라는 확신을 늘 가진 사람만이 나뉘지 않은 지고한 지식을 가진 현자가 된다. 나는 브람만이라는 확신을 늘 가진 사람만이 이 세상에서 푸루샤(영, 사람)가 된다. 나는 브람만이라는 확신을 늘 가진 사람만이 나의 희열을 즐긴다. 나는 브람만이라는 확신을 늘 가진 사람만이 살아 있는 동안에 해방을 얻은 사람인 지반묵타가 된다.

40

나는 브람만이라는 확신을 늘 가진 사람만이 모든 것보다 더 높은 곳에 선다. 나는 브람만이라는 확신을 늘 가진 사람만이 세상적인 존재의 고통을 없앤다. 나는 브람만이라는 확신을 늘 가진 사람만이 비할 데 없는 희열을 얻는다. 나는 브람만이라는 확신을 늘 가진 사람만이 나뉘지 않은 브람만이 된다.

41

"나는 브람만이다."라는 확신을 얻은 자만이 모든 차이점들을 버린 사람이다. "나는 브람만이다."라는 확신을 얻은 자만이 모든 공포를 지운 사람이다. "나는 브람만이다."라는 확신을 얻은 자만이 공포 없음의 자리에 자리 잡은 사람이다. "나는 브람만이다."라는 확신을 얻은 자만이 희열의 화신인 사람이다.

42

브람만은 나이다. 나는 브람만이다. "나는 브람만이다."라는 이 차별 없는 확신을 항상 갖기 위하여 자신의 내부에서 이같이 규칙적으로 수행한 사람은 존재−의식−희열의 덩어리인 절대자가 될 것이다. 그러므로 "나는 브람만이다."라는 확신을 헌신적이고 끊임없이 늘 수행함으로써 다름을 제거해야 한다. 그러면 그대 자신은 나뉘지 않은 지고한 브람만이 된다.

43

니다가여! 나는 그대에게 둘이 없는, 나뉘지 않은 절대자의 정의에 대하여 더 말하겠다. 모든 것으로 보이는 이름들과 형상들은 어느 때라도 결코 존재하지 않는다. 결코 말이다. 나뉜 것으로 보이는 모든 다른 이름들과 형상들은 오직 나뉘지 않은 브람만이며 지식인 그 브람만이 나 자신이다. 이런 깊은 자각이 나뉘지 않은 지고자에 대한 확신이다.

44

나는 결코 몸도, 몸의 소유자도 아니다. 나는 결코 감각들도, 감각 기관들도 아니다. 나는 결코 살아 있는 존재도, 마음도 아니다. 나는 결코 지성도, 생각도 아니다. 나는 결코 자아도 아니다. 나는 결코 이것들의 뿌리인 무지도 아니다. 나는 지고한 브람만이다. 나와 떨어져 있는 것은 티끌만큼도 없다. 이러한 확신을 가져라.

45

나는 결코 태어나지도, 죽지도 않는다. 나는 결코 굼벵이도, 귀가 먹은 사람도 아니다. 나는 결코 허약한 이도, 강한 이도 아니다. 나는 결코 잊어버리지도, 예리한 기억력을 가지고 있지도 않다. 나는 결코 무지하지도, 늘 현명하지도 않다. 나는 결코 굴레 속에 있지도, 해방되어 있지도 않다. 나는 늘 지고한 브람만이며, 나와 떨어져 있는 것은 티끌만큼도 없다. 이 확신을 가져라.

46

나는 결코 행위의 도구도, 행위도 아니다. 나는 어떤 것을 성취하는 행위자도 아니다. 나는 결코 즐김도 아니다. 또한 나는 즐길 수 있는 것이 없다. 나는 어떤 것을 즐기는 자도 아니다. 나는 결코 인식이 아니며, 인식되는 대상도 아니다. 나는 어떤 것을 인식하는 인식자가 아니다. 나는 늘 지고한 브람만이며, 나와 떨어져 있는 것은 티끌만큼도 없다. 이 확신을 가져라.

47

나는 결코 다섯 가지 덮개들이 아니며, 이러한 것들의 경험자도 아니다. 나는 결코 세 가지 몸들이 아니며, 이것들의 경험자도 아니다. 나는 결코 세 가지 상태들이 아니며, 이것들을 알아차리는 목격자도 결코 아니다. 나는 늘 지고한 브람만이다. 나와 떨어져 있는 것은 티끌만큼도 없다. 이 확신을 가져라.

48

나는 결코 통합된 집합체도 아니며, 별개의 부분들도 아니다. 나는 결코 이것들의 경험자도 아니다. 나는 결코 세 가지로 된 어떤 것들이 아니며, 지각할 수 있는 어떤 것들도 아니다. 나는 결코 개체들도, 신(이슈와라)도 아니다. 나는 결코 세상과 같은 그러한 것이 아니다. 나는 늘 지고한 브람만이다. 나와 떨어져 있는 것은 티끌만큼도 없다. 이 확신을 가져라.

49

나는 늘 존재-의식-희열인 유일자이다. 나는 늘 모든 것으로서 널리 퍼져 있는 유일자이다. 나는 늘 영원한 상서로움인 유일자이다. 나는 능가할 수 없는 희열의 유일자이다. 나는 늘 비이원인 유일자이다. 나는 늘 나뉘지 않고 완벽하게 충만한 유일자이다. 나는 늘 지고한 브람만인 유일자이다. 그밖에는 아무것도 존재하지 않는다. 티끌만큼도 없다. 이 확신을 가져라.

50

나는 늘 움직임이 없는 유일자이다. 나는 늘 오점이 없이 존재하는 유일자이다. 나는 늘 모두에게 사랑받는 유일자이다. 나는 늘 하나이며 완벽하게 충만한 유일자이다. 나는 늘 모든 것의 나인 유일자이다. 나는 늘 평화롭고 변화가 없는 유일자이다. 나는 늘 지고한 브람만인 유일자이다. 그밖에는 아무것도 없다. 티끌만큼도 없다. 이 확신을 가져라.

51

나는 늘 부분들이 없는 브람만이다. 나는 늘 흠이 없는 브람만이다. 나는 늘 속성들이 없는 브람만이다. 나는 늘 순결한 브람만이다. 나는 늘 고통이 없는 브람만이다. 나는 늘 비길 데가 없는 브람만이다. 나는 늘 나뉘지 않은 지고한 브람만이다. 나와 떨어진 것은 아무것도 없다. 이 확신을 가져라.

52

나는 늘 오로지 존재로 충만한 브람만이다. 나는 늘 오로지 의식으로 충만한 브람만이다. 나는 늘 오로지 희열로 충만한 브람만이다. 나는 늘 순수한 브람만이다. 나는 늘 두 번째가 없는 브람만이다. 나는 늘 하나의 지고자인 지고한 브람만이다. 나는 나뉘지 않은 지고한 브람만이다. 나와 떨어져 있는 것은 아무것도 없다. 이 확신을 가져라.

53

지금 내가 설명한 나뉘지 않은 지고한 브람만에 대한 이 확신을 항상 불굴의 정신으로 수행함으로써 이름들과 형상들에 대한 이 모든 이원을 완전히 잊고 이 나뉘지 않은 지고한 브람만 안에 하나의 에센스로서 영원히 녹아들어 그대 자신의 성품의 기쁨을 경험하면, 그대 자신은 지고한 브람만이 완전히 된다.

54

모든 이원은 사라지는 꿈과 같다. 모든 이원은 공중누각과 같다. 모든 이원은 현혹시키는 신기루와 같다. 모든 이원은 놀라운 마술과 같다. 모든 이원은 토끼의 뿔과 같다. 모든 이원은 인간의 뿔과 같다. 모든 이원은 불임 여성에게서 태어난 자식과 같다. 모든 이원은 하늘에 있는 꽃과 같다.

55

구루가 제자에게 비이원을 적절히 가르칠 때 그는 사실 구속으로 가득 찬 이원에 대하여 제자를 교육시키려고 노력하지 않는다. 그는 다름이 없는 비이원의 위대한 진리를 가르치기 위하여 제자의 마음을 평가하여 그에 따라 교육의 수준을 정할 것이다. 그대를 위하여 그대 앞에 제시한 이 원리의 예를 하나 들어 보겠다.

56

아버지의 상demise을 당한 아들이 친척이 거의 없어 대신 곡을 해달라고 초청한 사람들이 우는 의식이 돈 때문에 하는 것이지 진짜가 아닌 것과 마찬가지로, 구루가 이원을 끌어들이는 것은 단지 제자에게 비이원을 설명하기 위한 것이지 이원이 실재하기 때문이 아니다. 아들아! 이것에는 의심의 여지가 없다! 그러므로 그대는 이원을 잊고 비이원의 화신이 되어야 한다.

57

나는 브람만이며, 브람만은 나이며, 나는 모든 것이라는 확신 속에 늘 확고하게 있으면서 모든 이원을 잊고 나는 브람만이라는 확신을 견지하라. "나는 브람만이다."라는 지식이 절정에 달하여 감각들이 없고 마음이 없는 무한한 존재가 될 때 브람만의 속성을 가진 돌처럼 부동의 상태가 되어라. 그래서 모든 약점에서 벗어나 방해받지 않는 희열을 즐겨라.

58

모든 세상 사람들의 절을 받는 지고한 쉬바가 모든 사람들을 위하여 일찍이 나에게 설명한 대로 "나는 브람만이다."라는 지식을 나는 그대에게 이와 같이 설명하였다. 이와 같은 귀한 설명을 들은 사람은 누구나 방해받지 않은, 나뉘지 않은 절대자의 지식을 얻을 것이며, 나뉘지 않은 지고자인 "나는 브람만이다."라는 금언이 가리키는 것이 될 것이다.

59

베다들의 연구나 봉헌(야가), 맹세, 그리고 자기 통제(야마)와 같은 요가의 가지들, 도움 되는 신성한 목욕, 그 밖의 모든 행위들에 의하여 나뉘지 않은 쉬바의 화신인 거대한 링가(돌로 만든 쉬바의 상징)를 매일 숭배하는 자들에게만 다름이 없는 지고한 쉬바를 깨닫고자 하는 욕구가 일어나 확고한 지식이 커 나갈 것이며 망상은 사라질 것이다.

60

비길 데 없는 장엄한 링가는 모든 창조물을 완전히 소멸시키는 거처인 쉬바의 형상에 불과하다. 여기에 대한 끊임없는 명상이 그것에 대한 숭배이다. 오직 마음속으로 그와 같은 숭배를 하는 사람들에게만 나뉘지 않은 지고한 쉬바의 은총에 의하여 지식이 생겨난다. 이렇게, 현자 리부는 니다가에게 소멸되지 않는 지고자에 대하여 가르쳤다.

61

다음과 같은 선언을 하신 분은 기쁨의 춤을 추는 상태에 있는, 행복에 넘친 우리의 신의 완전히 충만한 형상이다. 절대자의 확신에 대한 고요한 지식을 얻음으로써 우리는 이름과 형상으로 된, 이 부서지기 쉬운 다양한 차이를 잊고 집착이 없는 무한한 지고한 의식으로 즉시 거주하여 모든 굴레에서 벗어날 수 있다.

제20장
절대자에 대한 확신으로 얻는 해방

1

니다가여! 다시 내 설명을 들어 보아라. 온 세상에서 지고한 브람만에 대한 고귀한 지식을 얻기는 어렵다. '현세'와 '내세'로 나타나는 이 이름들과 형상들은 모두가 언제나 브람만이다. 완전하고 완벽하게 충만하고 어디에나 퍼져 있으며 나뉘지 않은 그 브람만이 모든 것의 나이다.

2

나는 브람만이다. 너는 브람만이다. 다양한 모든 세상은 브람만이다. 자신은 브람만이다. 자신이 가진 것은 브람만이다. 자기 자신과 다른 모든 사람은 브람만이다. 왕은 브람만이다. 구루는 브람만이다. 다른 것은 무엇이나, '이것'으로 지적되는 것은 무엇이나 브람만이다. 숲은 브람만이다. 산은 브람만이다. 보이는 모든 원인과 결과는 브람만이다.

3

비이원이고 완벽하게 충만한 브람만으로부터 떨어져 있는 것은 조금도 없다. 전혀 없다. 다양해 보이는 모든 것은 브람만이다. 어디에나 퍼져 있는 브람만은 참으로 나이다. 그러므로 아들아! 모든 것은 완벽하게 충만한 브람만이며 그 영원한 브람만은 오로지 나 자신이라는 흔들리지 않는 확신을 가짐으로써 해방되어라.

4

가장 최고의 것인 베다들 모두는 브람만이다. 모든 우파니샤드들도 브람만이다. 모든 광대한 시간도 브람만이다. 다양한 형태의 장소들도 브람만이다. 사물들의 파노라마도 브람만이다. 의식으로 혹은 무감각한 것으로 보이는 것도 브람만이다. 브람만인 그 실재가 오로지 나 자신이라는 변함없는 확신을 가짐으로 해방되어라.

5

하라, 하리, 그리고 브람마의 형상들은 브람만이다. 신들과 인간 그리고 동물들도 브람만이다. 우마와 지고한 쉬바도 브람만이다. 비나야카와 카르티케야(쉬바의 아들들)도 브람만이다. 지고한 쉬바의 모든 수행원들도 브람만이다. 이 세상, 개체들 그리고 지고자도 브람만이다. 순수한 자인 그 브람만이 오로지 나 자신이라는 흔들리지 않는 확신을 가짐으로 해방되어라.

6

프라나바 만트라(옴)는 브람만이다. 모든 다른 만트라도 역시 브람만이다. 판차크샤라(다섯 글자로 된 만트라)도 역시 브람만이다. 그것의 자파(만트라의 반복)도 역시 브람만이다. 내쉬는 숨도 브람만이다. 들이쉬고 머금은 숨 또한 브람만이다. 모든 것인 그 브람만이 나, 나 자신이라는 변함없는 확신을 가짐으로 해방되어라.

7

무지라는 검은 얼룩은 브람만이다. 이기심과 같은 것들도 역시 브람만이다. 다섯 가지 중요한 원소들도 사실상 브람만이다. 이것들의 다양한 혼합으로 생긴 현상도 브람만이다. 그 나머지 모든 것도 전적으로 브람만이다. 진리처럼 보이는 모든 이원도 브람만이다. 그 변함없는 브람만이 나, 나 자신이라는 흔들리지 않는 확신을 가짐으로 해방되어라.

8

차이들로 나타나는 모든 분명한 이원들은 차이 없는 하나의 비이원의 브람만이라는 흔들림 없는 확신을 가진 사람은 세상적 존재의 속박에서 해방될 것이다. 차이를 의식하는 바보들은 차이가 없고 분리되지 않는 지고한 해방을 결코 얻지 못할 것이다. 이것은 의심의 여지가 없다. 전지하신 우리의 신 이슈와라가 말한 것에는 의심이 전혀 있을 수 없다.

9

아무것도 모르는 어리석은 얼간이들은 비이원에 찬동하지 않고, 가상의 이원이 진리라고 큰 소리로 떠들어 댈 것이다. 이런 건방진 바보들과의 대화는 절대 있어서는 안 되며 그들에게는 아무것도, 적은 것이라도 절대 주어서는 안 된다. 그들을 만나더라도 절대 인사해서도 안 된다. 그들이 순수한 저능아란 것을 항상 깨달아야 한다.

10

심지어 이런 가상의 이원이 진리라고 떠벌리는 하찮고 비천한 사람들을 마주칠 때라도 위대한 비이원을 알고 있는 사람들은 이러한 비천하고 달갑지 않은 사람들이 언제나 실재하지 않는다는 것과 사물들을 현상으로 지각하는 이원이 지고한 의식의 공간인 브람만이며 그 브람만이 자기 자신이라는 확신을 가져야만 한다. 그들은 그 상태에서 벗어나서는 안 된다.

11

모든 것이 단지 의식이고 모든 것이 단지 희열이므로 두 번째를 인정하는 이원은 늘 실제로 존재하지 않는다. 마찬가지로, 이원론자도 실재하지 않는다. 우리와 떨어져 있는 형상은 없으므로 어느 때라도 두려워할 것은 없다. 그러므로 비이원에 대한 흔들리지 않는 확신을 가져야 하며 자신의 본래 상태에서 흔들려서는 안 된다.

리부의 노래

12

존재-의식-희열의 덩어리인 브람만과 떨어져 있는 이 세상과 같은 이원은 어느 때라도 존재하지 않는다. 지각되는 이원의 이 모든 모습은 오직 지고한 브람만이며, 그것은 오로지 의식이다. 아들아! 내가 완전히 충만한 쉬바의 이름으로 말하니 지금까지 말한 것에는 의심의 여지가 없다. 그러므로 비이원의 확신을 깨달아 그대 자신이 나뉘지 않은 절대자가 되어 해방되어라.

13

그럼에도 불구하고 축척된 지나간 인상들 때문에 오직 이원이 절대 진리라는 생각들이 떠오를지도 모른다. 이원을 지울 수 없는 한 쌍의 것으로 생각하지 마라. 차라리 그 모든 것을 움직임이 없는 지식의 바탕인 비이원의 지고한 성품으로 흔들림 없이 생각하여 존재-의식-희열로서 해방되어라.

14

변덕스러운 마음과 같은 것들을 초월하고 이기심과 같은 것들을 초월하며 덧없는 시간을 초월하며 세상과 개체들을 초월하며 베다들의 목적을 초월하며 이 모든 이원을 초월할 때 모든 것은 언제나 변함이 없는 지고자이다. 늘 그렇게 명상하여 해방되어라.

15

나는, 참으로, 늘 희열의 브람만이다. 나는, 참으로, 오로지 존재인 브람만이다. 나는, 참으로, 모든 의식-희열인 브람만이다. 나는, 참으로, 오로지 의식인 지고한 브람만이다. 완전히 만족하고 있는 나 외에는 이원이 결코 조금도 없다. 모든 것이 나, 나 자신 그리고 지고자라는 흔들리지 않는 확신을 가짐으로 해방되어라.

16

나는, 참으로, 순수한 지고한 희열이다. 나는, 참으로, 공의 희열이다. 나는, 참으로, 영원한 지고한 희열이다. 나는, 참으로, 자기 자신의 희열로 있는 지고자이다. 나는, 참으로, 비이원의 희열이다. 나는, 참으로, 나뉘지 않은 지고한 희열이다. 나와 떨어져 있는 이원은 조금도 없다. 이러한 확신을 가짐으로 해방되어라.

17

나는, 참으로, 지식의 희열이다. 나는, 참으로, 완전히 충만한 희열이다. 나는, 참으로, 해방의 지고한 희열이다. 나는, 참으로, 침묵의 지고한 희열이다. 나는, 참으로, 진리−지식−희열이다. 나는, 참으로, 평화의 지고한 희열이다. 나와 떨어져 있는 이원은 조금도 없다. 이러한 확신을 가짐으로 해방되어라.

18

비이원인 나와 떨어져 있는 것은 티끌만큼도 없다. 나는 나뉘지 않은 지고자이다. 이러한 확신을 가지고 언제나 비길 데 없는 브람만의 희열을 여기에서 즐겨라. 아들아! 굳건한 확신이 위대하고 완전한 지식의 보증서이다. 이러한 확신이, 나뉘지 않은 해방을 얻어 두려움에서 벗어나는 방법이다.

19

그대의 확신이 점점 더 확고해짐에 따라 그대의 마음속에 있는 모든 의심들은 곧 사라질 것이다. 그대의 확신이 점점 더 확고해짐에 따라 그대의 마음은 평화로 가득 차게 될 것이다. 그대의 확신이 점점 더 확고해짐에 따라 그대의 마음은 순수함으로 가득 차게 될 것이다. 그대의 확신이 점점 더 확고해짐에 따라 그대의 마음은 비길 데 없는 희열을 얻게 될 것이다.

20

그대의 확신이 계속해서 더욱더 확고해짐에 따라 그대의 마음은 모든 이원을 잃을 것이다. 그대의 확신이 계속해서 더욱더 확고해짐에 따라 그대의 마음은 여기서 비이원을 얻을 것이다. 그대의 확신이 계속해서 더욱더 확고해짐에 따라 그대의 마음은 개체가 소멸되었다는 생각을 가지게 될 것이다. 그대의 확신이 계속해서 더욱더 확고해짐에 따라 그대의 마음은 완전한 지고한 브람만이 될 것이다.

21

그대의 확신이 계속해서 더욱더 확고해짐에 따라 그대의 마음은 더할 나위 없는 용기를 얻게 될 것이다. 그대의 확신이 계속해서 더욱더 확고해짐에 따라 그대의 마음은 비길 데 없는 견고함을 얻게 될 것이다. 그대의 확신이 계속해서 더욱더 확고해짐에 따라 그대의 마음은 언제나 상서로운 것이 될 것이다. 그대의 확신이 계속해서 더욱더 확고해짐에 따라 그대의 마음은 그 자체의 성품과 하나가 될 것이다.

22

그대의 확신이 계속해서 더욱더 확고해짐에 따라 그대의 마음은 모든 회상들을 잊게 될 것이다. 그대의 확신이 계속해서 더욱더 확고해짐에 따라 그대의 마음은 모든 공포를 잃게 될 것이다. 그대의 확신이 계속해서 더욱더 확고해짐에 따라 그대의 마음은 여기서 두려움 없음으로 가득 차게 될 것이다. 그대의 확신이 계속해서 더욱더 확고해짐에 따라 그대의 마음은 그대의 자연스러운 나가 될 것이다.

23

만약 그대의 마음이 항상 그대의 자연스러운 나라면, 그 마음은 또한 그로 인해 돌이킬 수 없이 없어질 것이다. 아들아! 이러한 거역할 수 없는 마음의 파괴가 위대한 해방의 상태이다. 그러므로 아들아! 마음을 돌이킬 수 없이 파괴하기 위해서는 한곳에 집중한 마음으로 지고한 브람만에 대한 확신을 수행하고, 마음을 파괴하여 해방의 장엄한 상태를 포용하라.

24

나뉘지 않은 지고한 브람만과 떨어져 있는 것은 아무것도 없다. 모든 것은 나뉘지 않은 지고한 브람만이다. 그 나뉘지 않는 지고한 브람만이 참으로 나 자신이다. 나는 그 나뉘지 않은 지고한 브람만이다. 그러므로 나뉘지 않은 지고한 브람만에 대한 확고한 확신을 가져, 그것과 떨어져 있는 것이 티끌만큼이라도 있다는 느낌까지 지운 후에, 그리고 심지어 그 지고자가 존재한다는, 그 지고한 나뉘지 않은 신념조차도 내던진 후에 희열로 자리 잡아라.

25

심지어 '희열'조차도 내던지고 유일한 존재로 굳건히 머물러라. 심지어 떨어져 있는 것이 아무것도 없는 '유일한 존재'조차 내던지고 속성 없음으로 머물러라. 심지어 그 속성 없음조차도 내던지고 마음과 말 너머의 성품으로 남아 있어라. 그것조차도 던져 버리고 단지 진리로 머물러라. 그것조차도 떠나 버리고 나로 머물러라.

26

그것 또한 옆으로 제쳐두고 오로지 브람만으로 머물러라. 여기서 말한 모든 것도 옆으로 제쳐두고 진정한 공으로 머물러라. 그런 후 마음과 같은 어떠한 조건화도 없이 형언할 수 없는 공으로 남아라. 심지어 이 '공'조차 옆으로 제쳐두고 난 뒤에 어떤 성품이 남더라도 그것은 그 성품으로 존재한다.

27

그렇게 머무는 성품마저 잃어버리고 나면 그대는 그대 자신, 즉 말이나 마음에 의한 생각으로는 묘사될 수 없는 상태가 될 것이다. 그러므로 자연스러운 상태인 '그것'에 이른 후에 그대는 그대 자신으로서 혼자 오로지 홀로 존재할 것이다. 망상이나 의심이 전혀 없는 그 상태를 어느 누가 묘사하거나 생각할 수 있겠는가?

28

그러므로 위에서 설명한 대로 모든 것을 던져 버리고 순수한 지고한 존재인 그대 자신의 성품으로 머물러라. 매일 이것을 탐구하고 이 모든 것을 버리는 것이 나뉘지 않은 '나'라는 것을 명상하라. 나는 정말로 무한하며 나뉘지 않은 지고자라는 것을 계속적으로 탐구하고 명상하는 것이 니르비칼파(차별 없는 상태) 즉 마음을 초월하는 평온한 지고한 의식을 얻는 방편이다.

29

그러므로 나는 모든 것을 초월하는 나뉘지 않은 지고한 브람만이라는 끊임없는 확신을 통해, 그리고 그러한 확신을 끊임없이 수행함으로써 모든 변덕스러운 의심을 피하고 정말로 나눌 수 없는 지고한 브람만의 구현인 지고한 브람만에 대한 차이 없는 지식을 가진 성자가 되어라. 이것 말고는 쉽게 해방을 얻는 다른 방법이 없다. 이것은 진리이다.

30

언제나 나뉘지 않은 지고한 브람만이라는 쉬운 확신에 의해 그대는 이원을 버리게 될 것이다. 언제나 나뉘지 않은 지고한 브람만이라는 쉬운 확신에 의해 그대는 하나임을 얻을 것이다. 언제나 나뉘지 않은 지고한 브람만이라는 쉬운 확신에 의해 그대는 슬픔을 없앨 것이다. 언제나 나뉘지 않은 지고한 브람만이라는 쉬운 확신에 의해 그대는 행복을 얻을 것이다.

31

나는 언제나 전지전능한 지고한 브람만이다. 나는 언제나 완벽하게 충만한 지고한 브람만이다.

나는 언제나 영원한 지고한 브람만이다. 나는 언제나 속성이 없는 지고한 브람만이다. 나는 언제나 순수한 지고한 브람만이다. 나는 언제나 희열의 덩어리인 지고한 브람만이다. 나는 언제나 자유로운 지고한 브람만이다. 그러한 쉬운 바바에 의해 그대는 해방될 것이다.

32

나는 언제나 평화로운 지고한 브람만이다. 나는 언제나 변함이 없는 지고한 브람만이다. 나는 언제나 하나인 지고한 브람만이다. 나는 언제나 이원이 없는 지고한 브람만이다. 나는 언제나 결점이 없는 지고한 브람만이다. 나는 언제나 흠이 없는 지고한 브람만이다. 나는 언제나 나뉘지 않은 지고한 브람만이다. 그러한 쉬운 확신에 의해 그대는 해방될 것이다.

33

동요 없는 마음으로 바위처럼 흔들림 없이 그대 자신과 하나가 된 상태로 모든 교제를 피하고 고독에 의지함으로 늘 침묵의 상태로 있으면서 나는 존재-지식-희열인 지고자라는 태도를 늘 가지고 고요해지고, 그리고 '그것에 대한 지식'조차도 없이 모든 잘못된 생각을 초월할 때 그대는 그것 자체로서 머물며, 해방될 것이다.

34

나는 결코 몸과 같은 것이 아니다. 나는 보는 자인 지고한 브람만이다. 구분들이 있는 것은 아무것도 없다. 모든 것은 오로지 지고한 브람만이다. 모두는 하나의 지고자이다. 그대가 언제나 행복하게 이 끊임없는 확신을 가지고 모든 망상을 벗어나면 그대는 즉시 해방될 것이다. 지금 말한 것에는 아무런 의심이 없다. 이것은 진리다.

35

참으로 나 또한 존재-의식-희열의 덩어리인 지고자이다. 참으로 그대 또한 존재-의식-희열의 덩어리인 지고자이다. 참으로 모든 사람 또한 존재-의식-희열의 덩어리인 지고자이다. 참으로 모든 것은 존재-의식-희열의 덩어리인 지고자이다. 존재-의식-희열의 덩어리인 지고자 없이는 세상이나 개체들이나 지고자라는 것은 전혀 없다. 나는 존재-의식-희열의 덩어리인 쉬바의 이름으로 이것을 말한다. 위에서 언급한 것에는 의심의 여지가 없다. 이것은 진리이다.

36

모든 존재들은 오로지 존재-의식-희열의 덩어리이다. 모든 세상들은 오로지 존재-의식-희열의 덩어리이다. 모든 유한한 생명체들은 오로지 존재-의식-희열의 덩어리이다. 모든 태어나지 않은 것들은 오로지 존재-의식-희열의 덩어리이다. 모든 베다들은 오로지 존재-의식-희열의 덩어리이다. 모든 경전들은 오로지 존재-의식-희열의 덩어리이다. 위대한 현자여! 나는 존재-의식-희열의 덩어리라는 것을 현혹됨이 없이 늘 명상하라.

37

전제premise는 오로지 존재-의식-희열의 덩어리이다. 결론은 오로지 존재-의식-희열의 덩어리이다. 지각은 오로지 존재-의식-희열의 덩어리이다. 지각되는 것은 오로지 존재-의식-희열의 덩어리이다. 모든 차이는 오로지 존재-의식-희열의 덩어리이다. 그 밖의 모든 것들은 오로지 존재-의식-희열의 덩어리이다. 위대한 현자여! 내가 존재-의식-희열의 덩어리라는 것을 현혹됨이 없이 늘 명상하라.

38

자아라고 불리는 것은 존재-의식-희열의 덩어리이다. 망상이라 불리는 것은 존재-의식-희열의 덩어리이다. 움직이고 있는 모든 세상은 존재-의식-희열의 덩어리이다. 모든 개체들은 존재-의식-희열의 덩어리이다. 지고자는 존재-의식-희열의 덩어리이다. 모든 것은 존재-의식-희열의 덩어리이다. 내가 모든 것인 존재-의식-희열의 덩어리라는 것을 흔들림 없이 늘 명상하라.

39

흙과 그 밖의 원소들로 보이는 것은 오로지 존재-의식-희열인 절대자이다. 원인과 결과로 보이는 것은 오로지 결점이 없는 존재-의식-희열이다. 완전히 가득 찬 충만함이라고 말해지는 것은 존재-의식-희열이다. 언제나 확고한 신념을 가지고 베다들의 빛에 의해 드러난 것이 확실히 나 자신임을 명상하라.

40

이원이나 비이원으로 묘사되는 그 어떤 대상이라도 오로지 존재-의식-희열이다. 희귀한 베다들이나 여러 경전들에서 내려진 결론은 모든 것이 존재-의식-희열이라는 것이다. 모든 세상과 개체들의 목격자인 삼부Sambhu는 역시 존재-의식-희열이다. 베다들의 절정에 의해 드러난 그것이 오로지 자기 자신이라는 명상에 끊임없이 잠겨라.

41

몸과 같은 그러한 것, 보이는 것과 보는 자, 그리고 자기 자신은 분명히 존재-의식-희열이다. 경험, 경험의 대상, 경험자는 완벽하게 충만한 존재-의식-희열이다. 지고한 브람만에 대한 나뉘지 않은 지식도 역시 절대자인 존재-의식-희열이다. 베다들의 힘에 의하여 묘사된 그것이 확실히 나 자신이라는 명상에 끊임없이 잠겨라.

42

존재-의식-희열의 덩어리인 브람만은 참으로 모든 것이다. 그리고 그 브람만은 참으로 끊임없이 흔들리지 않고 탐구에 몰입하고 있는 나 자신이다. 그리하여 이러한 방식으로 존재-의식-희열의 덩어리로 있는 그 절대자인 그대 자신이 되어라. 그리고 모든 상칼파와 비칼파를 벗어 버

리부의 노래

림으로써 완전하고 비이원의 존재인, 나뉘지 않은 그 지고한 해방을 얻어라.

43

나는 그대에게 지고한 쉬바가 그의 은총으로 나에게 가르쳤던 것을 말해 주었다. 분별이 있는 사람은 어리석은 자들에게 진귀한 설명 중 가장 진귀한 것에 대해 결코 이야기해서는 안 된다. 비록 이 주제가 가장 신성한 것이라 하더라도 만약 그러한 사람들에게 말한다면 그런 바보들과의 교제에 의해 더럽혀지고 쓸모없이 되어 그 신성함을 잃을 것이다.

44

순수하고, 가장 강한 힘을 지니고 있고, 지고자에 대한 흠 없는 분별력을 지닌 깨달은 이들은 부푼 자아를 가진 물질적이고 쾌락에 물든 바보들과 결코 이야기해서는 안 되며 마음으로라도 그들에게 호의를 보여서는 안 된다. 모든 세상의 쾌락을 포기하는 것이 해방으로 나아가는 절대자에 대한 확고한 신념에 이르는 수단이 아니겠는가? 다 던져 버렸을지라도, 순수하지 못한 어리석은 자들과 교제함으로 세상의 욕망은 다시 기어들어 올 것이다.

45

브람만의 실재에 대한 분별력을 지니고 있는 용감한 사람들은, 이성 등과 같은 쾌락의 욕망이 그들에게 일어난다 할지라도 다양하게 나타나는 그러한 모든 쾌락들이 지고한 브람만의 성품에 대한 즐거움이라고 이해하고 환영의 대상들을 즐기려고 꿈속에서도 생각하지 않는 그들은 나뉘지 않은 절대자에 대한 희열에 이르기 위해 지식의 힘을 용감하게 얻어야만 한다. 이는 결코 작은 일이 아니다.

46

분별하지 않는 이 나뉘지 않은 지식을 깨닫지 못했다면, 비록 그들이 브람민 계급의 집안에서 태어났고 베다들과 여러 경전들의 연구에 통달하였다 하더라도 그들은 진정한 브람민들로 인정되지 않는다. 그들의 신성한 실은 고작 그들 카스트의 상징일 뿐이고 진정한 브람만의 성품을 얻는 수단은 아니다. 그러므로 차별 없는 지고한 브람만의 실을 얻은 자들만이 진정한 브람민들이 되고 해방을 얻을 것이다.

47

지고한 브람만의 구별 없는 지식을 얻은 그러한 사람들만이 브람민들이라고 말할 수 있다. 다른 사람들은 단지 카스트에 의한 브람민들이다. 신(이슈와라)이 나에게 설명해 준 이 비밀스러운 해석들을 나는 그대에게 말해 주었다. 니다가여! 이 해석을 듣고 바로 이해한 사람들은 누구든 지고자가 된다.

48

낮은 카스트의 사람들과 또 다른 사람들이 경전들에 의하여 이런 위대한 진리를 차별 없이 듣고 이해하기를 원한다면 그것은 브람민을 통해야만 한다. 만약 어떤 사람이라도 베다들의 극치인 이 진리를 확신을 가지고 적절한 방법으로 듣는다면 그들은 모든 무시무시한 세상의 집착들을 벗어나 나뉘지 않은 절대자가 될 것이다.

49

모든 것이 나뉘지 않은 지고한 쉬바이고 내가 그 쉬바라는 명상의 최고 경험이 숭배이다. 그 숭배에 의하여 마음은 방황하지 않고 지식이 되어 해방을 얻을 것이다. 마음은 많은 종류의 경전들을 공부하거나 과다한 활동들을 하거나 다양한 요가에 의지하거나 아니면 다른 여러 가지 방편들에 의해서는 결코 해방을 얻지 못할 것이다.

50

듣고 심사숙고한 후에 그리고 나는 의식으로 충만해 있는 지고한 쉬바라는 의심 없는 명상 수행으로 이루어진 그런 숭배에 의하여 우리는 완전히 충만한 쉬바의 지식을 선명히 얻을 수 있고 해방(목샤)에 융합될 수 있다. 이것은 의심의 여지가 없다. 그러므로 성자 리부는 나뉘지 않은 절대자에 대해서 니다가에게 사랑으로 설명하였다.

51

기쁨의 춤을 추는 상태에 있는 우리 신의 무한한 형상은 다음과 같이 선언한다. 브람만에 대하여 끊임없이 명상하고, 차이가 없다는 지식을 얻고, 그 다음 방황하는 마음의 모든 의구심을 떨쳐 버릴 때 우리는 나뉘지 않은 비이원적인 유일자의 성품인 해방을 얻을 수 있다.

제21장
브람만-나의 묵상

1

희열의 덩어리인 브람만의 지식을 강화하고 변함없게 만들기 위해서 나는 거듭 너에게 말하니 완전히 충만한, 비이원의 브람만과 떨어져 있는 것은 아무것도 없다. 세상들과 개체들로 나타나는 이 모습은 의식일 뿐인 오직 브람만이다. 자개에 나타나는 은빛이 그 자개와 다른 어떤 것이겠는가?

2

비실재적인 세상들과 개체들에 대하여 말할 것은 하나도 없다. 왜냐하면 그것들은 존재하지 않기 때문이다. 실재인 브람만에 대해 말할 것도 하나도 없다. 왜냐하면 그것은 하나밖에 없는 유일자이기 때문이다. 비록 진리의 상태가 이와 같다 하더라도 브람만이 여전히 토론의 주제로 남아 있기 때문에 나는 브람만의 성품에 거주하기 위해 수행하는 사람들을 위하여 하나의 절대자를 설명해 주겠다.

3

고귀하고 나뉘지 않은 절대자에 대한 설명은 상서로운 도입과 함께 연구되어야 한다. 오직 그것을 올바른 방법으로 연구하는 사람들에게만 나뉘지 않은 지식이 그들 자신 안에서 쉽게 그리고 방해받지 않는 방식으로 일어날 것이다. 그러므로 나뉘지 않은 절대자를 설명할 때 그것은 상서로운 도입과 더불어 정해진 방법과 절차를 통해서 말해져야만 한다.

4

존재-의식-희열의 덩어리인 브람만과 떨어져 있는 세상들이나 개인들 혹은 지고한 존재란 없다. 그렇게 보이는 모든 세상들이나 개인들은 정말이지 완벽하게 나뉘지 않은 지고한 브람만이다. 아들아! 그대와 나, 그리고 다른 모든 이들은 완벽하게 가득한 지고한 브람만이다. 나는 이것을 쉬바의 이름으로 완전하게 가득하고 완벽한 비이원의 것이라고 말한다. 내가 말하는 것에는 한 치의 의심도 있을 수 없다.

5

나는, 참으로, 모든 것인 지고한 브람만이다. 나는, 참으로. 깨달음인 지고한 브람만이다. 나는, 참으로, '이런 모든 것'을 소유하고 있지 않은 지고한 브람만이다. 나는, 참으로, 평화인 지고한 브람만이다. 나는, 참으로, 비할 데 없는 지고한 브람만이다. 나는, 참으로, 무한한 지고한 브람만이다. 나는, 참으로, 결점 없는 지고한 브람만이다. 언제나 이러한 끊임없는 묵상에 잠겨라.

6

나는, 참으로, 진리인 지고한 브람만이다. 나는, 참으로, 변함이 없는 지고한 브람만이다. 나는, 참으로, 영원한 지고한 브람만이다. 나는, 참으로, 오점 없는 지고한 브람만이다. 나는, 참으로, 순수한 지고한 브람만이다. 나는, 참으로, 희열의 덩어리인 지고한 브람만이다. 나는, 참으로, 비이원인 지고한 브람만이다. 언제나 이러한 묵상에 깊이 잠겨라.

7

나는, 참으로, 예로부터 있는 지고한 브람만이다. 나는, 참으로, 완벽하게 가득 차 있는 지고한 브람만이다. 나는, 참으로, 움직임도 움직임 없음도 없는 지고한 브람만이다. 나는, 참으로, 영구적인 지고한 브람만이다. 나는, 참으로, 가장 높은 것 보다 더 높은 지고한 브람만이다. 나는, 참으로, 집착이 없는 지고한 브람만이다. 나는 아무런 고통이 없는 지고한 브람만이다. 언제나 이러한 변함없는 묵상에 잠겨라.

8

나는, 참으로, 소리의 한계인^{limit} 지고한 브람만이다. 나는, 참으로, 힘이 미치지 못하는^{beyond reach} 지고한 브람만이다. 나는, 참으로, 토론의 목적인 지고한 브람만이다. 나는, 참으로, 말과 같은 것을 뛰어넘는 지고한 브람만이다. 나는, 참으로, 지식의 끝인 지고한 브람만이다. 나는, 참으로, 지성이 미치지 못하는 지고한 브람만이다. 나는, 참으로, 베다들을 통해서 이해될 수 있는 지고자이다. 항상 이 차별 없는 묵상에 잠겨라.

9

나는, 참으로, 바로 그것 자체인 지고한 브람만이다. 나는, 참으로, 그것과 떨어진 것이 아무것도 없는 지고한 브람만이다. 나는, 참으로, 실재로 가득한 지고한 브람만이다. 나는, 참으로, 항상 희열인 지고한 브람만이다. 나는, 참으로, 결점 없는 지고한 브람만이다. 나는, 참으로 형상이 없는 지고한 브람만이다. 나는 참으로, 모든 의식인 지고한 브람만이다. 언제나 이러한 진지한 묵상에 잠겨라.

10

나는, 참으로, 오점이 없는 지고한 브람만이다. 나는, 참으로, 나뉘지 않은 지고한 브람만이다. 나는, 참으로, 불순한 것들이 없는 지고한 브람만이다. 나는, 참으로, 아무런 변화들이 없는 지고한 브람만이다. 나는, 참으로, '나의 것'이라는 느낌이 없는 지고한 브람만이다. 나는, 참으로, 어떤 것으로 측정될 수 없는 지고한 브람만이다. 나는 견줄 것이 없는 지고한 브람만이다.

매일 꾸준히 이러한 묵상에 잠겨라.

11

나는, 참으로, 하나 둘 등으로 셀 수 없는 것이다. 나는, 참으로, 네 번째 상태의 지식인 지고한 성품이다. 나는, 참으로, '나' 또는 '나의 것'이 없는 것이다. 나는, 참으로, 완벽하고 충만한 유일자이다. 나는, 참으로, 최소한의 근원도 가지고 있지 않다. 나는, 참으로, 탄생, 노쇠, 죽음이 없는 것이다. 나는 떨어져 있는 것이 하나도 없는 나뉘지 않은 지고자이다. 날마다 이런 흔들리지 않는 묵상에 잠겨라.

12

나는, 참으로, 어느 순간에도 속박이 없다. 나는, 참으로, 어느 순간에도 아무런 해방을 가지지 않는다. 나는, 참으로, 조금의 결점에도 영향을 받지 않는다. 나는, 참으로, 반대되는 쌍들을 조금도 가지지 않는다. 나는, 참으로, 지각할 것이 없는 존재이다. 나는, 참으로, 그냥 신성한 의식인 신이다. 나는 둘이 없는 하나의 지고한 실재이다. 언제나 아무런 방해 없이 이러한 묵상에 잠겨라.

13

나는, 참으로, 하나로 있는 지고자이다. 나는, 참으로, 아무런 안과 밖을 가지지 않고 있다. 나는, 참으로, 위대한 의식의 공간인 지고자이다. 나는, 참으로, 조금의 두려움에 의해서도 영향을 받지 않는다. 나는, 참으로, 완벽하고 완전한 충만함이다. 나는, 참으로, 모든 것의 확정된 결론이다. 나는 두 번째가 없는 나뉘지 않은 절대자이다. 언제나 이 끊임없는 묵상에 잠겨라.

14

나는, 참으로, 오직 의식인 지고자이다. 나는, 참으로, 의식으로 가득한 지고한 쉬바이다. 나는,

참으로, 모든 실재인 지고자이다. 나는, 참으로, 늘 희열의 덩어리인 지고자이다. 나는, 참으로, 단지 '그것'으로 있는 지고자이다. 나는, 참으로, 그것 자체로 홀로 서 있는 지고자이다. 나는, 참으로, 매우 선한 지고자이다. 실수 없이 이 용기 있는 묵상에 잠겨라.

15

나는, 참으로, 아무런 환영의 모습들이 없다. 나는, 참으로, 해야 할 아무런 행위도 없다. 나는, 참으로, 불가사의한 형상이다. 나는 나뉘지 않고 지고하며 무한하다. 나는, 참으로, '그것'이라는 단어로 지적된다. 나는, 참으로, 그것 자체의 모습으로 있는 나뉘지 않은 절대자이다. 나는, 참으로, 아무런 하찮은 것도 없는 지고한 브람만이다. 언제나 이처럼 변치 않는 묵상에 잠겨라.

16

생각이나 다른 것들은 결코 존재하지 않는다. 모든 것은 의식으로 가득한 지고한 브람만이다. 아무것도 그 어떤 것도 절대로 존재하지 않고 있다. 모든 것은 실재인 지고한 브람만이다. 이 이원은 어떤 순간에도 전혀 존재하지 않고 있다. 모든 것은 하나인 지고한 브람만이다. 나는 둘일 수 없는 지고한 브람만이다. 언제나 이런 변치 않는 묵상에 잠겨라.

17

나는, 참으로, 지식과 같은 것들을 초월하여 있는 지고자이다. 나는, 참으로, 완벽하게 가득한 의식이다. 나는, 참으로, 늘 움직이지 않는다. 나는, 참으로, 아무런 조건형성들도 없다. 나는, 참으로, 상반되는 것이 없는 비이원이다. 나는, 참으로, 완전무결한 나뉘지 않은 지고자이다. 나는, 참으로, 무한한 지고한 브람만이다. 언제나 이 비이원의 묵상에 잠겨라.

18

나는, 참으로, 세 가지 몸들이 없이 영원하다. 나는, 참으로, 현혹하는 세 가지 상태들이 없다.

나는, 참으로, 붙어 있는 다섯 가지 덮개들이 없다. 나는, 참으로, 기쁨과 슬픔에 의해 영향을 받지 않는다. 나는, 참으로, 묘사할 수 없다. 나는, 참으로, 두 번째가 없는 유일자인 지고이다. 나는 떨어져 있는 것이 하나도 없는 나뉘지 않은 지고자이다. 언제나 이 비이원의 묵상에 잠겨라.

19

나는, 참으로, 욕망과 같은 양상들이 없다. 나는, 참으로, 혼란된 자아가 없다. 나는, 참으로, 호마(불의 의식)와 같은 행위들이 없다. 나는, 참으로, 성취할 결과물이 조금도 없다. 나는, 참으로, 이름이나 여러 구별되는 특성들이 없다. 나는, 참으로, 가지각색의 차이가 없는 존재이다. 나는, 참으로, 긍정이나 부정으로 표현될 수 없다. 언제나 이처럼 비이원의 묵상에 잠겨라.

20

나는, 참으로, 어떤 세상이나 존재들이 없다. 나는, 참으로, 아는 자나 지식이 전혀 없는 존재이다. 나는, 참으로, 시간과 같은 차별들이 없다. 나는, 참으로, 고려해야 할 지역적인regions 차별들이 없다. 나는, 참으로, 형상을 지닌 어떤 대상들이 없다. 나는, 참으로, 좋고 나쁜 특성들이 없다. 나는, 참으로, 거처가 없는 나뉘지 않은 절대자이다. 언제나 이 비이원의 묵상에 잠겨라.

21

나는, 참으로, 변덕스러운 마음의 활동들이 없다. 나는, 참으로, 조금의 의심도 없다. 나는, 참으로, 가장 작은 씨앗만한 볼 것도nothing to see 없다. 나는, 참으로, 보는 자로 존재하고 있다. 나는, 참으로, 가지각색의 차이들이 없이 존재한다. 나는, 참으로, 세상과 개체들 그리고 지고자 없이 존재한다. 나는, 참으로, 흔들리지 않고 나뉘지 않은 절대자이다. 언제나 이 비이원의 묵상에 잠겨라.

22

나는, 참으로, 늘 오로지 의식인 브람만이다. 나는, 참으로, 오로지 변치 않는 의식인 브람만이다. 나는, 참으로, 오로지 생각들이 없는 의식인 브람만이다. 나는, 참으로, 오로지 구분할 수 있는 아무런 표시 없는without identifying mark 의식인 브람만이다. 나는, 참으로, 오로지 굴레 없는 의식인 브람만이다. 나는, 참으로, 오로지 파손되지 않는 의식인 브람만이다. 나는 오로지 끝없는 의식인 브람만이다. 언제나 이 비이원의 묵상에 잠겨라.

23

만일 그대가 항상 하나뿐인 절대자를 용감하게 그리고 지속적으로 묵상한다면, 그대는 존재-지식-희열의 덩어리인 지고자가 될 것이며, 그대 자신에게서 모든 상칼파와 비칼파를 제거할 것이다. 그대 자신이 절대자, 즉 '그것'에 대한 지식을 가진 공이 되고 오로지 그대 스스로 진정한 나가 됨으로 모든 굴레와 세상의 비참함으로부터 해방되어라. 지금의 이 설명에 대하여는 의심의 여지가 없다. 이것은 확실하다.

24

만일 그대가 비이원에 대하여 지속적으로 진심으로 명상을 한다면, 그대는 그 진정한 성품의 크나큰 희열을 누릴 것이며 그대의 마음에 있는 모든 의문들을 없앨 것이다. 이러한 희열의 성품을 받아들이기 위하여 기운을 빼앗는 모든 관계들을 떨쳐 버려라. 그래서 그대의 완전무결한 나와 다르지 않은 나뉘지 않은 지고한 브람만에 녹아들어라.

25

나는, 참으로, 실재인 지고한 브람만이다. 나는, 참으로, 움직이지 않는 지고한 브람만이다. 나는, 참으로, 영원한 지고한 브람만이다. 나는, 참으로, 흠이 없는 지고한 브람만이다. 나는, 참으로, 순수한 지고한 브람만이다. 나는, 참으로, 희열의 덩어리인 지고한 브람만이다. 언제나 이러한 비이원의 확신을 가지는 것이 나뉘지 않은 지고한 브람만에 들어가는 것이다.

26

나는 결코 육체나 감각들이 아니다. 나는 결코 어떤 존재들이나 마음이 아니다. 나는 결코 지성이나 생각이 아니다. 나는 결코 자아가 아니다. 나는 결코 이런 것들이 잠재되어 있는 원초적인 무지가 아니다. 나는 결코 이 이원의 어떤 것anything of this duality도 아니다. 나는 바로 둘로 나뉠 수 없는 브람만이다. 내가 브람만이라는 이 확신이 나뉘지 않은 융합merge이다.

27

나는 결코 세 종류의 몸들이 아니다. 나는 결코 셋의 상태들이 아니다. 나는 결코 다섯 겹의 덮개들이 아니다. 나는 결코 이러한 것들의 경험자가 아니다. 나는 결코 집합적인 존재도, 개별적인 존재도 아니다. 나는 결코 이 세상이나 개체들이나 지고한 존재가 아니다. 나는 다만 완전한, 나뉘지 않는 지고한 브람만이다. 내가 브람만이라는 이러한 확신이 나뉘지 않은 몰입이다.

28

나뉘지 않은 지고한 브람만이 모든 실재들 중에서 가장 강렬한 실재이기에 깨달은 이들은 나뉘지 않은 지고한 브람만과의 합일(상가, 결합)을 삿상(현명한 이 혹은 진리와의 합일)이라고 말했다. 나뉘지 않은 브람만은 참으로 위대한 것들 중에서도 가장 위대한 것이기에 그러한 브람만과의 연결은 참으로 깨달은 이의 위대한 합일이라고 말할 수 있다.

29

내가 브람만이라는 확신이 실재에 몰입하는 것이다. 내가 브람만이라는 확신이 위대한 이들에 잠기는merge 것이다. 내가 브람만이라는 확신이 나에 잠기는 것이다. 내가 브람만이라는 확신이 나뉠 수 없는 잠김이다. 내가 브람만이라는 확신이 나뉘지 않은 명상이다. 내가 브람만이라는 확신이 나뉘지 않은 지식이다. 내가 브람만이라는 확신이 나뉠 수 없는 해방이다. 내가 브람만이라는 확신이 모든 것이다.

30

만일 계속해서 수행한다면, 내가 브람만이라는 확신은 그것 자체로 정말로 나뉘지 않은 절대자에 대한 명상이 될 것이다. 만일 계속해서 수행한다면, 내가 브람만이라는 확신은 그것 자체로 나뉘지 않은 절대자에 대한 잠김이 될 것이다. 만일 계속해서 수행한다면, 내가 브람만이라는 확신은 그것 자체로 나뉘지 않은 지고자에 대한 지식이 될 것이다. 만일 계속해서 수행한다면, 내가 브람만이라는 확신은 그것 자체로 참으로 나뉘지 않은 지고한 브람만이 될 것이다.

31

만일 계속해서 수행한다면, 내가 브람만이라는 확신은 윤회라는 원인이 없는 속박을 정말로 없앨 것이다. 만일 계속해서 수행한다면, 내가 브람만이라는 확신은 나뉘지 않은 지고한 해방을 줄 것이다. 만일 계속해서 수행한다면, 내가 브람만이라는 확신은 끝없는 슬픔의 스펙트럼을 끝낼 것이다. 만일 계속해서 수행한다면, 내가 브람만이라는 확신은 그것 자체로 비길 데 없는 희열을 참으로 줄 것이다.

32

그러므로 내가 브람만이라는 확신을 매일 지속적이고 끊임없이 수행함으로 그대의 마음속에 있는 모든 결정들과 불확실성들이 없어지면, 그대는 모든 상칼파와 비칼파로부터 자유로워져 차이 없고 나뉘지 않은 지고한 브람만의 지식을 얻게 되며 무한한 희열을 누리게 될 것이다. 여기서 말하는 무한한 희열을 누리는 사람들에게는 윤회의 고통이란 없다.

33

지치지 않고 언제나 나는 브람만이라는 확신을 수행하고 자신들의 정신적 망상을 떨쳐 버리고 영원하고 나뉘지 않은 희열을 누리게 된 사람들은 무한하고 나뉘지 않은 지고한 브람만의 구현체가 된다. 그들은 윤회의 고통으로 다시 빠져드는 실수를 하지 않는다. 굴레 없고 나뉘지 않은 지고한 브람만이 된 사람들이 어떻게 이원이 일어나는 윤회의 고통을 추구할 수 있겠는가?

34

'나'로 나타나는 것은 나이다. 다른 것으로 나타나는 것은 나이다. 불완전한 마음으로 나타나는 것은 나이다. 생각으로 드러나는 모든 것은 나이다. 육체나 적으로 나타나는 것은 나이다. 여러 가지 감각들로 나타나는 것은 나이다. 드러나는 모든 것은 다 나이다. 세상과 개체들, 그리고 지고자는 모두 나이다.

35

불길한 이기심은 나이다. 생겨나는 지성과 생각은 나이다. 버려야 하는 욕망은 나이다. 탐욕과 걱정은 나이다. 일어나는 심취는 나이다. 오만과 자부심, 그리고 질투는 나이다. 마음의 모든 형태들은 나이다. 실제와 비실재로 보이는 것은 나이다.

36

결점이 없는 네 가지 수단들은 모두 나이다. 구루와 제자는 나이다. 여섯 가지 특성(링가, 표시 등)들은 나이다. 비이원의 정의는 나이다. 베다들의 최상을 연구하는 것은 나이다. 반성과 묵상은 나이다. 충족시켜 주는 지식은 나이다. 지속되는 해방 또한 나이다.

37

변덕스러운 덧붙임들은 나이다. 셋의 연결들은 나이다. 변치 않는 진정한 경전들은 나이다. 주체, 목적, 관계, 의도하는 자라는 철학적 연구의 네 요인들인 아누반다는 나이다. 거대한 세상들은 나이다. 현생에서 끝마쳐야 하는 프라랍다 카르마와 같은 세 가지 카르마들은 나이다. 여러 형태의 힘들은 나이다. 수행되는 잠김의 상태인 사마디들은 나이다.

38

늘 모든 것은 나이다. 변치 않는 나는 참으로 브람만이다. 브람만은 참으로 고귀한 나이다. 앞서 말한 대로 거기에는 아무런 차이들이 없다. 모든 것이 나와 다르지 않은 존재−의식−희열의 덩어리인 브람만이다. 스스로 이러한 정체감을 확고히 갖는 사람은 세상 존재의 굴레로부터 즉시 해방될 것이다.

39

브람만 지식의 수행자는 모든 여러 세상들, 개체들 그리고 지고자가 전적으로 그 브람만이며 나는 정말이지 그 브람만이라는, 여기서 금방 언급된 바를 쉬지 않고 수행해야만 한다. 모든 변덕스러운 마음의 착각들을 피한 그는 도움이 되는 묵상의 힘을 통해서 마음의 모든 착각들을 피하고 이렇게 하는 수행조차도 포기하고 아무런 관념이 없는 절대자로서 거주하여야만 한다.

40

아들아! 그러므로 그대는 항상 이러한 확신을 충분히 가져야 하며 그것에 의해 생각의 모든 오해를 제거하고 오로지 의식인 지고한 브람만으로 머물러야만 한다. 그 밖의 다른 것에 대해서는 조금도 생각하지 않고 영원히 행위가 없는 진정한 공으로 머물러라. 여기에서 늘 진정한 공으로 있는 것은 나라는 생각조차도 없애고 그대 자신의 진정한 나로 머물러라.

41

모든 생각들을 던져 버리고 마음이나 말들의 범위 너머에 있는 자신의 자연스러운 나로 머무는 것이 완전한 해방이다. 다른 곳에서 단 하나의 생각이라도 들어온다면 그 생각 자체가 엄청난 굴레가 될 것이다. 생각이 전혀 없는 잠김이 진정한 비이원의 상태이다. 생각이 전혀 없는 몰입이 더할 수 없는 희열의 상태이다.

42

생각은, 참으로, 크나큰 슬픔이다. 생각은, 참으로, 크나큰 결점이다. 생각은, 참으로, 끝없이 다양한 탄생들을 낳게 하는 것이다. 생각은, 참으로, 강렬한 두려움이다. 생각은, 참으로, 모든 엄청난 죄이다. 생각은, 참으로, 떨쳐버릴 수 없는 걱정이다. 생각은, 참으로, 가슴의 큰 매듭이다. 생각은, 참으로, 이 모든 이원이다.

43

그러므로 나뉘지 않은 절대자가 된다는 확신으로 모든 다양한 생각들을 떨쳐버린, 그리고 그와 같은 유용한 확신으로 모든 회상들을 잊고 그것들이 일어나는 것을 막고 그러한 확신 또한 버린 뒤에 모든 차별들을 벗어나, 마음을 초월하는 진리로 남아 있는 자만이 모든 굴레에서 벗어난 차별이 없는, 나뉘지 않은, 지고한 해방을 얻은 자이다.

44

모든 변덕스러운 생각들이 사라지는 것은 "나는 브람만이며, 브람만은 나 자신이며, 나는 모든 것이다."라는 나뉘지 않은 지고한 확신을 가진 자들에게만 오지, 세상과 지고자 등과 같은 것들에 대한 지각을 가진 자들에게는 오지 않는다. 니다가여! 브람만 지식의 모든 수행자들의 이익을 위하여 나는 디감바라(공간의 옷을 입고 있는) 지고한 쉬바에 의해서 자세히 설명된 나뉘지 않은 절대자의 확고한 정의에 대한 이 진리를 그대에게 말 하였다.

45

나뉘지 않은 절대자에 대한 이 설명은 세상에 대한 모든 생각들을 가라앉힐 것이다. 나뉘지 않은 절대자에 대한 이 설명은 모든 슬픔을 가라앉힐 것이다. 나뉘지 않은 절대자에 대한 이 설명은 영원한 해방의 희열을 즉시 줄 것이다. 나뉘지 않은 절대자에 대한 이 설명을 듣고 이해하는 사람은 그 자신이 절대자가 될 것이다.

46

오직 나뉘지 않은 지고한 쉬바에 대한 헌신적인 명상을 수행함으로써 더할 수 없는 희열이 일어날 것이다. 최소한의 상칼파나 비칼파 없이 완전히 고요한 마음만이 하나의 지고한 쉬바와 융합하여 진정한 해방을 얻을 것이다. 동요된 마음이나, 상칼파나 비칼파의 지배를 받는 마음은 결코 그 해방의 상태를 얻지 못할 것이다.

47

나는 나뉘지 않은 지고한 쉬바라는 것을 매일 묵상하는 위대한 쉬바의 헌신자는 마음의 모든 오해들을 즉시 없애고 그 자신이 오로지 의식인 지고한 쉬바가 된다. 그래서 이 윤회의 바다를 쉽게 건너 유일무이한 해방의 경지를 얻을 것이다. 그러므로 현자 리부는 니다가에게 미묘한 절대자를 선명하게 설명하였다.

48

은혜롭고 즐거운 춤을 추는 상태에 있는 우리 신의 무한한 모습은 다음과 같이 말한다. 나는 무한한 나뉘지 않은 절대자라는 명상의 힘에 의하여 마음의 모든 오해들을 흔적도 없이 몰아내고 모든 굴레로부터 풀려날 때 우리는 지고한 해방을 얻을 수 있다.

리부의 노래

제22장
나뉘지 않은 성품에 대한 확신

1

니다가여! 나타난 세상 전체의 신이신 지고한 이슈와라가 모든 사람이 쉽게 이해할 수 있도록 일찍이 설명하신 방식으로 나는 그대에게 모든 움직이는 것이나 움직이지 않는 것의 목격자이며 모든 것의 나이며 마음이며 모든 우주의 바탕이며 자체로 완전하고, 모든 것에 퍼져 있는 완전무결한 브람만에 대해 더 많은 것을 말해 주겠다.

2

아들아! 내가 비이원의 지고한 브람만이라는 견고하고 끊임없는 확신에 의해 그대는 충만한 브람만의 희열을 즐기게 될 것이다. 그 지고한 브람만은 움직이지 않고, 영구적이며, 영원하며, 부분으로 나뉘어 있지 않으며, 망상이 없으며, 오점이 없으며, 형태가 없는 성품을 가진 평화로운 존재−의식−희열의 덩어리다. 이 말에는 한 점의 의심도 있을 수 없다.

3

내가 나 자신이라는 자각이 또한 의식이다. 다양한 모습으로 드러나는 것 또한 의식이다. 그대와 나에 대한 자각 또한 의식이다. 모든 것으로 보이는 것 또한 의식이다. 진정한 지식의 나라고 말해지는 것 또한 의식이다. 지식의 덩어리라고 불리는 것 또한 의식이다. 빛나는 나라고 불리는 것 또한 의식이다. 지고한 브람만으로 알려진 것 또한 의식이다.

4

마음으로 지각되는 것들은 정말이지 의식이다. 개체(지바)들로 지각되는 것 또한 의식이다. 둔한 것들로 지각되는 것 또한 의식이다. 그의 행위들이라고 지각되는 것 또한 의식이다. 헌신자라고 지각되는 것 또한 의식이다. 지고한 거처라고 지각되는 것 또한 의식이다. 해방된 자라고 지각되는 것 또한 의식이다. 해방으로 지각되는 것 또한 의식이다.

5

망상과 세 가지 몸(거친, 미세한, 원인의 몸)들 또한 의식이다. 깨어 있음, 꿈, 수면 같은 세 가지 상태들 또한 의식이다. 이런 것들에 대한 경험들 또한 의식이다. 감지할 수 있는 것 또한 의식이다. 나뉘지 않은 절대자 또한 의식이다. 지고한 브람만의 지식 또한 의식이다. 슬픔 없는 가득한 희열 또한 의식이다. 순수한 지고한 브람만인 것 또한 의식이다.

6

최고로 보이는 것 또한 의식이다. 결점을 가진 것으로 보이는 것 또한 의식이다. 중간의 것으로 보이는 것 또한 의식이다. 위대한 것으로 보이는 것 또한 의식이다. 진리로 보이는 것 또한 의식이다. 혼동되어 보이는 것 또한 의식이다. 신비로운 것으로 보이는 것 또한 의식이다. 다양해 보이는 것 또한 의식이다.

7

나는 형태가 없는, 나뉘지 않은 지고한 의식이다. 나는 희열의 덩어리인 의식이다. 나는 말이 미치지 못하는 의식이다. 나는 무한한 공간의 의식이다. 나는 상호 작용들이 없는 의식이다. 나는 완벽하게 충만하고 오점이 없는 의식이다. 나는 모든 것에 스며드는 의식을 가진 지고자이

리부의 노래

다. 그러므로 그것이 바로 그대라는 확신을 늘 가져라.

8

나는 영원한 평화인 의식이다. 나는 움직이거나 움직이지 않는 것이 없는 의식이다. 나는 속박이 없는 지고한 의식이다. 나는 지고자로서 퍼져 있는 의식이다. 나는 모든 생각들과 같은 것 너머에 있는 의식이다. 나는 어떠한 세상이나 개체들 또는 지고자가 없는 의식이다. 나는 비난할 것이 없는 의식을 가진 지고자이다. 그러므로 그것이 바로 그대라는 확신에 늘 있어라.

9

지고한 브람만은 늘 실재이다. 이 브람만은 결코 실재가 아닐 수 없다. 내가 지고자라는 확고부동한 확신을 가지는 사람은 누구나 영원한 실재가 될 것이다. 누구나 내가 영원한 실재라는 확고부동한 확신을 가지지 못한다면 사실상 실재이지 않은 채로 남을 것이다. 아들아! 내가 늘 실재인 지고자라는 이 확신에 동의하라.

10

실재도, 비실재도, 실재-비실재도 없고, 모두도 없고, 조금도 없고, 창조도 없으며, 의식도 없고, 개인도 없고, 세상도 없다. 이름도 없고, 일어나는 형상도 없고, 해방되는 것도 없고, 위대한 것도 없고, 완전한 것도 없으며, 앞도 없고, 뒤도 없으며, 완전한 것도 없다. 오직 비이원의 지고한 브람만만이 진리이다. 내가 그것이라는 깊은 확신을 가져라.

11

영원한 것도, 일시적인 것도, 모두인 것도 없다. 너도 없고, 나도 없고, 어떤 다른 이도 없다. 순수도 없고, 불순도 없고, 행복도 없다. 피곤도 없고, 경사스러운 것도 없고, 경사스럽지 않은 것도 없다. 헌신자도 없고, 헌신도 없고, 굴레도 없으며, 퍼져 있는 신도 없고, 아무런 힘도 없다.

비이원의 지고한 브람만이 유일한 진리이다. 내가 그것이라는 깊은 확신에 있어라.

12

개별성도 없고, 이원도 없고, 다양도 없으며, 형상도 없고, 형상 없는 것도 없고, 전혀 아무것도 없으며, 위대한 것도 없고, 사소한 것도 없고, 친근한 것도 없으며, 차이도 없고, 차이 없음도 없고, 조각도 없으며, 원인도 없고, 결과도 없고, 행위자도 없으며, 눈에 보이는 것들도 없고, 보는 사람도 없다. 오직 비이원의 지고한 브람만이 바로 진리이다. 내가 그것이라는 깊은 확신에 있어라.

13

신체도 없고, 감각들도 없고, 생명도 없으며, 변덕스러운 마음도 없고, 지성도 없으며, 이기심 egoity도 없고, 생각도 없으며, 무지도 없고, 지식도 없고, 이 모든 것 중 아무것도 없으며, 즐거움도 없고, 즐길 만한 것도 없고, 즐기는 사람도 없으며, 존재들도 없고, 세상도 없고, 감각 기관들도 없으며, 오직 비이원의 지고한 브람만이 진리이다. 내가 그것이라는 깊은 확신에 있어라.

14

형상을 지닌 신도 없고, 신들에 대한 봉사도 없으며, 모일 신성한 성소들도 없고, 참회 또한 없으며, 자선도 없고, 선행을 만들 다르마도 없으며, 자파도 없고, 해야 할 타파스도 없으며, 시간도 없고, 공간도 없고, 대상들도 없으며, 원인과 결과 같은 것도 없다. 오로지 거처가 없는 지고한 브람만이 진리이다. 내가 바로 그것이라는 깊은 확신을 가져라.

15

보인다고 상상되는 것은 브람만이다. 모든 원인들과 결과들이 브람만이다. 서 있는 모든 것들과 걷는 모든 것들은 브람만이다. 그대, 나 그리고 모두는 브람만이다. '그것'과 '너'라는 단어는 브

리부의 노래

람만이다. 필연적인 '이다are'라는 단어 또한 브람만이다. 진정으로, 내가 바로 희열의 덩어리인 지고한 브람만이라는 확신을 지녀라.

16

다섯 원소들이 브람만이다. 그들의 끊임없는 모든 합성물들도 브람만이다. 집착들을 가진 모든 개체들도 브람만이다. 이원을 지닌 모든 세상도 브람만이다. 굴레 없는 신도 브람만이다. 보이는 모든 광경들도 브람만이다. 내가 진정으로 희열의 무한한 덩어리인 지고한 브람만임을 확신하라.

17

다섯 신deity들이 모두 브람만이다. 그들의 모든 행위들이 브람만이다. 다섯 감각들이 브람만이다. 모든 나타난 것들은 브람만이다. 모든 것들은 늘 브람만이다. 실재와 비실재로서 나타나는 모든 것들은 브람만이다. 진정으로, 내가 굴레 없는 지고한 브람만임을 끊임없이 확신하라.

18

다섯 덮개들 또한 브람만이다. 그것들의 모든 경험 또한 브람만이다. 무지라는 어두운 오점 또한 브람만이다. 순수한 지식 또한 브람만이다. 거짓된 굴레 또한 브람만이다. 가치 있는 해방 또한 브람만이다. 내가 진정으로 그 변함없는 지고한 브람만이라는 것을 잠시의 쉼도 없이 확신하라.

19

브람만을 찾는 자 또한 브람만이다. 방해를 받지 않는 현자 또한 브람만이다. 높은 자와 비천한 자 또한 브람만이다. 가장 높은 자 또한 브람만이다. 해방된 존재(지반묵타) 또한 브람만이다. 몸 없이 해방된 자 또한 브람만이다. 내가 진정으로 그 비길 데 없는 지고한 브람만이라는 영원한 확신을 가져라.

20

동요하는 마음에서 일어나는 생각들 또한 브람만이다. 사라지는 단어들이 말하는 그것 또한 브람만이다. 변하는 몸의 행위들 또한 브람만이다. 마음, 말 그리고 몸 또한 브람만이다. 다양한 모습들 또한 브람만이다. 지고자, 개체 그리고 세상 이 모두는 브람만이다. 내가 오점 없는 지고한 브람만이라는 의심 없는 확신을 가져라.

21

모든 갈망에서 비롯된 행위들은 브람만이다. 모든 바랐던 결과들도 브람만이다. 훈련된, 갈망 없는 행위들도 브람만이다. 행위의 오점 없는 결과들도 브람만이다. 타마스와 라자스라는 속성들도 브람만이다. 삿트와라는 속성 또한 브람만이다. 내가 그 결점 없는 브람만이라는 것에 끊임없는 확신을 가져라.

22

베다들의 가장 높은 가르침 또한 브람만이다. 탁월한 경전들의 의미 또한 브람만이다. 구루의 은총 또한 브람만이다. 오점 없는 지식 또한 브람만이다. 두려움 없는 묵상 또한 브람만이다. 내가 브람만이라는 확신 또한 브람만이다. 내가 사소하거나 존재하지 않는 것이 전혀 없는 그 브람만이라는 끊임없는 확신을 가져라.

23

수수께끼 같은 마야와 무지는 어떤가? 엄청난 굴레와 해방은 어떤가? 위대한 생각과 존재들은 어떤가? 거대한 우주와 신은 어떤가? 셀 수 없는 이름들 그리고 마음의 모든 생각들은 어떤가? 그것들은 모두 오로지 위대한 지고한 브람만이며 그 밖의 다른 것이 전혀 아니다. 이 확신을 가져라.

24

개념conception 때문에 존재하는 모든 세상과 존재들은 오직 개념이라는 마음뿐이다. 마음 그 자체는 오직 지식인 지고한 브람만이다. 지식의 덩어리인 브람만과 떨어진 것은 아무것도 없다. 보이는 모든 것은 오점 없는 브람만이다. 그리고 떨어져 있는 것이 아무것도 없는 그 브람만은 나 자신이다. 언제나 이 깊은 확신을 가져라.

25

분별의 결핍 때문에 형태들로 지각되는 것은 무엇이든 브람만 위의 덧붙임이며, 지식인 바탕 또한 오로지 지식이며, 다른 것은 조금도 없다. 이것은 베다들의 최고의 확정된 전체 결론이다. 이것은 또한 위대한 사람들이 직접 경험한 상태이다. 니다가여! 이것은 또한 지고한 쉬바가 나에게 전해 준 진실한 설명 전부이기도 하다.

26

모든 것이 늘 참으로 존재하지 않는다고 말하는 것이 변함없이 진실한 만트라이다. 모든 것은 늘 참으로 브람만이라고 말하는 것이 모든 만트라 중에서 가장 위대한 것이다. 모든 것은 정말이지 브람만이라는 확신이 훨씬 더 위대한 만트라이다. 어떤 생각도 없는 공Void이 됨이 정말이지 모든 것을 초월한다.

27

참으로, 모든 것이 브람만이라는 확신이 늘 위대한 신에 대한 경배이다. 모든 것이 브람만이라는 확신이 언제나 위대한 신의 이름이다. 모든 것이 브람만이라는 확신이 언제나 위대한 신에 대한 헌신이다. 모든 것이 브람만이라는 확신이 위대한 신에 대한 명상이다.

28

모든 것이 참으로 브람만이라는 확신이 모든 것의 포기라고 할 수 있다. 모든 것이 참으로 브람만이라는 확신이 변덕스러운 마음의 포기라고 할 수 있다. 모든 것이 참으로 브람만이라는 확신이 '실재와 비실재'의 포기라고 할 수 있다. 모든 것이 참으로 브람만이라는 확신이 비견할 수 없는 지고자의 경지라 할 수 있다.

29

모든 것이 참으로 브람만이라는 확신이 마음의 모든 환영들을 없앨 것이다. 모든 것이 참으로 브람만이라는 확신이 마음의 모든 바사나들을 파괴할 것이다. 모든 것이 참으로 브람만이라는 확신이 마음의 모든 부스러기들을 없앨 것이다. 모든 것이 참으로 브람만이라는 확신이 변화하는 마음의 모든 슬픔들을 없앨 것이다.

30

모든 것이 참으로 브람만이라는 확신이 결과로서 생기는 모든 죄들을 없앨 것이다. 모든 것이 참으로 브람만이라는 확신이 일어나는 모든 공포들을 없앨 것이다. 모든 것이 참으로 브람만이라는 확신이 일어나는 모든 논쟁들을 없앨 것이다. 모든 것이 참으로 브람만이라는 확신이 일어나는 병들을 없앨 것이다.

31

모든 것이 참으로 브람만이라는 확신이 실재와 비실재로 보이는 모든 것을 없앨 것이다. 모든 것이 참으로 브람만이라는 확신이 혼동시키는 모든 이원을 없앨 것이다. 모든 것이 참으로 브람만이라는 확신이 비이원의 변치 않는 지식을 줄 것이다. 모든 것이 참으로 브람만이라는 확신이 비견할 수 없는 희열을 줄 것이다.

리부의 노래

32

모든 것이 참으로 브람만이라는 확신이 몸과 같이 혼란스러운 모든 조건형성들을 없애 줄 것이다. 모든 것이 참으로 브람만이라는 확신이 개체라는 동요하는 이원의 감각을 쫓아낼 것이다. 모든 것이 참으로 브람만이라는 확신이 세상, 개체, 그리고 지고자라는 모든 기억들remembrances을 없앨 것이다. 모든 것이 참으로 브람만이라는 확신이 인간을 존재-의식-희열의 덩어리인 지고자로 만들 것이다.

33

모두가 브람만이며 내가 그 브람만이라는 확신을 더욱더 깊이 탐구하여 모든 것, 브람만, 나 그리고 이것에 관한 상칼파와 비칼파를 더욱 효과적으로 제거하면 그대는 완전하고 완벽하게 가득한 절대자가 될 것이다. 그래서 변함없는 해방이 올 것이다. 나는 이것을 모든 우주의 신인 쉬바의 이름으로 말한다. 내가 말한 것에 대해 어떠한 의심도 없다.

34

모든 것이 브람만이며 그것이 나라는 깊은 확신을 명상하는 것이 지고한 해방을 얻는 예비적 방법이다. 수행 후에는 이 확신 역시 자연스럽게 사라질 것이다. 그러므로 아들아! 그 모든 것이 브람만이고 그것이 나라는 확신을 가장 확고하게 수행하여 진정한 해방을 얻어라.

35

모든 것이 브람만이라는 것을 깨닫지 못하고 분리된 것으로 보는 것은 무엇이나 모두 잘못이다. 경멸받을 만한 지옥에 대한 생각은 잘못이다. 거기에서 나오는 슬픔은 잘못이다. 즐거운 천국에 대한 생각은 잘못이다. 그것에서 나오는 모든 행복은 잘못이다. 세상과 개체들에 대한 모든 생각은 잘못이다. 세상의 신에 대한 개념은 잘못이다.

36

브람마, 하리, 그리고 하라는 모두 오로지 잘못된 생각들이다. 거친 세상의 우주적 원인으로의 나인 비라트와 자신이나 내적 감각들의 통치자인 쉬바라트도 또한 큰 잘못된 생각일 뿐이다. 우리의 마음속에 있는 외적 통치자나 모든 것에 걸쳐 작용하는 나인 삼라트라는 생각은 오로지 잘못된 생각이다. 모든 여러 신들은 잘못된 생각이다. 목표를 추구하는 사람들의 생각은 오로지 잘못된 생각이다. 그들의 활동들은 단지 잘못된 생각이다. 무니(현자, 리쉬)들과 싯다(오컬트 힘들의 마스터)들은 늘 오로지 잘못된 생각이다. 모든 마누(인류의 전설적 선구자이자 지구의 지배자)들은 단지 잘못된 생각이다.

37

신들과 악마들이 싸우는 전쟁에 관한 모든 이야기들은 오해에 불과하다. 다양한 창조들과 그 밖의 행위들에 대한 모든 지식, 그리고 브람마에 관한 다양한 이야기들은 오해이다. 하리의 보호와 재미나는 화신에 관한 이야기들은 모두 오해이다. 쉬바의 모든 파괴 활동과 화신은 오로지 오해에 불과하다.

38

여러 카스트들 같은 인간의 모든 위계질서들castes과 삶의 순서들orders은 오로지 오해이다. 쉬바, 비슈누 그리고 다른 신들의 숭배는 오로지 오해이다. 만트라, 탄트라와 여타 것들과 관련된 모든 다양한 행위들은 전적으로 오로지 오해이다. 분리된 것으로 보이는 모든 세상과 존재들은 모두 오로지 전적인 오해이다.

39

모든 것의 바탕인 지고한 브람만 위에 모든 오해들이 일어나므로, 모든 것은 오로지 그 지고한 브람만이며 조금도 떨어진 것이 아니므로, 한편에는 '모든 것'과 다른 편에는 브람만이라는 차별이 사라질 때까지 모든 것이 나뉘지 않은 브람만이며 나는 그 영원한 브람만이라는 깊은 확신을 가져라.

40

만약 그대가 항상 마음속으로 '모든 것'과 같은 것은 늘 없으며 '모든 것'은 늘 브람만이며 마음이 미치지 않은 곳에 있는, 나뉘지 않은 지식인 브람만이 정말 나 자신이라는 비이원의 깊은 확신을 수행한다면, 그대는 구분들로 나타나는 모든 차이들을 없애서 세상 존재의 굴레로부터 해방을 얻을 것이다.

41

모든 것이 브람만이고, 그것이 나라고 매우 깊은 확신으로 크게 소리치며 말하는 이도 완벽하게 충만한 브람만이 될 것이다. 그렇게 말하면서, 또한 그 자신 안에서 나뉘지 않은 지고한 확신을 실천하는 이가 나뉘지 않은 절대자가 된다는 사실에 어떤 의심이 있겠는가? 아들아! 깊은 확신이야말로 해방을 얻는 가장 중요한 원인이다.

42

만약 내가 브람만이라는 확신을 매일 끊임없이 품는다면, 마음속의 모든 오해가 사라지고 타버린 모든 장작불처럼 그 밖의 모든 것은 스스로 소멸되어 그 자체의 바탕인 브람만 속에서 평화를 얻을 것이다. 그러므로 해방을 추구하는 모든 구도자는 여기서 설명된 바와 같이 내가 브람만이라는 이 확신을 편안하게 수행하여야만 한다.

43

그러므로 아들아! 나는 그대에게 신이 자비롭게 말해 준, 그 나뉘지 않은 지고한 확신을 설명해 주었다. 설명한 이 진리를 한 번만이라도 겸허히 듣고 이해하는 사람은 누구나 지고자가 될 것이다. 여기서 말한 것에는 추호의 의심의 여지가 없다. 무결하고 전지전능한 신이 한 말에 어떤 의심이 있겠는가?

44

완벽하고 충만한, 비이원의 지고한 쉬바와 분리되어 일어나는 모든 이러한 이원의 마음의 변형 modification이어서 실재하지 않는다. 나뉘지 않은 절대자가 있다는 확신으로 마음이 존재-의식-희열의 덩어리인 지고한 쉬바 안에 있는 평화 안으로 녹는다면, 오직 마음의 변형에 불과한 모든 이원의 모습은 즉각 사라질 것이다. 원인이 없는 곳에 결과가 있겠는가?

45

강이 바다로 들어갈 때 강의 정체성이 용해되는 것과 마찬가지로, 집착이 없고 나뉘지 않은 지고한 브람만 위에 거짓으로 첨가된 이 마음의 이원과 여러 것들은 무한하고 나뉘지 않은 지고자라는 확신으로 그것 안으로 들어갈 때 용해될 것이다. 이렇게 굴레에서 벗어난 자유로운 현자 리부는 니다가에게 나뉘지 않은 절대자를 설명하였다.

46

다음과 같이 선언하신 분은 의식의 홀에서 기쁨의 춤을 추는 상태에 있는 우리 신의 무한한 형상이다. 오점 없는 존재-의식-희열로 빛나는 분은 바로 지고자이시다. 이 모든 것은 '그것'과 조금도 다르지 않다. 나는 그 지고자이며 '그것'과 전혀 다르지 않다. 그러한 확신으로 세상 존재의 굴레를 벗어나 순수한 지식으로 남아 있을 때 우리는 순수한 해방을 얻을 수 있다.

제23장
아드바이타(비이원) 진리에 대한 설명

1

나뉘지 않은 지고한 브람만에 대한 지식을 강화하고자 나는 그대에게 더 말할 것이다. 고귀한 영혼이여! 결론을 말하자면, 늘 변함이 없는 것은 존재−의식−희열의 덩어리인 브람만뿐이라는 것이고, 이 모든 이원은 결코 존재하지 않는다는 것이다. 비이원이라는 결론이 베다들의 에센스이다.

2

아무런 차이들이 없다. 아무런 차이들이 없고, 아무런 차이들이 없다. 차이들을 일으키는 것은 아무것도 없다. 원소들도, 원소들로 구성된 어떤 것도 없다. 어떠한 세상도, 세상의 어떤 대상들도 없다. 원인도, 속성들도 없다. 전혀 아무것도 없다. 여기에 '이것'으로 스스로 나타나는 것이 아무것도 없다. 시작과 끝이 없는 나뉘지 않은 광대한 지식인 지고한 브람만이 하나의 실재이다.

3

크거나 작거나 중간인 것이 없다. 뒤도, 앞도, 그 사이에도 아무것도 없다. 어려운 것도, 쉬운 것도, 그 중간에도 아무것도 없다. 타인들에게 속하는 것도, 나 자신의 것도, 그 사이에도 아무것도 없다. 단일의 것도, 이원인 것도, 그 중간의 것도 없다. 내부의 것도, 외부의 것도, 실로 아무엇도 전혀 없다. 완벽하고, 완전히 충만하고, 불변하고, 의식 그 자체인 평화로운 것은 오로지 지고한 브람만이다.

4

'모두'이거나 조금 혹은 그 둘은 없다. 실재나 비실재나 혹은 그 둘은 없다. 행복이나 슬픔이나 혹은 그 둘은 없다. 순수나 불순이나 혹은 그 둘은 없다. 천하거나 귀하거나 혹은 그 둘은 없다. 여기도, 내세도, 아무것도 전혀 없다. 우주적으로, 완전히 충만하고, 나뉘지 않은 의식인 변함 없는 것은 오로지 지고한 브람만이다.

5

탐구하는 제자도, 어떠한 구루도 없다. 전할 지식도, 무지도 없으며 슬픈 굴레도, 해방도 없으며 이원도, 비이원도 없으며 행복한 것도, 길한 것도, 불길한 것도 없다. 나도 없고, 너도 없고, 아무도 전혀 없다. 떨어지거나, 나뉘거나, 변함이 없는 지식의 확장인 것은 오로지 지고한 브람만이다.

6

어리석음도, 마음도, 지성도 없고 구속하는 자아도, 생각도 없으며 사물도, 그 사물들을 지각하는 감각들도 없으며 카르마도, 카르마에 의하여 영향을 받는 개인도 없으며 몸도, 몸의 경험자도 없으며 삶도 없고, 늘 아무것도 없다. 지각할 것이 조금도 없이 견고하게 스스로 지각하는 자로 있는 것이 지고한 브람만이다.

7

즐김도, 즐기는 자도, 즐김의 대상도, 만족도 없다. 멍한 바보도, 분별하는 현명한 자도, 해방된 자도, 굴레 속에 있는 자도, 해방을 구하는 자도 없다. 헌신자라는 차별도, 헌신도, 굴레도,

영혼도, 신(파티)도 없다. 완전하고, 완벽히 충만하고, 변함이 없는 의식인 한 분으로 늘 존재하고 있는 것은 지고한 브람만이다.

8

갈망도, 찾아야 할 결실들도 없으며 갈망을 갖고 탐닉하는 행위들도 없으며 숭배도, 숭배할 신도 없으며 숭배의 결과들도 없으며 대화도, 대화할 주제도, 대화를 통해 이끌어 내야 할 결론도 없다. 영원하고, 완전히 충만하고, 변함이 없고, 영원한 의식으로 존재하는 것은 오직 지고한 브람만이다.

9

욕망과 같은 마음의 양태들은 없으며 현혹시키는 상칼파들도, 비칼파들도 없으며 탄생과 같은 여섯 가지 변화들도 없으며 깨어 있는 것과 같은 세 가지 상태들도 없으며 깨어 있는 것과 그 밖의 다른 것들을 초월하여 있는 네 번째 상태도 없으며 추구해야 할 생각의 다양성도 없다. 보아야 할 것이 조금도 없으며, 늘 보는 자로 있는 것은 오로지 지고한 브람만이다.

10

전제나 결론이 없으며 좋은 동료나 나쁜 동료가 없으며 아는 것이나 알 수 있는 것이 없으며 탐구나 수행도 없으며 여기에는 구루나 제자인 자도 없다. 목적이나 목적에 이르는 것도 없다. 결점이 없는 완전하게 충만한 지식의 덩어리로 존재하는 것은 오로지 지고한 브람만이다.

11

신성한 목욕도, 신성한 물, 신성한 성소들도 없으며 다르마도, 신도, 신들에 대한 예배도 없으며 쇠퇴도, 발전도, 이것들에 대한 경험도 없으며 자선도, 개별성도, 그 아무것도 없으며 지식도, 헌신도, 이와 관련된 어떠한 행위들도 없으며 아는 자도, 지식도, 그와 같은 것들은 조금도 없다.

결점 없는 실재, 빛나는 의식, 희열의 내용으로 존재하고 있는 것은 오로지 지고한 브람만이다.

12

점진적으로 변화하는 세상들이 없으며 지옥과 같은 세상들이 없으며 옷과 항아리 같은 물건들이 없으며 원인과 결과 같은 것들이 없으며 다양한 우주적인 집성체들이 없으며 이것들 중 어느 하나에 대한 경험자도 없다. 조금의 무감각인 것들도 지니지 않고 있는 것이 충만한 의식이며 세상, 지바들 그리고 지고자의 흔적이 없이 오로지 지고한 브람만이 있다.

13

고갈되거나 충만해지는 것이 없으며 멀리하거나 가까이 있는 것이 없으며 가까이 하거나 멀리해야 하는 것이 없으며 성공이나 좌절로부터 얻는 것이 없으며 알거나 기억해야 할 것이 전혀 없으며 내재적인 성품인 아디야미카와 같은 세 가지 고뇌들이 없다. 결점이 없고, 속성이 없고, 영원하고, 늘 현재의 의식인 것은 오로지 지고한 브람만이다.

14

삿트와 같은 세 가지 속성들이 없으며 쉬바파와 같은 다양한 종교들이 없으며 놀랄 만한 베단타 종교도 없으며 아가마와 같은 다양한 경전들이 없으며 비이원을 설명할 말이 없으며 개인과 지고한 나가 같다는 것을 설명할 아무런 말이 없다. 말이 미치는 범위 너머에 있는 순수하고 완벽하고 완전히 충만한 것으로 존재하는 것은 오로지 지고한 브람만이다.

15

남성이나 여성도, 양성인 자도 없으며 움직이는 것, 움직이지 않는 것이 없으며 '모두'라는 것도 없다. 하늘, 바람, 불, 물, 땅, 감각들이 없으며 보거나 듣거나 나타나는 것이 없으며 본 것으로 늘 상상할 수 있는 것들도 없다. 말과 그러한 것의 한계들을 넘어서 있는, 그리고 그것으로 존재하고 있는 것, 그리고 한계 없이 있는 것은 오로지 지고한 브람만이다.

16

소중한 사람도, 좋은 사람도, 악한 사람도 없으며 세상적이거나 종교적인 것이 없으며 짧거나 길거나 뚱뚱한 것이 없으며 검거나 희거나 붉은 것이 없으며 얻거나 잃거나 그 중간의 것이 없으며 이름도 없으며 형상도 없고 다양한 것도 없다. 보이는 것이 없이 존재하는 유일한 것은 오로지 지고한 브람만이다.

17

카스트의 구분들도, 살아야 할 순서들도 없으며 칭찬할 만한 평화나 자기 통제도 없으며 정의(다르마)도 없고, 불의(아다르마)도 없으며 결점도 없고, 속성도 없고, 속성들을 가진 것도 없으며 실재나 비실재도 없으며 미혹도, 미혹의 결과도 없다. 단편적이지 않고 완전히 충만하고 차별 없는 의식으로 존재하고 있는 것은 오로지 지고한 브람만이다.

18

칭찬이나 비방도, 칭찬할 것을 아는 자도 없으며 찬사나 비난할 것이 없으며 결점이 없는 명령이나 금지도 없으며 이것들을 기술하고 있는 다양한 책자들이 없으며 자신과 타인 같은 것도 없으며 분리된 것은 전혀 없으며 결점이 없는 것은 없으며, 결점이 있는 것도 없으며 아무것도 전혀 없다. 완벽하고 완전히 충만하고 변함이 없는 의식으로 항상 존재하고 있는 것은 오로지 지고한 브람만이다.

19

거친 몸 등과 같은 여러 가지 몸들의 탄생이 없으며 아이도, 젊은이도, 노인도 없으며 곤란한 죽음도, 탄생도 없으며 이곳에 친척도, 친척이 아닌 사람도 없으며 친구나 적이라 말할 사람들도 없으며 저쪽 세상들과 같은 구분도 없다. 조금도 떨어져 있지 않고, 불변하고, 나뉨이 없이 존재하는 것은 오로지 지고한 브람만이다.

20

방향이나 방향 없음이나 방향의 안내자도 없으며 하라, 하리, 브람마도 없으며 수많은 신들이나 악마들이 없으며 사람들이나 짐승들이 없으며 파충류나 숲과 같은 식물의 생명이 없다. 무한하고, 지고한 의식의 공간, 지고한 실재, 구분이 없는 것으로 존재하고 있는 것은 오로지 지고한 브람만이다.

21

깨어 있는 상태 등과 같은 여러 가지 상태에서 경험하는 개체들이 없다. 깨어 있는 상태 등과 같은 여러 가지 상태에서 우주적 경험자는 없다. 상서로운 네 번째 상태나 그것의 경험자도 없다. 음식(신체) 등과 같은 다섯 가지 덮개들이 없으며 잘못된 가정들의 혼합도 없으며 실재하는 것으로 보이는 세상, 개체들 및 지고자도 없다. 나뉘지 않은, 조금도 소멸되지 않고 존재하는 것은 오로지 지고한 브람만이다.

22

환영적인 것은 결코 없으며 시간, 공간, 사물object도 없으며 의식이 모두 브람만이라는 묵상도 없으며 모든 것이 의식이라는 확신도 없으며 브람만이 유일한 실재라는 차이differentiation도 없으며 브람만이 오로지 실재라는 차이도 없다. 차이의 흔적이 없이, 나뉘지 않은, 그리고 흔들림 없이 존재하는 것은 오로지 지고한 브람만이다.

23

측정하는 것도, 측정할 만한 것도 없으며 거대한 것도, 미세한 것도, 그 중간의 것도 없으며 아

리부의 노래

는 사람도, 알 대상도, 아는 것도 없으며 기억할 세 가지도 없으며 나와 나의 것으로 생각하게 만드는 미혹도 없으며 윤회라는 결점도 없다. 이것들 중 그 어느 것도 전혀 없다. 하늘처럼 무한하고, 나뉘지 않은 의식-공간으로 존재하는 것은 오로지 지고한 브람만이다.

24

아는 자와 같은 지각 있는 것이 없으며 지식의 대상과 같은 지각 있는 것이 없다. 타당한 지식의 수단이라는 지각 있는 것이 없다. 어떤 다른 종류의 지각 있는 것이 없다. 창조되는 것도 없고 창조하는 자도 없다. 물질적 변화들이나 환영의 변형들이 없이 분리될 수 없는 것으로 존재하는 것은 오로지 지고한 브람만이다.

25

마음의 바사나들이 없으며 마음의 기능들이 없다. 깨어 있는 상태와 같은 세상 존재도 없다. 이러한 것을 추구하는 세상적인 마음을 가진 사람도 없다. 슬픈 이원도 없으며 슬픔이나 행복이라는 것은 전혀 없다. 아무것도 떨어져 있지 않으며, 흔들림 없고, 나뉘지 않고, 완벽하고 완전히 충만하게 존재하는 것은 오로지 지고한 브람만이다.

26

"집착하는 육체가 바로 나 자신이고, 세상은 실재한다."는 이원의 표현과 같은 것이 없다. "나는 목격자이며, 다른 모든 것은 떨어져 있다."는 목격의 상태라는 것은 없다. "나는 정말이지 아무런 분리가 없는 개인적인 지고자이다."라는 자각을 지닌 나뉘지 않은 상태라는 것이 없다. 어떠한 나뉜 상태도 없고 차이도 없이 존재하는 것은 오로지 지고한 브람만이다.

27

마음의 모든 상태들은 일어나지 않는다. 마음의 모든 상태들은 파괴되지 않는다. 마음의 모든 상태들은 나타나지 않는다. 마음의 모든 상태들은 사라지지 않는다. 마음의 모든 상태들은 존재하지 않는다. 마음의 모든 상태들이 없이 늘 평화로이 존재하고 있는 것은 오로지 지고한 브람만이다.

28

마음의 모든 발달을 보는 '목격자' 라는 측면은 전혀 없다. 모든 것에 관한 생각은 없다. "내가 브람만이다."와 "브람만은 나 자신이다."라는, 자기 자신이 브람만이라는 확신은 조금도 존재하지 않는다. 모든 것과 목격자, 그리고 브람만과 모든 것의 나라는 그러한 구분은 없다. 하나의 나뉘지 않은 의식으로 어떤 구분들에 의해 전혀 영향을 받지 않고 존재하는 것은 오로지 지고한 브람만이다.

29

어둠도, 빛도, 공간도 없으며 여섯 사마디들도 전혀 없다. 브람만을 아는 자도, 위대한 인물도, 더 위대하거나 가장 위대하거나 그런 다른 어떤 것도 없다. 존재하고 있는 모든 것이 의식으로 있는 브람만이며 그 브람만이 나라는 것이 세상 고통의 굴레로부터 해방된 자이다.

30

브람만의 이 나뉘지 않은 지식을 얻지 못한 사람은 실로 가장 불행하다. 지고한 브람만의 이 나뉘지 않은 지식을 얻지 못한 사람은 실로 심하게 병들어 있다. 지고한 브람만의 유익하고 나뉘지 않은 지식을 얻은 사람은 탄생과 죽음이라는 윤회로부터 해방된 사람이다. 그러므로 해방을 추구하는 모든 구도자들은 한 수단이나 다른 수단을 통하여 지고한 나뉘지 않은 지식을 얻어야 한다.

31

모두가 나뉘지 않은 지고한 브람만이고 그 브람만이 바로 나 자신이라는 확신을 가지고 그 자신 내에 이 굳건한 경험을 얻은 사람은 그 스스로 이 굳은 경험을 획득하여 그 나뉘지 않은 지고자가 되며, 잘못된 마음의 모든 상칼파와 비칼파를 제거하여 세상 고통의 굴레에서 해방된다. 이 말에는 조금의 의심도 없다. 나는 쉬바의 이름으로 이것을 말한다. 이것은 가장 위대한 진리이다.

32

비록 모든 종류들의 진귀한 교육을 배웠다 하더라도, 모두가 브람만이고 그 브람만이 자기 자신이라는 하나의 지고한 지식을 얻지 못한 무지한 사람은 결코 윤회라는 무서운 바다를 건널 수 없다. 말로는 형언할 수 없는 순수한, 지고한 지식을 얻은 사람만이 세상적 존재의 어려운 바다를 쉽게 건너 완벽히 충만한 지고한 브람만이라는 해안가에 도달할 수 있다.

33

분리되지 않은 지고자에 대한 단호한 확신을 얻은 사람만이 이 세상의 현자이다. 분리되지 않은 지고자에 대한 뿌리 깊은 확신을 가진 사람만이 지고한 브람만이다. 나는 지고한 신이 나에게 가르쳐 준 이 진귀한 진리를 그대에게 설명하고 있다. 니다가여! 지고한 사랑으로 이 결점 없는 말을 한 번이라도 듣는 사람은 그 자신이 지고자가 될 것이다.

34

단일한 것도, 두 가지인 것도, 복수인 것도 없다. 형상을 가진 것도, 형상이 없는 것도, 그 밖의 아무것도 없다. 혼란스러운 것도, 명확한 지각도, 아무런 마음도 없다. 위대한 것도, 하찮은 것도, 그 밖의 아무것도 없다. 세상도, 개체도, 신도 없다. 원인이나 결과와 같은 것은 없다. 어떤 어둠의 영향도 받지 않는 빛나는 지고한 쉬바는 영원히 하나인 유일한 그것이다.

35

유일한 실재는 지고한 쉬바이며 쉬바는 마야 같은 환영이 없이 자연스러운 존재 상태에 있고 집착이 없이, 최고 중의 최고이며 측정이 불가능하며 그것을 측정할 도구를 전혀 갖지 않고 있으며 세상의 거대하면서도 가장 위대한 나이고 친근하고 능가할 수 없는 희열이고 영원히 순수하고 의식으로 충만해 있고 해방이고, 영원하며, 속박이 없는 유일자이다.

36

태양과 같은 빛나는 것들을 빛나게 하는 지식으로 있는 지고한 쉬바를 안 자만이 리그 베다 등과 같은 베다들의 말에 의하여 이것들을 가르치는 구루의 말에 의하여 추리의 확고한 숙고를 통하여 중단되지 않는 명상을 통하여 그 자신이 모든 것의 보는 자로 있는 나뉘지 않은 지고한 쉬바가 될 것이며 세상의 굴레인 대상을 벗어나게 될 것이다.

37

의식으로 있는 쉬바를 안 자만이 탄생과 쇠퇴, 죽음과 고통, 질병을 제거하고 이원의 어떤 나타남도 늘 없이 비이원의 완전히 충만한 쉬바로서 확실히 자리 잡음으로 나뉘지 않은 지고한 해방을 얻을 것이다. 이것은 진리이다. 위대한 구루 리부는 니다가에게 이렇게 설명하였다.

38

보이는 모든 것들, 즉 원소들과 여러 나타남은 늘 비실재이며 존재하지 않는다고 부정을 한 후에, 남아 있는 것은 오로지 영원하고 부분이 없고 미혹이 없는 절대자뿐이라는 진리를 확고하게 선언하시는 분은 오점이 없는 상태로 기쁨의 춤을 추는 상태에 있는 우리 신의 무한한 형상이다.

제24장
희열의 성품에 대한 확신으로 희열에 이름

1

아들아! 본 담화에서 나는 그대에게 온 우주의 신이신 지고한 신(이슈와라)께서 설명하신 바와 같이 브람만의 번뇌anguish 없으며 나뉘지 않은 지고한 희열의 위대함에 대하여 더 말하겠다. 모든 것은 오직 나뉘지 않으며, 완벽하고, 온전히 충만하며, 능가할 자 없는, 희열로 가득 찬 지고한 신 브람만일 뿐이다. 희열의 덩어리인 지고한 브람만이 나 자신임을 끊임없이 이해하여 행복하여라.

2

나, 자신은, 태고부터 집착이 없는 희열이다. 나, 자신은, 변하지 않고 끊임이 없는 희열이다. 나, 자신은, 순수한 희열의 정점이다. 나, 자신은, 이원이 없는 비이원의 희열이다. 나, 자신은, 지고한 쉬바의 나뉘지 않은 희열이다. 나, 자신은, 지고한 나의 욕망 없는 기쁨이다. 나는 어디에나 내재하는 지고한 브람만의 희열이다. 이와 같은 확신으로 늘 행복하여라.

3

나, 자신은, 생각할 것이 아무것도 없는 희열이다. 나, 자신은, 행동이나 동기가 없는 희열이다. 나 자신은, 오점이 없는 지고한 희열이다. 나, 자신은, 무한하며 영원한 희열이다. 나, 자신은, 단지 하나의 성품만을 가지고 있는 지고한 희열이다. 나, 자신은, 자각으로 빛나는 지고한 희열이다. 나, 자신은, 둘이 없는 유일한 지고한 희열이다. 이와 같은 확신으로 늘 행복하여라.

4

나, 자신은, 생각으로 오염되지 않는 희열이다. 나, 자신은, 환영이 티끌만큼도 없는 희열이다. 나, 자신은, 다양한 양상mode들을 경험하는 순수한 지고한 희열이다. 나, 자신은, 양상들을 초월하는 지고한 희열이다. 나, 자신은, 만족을 주는 신성한 희열이다. 나, 자신은, 볼 것이 티끌만큼도 없는 희열이다. 나는 나뉘지 않으며, 온전히 충만하며, 추구되는 지고한 희열이다. 끊임없이 경험되는 이 확신으로 행복하여라.

5

나, 자신은, 불멸하며 쇠하지 않는 희열이다. 나, 자신은, 나뉘지 않은 상태의 목표인 희열이다. 나, 자신은, 오점이 없는 지식인 지고한 희열이다. 나, 자신은, 지고한 실재인 지고한 희열이다. 나, 자신은, 말없는 침묵인 지고한 희열이다. 나, 자신은, 망상이 없는 해방인 지고한 희열이다. 나, 자신은, 끊임없고 무한하며 온전히 충만한 지고한 희열이다. 이와 같은 확고한 확신으로 행복하여라.

6

나, 자신은, 무감각에 영향을 받지 않는 의식으로 가득 찬 희열이다. 나, 자신은, 변하지 않는 실재인 희열이다. 나, 자신은, 무지가 없으며 완전무결한 희열이다. 나, 자신은, 환영과 속성이 없는 지고한 희열이다. 나, 자신은, 확고한 성품으로 나타나는 지고한 희열이다. 나, 자신은, 조금의 차별도 없는 희열이다. 나, 자신은, 장애가 없는 유일한 지고한 희열이다. 이같은 쉬운 확신으로 행복하여라.

7

나, 자신은, 비교할 수 없는 지고한 희열이다. 나, 자신은, 존재나 비존재에 대한 생각이 없는 희열이다. 나, 자신은, 세 가지 속성들이 없는 지고한 희열이다. 나, 자신은, 신비로운 지고한 희열이다. 나, 자신은, 이름과 형상이 없는 희열이다. 나, 자신은, 파괴할 수 없는 선한 성품인 희열이다. 나는 티끌만큼의 차별도 없는 희열이다. 이와 같은 확고부동한 확신으로 행복하여라.

8

나, 자신은, 순수하게 경험되는 지고한 희열이다. 나, 자신은, 행위의 결과인 지고한 희열이다. 나, 자신은, 다양한 방법들로 도달되는 지고한 희열이다. 나, 자신은, 헌신으로 도달되는 지고한 희열이다. 나, 자신은, 우주에 있는 모든 희열이다. 나, 자신은, 마음이 미치지 못하는 희열이다. 나, 자신은, 빛나며 나뉘지 않은 지고한 희열이다. 이같은 부단한 확신으로 행복하여라.

9

나, 자신은, 최고의, 즐거운 지고한 희열이다. 나, 자신은, 실재의 자각으로 존재하는 지고한 희열이다. 나, 자신은, 모든 것으로 나타난 지고한 희열이다. 나, 자신은, 고요함으로 퍼지는 지고한 희열이다. 나, 자신은, 어떤 불순한 것에도 영향을 받지 않는 지고한 희열이다. 나, 자신은, 애착이 없고 자유로운 지고한 희열이다. 나, 자신은, 이기심에 영향을 받지 않는, 나뉘지 않은 지고한 희열이다. 이와 같은 유용한 확신으로 행복하여라.

10

나, 자신은, 오점이 없이 빛나는 지고한 희열이다. 나, 자신은, 얼룩 없음으로 이해되는 지고한 희열이다. 나, 자신은, 차분함으로 퍼지는 지고한 희열이다. 나, 자신은, 순수로 자리 잡고 있는 지고한 희열이다. 나, 자신은, 상칼파나 비칼파가 없는 지고한 희열이다. 나, 자신은, 모든 것으로 퍼지는 지고한 희열이다. 나, 자신은, 오점이 없이 자리 잡고 있는 지고한 희열이다. 이와 같은 확신으로 언제나 행복하여라.

11

나, 자신은, 지식으로 드러나는 지고한 희열이다. 나, 자신은, 지식을 초월하는 지고한 희열이다. 나, 자신은, 어떤 환영도 없는 진리인 희열이다. 나, 자신은, 이해하기 어려운 지고한 희열이다. 나, 자신은, 이 이원을 가지지 않은 지고한 희열이다. 나, 자신은, 하나의 온전한 충만함인 지고한 희열이다. 나는 비이원인 지고한 희열이다. 이와 같은 확신으로 언제나 행복하여라.

12

나, 자신은, 망상과 같은 것들을 초월하는 지고한 희열이다. 나, 자신은, 위대한 금언들의 설명이다. 나, 자신은, 순수하고 무한한 의식의 지고한 희열이다. 나, 자신은, 슬픔도 행복도 그 어떤 것도 없는 희열이다. 나, 자신은, 다정한 지고한 희열이다. 나, 자신은, 견줄 데 없는 탁월한 희열이다. 나는 버릴 것이 아무것도 없는 하나의 지고한 희열이다. 이와 같은 비이원의 확신으로 행복하여라.

13

나, 자신은, 시작이나 끝이 없는 희열이다. 나, 자신은, 나와 다르지 않은 지고한 희열이다. 나, 자신Self은, 빛이나 어둠이 없는 지고한 희열이다. 나, 자신은, 미세하게 퍼지는 지고한 희열이다. 나, 자신은, 차이가 없으며 완전히 충만한 희열이다. 나, 자신은, 단편들로 나뉘지 않는 브람만으로 빛나는 지고한 희열이다. 나 자신은 쇠퇴하지 않는 지고한 희열이다. 이같은 비이원의 확신으로 행복하여라.

14

나, 자신은, 언제나 움직임이 없는 희열이다. 나, 자신은, 명상에 전념함으로써 달성되는 지고

리부의 노래

한 희열이다. 나, 자신은, 속박이 없이 존재하는 자유로운 지고한 희열이다. 나, 자신은, 지고한 거처로서 도달되는 지고한 희열이다. 나, 자신은, 생각이 없는 의식–희열이다. 나, 자신은, 이 세상의 어떤 모습도 전혀 없는 희열이다. 나, 자신은, 끝이 없고 나뉘지 않은 지고한 희열이다. 분리된 것이 아무것도 없는 이와 같은 확신으로 행복하여라.

15

나, 자신은, 너무나 고요한 희열이다. 나, 자신은, 가장 높은 곳보다 더 높이 퍼져 있는 희열이다. 나, 자신은, 이원이 없는 지고한 희열이다. 나, 자신은, 하나의 전체인 지고한 희열이다. 나, 자신은, 움직이거나 움직이지 않는 것이 없는 희열이다. 나, 자신은, 세상도, 개체도, 지고한 신도 없는 희열이다. 나, 자신은, 하나의 성품인 희열이다. 이와 같은 끊임없는 확신으로 행복하여라.

16

나, 자신은, 묘사할 수 없는 지고한 희열이다. 나, 자신은, 스스로 빛나는 지고한 희열이다. 나, 자신은, 도달하기 어려운 네 번째 상태인 지고한 희열이다. 나, 자신은, 네 번째 상태를 초월하는 지고한 희열이다. 나, 자신은, 아무런 고뇌가 없는 지고한 희열이다. 나, 자신은, 모든 것을 초월하는 지고한 희열이다. 나, 자신은, 하나이며 무한한 지고한 희열이다. 이와 같은 확신으로 언제나 행복하여라.

17

나, 자신은, 경이롭게 드러나는 희열이다. 나, 자신은, 다양하게 모습을 나타내는 지고한 희열이다. 나, 자신은, 하나의 덩어리로서 일어나는 지고한 희열이다. 나, 자신은, 오점이 없이 존재하는 지고한 희열이다. 나, 자신은, 마음의 정복으로서 오는 지고한 희열이다. 나, 자신은, 마음으로 이해할 수 없는 지고한 희열이다. 나, 자신은, 태양처럼 빛나는 지고한 희열이다. 이와 같은 확신으로 행복하여라.

18

나, 자신은, 진리로서 빛나는 지고한 희열이다. 나, 자신은, '그것'으로 존재하는, 방해받지 않는 지고한 희열이다. 나, 자신은, 순수하며 빛나는 지고한 희열이다. 나, 자신은, 행복을 초월하는 지고한 희열이다. 나, 자신은, 어떤 결점도 없이 존재하는 지고한 희열이다. 나, 자신은, 어디에나 존재하는 지고한 희열이다. 나, 자신은, 나뉘지 않은 비이원의 지고한 희열이다. 매일 이와 같은 확신으로 행복하여라.

19

오직 유일한 것은 존재이다. 오직 유일한 것은 의식이다. 오직 유일한 것은 희열이다. 오직 유일한 것은 순수한 지고자이다. 오직 유일한 것은 비이원의 존재이다. 오직 유일한 것은 나뉘지 않은 지고자이다. 그 유일한 것은 지고한 브람만이며, 그것이 나 자신이다. 이와 같은 유일성에 대한 확신으로 해방되어라.

20

오직 유일한 것은 움직이지 않는다. 오직 유일한 것은 불멸한다. 오직 유일한 것은 위대하다. 오직 유일한 것은 비길 데 없다. 오직 유일한 것은 마음을 기쁘게 한다. 오직 유일한 것은 완전한 침묵이다. 그 유일한 것이 지고한 브람만이며, 그것이 나 자신이다. 이와 같은 일점 지향의 확신으로 해방되어라.

21

오직 유일한 것은 자아가 없다. 오직 유일한 것은 '이것'이라고 지적할 수가 없다. 오직 유일한 것은 소유 없는 성품이다. 오직 유일한 것은 견줄 데가 없다. 오직 유일한 것은 떨어져 있는 것이 아무것도 없다. 그 유일한 것이 지고한 신 브람만이며, 그것이 나 자신이다. 이같은 비이원의 확신으로 해방되어라.

리부의 노래

22

오직 유일한 것은 갈망이 없이 있다. 오직 유일한 것은 분노가 없이 있다. 오직 유일한 것은 슬픔이 없이 있다. 오직 유일한 것은 기쁨이 없이 있다. 오직 유일한 것은 심취^{infatuation} 없이 있다. 오직 유일한 것은 질투 없이 있다. 그 유일한 것이 지고한 브람만이며, 그것이 나 자신이다. 이와 같은 비이원적인 확신으로 해방되어라.

23

나는, 참으로, 언제나 몸이 없다. 나는, 참으로, 존재-의식-희열의 덩어리다. 나는, 참으로, 굴레가 없는 지고한 브람만이다. 나는, 참으로, 탄생과 죽음의 윤회의 굴레에 영향을 받지 않는다. 나는, 참으로, 마음과 같은 것이 없다. 나는, 참으로, 무한한 의식인 지고한 신이다. 나는 무한한 지고한 신이다. 이같은 일상의 확신으로 해방되어라.

24

나는, 참으로, 영원한 지고한 브람만이다. 나는, 참으로, 오점 없는 지고한 브람만이다. 나는, 참으로, 진리인 지고한 브람만이다. 나는, 참으로, 평화로운 지고한 브람만이다. 나는, 참으로, 순수한 지고한 브람만이다. 나는, 참으로, 희열의 덩어리인 지고한 브람만이다. 나는 비이원의 지고한 브람만이다. 이같은 변함없는 확신으로 해방되어라.

25

나는, 참으로, 완전하며 온전히 충만한 브람만이다. 나는, 참으로, 최고로 높은 지고한 브람만이다. 나는, 참으로, 최소한의 어떤 구분도 없는 브람만이다. 나는, 참으로, 하나의 온전히 충만한 브람만이다. 나는, 참으로, 전적으로 의식인 브람만이다. 나는, 참으로, 세상이나 개인들 혹은 지고자도 없는 브람만이다. 나는 영원한 희열의 덩어리인 지고자이다. 이같은 의심 없는 확신으로 해방되어라.

26

비록 이와 같은 확신을 받아들일 수 있는 능력을 가지고 있지 않을지라도 나뉘지 않은 지고자에 대한 주제를 소리 내어 쉬지 않고 읽음으로써 마음이 완전히 하나로 모일 것이고 오로지 의식뿐이라는 확신이 자라날 것이다. 그것에 의해 그 사람은 나뉘지 않은 해방의 상태를 얻을 수 있다.

27

그와 같은 확신으로, 해방은 빠르게 올 것이다. 배움을 통해서는 해방이 점차적으로 다가올 것이다. 그러므로 해방을 구하는 구도자들이 나뉘지 않은 지고한 해방에 빨리 이르고 싶다면 신성한 확신에 대한 계속적인 수행에 의지해야 하며 이것을 진정으로 오랜 기간 수행해야 한다. 확신만으로 이것을 얻는 능력이 부족한 사람은 이것을 큰 소리로 읽어야만 한다.

28

나는 몸이며 모든 세상은 영원하다고 오랜 기간 생각해 온 과거의 생각은 오직 나뉘지 않은 확신에 열중하는 수행으로만 소멸될 수 있으며, 유일한 지고자에 대한 확고부동함이 흐트러진 생각들로는 쉽게 제거될 수 없다. 그러므로 나뉘지 않은 지고자에 대한 확신으로 끊임없이 훈련해야만 한다.

29

그러므로 아들아! 그대는 지고한 신에 대한 끊임없고 분리 없는 확신을 영원히 가져야 한다. 이것이 불가능하다면 "차이가 있다는 아무런 관념들이 없이 나는 브람만이며, 나는 모든 것이다."라는 이 선언문을 큰 소리로 읽어라. 그것으로 지식을 얻는다면, 그대는 윤회의 촉수에서 자유로워질 것이다. 이것은 확실하다. 이것에 대해 조금의 의심도 가지지 마라. 우리의 신 이슈와라께서 말씀하신 것에 어떤 의심이 있겠는가?

30

니다가여! 자비심에서 나는 그대에게 말했다. 지고한 신 이슈와라가 내게 일찍이 설명하셨던 식으로 해방을 열망하는 모든 구도자가 모든 세상이 나뉘지 않은 무집착의 지고한 희열인 지고한 브람만이며, 내가 바로 그것이라는 매우 중요한 이 주제를 깨달아 즉시 해방의 상태에 도달할 수 있도록 말이다. 이것을 한 번이라도 철저하게 듣고 이해하는 사람은 누구든지 스스로 지고자가 될 것이다.

31

수행이 부족한 일부 무지한 사람들은 시간과 같은 여러 원인으로 인하여 모든 세상이 결과로서 일어난다고 말한다. 그들의 주장은 완전히 잘못된 것이다. 궁극의 피난처인 지고한 신 쉬바의 힘에 의해 모든 것은 근원인 지고한 신 쉬바께 덧붙여진 것이다. 진리를 탐구한다면 그 첨가물까지도 나뉘지 않은 지고한 신 쉬바임을 깨닫게 된다.

32

베다들로, 추론으로, 경험으로 점검한다면 환영인 세상, 개인, 그리고 지고자는 모두 오직 지고한 신 쉬바이며 존재의 토대이며 그 밖의 다른 것은 아무것도 없다. 고귀한 영혼이여! 지금 말한 모든 것은 진리이다. 이와 같이 리부는 니다가에게 견줄 데 없는 지고자에 대해 명확하게 설명했다.

33

다음과 같이 말하는 것은 기쁨의 춤을 추는 상태에 있는 우리 신의 무한한 형상이다. 모든 것은 존재–의식–희열인 애착이 없는 절대자이며, 지고한 해방은 비이원인 절대자가 항상 나라는 구별이 없는 확신으로 얻어질 수 있다.

제25장
순수한 브람만에 대한 확신으로 지고한 해방에 이름

1

고귀하고 나뉘지 않은 지고한 신 브람만에 대한 지식이 확고하고 강력해지도록 하기 위해, 본 담론에서는 순수한 지고자에 대한 확신에 대하여 다시 말하겠다. 그대가 가르침에 따라 그 확신을 가진다면, 마음의 상칼파(개념)들과 비칼파(상상, 의심, 관념)들은 최소한의 자취도 없이 사라질 것이다. 아들아! 그것들이 소멸된다면, 상칼파(개념, 고정된 생각)들과 비칼파들이 제거된 지성에서 완전하게 충만한 지식이 생겨날 것이다.

2

나는, 참으로, 단지 의식인 지고한 신 브람만이다. 나는, 참으로, 의식의 확장인 지고한 신 브람만이다. 나는, 참으로, 오점 없는 지고한 신 브람만이다. 나는, 참으로, 빈틈없는 지고한 신 브람만이다. 나는, 참으로, 모든 실재인 지고자이다. 나는, 참으로, 언제나 희열인 지고자이다. 나는, 참으로, 오직 나 자신인 지고한 신 브람만이다. 이 같은 끊임없는 확신으로 비칼파에서 벗어나라.

3

나는, 참으로, 순수한 지고한 신 브람만이다. 나는, 참으로, 희열의 덩어리인 지고한 신 브람만

이다. 나는, 참으로, 영원한 지고한 신 브람만이다. 나는, 참으로, 오점 없는 지고한 신 브람만
이다. 나는, 참으로, 실재인 지고한 신 브람만이다. 나는, 참으로, 변하지 않는 지고한 신 브람
만이다. 나는, 참으로, 비이원인 지고한 신 브람만이다. 항상 이 같은 확신으로 비칼파에서 벗
어나라.

4

나는, 참으로, 시작과 끝이 없는 지고한 신이다. 나는, 참으로, 나뉘지 않고, 완전하며, 완벽하
게 충만하다. 나는, 참으로, 계급^{cast}이나 혈통과 같은 것이 없다. 나는, 참으로, 관계들도 가지
지 않고 애착도 없는 지고한 신이다. 나는, 참으로, 차이와 구분이 없는 지고한 신이다. 나는,
참으로, 걱정이 없고 두려움이 없는 지고한 신이다. 나는, 참으로, 어떤 것도 없는 유일한 절대
자이다. 항상 이와 같은 확신으로 비칼파에서 벗어나라.

5

나는, 참으로, 불멸하는 지식의 덩어리다. 나는, 참으로, 창조나 파괴가 없다. 나는, 참으로, 불
멸하는 희열이다. 나는, 참으로, 티끌만큼의 이기심도 가지고 있지 않다. 나는, 참으로, 결점이
없는 지고한 신 브람만이다. 나는, 참으로, 분리 없는 지고한 신 쉬바이다. 나는, 참으로, 저속한
것이 하나도 없는 나뉘지 않은 절대자이다. 이와 같은 끊임없는 확신으로 비칼파에서 벗어나라.

6

그대의 가슴속에 있는 하나의 절대자에 대하여 그러한 확신을 늘 가지고, 속박된 마음의 모든
비칼파들의 자취에서 벗어나 브람만―희열의 바다에서 잠겨 차별 없는 상태로 이루 말할 수 없
는 희열을 즐기면서 세상적인 불행의 끝없는 굴레를 끊어 버림으로써 언제나 나뉘지 않은 존
재로서 자리 잡으라.

7

떨어져 있는 것은 아무것도 없으며 모든 것이 나뉘지 않은 지고한 신 브람만이며 구분 없는 브람만이 나 자신이라는 확고한 차별 없는 확신을 가져라. 만약 그대가 지시대로 한다면, 항상 그대는 행복할 것이다. 행복하여라. 행복 속에 자리 잡으라. 내가 말한 것에는 조금의 의심도 없다. 나는 쉬바의 이름으로 이것을 말한다. 이것은 진리이다.

8

어떠한 때라도 티끌만큼의 상상도 없다. 상상하는 어떤 마음도 결코 없다. 삼사라(탄생과 죽음의 순환)는 결코 조금도 없다. 탄생과 죽음의 순환(삼사라)속에 포함된 것은 결코 조금도 없다. 심지어 티끌만큼의 세상조차도 결코 없다. 이 세상의 신도 결코 없다. 결코 어떤 것도 없으며, 존재하는 모든 것이 자각인 지고한 신이라는 확신을 가져라.

9

마음이 결코 존재하지 않는데 마음이 만들어 낸 세상의 모습이 어떻게 있을 수 있겠는가? 티끌만큼의 세상조차도 존재하지 않는데 감각의 능력이 없는insentient 몸에 대한 이야기가 어디에 존재하겠는가? 몸으로서 영적인 진보에 영향을 주는 마음의 결점은 결코 존재하지 않는데 어디에 이기심이 있겠는가? 모든 것이 지식인 지고한 신이며 그것이 참으로 나라는 것을 확신하라.

10

생각과 같은 것들은 결코 존재하지 않는다. 세상, 개인들과 같은 것들은 결코 존재하지 않는다. 비록 그러한 모든 것들이 그대와 만나는 것처럼 보일지라도 실제로 존재하는 것은 오직 절대자뿐이다. 비록 그것들이 매일 일어나는 것처럼 보일지라도 정말로 일어나는 것은 언제나 늘 현존하는 절대자뿐이다. 존재-의식-희열의 덩어리인 지고한 신 없이 물질이나 세상의 출현은 없다.

리부의 노래

11

나뉘지 않은 토대인 지지support 이외에는 덧붙일 수 있는 독립된 존재가 없다. 나뉘지 않은 토대의 빛과 별도로 덧붙일 수 있는, 분리되어 빛나는 것은 없다. 나뉘지 않은 토대인 기쁨과 별도로 덧붙일 수 있는 독립된 기쁨은 없다. 나뉘지 않은 토대와 별도로 덧붙일 수 있는 독립된 존재는 없다, 영원히.

12

그러므로 존재하는 모든 것, 일어나는 모든 일 그리고 사랑스러워 보이는 모든 것이 존재-의식-희열의 덩어리인 브람만과 모두 다르지 않다는 강한 확신을 가져라. 이 썩기 쉬운 몸과 같은 것이 나 자신이며 이 세상은 나와 떨어져 있다는, 두려움을 불러일으키는 태도를 결코 마음에 받아들이지 말라.

13

이 썩는 육체와 같은 것이 나 자신이며 이 세상은 나와는 별개라는 구별의 관념을 확고하게 가진 무지한 자는 비록 명예로운 브람민일지라도 가장 낮은 카스트에 속하는 불가촉천민이다. 이것에는 의심의 여지가 없다. 그러므로 잠시라도 그러한 믿음에 넘어가지 말라.

14

존재하는 것은 언제나 아무것도 없으며 환영으로 나타나는 것 모두가 실제로는 희열의 덩어리인 지고자이며 내가 언제나 그 지고자라는 바위 같은 확신을 확고히 가지도록 하기 위해 수행하고, 또 그럼으로써 자아감이 없이 지고자로서 그대 자신 속에 거주함으로써 세상적인 존재의 허약한 굴레에서 벗어나라.

15

생각도, 지성도, 개인(지바)들도 존재하지 않는다. 세상도 없으며, 세상의 신도 없다. 그리고 이원의 흔적도 없다. 그것의 존재에 대한 모든 이야기는 단지 이야기일 뿐이다. 그러므로 아들아! 완벽하게 충만한 지고한 신 브람만에 대한 확신으로 그대는 언제나 비이원에 대한 끊임없고 헌신적인 확신을 가지고 해방을 얻어야 한다.

16

'보이는 것'으로서 그대 앞에 나타나는 것은 아무것도 없다, 결코 없다는 것과, '이것', 즉 이 모든 것으로 나타나는 모든 현상은 하나의 완전하고, 완벽하게 충만하며, 모든 것에 퍼져 있는 지고한 신 브람만이며 그 불변의 성품이 바로 나 자신이라는 마음의 확신으로 모든 비칼파를 떨쳐 버려라. 이렇게 하여 즉시 위대한 해방을 얻어라.

17

나는, 참으로, 부분이 없다. 나는, 참으로, 오점이 없다. 나는, 참으로, 지식의 덩어리이다. 나는, 참으로, 완전하다. 나는, 참으로, 케발라(홀로임)이다. 나는, 참으로, 장엄하다. 나는, 참으로, 지고한 신 브람만이다. 유일한 절대자에 대한 그러한 확신으로 해방을 얻어라.

18

나는, 참으로, 희열의 덩어리이다. 나는, 참으로, 순수한 지고자이다. 나는, 참으로, 확고한 존재이다. 나는, 참으로, 신성하다. 나는, 참으로, 모든 것의 나이다. 나는, 참으로, 고요한 지고자이다. 나는, 참으로, 나뉘지 않은 절대자이다. 절대자에 대한 그러한 확신으로 해방되어라.

19

나는, 참으로, 이기심이 없다. 나는, 참으로, 나이다. 나는, 참으로, '이것'과 같은 것이 전혀 없

리부의 노래

다. 나는, 참으로, 지고자이다. 나는, 참으로, '나의 것'이라고 할 것이 아무것도 없다. 나는, 참으로, 위대하다. 나는, 참으로, 지고한 신 브람만이다. 절대자에 대한 그러한 확신으로 해방되어라.

20

나는, 참으로, 생각이 없다. 나는, 참으로, 오직 의식이다. 나는, 참으로, 애착이 없다. 나는, 참으로, 지고한 이 네 번째 상태이다. 나는, 참으로, 굴레가 없다. 나는, 참으로, 가장 높은 것보다 더 높다. 나는, 참으로, 지고한 신 브람만이다. 절대자에 대한 그러한 확신으로 해방되어라.

21

나는, 참으로, 삿구루(진실한 구루)이다. 나는, 참으로, 좋은 학생이다. 나는, 참으로, 모든 것이다. 나는, 참으로, 아무것도 아니다. 나는, 참으로, 모든 곳에 널리 퍼져 있다. 나는, 참으로, 오직 나 자신이다. 나는, 참으로, 나뉘지 않은 절대자이다. 절대자에 대한 그러한 확신으로 해방되어라.

22

나는 결코 명시적이거나 암시적인 것이 아니다. 나는 결코 감각sentient도, 감각 없음insentient도 아니다. 나는 결코 빛도, 어둠도 아니다. 나는 결코 하나도, 둘도 아니다. 나는 결코 존재도, 비존재도 아니다. 나는 결코 자각을 가진 어떠한 것이 아니다. 나는 언제나 나뉘지 않은 지고한 신 브람만이다. 절대자에 대한 그러한 확신으로 해방되어라.

23

나는 결코 몸이나 감각들이 아니다. 나는 결코 생명도, 내부 감각들도 아니다. 나는 결코 마음이나 이해도 아니다. 나는 결코 생각이나 이기심이 아니다. 나는 결코 무지나 망상이 아니다.

나는 참으로 개인(지배)도, 지고자도, 세상도 아니다. 나는 언제나 나뉘지 않은 절대자이다. 절대자에 대한 그러한 확신으로 해방되어라.

24

지고한 신 브람만과 떨어져 있는 것으로 보이는 것은 모두가 언제나 완전한 실재가 아니다. 존재-의식-희열의 덩어리인 브람만은 언제나 변하지 않는 유일한 것이다. 나는, 참으로, 구별이 없으며, 어떠한 변화도 가지지 않으며, 유일하며, 완전하며, 모든 곳에 완벽하게 충만한 지고한 신 브람만이다. 그러한 부단한 확신으로 해방되어라.

25

나는, 참으로, 완벽하게 결점이 없는 브람만이다. 나는, 참으로, 완벽하게 속성이 없는 브람만이다. 나는, 참으로, 완벽하게 진리의 덩어리인 브람만이다. 나는, 참으로, 완벽하게 의식의 덩어리인 브람만이다. 나는, 참으로, 완벽하게 희열의 덩어리인 브람만이다. 나는, 참으로, 전적으로 순수한 브람만이다. 나는, 참으로, 완벽하게 평화의 덩어리인 브람만이다. 그러한 끊임없는 확신으로 해방되어라.

26

나는 언제나 떨어져 있는 것이 없다. 나는 언제나 위대하다. 나는 언제나 망상이 없다. 나는 언제나 나뉘지 않은 지고한 신이다. 나는 현재 어떤 것도 없다. 나는 과거에도 어떤 것도 없다. 나는 언제든 아무것도 없다. 그러한 확신으로 해방되어라.

27

나는, 참으로, 부패가 없는 것이다. 나는, 참으로, 의식으로 언제나 빛난다. 나는, 참으로, 모든 조건화들이 없다. 나는, 참으로, 모든 것을 초월한 지고한 신이다. 나는, 참으로, 형언할 수 없는 지고한 신 브람만이다. 나는, 참으로, 완벽하게 충만한 브람만이다. 나는, 참으로, 자아에 영향을 받지 않는 나뉘지 않은 절대자이다. 매일 그러한 확신으로 해방되어라.

28

나Self와 별개의 신성한 물들은 없다. 나와 별개의 신성한 목욕은 없다. 나, 나 자신이 바로 나Self라는 [이러한 생각으로] 전적으로 나Self의 순수한 물에서 목욕하고, 물리지 않으며 나뉘지 않은 지고한 희열인 나Self를 즐기며, 지고한 신 브람만인 나Self로서 언제나 변함없이 최고의 만족으로 항상 자리 잡아라.

29

나 밖에서 우리가 먹는 음식은 아무것도 없다. 나는 우리가 섭취하는 모든 음식이다. 나 밖에는 조금도 없다. 나는 지각하는 모든 것이다. 내가 나Self라는 확고한 신념을 가지고, 만족으로 가득한 나의 희열을 즐기며, 나뉘지 않은 절대자인 나로서 충분하고 확고하게 스스로 자리 잡고 머물면서 언제나 흔들림 없이 자리 잡으라, 아들아!

30

나 위에 덧씌워진 환영인 모든 세상과 존재들은 결코 나와 떨어져 있지 않다. 비록 그것들이 나의 밖에 있는 것처럼 보이더라도 적절한 탐구로, 그것은 오직 나뉘지 않은 나임을 알게 될 것이다. 나는 나Self이다. 나는 나이다. 나는 나이다. 나는 모든 것이다. 나는 지고한 신 브람만이며, 그것은 나와 다르지 않다. 언제나 나뉘지 않은 지고한 신 브람만인 나에 대한 그러한 확신으로 스스로 '그것'으로 머물도록 하여라.

31

나는, 참으로, 실재인 나이다. 나는, 참으로, 모든 것으로 나타나는 나이다. 나는, 참으로, 영원히 자리 잡고 있는 나이다. 나는, 참으로, 속성들이 없는 지고한 나이다. 나는, 참으로, 이원을 가지지 않는 나이다. 나는, 참으로, 유일하고 완벽하며 온전히 충만한 나이다. 나는 비이원인 지고한 나이다. 매일, 그러한 확신으로 해방되어라.

32

이 확고한 신념으로 지고자에 대한 확신을 가지고 모든 생각의 비칼파들에서 벗어나서, 지식이 밀려올 때 오로지 의식으로서 머무르도록 하여라. 끊임없는 확신은 그러한 성품에 자리 잡기 위한 준비 행위이다. 그러한 확신에 잠긴 후 우리는 떨어진 것이 하나도 없는 자기 자신으로서 즐길 수 있다.

33

여기서 말한 것, 즉 모든 것이 브람만이며 내가 바로 그 브람만이라는 나뉘지 않은 지고한 확신이 가장 고귀하고 확고한 확신이다. 게다가, 그러한 확신을 실천하는 모든 사람은 변하기 쉬운 마음의 모든 비칼파들에서 벗어날 것이며 나뉘지 않은 절대자로 언제나 머물며 희열에 이를 것이다. 내가 말한 것에는 추호의 의심도 없다. 여기에서 설명된 것을 듣고 이해하는 자는 지고자가 될 것이다.

34

여러 분파의 다양한 경전들로 된 몇몇 베다들은 모든 움직이거나 움직이지 않는 것의 토대인 하나이며 완벽하며 온전히 충만한 지고한 신 쉬바를 가리켜 서로 다른 문맥에서 삼부, 비슈누, 브람만, 인드라, 불의 신, 죽음의 신, 바람의 신, 그리고 여러 가지 차별된 신들로 부르고 있다.

35

이러한 다양함에 대해 이야기하는 것처럼 보이는 베다들의 지고한 진리를 철저히 탐구하면 모

리부의 노래

든 베다들이 그들의 의미로서 오직 차별 없는 고귀한 지고한 쉬바를 가리키고 있다는 것을 알 것이다. 이와 같이 현자 리부는 니다가에게 유일한 절대자에 대한 확신을 분명하게 가르쳤다.

36

다음과 같이 말씀하신 것은 지고한 의식—희열 속에서 춤추시는 의식의 회관의 주인이신 무한한 형상을 하신 우리의 신이시다. '그것'에 착각으로 덧씌워진 것으로 존재하는 모든 세상과 같은 것들은 전적으로 지고한 의식이다. 나는 나눠지지 않은 지고한 실재라는 완전한 확신에 의해 순수한 절대자로 머무를 수 있다.

제26장
비이원의 성품에 차별 없이 머물기

1

니다가여! 이 설명에서는 떨어져 있는 것이 하나도 없고, 스스로 충만한, 나뉘지 않은 것에 자리 잡는 것에 대해 그대에게 말하겠다. 그대에게 지금 말하고 있듯이, '그것' 자체가 되는 희열에 머물기를 기원한다. 이 가르침은 베다들과 경전들에서 최고의 비밀이며 얻기가 매우 귀한 것이다. 게다가, 이것은 신들과 요기들에게조차 얻는 것이 드물며 그들의 가슴에 매우 소중한 것이다.

2

아들아! 변덕스러운 마음의 비칼파들을 없애고, 물에 용해된 꾸민 씨앗과 같은 용질처럼 생각이 구별할 수 없을 정도로 완전히 용해된, 존재-의식-희열의 덩어리이며, 모든 것의 나이며, 평온한serene 것이며, 불변하는 것이며, 완벽하게 충만한 비이원인 브람만과 하나가 되는 것이 '그것' 자체에 머무는 것이다. 이것을 충분히 알고 있는 사람들은 지금까지 그것을 말해 왔다. .

3

모든 다양한 차이들을 깊이 탐구한다면 그것들이 결코 존재하지 않는다는 것을 알게 될 것이다. 모든 것이 나뉘지 않은 지고한 신 브람만이며, 그것은 나와 다르지 않으며, 그리고 그것이 바로 나이다. 항상 올바른 수행으로 이 고귀한 확신 속에서 그 밖의 모든 것을 버리고 언제나 그

리부의 노래

것 자체가 되는 희열에 머물라.

4

탐구해 들어갈 때 이 모든 이원의 뚜렷한 차이들이 존재하기를 그치는 것, 모든 원인과 결과가, 심지어 그 흔적조차 존재하기를 그치는 것, 그리고 마음이 그 안에서 용해될 때 이원에 대한 이 두려움이 흔적조차 존재하기를 그친다. 바로 그것 자체가 되어 늘 흔들림 없는 희열에 머물러라.

5

상칼파도 비칼파도 없는 것, 평화도 동요도 없는 것, 마음도 지성도 없는 것, 혼란도 확신도 없는 것, 확신도 확신의 부재도 없는 것, 그리고 이원에 대한 인식cognition이 전혀 없는 것. 이원에 대한 최소한의 두려움도 없이, 그것 자체로 존재하면서 늘 흔들림 없는 희열에 머물러라.

6

나쁜 것도 좋은 것도 없는 곳, 슬픔도 기쁨도 없는 곳, 침묵도 대화도 없는 곳, 상반된 쌍도 없는 곳, '나'와 '육체'의 구별이 없는 곳(대안 번역 : 몸이 자신이라는 관념도 없는 곳), 그리고 지각할 것이 조금도 없는 그곳에서 개념의 흔적도 없이, 그것 자체로서 그것 자체 안에 늘 희열에 머물러라.

7

몸의 움직임이 없는 곳, 말의 움직임이 없는 곳, 마음의 움직임이 없는 곳, 어떤 종류의 활동도 없는 곳, 죄도 공덕도 없는 곳, 그리고 욕망이나 그 결과의 흔적도 없는 그곳에서 개념의 흔적도 없이, 그것 자체로서 그것 자체 안에 늘 희열에 머물러라.

8

어떠한 상상도 결코 없는 곳, 상상하는 사람도 없는 곳, 우주가 발생하지 않은 곳, 우주가 존재하지 않는 곳, 우주가 용해되지도 않는 곳, 그리고 언제나 아무것도 존재하지 않는 그곳에서 개념의 흔적도 없이, 그것 자체로서 그것 자체 안에 늘 희열에 머물러라.

9

마야(환영)의 출현이 없는 곳, 마야의 영향이 없는 곳, 지식도 무지도 없는 곳, 신도 개체도 없는 곳, 실재도 비실재도 없는 곳, 세상의 출현이 전혀 없는 그곳에서 개념의 흔적도 없이, 그것 자체로서 그것 자체 안에 늘 희열에 머물러라.

10

다양한 신들이 없는 곳, 신들에 대한 경배도 봉사도 없는 곳, 세 형상(브람마, 비슈누, 쉬바)으로 구별이 없는 곳, 세 형상에 대한 명상도 없는 곳, 지고한 신 쉬바의 형상도 없는 곳, 지고한 신 쉬바에 대한 명상도 없는 그곳에서 개념의 흔적도 없이, 그것 자체로서 그것 자체 안에 늘 희열에 머물러라.

11

구별differentiation을 암시하는 활동들이 없는 곳, 헌신도 지식도 없는 곳, 얻을 결과들도 없는 곳, 그것이 없으면 지고한 거처(즉 지고한 상태)도 없는 곳, 달성을 위한 수단들이 없는 곳, 얻을 것이 아무것도 없는 그곳에서 개념의 흔적도 없이, 그것 자체로서 그것 자체 안에 늘 희열에 머물러라.

12

몸이나 감각들, 생명이 전혀 없는 곳, 마음이나 지성, 생각이 전혀 없는 곳, 자아나 무지가 없는 곳, 그것들에 대한 경험이 없는 곳, 대우주나 소우주가 없는 곳, 삼사라의 흔적(태어남과 죽음의 순환)이 없는 그곳에서 개념의 흔적도 없이, 그것 자체로서 그것 자체 안에 늘 희열에 머물러라.

리부의 노래

13

욕망과 화냄이 없는 곳, 탐욕과 그릇된 심취infatuation가 없는 곳, 거만함과 시샘하는 악의가 없는 곳, 마음의 여러 불순물들이 없는 곳, 속박의 그릇된 관념notion이 없는 곳, 해방의 그릇된 관념이 없는 그곳에서 개념의 흔적도 없이, 그것 자체로서 그것 자체 안에 늘 희열에 머물러라.

14

시작도 끝도 없는 곳, 바닥이나 중간이나 꼭대기가 없는 곳, 성소도 신도 없는 곳, 자선도 올바른 품행도 없는 곳, 시간도 공간도 없는 곳, 그리고 감각의 대상들도 없는 그곳에서 개념의 흔적도 없이, 그것 자체로서 그것 자체 안에 늘 희열에 머물러라.

15

브람만의 깨달음을 위한 네 가지 방법들이 없는 곳, 삿구루(진실한 구루)도 부지런한 제자도 없는 곳, 불변의 지식이 없는 곳, 뛰어난 갸니(지자, 현자)가 없는 곳, 두 종류의 해방(살아 있는 동안의 해방인 지반-묵티, 육체에서 분리된 해방인 비데하묵티)이 없는 곳, 그리고 언제나 아무것도 없는 그곳에서 개념의 흔적도 없이, 그것 자체로서 그것 자체 안에, 늘 희열에 머물러라.

16

베다들과 그런 경전들이 없는 곳, 탐구하는 개인이 없는 곳, 혼돈과 명료함이 없는 곳, 자리 잡아야 할 자리도 없는 곳, 거부되어야 할 자리도 없는 곳, 그 자체를 제외하고는 아무것도 없는 곳에서 개념의 흔적도 없이, 그것 자체로서 그것 자체 안에 늘 희열에 머물러라.

17

논쟁이 없는 곳, 승리들이나 패배들이 없는 곳, 경전이나 그것의 의미가 없는 곳, 표현을 할 수 있는 아무런 말들이 없는 곳, 개체와 지고자의 차이가 없는 곳, 그리고 조건화가 없는 그곳에서 개념의 흔적도 없이, 그것 자체로서 그것 자체 안에 늘 희열에 머물러라.

18

듣는 것(스라바나)도, 관련된 수행들(숙고와 깊은 묵상)도 없는 곳, 고귀한 사마디(잠김의 상태)가 없는 곳, 동일한 특정 집단의 목적들 사이에 차이가 없는 곳, 소속된 여러 집단의 목적들 사이에 차이가 없는 곳, 여유로운 즐거움이나 여러 모든 것으로서 차이가 없는 곳, 그리고 말이나 그들의 의미가 없는 그곳에서 개념의 흔적도 없이, 그것 자체로서 그것 자체 안에 늘 희열에 머물러라.

19

지옥에 대한 두려움의 흔적이 없는 곳, 천국의 기쁨이 없는 곳, 창조주(브람마)나 다른 것들의 세상이 없는 곳, 즐거워할 결실들이 없는 곳, 다른 세상들이 없는 곳, 그리고 우주가 존재하지 않는 그곳에서 개념의 흔적도 없이, 그것 자체로서 그것 자체 안에 늘 희열에 머물러라.

20

원소들이 없는 곳, 원소들의 어떤 파생물의 흔적조차 없는 곳, 이기심이나 소유의식이 없는 곳, 마음의 왕국의 흔적이 없는 곳, 애착의 결함이 없는 곳, 그리고 비칼파의 아주 작은 흔적도 없는 곳에서 개념의 흔적도 없이, 그것 자체로서 그것 자체 안에 늘 희열에 머물러라.

21

세 가지 몸들(거친 몸, 미세한 몸, 인과의 몸)이 없는 곳, 존재의 세 가지 상태들(깨어 있는 상태, 꿈꾸는 상태, 깊은 잠의 상태)가 없는 곳, 영혼의 세 가지 상태들(영원한 자유, 자유에 도달함, 경계)이 없는 곳, 세 가지 고뇌들(몸과 정신적인 요인으로 일어나는, 외부의 요소로 인해 일어나는, 초자연적이고 우주적 요인들로 인해 일어나는)이 없는 곳, 다섯 가지 덮개들(신체적인, 생명력, 정신적인, 지적인, 희열의)이 없는 곳, 그런 어떠한 것의 경험자도 없는 그곳에서 개념의 흔적도 없이, 그것 자체로서 그것 자체 안에 늘 희열에 머물러라.

22

감각적인sentient 존재가 없는 곳, 가려진 힘이 없는 곳, 차이들의 치장array이 없는 곳, 그릇된 투사의 힘이 없는 곳, 다른 어떤 종류의 힘이 없는 곳, 그리고 현현의 세상에 대한 환영이 없는 그곳에서 개념 흔적도 없이, 그것 자체로서 그것 자체 안에 늘 희열에 머물러라.

23

활동이 없는 곳, 활동의 행위자가 없는 곳, 정말로 불변의 상태인 비할 데 없는 희열이 솟아오르는 곳, 아무도 (죽음이나 환영으로) 돌아가지 않는다는 것을 알고 깨달아서 세상 존재의 속박으로부터 자유롭게 되는 그곳에서 그것 자체로서 그것 자체 안에 개념의 흔적이 없이, 언제나 희열에 머물러라.

24

그것을 깨달으면 그것의 희열 안에서 여타의 모든 기쁨이 그것의 기쁨으로 보이며, 매우 확고한 확신으로 그것이 자기 자신임을 깨달으면 그 밖의 어떤 것도 결코 떨어져 있는 것이 아닐 것이며, 매우 확고한 확신으로 그것이 자기 자신임을 깨달음으로써 모든 종류의 지바들(개체들, 존재들, 생명들)이 해방을 얻을 것이다. 그것 자체로서 그것 자체 안에 개념의 흔적도 없이, 늘 희열에 머물러라.

25

그것이 자기 자신임을 확고하게 알면, 그 밖의 어떤 것도 알 필요가 없으며, 그것이 자기 자신임을 완전한 확신으로 알면 모든 것이 영원히 알려지며, 그것이 자기 자신임을 완전히 확고하게 알면 모든 행위가 완전히 성취된다. 그것 자체로서 그것 자체 안에 개념의 흔적도 없이, 늘 희열에 머물러라.

26

나는 브람만이라는 확신으로 방해받지 않는 방법으로 쉽게 도달될 수 있는 곳, 그런 확신 후 침묵으로 완전히 충만하며 이루 말할 수 없는 희열이 스스로 드러날 곳, 마음이 그것 안으로 잠김으로 탁월하며 비길 데 없는 만족과 하나 될 그곳에서 그것 자체로서 그것 자체 안에 개념의 흔적도 없이, 늘 희열에 머물러라.

27

마음의 잠김으로 모든 슬픔들이 조금도 없이 사라질 곳, 마음의 잠김으로 그대도 나도 다른 어떤 것도 존재하지 않을 곳, 마음의 잠김으로 이 모든 차이들이 사라질 그곳에, 그것 자체로서 그것 자체 안에 개념의 흔적도 없이, 늘 희열에 머물러라.

28

마음의 잠김으로 이원에 대한 의식이 없이 자기 자신으로서 머무는 곳, 마음의 잠김으로 분리된 것이 하나도 남아 있지 않을 곳, 마음의 잠김으로 견줄 데 없는 희열만이 스스로 드러날 그곳에서, 그것 자체로서 그것 자체 안에 개념의 흔적도 없이, 늘 희열에 머물러라.

29

참으로, 차별 없는 존재이며 참으로, 차별 없는 의식이며 참으로, 차별 없는 희열이며 참으로, 비이원이며 참으로, 나와 다르지 않으며 그리고 참으로, 나뉘지 않은 지고한 브람만인 그것. "내가 그것이다."라는 확고한 확신으로 언제나 그것 자체인 희열에 머물러라.

30

참으로, "나"와 "그대"이며 참으로, 다른 모든 사람이며 참으로, 모든 것의 토대이며 참으로, 다른 어떤 것의 흔적이 없는 유일자이며 참으로, 최상의 순수이며 그리고 참으로, 나뉘지 않고 완전하며 완벽한 충만함인 그것. "내가 그것이다."라는 확신으로 언제나 그것 자체의 희열 안에 있어라.

31

다양한 방식mode들이 없으며 조금도 다른 것이 없으며 모든 이기심이 소멸되며 모든 욕망(상상)이 파괴되며 마음과 같은 그러한 것이 사라지며 모든 환영이 파괴되는 그곳. "나는 그것이다."라는 확고한 확신으로 언제나 그것 자체의 희열 안에 있어라.

32

육체와 같은 것들이 식별될 수 없으며 어떠한 현현의 지각도 없으며 생각 자체가 파괴되며 개체(지바)를 용해하며 모든 상상들이 소멸되며 그리고 확신조차 사라지는 그곳. "나는 그것이다."라는 깊은 확신으로 언제나 그것 자체의 희열 안에 있어라.

33

모든 명상이 용해merge되며 모든 요가가 없어지며 모든 무지가 죽으며 모든 지식이 무가치하게 되며 복잡한 상호 작용들이 없으며 절대적인 진리의 상태인 그것. "나는 그것이다."라는 아주 확고한 확신으로 언제나 그것 자체의 희열 안에 있어라.

34

항상 행복을 얻는 곳에 용해되어, 결코 슬픔을 경험하지 않는 곳에 용해되어, 아무것도 지각하지 않는 곳에 용해되어, 탄생이 전혀 없는 곳에 용해되어, 분리되는 감각들을 결코 경험하지 않는 곳에 용해되어, 지고자(파라) 그 자체로 머무는 곳에 용해되어, "나는 그것이다."라는 이 깊은 확신으로 언제나 그것 자체의 희열 안에 있어라.

35

진실로 지고한 신 브람만이며 진실로 지고한 신 쉬바이며 진실로 오점이 없으며 진실로 지고자의 상태이며 진실로 실재의 지식이며 그리고 진실로 지고한 진리인 그것. 그것이, 참으로, 나이다. 이와 같은 확신으로, 언제나 그것 자체의 희열 안에 있어라.

36

진실로 순수한 절대자의 성품이며 진실로 희열의 덩어리의 성품이며 진실로 섬세한 지고한 성품이며 진실로 스스로 빛나는 성품이며 진실로 비이원의 성품이며 그리고 진실로 구분의 의미가 없음이 성품인 그것. 그것이 참으로 나이다. 이와 같은 확신으로, 언제나 그것 자체의 희열 안에 있어라.

37

진실로 진리이며 진실로 평화로운 절대자이며 진실로 영원하며 진실로 속성이 없으며 진실로 나이며 진실로 나뉘지 않은 절대자인 그것. 그것이 참으로 나이다. 이와 같은 확신으로, 언제나 그것 자체의 희열 안에 있어라.

38

참으로 상호 작용들의 전체를 구성하는 그것. 참으로 "최고의 진리"에 의해서도 조금도 전달될 수 없는 그것. 참으로, 존재-의식-희열이며 참으로, 언제나 평화로우며 참으로, 그것과 떨어진 것이 아무것도 없으며 참으로, 오로지 홀로 스스로 존재하는 그것. 그것이 참으로 나이다. 이와 같은 확신으로, 언제나 그것 자체의 희열 안에 있어라.

39

니다가여! 이처럼, 나는 그대에게 어떤 이원도 없이 그것 자체로서 자리 잡는 상태를 설명해 주었다. 그대는 구분되지 않는 절대자에 대한 끊임없고 지속적이며 변함없는 확신으로 영원한 희열을 즐길 것이다. 오직 브람만일 뿐인 그대에게는 미래의 어떤 시간에도 더 이상의 세상 존재의 불행은 없을 것이다.

40

남은 원래의 경향성(바사나)들에 의한 모든 불순한 경향성(바사나)들을, "존재-의식-희열인 절대자가 모든 것이며 나는 언제나 그것이다."라는 수행으로 없애 버리고, 그 후에 그런 경향성(바사나)까지도 지워 버릴 때 아들아! 그대는 비이원의 지고한 브람만 그 자체에 완전히 몰입되어 브람만 그 자체로 자리를 잡아 차별 없고 나뉘지 않은 유일자가 되는 해방을 얻을 것이다.

41

모든 불순한 경향성(바사나)들은 마음의 상태이다. 순수한 절대자에 대한 경향성들 또한 마음의 상태이다. 지고자는 그런 변화하는 경향성들이 없다. 그러므로 움직이지 않는 돌이나 나무 조각처럼, 순수하게 여겨지든 불순하게 여겨지든 마음의 어떤 경향성들도 없이, 이런 상태에 자리 잡아 어떤 긴장도 없이, 희열 안에 있어라.

42

나뉘지 않은 절대자에 대한 확신으로 모든 다른 생각의 상상과 분리된 후 절대자라는 이미 말한 확신조차 잊어버릴 때 그대 자신은 완전히 충만한 지고한 브람만으로 머문다. 이 세상의 큰 죄인이라도 지금 이야기한 이 설명을 듣고 그것을 이해한다면 그는 그의 자아의 모든 큰 죄들을 없애고 나뉘지 않으며 구별되지 않는 절대자로 머물게 될 것이다.

43

끝없이 장황한 베다들이 여기저기에서 마음의 정화를 위한 명상의 방법들을 보여 줄 때 그것들은 정신적으로 정화된 사람들의 행복한 해방을 위한 수단으로서 나뉘지 않고 완벽하며 완전히 충만한 쉬바인 괴로움이 없는 희열의 덩어리와 오로지 바위처럼 움직이지 않고 융합되고merge 잠기는absorption 것을 가리켜 주었다.

44

그러므로 우리가 여기에서 차별 없는 해방을 얻을 수 있는 것은 단지 그것 그 자체로서 거주하고 우리가 아는 모든 것이 쉬바이며 쉬바가 나라는 명상 수행에서 생기는 순화된 마음을 가질 때 가능하다. 여기 말한 모든 것은 진리이다. 이와 같이, 현자 리부는 니다가에게 참된 상태에 머무는 방법을 완전히 설명해 주었다.

45

다음과 같이 말한 것은 장엄한 기쁨의 춤을 추는 상태에 있는 우리 신의 나뉘지 않은 형상이다. 나는 언제나 존재-의식-희열인 실재라는 확신으로 그것과 하나가 되는 상태, 즉 그것 자체가 됨으로써 세상의 공허한 굴레가 산산조각이 나고, 순수한 해방이 얻어질 수 있다.

리부의 노래

제27장
오점 없는 성품의 탐구에 의해 평화에 이름

1

어떻게 존재-의식-희열인 브람만만이 영원히 변하지 않는지 그리고 이 이원이 조금도 존재하지 않는지에 대해 그대에게 더 깊이 설명할 것이다. 이것을 한 번이라도 듣고 똑바로 이해하는 사람은 비이원의 지고한 신 브람만이 될 것이며 나뉘지 않은 해방을 얻게 될 것이다.

2

진리이며, 평정하고equanimous, 평화로우며, 움직이지 않으며, 영원하며, 불멸하며, 속성이 없고, 오점이 없으며, 순결하며, 고통이 없고, 망상도 없는 것이며, 언제나 의식이며 유일하게 불멸하는 것은 오직 지고한 브람만뿐이다. 비이원이며 완전히 충만한 브람만과 떨어져 있는 것은 아무것도 없다.

3

한 쌍의 이원은 결코 존재하지 않는다. 보이는 모든 모습들은 오직 지고자일 뿐이다. 굴레와 같은 그러한 다양한 구분들은 없다. 지각되는 모든 광경은 오직 지고자이다. 모든 것은 조금이라도 결코 존재하지 않는다. 모든 것으로 보이는 것은 오직 지고자일 뿐이다. 나는 끝이 없으며 나뉘지 않은 성품인 그 브람만이라는 탐구에 전념하여라.

4

육체나 기타 어떤 것도 결코 존재하지 않는다. 외양으로 보이는 모든 것은 오직 지고자일 뿐이다. 경험이나 기타 어떤 것도 결코 존재하지 않는다. 감각들을 통해 보이는 모든 것은 오직 지고자일 뿐이다. 심취함이나 다른 어떤 그런 것은 결코 존재하지 않는다. 우리들 앞에 보이는 모든 것은 전적으로 지고자일 뿐이다. 나는 그것 자체와 떨어져 있는 것이 아무것도 없는 그 브람만이라는 탐구에 전념하여라.

5

나는, 참으로, 존재–의식–희열이며 나는, 참으로, 움직임이 없는 순수한 지고자이며 나는, 참으로, 영원하며 부분이 없는 것이며 나는, 참으로, 모든 것에 널리 퍼져 있는 오점 없는 지고자이며 나는, 참으로, 이 같은 이원이 전혀 없는 것이며 나는, 참으로, 완전하고 완벽한 충만함인 유일자이다. 나는 비이원인 지고자이다. 분리된 것이 아무것도 없는 채로 매일 이 탐구에 전념하여라.

6

나는 구별이 없는 존재이며 나는 빛나는 의식이며 나는 슬픔이 없는 희열이며 나는 단순하고 simple 평화로운 절대자이며 나는 인종이나 가문이 없으며 나는 조금도 윤회가 없으며 나는 시작이 없고 나뉘지 않은 절대자이다. 분리된 것이 아무것도 없는 채로, 매일 이 탐구에 전념하여라.

7

나는, 참으로, 미세한 것으로 자리 잡은 지고자이다. 나는, 참으로, 순수한 희열인 지고자이다. 나는, 참으로, 어떤 애착들로도 고통을 받지 않는다. 나는, 참으로, 오로지 홀로 서 있는 지고자이다. 나는, 참으로, 완벽하게 모든 곳에 퍼져 있는 지고자이다. 나는, 참으로, 전부이며 완벽하게 충만함이다. 나는 몸과 같은 그런 조건화들이 없다. 분리된 것이 아무것도 없는 채로, 매

리부의 노래

일 이 탐구에 전념하여라.

8

나는, 참으로, 모든 것으로 보인다. 나는 참으로, "모두"라는 말을 가지고 있지 않다. 나는, 참으로, 오점 없이 존재한다. 나는, 참으로, 지식의 덩어리이다. 나는, 참으로, 베다들의 범위를 초월한다. 나는, 참으로, 순수한 지고한 브람만이다. 나는 이원이 없는 유일한 절대자이다. 항상 끊임없이 이 탐구에 전념하여라.

9

탄생과 같은 변화의 여섯 단계들이 없으며 언제나 의식이며 마음과 같은 것이 미치지 못하며 망상과 같은 그런 조건화가 전혀 없으며 신(이슈와라)이나 개체(지바)의 속성들에 영향을 받지 않는 나는 언제나 나뉘지 않은 지고한 신 브람만이다. 완전한 헌신으로 이 탐구에 끊임없이 전념하여라.

10

나는 참으로 언제나 원인이 없고 나뉘지 않은 지고한 브람만이다. 그 브람만은 세 가지 몸들(신체적인 몸, 미세한 몸, 인과의 몸)과 세 가지 상태들(깨어 있음, 꿈, 깊은 잠)들과 이른바 그 상태들을 경험하는 세 사람도 없으며, 어느 때고 계급과 가문과 같은 조건화들도 없으며, 베다들과 많은 경전들에서 모든 곳에 널리 퍼져 있는 순수한 지식인 지고한 유일자로 묘사되고 있다. 언제나 이 탐구에 전념하여라.

11

환영의 공간과 같은 그런 인과의 세계들이란 없다. 창조와 같은 활동들에 종사하는 창조주(브람마)와 같은 세 분의 신들도 없다. 차이와 모호함 투성이의 많은 경전들과 논평들도 없다. 모든 것이 나뉘지 않은 브람만이며 그것이 참으로 나라는 이 탐구에 전념하여라.

12

적당한 승리와 패배 같은 것은 존재하지 않는다. 저절로 생기는 이익과 손실 같은 것은 존재하지 않는다. 슬픔, 기쁨, 칭찬, 비난 같은 것은 아무것도 존재하지 않는다. 이원과 비이원 또한 존재하지 않는다. 세 가지 특성들과 그것들의 영향도 존재하지 않는다. 근원적인 무지도 그곳에는 존재하지 않는다. 모든 것은 쇠하지 않는 브람만이며 그것이 참으로 나라는 이 탐구에 전념하여라.

13

시간과 상칼파가 존재하지 않는데 보이는 모든 광경이 어디에 존재하겠는가? 거친 형상이 아무것도 존재하지 않는데 세상 존재에 수반하는 굴레가 어디에 존재하겠는가? 근원적인 무지가 결코 존재하지 않는데 어디에서 그 모든 결과들이 일어나겠는가? 모든 것의 거주지가 어떻게 해서 지고한 브람만이며 내가 참으로 그것인지에 대한 탐구에 전념하여라.

14

변덕스러운 마음이 존재하지 않는데 어디에서 상칼파와 비칼파가 생기겠는가? 다섯 원소들이 존재하지 않는데 어디에서 다양한 자연의 힘들이 생기겠는가? 의지할 신이 없는데 어디에서 경배와 같은 것이 생기겠는가? 어떻게 해서 오점 없는 지고한 브람만이 모든 것이며 내가 참으로 그것인지에 대한 탐구에 전념하여라.

15

마음의 활동이 없는데 어디에서 이 세상과 다른 세상에 대한 생각이 일어나겠는가? 지성이라는 이름조차 존재하지 않는데 어디에서 사물의 정체성에 대한 확신이 생기겠는가? 이 이원의 흔적도 존재하지 않는데 어디에서 "오직 유일자"라는 말이 생기겠는가? 어떻게 해서 비이원의 브람만이 모든 것이며 그것이 참으로 나인지에 대한 탐구에 전념하여라.

16

품위를 손상시키는 자의식egoity이 존재하지 않는데 어디에서 '나'와 '나의 것'이라는 생각이 생기겠는가? 개념(상칼파)이 존재하지 않는데 어디에서 육체의 모습과 같은 것들이 생기겠는가? 기능하는 감각들이 존재하지 않는데 어디에서 감각sensation과 같은 것이 생기겠는가? 어떻게 해서 어디에 있는 무엇이나 모두 브람만이며 그것이 참으로 나인지에 대한 탐구에 전념하여라.

17

모든 것이 나뉘지 않은 지고한 신 브람만이며 나는 언제나 바로 그 브람만이라는, 이원이 없는 끊임없는 확신의 지속을 부단히 노력함으로써 모든 세상이 실재이며 이 몸과 같은 모든 것이 나 자신이라는 단일성의 부재absence of the oneness(이원dualism)라는 왜곡에서 벗어날 것이다. 그러면 그대는 자각을 지닌 지고한 신 브람만이 될 것이다.

18

모든 것이 지고한 신 브람만이다. 참으로 이것은 진실이다. 그대는 언제나 '그것'이다. 참으로 이것은 진실이다. 이 유명한 설명에는 어떤 의심의 여지도 없다. 쉬바의 이름으로, 이것은 위대한 진리이다. 그러므로 고귀한 현자여! 모든 것이 브람만이며 내가 그것이라는 이 변치 않는 하나의 확신으로 그대는 자각을 지닌 오직 지고한 신 브람만이 될 것이다.

19

내가 브람만이라는 이 심오한 확신은 나뉘지 않은 지고한 해방에 이르기 위한, 세상에서 가장 중요한 수단이다. 여기서 말한 것은 진리이며, 여기에는 의심의 여지가 없다. 내가 곧 브람만이라는 확신이 진정한 구루(삿구루)의 자비로운 말과 그러한 수행의 완전한 채택에 의해 생겨난다면 그 확신은 더욱 깊어질 것이다. 그로 인하여 그 후에 해방에 이르게 될 수 있다.

20

따라서 "나는 브람만이다."라는 확신이 확실하게 그대를 해방으로 이끌 때까지 언제나 쉼 없이 나의 의심 없는 말에 의지하여 "내가–브람만–이다."라는 구별 없는 확신을 성실히 실행하여라. 그런 후에, 허약하게 만드는 모든 잘못된 생각들에서 벗어나 변함없는 해방의 상태를 즐겨라.

21

나는, 참으로, 모든 것의 토대이며 나는, 참으로, 모든 것으로 나타난다. 나는, 참으로, 다른 어떤 것도 없는 유일자이며 나는, 참으로, 모든 것의 나이다. 나는, 참으로, 나뉘지 않은 지고한 신 브람만이다. 나는, 참으로, 비이원인 것이다. 나는, 참으로, 단지 나 자신으로서 존재한다. 유일한 브람만이라는 이러한 확신으로 고요함에 깊이 잠겨라.

22

나는, 참으로, 지식이다. 나는, 참으로, 희열이다. 나는, 참으로, 불멸이다. 나는, 참으로, 나뉘지 않은 절대자이다. 나는, 참으로, 유일한 절대자이다. 나는, 참으로, 다른 어떤 것도 없다. 나는, 참으로, 나 자신이다. 유일한 절대자라는 이러한 확신으로 고요함에 깊이 잠겨라steep in.

23

나는, 참으로, 지고한 신 쉬바의 숭고한 형상이다. 나는, 참으로, 또한 지고한 쉬바의 경배의 대상이다. 나는, 참으로, 비슈누의 형상이다. 나는, 참으로, 또한 그 비슈누의 경배 대상이다. 나는, 참으로, 위대한 브람마의 형상이다. 나는, 참으로, 모든 다양한 것들이다. 나는 둘이 없는 지고한 신 브람만이다. 유일한 절대자라는 이러한 확신으로 고요함에 깊이 잠겨라.

리부의 노래

24

나는, 참으로, 신들, 악마들 그리고 인간들이다. 나는, 참으로, 배회하는 동물이다. 나는, 참으로, 모든 사라지는 세상들이다. 나는, 참으로, 수백만의 모든 우주들이다. 나는, 참으로, 움직이거나 움직이지 않는 모든 존재들이다. 나는, 참으로, 세상, 인간 그리고 지고한 신이다. 나는, 참으로, 둘이 없는 지고한 신 브람만이다. 자신이 유일한 절대자라는 이러한 확신으로 고요함에 깊이 잠겨라.

25

나는, 참으로, 또한 이것으로서 보이는 것이다. 나는, 참으로, 또한 '나'와 '그대'로 보이는 것이다. 나는, 참으로, 또한 그것으로 보이는 것이다. 나는, 참으로, 또한 다른 어떤 것으로 보이는 것이다. 나는, 참으로, 또한 무엇으로 나타나든지 나타나는 전부이다. 나는, 참으로, 언제나 모든 것이다. 나는, 참으로, 훌륭한 지고한 신 브람만이다. 나뉘지 않은 절대자라는 이러한 확신으로 고요함에 깊이 잠겨라.

26

나는, 참으로, 생각과 그리고 보이는 것이다. 나는, 참으로, 모든 의식인 보는 자이다. 나는, 참으로, 마음의 모든 활동들이다. 나는, 참으로, 마음에 박힌 모든 생각들이다. 나는, 참으로, 이원의 모든 차이이다. 나는, 참으로, "이다"와 "아니다"를 구성하고 있는 것이다. 나는, 참으로, 비이원의 지고한 신 브람만이다. 나뉘지 않은 절대자라는 이러한 확신으로 고요함에 깊이 잠겨라.

27

아무것도 태어난 적이 없다. 결코 태어나지 않은 것이 어디에 있을 수 있겠는가? 태어나지도 않고 존재하지도 않은 것이 어떻게 성장할 수 있겠는가? 고귀한 이여! 그러므로 나뉘지 않은 브람만과 떨어져 존재하는 것은 아무것도 없다. 모든 것은 브람만이며 그것이 나이다. 이러한 부단한 확신으로 고요함에 깊이 잠겨라.

28

만일 어딘가에서 어떤 것이 존재한다subsist면 그것의 성품은 설명되어야만 한다. 오직 의식을 제외하고는 아무것도 존재하지 않으며 따라서 그것을 설명할 가능성의 흔적도 없기에 나뉘지 않은 지고한 신 브람만인 나를 설명할 수 있는 것은 아무것도 없다. 언제나 이 같은 침묵에 머물면서 고요함에 깊이 잠겨라.

29

어느 때라도 변덕스러운 마음은 결코 존재하지 않는다. 그렇다면 마음의 오해가 어떻게 생길수 있겠는가? 어느 때라도 어떤 것에 대한 흔적이 조금도 없다. 나타나는 모든 것이 나뉘지 않은 절대자인 나 자신이다. 이 같은 흔들리지 않는 확신으로 모든 오해들이 제거될 때 떨어져 있는 것이 아무것도 없이 부동의 상태가 되어 설명될 수 없는, 순수한 절대자로 머물며 언제나 침묵에 있으면서 고요함에 깊이 잠겨라.

30

모든 것이 브람만이며, 그것이 참으로 나이다. 나는 나뉘지 않으며, 완벽하며, 온전히 충만한절대자이다. 나는 나타나는 모든 구별들을 지니지 않은 지고자이다. 나는 견줄 데 없는 희열의지고자이다. 심지어 이 행복한 확신도 잊고서 마음과 말이 미치지 않는 희열의 덩어리인 지고한 신 브람만이 스스로 됨으로써 언제나 침묵에 있으면서 고요함에 깊이 잠겨라.

31

'나'라는 방식의 표현인 어떤 다양한 이원도 존재하지 않는다. '이것'이라는 방식의 결과인 이원과 같은 그런 것은 전혀 존재하지 않는다. 오로지 의식이며, 무감각insentience에 의해 영향을 받지 않는 브람만이 항상 존재하는 유일자이며, 그것이 바로 나라는 확고한 자각에 몰두하여 결코 의심하지 말고, 고요함에 깊이 잠겨라.

32

듣거나 생각하는 그러한 것은 없다. 명상이나 잠김(사마디)도 없으며 무지의 그릇된 투사의 조합도 없으며 그것의 에센스를 맛보는 것도 없다. 모든 것은 오직 존재인 브람만이며 내가 늘 그 브람만임에 몰두하여 비이원의 직접적인 경험을 하면서, 부동의 상태로 고요함에 깊이 잠겨라.

33

모든 것이 브람만이라는 확신으로 이 세상과 다른 것들이 실재한다는 오해는 사라질 것이다. 내가 브람만이라는 확신으로 내가 몸과 같은 그런 것이라는 오해는 사라질 것이다. 그러므로 아들아! 모든 것은 브람만이며 그것이 곧 나라는 깊고 확고한 자각에 이르러 어떤 구분도 없이 고요함에 깊이 잠겨라.

34

집착하고 있는 개체(지바)나 신(이슈와라)은 없으며 마야(망상, 환영)도 없고, 무지도 없으며, 아무 것도 없다. 구별의 이 이원도 없으며 모든 것의 원인이 되는 근원인 분리도 없다. 언제나 결코 아무것도 존재하지 않는다. 실제로 존재하는 것은 유일한 지고한 신 브람만이며 지고한 브람만이 곧 나라는 경험을 얻음으로써 고요함에 깊이 잠겨라.

35

지성도 존재하지 않고, 생각도 존재하지 않으며, 마음도 존재하지 않고, 자아도 존재하지 않으며, 원소들도 존재하지 않고, 소리도 존재하지 않으며, 감촉도 존재하지 않고, 형상도 존재하지 않으며, 맛도 존재하지 않고, 냄새도 존재하지 않으며, 헌신도 존재하지 않고, 지식도 존재

하지 않으며, 행위도 존재하지 않고, 굴레도 존재하지 않으며, 해방도 존재하지 않으며, 구분
들도 존재하지 않는다. 비이원의 지고한 브람만이 유일한 실재이며 그것이 곧 나이다. 이 같이
깨달아, 그것 자체로서 머물러라.

36

해방된 자도 없으며, 위대한 것도 없으며, 순수한 것도 없으며, 무지도 없으며, 식별도 없으
며, 총명한 것도 없으며, 고귀한 구루도 없으며, 제자도 없으며, 나와 나 아닌 것의 구별도 없
으며, 놀라운 명상도 없으며, 요가도 없으며, 다양한 요가의 큰 가지들도 존재하지 않는다. 비
이원의 지고한 신 브람만이 유일한 실재이며 그것이 곧 나이다. 이와 같이 깨달아, 그것 자체
로서 머물러라.

37

서로 다른 말로 불리는 이름들은 존재하지 않는다. 그 이름들에 의해 표현되는 형상들은 존재
하지 않는다. 그들의 다양성에서 현현하는manifest 실체entity들은 존재하지 않는다. 세상, 개체, 그
리고 지고한 신은 존재하지 않는다. 언제나 자유로우며 언제나 아무것도 없는 유일한 것은 오
직 순수한 지고한 브람만뿐이며, 언제나 예외 없이 내가 브람만이다. 이와 같은 확고한 지식으
로, 해방되어라.

38

존재하지 않는 것으로 여겨져야 할 어떤 것도 없이, 또한 여기에 존재하는 것으로 여겨져야 할
어떤 것도 없이, 말해야 할 어떤 것도 조금도 없이, 완전히 움직임 없는 침묵 속에 있으면서 고
뇌 없는, 나뉘지 않은 지고한 희열에 잠겨 윤회의 모든 근원이 없는 고통들을 끝내고 바위와도
같은 지고자에 대한 확고한 지식으로 환영의 흔적도 없이 해방에 도달하여라.

39

지각 있는 모든 것들을 초월하여, 64개의 기술들art을 초월하여, 어떤 움직임도 없고 오점 없고 속성이 없으며 결점이 없으며 어떤 지각의 환영도 없으며 오직 의식인 모든 지식의 에센스로 머물며, 완벽하게 충만하며 흔들림 없는 지고자의 지식으로 두려움 없는 해방을 이루어라.

40

요컨대, 이 모든 것의 요지를 들어라. 이야기한 모든 것은 오직 지고한 신 브람만이며, 그것은 직접적이며, 그대와 나 그리고 모두이다. 이것에 대해서는 어떤 의심도 없다. 니다가여! 이는 또한 리그베다와 같은 베다들이 의미하는 바이다. 이는 또한 우리들의 신이 우리에게 가르쳐 준 것의 의미이다. 이는 논거로 확인된 것의 의미이다. 이는 진리를 아는 자가 이해하는 의미이다.

41

지금 이야기한 설명에는 어떤 의혹도 없다. 보이는 모든 모습들은 절대자이며 나는 어떤 이원도 없는 그 지고자이다. 이것은 쉬바의 발에 맹세코 진리이다. 이 설명을 오해 없이 날마다 꾸준히 듣는 자는 오직 구별이 없는 의식, 오점 없는 절대자가 될 것이며 해방에 이르게 될 것이다.

42

위대한 현자여! 만일 이렇게 주어진 이 설명을 그대가 자비심으로 네 가지 필요한 조건들을 지닌 적절한 사람에게 말한다면, 그는 브람만에 대한 위대한 지고한 지식으로 충만해지며 쇠약하게 하는 세상 불행을 지우고 비길 데 없는 지고한 신 브람만-희열에 잠겨 스스로 다름이 없는 지고한 신 브람만이 된다. 이야기한 것에는 추호의 의심의 여지도 없다.

43

태양이나 다른 빛들로도 쫓아낼 수 없는 지옥의 어둠으로 물든 가슴을 가진 무지한 자도 이 오점 없는 설명을 훈련된 방식으로 매일 듣고 꾸준히 공부한다면 지고한 신 쉬바의 은총으로 지고한 지식의 빛을 얻어 가슴을 둘러싼 어둠을 제거하고 그 후 해방에 이르게 되어 지고한 신 쉬바로서 머물게 될 것이다.

44

아들아! 같은 말을 반복하는 것이 무슨 소용이 있겠는가? 완벽하게 충만한 쉬바의 은총을 지닌 자만이 추진력을 지니고 귀 기울여 듣기에 전념할 것이며 매일 빠짐없이 이 고귀한 설명을 읽을 것이며 살아 있는 동안 해방을 얻을 것이며 이 몸을 벗어나 해방을 성취할 것이다. 이것은 진실이다. 리부는 니다가에게 변하지 않는 지고한 실재에 대해 이와 같이 설명하였다.

45

이 모든 것을 이야기하는 것은 기쁨의 춤을 추는 상태에 있는 우리의 진정한 신 쉬바의 나뉘지 않은 형상이다. 브람만과 떨어져 있는 것은 아무것도 없다. 나타나는 모든 것이 브람만이다. 둘이 없는 지고한 신이 나 자신이다. 이것이 유일자에 대한 확신이다. 이것이 유일자라는 지식이다. 이것이 참으로 고귀한 해방이다.

제28장

네 가지 위대한 금언들에 대한 설명

1

모든 것을 이롭게 하기 위해, 지극히 비밀스럽고 희귀하여 세상에서 만나기 힘든 베다들의 최고의 에센스인 순수한 지고한 브람만을 분명하고 직접적으로 드러내는 네 가지 위대한 금언들의 의미를 완벽하게 충만한 쉬바가 이것을 설명한 방법으로 나는 여기에서 말할 것이다.

2

"절대적인 지식이 브람만이다(프라갸남 브람마)." 저명한 리그베다의 끝에 나타나 있는 이것이 첫 번째 금언이다. "나는 브람만이다(아함 브람마스미)."라는 금언은 오점 없는 야주르베다의 끝에 있으며 두 번째 금언이다. "그것이 너이다(탓 트왐 아시)."라는 금언은 망상 없는 사마베다의 끝에 있으며 세 번째 금언이다. "이 나가 브람만이다(아얌 아트마 브람마)."는 진귀한 아타르바베다의 끝에 있으며 네 번째 금언이다.

3

네 가지 베다에 있는 이들 네 가지 위대한 금언들 중에서 나는 "프라갸남 브람마(절대적 지식이 브람만이다)."라는 첫 번째 금언의 의미에 대해 먼저 설명하고자 한다. 아들아! 여기에는 프라갸남(절대적 지식)과 브람만이라는 두 가지 단어가 있다. 전자인 프라갸남(절대적 지식)에 대한 가장 중요한 설명부터 들어라.

4

지식 그 자체는 절대적 지식(프라갸남)이라 불린다. 모든 것은 지식으로 지각된다. 지식 안에서 보이는 모든 세상은 지식 안에서 환영으로 보이는 것이므로 지식과 별개의 것은 아무것도 없다. 모든 세상과 그 밖의 모든 것은 오직 지식일 뿐이다. 지식은 우리의 진정한 성품이다. 지식은 지고한 신 브람만이다.

5

"브람만"이라는 말의 의미는 진리-지식-희열인 실재이며 전 우주의 토대이다. 브람만에 덧붙여지는 어떠한 것도 브람만과 별개의 것은 아무것도 없다. 지각이 있는 모든 것은 오직 브람만이다. 브람만은 우리의 진정한 성품이다. 참으로, 브람만은 절대적인 지식이다.

6

절대적 지식인 실재는 브람만이다. 브람만인 실재는 절대적 지식이다. 무지로 인한 이런 조건화에 의해 나뉘지 않은 절대자가 이원으로 나타난다. "절대적 지식이 브람만이다."라는 금언을 이해함으로써 모든 조건화된 것들이 사라질 때 지식의 덩어리인 유일한 실재가 나뉘지 않은 의미로 남게 된다.

7

프라갸남(절대적 지식)이라는 말의 직접적인 의미는 분리되고 조건화된 개체(자바)이다. 브람만이라는 말의 직접적인 의미는 환영(마야)에 의해 조건화된 불멸의 신(이슈와라)이다. 유일한 조건화되지 않은 실재가 두 단어가 나타내는 의미이다. 두 단어가 나타내는 동일한 의미가 위대한 금언의 나뉘지 않은 의미이다.

리부의 노래

8

설명한 것처럼 위대한 금언의 나뉘지 않은 의미를 알고, 그러한 지식을 마음에 가득 담고, 다른 모든 것을 잊고, 모든 덮개들을 벗기고, 환영 없이 존재하는 것이 나뉘지 않은 형식mode에 온전히 잠긴 마음이라 말할 수 있다. 앞에서 이야기했듯이, 나뉘지 않은 방식을 깨달은 사람들만이 살아 있는 동안 쉽게 해방(지반묵티)을 깨달을 수 있다. 여러 많은 곳들에서 그렇게 이야기한다.

9

나는 참으로 존재-의식-희열의 덩어리이며, 평화롭고, 영원하며, 변하지 않는 성품이며, 영원하며, 속성이 없으며, 미혹이 없고, 수족이 없고, 오점이 없으며, 비이원인 지고한 브람만이라는 지식을 얻고 그러한 상태에 머무는 것이 순수하며 나뉘지 않은 상태라고, 미묘한 것을 깨달은 현자들은 이야기한다.

10

무한하고 나뉘지 않은 지고한 브람만과 하나가 된 마음의 상태는 물에 녹는 소금과 같으며 브람만과 사실은 하나가 된다. 나는 언제나 지고한 브람만이며 탄생과 죽음의 세상에 전혀 속하지 않는다는 지식을 얻는 것이, 아들아! 오점 없는 현자들에 의해, 나뉘지 않은 상태로 여겨 왔다.

11

나뉘지 않은 상태라고 단언된 상태는 살아 있는 동안의 더없이 행복한 해방의 상태이다. 후에, 나뉘지 않은 상태가 사라지고 모든 프라랍다(이번 생에 남아 있는 카르마) 역시 사라졌을 때 최소한의 어떤 조건화된 것의 흔적도 없이 유일한 나뉘지 않은 에센스로서 계속해서 일어나는 상태가 몸에서 벗어난 해방이다. 유일하며 나뉘지 않은 에센스의 상태에 대해 더 깊이 듣도록 하여라.

12

찬송된 "프라갸남(절대적 지식)"이라는 말과 이제껏 설명되어 온 "브람만"이라는 말을 곁으로 제쳐두고, 또한, 헌신적으로 수행해 온 "나는 브람만이다."라는 확신도 제쳐두고, 어떠한 생각도 없이 공에 있으면서 이 마지막 공의 상태에 있다는 생각조차도 던져 버리고 어떠한 것으로도 느껴질 수 없는 상태에 머무는 것이 언제나 유일하며 나뉘지 않은 에센스의 상태이다.

13

마음의 모든 잘못된 생각들을 없애고 마야(환영, 망상)와 같은 어떤 조건도 없이 떨어져 있는 것이 하나도 없는 하나의 나뉘지 않은 성품으로서 존재하는 것이 몸에서 벗어난 해방이다. 그대가 자연스럽게 이 상태에 이를 때까지 모든 활동들을 던져 버리고 순수하고 나뉘지 않은 상태를 항상 부단히 수행하여라.

14

나뉘지 않은 방식에서 결점 없이 수행하는 것에 대해 들도록 하여라. 마음에 어떤 분리도 없이, 모든 것이 나뉘지 않은 지고한 브람만이며 그것이 참으로 나이며 내가 바로 그것이라는 유일하고 오점 없는 지고한 확신을 점점 더 가지는 것이 나뉘지 않은 상태에서 수행하는 것이다, 아들아!

15

나는 몸이라고 말하는 것은 이원의 상태이다. 나는 모든 것의 목격자라고 말하는 것은 목격자의 상태이다. 나는 유일한 지고한 신이라고 말하는 것은 나뉘지 않은 상태이다. 이 셋 중 두 가지를 거부하고 매일 꾸준히 나뉘지 않은 상태를 수행하여 모든 슬픔을 만들어 내는 정신의 오해들을 없앤 뒤에 앞서 말한 나뉘지 않은 상태를 가져라.

16

"절대적 지식이 브람만이다."라는 위대한 금언의 의미를 이렇게 나는 설명해 왔다. 너는 다른 세 개의 위대한 금언들에서도 이제까지 설명한 모든 가르침을 배울 것이다. 다음으로, "나는 브람만이다(아함 브람마스미)."라는 금언에 대한 설명을 들어 보라. "나는 브람만이다."라는 이 금언에는 아함(나), 브람마(브람만), 아스미(이다)라는 세 개의 단어가 있다.

17

첫 단어 '나'의 단어 의미는 개체(지바)이며, '브람만'이라는 말의 의미는 신(이슈와라)이다. 개체(지바)와 신(이슈와라)의 무한한 동일성이 "이다ᵃᵐ"라는 말의 의미이다. 따라서 지성으로 이 위대한 금언의 하나의 에센스인 나뉘지 않은 의미를 탐구하고 또 지성으로 그것을 탐구함으로써 그것을 경험하면서 앞서 말한 이 하나의 나뉘지 않은 본질을 가져라.

18

차별의 조건화 때문에 생기는 제한된 지식과 모든 것을 수용하는 빛나는 전지와 같은 이 모든 것은 앞서 말한 개체와 신(이슈와라)의 성품을 가지고 있다. 조건을 탐구하고 그 조건을 거부할 때 개체(지바)들과 지고자의 정체성만이 남을 것이다. 그것이 "나뉘지 않은"이라는 말의 의미이다. "나는 브람만이다(아함 브람마스미)."라는 금언으로, 나뉘지 않은 것이라는 그 의미로서 머물러라.

19

순수한 자여! 구루가 준 "나는 브람만이다."라는 말의 의미를 알고 있더라도 우리는 자신의 추론으로 그것을 다시 곰곰이 생각해 보아야 한다. 만약 오해가 남아 있다면 모든 의심들을 근절해야 한다. 모든 오해들이 근절될 때, 모든 왜곡들을 끝내기 위해 "나는 브람만이다."라고 매일 열심히 수행해야 한다.

20

나는, 참으로, 존재−의식−희열이다. 나는, 참으로, 평화로운 지고한 신 브람만이다. 나는, 참으로, 영원하며 속성 없는 브람만이다. 나는, 참으로, 가지가 없고^{limbless} 오점 없는 브람만이다. 나는, 참으로, 비이원의 지고한 신 브람만이다. 나는, 참으로, 나뉘지 않은 지고한 브람만이다. 적인 모든 왜곡이 사라질 때까지 항상 꾸준히 이것을 수행해야 한다.

21

나는, 참으로, 전적으로 완벽하며 충만한 브람만이다. 나는, 참으로, 나와 다르지 않은 지고한 신 브람만이다. 나는, 참으로, 모든 것으로 보이는 브람만이다. 나는, 참으로, 여섯 가지 변화들을 가지지 않는 브람만이다. 나는, 참으로, 결점 없는 브람만이다. 나는 이원 없는 순수한 브람만이다. 혼탁한 자아의 모든 왜곡이 사라질 때까지 항상 꾸준히 이것을 수행해야 한다.

22

이러한 탐구를 해 온 분별력 있는 모든 사람들은 유일한 절대자라는 확신을 항상 가져야 하며, 그 확신에 의해 모든 왜곡들을 흔적도 없이 파괴하여 "나는 브람만이다."라는 그 말의 의미가 어떠한 모순도 없이 "나뉘지 않은"이란 말의 의미에 대한 자각이라는 이것을 마음에 완전히 충만하게 자리 잡도록 해야 한다.

23

다양한 과거의 인상들을 모두 던져 버리고 이 나뉘지 않은 상태를 경험하여라. 이와 같이 나는 그대에게 "나는 브람만이다(아함 브람마스미)."라는 주옥같은 말의 의미를 설명해 주었다. 이제 나는 그대에게 "그대는 바로 그것이다(탓 트왐 아시)."라는 말의 의미가 그대의 마음속에 확고하게 자리 잡도록 그 의미를 분명하게 알려 주겠다. 이 고귀한 말에는 "그것"과 "그대"와 "이다"라는 세 단어가 있다.

24

"그것"이라는 말의 일차적 의미는 마야(환영, 망상)로 인해 조건화된 신(이슈와라)이다. "그대"란 말의 일차적 의미는 무지(아비디야)로 인해 조건화된 개체(지바)이다. 거부해야 할 이 모든 조건화들이 제거될 때 남아 있는 하나의 성품을 가진 실재가 이들 두 단어가 가리키는 의미이다. 그들의 동일성은 "이다"라는 단어에 의해 표시되고 있다.

25

"그것이 바로 그대이다."라는 오점 없는 진술로 나뉘지 않은 것의 의미인 이 동일성을 바위와 같은 확신으로 이해하고서 항상 방해받지 않고, 하나이며, 나뉘지 않은 에센스가 되어라. 그대가 무한한 나뉘지 않은 존재가 될 때까지 어떤 것의 차이를 인식하는 모든 형식mode을 던져 버리고 나뉘지 않은 형식 속에서 실수 없이 수행하면서 충만한 자가 되어라.

26

"그대(트왐)"라는 말이 가리키는 의미인 그대 자신은 참으로 "그것(탓)"이라는 말이 가리키는 의미인 브람만이 될 것이다. 이것에 대해 조금도 의심의 여지도 없다. 모든 곳에 퍼져 있는 쉬바의 이름으로 말하노니, 그것은 진리다. 그대는 참으로 무의미한 것이 없는 온전히 충만하며 순수한 지고한 신 브람만이라고 그대에게 말해 주는 구루가 진정한 구루이다. 이와 같이 그것을 깨닫는 자가 진정한 제자이다.

27

모든 의심들을 없애고, 그대가 참으로 존재–의식–희열의 덩어리인 브람만이며, 그대가 참으로 모든 것이 완벽하고 충만한 브람만이며, 그대가 참으로 영원하고 부분이 없는 브람만이며, 그대가 참으로 빈틈없이 모든 곳에 널리 퍼져 있는 브람만이며, 그대가 참으로 비이원의 브람만이라고 그대에게 가르쳐 주는 사람만이 최고의 구루이다. 다른 사람은 결코 훌륭한 구루가 될 수 없다.

28

그대는 참으로 변하지 않는 지식인 브람만이며, 그대는 참으로 하나의 나뉘지 않은 에센스인 브람만이며, 그대는 참으로 확고하고 움직임 없는 브람만이며, 그대는 참으로 베일 없는 지고한 브람만이며, 그대는 참으로 평화롭고 움직임이 없는 지고한 브람만이며, 그대는 참으로 언제나 희열의 덩어리인 지고한 브람만이라고 확고하게 가르쳐 주는 자만이 최고의 구루이다. 다른 사람들은 아니다.

29

구루의 친절한 설명으로 나뉘지 않음의 고귀한 의미에 대한 설명을 열렬히 듣고 맑은 마음으로 탐구한 후에 내가 참으로 브람만이라는 순수한 확신을 얻고 위대한 자각에 이른 사람만이 결점 없는 제자이다. 다른 이들은 그들이 무엇을 행한다 할지라도 제자가 아니다. 오직 지고한 신에 대해 아는 자만이 제자이다.

30

사람들에게 맞는 위대한 만트라들을 주는 사람들이 아마도 보통의 구루라고 불릴 것이다. 그대는 참으로 둘이 없는 지고한 신 브람만이라고 지금, 여기에서 가르치는 사람만이 진실하고 훌륭한 구루라고 불릴 수 있다. 많은 토론을 해 봤자 무슨 소용이 있겠는가? "그대는 고귀한 지고자이다."라고 말하는 그가 참구루이다. "나는 브람만이다."라고 깨달은 그가 제자이다.

31

그러므로 그대는 지고한 신 브람만이라고 여기서 가르치는 자만이 구루라는 것을 깨닫고 그 구루의 유익한 가르침을 진리로 믿고 그것을 이루는 사람들만이 구별이 없고 나뉘지 않은 지고한 신 브람만에 대한 지식을 얻을 것이며, 세상적인 굴레에서 벗어나 지식의 덩어리인 지고한 신으로 머물 것이다. 이제까지 이야기한 것에 대해서는 조금의 의심의 여지도 없다.

32

최고의 모든 베다들의 가치 있는 의미는 지고한 브람만의 나뉘지 않은 비이원의 성품이며, 또 그대가 그 브람만이라고 가르치는 삿구루(진정한 구루)의 말씀을 듣고 자신의 가슴으로 어떤 결함도 없이 그것을 이해하는 것이 듣는(스라바나) 것이다. 아들아! 그 외의 것은 전혀 듣는 것이 아니다.

33

경청(스라바나)은 자비로운 구루가 위대한 금언을 설명할 때 그것의 나뉘지 않은 의미를 혼란 없이 듣고 깨닫는 것이다. 그 외의 어떤 것도 경청이 결코 아니다. 추론과 함께 들었던 것의 의미에 관해 생각하는 것이 모든 오해를 없애 주는 반성reflection(마나나)이다. 나는 이 반성의 과정을 그대에게 말해 주겠다.

34

나는 썩어 없어지는 지각의 대상인 육체가 아니며 나는 육체적 감각들이 아니며 나는 죽는 다양한 생명이 아니며 나는 태어나고 죽는 마음과 같은 것이 아니며 나는 어두운 무지의 구체화가 아니며 나는 이들 모두의 합성이 아니며 나는 참으로 이들 모두의 뒤에 있는 모든 것에 퍼져 있는 오점 없는 의식이다.

35

거친 몸은 미세한 몸 안에는 존재하지 않으며, 거친 몸과 미세한 몸은 둘 다 그들의 거처라고 말하는 원인의 몸 안에는 존재하지 않는다. 모든 세 가지는 네 번째 상태 안에는 전혀 존재하지 않는다. 다양한 상태들에서의 모든 몸들이 존재하지 않는 것처럼 나뉘지 않은 의식인 그것만이 존재하듯이 시간의 모든 세 가지 상태들에서 나는, 참으로, 오직 오점 없는 의식이다.

36

꿈을 꾸고 있는 동안에는 깨어 있는 상태가 없다. 그들 둘 다 그들의 토대로 불리는 깊은 잠의 상태에서는 존재하지 않는다. 깨어 있음, 꿈, 깊은 잠, 이 모든 것은 네 번째 상태에서는 존재하지 않는다. 오점 없는 상태에는 네 가지가 모두 존재하지 않는다. 앞서 말한 모든 상태들이 존재하지 않으며 오점 없는 의식만이 오직 존재하므로, 그것만이 영원히 불멸하며, 나는 참으로 오직 비이원의 의식이다.

37

보이는 항아리 등과 같은 것이 그런 것처럼 몸과 지각없는 다른 모든 것들은 썩기 쉬우며 오직 유일한 지고한 의식인 나가 언제나 보는 자이므로 분리되기 쉬운 몸과 같은 것들은 환영이다. 나뉘지 않은 나만이 진리이다. 그러므로 나는 몸과 같은 것들의 혼합이 아니다. 나는 참으로 지식인 나이다.

38

형상으로 가득하고 그릇되고 지각이 없으며 슬픈 이 세상이 모든 것의 토대이며 존재-의식-희열인 지고한 브람만에 전적으로 덧씌워진 환영이듯이 이원의 이 모든 세상을 탐구해 보면 그것은 항상 존재하는 토대인 지고한 브람만일 뿐이다. 진주조개에 나타난 거짓 외양인 은빛을 시험해 보면 그것은 진주조개인 그 토대일 뿐이다.

39

이렇게 일어나는 자각을 탐구해 보면 본질적으로 둘로 보이는 이 모든 세상의 존재와 경험과 즐거움은 무엇이겠는가? 그것은 모두가 토대일 뿐이다. 그것은 오직 모든 것의 토대, 즉 진리-

리부의 노래

지식-희열인 지고한 신 브람만일 뿐이다. 이 세상에는 결코 존재하지 않고 순전히 가공의 것인 그러한 어떤 성품이 있겠는가?

40

내가 세 가지 모든 시간대들에 존재하고 있고 내가 모든 환영들을 드러내 주고 그리고 내가 이 모든 것들로 최고로 행복하기 때문에 나는 참으로 진리-지식-희열이다. 모든 것의 거처인 나에게 모든 것이 꿈과 같은 환영으로 나타나므로 이 모든 외양은 참으로 나 자신, 즉 토대이다.

41

마치 꿈꾸는 동안 나에게 환영처럼 일어나는 모든 것을 탐구해 보면 그것들이 오직 나 자신인 토대이며 또 나와 떨어져 있는 것이 하나도 없는 것처럼, 내가 깨어 있는 동안 나뉠 수 없는 나에게 일어난 모든 것도 탐구해 보면 오직 나 자신인 토대이며 티끌만큼도 나와 떨어져 있는 것은 없다.

42

나 자신의 조건화되지 않은 성품과 구별 없는 지고한 브람만의 성품을 설명해 줄 언어가 동일하듯이, 방금 설명한 진리를 곰곰이 생각해 보며 어떻게 내가 참으로 시작도 없고 나뉘지 않은 절대자인지에 대하여 끊임없이 조사해 보는 것이 숙고의 기술이다. 위대한 현자여! 망상을 없애기 위해 나는 숙고의 기초가 되는 추론reflection을 네게 이같이 설명하였다.

43

마치 원로들이 확실히 백단향(샌달우드) 나무라고 주장하는 그런 나무라도 실제로 충분히 조사하여 모든 의심이 풀리듯이, 비록 그대가 참으로 무한한 지고한 신 브람만이라고 구루가 여기에서 밝혔다 하더라도 그것을 지식과 함께 추론으로 잘 탐구해서, 그것에 대한 의심들을 없애야 한다.

44

듣기와 숙고를 잘 통과한 후 모든 반대되는 생각들을 극복하기 위해서는 다른 종류의 모든 마음 상태를 지우면서 끊임없이 밤낮으로 계속적이고 깊은profound 명상(니디디야사나)을 해야 한다. 모든 마음의 상태가 한 가지 형태로 지속되는 것이 이원이 없는 깊고, 지속적인profound, continous 명상(니디디야사나)이다. 이렇게 함으로 목표에 대한 모든 왜곡된 개념이 사라질 것이다.

45

세상, 지고자, "나", "이것" 등을 각각 다르게 바라보는 다양한 형태의 마음 상태가 조금도 없이 한 가지 형태의 끊임없는 마음의 상태가 '나는 브람만이고, 브람만이 나 자신이며, 내가 모든 것'이라는 일상적이고 끊임없는 확신이다. 만약 이 확신을 열심히 수행한다면 모든 왜곡들은 영원히 사라질 것이다.

46

처음 이야기된 불신의 태도가 적합한 경청(스라바나)에 의해 매일 제거되듯이, 말없는 의심의 태도가 매일 숙고(마나나)하는 노력으로 제거되듯이, 그리고 왜곡된 태도가 변함없는 깊은 명상(니디디야사나)으로 소멸되듯이, 지고한 브람만의 영원한 현존은 평온한placid 마음에 널리 퍼질 것이다.

47

어두운 무지의 모든 베일의 덮개들이 제거되고 이원의 개념들이 자취를 감추고 굴레를 낳는 나쁜 영향들이 하나도 없이 지고한 신 브람만의 확고부동한 희열에 머물면서 의식인 지고한 신 브람만의 용제 안에 든 용질처럼 완전히 용해된 마음 상태(붓디)에서 반성되는 완벽하게 충만한 지각력(Purna Caitanya)이 참으로 우주적 자각이다.

리부의 노래

48

이런 마음의 상태(붓디)가 빛나는 나뉘지 않은 상태이다. 이러한 상태에서 오점 없이 반성되는 지식이 나뉘지 않은 지고한 직접적인 경험이다. 이렇게 나뉘지 않은 직접적인 경험의 상태를 얻은 자들이 해방을 얻은 자가 된다. 나는 신성한 신의 두 발에 맹세코 이것을 말하노라. 내가 말한 것에는 어떤 의심의 여지도 없다.

49

나는 이와 같이 오직 하나의 에센스인 세 가지 위대한 금언들의 나뉘지 않은 의미를 설명하였다. "이 나는 브람만이다."라는 위대한 금언의 의미에 대해 나는 그대에게 더 깊이 말하겠다. 다른 것은 아무것도 허용하지 않는 이 진술문에는 세 단어 "아얌This", "나Self", "브람마(브람만)"가 있다. 이들 세 단어 각각의 의미에 대해 주의 깊게 들어라.

50

이this(아얌)라는 단어의 직접적인 의미는 무지에 의해 조건화된 눈에 보이는 개체(지바)이다. "아트마"(나)라는 단어의 직접적인 의미는 마야(환영)에 의해 조건화된 신(이슈와라)이다. 이들 두 단어가 지시하는 의미는 순수한 개체(지바)와 신(이슈와라)이다(둘 다 어떤 조건화도 없는). 이 두 단어의 동일한 간접적인 의미는 "브람만"이라는 단어의 의미이다.

51

설명했던 것처럼 이 금언이 지시하는 나뉘지 않은 동일성의 의미를 이해함으로써, 그리고 적절한 탐구에 의해 지고자와 개체(지바)의 모든 조건화들을 부정함으로써, 그리고 방금 이야기했던 것에서부터 이해된 내가 나뉘지 않은 절대자라는 것(지식)을 매일 열심히 수행하여 그대가 잊어버렸던, 나뉘지 않은 것의 의미인 그대의 진정한 성품을 망각하지 말고 언제나 즐겨라.

52

이 금언의 위대한 의미를 다른 방법으로 설명한 것을 다시 들어 보아라. 가장 작은 어둠의 흔적에도 영향 받지 않는 의식인, 스스로 빛을 내며 내재하고 있는 나가 "이 나(아얌 아트마)"라는 두 단어의 의미이다. 존재하지 않는 이 세상의 최초의 원인이 "브람만"(브람마)이라는 단어의 의미이다.

53

이 모든 신성화된 말들의 구별 없는 동일한 간접적인 의미가 금언의 의미이다. 조건화에서 생겨나는 개체(지바)와 지고자 사이의 차이들에 기여하는 모든 직접적이고 간접적인 의미를 적절한 탐구에 의해 부정하고서 이미 설명한 바와 같이 남아 있는 나뉘지 않은 성품의 의미를 언제나 체험하여라.

54

나는 쉬바의 설명에 따라 차이에 대한 너의 모든 잘못된 생각들이 없어지도록 리그베다와 다른 베다들에서 나오는 네 가지 위대한 금언의 나뉘지 않음의 의미에 대한 구별 없는 동일성을 충분히 그대에게 말해 주었다. 설명한 대로 이것을 깊이 있게 수행하고, 그대 자신의 성품으로서 나뉘지 않음의 오점 없는, 확고한 의미를 언제나 즐겨라.

55

"그것이 바로 그대이다."라는 금언은 그것 자체로 신이 주신 말이다. "절대적인 지식이 브람만이다."라는 망상 없는 금언은 숙고를 통해 수행하라는 말이다. "이 나는 브람만이다."라는 금언은 이 모든 것을 확인해 주는 말이다. "나는 브람만이다."라는 금언은 자각의 위대한 진술이다. [타밀어 원전 55장은 아래와 같이 배열이 조금 다르다. "그것이 그대이다."라는 금언은 규정하는 ordains 진술문이다. "나는 브람만이다."라는 금언은 자각의 위대한 진술이다. "절대적인 지식이 브람만이다."라는 망상 없는 금언은 숙고를 통해 수행하라는 진술문이다. "이 나는 브람만이다."라는 금언은 이 모든 것을 확인해 주는 진술문이다.]

56

그러므로 "그것이 그대이다."라는 말을 통해 나뉘지 않음의 의미를 이해하고, "절대적인 지식이 브람만이다."라는 위대한 말을 차별 없이 반성하고, "이 나는 브람만이다."라는 말을 진리로 받아들임으로써, "나는 브람만이다."라는 말에 의해 설명된 대로 나뉘지 않음의 의미를 즐겨라

57

"나는 브람만이다."라는 문장으로 묘사된 나뉘지 않은 절대자에 대한 확신을 항상 수행하고 그 유익한 확신에 의해 이름들 형상들에 대한 모든 애착을 없애고 잘못된 이원과 관련된 모든 것에서 벗어나 나뉘지 않은 것의 오점 없는 의미를 경험하면서 나뉘지 않은 것의 의미 이외에는 아무것도 가지지 않는 그 의미의 성품nature 자체로서 머물러라. 그렇게 아는 것이 참으로 해방이다.

58

우리 자신의 나의 성품인 나뉘지 않은 것의 의미 이외의 다른 어떤 것도 결코 없다. 그밖에 보이는 모든 것은 모두 가짜이다. 심지어 그 허위성조차 탐구해 보면 그것은 참으로, 떨어져 있는 것이 하나도 없는, 나뉘지 않은 지고한 브람만이다. 지금 말한 것에는 의심의 여지가 없다. 설명한 것처럼 나뉘지 않음의 의미에 대한 지식을 얻어서 해방을 얻고, 순수한 절대자로 머물러라.

59

희열과 자각인 신(이슈와라)이 설명해 온 오점 없는 방법으로 나는 얻기 매우 힘든 모든 베다들의 최고의 에센스인 매우 비밀스러운 의미를 설명해 왔다. 여기서 설명된 방법으로 이것을 듣고 이해하는 사람들은 세상적인 존재의 모든 불행한 굴레를 벗어나 구별 없는 절대자로 머물

게 될 것이다.

60

모든 세상의 신인 지고한 신(이슈와라)을 열성적으로 끊임없이 경배하고 신의 은총을 얻은 사람들만이 순수한 가슴으로 위대한 금언들의 올바른 의미를 방해받지 않고 체험하여 그들의 본질적인 자신이 될 것이다. 이와 같이 리부는 니다가에게 모든 위대한 금언의 의미를 친절히 설명하였다.

61

다음과 같이 강력하게 선언한 것은 데비(여신)와 홀로 진실로 기쁘게 춤을 추고 있는 우리 신의 완벽하게 충만한 형상이다. 지고자와 개체라는 이 실체entity들에 대한 정의의 수단이 되고 있는 위대한 금언을 통해 그들의 순수한 동일성을 아는 사람들은 세상 존재의 이 제한적인 슬픔이 조금도 없이 영원한 희열의 실재로서 자리 잡게 될 것이다.

리부의 노래

제29장
순수한 실재의 성품에 대한 부단한 명상

1

실재하는 대상은 결코 아무것도 없다. 외관상으로 실재하는 모든 것은 모두가 완전히 환영이다. 추론과 같은 그런 방법으로 판단할 때 그 환영조차도 오직 근원이다. 태양과 같은 기타 발광체들을 빛나게 해주는 근원인 지고한 신 브람만만이 오직 실재이다. 우리가 여기서 설명하겠지만 이것은 리그 베다와 여러 베다들의 최고의 자연스러운 계시이다.

2

이것을 듣고 이해하는 사람은 누구나 해방을 얻을 것이다. 여기에 대해서는 조금의 의심할 여지도 없다. 의식에 환영을 겹쳐 놓은 이 세상에 대해서는 실재적이거나 비실재적인 것은 하나도 없다. 덧씌워진 것이 가상의 실재로서 나타나는 것은 무시할 수 없는 실재인 오직 근원뿐이다. 이 가상적인 실재를 탐구하면 그것은 확실히 근원의 실재를 가지고 있는 것으로 보인다.

3

비이원의 지고자의 본질적인intrinsic 실재가 파괴되지 않은 상태로 남아 있으므로, 그것은 참으로 실재이다. 이 이원의 세계에는 내재적인 실재가 전혀 없으므로 이 모든 것은 단지 환영에 불과하다. 이 환영을 탐구해 보면 그것은, 참으로, 근원인 지고한 브람만이다. 너 자신의 순수한 참 성품은 영원히 지속하는 그 브람만이다.

4

가상적인 뱀의 실재를 철저히 탐구해 보면 그 실재는 단지 뱀 형상을 하고 있는 근원, 즉 뱀의 실재가 아닌 새끼줄의 실재일 뿐이다. 마찬가지로 세상의 실재를 깊이 탐구해 보면 그것도 단지 근원인 브람만의 실재임을 깨닫게 된다. 그대 자신의 비이원인 참 성품은 늘 실재인 오직 그 브람만뿐이다.

5

탐구를 해보면, 그대 자신의 실재와 떨어져 있는 내재적인 실재란 조금도 없는 것과 마찬가지로, 꿈의 상상으로 나타난 세상에 대해서도 그대 자신의 실재와 떨어져 있는 내재적인 실재란 없는 것이다. 깨어 있는 상태의 세상 또한 환영이기 때문이다. 둘이 없는 유일의 실재인 브람만이 마찬가지로 그대의 진정한 성품이다.

6

육체, 감각들, 생명, 혼란한 정신, 지성, 자아, 생각들, 이 모든 것들에 대한 근원적인 무지 그리고 구별되어 보이는 다양한 그럴듯한 실체들이 모두, 탐구를 해 보면, 오직 유일한 실재인 지고한 신 브람만임을 깨닫게 된다. 유일한 지고한 실재인 오직 그 브람만만이 늘 그대의 진정한 성품이다.

7

원소들과 그것들의 다른 복합적인 진화들, 감각들과 그 감각들을 즐기는 경험자, 베다들, 경전들, 그리고 종교서적들, 규정들과 금지들, 그리고 그것들을 정하는 자, 다양한 경험들, 해방, 그리고 모든 이런 차이들의 덩어리는 모두 완전히 거짓이다. 근원이 없는 지고한 신 브람만이 오직 실재이며, 참으로, 그것이 그대의 진정한 성품이다.

8

카스트들과 법들의 laws 다양성, 생활 집단(아쉬라마)들의 구분, 변하는 행동들과 그것을 행하는 자들, 성취된 결과들, 진실과 거짓, 그리고 차이들이 있는 것으로 여겨지는 모든 것들은 모두 완전히 거짓이다. 오직 변화 없는 지고한 브람만이 오직 실재이며, 참으로, 그것이 그대의 진정한 성품이다.

9

유명한 성소들과 성수들, 빛나는 고귀한 신들과 그들에 대한 경배, 정의(다르마)와 쌓여 가는 죄, 경험된 천당과 지옥, 이원과 비이원 그리고 다양성, 그리고 이런 모든 차이들은 완전히 거짓이다. 감지 될 수 없는 imperceptible 지고한 신 브람만이 유일의 실재이며, 참으로, 그것이 그대의 진정한 성품이다.

10

내면에서 느껴지는 "나"에 대한 차별적인 감각, 밖에서 다양한 것처럼 느껴지는 "이것"에 대한 차별적인 감각, '몸'과 '나'의 이원에 대한 감각, '목격자'인 '나'에 대한 목격자 신분에 대한 감각, 내가 유일한 지고한 신이라는 나뉘지 않은 것에 대한 감각, 그런 모든 형태들은 완전히 거짓이다. 어떤 종류의 상태도 가지고 있지 않은 절대자가 실재이며, 참으로, 그것이 그대의 진정한 성품이다.

11

순수하지 않은 무지한 마음, 나에 대한 식견 있는 마음, 끊임없이 투쟁하는 세상적인 굴레에 대한 마음, 해방의 오점 없는 상태에 대한 마음, 마음 자체가 실재하지 않을 때 무지와 다른 속성들이 어디에 존재할 수 있겠는가? 평정한equanimous 지고한 신 브람만이 유일한 실재이며, 그것이 참으로 언제나 그대의 진정한 성품이다.

12

고요함과 수행이 마음의 성품이다. 성취한 것을 듣는 것이 마음의 성품이다. 내면으로의 반성reflection 또한 마음의 성품이다. 명상과 같은 것들이 마음의 성품이다. 이들의 바탕인 마음 그 자체가 존재하지 않는데 어디에 그것의 성품이라고 말하는 것이 존재할 수 있겠는가? 평화로운peaceful 지고한 신 브람만이 오직 실재이며, 참으로, 그것이 언제나 그대의 진정한 성품이다.

13

뜨거운 대기 중에서 나타나는 유령의 마차(신기루)처럼, 꿈속에서 나타나는 상상의 세계처럼, 지고한 신 브람만인 지식의 덩어리에서 세상이 환영으로 나타나듯이 이 모든 것들은 토대인 오직 브람만이며 따로 분리된 그들의 외양은 완전히 가공의 것이다. 결점 없는 지고한 신 브람만이 오직 실재이며, 참으로, 그것이 언제나 그대의 진정한 성품이다.

14

세상은, 참으로, 실재하지 않는다. 육체는, 참으로, 실재하지 않는다. 생명은, 참으로, 실재하지 않는다. 몸에 속하는 여러 기능들은, 참으로, 실재하지 않는다. 결점은, 참으로, 실재하지 않는다. 애착은, 참으로, 실재하지 않는다. 마음은, 참으로, 실재하지 않는다. 마음에 속한다고 여겨지는 모든 것은, 참으로, 실재하지 않는다. 흙도, 참으로, 실재하지 않는다. 물도, 참으로, 실재하지 않는다. 불도, 참으로, 실재하지 않는다. 끊임없이 부는 바람도, 참으로, 실재하지 않는다. 공간도, 참으로, 실재하지 않는다. 움직이지 않는 지고한 신 브람만이 오직 실재이며, 참으로, 그것이 언제나 그대의 진정한 성품이다.

15

마음과 그 밖의 다른 것들(마나스–마음: 붓디–지성intellect: 칫–생각, 지능intelligence: 그리고 아한카라–자아)과 같은 네 가지 도구들로 존재하는 아디야트미카(내적인 혹은 자신에 속하는)의 힘은, 참으로, 실재하지 않는다. 개념들(상칼파)과 다른 것들로 인해 구별(아디바우티카)을 일으키는 그들의 외부적인 영향들도, 참으로, 실재하지 않는다. 신들(아디다이비카)이라고 말해지는 그들의 원천들도 본래 신성한 달과 다른 것들처럼 실재하지 않는다. 떨어져 있는 것이 아무것도 없는 지고한 신 브람만만이 실재이며, 참으로, 그것이 언제나 그대의 진정한 성품이다.

16

감각의 내적인(아디야트미카) 원천으로 보이는 귀와 다른 기관들도, 참으로, 실재하지 않는다. 소리와 기타 감각과 같은 외적인 것에 대한 그들의 지각의 작용도 또한 모두 실재하지 않는다. 본래 신성한 방향들과 같은, 그 토대인 신들 역시 실재하지 않는다. 작은 것이 아무것도 없는 지고한 신 브람만이 오직 실재이며, 의식만이 실제로 그대의 진정한 성품이다.

17

내적인 성품의 활동에 대한 다섯 가지 도구들인 말과 같은 그런 것들 또한 실재하지 않는다. 문장과 다른 것들(아디야트미카)로 분류되는 그들의 외적인 결과 또한 실재하지 않는다. 그들의 기본적인 신들로 여겨지는, 성품(아디다이비카)적으로 신성한 불과 다른 것들도 또한 모두 실재하지 않는다. 오점 없는 지고한 신 브람만이 오직 실재이며, 그 영원한 실재가 그대의 진정한 성품이다.

18

이와 같이 기술된 대로, 그렇게 분류된 내적 힘들, 외적 힘들, 신성한 힘들도 모두 실재하지 않는다. 영원한 것과 덧없는 것의 구별, 그리고 다른 결점 없는 수단들도 모두 전혀 실재하지 않는다.

위대한 구루의 모임, 위대한 경전, 그리고 위대한 서사시도 모두 실재하지 않는다. 분리된 것이 아무것도 없는 지고한 신 브람만이 오직 실재이다. 그 나뉘지 않은 실재가 그대의 참 성품이다.

19

해방에 대한 강한 욕망, 해방을 목적으로 한 삶, 깊고 헌신적인 탐구, 지고한 신 브람만에 관한 지식을 적절하게 얻는 것, 그리고 이원의 이 세상을 완전히 포기하는 것, 완벽한 실재의 정황 context에서 보면 이 모든 것이 실재하지 않는다. 비이원의 지고한 신 브람만이 오직 실재이며, 그 것이 참으로 그대이다. 이것에 대해서는 의심의 여지가 없다.

20

네 가지 수단mean들에서 벗어나지 않는 사람이 탐구의 대가가 된다고 말하는 것, 알려진 경전의 요지가 개체(지바)와 지고자의 동일성이라고 말하는 것, 최상의 베다들과 브람만의 관계가 스 승과 가르침을 받는 것의 관계라고 말하는 것, 힘은 모든 무지를 제거하고 영원한 희열에 빠져 있는 데 있다고 말하는 것—

21

여러 가지 다른 방법들로 여기저기서 내뱉은 이와 같은 말들은 모두 실재하지 않는다. 여기저 기서 이 모든 차별을 분석하는 거기에 대한 모든 토론들도 모두 실재하지 않는다. 위대한 현자 여! 그러한 비실재조차도 탐구해 보면 그들은 지고한 신 브람만인 오직 근원일 뿐이다. 그러므 로 나는 언제나 나뉘지 않은 지고한 신 브람만이라고 깊이 명상하라.

22

권위 있는 서적을 아주 큰 소리로 과도하게 낭송하는 것은 과도한 말의 피로를 초래할 것이다. 많은 권위 있는 서적들을 경청하는 것은 정신적인 혼란을 초래할 것이다. 다양한 의미에 대한

리부의 노래

탐구는 마음의 불안함을 초래할 것이다. 그러므로 귀중한 아들아! 모든 것을 놓아두고 나는 그 브람만이라고 깊이 명상하여라.

23

최고 지성(붓디)을 가진 사람은 이것으로부터 파악되는 정확한 의미를 먼저 연구하고 이해해야 하며, 그 진리를 직접적인 지각(샥샤트카라)하기 위해 깊이 명상해야 한다. 깊은 명상을 손상시 킬 정도로 경전 탐구에 몰두하는 것은 지혜로운 사람에게는 적절치 못하다. 이것이 최고의 베 다들이 말한 것이다.

24

파악할 의미를 실수 없이 이해한 후에는 반복해서 경전들을 자세히 조사함으로써가 아니라 오 직 하나로 향하는 명상을 통해서 그것에 대한 완전히 충만한 직접적인 지각을 깨달을 수 있다. 모든 우파니샤드들은 의미를 이미 파악한 뒤에 의미를 깨달은 그 경전들을 다시 읽는 것은 단 지 경전 암송에 의한 고문에 불과할 뿐이라고 말한다.

25

그러므로 일단 경전들의 의미가 파악되면 그 모든 경전들을 버려야 한다. 곡식을 얻은 후에 깍 지를 버리는 것처럼 불리한 것이 되어 버린 경전들을 버림으로써 우리는 완전한 지식을 얻기 위 해서 매일 유익하고 계속적인 명상을 열심히 수행해야 한다.

26

제자의 해방을 위해 영적인 가르침을 줄 때 자기 자신의 실제 경험은 조금도 없이 다양한 경전 들에 입각하여, 모든 세상은 오직 희열-의식뿐인 브람만의 환영의 모습이며 탐구를 해 보면 모 든 것이 전부 브람만이라는 것을 깨닫게 된다고 제자에게 가르치는 것은 교과서로서의 역할 외에는 아무 소용이 없다.

27

그러므로 아들아! 경전의 모든 설명들을 제쳐두고 존재−의식−희열의 덩어리인 절대자 그 자체로서 흔들림 없이 머무는 것이 최상의 과정이다. 흔들리는 마음이 있으면 그 자체를 언제나 같은 상태에 머물도록 쉽게 통제하지는 못할 것이다. "나는 영원한 지고한 브람만이다."에 대하여 깊고 계속적인 명상을 하여야 한다.

28

명상에 계속 집중할 수 있도록 마음을 통제할 수 없다면, 방황하는 마음을 완전히 복종시킬 때까지 확고한 마음으로 탐구를 하여야 한다. 경전에 대한 반복적인 탐구에 의해서 마음은 지고한 신 안에 고요히, 완전히 침잠하게subside 될 것이다. 경전들에 대한 확고한 탐구 이외에는 생각을 정복하기 위한 다른 수단이 전혀 없다.

29

생각을 정복하는 것이 살아 있는 동안의 해방이다. 생각을 정복하는 것이 육체로부터의 해방이다. 오직 방해받지 않고 깊은 명상을 하는 사람들에게만 생각의 정복이 그 보답으로서 찾아올 것이다. 생각을 정복하지 않고 다양한 수단들에 의지하면 결과적으로 해방은 오지 않을 것이다. 아들아! 생각을 정복하기 위해서 완전히 충만한 명상에 집중하여라.

30

참으로, 나는 오직 의식인, 지고한 신 브람만이다. 브람만과 개체(지바)의 이분법은 없다. 나는 오로지 존재인 지고한 신 브람만이다. 움직임과 움직이지 않음과 같은 그런 차이는 없다. 참으로, 나는 오로지 그것인 지고한 신 브람만이다. 그것과 떨어져 나타나는 다른 것은 아무것도 없다. 항상 모든 것은 오로지 나 자신이며 내가 참으로 브람만이라는 명상에 집중하여라.

31

나는 참으로 오점 없는 지고한 신 브람만이다. 원인과 결과라는 그런 차이는 없다. 나는 참으로 빛나는 지고한 신 브람만이다. 아는 것과 알려진 것이라는 그런 차이는 없다. 나는 마음을 초월하는 지고한 신 브람만이다. 어떤 차이는 조금도 없다. 나타나는 모든 다양한 차이들은 오직 지고한 신 브람만이며 내가 오점 없는 지고한 신이라는 명상에 집중하여라.

32

최상의 베다들이 분명하게 선언하고, 존경하는 구루도 친절하게 똑같이 가르치고, 비할 데 없이 영광스러운 샹카라와 다른 존재들도 이것에 자리잡고 있다. 모든 것은 나누어지지 않는 지고한 신 브람만이며, 그대는 참으로 언제나 그 브람만이다에 자리 잡고 있으므로, 모든 것이 나누어지지 않는 지고한 신 브람만이며 내가 그 브람만이라는 명상에 집중하여라.

33

지식의 덩어리인 지고한 신 브람만이 없이는 세상과 같은 그런 것이 존재하지 않는다. 세상, 개체(지바)들과 지고한 신은 모두 영원히 유일한 나뉘지 않은 에센스인 브람만이라고 신(이슈와라)이 확실하게 나에게 설명한 것에 대해서는 의심의 여지가 없다. 그러므로 모든 것이 브람만이며 내가 그 브람만이라는 명상에 집중하여라.

34

베다들이 명백하게 표명한 말들은 진리라는 확고한 신념을 가지고, 전능하신 지고한 신 쉬바가 나에게 설명한 것과 같은 것인 내가 한 말에 확고한 신념을 가지고 그대의 모든 의심들을 버린 뒤 그대의 식별의 확고한 체험으로 그대의 모든 의심들과 나약한 왜곡들을 없애기 위해 충고 받은 대로, 이 명상에 집중하여라.

35

마치 그대와 떨어져 있는 것처럼 보이는, 이름들과 형상들을 가진 이 세상은 모두가 오직 그대 자신이며 그 밖의 다른 것이 전혀 아니다. 자기 자신과 다른 것으로 느껴지는 꿈속의 이름들과 형상들을 탐구해 보면 그것들도 자기 자신이 아니고 그 밖의 무엇이겠는가? 나와 별개인 것처럼 모든 것이 나 자신이며 나는 참으로 유일한 지고한 신 브람만이다. 마음의 모든 고뇌들이 가라앉을 때까지 반드시 그러한 명상에 집중하여라.

36

"내가 브람만이며, 브람만이 나 자신이며, 내가 모든 것이다."라는 끊임없는 명상에 열심히 집중함으로써 마음속의 모든 망상들을 몰아낸 후에 "나는 브람만이다."라는 말이 나타내는 의미에 대한 자각을 얻고 그것으로 잠겨merge 세상, 지고한 신, '나'에 대한 조금의 생각도 없이 언제나 편안하게 평화에 머물라.

37

변하지 않는 평화로운 존재로만 언제나 머무는 것이 진정한 자각이다. 아들아! 그것이 살아 있는 동안의 순수한 해방(지반묵티)이다. 그것이 또한 육체로부터의 해방(비데하묵티)이다. 우리 신(이슈와라)의 은총을 얻은 사람들만이, 여기 설명된 것처럼, 이원 없는 이 상태에 쉽게 도달할 수 있다. 매혹적인 최고의 베다들이 말하는 요점도 오직 이것이다.

38

지고한 신 쉬바가 나에게 간략히 말씀하신 바와 같이 나는 여기서 베다들의 에센스에 대한 요지를 간략히 설명하였다. 최고의 리그베다와 다른 베다들에 대한 이 간략한 설명을 듣고 이원 없이 그것을 이해한 사람들은 태양과 그리고 여러 발광체들의 조명자요, 나뉘지 않은 정수인 지고한 유일자로서 머물 것이다. 모든 것에 빈틈없이 널리 퍼져 있는 순수한 지고한 신 쉬바의 이름으로 말하노니, 이것은 확실하다.

39

이 의심의 여지가 없는 설명을 한 번이라도 순수한 사랑으로 경청한 자는 몹시 나쁜 죄들을 지었다 하더라도 모든 쌓인 죄들이 즉시 없어질 것이다. 네 가지 수단들에 능숙해진 자들이 열심히 이 경전을 듣는다면 어떤 종류의 출생이라도 그 출생의 모든 죄들을 다 태워 없애게 될 것이며 가슴에 응어리진 매듭들을 남김없이 잘라 내고 순식간에 해방을 얻게 될 것이다.

40

이 설명을 듣고 이해하는 사람들은 즉시 해방에 이를 것이며 작은 고뇌의 흔적조차도 가지지 않을 것이다. 그들은 결코 작지 않은 희열을 누릴 것이며 영원한 행복을 얻을 것이고 두려움이 없게 되며 더 이상 세상 존재의 불행으로 돌아가지 않을 것이다. 그들은 움직임 없는 지고한 신 브람만이 될 것이다. 내가 말한 것은 의심의 여지가 없는 진리이다. 쉬바의 이름으로 말하노니, 이것은 진리이다.

41

최고의 베다들이 말한 대로 지고한 신 쉬바의 깨끗한 토대 위에서 생멸하는 이 모든 세상이 오직 토대인 지고한 신 쉬바이며, 그리고 우리가 참으로 완전히 충만한 쉬바라는 나누어지지 않는 동일성에 대한 확신을 가지고 그것을 직접 체험하는 사람들에게는 속상하는 슬픔도, 아무런 망상도, 최소한의 차별적인 아무런 모습도 없다.

42

모든 사람의 해방을 위하여 나는 신성한 상서로운 형상으로 솟아나는 유일하며 완전히 충만한 실재가 이와 같이 나에게 명확하게 알려 준 베단타의 의미를 가슴속에서 악의 없이 즐기고 모든 평범한 생각들을 지워 없앨 수 있도록 그 의미를 설명하였다. 모든 고통에서 벗어난 현자 리부는 니다가에게 이원이 없는 절대자에 대해 이같이 설명하였다.

43

다음과 같이 이야기한 것은 기쁨의 춤을 추는 상태에 있는 우리의 신들 중의 신의 나뉘지 않은 형상이다. 환영으로 보이는 모든 것이 순수 의식이며 모든 것은 그들이 존재하지 않으므로 거짓이고 나뉘지 않은 지고한 실재가 모든 것이며 그것이 우리 자신이라는 지식을 가진 사람들이 확실히 해방된다.

리부의 노래

제30장
지고한 브람만을 확신함으로써 오는 지고한 희열

1

영원한 지식과 희열의 성품에 대하여 모든 세상의 신이 일찍이 설명해 준 방식대로 나는 나뉘지 않은 지고자에 대한 확고한 지식을 위하여 영원히 변하지 않는 것은 존재-의식-희열의 덩어리인 브람만뿐이며 이 세상은 티끌만큼도 존재하지 않고 이 모든 것이 유일한 지고한 신 브람만이라는 비이원의 정의를 되풀이할 것이다,

2

진리-지식-희열과 별개로 이 세상에 태어난 것은 아무것도 없었다. 영원한 지식과 희열과 별개로 지루한 세상적인 존재로 생각되는 것은 결코 없다. 어떠한 이원의 모습도 브람만이며 내가 둘도 없는 그 브람만이라는 비이원의 확신을 얻어서 나뉘지 않은 지고한 희열을 즐겨라.

3

나는, 참으로, 순수하고 영원한 희열인 절대자이다. 나는, 참으로, 언제나 평화로운 절대자이다. 나는, 참으로, 의식-희열인 절대자이다. 나는, 참으로, 의식의 덩어리로 모든 것에 널리 퍼져 있는 절대자이다. 나는 광대하고 완전하며 완벽하게 충만한 성품이다. 이런 영속적인 비이원의 확신을 가지고 잠시의 시간조차도 방해받지 않고 니다가여! 비할 데 없는 희열을 즐겨라.

4

지식의 덩어리인 지고한 신 브람만에 [덧씌워진] 환영처럼 세상과 같은 것으로 보이는 모든 것은 오직 쇠하지 않는 근원인 브람만이며 그리고 내가 언제나 그 브람만이라는 비이원의 확신을 언제나 확고하게 수행하여 마음의 모든 왜곡들을 없애고 나뉘지 않은 지고한 희열을 즐겨라.

5

불멸하는 내가 존재이다. 탐구로 모든 것을 알고 있는 나는 의식이다. 상냥한 것으로써 존재하는 나는 희열이다. 나는, 참으로, 존재-의식-희열의 덩어리이다. 이 설명이 브람만이다. 최고의 확신과 명료함으로 나뉘지 않은 지고한 신에 대한 이 구분 없는 확신을 얻고서 그것에 의하여 나뉘지 않은 지고한 희열을 즐겨라.

6

존재, 의식, 희열, 이름, 그리고 형상이라는 다섯 개들의 구분들 가운데서 중요한 처음 세 가지 구분들은 절대자에 대한 것이며, 후자의 작은 두 구분들은 세상에 대한 것이다. 단지 말에 불과한 이 두 구분들을 던져 버리고 나는 존재-의식-희열로 남는 절대자라는 확신을 가져라.

7

존재-의식-희열인 근원인 부분은 하나로서 완전하고 완벽하게 가득한 채로 지속할 것이다. 이 안에서 환영인 이름과 형상은 두 개의 제한들로 일어날 것이다. 명상적인 식별의 탐구로 이 환영도 정말 근원이라는 것을 이해하고 여기에 초점을 맞춤으로써 마음의 오해를 제거하고서 비할 데 없는 희열을 즐겨라.

8

세상, 개체, 그리고 지고한 신은 무한한 의식인 지고한 신 브람만 위에 허상으로 나타난다. 니다가여! 식별력 있는 마음으로 오점 없는 지고한 신 브람만이 언제나 나라는 깊은 명상으로 부정의 원리를 여기에 적용하고 불변하는 마음의 모든 비칼파(개념, 의심, 상상, 구별)를 피하고 언제나 그것 자체가 되는 상태를 얻어 나뉘지 않은 지고한 희열을 즐겨라.

9

거친 몸과 같은 세 가지 종류의 몸들은 존재하지 않는다. 깨어 있는 상태와 같은 세 가지 상태들도 존재하지 않는다. 근원적인 세 가지 속성(구나)들도 존재하지 않는다. 이같이 기술한 것들을 경험하는 자도 존재하지 않는다. 시간과 공간도 존재하지 않는다. 대상들도 존재하지 않는다. 환영도 존재하지 않는다. 이런 부정의 과정으로 그리고 그대 자신이 거처abode인 지고한 신 브람만이 됨으로써 나뉘지 않은 지고한 희열을 즐겨라.

10

육체 그리고 거친 모든 것은 브람만이다. 모습으로 보이는 모든 것은 브람만이다. 분리할 수 있는 모든 사물들은 브람만이다. 지고한 신, 개체(지바)들, 그리고 세상은 모두 브람만이다. 모든 대상들은 브람만이다. 분리된 것처럼 보이는 모든 것들은 브람만이다. 유일한 절대자에 대한 이 확신에 잠겨 비길 데 없는 희열을 즐겨라.

11

나는, 참으로, 언제나 평화로운 브람만이다. 나는, 참으로, 전적으로 완전한 브람만이다. 나는, 참으로, 마음과 같은 것들을 초월한 지고한 신 브람만이다. 나는, 참으로, 오직 의식인 브람만이다. 나는, 참으로, 집착 없는 네 번째 상태이며, 상반된 짝들이 없는 브람만이다. 나는 오점 없이 순수한 지고한 브람만이다. 끝없고 나뉘지 않은 절대자에 대한 이 확신을 달성하고 매일 희열에 머물러라.

12

나는, 참으로, 나뉘지 않고 나뉠 수 없는 지고한 브람만이다. 나는, 참으로, 불변하는 나인 브람만이다. 나는, 참으로, 변하지 않는 위대한 브람만이다. 나는, 참으로, 상서로운 것들 중에서도 상서로운 브람만이다. 나는, 참으로, 순수하고 변할 수 없는 브람만이다. 나는 베단타 철학을 통해서 이해되는 것인 브람만이다. 유일한 절대자에 대한 이 무한한 확신을 달성함으로써 늘 희열에 있어라.

13

나는, 참으로, 존재-의식-희열의 덩어리인 브람만이다. 나는, 참으로, 절대적으로 평화로운 지고한 브람만이다. 나는, 참으로, 영원하고 부분 없는 지고한 브람만이다. 나는, 참으로, 억압받지 않는 희열인 지고한 브람만이다. 나는, 참으로, 이원의 흔적이 없는 브람만이다. 나는 유일하고 완전하며 완벽하게 충만한 브람만이다. 비이원의 절대자에 대한 이 확신을 달성함으로써 매일 희열에 있어라.

14

나는, 참으로, 지고한 쉬바인 지고한 브람만이다. 나는, 참으로, 어떤 한계들도 없는 지고한 브람만이다. 나는, 참으로, 수족들이 없는 지고한 브람만이다. 나는, 참으로, 성품상 움직임이 없는 지고한 브람만이다. 나는, 참으로, 모든 것으로 나타나는 지고한 브람만이다. 나는 어떠한 표식들도 없는 브람만이다. 두 번째가 없는 비이원의 이러한 확신에 잠겨 늘 희열에 있어라.

15

나는, 참으로, 높고 낮음 양쪽 모두인 지고한 브람만이다. 나는, 참으로, 최고의 빛인 지고한 브람만이다. 나는, 참으로, 고뇌 없는 지고한 브람만이다. 나는, 참으로, 모든 것에 널리 퍼져 있고 결점 없는 지고한 브람만이다. 나는, 참으로, 태곳적부터 존재한 지고한 브람만이다. 나는 완전히 충만한 지고한 브람만이다. 유일한 절대자에 대한 이 확신에 매일 끊임없이 잠겨 희열에 있어라.

16

나는, 참으로, 완전하고 완벽하게 충만한 브람만이다. 나는, 참으로, 모든 것의 나인 지고한 브람만이다. 나는, 참으로, 무한한 의식으로 뻗어 나가는 지고한 브람만이다. 나는, 참으로, 지고한 나인 지고한 브람만이다. 나는, 참으로, 베다들과 이런 것들을 초월하는 지고한 브람만이다. 나는 스스로 빛나는 지고한 브람만이다. 두 번째가 없는 이 비이원에 대한 확신에 잠겨 늘 희열에 있어라.

17

실재인 지고한 브람만이 참으로 모든 것이다. 언제나 평화로운 지고한 브람만이 참으로 모든 것이다. 영원한 지고한 브람만이 참으로 모든 것이다. 오점이 없는 지고한 브람만이 참으로 모든 것이다. 순수한 지고한 브람만이 참으로 모든 것이다. 희열의 덩어리인 지고한 브람만이 참으로 모든 것이다. 나는 그 비이원의 지고한 브람만이라는 강한 확신으로 희열에 있어라.

18

변하지 않는 지고한 브람만이 참으로 모든 것이다. 영원히 존재하는 지고한 브람만이 참으로 모든 것이다. 어떠한 결점들에 의해서도 얼룩지지 않는 지고한 브람만이 참으로 모든 것이다. 망상 없는 지고한 브람만이 참으로 모든 것이다. 표시가 없는 지고한 브람만이 참으로 모든 것이다. 결점이 없는 지고한 브람만이 참으로 모든 것이다. 나는 동요하지 않는 지고한 브람만이라는 강한 확신으로 희열에 있어라.

19

말들의 의미로 나타나는 것은 브람만이다. 상서로움과 불경스러움으로 나타나는 것은 브람만이다. 어떤 것으로 나타나는 것은 모두 브람만이다. "이다" 혹은 "아니다"라고 하는 것은 브람만이다. 모든 환영은 브람만이다. 모든 원인들과 결과들은 브람만이다. 나는 작은 것이 하나도 없는 그 지고한 브람만이라는 강한 확신을 가지고서 희열에 있어라.

20

비웃음을 받는 무지는 브람만이다. 빛나는 지식은 브람만이다. 구별되는 개체(지바)는 브람만이다. 고귀한 신(이슈와라)은 브람만이다. 지구와 다른 세상들은 브람만이다. 감각들에 의해 체험되는 모든 것들은 브람만이다. 나는 기원 없는 지고한 브람만이라는 강한 확신을 가지고서 희열에 있어라.

21

이런저런 종류의 실재와 비실재에 대한 이원론, 이원론-비이원론, 그리고 최고로 순수한 비이원론과 같은 다양한 철학들과 그러한 서로 다른 철학들이 탐닉하는 모든 논쟁들도 탐구해 보면 그것들 모두가 오직 순수한 지고한 브람만이다. 한 점의 의심도 없이, 나는 그 부패하지 않는 지고한 브람만이라는 완전무결한 확신을 가지고 모든 결점들에서 벗어나라.

22

의식이 있으면, 세상은 존재한다. 의식이 없다면, 세상은 존재하지 않을 것이다. 그러므로 이 원의 모든 이 세상이 오직 의식에서 나타나는 환영이다. 지식을 가지고 이 모든 것들의 단일성을 탐구함으로써, 긍정과 부정의 대조를 통해, 그것들에 대해 깊이 생각하고 그리고 나는 언제나 완전한 충만함으로 존재하는 이 의식, 다시 말해, 나는 언제나 그것이라는 명상에 집중함으로써 언제나 변화 없이 있어라.

23

니다가여! 많은 설명을 한들 무슨 소용이 있겠는가? 모든 것이 오직 결점 없는, 무한한 의식이다. 무한한 의식이 브람만이다. 무한한 의식이 참으로 그대이다. 여기서 설명한 바와 같이 하나에 집중하는 명상으로, 다시 말해, 우수한 지성에 의해 드러난 알려진 모든 것이 오직 의식의 공간이며 그것이 나 자신이라는 이 깊은 명상으로 확고하게 평화에 있어라.

24

모든 것에 널리 퍼져 있는 속성으로 충만해 있고 하늘처럼 결점이 없으며 아주 미세하고 집착이 없는 것인 모든 것의 토대가 오직 지고한 의식이므로 그것은 의식의 공간, 무한한 의식이라 불린다. 나는 위대하고 무한한 의식이라는 잊을 수 없는 확신을 가지고 모든 환영을 극복하여라.

25

오로지 존재일 뿐인 지고한 브람만 이외에는 움직이고 움직이지 않는 것으로 창조되는 세상은 없다. 의식일 뿐인 지고한 브람만 이외에는 현상이나 생각과 같은 것을 가진 세상은 없다. 모든 선인 지고한 브람만 이외에는 다양한 활동들의 세상은 없다. 그대는 단지 홀로 그것That인 지고한 브람만이라는 확신을 가지고 모든 피로를 극복하여라.

26

세상, 개체, 그리고 지고자로 나타나는 것은 오로지 의식인, 단지 지고한 브람만이기 때문에, 이 모든 세상과 개체들은 비록 헤아릴 수 있지만 다른 어떤 것도 아닌 오로지 의식일 뿐이다. 오직 금으로만 만들어진 팔찌와 같은 것들이 금 이외의 다른 어떤 것으로 만들어졌겠는가? 단지 흙으로 만들어진 항아리와 접시 같은 것들도 흙 이외에 어떤 것이 조금이라도 있을 수 있겠는가?

27

비록 나뉘지 않고 완전히 충만한 브람만이 무지한 사람에게는 세상으로 보일지라도 이 다양한 세상은 충분한 지식을 가지고 있는 사람에게는 지고자로 보일 것이다. 비록 바로 앞에 있는 밧줄이 이해력이 없는 사람에게는 뱀으로 보일지라도 우리는 그 뱀의 모습이 오직 지식을 가지고 있는 사람에게만 밧줄로 나타난다는 원리를 이미 알았다.

28

가로 세로로 펼쳐진 실이 천이 되는 것처럼 연속하는continuous 절대자는 세로와 가로로 펼쳐진 세상처럼 보인다. 앞에서 설명한 바와 같이, 강력한 식별력으로 탐구함으로써 모든 것이 나뉘지 않은 지고한 브람만이며 위대한 지고한 브람만이 나 자신이라는 망설임 없는 확신을 가지고 모든 피로를 극복하여라.

29

오직 존재-의식-희열인 브람만만이 영원불변의 실재이다. 오직 존재-의식-희열인 브람만만이 여섯 가지 변화들이 없는 실재이다. 오직 존재-의식-희열인 브람만만이 세상들, 개체들 그리고 지고자Supreme를 가지지 않는다. 오직 존재-의식-희열인 브람만만이 완벽하고 완전히 충만한 실재이다.

30

오직 존재-의식-희열인 브람만이 없이는 이 세상, 개체 그리고 지고자는 전혀 존재하지 않는다. 아들아! 이 세상과 개체는 모두 오직 완전히 충만한 브람만이다. 그대는 비이원의 브람만이다. 여기서 말하는 것은 진리이다. 그러므로 영원한 것은 모두 브람만이며 내가 그 브람만이라는 변하지 않는 자각으로 가득 차라.

리부의 노래

31

변하지 않는 자각으로 충만한 그 상태가 견줄 데 없는 해방이다. 이런 위대한 상태를 이룬 사람은 다시는 결코 슬픔에 빠지지 않을 것이며 다시는 결코 어떤 흠도 가지지 않을 것이며 기쁨을 얻게 될 것이며 그들이 이룩해야 하는 모든 것을 성취한 사람이 될 것이며 언제나 유일한 지고자의 성품one Supreme Nature으로 남을remain 것이다. 고귀한 지고자인 그들에게는 되풀이되는 탄생과 죽음이라는 이 불행의 문제는 절대로 없다.

32

그러므로 여기에 설명한 것처럼, 언제나 나뉘지 않은 절대자Absolute에 대한 확신에서 항상 수행하고 차별이란 마음의 오해의 족쇄들에서 벗어나 구별 없고 나뉘지 않은 지식의 상태를 달성하고 해방의 상태에 도달하라. 이것이 유일한 오점 없는 지고자로 존재하는 것이다. 아들아! 이와 같이, 나는 오점 없는 쉬바가 설명하듯이 최고의 베다들의 의미를 그대에게 명료하게 설명하였다.

33

지고한 신 파람마 쉬바(지고한 쉬바)에 대한 헌신으로 여기서 말한 이 위대한 설명을 열심히 듣는 사람이면 누구든지 탁월하고 나뉘지 않은 지고한 지식을 얻을 것이며 슬픔의 흔적조차 가지지 않을 것이며 행복으로 넘칠 것이며, 나뉘지 않은 절대자로 머물 것이다. 내가 말한 것에는 의심의 여지가 없다. 이것은 진리이다. 이와 같이 고귀한 리부는 현자 니다가에게 무한한 실재를 설명하였다.

34

다음과 같이 이야기한 것은 즐겁게 춤을 추는 상태의, 비할 데 없는 나뉘지 않은 형상을 한 우리의 신이다. 존재-의식-희열인 실재와 별개로 창조된 것은 아무것도 없다. 이 세상이나 다른 세상들과 같은 모든 것은 언제나 유일하고 완전히 충만한 실재이다. 우리가 그 지고자라는 지식을 얻은 사람들은 삶과 죽음이 반복되는 윤회의 우리fold에서 해방된 자들이다.

제31장
64가지 예들로 설명된 비이원의 진리

1

이 담화에서, 나는 그대에게 흥미롭게 들도록 도와주며 지고한 브람만의 신성하고 직접적인 체험을 완전무결하게 파악하기 위한 수단들이 되는 매우 놀랄 만한 비유들을 가지고, 비할 데 없고 나뉘지 않은 절대자에 대한 확실한 지식을 보여 줄 것이다. 이 진귀한 설명을 귀담아 들음으로써 우리는 속히 진정한 해방에 이를 수 있다.

2

세상이 존재하지 않는다는 것은 진리이다. 진리이다. 상칼파와 비칼파는 조금도 존재하지 않는다. 영원하고 더없이 행복한 브람만은 오직 변하지 않으며 영속적이고 확고한 진리이다. 그 비이원의 브람만만이 집착이 없고, 고통이 없으며, 썩지 않고, 나뉘지 않은 것이다. 이원의 개념이란 조금도 없다. 여기에서 행하여야 할 행위는 전혀 없다.

3

나눌 수 없는 브람만 이외에는 세상의 개념이란 결코 있을 수 없다. 브람만에 대한 지식의 토대와 별개로 눈에 비치는 세상의 아주 근소한 현상도 결코 존재하지 않는다. 전부이며 완벽하게 충만한 브람만과 별개로 세상과 그 비슷한 것은 결코 어떤 것도 존재하지 않는다. 이 같은 진리를 그대에게 깊이 납득시키기 위해 다양한 예를 들어 보겠다.

4

만약 불임 여성의 아들이란 말을 듣고 두려워한다면, 이 세상과 모든 환영은 실재할 것이다. 만약 언덕 위에 있는 사냥꾼이 부는 뿔피리 소리를 듣고서 화살에 맞은 것처럼 죽는다면, 세상은 실재할 것이다. 만약 말의 뿔들이 정말로 있어서 무언가를 들이받는다면, 세상은 실재할 것이다. 철저하게 탐구하면, 세상은 결코 존재하지 않는다. 분명한 지고한 신 브람만이 유일한 실재이다.

5

만약 신기루의 물을 마셔 만족을 얻을 수 있다면, 하늘과 같은 그런 것은 모두 실재할 것이다. 만약 하늘에 있는 간다르바(신화적인 천상의 존재)들의 도시가 실제로 있다면, 이른바 세상은 실재할 것이다. 만약 하늘의 파란색이 실제로 있다면, 세상은 실재할 것이다. 철저하게 탐구하면, 세상은 결코 존재하지 않는다. 자각인 지고한 신 브람만이 유일한 실재이다.

6

자개에 있는 은빛이 누구에게 실제의 장식을 제공할 수 있다면, 세상은 실재할 것이다. 만약 누군가가 새끼줄로 된 가상의 뱀에게 물려 죽었다면, 세상은 실재할 것이다. 만약 누군가가 하늘에 있는 (상상의) 꽃향기를 어디에서나 즐길 수 있다면, 세상은 실재할 것이다. 깊이 탐구해 보면, 세상은 결코 존재하지 않는다. 지식의 성품인 지고한 신 브람만이 유일한 실재이다.

7

만약 타오르는 불꽃의 불길을 버터기름이 끌 수 있다면, 세상은 실재할 것이다. 만약 완연한 어둠이 그림 속의 램프로 밝혀질 수 있다면, 세상은 실재할 것이다. 만약 육중한 나무가 씨 없이

리부의 노래

자란다면, 세상은 실재할 것이다. 확고부동하게 탐구해 보면, 세상은 결코 존재하지 않는다. 모든 곳에 스며 있는 지고한 신 브람만이 유일한 실재이다.

8

만약 바나나 나무의 줄기가 누군가가 음식 요리하는 연료가 될 수 있다면, 세상은 실재할 것이다. 만약 육체에 홀린 어리석은 자들이 줄어들지 않는 행복을 즐길 수 있다면, 세상은 실재할 것이다. 만약 야비한 마음을 가진 자들이 현명한 이들의 공평한 마음에 감사한다면, 세상은 실재할 것이다. 확고하게 탐구해 보면, 세상은 결코 존재하지 않는다. 존재하는 하나의 성품인 지고한 브람만이 유일한 실재이다.

9

오늘 태어난 여자 아이가 요리를 할 수 있다면, 세상은 실재할 것이다. 누군가가 오늘 태어난 아이를 희롱하여 기쁨을 얻을 수 있다면, 세상은 실재할 것이다. 신두 강의 강물이 세상의 먼지로 말라 버린다면, 세상은 실재할 것이다. 충분히 탐구해 보면, 세상은 결코 존재하지 않는다. 우리 자신들의 성품인 지고한 브람만이 유일한 실재이다.

10

태양이 떠올라도 어둠이 아무런 영향을 받지 않는다면, 세상은 실재할 것이다. 연금술사의 정확한 제조법으로 철이 금으로 변화되지 않는다면, 세상은 실재할 것이다. 한 달 전에 죽은 이가 기쁨에 차 돌아온다면, 세상은 실재할 것이다. 올바르게 탐구해 보면, 세상은 결코 존재하지 않는다. 모든 속성들을 초월한 지고한 신 브람만이 유일한 실재이다.

11

맛있는 것들로 가득한 호화로운 향연이 빈댜 산 정상의 **빽빽**한 숲속에서 열릴 수 있다면, 세상은 실재할 것이다. 젖소에게서 미리 짜 놓은 우유가 다시 젖꼭지로 들어갈 수 있다면, 세상은 실재할 것이다. 저어서 만들어진 버터 우유가 다시 본래의 우유로 돌아갈 수 있다면, 세상은 실재할 것이다. 현명하게 탐구해 보면, 세상은 결코 존재하지 않는다. 완벽하게 충만한 지고한 신 브람만이 유일한 실재이다.

12

연꽃 덩굴손으로 수미산을 쉽게 흔들 수 있다면, 세상은 실재할 것이다. 파도들의 거들girdle로 바다의 물을 묶을 수 있다면, 세상은 실재할 것이다. 성난 코끼리를 거북이의 털로 묶을 수 있다면, 세상은 실재할 것이다. 용감하게 탐구해 보면, 세상은 결코 존재하지 않는다. 세 가지 속성들을 초월한 지고한 신 브람만이 유일한 참 실재이다.

13

내뱉는 숨결에 높이 솟은 산이 흔들릴 수 있다면, 세상은 실재할 것이다. 수미산이 수직으로 떨어져 연꽃 씨 위에 안착할 수 있다면, 세상은 실재할 것이다. 연꽃이 맹렬한 불길 속에서 자랄 수 있다면, 세상은 실재할 것이다. 끊임없이 탐구해 보면, 세상은 결코 존재하지 않는다. 나뉘지 않은 성품인 지고한 신 브람만이 유일한 실재이다.

14

조그만 모기가 사자를 이겨 재빨리 승리할 수 있다면, 세상은 실재할 것이다. 벌이 수미산을 열매처럼 삼킨 뒤 도로 뱉을 수 있다면, 세상은 실재할 것이다. 대우주가 티끌 속에 있을 수 있다면, 세상은 실재할 것이다. 흠 없이 탐구한다면, 세상은 결코 존재하지 않는다. 위대한 지고한 브람만이 유일한 실재이다.

15

꿈의 대상이 깨어 있는 상태에서도 영향 받지 않고 계속 존재한다면, 세상은 실재할 것이다. 강의 빠른 물살이 멈추어 움직이지 않는다면, 세상은 실재할 것이다. 맹인으로 태어난 사람이 보석의 특성을 효과적으로 판단할 수 있다면, 세상은 실재할 것이다. 아무런 생각들이 없이 탐구해 보면, 세상은 결코 존재하지 않는다. 나뉘지 않은 성품인 지고한 브람만이 유일한 실재이다.

16

완전히 튀겨진 씨앗이 나무의 성장하는 근원이 될 수 있다면, 세상은 실재할 것이다. 성난 코끼리가 가상의 토끼 뿔에 찔려 죽을 수 있다면, 세상은 실재할 것이다. 가난한 사람들이 풍요의 기쁨을 누릴 수 있다면, 세상은 실재할 것이다. 올바르게 탐구해 보면, 세상은 결코 존재하지 않는다. 지고한 브람만이 의심 없이 유일한 실재이다.

17

까마귀가 매력적인 백조의 걸음걸이로 걸을 수 있다면, 세상은 실재할 것이다. 빈디야 숲의 사슴이 그곳의 사자와 대등하게 싸울 수 있다면, 세상은 실재할 것이다. 라후(월식의 '그림자 행성')가 달과 태양의 회합 때를 제외하고 어디에서든 볼 수 있다면, 세상은 실재할 것이다. 지식을 가지고 탐구해 보면, 세상은 결코 존재하지 않는다. 모든 의식인 지고한 브람만이 유일한 실재이다.

18

불임 여성이 임신하여 그 태아가 이름과 형태를 갖는다면, 세상은 실재할 것이다. 아들이 완전히 거세된 아이로 태어나 자란다면, 세상은 실재할 것이다. 그(거세된 남자로 태어난 아이)가 또한 여자와 실제적인 성적 기쁨을 누린다면, 세상은 실재할 것이다. 꾸준하게 탐구해 보면, 세상은 결코 존재하지 않는다. 순수한 지고한 신 브람만이 유일한 실재이다.

19

사자가 개의 종자에서 태어나 용맹함으로 돋보인다면, 세상은 실재할 것이다. 나아가, 바닷물을 그 개가 마셔 그 넓은 바다가 완전히 말라 버릴 수 있다면, 세상은 실재할 것이다. 석조 조각물의 임시 대용물로 만든 목조 여인 조각상이 수분이 많은 음식을 마음껏 즐길 수 있다면, 세상은 실재할 것이다. 집중된 마음으로 탐구해 보면, 세상은 결코 존재하지 않는다. 오점 없는 지고한 브람만이 유일한 실재이다.

20

아무 까닭도 없이 하늘이 사람들 가운데로 무너져 내린다면, 세상은 실재할 것이다. 거대한 하늘이 땅으로 떨어졌다가 다시 날아올라 간다면, 세상은 실재할 것이다. 하늘의 꽃으로 자신을 장식하고 멋진 매춘부를 매혹할 수 있다면, 세상은 실재할 것이다. 직접 탐구해 보면, 세상은 결코 존재하지 않는다. 부분 없는 지고한 브람만이 유일한 실재이다.

21

감겨 있는 밧줄로 텅 빈 하늘을 묶을 수 있다면, 세상은 실재할 것이다. 형태 없는 하늘의 반사된 이미지가 진짜 물체일 수 있다면, 세상은 실재할 것이다. 코끼리가 초라한 염소의 자궁에서 태어날 수 있다면, 세상은 실재할 것이다. 풍부한 지식으로 탐구해 보면, 세상은 결코 존재하지 않는다. 지식의 덩어리인 지고한 브람만이 유일한 실재이다.

22

단단하지 않은 습지의 땅에서 산책을 즐길 수 있다면, 세상은 실재할 것이다. 거울에 비친 영상이 그곳에 영원히 자리 잡을 수 있다면, 세상은 실재할 것이다. 불꽃 속에 던져진 솜이 불을 견뎌 재로 변하지 않을 수 있다면, 세상은 실재할 것이다. 진지하게 탐구해 보면, 세상은 결코 존재하지 않는다. 둘째가 없는 지고한 브람만이 유일한 실재이다.

23

확실한 바보들이 숭고한 것의 위대함을 이해할 수 있다면, 세상은 실재할 것이다. 지고한 브람만이 우주와 떨어져 빛날 수 있다면, 세상은 실재할 것이다. 나뉘지 않는 최고의 지식과 별개로 해방이 있을 수 있다면, 세상은 실재할 것이다. 계속적으로 탐구해 보면, 세상은 결코 존재하지 않는다. 이원이 없는 지고한 브람만이 유일한 실재이다.

24

베다들이 비이원의 브람만 외에 어떤 의미를 전달할 수 있다면, 세상은 실재할 것이다. 반복되는 탄생과 죽음의 불행이 진정한 지식 이외의 어떤 것으로 파괴될 수 있다면, 세상은 실재할 것이다. 지고한 요가에 대한 자각이 없이 마음이 부동의 상태를 유지한다면, 세상은 실재할 것이다. 진실하게 탐구해 보면, 세상은 결코 존재하지 않는다. 진리인 지고한 브람만이 유일한 실재이다.

25

지고한 쉬바의 은총이 없이 해방이나 기쁨을 얻은 사람이 있다면, 세상은 실재할 것이다. 완전히 탐구해 보면, 세상은 결코 존재하지 않는다. 영원히 존재하는 유일한 것은 지고한 브람만이다. 은총의 화신인 지고한 쉬바가 말한 것처럼 이와 같이 나는 그대에게 64가지 예를 들어 둘도 없는 지고자가 유일한 실재라는 이것을 설명하였다.

26

이런 방법으로 진리를 추구한다면 세상도, 개체들도, 지고자도 없다. 나누어진 것처럼 보이는 것은 무엇이나 탐구해 보면, 브람만과 조금도 다르지 않은 것으로 밝혀질 것이다. 옷감을 분석해 보면 실을 제외하고 다른 어떤 것이 있겠는가? 항아리를 분석하면 흙이 아니고 다른 어떤 평가evaluation가 있겠는가?

27

그러므로 이원도, 비이원도, 혹은 분리되어 있는 어떠한 것도 결코 없다. 존재하는 유일하고 완벽하게 충만한 실재는 지식의 덩어리인 지고한 브람만뿐이다. 나는 참으로 구별이 없는 지고한 브람만이라는 부분 없이 나뉘지 않는 지식을 얻고 세상적인 존재들의 불행한 비참함을 제거한다면 그대 자신이 숭고하고 나뉘지 않은 지고자가 된다.

28

개념(상칼파)의 결과로 나타나는 세상이 조금이라도 그대에게 영향을 미치면, 이 모든 것이 부분이 없는 지고한 브람만이라고 생각하고 또 내가 그 브람만이라는 것을 앎으로써 즉시 그 개념들을 제거하라. 치명적인 마음의 병이 여전히 불타오르면, 나누어지지 않는 지고자에 대한 명상이란 놀라운 약을 복용하여 그 병을 없애라.

29

구별의 어떤 환영들이 망상으로 인해 마음에 일어나면, 순수한 지고한 브람만에 대한 명상으로 즉시 일소하고 그대 자신의 나가 되어라. 무지 때문에 몸과 같은 그런 것이 나로 보이면, 의식의 확장인 나에 대한 명상을 직접 함으로써 이 무지를 단번에 제거하고 그대 자신의 진정한 성품이 되어라.

30

사악한 적인 자아가 그대를 포위해 약화시키면, "나는 브람만이다."라는 명상의 칼로 즉시 그것을 산산조각 잘라 내고 그대 자신의 성품에 머물러라. 마음의 단단한 매듭들이 그대를 괴롭히면, 용기를 가지고, 지고자에 대한 명상의 원반으로 한순간에 그것들을 잘라 버리고 그대의 자연스러운 나에 자리 잡아라.

31

몸과 같은 그런 것인 "나"라는 환영이 지속되면, 나는 유일하며 완벽하게 충만한 절대자라는 확신으로 즉시 이 환영을 죽여 버려라. 나 아닌 귀신이 나타나면, 나에 대한 명상의 만트라로 속히 그것을 쫓아 버리고 순수한 나로 빛나라.

32

다양한 의심들의 귀신이 그대를 습격하여 두렵게 하더라도 절대자에 대한 명상의 만트라로 의심의 귀신을 두려움 없이 쉽게 놓아두어라. 변덕스러운 이원의 도깨비가 그대를 더 따라오면, 비이원의 명상의 신성한 재로 오늘, 서슴지 않고 그것을 정복하고 강력한 유일자로 머물러라.

33

유일한 절대자에 대한 이 확신을 집중하여 매일 경청하는 사람들은 여기서 기술된 끊임없는 책략으로 완벽한 브람만−지식을 얻게 될 것이며 모든 집착들을 버리고 스스로 지고자가 될 것이다. 이제까지 말한 것에는 조금의 의심의 여지도 없다. 이것은 진리이다. 전지전능한 삼바무르티(쉬바)가 말씀하신 것에 어찌 의심의 여지가 있을 수 있겠는가?

34

모든 것의 창조자, 보존자, 파괴자이며, 조금의 차이도 없이 집착이 없고, 모든 것이 완전하며, 완벽하게 충만한 상태로 남아 있는, 평화로운 존재−지식−희열인 지고한 쉬바를 자기 자신으로 깨달은 자들만이 나뉘지 않으며 행복으로 가득한 그 지고한 쉬바가 될 것이다. 이렇게, 리부는 니다가에게 견줄 데 없는 지고한 실재를 제시하였다.

35

모든 것을 이해하기 위한 일련의 유추들에 의해 하나의 지고자에 대한 확신을 여기서 보여주는,

존재-지식-희열인 지고한 실재는 영원히 변하지 않는다는 것, 이 세상과 같은 것은 결코 존재하지 않는다는 것을 여기서 말한 분은 지고의 상태에서 기쁘게 춤을 추는 상태에 있는 신들 중의 신의 나뉘지 않은 형상이다.

제32장
자기 자신이 지고한 실재라는 확신으로 지고자에 이르기

1

니다가여! 브람만과 별개인 것은 아무것도 없으며 그곳에 있는 모든 것이 나뉘지 않은 지고한 신 브람만이며 우리가 둘이 없는 바로 그 브람만이라는 나뉘지 않은 진리의 정의에 대해 나는 그대에게 더욱더 분명히 말하겠다. 지금 주어지는 이 설명은 즉시 해방을 줄 것이다. 이것은 기쁨을 불어넣고 피로를 지울 것이다. 이것을 듣고 우리는 홀로by oneself 그 브람만이 될 것이다.

2

별개의 것이라고 말해질 수 있는 것은 조금도 없다. 나는 영원하며 파괴할 수 없는 진리이다. 부분이 없는 나는 참으로 브람만이다. 브람만은 참으로 빛나는 나이다. 설명한 것처럼, 나는 나와 다르지 않은 지고한 신 브람만이라는 확신으로 탄생과 죽음의 불행한 고뇌를 제거하고 늘 유일한 지고한 신 브람만으로 머물러라.

3

모든 것으로 보이는 것을 탐구해 보면, 그것은 존재-의식-희열인 오로지 브람만이며, 그 브람만과 떨어져 있는 것은 아무것도 없다. 항상 존재하는 것은 의식의 확장인 지고한 브람만뿐이다. 둘이 없는 브람만이 그대이다. 이것에는 조금의 의심의 여지도 없다. 그러므로 모든 것은 브람만이며 그것이 나라는 의심 없는 확신을 가지고 평화를 얻어라.

<h1 style="text-align:center">4</h1>

나는, 참으로, 존재-의식-희열인 브람만이다. 나는, 참으로, 전부이며 완벽히 충만한 브람만이다. 나는, 참으로, 항상 상서로운 브람만이다. 나는, 참으로, 모든 곳에 퍼져 있고all pervasive 오점이 없는 브람만이다. 나는, 참으로, 나누어지지 않는 지고한 브람만이다. 나는, 참으로, 비이원의 지고한 브람만이다. 나는, 참으로, 순수한 지고한 브람만이다. 그런 확신을 가지고 피로를 없애고 행복하여라.

<h1 style="text-align:center">5</h1>

나는, 참으로, 희열의 덩어리인 브람만이다. 나는, 참으로, 무지의 흔적이 없는 브람만이다. 나는, 참으로, 끝이 없는 브람만이다. 나는, 참으로, 오로지 진리로만 서 있는 브람만이다. 나는, 참으로, 하늘과 같은 브람만이다. 나는, 참으로, 경계들이 없는 브람만이다. 나는, 참으로, 침묵에 자리 잡은 브람만이다. 망상 없는 그런 확신을 가지고 해방되어라.

<h1 style="text-align:center">6</h1>

나는, 참으로, 늘 평화로운 지고한 브람만이다. 나는, 참으로, 구별의 표시들이 전혀 없는 브람만이다. 나는, 참으로, 마음이나 그와 같은 것이 없는 브람만이다. 나는, 참으로, 오직 의식인 브람만이다. 나는, 참으로, 집착들이 없이 있는 네 번째 상태인 브람만이다. 나는, 참으로, 네 번째 상태를 초월한 브람만이다. 나는, 참으로, 굴레가 없는 브람만이다. 되풀이하여 이런 확신을 가지고 스스로 지고자가 되어라.

7

나는, 참으로, 조금의 개념(상칼파)도 없는 브람만이다. 나는, 참으로, 슬픔도 기쁨도 없는 브람만이다. 나는, 참으로, 쇠약하게 하는 망상이 없는 브람만이다. 나는, 참으로, "마하트"(개체적인 지바들의 모습 이전에 창조된 중간 상태)와 같은 상태가 없는 브람만이다. 나는, 참으로, 여기에 존재하는 어떤 것도 없는 브람만이다. 나는, 참으로, 유일하며 완벽하고 온전히 충만한 브람만이다. 나는, 참으로, 부분이 없는 지고한 브람만이다. 되풀이하여 이런 확신을 가지고 스스로 지고자가 되어라.

8

나는, 참으로, 모든 것으로서 [모든 곳에] 퍼져 있는 지고한 브람만이다. 나는, 참으로, 어디에나 똑같이 퍼져 있는 지고한 브람만이다. 나는, 참으로, 행위와 같은 것과 섞이지 않는 브람만이다. 나는, 참으로, 시간과 같은 것을 초월한 브람만이다. 나는, 참으로, 어떤 셋이라는 것이no traid of any kind 없는 브람만이다. 나는, 참으로, 확고부동한 실재인 브람만이다. 나는, 참으로, 지고한 쉬바인 지고한 신 브람만이다. 되풀이하여 이런 확신을 가지고 스스로 지고자가 되어라.

9

나는, 참으로, 영원한 지고한 브람만이다. 나는, 참으로, 환생의 고통이 없는 지고한 브람만이다. 나는, 참으로, 조금의 오점도 없는 지고한 브람만이다. 나는, 참으로, 가장 위대한 것보다 더 위대한 지고한 브람만이다. 나는, 참으로, 나누어지지 않는 광활한 공간인 브람만이다. 나는, 참으로, 시작도 끝도 없는 브람만이다. 나는, 참으로, 집착이 없는 지고한 브람만이다. 되풀이하여 이런 확신을 가지고 그대 자신이 지고자가 되어라.

10

나는, 참으로, 태고부터 존재해 온 지고한 브람만이다. 나는, 참으로, 완벽한 충만함으로 넘치는 지고한 브람만이다. 나는, 참으로, 고통이 없는 지고한 브람만이다. 나는, 참으로, 속성들이 없는 지고한 브람만이다. 나는, 참으로, 밤도 낮도 없는 브람만이다. 나는, 참으로, 빛이나 어둠 같은 것이 없는 브람만이다. 나는, 참으로, 가장 높은 것보다 더 높은 지고한 브람만이라는 확신을 가지고 그대 자신이 지고자가 되어라.

11

나는, 참으로, 조건화된 환영이 없는 브람만이다. 나는, 참으로, 오점이 없는 자각인 브람만이다. 나는, 참으로, "그것"이란 말이 가리키는 브람만이다. 나는, 참으로, "그대"("그대는 그것이다."라는 금언의)란 말이 가리키는 브람만이다. 나는, 참으로, 동일시 안으로 몰입하는 지고한 브람만이다. 나는, 참으로, 차별이 없는 의미인 지고한 브람만이다. 나는, 참으로, 다양한 차이들이 없는 지고한 브람만이다. 되풀이하여 이런 확신을 가지고 그대 자신이 지고자가 되어라.

12

나는, 참으로, 진리로 확립된 지고한 브람만이다. 나는, 참으로, 영원한 희열로 확립된 지고한 브람만이다. 나는, 참으로, 충만한 의식으로 확립된 지고한 브람만이다. 나는, 참으로, 의식의 확장으로 확립된 지고한 브람만이다. 나는, 참으로, 스스로 가득 차 머무는 지고한 브람만이다. 나는, 참으로, 그 자체와 떨어져 있는 것이 아무것도 없는 지고한 브람만이다. 나는, 참으로, 다양하지 않은 지고한 브람만이다. 되풀이하여 이런 확신을 가지고 그대 자신이 지고자가 되어라.

13

나는, 참으로, 연결도 없고 집착도 없는 지고한 브람만이다. 나는, 참으로, 흔들림도 없고 움직임도 없는 지고한 브람만이다. 나는, 참으로, 줄어들지 않고 빛나는 오점 없는 지고한 브람만이다. 나는, 참으로, 변하지 않고 영원한 지고한 브람만이다. 나는, 참으로, 하나이며one 동시에 어디에나 있는 지고한 브람만이다. 나는, 참으로, 아무 것도 없는 지고한 브람만이다. 나는,

참으로, 조각조각 나지 않는unfragment 지고한 브람만이다. 되풀이하여 이런 확신을 가지고 그대 자신이 지고자가 되어라.

14

나는, 참으로, 말들과 같은 것의 범위 너머에 있는 브람만이다. 나는, 참으로, 세상의 범위 너머에 있는 브람만이다. 나는, 참으로, 현혹된 마음의 영향을 받지 않는 브람만이다. 나는, 참으로, 오점 없으며 깨끗한 브람만이다. 나는, 참으로, 순수한 마음의 맑음인 브람만이다. 나는, 참으로, 스스로 빛나는 빛인 브람만이다. 나는, 참으로, 굴레 없는 브람만이다. 되풀이하여 이런 확신을 가지고 그대 자신이 지고자가 되어라.

15

나는, 참으로, 베일이 없는 지고한 브람만이다. 나는, 참으로, 언제나 순수한 지고한 브람만이다. 나는, 참으로, 움직이거나 움직이지 않음이란 흔적이 없는 지고한 브람만이다. 나는, 참으로, 세상, 개체(지바), 지고한 신(파라)이 없는 지고한 브람만이다. 나는, 참으로, 견줄 데 없고 균형 잡힌 지고한 브람만이다. 나는, 참으로, 스스로 홀로 지탱하는 지고한 브람만이다. 나는, 참으로, 높으면서 낮은 지고한 브람만이다. 되풀이하여 이런 확신을 가지고 그대 자신이 지고자가 되어라.

16

그대가 끊임없이 그런 확신을 가지지 않는다면 불안한 마음의 왜곡들은 그치지 않을 것이다. 이 세상의 슬픔을 일으키는 것은 불안한 마음의 왜곡이 아니겠는가? 말해 보라. 그런 깊은 일상의 확신에 의해 파괴된 왜곡된 마음이 없는 사람들의 이해에 어떻게 완전하며 결점 없는 마음의 참된 성품이 감명을 주겠는가?

17

자신의 성품에 자리 잡지 않고 헤매는 사람들에게 세상 존재의 진저리나는 굴레가 어떻게 풀어지겠는가? 자신들의 진정한 성품을 발견하지 못한 사람들에게는 그들이 아무리 노력을 한다고 하더라도 세상 존재의 근본 굴레는 결코 파괴될 수 없다. 불안한 마음의 잘못된 이해가 단호히 파괴될 때 흔들리지 않는 확신을 받아들인 사람들에게는 그들의 자연스러운 상태가 베일이나 혼돈의 어떤 오점도 없이 일어날 것이다.

18

따라서 정신적 망상으로 인한 모든 차이들은 완벽하게 파괴되어야 하며, 항상 나뉘지 않은 절대자에 대한 확신을 수행함으로써 나뉘지 않은 성품의 상태를 확립해야 한다. 그 확신 자체는 탐구의 성품을 가지고 있지 않은 마음에서는 일어나지 않을 것이다. 전혀 탐구하지 않는 마음은 적이다. 그로 인해 사람들이 생사윤회의 바다에 빠지기 때문이다.

19

지식이 없는knowledgeless 탐구를 하지 않는 것non—enquiry이 무지의 거처abode다. 그것은 끝없는 축복을 줄 수 있는 지식을 시야에서 가릴 것이다. 대신, 그것은 극복할 수 없는 상상력을 투사시킬 것이다. 그것은 우리가 완벽하게 충만한 성품에 머물지 못하게 할 것이다. 그것은 비길 데 없는 모든 압도적인 공포의 씨앗이다. 순식간에 그것은 상칼파와 비칼파와 마음의 백만 가지 변화들을 축적할 것이다.

20

왜 이것을 상세히 설명하는가? 탐구하지 않음은 모든 사람을 세상 불행의 바다에 빠트릴 것이다. 탐구하지 않음에 대적할 더 큰 적은 어디에도 없다. 그러므로 나뉘지 않은 절대자에 대한 탐구로 탐구하지 않음의 이 적을 정복하여라. 그리고 그대의 확신으로 나뉘지 않은 지식을 얻음으로써 거저mere 진리의 성품이 되어라.

21

나뉘지 않은 절대자에 대한 이 탐구는 무엇인가? 나는 누구인가? 이 세상은 무엇인가? 이 안에 무엇이 있는가? 무엇이 지고한 진리인가? 이렇게 진정한 구루에게 질문하고, 베단타를 통해 브람만의 확신을 가지고, 나는 브람만이요, 세상은 브람만이며, 어디에나 존재하는 것은 모두 나뉘지 않은 지고한 브람만이라는 진리를 가지는 것이 탐구이다.

22

진정한 구루에게 피난하고, 여기저기에 있는 훌륭한 영혼들의 모임에 의지하며, 모든 것이 속성이 없는 지고한 브람만이요, 그것이 우리 자신이며, 그것이 진리이고 실로 썩지 않는 브람만이 모든 베단타의 목적이라는 것을 알고서 지고자에 대한 확고부동한 확신을 얻는 것이 모든 피로들을 없애 주는 탐구이다.

23

지고한 실재를 가리는 자신의 모든 의심들이 제거될 때까지, 방금 설명한 대로, 순수한 베단타에 확고히 자리를 잡고서 지고한 브람만이 이 모든 것이며 우리가 그것이며 환영의 세상이 그것이고, 그것이 진리라는 것을 집중된 마음으로 다양한 논법들로 추론하여 현명한 판단으로 이 확고한 결론에 이르는 것이 탐구이다.

24

무지를 파괴하여 모든 환영을 효과적으로 몰아내고, 오점 없는 지식으로 마음을 풍요롭게 하며, 상상이란 모든 환영을 제거하고, 완벽하게 충만한 성품 안에 자신을 자리하게 하고 세상 불행이란 다루기 힘든 두려움을 없애며, 절박한 위험을 멋진 행운으로 전환하여 마음이 만들어 낸 모든 변형들을 파괴하는 것이 오직 지식 있는 탐구이다.

25

모든 것은 증명된proven 지고한 브람만이며 이 순수한 브람만이 우리 자신이라고 결정한, 탐구하는 마음을 가진 훌륭한 사람들에게만 자신이 지고자라는 확신이 일어날 수 있다. "나는 몸과 같은 것이며 이 모든 현상계가 실재이다."라고 생각하는, 전혀 탐구를 하지 않는 불행한 마음 때문에 억압받는 사람들에게 어떻게 그런 완전한 확신이 일어날 수 있겠는가?

26

그러므로 변덕스러운 마음이 그 확신으로 확고해질 수 있는 것은 오직 탐구하는 영웅들에게만 가능하다. 마음의 망상도 그러한 완전한 확신을 통해 나날이 줄어들 것이다. 망상이 완전히 사라지면 지고한 브람만의 존재를 완벽하게 이룰 것이다. 그때 세상 존재의 근원적 굴레가 완전히 산산조각 날 것이며 무한한 해방의 희열이 따를 것이다.

27

진리인 지고한 신 브람만 위에 다양하게 덧씌워진 세상, 개체들, 지고자와 같은 모든 다양한 차이들을 탐구해 보면, 오점 없는 브람만 자체와 떨어져 있는 것은 아무것도 없다는 것이 발견될 것이다. 언제나 변함없이 존재하는 것은 모든 것의 나인 오직 지고한 브람만이기 때문에 나는 참으로 영원한 지고한 브람만이라는 확고부동한 확신을 가지고 불확실성을 제거하여라.

28

창조된 것이나 존재하는 것, 파괴할 수 있는 것, 브람마(창조자), 하리(유지자), 하라(파괴자), 무지, 개체, 마음, 굴레, 세상의 이 그림, 신(이슈와라)과 망상 등과 같은 것은 아무것도 없다. 존재하는 모든 것은 오로지 나뉘지 않은 지고한 브람만뿐이다. 내가 그것이라는 확신을 거듭 가지고 그대 스스로 지고자가 되어라.

29

베다들이나, 경전들, 논문들, 미묘한 베단타의 방대한 책들, 이티하사(서사시)들, 푸라나(신화)들, 카미카와 같은 아가마(사원과 의식기법들에 관련한 논문)들, 유일한 존재 혹은 이원의 존재, 이와 같은 것은 아무것도 존재하지 않는다. 존재하는 것은 오로지 나뉘지 않은 지고한 브람만뿐이다. 내가 지고한 브람만의 그 광활한 공간이라는 확신을 되풀이해서 가지고 그대 스스로 지고자가 되어라.

30

보이는 몸과 같은 그런 것은 오로지 비나일 뿐이다. 보는 자만이 오직 그대 자신이다. 유일한 지고한 브람만이 그대 자신이다. 그것은 참으로 영원히 나 자신이다. 구루와 제자와 순수한 지고한 지식과 같은 그런 모든 외양들은 모두가 참으로 볼 수 없는 절대자요, 그것이 나이다. 그런 바바로, 그런 확신으로 그대 스스로 지고자가 되어라.

31

다섯 신deity들과 같은 구분들, 그들의 다섯 행위들과 같은 구분들, 천당과 지옥, 카일라사 산과 세상, 세상과 개체들과 지고한 신의 단계적 변화들, 그 모든 다양한 모습들은 참으로 오직 나뉘지 않는 지고자이며, 그것이 나 자신이다. 그런 확신으로, 그대 스스로 지고자가 되어라.

32

냄새 그리고 다양한 여러 감각들, 공간과 같은 다섯 원소들, 원인과 결과의 필연적인 고리들, 기쁨과 해방에 대한 추구, 마음의 오해의 표현인 그런 모든 무한한 구별들은 오직 굴레 없는 지고자이며 그것이 나 자신이다. 그런 확신으로, 그런 태도로 그대 스스로 지고자가 되어라.

33

비록 생각이 현상계로 나타나지만, 생각이 없다면 현상계는 존재하지 않는다. 생사윤회로 나타나는 그것이 생각이다. 생각이 없다면, 생사윤회도 없다. 생각을 탐구해 보면, 그것이 오직 의식임을 알게 될 것이다. 의식으로서의 생각은 더할 나위 없는 행복으로 남는다remain. 나는 실로 생각이 없는 의식으로 충만한 더할 나위 없는 행복이다. 이렇게 명상하고, 이렇게 명상하여 그대 스스로 그 축복 받은 상태가 되어라.

34

마음이 없다면, 이 세상이란 조금도 존재하지 않는다. 모든 세상으로 보이는 것은 마음이다. 이 마음은 단지 상칼파(개념, 생각)이다. 상칼파를 탐구해 보면 그것이 의식으로 밝혀질 것이다. 마음의 상칼파가 의식으로 밝혀지면 마음 자체는 참으로 평화인 의식임이 밝혀질 것이다. 나는 평화요, 시작이 없는 의식이라고 명상하고, 명상하여 그대 스스로 평화가 되어라.

35

마음은 의식으로 가득 찬 내 안에서 일어나 의식으로 가득 찬 내 안에서 머물다가 의식으로 가득 찬 내 안에서 가라앉기 때문에 의식으로 가득 찬 나와 따로 떨어진 마음이란 전혀 존재하지 않는다. 의식으로 가득 찬 나와 따로 떨어진 마음이 전혀 없기 때문에 의식으로 가득 찬 나와 별개로 존재하는 그 밖의 것은 아무것도 없다. 나 자신은 의식으로 가득 차 있기 때문에, 나는 더할 나위 없는 행복이다. 이렇게 명상하고, 명상하여 그대 스스로 더할 나위 없는 행복이 되어라.

36

의식으로 채워진 나와 별개로는 상칼파의 결과인 그 어떤 세상의 모습도 존재하지 않는다. 의식으로 채워진 나와 별개로는 상칼파의 결과인 개체(지바)들이나 신(이슈와라)은 존재하지 않는다. 의식으로 채워진 나와 별개로는 상칼파의 어떤 결과도 결코, 전혀 존재하지 않는다. 의식으로 채워진 나는 영원한 더할 나위 없는 행복이다. 이렇게 명상에 잠겨contemplate, 이렇게 명상에 잠겨 그대 스스로 더할 나위 없는 행복이 되어라.

37

의식으로 채워진, 나의 꿈에 보이는 세상과 여타의 것들이 나와 별개인 것이 전혀 아닌 것처럼, 의식으로 채워진, 깨어 있는 동안 내게 보이는 세상과 같은 것들도 나와 별개인 것이 전혀 없다. 의식으로 채워진 나는, 모두 완벽하게 충만하며, 널리 퍼지는 더할 나위 없는 행복으로 자리 잡고 있는 유일자로 늘 머문다. 의식으로 채워진 나는, 나 자신으로 머문다. 이렇게 명상에 잠겨, 이렇게 명상에 잠겨, 그대 스스로 더할 나위 없는 행복이 되어라.

38

여기에서 말한 대로 항상 끊임없이, 나뉘지 않은 지고한 브람만이 모든 것이며 내가 그 나뉘지 않은 지고한 브람만이라는 확신을 되풀이하여 가지고, 망상을 버리고, 떨어져 있는 것이 아무 것도 없는 나뉘지 않은 지고한 지식을 얻어라. 그리고 그 나뉘지 않은 지고한 희열을 즐기고 쇠약하게 만드는 이 세상의 모든 불행을 벗어나 그대 스스로 결점없는 지고한 브람만이 되어라.

39

자각의 성품인 브람만과 떨어져 있는 것은 언제, 어디에도 전혀 존재하지 않는다. 모든 것이 참으로 완벽하게 충만한 지고한 브람만이다. 그대 또한 참으로 완벽하게 충만한 지고한 브람만이다. 내가 설명한 모든 것의 의미는 진리이다. 이에 대해서는 추호의 의심의 여지도 없다. 용기의 자양분을 받은 지식으로 여기서 설명한 대로 확고부동하게 명료하게 되어, 의심들을 제거하여라.

40

모든 것은 완벽하고 완전히 충만한 유일의 브람만이다. 나는 완벽하고 완전히 충만한 유일의 브람만이다. 식별력으로 이 확신을 영원히 지니는 사람들은 스스로 자각인 지고한 브람만이 될 것이다. 부분이 없는partless 지고한 쉬바가 설명한 것처럼 나는 그대에게 나뉘지 않은 진리를 설명하였다. 니다가여! 설명한 것처럼, 이를 이해하는 사람들은 행복을 얻게 될 것이다.

41

위대한 링가(쉬바를 상징하는 돌)의 형상으로 멈춤 없이 모든 곳에 현존하는 지고한 쉬바가 나라는 확신을 가진 자들은 마음의 모든 잘못된 생각들에서 완전히 벗어나 명료하고 나뉘지 않은 지고한 지식을 얻을 것이며 또 변하지 않는 해방의 상태를 얻을 것이다. 이같이, '나'라는 전염병에 감염되지 않은 명료한 통찰력을 가진 현자 리부가 니다가에게 나누어지지 않는 진리를 친절하게 설명하였다.

42

다음과 같이 이야기한 것은 기쁨의 춤을 추는 상태에 있는 우리의 신들 중의 신의 나뉘지 않은 형상이다. 모든 곳에 퍼져 있는 지고한 실재와 분리된 것은 전혀 없으며, 모든 것은 존재-의식-희열이며 완전무결한 지고한 실재이며, 우리가 그 실재라는 완벽하게 충만한 지식을 지닌 자들은 해방된 자들이다.

리부의 노래

제33장
나의 나뉘지 않은 지식의 위대함

1

"이 모든 것"으로 여기 늘 있는 것은 아무것도 없다. 더 나아가, 니다가여! 모든 것이 나와 다르지 않은 나뉠 수 없는 지고한 브람만이며, 우리가 그 모든 것에 퍼져 있는 지고한 브람만이라는 나에 대한 나뉘지 않은 지식에 대하여 그대에게 명백하게 이야기하겠다. 이런 경사로운 설명을 행복하게 듣는 자들은 세상 불행의 바다에 결코 빠져들지 않을 것이다.

2

아들아! 우리의 성품인 나가 참으로 '나'라는 말이 지칭하는 의미이다. "브람만"이라는 말이 지칭하는 의미는 지고한 브람만이다. 나와 지고자의 동일성이 "나는 브람만이다." 등과 같은 모든 위대한 금언(마하바키아)들의 의미에서 나타난 나뉘지 않은 진리이다.

3

그러므로 나는 브람만이며 그 브람만이 바로 나 자신이라는, 확고부동하게 의심할 여지가 없으며 의견의 차이가 없는 확신을 갖는 것이 나뉘지 않은 나의 차별 없는 지식이다. 나의 이 오점 없고 나뉘지 않은 지식에 필적할 지식은 어디에도 없다. 위대한 현자여! 이 나뉘지 않은 나의 지식을 얻은 사람들은 결코 앞으로 탄생하지 않을 것이다. 나는 쉬바의 이름으로 이것을 말한다.

4

나는 브람만이라는 확신인, 나에 대한 지식은 나는 몸과 같은 것이라는 망상을 없앨 것이다. 나는 브람만이라는 확신인, 나에 대한 지식은 우리를 나누어지지 않고, 완전하며, 완벽하게 충만한 브람만으로 만들어 줄 것이다. 나는 브람만이라는 확신인, 나에 대한 지식은 다양한 끝없는 망상들을 없앨 것이다. 나는 브람만이라는 확신인, 나에 대한 지식은 나뉘지 않은 지고한 희열을 베풀 것이다.

5

나는 브람만이라는 확신인, 나에 대한 지식은 어지럽게 떠도는 생각들의 포기이다. 나는 브람만이라는 확신인, 나에 대한 지식은 정처 없이 헤매는 마음의 파멸이 될 것이다. 나는 브람만이라는 확신인, 나에 대한 지식은 세상적인 존재의 근원이 없는 굴레들을 풀어줄 것이다. 나는 브람만이라는 확신인, 나에 대한 지식은 나뉘지 않은 지고한 해방을 줄 것이다.

6

나는 브람만이라는 확신인, 나에 대한 지식은 단연 최고의 요가이다. 나는 브람만이라는 확신인, 나에 대한 지식은 오점 없고 스스로 빛나는 성품이다. 내가 브람만이라는 확신인, 나에 대한 지식은 무지의 어둠을 제거할 것이다. 나는 브람만이라는 확신인, 나에 대한 지식은 다양한 형태들의 두려움을 소멸할 것이다.

7

나는 브람만이라는 확신인, 나에 대한 지식은 많은 큰 죄들을 파괴할 것이다. 나는 브람만이라는 확신인, 나에 대한 지식은 끝없는 올바름(다르마)의 양상들을 초월한다. 나는 브람만이라는 확신인, 나에 대한 지식은 놀랄 만한 행운을 준다. 내가 브람만이라는 확신인, 나에 대한 지식은 우리들에게서 다양한 불행한 것들을 없애 줄 것이다.

리부의 노래

8

나는 브람만이라는 깨달음인, 나에 대한 지식은 깊은 식별력에서 나온다. 나는 브람만이라는 깨달음인, 나에 대한 지식은 구루의 은총으로 얻게 된다. 나는 브람만이라는 깨달음인, 나에 대한 지식은 끊임없는 수행에 의해 강화된다. 나는 브람만이라는 깨달음인, 나에 대한 지식은 나뉘지 않은 지고한 쉬바의 은총으로 확고해진다.

9

나는 브람만이라는 깨달음인, 나에 대한 지식은 반복되는 수행으로 강화될 것이다. 나는 브람만이라는 깨달음인, 나에 대한 지식은 계속되는 수행으로 행복을 더해 줄 것이다. 나는 브람만이라는 깨달음인, 나에 대한 지식은 계속되는 수행으로 모든 슬픔을 끝나게 할 것이다. 나는 브람만이라는 깨달음인, 나에 대한 지식은 계속되는 수행으로 자연스러워질 것이다.

10

나는 브람만이라는 깨달음인, 나에 대한 지식은 계속되는 수행으로 그릇된 이해를 없애 줄 것이다. 나는 브람만이라는 깨달음인, 나에 대한 지식은 계속되는 수행으로 모든 오점들을 깨끗하게 할 것이다. 나는 브람만이라는 깨달음인, 나에 대한 지식은 계속되는 수행으로 확고부동해질 것이다. 나는 브람만이라는 깨달음인, 나에 대한 지식은 계속되는 수행으로 사마디(강한 잠김immersion)를 가져오게 한다.

11

나는 브람만이라는 깨달음인, 나에 대한 지식은 항상 수행하는 수행자에게만 단단히 붙어 있을 것이다. 나는 브람만이라는 확신을 주는, 나에 대한 지식은 모든 덧씌워진 것들을 소멸할 것이다. 나는 브람만이라는 확신을 주는, 나에 대한 지식은 흔들리지 않는 마음을 가지게 할 것이다. 나는 브람만이라는 확신을 주는, 나에 대한 지식은 떨어진 것이 아무것도 없는 나뉘지 않은 자각이다.

12

나는 브람만이라는 확신에 이르게 하는, 나에 대한 지식은 '나' 의식이 없는 사람이 쉽게 얻을 수 있다. 나는 브람만이라는 확신에 이르게 하는, 나에 대한 지식은 덕이 많은 사람에게 즐겁게 생길 것이다. 나는 브람만이라는 확신에 이르게 하는, 나에 대한 지식은 모든 경이로운 것들보다 더 경이로울 것이다. 나는 브람만이라는 확신에 이르게 하는, 나에 대한 지식은 나뉘지 않은 쉬바와 여러 신들에 대한 체험이다.

13

나 위에 환영으로 보이는 것은 무엇이나 그 나와 떨어진 것이 조금도 없으며Whatever is seen as an illusion on the Self is nothing in the least apart from that Self, 결점 없는 바탕인 오직 나이다. 나누어지지 않고 완전하며 완벽하게 충만한 나인 나가 참으로 '그것'이 가리키는 브람만임을 깨닫는 그 나뉘지 않은 나에 대한 지식에 필적할 만한 것은 여기에 아무것도 없다. 나에 대한 지식과 동등한 것은 오직 그 지식 자체뿐이다.

14

나는 브람만이며, 브람만이 나 자신이고, 나는 모든 것이라는, 나뉘지 않은 나에 대한 강력한 확신의 이런 지식이 가져다주는 적절한 유일한 결실은 나뉘지 않은 나이다. 그 밖의 어떤 것도 그 결실로서는 적합하지 않다. 나뉘지 않은 나에 대한 이 찬양할 만한 지식의 위대성을 충분히 찬양할 사람이 마헤쉬와라(위대한 신)를 제외하고 이 우주에 누가 있겠는가? 그 전지전능한 유일 신을 제외하고 그밖에 누가 있겠는가?

15

나는 브람만이라는 확고한 신념에 의해 확인된, 나뉘지 않은 나에 대한 지식과 비교할 수 있는 것으로 이 세상에서 창조된 것은 아무것도 없다. 나는 브람만이라는 확신을 가지고 확신 그 자체가 수백만의 숭배들sacrifices, 참회들, 성들수, 성스러운 자선들과 봉사 및 그 밖의 모든 것이라고 결심한 자들에게 앞으로 창조될 어떤 것에서도 그 지식과 비교할 만한 것은 아무것도 없다. 여기에는 어떤 혼란도 있을 수 없다.

16

나는 브람만이라는 확신은 신들에 대한 경배이다. 나는 브람만이라는 확신은 신들에 대한 명상이다. 나는 브람만이라는 확신은 자파(만트라의 암송)이며, 타파스(강력한 수행, 금욕생활)들이다. 나는 브람만이라는 확신은 모든 미덕들이다. 나는 브람만이라는 확신은 나뉘지 않은 명상이다. 나는 브람만이라는 확신은 나뉘지 않은 요가이다. 나는 브람만이라는 확신은 나뉘지 않은 지식이다. 나는 브람만이라는 확신은 나뉘지 않은 해방이다.

17

만약 변덕스러운 마음의 흔들림 때문에 나뉘지 않은 나에 대한 경험을 직접 이루지 못한다면, 마음의 왜곡들이 극복될 때까지 모든 것인 나에 대해 명상해야 한다. 마음이 정처 없이 움직이고 명상을 헛수고로 만든다면 움직임 없고 나뉘지 않은 나의 주제에 관한 (이 책의) 내용을 큰 소리로 암송할 수 있다.

18

이 내용을 암송하는 것은 그렇게 어렵지 않으므로, 이러한 명상에 유능하지 못하는 그 모든 사람들은 자기 자신의 성품에 대한 확신으로 마음이 안정되어 직접적인 지식이 틀림없이 일어날 때까지 모든 것의 나뉘지 않은 나의 불변의 성품이 브람만이고 그 브람만이 나 자신이며 나는 그 브람만이라는 것을 확언해 주는 말들을 큰 소리로 말해야 한다.

19

모든 것이 브람만이라고 크게 선언하는 것만으로, 지속적인 자각을 얻지 않고도 그대는 백만 마리의 말을 재물로 받치는 공덕을 순식간에 얻을 수 있다. 나는 브람만이라고 분명하고 크게 말하는 사람은 위대한 메루 산을 자선 단체에 기부하는 결과를 얻을 것이다. "나는 브람만이다."라고 사랑으로 말한다면 지구 전체를 바치는 성과가 그에게 생길지도 모른다.

20

모든 세상들에 있는 모든 것을 바치는 것도 브람만이 나 자신이며 나는 브람만이라는 이런 방법으로 끊임없는 확신을 가지는 것과 결코 같지 않다. 어떠한 행복도 브람만이 나이고 나는 브람만이라는 이 끊임없는 확신과 결코 같을 수 없다. 그 배타적인 행복에 필적할 만한 유일한 것은 오직 행복 그 자체뿐이다.

21

모든 것이 브람만이고, 나는 그것이라고, 즉 내가 늘 그것이라고 확신하고 그 확신으로 가득 찬 사람들에게는 어떤 고귀한 성지, 성수들, 자선들, 미덕, 의무, 헌신, 티끌만한 행위도 그들 자신과 떨어져 있지apart from 않다. 브람만이 모든 것이라는 확실한 명상보다 더 큰 영광이 어디에 있겠는가?

22

그러므로 꿈에서라도 브람만과 떨어진 것은 전혀 없다는 지적인 차이들을 떨쳐버리고, 브람만이 모든 것이고 나는 그것이라는 확고한 결심으로 그대 자신을 강화시키고, 이 확신을 굳건히 하여, 그러한 변함없는 확신을 가지고, 근원 없고, 끝이 없으며, 나뉘지 않은 성품에 대한 경험을 얻어, '그것'으로 충만하게 되어라.

23

나는 늘 영원한 지고한 브람만이다. 나는 늘 순수한 지고한 브람만이다. 나는 늘 지식인 지고한 브람만이다. 나는 늘 자유로운 지고한 브람만이다. 나는 늘 움직임이 없는 지고한 브람만이다. 나는 늘 집착이 없는 지고한 브람만이다. 나는 늘 나누어지지 않는 지고한 브람만이다. 그런 확신을 가지고, 스스로 그것이 되어라.

24

나는 늘 존재로 충만한 지고한 브람만이다. 나는 늘 영원한 지고한 브람만이다. 나는 늘 의식으로 가득 찬 지고한 브람만이다. 나는 늘 의식의 성품인 지고한 브람만이다. 나는 늘 결점이 없는 지고한 브람만이다. 나는 늘 형상이 없는 지고한 브람만이다. 나는 늘 나뉘지 않은 지고자이다. 항상 그런 확신을 가지고, 스스로 그것이 되어라.

25

나는, 참으로, 전체이며 완벽하게 충만한 브람만이다. 나는, 참으로, 상칼파(개념, 고정관념)나 비칼파(의심, 상상)를 아무것도 가지지 않은 브람만이다. 나는, 참으로, 한 치의 오점도 없는 브람만이다. 나는, 참으로, 어떠한 이원도 없는 순수한 브람만이다. 나는, 참으로, 비할 데 없는 의식의 확장인 브람만이다. 나는, 참으로, 조금의 틈도 없이 모든 곳에 퍼져 있는 브람만이다. 나는 '나'로 조건화되지 않고 나뉘지 않는 지고한 브람만이다. 항상 이런 확신을 가지고, 스스로 그것이 되어라.

26

나는, 참으로, 존재-의식-희열의 덩어리인 브람만이다. 나는, 참으로, 움직임 없고 평화로운 지고한 브람만이다. 나는, 참으로, 영원하고 속성들이 없는 지고한 브람만이다. 나는, 참으로, 탁월하고 더없이 행복한 지고한 브람만이다. 나는, 참으로, 순수한 지고한 진리인 브람만이다. 나는, 참으로, 순수한 마음인 지고한 브람만이다. 나는 비이원이며 나뉘지 않은 지고한 브람만이다. 항상 이런 확신을 가지고, 그대 스스로 그것이 되어라.

27

나는, 참으로, 평정한equanimous 브람만이다. 나는, 참으로, 집착이 없는 지고한 브람만이다. 나는, 참으로, 소유의식이 없는 지고한 브람만이다. 나는, 참으로, 위대한 지고한 브람만이다. 나는, 참으로, 오점이 없는 지고한 브람만이다. 나는, 참으로, 변형modification들이 없는 지고한 브람만이다. 나는, 참으로, 결점이 없는 완전한 지고한 브람만이다. 항상 이런 확신을 가지고, 그대 스스로 그것이 되어라.

28

나는, 참으로, 불멸하는 지고한 브람만이다. 나는, 참으로, 모든 것에 널리 퍼져 있는 지고한 브람만이다. 나는, 참으로, 태고부터 존재한 지고한 브람만이다. 나는, 참으로, 실재하는real 지고한 브람만이다. 나는, 참으로, 마음과 같은 것이 없는 지고한 브람만이다. 나는, 참으로, 망상 없는 지고한 브람만이다. 나는 고뇌 없는 지고한 브람만이다. 항상 이런 확신을 가지고, 그대 스스로 그것이 되어라.

29

의식일 뿐인 지고한 브람만을 제외하고 어떠한 개체(지바)들도, 신(이슈와라)도, 세상도 존재하지 않는다. 존재일 뿐인 지고한 브람만은 스스로 영원히 지속하는 실재이다. 선일뿐인 이 지고한 브람만이 나 자신이라는 명확한 확신을 가지고 스스로 그것일 뿐인 지고한 브람만이 되어, 조금의 권태도 없이 행복하여라.

30

모든 것이 나와 다르지 않은 존재-의식-희열인 브람만이고, 이원이 없는 지고한 브람만이 나 자신이며, 내가 참으로 그 지고한 브람만이라는 확신으로 마음의 모든 오해들을 모두 제거하고 나뉘지 않은 나에 대한 순수한 지식을 얻어 그대 자신으로 머물며 항상 행복하여라.

31

모든 것이 완벽하고 완전한 나 안의 모든 가상의 조건들을 부정의 과정에 의해 깊이 탐구해 보면 그 조건들이 나와 조금도 다르지 않으며 또 나머지인 나가 지고한 브람만이라는, 둘이 없는 나뉘지 않은 나에 대한 지식을 가진 사람들은 희열의 덩어리인 지고한 브람만으로서 머물 것이다. 내가 말한 것은 진리이며, 여기에는 의심의 여지가 없다.

32

모두를 위하여 위대한 신(이슈와라)이 설명한 것처럼 니다가여! 나는 이와 같이 그대에게 나뉘지 않은 나에 대한 비할 데 없는 지식의 무한한 위대함을 설명해 주었다. 모든 굴레를 파괴하는 이 설명을 순수한 마음으로 계속해서 들은 자들은 나뉘지 않은 나에 대한 지식을 얻게 될 것이며 모든 굴레를 산산조각 낸 뒤 나뉘지 않은 지고한 브람만으로 자리 잡게 될 것이다.

33

말의 뿔만큼이나 가상적인 천국과 같은 그런 것들의 하찮은 즐거움에 무력화되지 않고 결실 없는 행동에 시간을 허비하지 않으며 베다들의 의미를 연구하고 들음으로써 나뉘지 않은 쉬바를 깨달은 사람들이 해방된 자들이다. 이같이 현자 리부는 니다가에게 나에 대한 순수한 지식을 설명해 주었다.

34

다음과 같이 이야기하는 것은 기쁨의 춤을 추는 상태에 있는 순결하고 망상이 없는 우리 신의 무한한 형상이다. 부정의 과정을 통해, 본질적으로 자연스럽지 못한 모든 조건화들은 존재하지 않는다는 것을 깨닫고 나와 지고자가 분리된 것이 없는 상태로 동일하다는 나에 대한 지식을 얻은 자들은 늘 두려움이 없고 흩어지지 않은unfragmented 상태로 남아 지고한 나로 머물게 될 것이다.

제34장

모든 것은 브람만이며, 나는 모든 것이며, 그리고
내가 브람만이라는 확신의 위대함

1

본 담론에서, 니다가여! 나뉘지 않은 진리가 확고히 자리 잡도록 그 진리의 정의에 대하여 나는 그대에게 더 깊이 얘기하려 한다. 이것은 비밀 중의 최고의 비밀이다. 이것은 가장 경이로운 것보다 더욱더 경이롭다. 영원한 희열의 덩어리에 대한 나뉘지 않은 의미의 성품을 전하는 이 가르침을 한 연이라도 듣고 이해하는 자는 모든 어려움에서 벗어나 해방될 것이다.

2

현상으로 보이는 이 모든 것은 홀로 보는 자인 어디에나 있는 브람만일 뿐이다. 비록 그것이 변하기 쉬운 생각 때문에 현상처럼 보일지라도 탐구해 보면, 그것은 오직 보는 자이며 이것 저것과 같이 떨어져 있는 것은 전혀 없다. 지식을 통해 보이는 것은 참으로 지식뿐이다. 다양한 형태의 파도들을 탐구해 보면, 그것들은 오직 물이다. 파도들이 물이 아닌 다른 무엇이겠는가?

3

그러므로 (진정한) 지식을 제외하고는 이것저것과 같이 떨어져 있는 것은 어디에도 없다. (진정한) 지식인 그 브람만 외에는 이 세상에 다른 어떤 경험적인 존재도 없다. (진정한) 지식의 덩어리인 지고한 신 브람만 외에는 세상, 개체들, 그리고 지고한 신과 같은 것은 존재하지 않는다. 시작도 끝도 없는 (진정한) 지식인 나뉘지 않은 지고한 신 브람만이 참으로 모든 것이다.

4

외관상 실재real처럼 보이는 세상과 개체(지바)들은 실재Reality인, 브람만 이외의 어떤 것도 아니며 오직 그것일 뿐인 브람만과 조금도 다르지 않다. 이것은 진리이며, 이것에는 의심의 여지가 없다. 존재일 뿐인 지고한 브람만은 늘 우리의 진정한 성품이다. 세상과 같은 그런 것의 진정한 성품은 오직 그것일 뿐인 지고한 브람만에 덧붙여진 것이다.

5

지식인, 지고한 브람만 별도로 그대도 나도 어느 누구도 존재하지 않는다. 지식인 지고한 브람만 없이는 몸과 같은 다양한 모습들도 존재하지 않는다. 자연스러운 지식인 지고한 브람만 없이는 실재, 비실재, 혹은 실재-비실재도 존재하지 않는다. 지식인 지고한 브람만 없이는 지고한 신, 개체들, 그리고 세상과 같은 구분들은 없다.

6

훌륭한 지식인 브람만 외에는 이원이나 비이원이 없다. 빛을 내는 지식인 브람만 없이는 어둠도 빛도 없으며, 공간 또한 없다. 오점 없는 브람만 외에는 위대한 것이나 하찮은 것이나 그 밖의 어떤 것도 없다. 명료한 지식인 브람만 외에는 환영으로 보이는 것은 아무것도 없다.

7

생각으로 변색되지 않는 자각인 브람만 외에는 몸도 생명도 세상도 존재하지 않는다. 더럽혀지지 않는 자각인 브람만 외에는 원인도 결과도 존재하지 않는다. 분명하게 보이는manifest 브람만 외에는 가르치거나 배울 것도 없다. 자각인 브람만 외에는 이원의 현상appearance도 결코 존재하지 않는다.

8

불후의 지식인 브람만 외에는 망상도 무지도 다른 어떤 것도 존재하지 않는다. 쇠퇴하지 않는 지식인 브람만 외에는 개체(지바)도 신(이슈와라)도 세상도 존재하지 않는다. 완전한 지식인 브람만 외에는 거짓도 진실도 다른 어떤 것도 존재하지 않는다. 원인의^{causal} 지식인 브람만 외에는 결과로서 밝혀지는 것은 아무것도 없다.

9

차이 없는^{differenceless} 지식인 브람만과 별도로 굴레나 해방과 같은 그런 차이는 존재하지 않는다. 명료한 지식인 브람만과 별도로 슬픔이나 행복과 같은 그런 것은 전혀 존재하지 않는다. 변하지 않는 지식인 브람만과 별도로 "아니^{no}"와 같은 그런 말은 존재하지 않는다. 시작도 끝도 없고 나뉘지 않은 지식인 지고한 브람만이 모든 것이다.

10

'이것'으로 나타나는 것은 브람만이다. '나'로 나타나는 것은 브람만이다. '그것'으로 알려지는 것은 브람만이다. 떨어져 있는 어떤 것으로 이해되는 것은 브람만이다. 자리 잡고 있는 것으로 보이는 것은 브람만이다. 자리 잡고 있지 않은 것으로 보이는 것 또한 브람만이다. '어느 것'으로 보이는 것은 브람만이다. 항상 모든 것은 브람만이다.

11

유일한 것으로 보이는 것은 브람만이다. 이원으로 보이는 것은 브람만이다. 지각된 것으로 보이는 것은 브람만이다. 지각하는 자로 보이는 것은 브람만이다. 슬픔으로 보이는 것은 브람만이다. 기쁨으로 보이는 것은 브람만이다. 부분이 없는 것으로 보이는 것은 브람만이다. 다양한 것으로 보이는 것은 브람만이다.

12

움직이는 것과 움직이지 않는 것은 모두 브람만이다. 확정된 결론(상칼파)과 망설이는 우유부단(비칼파)은 모두 브람만이다. 높은 것과 낮은 것은 모두 브람만이다. 부분과 구분들은 모두 브람만이다. 흙을 비롯한 여러 원소들은 모두 브람만이다. 우리와 타인들이라는 개념은 모두 브람만이다. 밤과 낮, 어둠과 빛은 모두 브람만이다. 존재하는 것과 존재하지 않는 것은 모두 브람만이다.

13

베다들과 기억되는 스므리티(경전)들은 모두 브람만이다. 모든 서사시(이티하사)들은 브람만이다. 무수한 신화적 지식(푸라나)들은 모두 브람만이다. 모든 아가마(사원들과 의식들에 관한 경전)들은 브람만이다. 이 모든 것에 대한 탐구가 브람만이다. 이 모든 것의 의미가 브람만이다. 모든 노력이 브람만이다. 모든 성취가 브람만이다.

14

노력들의 결과들은 브람만이다. 삿구루(진실한 구루)를 찾는 것이 브람만이다. 최고의 베다들을 듣는 것은 브람만이다. 지성적인 숙고는 브람만이다. 모든 유익한 바바(정신적 태도)들은 브람만이다. 사마디(잠김)의 상태와 그것의 체험은 브람만이다. 방해 없이 달성된 해방은 브람만이다. 언제나 모든 것은 브람만이다.

15

환영으로 나타나는 것은 브람만이다. 마헤슈와라(위대한 신)로 나타나는 것은 브람만이다. 생각으로 나타나는 것은 브람만이다. 개체(지바)로 나타나는 것은 브람만이다. 세상으로 나타나는 것 또한 브람만이다. 모든 것으로 나타나는 것은 브람만이다. 브람만과 떨어져 있는 것은 아무것도 없다. 참으로, 나타나는 모든 것들은 브람만이다.

16

삼위일체로 나타나는 것 역시 브람만이다. 근원의primal 쉬바로 나타나는 것 또한 브람만이다. 다섯 가지 원소들로 나타나는 것 또한 브람만이다. 끝없는 세상으로 나타나는 것 또한 브람만이다. 활동적인 것과 비활동적인 것으로 나타나는 것은 브람만이다. 모든 것으로 나타나는 것은 브람만이다. 브람만과 떨어져 있는 것은 아무것도 없다. 참으로, 나타나는 모든 것은 브람만이다.

17

무지의 영역에서, 유일한 브람만은 끝없이 다양한 개체(지바)들, 신(이슈와라) 그리고 세상으로 나타날 것이다. 지식의 영역으로 관점을 옮기면, 세상과 개체(지바)들의 확장은 오점 없는 지고자로 나타날 것이다. 마치 무지의 영역에서는 밧줄이 뱀이나 그와 같은 어떤 형상으로 나타나는 것처럼 지식의 영역으로 관점이 옮겨질 때 그것은 오직 밧줄이지, 그 밖의 다른 어떤 것은 아니지 않겠는가?

18

그러므로 비록 탐구하지 않는 바보들에게는 나뉘지 않으며 완전히 충만한 브람만이 원소들과 다른 다양한 것들로 나타나지만, 철저하게 탐구해 온 용기 있는 이들에게는 다르게 보이는 이 모든 모습들이 오직 부분이 없고 나뉘지 않은 지고한 신 브람만이다. 고귀한 현자여! 이것에는 의심의 여지가 없다. 마헤슈와라(위대한 신)가 나에게 말한 것에 어떤 의심이 있겠는가?

19

어느 때라도 아무것도 창조되지 않는다. 어느 때라도 아무것도 존재하지 않는다. 어느 때라도 아무것도 파괴되지 않는다. 어느 때라도 아무것도 존재하지 않는다. 전혀. 언제나 이원 없는 유일하고 완벽하며 완전히 충만한 브람만만이 언제 어디서나 존재한다. 신(이슈와라)의 이름으로 여기에서 말한 것은 진리이다.

20

나뉘지 않고 완전하며 완벽하게 충만한 브람만 외에는 무지나 지식과 같은 것은 아무것도 없다. 나뉘지 않고 완전하고 완벽하게 충만한 브람만 외에는 덧붙임이나 그것의 제거는 아무것도 없다.

나뉘지 않고 완전하고 완벽하게 충만한 브람만 외에는 세상이나 개체(지바)들 또는 지고한 신(파라) 또는 그와 같은 것은 없다. 유일한 나뉘지 않은 에센스로 영원히 존재하는 것은 오직 나뉘지 않으며 완전하고 완벽하게 충만한 브람만뿐이다.

21

나뉘지 않고 완전하고 완벽하게 충만한 브람만 외에는 조금의 어떤 것도 없다. 절대 없다. 끝없이 다양한 개체(지바)들, 신(이슈와라), 그리고 세상 모두가 오직 나뉘지 않으며 완전하고 충만한 브람만이다. 늘 우리의 실제 성품은 오직 나뉘지 않으며 완전하고 완벽하게 충만한 브람만이다. 늘 그대의 나는 오직 나뉘지 않으며 완전하고 완벽하게 충만한 브람만이다.

22

근원 없고 나뉘지 않은 지고한 신 브람만이 나이다. 차이 없는differenceless 지고한 신 브람만이 나이다. 차이 없이 표현되는 동일성이 모두가 동의하는 위대한 금언에 의해 알려진 나뉘지 않은 의미이다. 그러므로 해방을 찾는 모든 구도자들은 "나는 브람만이다."라는 확신을 늘 지녀야 한다.

23

모든 것이 참으로 지고한 브람만이라는 것은 의심의 여지가 없다. 내가 그것이라는 것에 관해서는 추호의 의심의 여지가 없다. 이것이 모든 베다들의 의미라는 것은 의심의 여지가 없다. 이것은 모두의 경험이라는 것은 의심의 여지가 없다. 이것은 참으로 쉬바가 말한 것이라는 것에는 의심의 여지가 없다. 이것은 참으로 내가 한 경험이라는 것은 의심의 여지가 없다. 그러므로 '나'를 깨닫기 위해서 해방을 구하는 모든 구도자들은 "나는 브람만이다."라는 확신을 얻어야 한다.

24

그렇게 많은 방법들로 말하는 것이 무슨 가치가 있겠는가? 간단히 표현된 최고의 진리인 다음 문장을 들어라. 겉으로 환영의 모습들로 보이는 모든 것은 오직 왜곡되지 않은 근원인 브람만이며 그 브람만과 떨어져 있는 것은 조금도 없다. 이같이 부정negation의 과정을 통해, 늘 존재하며 늘 유일한 것은 지고한 신 브람만이며 나 또한 그것이라는 것을 두려움 없이 깨달아야 한다.

25

이 모든 것은 분리되어 있으며, 나는 참으로 분리되어 있으며, 지고한 신 브람만도 분리되어 있다는 지성에 의한 구별은 모든 것이 나뉘지 않은 지고한 브람만이라는 완전하고 확고부동하며 나뉘지 않은 확신에 의해서만 근절될 수 있다. 그것은 참으로 나 자신이며, 나는 그것이다. 쇠약하게 만드는 구별의 생각은 어떤 종류의 경배나 행동에 의해서도 쉽게 제거될 수 없다.

26

그러므로 해방을 구하는 모든 구도자들은 나뉘지 않은 지고자에 대한 확신을 쉽게 얻어야 하며 그것으로 형언할 수 없이 다양한 두려움과 슬픔의 근원인 지성이 만들어 내는 이 구별들을 제거해야 한다. 앞서 말한 구별의 생각을 없애는 것이 두려움을 벗어난 자유의 거처에 두려움 없이 자리 잡는 것이며 굴레 없는 해방을 얻는 것이다.

27

"나는 브람만이다." "브람만은 나 자신이다." "나는 모든 것이다."라는 확신을 얻은 사람들을 제외하고 나뉘지 않은 지고한 브람만인 비이원의 해방의 상태는 쉽게 도달되지 않는다. 이것은 세상, 지고자, 나, 너 등과 같은 구별의 관념들에 사로잡혀 있는 모든 사람에게 그러하다. 앞서 말한 것처럼 "나는 브람만이다."라는 확신을 가진 자들만이 완전한 해방을 얻을 것이다.

28

나에 덧붙여진 환영으로 보이는 것도 근원인 나와 결코 떨어져 있지 않다. 나는 참으로 나뉘지 않은 지고한 브람만이다. 나뉘지 않은 지고한 브람만은 참으로 나이다. "나는 브람만이다."라는 상태에 거주함으로써 나와 다르지 않은 지고한 브람만을 깨닫고 나와 다른 것이 없는 지고한 브람만이 되어 동요 없이 있는 것이 나뉘지 않은 해방이다.

29

나와 별개의 것은 조금도 없고, 조금도 없고, 조금도 없으며, 조금도 없다. 나에 덧붙여진 것으로 보이는 것은 참으로 나, 참으로 나, 참으로 나이다. 바로 그것인 나는 나뉘지 않은 의식의 확장이며 비이원의 지고한 브람만이며 바로 그것인 나는 완전히 평화로우며 나뉘지 않고 완전하며 완벽하게 충만한 브람만이다.

30

나는, 참으로, 나뉘지 않은 쉬바이다. 나는, 참으로, 자비로운 신 우마의 화신이다. 나는, 참으로, 브람마와 같은 다섯 가지 형상들로서의 화신이다. 나는, 참으로, 그들 모두의 샥티(여성적인 등가물counterpart)로서의 화신이다. 나는, 참으로, 신이며 인간이며 짐승들이다. 나는, 참으로, 끝없이 움직이면서도 움직이지 않는 세상이다. 나는, 참으로, 떨어져 있는 것이 조금도 없는 유일자이다. 나는, 참으로, 나뉘지 않은 지고한 신 브람만이다.

리부의 노래

31

나는, 참으로, 완전한 모든 것이다. 나는, 참으로, 존재-의식-희열이다. 나는, 참으로, 영원하며 속성이 없다. 나는, 참으로, 부분이 없으며, 틈들이 없다. 나는, 참으로, 전적으로 순수하다. 나는, 참으로, 결점 없는 지고한 확장이다. 나는, 참으로, 비이원이다. 나는, 참으로, 나뉘지 않은 지고한 브람만이다.

32

나는, 참으로, 충만한 존재인 브람만이다. 나는, 참으로, 언제나 희열로 충만한 브람만이다. 나는, 참으로, 의식으로 충만한 브람만이다. 나는, 참으로, 의식의 희열인 브람만이다. 나는, 참으로, 그것일 뿐인 브람만이다. 나는, 참으로, 비교할 수 없는 지고한 신 브람만이다. 나는, 참으로, 오점 없는 브람만이다. 나는, 참으로, 완전한 지고한 신 브람만이다.

33

나는, 참으로, 영원한 지고한 브람만이다. 나는, 참으로, 순수한 지고한 브람만이다. 나는, 참으로, 지식인 지고한 브람만이다. 나는, 참으로, 해방인 지고한 브람만이다. 나는, 참으로, 움직임이 없는 지고한 브람만이다. 나는, 참으로, 집착이 없는 지고한 브람만이다. 나는, 참으로, 결점 없는 지고한 브람만이다. 나는, 참으로, 나뉘지 않은 지고한 브람만이다.

34

나뉘지 않고 완전하고 완벽하게 충만한 나인 내가 브람만이라는 분명한 통찰력을 주는 지식에 필적할 만한 것은 이 세상에 아무것도 없다. 무엇이 앞서 말한 이 지식을 능가할 수 있을까? 나는 브람만이며 브람만이 나 자신이며 나는 모든 것이라는, 나뉘지 않은 나에 대한 자각인 지식을 얻은 사람들은 브람만이 될 것이며, 모든 한계들을 벗어나 스스로 존재할 수 있게 해주는 해방을 얻게 될 것이다.

35

"나는 브람만이다. 모든 것은 나뉘지 않은 지고한 브람만이다. 그리고 그것은 참으로 나 자신이며 나는 그것이다."라는 아주 분명한 확신만이 오점 없는 나의 지식이라고 할 수 있다. 훌륭한 아들아! 그러므로 방해 없이 "나는 브람만이다."라는 확고부동한 확신을 명확하게 얻을 때, 그대는 어떤 족쇄도 없이 굴레로부터 영원히 자유로워질 것이며 존재−의식−희열인 브람만이 될 것이다.

36

"나는 브람만이다."라는 확신이 참으로 나에 대한 지식이다. "나는 브람만이다."라는 확신이 참으로 브람만에 대한 지식이다. "나는 브람만이다."라는 확신이 참으로 나뉘지 않은 지식이다. "나는 브람만이다."라는 확신이 참으로 결점이 없는 지식이다. "나는 브람만이다."라는 확신이 참으로 슬픔을 제거할 것이다. "나는 브람만이다."라는 확신이 참으로 행복으로 이끌 것이다. "나는 브람만이다."라는 확신이 참으로 굴레를 제거할 것이다. "나는 브람만이다."라는 확신이 참으로 우리를 브람만으로 만들 것이다.

37

나는 브람만이라는 확신 그 자체가 내면의 많은 죄들을 소멸할 것이다. 나는 브람만이라는 확신이 내면의 끝없는 오해들 전부 소멸할 것이다. 나는 브람만이라는 확신 그 자체가 내면의 끝없이 무수한 고통을 전부 소멸할 것이다. 나는 브람만이라는 확신 그 자체가 마음속에 덧씌워진 모든 것들을 전부 소멸할 것이다.

38

나는 브람만이라는 확신은 그 자체로서 내면의 무지와 의심을 모두 제거할 것이다. 나는 브람만이라는 확신이 내면의 무수한 왜곡들과 결점들을 바로잡을 것이다. 나는 브람만이라는 확신은 그 자체로서 나에 변함없이 머무는 사마디(잠김의 상태)를 줄 것이다. 나는 브람만이라는 확신은 그 자체로서 스승이나 굴레의 흔적도 없는 올바른 지식을 줄 것이다.

39

나는 브람만이라는 확신은 그 자체로서 우리를 자연스럽고natural 나뉘지 않은 지고한 상태에 자리 잡게 할 것이다. 나는 브람만이라는 확신은 그 자체로서 우리를 분리된 것이 없는, 두려움을 모르는 거처의 상태에 이르게 만들 것이다. 나는 브람만이라는 확신은 그 자체로서 살아 있는 동안의 해방(지반묵티)인 나뉘지 않은 희열의 상태를 가져다줄 것이다. 나는 브람만이라는 확신은 그 자체로서 몸 없이 해방의 상태를 가져다줄 것이다.

40

나는 브람만이라는 확신은 참으로 베단타들의 고정된 결론이다. 나는 브람만이라는 확신은 참으로 위대한 금언들의 결론적인 선언이다. 탐구해 보면, 나는 브람만이라는 확신은 참으로 의식과 경배에 관한 다양한 책들이 최종적으로 내린 관점이다. 나는 브람만이라는 확신은 참으로 끝없이 다양한 경전들의 마지막 결론이다.

41

"나는 브람만이다."라는 확신은 참으로 확고한 우파니샤드 결론들의 극치이다. "나는 브람만이다."라는 확신은 참으로 깊이 탐구해 보면 다양한 스므리티(재편집된 경전)들에서 묘사된 고정된 결론이다. "나는 브람만이다."라는 확신은 참으로 깊이 연구해 볼 때 끝없는 전설상의 교훈이 강조하는 고정된 결론이다. "나는 브람만이다."라는 확신은 참으로 좀 더 자세히 조사해 보면 모든 푸라나(신화적인, 전기의 책)들에서 묘사된 고정된 결론이다.

42

"나는 브람만이다."라는 확신은 참으로 모든 세상의 신 쉬바가 내린 결론이다. "나는 브람만이다."라는 확신은 참으로 데비가 자비롭게 준 나뉘지 않은 지식에 대한 확고한 결론이다. "나는 브람만이다."라는 확신은 참으로 비나야카와 같은 쉬바의 아들들이 내린 결론이다. "나는 브람만이다."라는 확신은 참으로 나뉘지 않은 지식을 얻은 쉬바의 헌신자들이 내린 결론이다.

43

"나는 브람만이다."라는 확신은 참으로 하라(쉬바, 파괴자)가 내린 결론이다. "나는 브람만이다."라는 확신은 참으로 하리(비슈누, 보존자)가 내린 결론이다. "나는 브람만이다."라는 확신은 참으로 브람마(창조자)가 내린 결론이다. "나는 브람만이다."라는 확신은 참으로 수리야(태양)가 내린 결론이다. "나는 브람만이다."라는 확신은 참으로 신들이 내린 결론이다. "나는 브람만이다."라는 확신은 참으로 현자들이 내린 결론이다. "나는 브람만이다."라는 확신은 참으로 내가 내린 결론이다. "나는 브람만이다."라는 확신은 참으로 다른 이들이 내린 결론이다.

44

"나는 브람만이다."라는 확신은 참으로 모든 구루들이 표현한 결론이다. "나는 브람만이다."라는 확신은 참으로 모든 제자들에게 알려진 결론이다. "나는 브람만이다."라는 확신은 참으로 나뉘지 않은 지식을 얻은 모든 이들에게 명백한 결론이다. "나는 브람만이다."라는 확신은 참으로 모든 다른 결론보다 우월한 궁극의 결론이다.

45

"나는 브람만이다."라는 확신은 참으로 위대한 강가이다. "나는 브람만이다."라는 확신은 참으로 위대한 성지shrine이다. "나는 브람만이다."라는 확신은 참으로 위대한 선물이다. "나는 브람만이다."라는 확신은 참으로 위대한 다르마(올바르고 정확한 삶의 길)이다. "나는 브람만이다."라는 확신은 참으로 위대한 경배이다. "나는 브람만이다."라는 확신은 참으로 위대한 만트라이다. "나는 브람만이다."라는 확신은 참으로 위대한 묵상이다. "나는 브람만이다."라는 확신은 참으로 위대한 명상이다.

46

"나는 브람만이다."라는 확신은 참으로 위대한 요가이다. "나는 브람만이다."라는 확신은 참으로 위대한 마음의 파괴이다. "나는 브람만이다."라는 확신은 참으로 마음의 포기이다. "나는 브람만이다."라는 확신은 참으로 모든 것의 포기이다. "나는 브람만이다."라는 확신은 참으로 위대한 개인적 경험이다. "나는 브람만이다."라는 확신은 참으로 순수한 지식이다. "나는 브람만이다."라는 확신은 참으로 살아 있는 동안의 해방(지반묵타)이다. "나는 브람만이다."라는 확신은 참으로 육체 없는 해방(죽은 후; 비데하묵타)이다.

47

"나는 브람만이다."라는 확신을 얻은 이들 이외에는 나에 머무는 것이란 있을 수 없다. "나는 브람만이다."라는 확신을 얻은 이들 외에는 시작도 없는 윤회의 고통에서 벗어남이 없다. "나는 브람만이다."라는 확신을 얻은 이들 외에는 불행의 소멸이란 없다. "나는 브람만이다."라는 확신을 얻은 이들 외에는 나뉘지 않은 기쁨이 없다.

48

나뉘지 않은 지고한 상태는 "나는 브람만이다."라는 확고부동한 확신을 가진 이들에게 일어날 것이다. 윤회의 무정한relentless 위력은 "나는 브람만이다."라는 확고부동한 확신을 가진 이들에게 사라질 것이다. 끝없는 다양한 고통들은 "나는 브람만이다."라는 확고부동한 확신을 가진 이들에게 지워질 것이다. 나뉘지 않은 지고한 기쁨은 "나는 브람만이다."라는 확고부동한 확신을 가진 이들에게 나타날 것이다.

49

그러므로 "나는 브람만이다."라는 확신 외에 다른 모든 수단들을 멀리 던져 버리고, 해방을 구하는 모든 구도자들은 피로함이 없이, 사랑으로 "나는 브람만이다."라는 유익한 확신을 항상 끊임없이 수행해야 한다. 이것이 없다면, 해방의 상태를 얻는 다른 쉬운 방법은 없다.

50

가장 큰 사랑으로 지고한 신 쉬바를 올바르게 경배함으로써 은총을 얻은 자들에게만 "나는 브람만이다."라는 강력한 확신이 가슴에서 완전무결하게 일어날 것이다. "나는 브람만이다."라는 확고부동한 확신을 간직하고 있는 이들만이 망설임 없이 해방될 것이다. 고귀한 쉬바의 이름으로 나는 이것을 말한다. 내가 말하는 것에 대해서는 의심의 여지가 없다. 이것은 참으로 진리이다.

51

니다가여! 은총의 화신인 지고한 신 쉬바가 자비심에서 모두에게 도움을 주기 위해 설명한 것처럼 나도 이같이 오점 없고 나뉘지 않은 지고한 확신에 대해 설명을 했다. 완전무결한 가슴으로, 이 귀한 의미를 듣고 이해하는 이들은 유일자로서 지고한 신 브람만과 동일해질 것이다. 내가 말한 것에 대해서는 의심의 여지도 없다. 이것은 진리이다.

52

지고한 신 쉬바가 자비심에서 말한 둘이 없는 이 나뉘지 않은 진리의 설명이 현자 리부에 의해 니다가에게 선물로서 부드럽게 설명되었다. 이같이 스칸다는 고귀한 자이기샤비야에게 말했다. 이것은 의심의 여지도 없이 모든 것에 아주 정통한 수타가 모든 위대한 성자들에게 들려준 이야기였다.

리부의 노래

"그것"이라는 말과 "나"라는 말이 동일하다는 것을 정의 내리면서, 다음과 같이 말한 분은 아무 두려움 없이 춤을 추고 있는 신의 비할 바 없는 무한한 형상이다. "이것이 아니다, 이것이 아니다."와 같이 부정함으로써, 지고한 의식의 광활한 공간에는 망상이 조금도 남아 있지 않으며, 사소한trivial 것이 조금도 없는 지고한 의식이 나 자신이며, 나는 참으로 지고자이다.

제35장
비이원을 확신하는 지식으로 나 안에 머무는 사마디

1

니다가여! 모든 세상의 신인 지고한 신(이슈와라)이 일찍이 설명하셨듯이 우주의 근원인 지고한 브람만을 제외하고 이 세상과 같은 모습은 조금도 없으며 모든 것이 존재−의식−희열인 나와 다르지 않은 지고한 브람만이라는 명상contemplation으로 나뉘지 않은 나 안에 아주 확고부동하게 머무는 것에 대하여 나는 그대에게 여기에서 말하겠다.

2

탐구해 보면 무형의 존재인, 나와 전혀 다르지 않으며 하나의 나뉘지 않은 성품인 브람만 안에서 다른 것들로 보이는 모든 이름들과 형상들은 전혀 다른 것이 아니다. 모든 것이 평화로운 브람만이며 내가 그 변하지 않는 브람만이라는 완전한 확신으로 모든 것을 던져 버리고 그대의 나에 머물러라.

3

의식일 뿐인 브람만을 제외하고 지성과 같은 기타의 현상들은 전혀 존재하지 않는다. 완벽하게 충만한 브람만을 제외하고 마음과 같은 다른 현상들은 전혀 존재하지 않는다. 어떤 종류의 현상도 브람만이며 하나의 완벽한 충만함이 나 자신이라는 비이원의 확신으로 모든 것을 던져 버

리부의 노래

리고 변함없이 나에 머물러라.

4

어둠이나 빛이나, 혹은 어떤 다른 것, 이것이나 저것, 너나 나, 얼떨떨함이나 뚜렷한 지각, 혹은 환영, 마음이나 그 마음의 분지ramification들 및 형상이나 형상 없음과 같은 것은 존재하지 않는다. 존재하는 모든 것이 브람만이며 그것이 나라는 은총 입은 확신으로 모든 것을 던져 버리고 변함없이 나에 머물러라.

5

"이것이 신(이슈와라)이며, 이것이 그가 창조한 세상이다. 나는 이곳에서 지바(개체적 존재)이며, 나는 이곳에서 태어났으며, 나는 굴레에 묶여 있으며, 나는 고통 받는 자이다. 나는 소년이고, 노인이며, 죽을 운명이다."와 같은 그런 어떤 망상도 결코 존재하지 않는다. 존재하는 모든 것이 브람만이며 그것이 나라는 완전한 확신으로 모든 것을 던져 버리고 변함없이 나에 머물러라.

6

쉬바, 하리, 브람마, 창조, 유지, 파괴, 타파스(금욕. 강렬한 수행), 자파(만트라의 반복), 신성한 성지, 자선, 데바(빛나는 존재), 봉사service 같은 그런 환영은 존재하지 않는다. 모든 것이 오점 없는 브람만이며 그것이 나라는 방해받지 않는 확신으로 모든 것을 던져 버리고 변함없이 나에 머물러라.

7

망상들과 같은 것이 존재한다는 것과 망상과 같은 것이 존재하지 않는다고 베다들이 그토록 많은 방법들로 규정해 놓은 것, 책자들이 상세히 규정해 놓은 것, 종교가 알아낸 어떤 요인들과 같은 어떤 환영들도 존재하지 않는다. 지고한 브람만은 유일하며 그것이 나라는 확고부동한 확신으로 모든 것을 던져 버리고 변함없이 나에 머물러라.

8

그것들 모두가 거짓이다. 다시 말해, 비존재, 존재, 이원, 하나, 다수 그리고 모든 것, 골치 아픈 것, 새로운 것, 곁에 있는 것, 멀리 있는 것, 슬픔, 행복 등과 같은 것에 대해 토론된 것이 모두 환영들이다. 이 모든 것이 희열의 덩어리인 브람만이며 그것이 바로 나라는 방해받지 않는 확신으로 모든 것을 던져 버리고 변함없이 나에 머물러라.

9

마음의 모든 망상들, 다시 말해 깨어 있음, 꿈, 깊은 잠, 네 번째 상태, 미세한 몸 같은 몸들, 그리고 그것들의 경험자들, 집합과 분리와 같은 다양한 집단들은 전혀 진리가 아니다. 모든 것이 위대한 브람만이며, 그것이 나라는 오점 없고, 확고부동한 확신으로 모든 것을 던져 버리고 변함없이 나에 머물러라.

10

아주 다양한 죄들과 의무들, 너무 많은 규정들과 금지들, 속성attribute들과 함께 올리는 경배, 헌신, 속성들에 대한 지식, 실재와 비실재 등과 같은 마음의 환영들은 아무것도 존재하지 않는다. 모든 것이 구별이 없는 브람만이며 그것이 나라는 내면의 확고부동한 확신으로 모든 것을 던져 버리고 변함없이 나에 머물러라.

11

속성들이 없는 성품에 대한 명상, 속성 없는 형상에 대한 지식, 이원에서 생겨난 굴레, 유일자가 되는 해방 등과 같은 다양한 종류의 그럴듯한 개념들은 아무것도 존재하지 않는다. 모든 것이 움직임 없는 브람만이며 그것이 바로 나라는 진귀하고 확고부동한 확신으로 모든 것을 던져 버리고 변함없이 나에 머물러라.

12

존재하는 것과 존재하지 않는 것에 대한 탐구, 움직이는 것과 움직이지 않는 것에 대한 탐구, 의식과 의식 아닌 것에 대한 탐구, 최소와 최대에 대한 탐구 등과 같은 그런 이원의 망상들은 아무것도 존재하지 않는다. 모든 것이 유일한 지고한 신 브람만이며 그것이 바로 나라는 비이원의 확신으로 모든 것을 던져 버리고 변함없이 나에 머물러라.

13

속성들과 속성들의 부재에 관한 탐구, 나와 나 아닌 것에 관한 탐구, 비이원에 관한 탐구, 그리고 기쁨과 고통에 관한 탐구와 같은, 생각하는 마음의 오해와 같은 것은 아무것도 존재하지 않는다. 둘이 없는 브람만이 모든 것이며 그것이 바로 나라는 확신으로 모든 것을 던져 버리고 변함없이 나 안에 머물러라.

14

모든 세상은 전혀 존재하지 않고 오직 움직임 없는 지고자만이 존재하며 모든 것은 전혀 존재하지 않고 오직 나만이 영원한 존재이며 나가 참으로 브람만이고 둘도 없는 브람만이 나라고 "내가" 받아들이고 있는 확신조차 던져 버리고 변함없이 나 안에 머물러라.

15

모든 종류의 만트라들을 던져 버리고, 위대한 판차크샤라(다섯 글자로 된 만트라, 나마쉬바야)를 던져 버리고, 빛나는 아슈탁샤라(8개의 문자로 된 만트라)를 던져 버리고, 이런 것들을 가르치는 모든 현자들을 던져 버리고, 모든 덧없는 말들을 던져 버리고, 움직이지 않는 침묵 또한 던져 버리고, 떠도는 마음의 모든 오해들을 던져 버리고, 변함없이 나 안에 머물러라.

16

필수적essential 아닌 것과 함께 필수도 던져 버리고, 나쁜 것과 함께 좋은 것도 던져 버리고, 영웅적이지 않은 것과 함께 영웅적인 것도 던져 버리고, 여섯 가지 특성quality들과 함께 세 가지 특성들도 던져 버리고, 모든 원인과 결과를 던져 버리고, 가공의 현상인 모든 것들을 던져 버리고, 모든 베일과 같은 것들을 던져 버리고, 변함없이 나 안에 머물러라.

17

성취한 것에 대한 모든 생각들을 던져 버리고, 이루지 못한 것에 대한 모든 생각들을 던져 버리고, 구한 것에 대한 모든 생각들을 던져 버리고, 구하지 못한 것에 대한 모든 생각들을 던져 버리고, 찬양받는 지고자에 대한 모든 생각들을 던져 버리고, 그 모든 부분으로 존재하는 지금 여기에서의 모든 생각들을 던져 버리고, 흔들리는 마음에 대한 모든 생각들을 던져 버리고 변함없이 나 안에 머물러라.

18

욕망과 분노와 모든 것들을 던져 버리고, 오만과 화려함과 모든 것들을 던져 버리고, 수많은 망상들을 던져 버리고, 이원과 비이원의 모든 것들을 던져 버리고, 이름과 형상과 모든 것들을 던져 버리고, '우리'와 '그들'과 '모든 것'과 같은 비슷한 것들에 대한 생각들을 던져 버리고, 우리 자신과 별개로 여겨지는 모든 것들을 던져 버리고 변함없이 나 안에 머물러라.

19

열중하는infatuate 마음, 지성, 자아, 내면의 능력들, 생명, 몸, 기관들, 감각들, 눈, 환영, 차별에 물든 개체적 존재(지바), 지고자 그리고 세상과 같은 모든 다양한 조건화들을 부정하고, 나아가 거기에서 일어나는 모든 마음의 투사들을 던져 버리고, "그것"이라는 말과 "나"라는 말이 자연스럽게 하나가 되는 동일성을 충분히 이해하고 변함없이 나 안에 머물러라.

20

나위에 덧씌워진 것으로 보이는 모든 것들은 나와 떨어져 있지 않으며, 나는 나뉘지 않은 지고한 브람만이며, 나뉘지 않는 지고한 브람만이 나이며, "나"는 나와 다르지 않은 브람만임을 확고히 깨닫고, 나와 분리된 모든 것을 던져 버리고 변함없이 나 안에 머물러라.

21

위대한 타파스(강렬한 수행)의 현자여! 덧붙여진 모든 현상들은 영원한 지식인 내 안에서 일어나며 그러므로 모든 '나'가 참으로 완벽하게 충만한 지식이며 그 지식의 확장인 '나'가 브람만이라는, 지고자에 대한 구별 없는 지식으로 차별의 모든 생각들을 던져 버리고 변함없이 나 안에 머물러라.

22

광활한 뜨거운 대지 위에 덧씌워져 있는 것으로 보이는 신기루가 사실은 궁극적으로 광활한 대지에 지나지 않는 것처럼, 근원인 나에게 덧씌워져 있는 것처럼 보이는 모든 것은 오직 나 자신일 뿐이며, 차이 없는 나는 브람만이다. 지고자에 대한 이런 차이 없는 지식으로 차이에 대한 모든 관념들을 던져 버리고 변함없이 나 안에 머물러라.

23

꿈에서 내가 보는 모든 것들이 나와 별개인 것이 아무것도 없다는 진리처럼, 깨어 있는 상태에서 내가 보는 모든 것들도 나와 별개의 것은 결코 아무것도 없다. 별개의 것이 아무것도 없는 "나"가 브람만이라는 구별 없는 지식으로 차이의 모든 관념들을 던져 버리고 별개의 것이 아무것도 없는 지고자에 대한 구별 없는 지식으로 변함없이 나 안에 머물러라.

24

세상과 같은 것들이 실제로 존재한다면 깊은 잠 속에서도 변함없이 나타나야만 한다. 이 모든 것이 깊은 잠 속에서 존재하지 않으므로 이 모든 것은 꿈의 연출이요, 환영이다. 변함없이 존재하는 내가 브람만이다. 순수하고 구별 없는 지고자에 대한 지식으로 모든 구별의 생각들을 던져 버리고 변함없이 나 안에 머물러라.

25

마음의 투사들이 일어나기 전에는 조금도 존재하지 않았고 그러한 마음의 투사들이 사라진 후에도 조금도 존재하지 않을, 그리고 마음의 투사들 때문에 비록 그 사이에 나타나지만 거친 존재를 가지고 있는 것처럼 보이는 세상, 개체들, 그리고 지고자를 철저히 탐구해 보면 그들은 전혀 존재하지 않음을 깨닫게 된다. 이같이 그 밖의 모든 것을 부정하고 변함없이 나 안에 머물러라.

26

깊은 수면 속에서는 세상이나 개체들 혹은 다른 것들others에 대한 생각이나 마음이 전혀 없다. 꿈속에서는 세상과 같은 것들에 대한 광범위한 생각과 마음이 존재한다. 이런 비교와 대조로, 아주 조금이라도 탐구하면 세상, 개체, 그리고 다른 것들은 조금도 없으며 그것들은 모두가 단지 내면의 작용에서 비롯된 것이다. 이와 같이 그런 모든 생각을 부정하고 변함없이 나 안에 머물러라.

27

마음이 없고 마음의 왜곡도 없으며, 마음이 일으키는 망상도 없고, 깨어 있는 상태도, 꿈도, 깊은 잠도 없으며, 이름도, 형상도, '나'도, '너'도 없고, 그 밖의 다른 어떤 것도 없다. 절대로 없다. 탐구로 모든 구별들을 부정하고 분리되는 것이 아무것도 없는 나뉘지 않은 절대자로 머물러 변함없이 나 안에 머물러라.

28

뱀과 기타 덧씌워진 것들을 탐구해 보면 그들이 밧줄이라는 자연스러운 토대와 다른 것이 조금도 없다는 분명한 진실처럼, 나 자신인 순수한 근원 자체를 제외하고 환영처럼 덧씌워진 것은 아무것도 없다. 그런 부정과 결점 없는 식별의 과정으로 위대하고 나뉘지 않은 지고자로 자리 잡고 변함없이 나 안에 머물러라.

29

마치, 항아리와 주전자의 조건화가 제거되면 항아리의 공간과 주전자의 공간이 하나인 것처럼, 무지와 같은 것의 조건화가 제거되면 순수한 개체적인 존재와 지고자는 하나이다. 개체와 지고자의 타고난 동일성을 이원에 대한 어떤 느낌 없이 식별력에 대한 확신으로 깨닫고, 그것으로 치밀하고 나뉘지 않은 무한자가 되어 변함없이 나 안에 머물러라.

30

"그는 나이다He I am."라는 문장에서 말들의 부적절한 의미들을 탐구한 후, 그것들이 제거되면 이해되는 의미는 타고난 동일성이다. 마찬가지로 "탓 트왐 아시"(그것이 너이다)라는 문장에서 말들의 부적절한 의미들이 제거된 후, 이해되는 의미는 타고난 동일성이다. 이를 이해한다면, 모든 마음의 구별을 버리고 변함없이 나 안에 머물러라.

31

결점 없는 탐구로 지고자와 개체에 대한 모든 가공의 조건화들을 부정하고 "그것"이라는 말이 가리키는 브람만이, 참으로 "너"라는 단어가 나타내는 "나"라는, 두려움 없고 나뉘지 않은 의미에 대한 지식을 얻고 세상 존재들의 제거하기 어려운 모든 굴레를 없애고 변함없이 나 안에 머물러라.

32

세상, 지고자, 그대 그리고 나와 같은 차이들은 조금도 없다. 나는 브람만과 결코 다르지 않다. 브람만은 나와 다른 것이 아무것도 없다. 내가 말한 모든 것이 나뉘지 않은 지고한 브람만이다. 나는 그 완벽하게 충만한 브람만이다. 지고자에 대한 그런 나뉘지 않은 지식으로 모든 것을 던져 버리고 늘 나 안에 머물러라.

33

나는, 참으로, 존재−의식−희열의 덩어리인 브람만이다. 나는, 참으로, '실재'와 비실재를 초월하는 브람만이다. 나는, 참으로, 영원하고 부분 없는 브람만이다. 나는, 참으로, 빈틈없이 널리 퍼져 있는 브람만이다. 나는, 참으로, 순수한 지식인 브람만이다. 나는, 참으로, 스스로 빛나는 브람만이다. 이런 비이원의 지식으로 모든 것을 던져 버리고 늘 나 안에 머물러라.

34

나는, 참으로, 썩어 사라질 몸이 없는 브람만이다. 나는, 참으로, 복잡한 상태가 없는 브람만이다. 나는, 참으로, 비스반(깨어 있는 상태에서 개체의 완전성) 등과 같은 분리된 것이 아무것도 없는 브람만이다. 나는, 참으로, 비라트(깨어 있는 상태에서 모든 몸들을 통해 기능하는 우주적 경험자) 등과 같은 통합적인 것이 전혀 없는 브람만이다. 나는, 참으로, 파수(개체의 영혼)도, 파티(신)도, 파사(굴레)도 없는 브람만이다. 나는, 참으로, 높고 낮은 어떤 것도 없는 브람만이다. 슬픔 없는 지식으로 모든 것을 던져 버리고 늘 나 안에 머물러라.

35

나는, 참으로, 집착이 없는 지고한 브람만이다. 나는, 참으로, 네 번째 상태를 초월한 지고한 브람만이다. 나는, 참으로, 영원히 움직이지 않는 지고한 브람만이다. 나는, 참으로, 평화로움 가운데 가장 평화로운 지고한 브람만이다. 나는, 참으로, 굴레도 해방도 없는 지고한 브람만이다. 나는, 참으로, 의식의 확장인 지고한 브람만이다. 이런 무한한 지식으로 모든 것을 던져 버리고 늘 나 안에 머물러라.

36

나는, 참으로, 불멸하는 영원한 지고한 브람만이다. 나는, 참으로, 결코 움직이지 않는 지고한 브람만이다. 나는, 참으로, 어떤 흠에도 영향 받지 않는 지고한 브람만이다. 나는, 참으로, 지식인 위대한 지고한 브람만이다. 나는, 참으로, 굴레가 없이 해방된 지고한 브람만이다. 나는, 참으로, 한계가 없는 지고한 브람만이다. 순수한 지식으로 모든 것을 던져 버리고 늘 나 안에 머물러라.

37

"나는 몸이다."와 같은 이원적인 방식, 내가 모든 것의 목격자라는 목격자의 방식, 내가 유일한 절대자라는 나누어지지 않는 방식, 이들 세 가지 방식들 가운데 두 가지를 거부하고, 구분 없고 나뉘지 않은 최고의 방식으로 지고한 브람만에 대한 구별 없는 지식을 얻고, 세상 존재의 불행이란 모든 근원적인original 굴레를 제거하여 늘 나 안에 머물러라.

38

존경받는 이여! 들숨과 날숨과 같은 모든 요가를 버리고 행위와 묵상contemplation을 모두 버리고 에센스가 없는 종교들을 모두 버리고 브람만이 실재라는 확신을 가지고 그것으로 지고한 브람만에 대한 완벽한 깨달음을 얻고 세상의 거짓 굴레를 모두 제거하고 나뉘지 않은 절대자로 자리 잡아 늘 나 안에 머물러라.

39

거친 몸과 같은 것들은 모두 브람만이다. 이원으로 보이는 모든 것은 브람만이다. 공간과 시간도 모두 브람만이다. 보이는 것은 모두 브람만이다. 나는 근원적인 원인, 즉 지고한 브람만이다. 그런 변치 않는 지식으로 모든 것을 버리고 지고한 브람만과 다르지 않은 참된 나뉘지 않은 나, 즉 참된 거처로 머물러라.

40

개체(지바)들이나 지고자와 같은 모든 현상들이 오직 의식인 지고한 신 브람만이며, 내가 참으로 그 순수한 브람만이며, 내가 참으로 그 부분 없는 브람만이라는 확신으로 나뉘지 않은 깨달음을 얻고 차이에 대한 모든 관념들을 던져 버리고 욕망이 없이 남아 지고한 브람만과 다르지 않은 오직 나뉘지 않은 나로서 머물러라.

41

모든 것은 지고한 브람만이다. 이에 대해서는 의심의 여지가 없다. 나는, 참으로, 그것이다. 이에 대해 조금의 의심의 여지도 없다. 나는 모든 세상의 신인 지고한 신의 이름으로 이를 말한다. 내가 말한 것은 진리이다. 이에 대해서는 의심의 여지가 없다. 훌륭한 아들아! 그러니 모든 것이 늘 오직 그 브람만이며 나는 그것이라는 것을 위대한 확신으로 깨닫고, 그것으로 모든 것을 던져 버리고 오직 순수한 나에 머물러라.

42

감각이 있는sentient 것으로 보이는 모든 현상들은 오직 의식인 지고한 신 쉬바일 뿐이다. 나는, 참으로, 배울 것이 아무것도 없는 쉬바이다. 나는, 참으로, 떨어져 있는 것이 아무것도 없는 쉬바이다. 그런 실질적인 확신으로 나뉘지 않은 깨달음을 얻어 삶과 죽음의 순환의 굴레를 제거하고 지고한 쉬바와 다르지 않은 정점인 그대의 나로서만 머물러라.

43

이같이, 나는 우리 신께서 설명하신 것처럼 나뉘지 않은 나 안에 머무는 것을 묘사하였다. 아들아! 지금 말한 대로 오점 없이 이를 단 한 번이라도 듣거나 읽는다면 영원한 해방의 상태가 올 것이다. 이를 매일 읽거나 듣는 사람들이 굴레 없는 지고한 해방을 얻을 것이라는 데 대해 어떤 의심이 있겠는가?

44

사물들의 수많은 형상들과 이름들의 근원으로서 완벽하게 충만하고 나뉘지 않은 지고한 신 쉬바를 깊이 탐구하고 묵상하는 자들만이 오점 없고 나뉘지 않은 나 안에 머물게 될 것이며 건너기 힘든 윤회의 바다를 건너게 될 것이다. 그 밖의 어떤 사람도 더럽혀진 어떤 다른 행위로는 이 바다를 결코 건널 수 없다.

45

그러므로 해방을 구하는 모든 구도자들은 하나의 나뉘지 않은 에센스이며 나와 다르지 않은 차별 없는 지고한 신 쉬바를 철저하게 탐구한 후 우리 신의 은총으로 그리고 내가 이 나, 즉 쉬바라는 확신을 끊임없이 수행함으로써, 나뉘지 않은 나에 변함없이 거주함으로써 이 힘든 윤회의 바다를 건너가야 한다.

46

모든 세상의 신인 지고한 신 이슈와라가 말씀하셨던 것처럼 현자 리부는 나뉘지 않은 나에 머무는 것에 대하여 니다가에게 깨우쳐 주었다. 이같이 전지전능한 스칸다는 그 기특한 현자 자이기샤비야에게 이 위대한 진리를 전하였다. 그리하여 모든 것에 아주 정통했던 수타가 모여 있던 현자들에게 친절하게 이야기하였다.

47

다음과 같이 나 안에 머무는 것을 말한 분은 기쁨의 춤을 추는 상태에 있는 완벽하게 충만한 우리 신의 무한한 형상이다. 완벽하게 충만한 유일한 실재를 제외하면 아무것도 없다. 내가 부패하지 않는 실재, 즉 그것이라는 동일성에 대한 지식의 힘에 의하여 모든 잘못된 생각은 없어진다.

제36장

나뉘지 않은 절대자라는 확신으로
마음을 지우고, 나뉘지 않은 브람만이라는 확신으로
무지를 없애기

1

모든 것은 유일한 지고한 신 브람만이며 둘이 없는 브람만이 우리 자신이라는 진리에 변덕스러운 마음을 확고하게 자리 잡게 하기 위해 나는 절대자에 대한 순수한 확신에 대해 다시 한 번 말하겠다. 이 세상의 모든 교육을 받는다 할지라도 마음이 방해받지 않는 확고한 상태가 아니라면 윤회의 힘든 고통은 결코 멈추지 않을 것이다. 내가 말한 것에 대해서는 의심의 여지가 없다.

2

존재―의식―희열이며, 평화롭고, 완벽하고, 완전히 충만하며, 흔들림 없고, 영원하고, 오해 없으며, 베일 없고, 행위 없음인 지고한 브람만과 떨어져 있는 것은 아무것도 없다. 객관적인 세상으로 보이는 모든 것은, 참으로, 절대자이며 그 비이원의 지고한 브람만이 나 자신이다. 그런 매우 확고한 확신으로 마음을 정복하여라.

3

무한한 존재이며, 영원히 존재하는 의식이며, 비길 데 없는 희열의 덩어리이며, 연결이 없고,

집착들이 없는, 스스로 홀로 존재하는 지고한 브람만 외에는 몸과 그 밖의 그런 것들은 결코 아무것도 존재하지 않는다. 모든 것은, 참으로, 나뉘지 않은 지고한 브람만이며 미묘한 그 브람만이 참으로 나 자신이다. 절대자에 대한 순수한 확신으로 마음을 정복하여라.

4

결점 없고, 부분 없고, 형상 없고, 오점 없고, 견줄 데 없고, 속성 없음이며, 어떤 거짓된 투사들도 없는 순수한 나이며, 무한한 것과 틈 없음으로 널리 퍼져 있는 지고한 브람만 외에 어떤 것도 결코 없다. 영원히. 존재하는 모든 것은 나뉘지 않은 지고한 브람만이며 이원 없는 그 브람만이 나 자신이다. 유일자인 지고한 브람만에 대한 확신으로 마음을 정복하여라.

5

결점이 없으며, 마음과 같은 그런 것을 초월하고, 망상과 창조의 씨앗들을 초월하고, 깨어 있음과 다른 상태들을 초월하고, 이름과 형상을 초월한 지고한 브람만과 떨어져 있는 것은 아무것도 없다. 모든 것은, 참으로, 나뉘지 않은 지고한 브람만이며 지식의 덩어리인 그 브람만이 참으로 나 자신이다. 그런 물러서지 않는 확신으로 마음을 정복하여라.

6

신성하며, 지고한 쉬바이며, 지고한 나이며, 가장 높은 것보다 더 높고, 완벽하고 온전히 충만하며, 홀로 존재하고(케발라) 슬픔 없는 그것인 숭고한 브람만과 떨어져 있는 것은 아무것도 없다. 모든 것은 늘 진리-자각-희열인 브람만이다. 그 쇠하지 않는 브람만이, 참으로, 나 자신이다. 그런 고요한 확신으로 마음을 정복하여라.

7

나는, 참으로, 모든 것의 목격자인 브람만이다. 나는, 참으로, 모든 것과 다른 브람만이다. 나는, 참으로, 모든 곳에 널리 퍼져 있는 브람만이다. 나는, 참으로, 언제나 순수한 지고한 브람만이다. 나는, 참으로, 가장 높은 지고한 브람만이다. 나는, 참으로, 진리–자각–희열의 덩어리인 지고한 브람만이다. 참으로, 나는 모든 것을 초월하는 지고한 브람만이다. 지고한 브람만에 대한 그런 나뉘지 않은 확신으로 마음을 정복하여라.

8

나는, 참으로, 생각과 같은 것을 가지고 있지 않은 브람만이다. 나는, 참으로, 무한한 의식으로서 퍼져 있는 브람만이다. 나는, 참으로, 지성과 같은 것을 가지고 있지 않은 브람만이다. 나는, 참으로, 완벽한 것으로 자리 잡은 브람만이다. 나는, 참으로, 이원을 가지고 있지 않은 브람만이다. 나는, 참으로, 유일자이며, 완벽하고 온전히 충만한 브람만이다. 나는, 참으로, 비이원의 지고한 브람만이다. 나뉘지 않은 지고자에 대한 그런 확신으로 마음을 정복하여라.

9

나는, 참으로, 부와 같은 것들 너머에 있는 브람만이다. 나는, 참으로, 티끌만큼이라도 다른 어떤 것이 닿을 수 없는 브람만이다. 나는, 참으로, 베다들과 같은 것들의 범위 너머에 있는 브람만이다. 나는, 참으로, 존재와 비존재 너머에 있는 브람만이다. 나는, 참으로, 의식의 순수한 확장인 지고한 브람만이다. 나는, 참으로, 스스로 빛나는 성품인 지고한 브람만이다. 나는, 참으로, 순수하고 파괴되지 않는 지고한 브람만이다. 나뉘지 않은 지고한 브람만에 대한 그런 확신으로 마음을 정복하여라.

10

나는, 참으로, 거친 몸과 같은 것의 영향을 받지 않는 브람만이다. 나는, 참으로, 얼룩으로도 더럽혀지지 않는 브람만이다. 나는, 참으로, 시간의 범위를 넘어서 있는 브람만이다. 나는, 참으로, 어떤 관념들로도 나타낼 수 없는 브람만이다. 나는, 참으로, 절대적인 침묵인 지고한 브람만이다. 나는, 참으로, 윤회의 흔적조차 없는 브람만이다. 나는 오점 없고 거처 없는 지고한 브람만이다. 나뉘지 않은 지고자에 대한 그런 확신으로 마음을 정복하여라.

11

나는, 참으로, 근원도 끝도 없는 지고한 브람만이다. 나는, 참으로, 몸이 없는 지고한 브람만이다. 나는, 참으로, 카스트도 없고 혈족도 없는 지고한 브람만이다. 나는, 참으로, 여섯 가지 변화들이 없는 지고한 브람만이다. 나는, 참으로, 지식의 덩어리인 지고한 브람만이다. 나는, 참으로, 완벽하게 충만한 것 중 최고로 충만한 지고한 브람만이다. 나는, 참으로, 변하지 않고 나뉘지 않은 지고한 브람만이다. 이런 하나로 집중하는 최고의 확신으로 마음을 정복하여라.

12

나는, 참으로, 흠 없는 지고한 쉬바인, 브람만이다. 나는, 참으로, 세상에 대한 굴레의 작은 흔적조차 없는 브람만이다. 나는, 참으로, 불멸의 지식인 브람만이다. 나는, 참으로, 나와 떨어진 것이 아무것도 없는 지고한 브람만이다. 나는, 참으로, 형언할 수 없는 지고한 브람만이다. 나는, 참으로, 근원이며 환영이 없는 원천인 지고한 브람만이다. 나는, 참으로, 하찮은 것이 전혀 없는 나뉘지 않은 지고한 브람만이다. 그런 한결같은 최고의 확신으로 마음을 정복하여라.

13

원소들과 자연, 그들의 혼합은 모두 브람만이다. 세상과 모든 것들은 전적으로 브람만이다. 모든 썩기 쉬운 세상들도 전적으로 브람만이다. 창조되지 않은 세상들도 모두 브람만이다. 다르게 보이는 것도 전적으로 브람만이다. 무수한 은하계도 모두 브람만이다. 위대한 현자여! 내가 지고한 브람만이라는 환영 없는 확신으로 마음을 정복하여라.

14

샹카라(쉬바)와 데비(쉬바의 배우자, 여신)는 브람만이다. 샨무카와 비나야카(쉬바의 두 아들)는 브람만이다. 쉬바의 위대한 수행원은 브람만이다. 쉬바에 대한 순수한 헌신자들은 브람만이다. 영광스러운 여신들은 브람만이다. 신(파티), 개체적 영혼(파수)들, 그리고 그들의 굴레(파사)는 브람만이다. 내가, 참으로, 파괴되지 않는 브람만이라는 환영 없는 확신(바바)으로 마음을 정복하여라.

15

하라, 하리, 그리고 브람마(파괴자, 보존자, 창조자)는 브람만의 성품이다. 그들이 안고 있는 샥티(배우자)들은 브람만의 성품이다. 신들, 악마들, 그리고 인간들은 브람만의 성품이다. 유랑하는 모든 동물들은 브람만의 성품이다. 움직일 수 있고 움직일 수 없는 모든 것은 브람만의 성품이다. 이 모든 세상의 신은 브람만의 성품이다. 나는 두려움 없는 브람만이라는 환영 없는 확신으로 마음을 정복하여라.

16

거친 것과 같은 것의 구분들은 브람만의 성품이다. 이원과 비이원은 브람만의 성품이다. 자기 자신과 다른 사람들은 브람만의 성품이다. 진리와 진리에 가까운 것은 브람만의 성품다. 세상과 같은 모든 모습들은 브람만의 성품이다. 보기에 지각이 있거나 없는 것들은 브람만의 성품이다. 나는 위대한 브람만이라는 환영 없는 확신으로 마음을 정복하여라.

17

브람만의 성품은 지식의 덩어리다. 브람만의 성품은 세상의 어떤 실체도 없다. 브람만의 성품은 하늘처럼 모습이 없다. 브람만의 성품은 무한한 실재이다. 브람만의 성품은 줄지 않는 행복이다. 브람만의 성품은 하나이며, 완벽하며, 완전히 충만하다. 나는 측정할 수 없는 브람만이라는 기쁨에 찬 확신으로 마음을 정복하여라.

18

브람만의 성품은 충만 중의 충만이다. 브람만의 성품은 완벽한 모든 것이며 전체이다. 브람만의 성품은 지식 중의 지식이다. 브람만의 성품은 유일하게 나뉘지 않은 에센스이다. 브람만의 성품은 결점 없는 그것이다. 브람만의 성품은 모든 속성들을 초월한다. 나는 흠 없는 브람만이라는 기쁨에 찬 확신으로 마음을 정복하여라.

19

브람만의 성품은 존재−의식−희열의 덩어리다. 브람만의 성품은 불변하는 것이다. 브람만의 성품은 영원하고 속성 없다. 브람만의 성품은 오점이 없고 부분이 없다. 브람만의 성품은 지고한 의식의 순수한 확장이다. 브람만의 성품은 베다들의 극치이다. 아들아! 나는 지고한 브람만이라는 완벽한 확신으로 마음을 정복하여라.

20

브람만의 성품은 원인 중의 원인이다. 브람만의 성품은 오점 없는 그것이다. 브람만의 성품은 완벽 중의 완벽이다. 브람만의 성품은 결점 없는 그것이다. 브람만의 성품은 오직 파괴되지 않는 의식이다. 브람만의 성품은 특징 없는 그것이다. 나는 불멸의 브람만이라는 변함없는 확신으로 마음을 정복하여라.

21

브람만의 성품은 단순함 중에 가장 단순하다. 브람만의 성품은 본질적으로 장엄하다. 브람만의 성품은 신성한 것 중 가장 신성하다. 브람만의 성품은 가장 높은 것보다 더 높다. 브람만의 성품은 세상, 개체, 지고자가 없다. 브람만의 성품은 오직 의식이다. 나는 변하지 않는 브람만이라는 끊임없는 확신으로 마음을 정복하여라.

22

브람만의 성품은 하나이며, 실재이며, 최고이다. 브람만의 성품은 어디에나 있는 것이다. 브람만의 성품은 근원이 없는 지식이다. 브람만의 성품은 나와 다르지 않다. 브람만의 성품은 슬픔이 없으며, 말로 표현할 수 없는 기쁨이다. 브람만의 성품은 스스로 빛난다. 나는 지고한 브람만이라는 나뉘지 않은 확신으로 마음을 정복하여라.

23

의식의 순수한 공간이라는 우주 없는 성품 속에는 결코 우주가 없다. 사실, 이 우주는 전혀 존재하지 않지만 상대적인 수행에서 의식 위에 나타나는 환영, 즉 생각은 우주의 광활한 공간으로 또한 나타날 것이다. 아들아! 앞서 말한 것처럼 완벽하게 충만한 확신으로 그 생각을 소멸시켜라.

24

비록 부분이 없는 지고한 브람만만이 지고한 진리라 할지라도 그런 모든 끝없는 힘들을 지탱하고 있는 마야(망상, 환영)의 힘이 마음속에 지속되고 있기 때문에 이 성품은 덧씌워진 첨가물로서 '생각'을 가지며 이 당혹스러운 생각이 거짓된 끝없는 무수한 세상과 같은 것들로 나타나는 것이다.

25

깊은 잠 속에서 둘이 없는 하나인 나가 그 안에 존재하는 힘에 의해 꿈속에서는 마음과 같은 그런 것으로 나타나듯이, 유일한 지고한 브람만은 그 안에 거주하는 힘에 의해 생각과 같이 되어 상호 작용들의 변화하는 상태에서 모든 세상, 개체(지바)들, 그리고 지고자의 형상으로 나타난다.

26

비록 유일한 브람만이 그 고유의 힘에 의해 이원의 덧씌워진 것을 보여 주지만, 마치 밧줄이 그 안에 있는 힘에 의해 무시무시한 뱀과 같은 것들로 나타나는 것처럼, 근원인 브람만을 완벽하게 탐구함으로써 부분들로 보이는 이 모든 외양들은 참으로, 유일한 구별 없는 지고한 브람만임을 깨닫게 된다.

<h2 style="text-align:center">27</h2>

비록 뱀과 같은 것들로 다양하게 나타나지만, 근원인 밧줄을 조사해 보면 뱀과 같은 그런 모든 거짓된 형상들은 오직 밧줄의 형상이 된다. 마찬가지로, 근원인 순수한 브람만이 비록 광활한 우주로 나타나지만, 그것을 조사해 보면 이 모든 것들은 오직 나뉘지 않은 지고한 브람만이다.

<h2 style="text-align:center">28</h2>

세상 존재들의 근원 없는 경향성(바사나)들로 인해, 나뉘지 않고 분화되지 않은 지식이 마음에 퍼지지 않는다면 매일 지속적인 탐구를 한 후에도 우리는 모든 것이 언제나 브람만이며, 그것이 나 자신이며, 내가 나뉘지 않은 그 브람만이라는 확신에 의지해야 하고, 차이의 생각들에 대한 모든 망상이 파괴될 때까지 계속 확신을 가져야 하고, 그 확신에 의해 차이의 관념화ideation를 막아야 한다.

<h2 style="text-align:center">29</h2>

탄생과 같은 굴레의 슬픔을 일으키는 것은 차이들의 관념으로 물든 생각이다. 쇠약하게 만드는 차이들의 관념이 없는 생각은 즉시 모든 고통을 제거하고 해방을 줄 것이다. 그러므로 나는 브람만이며 나는 모든 것이라는 "나는-브람만-이다."라는 지속적인 확신으로 그대는 모든 차이들의 불행한 개념들을 제거하고 완전한 이해로 해방을 얻을 것이다.

<h2 style="text-align:center">30</h2>

만약 그대가 나는 브람만이며, 브람만은 나 자신이며, 나는 모든 것이라는 변치 않는 "나는-브

람만—이다."라는 확신을 지닌다면, 세상, 개체들, 지고자, 그대, 나, 그리고 이것이 모두 서로 분리된 것이라는 모든 섬뜩한 차이의 개념들은 사라지게 될 것이다. 앞서 말한 것처럼 차이들의 개념이 제거되면, 완벽하게 충만한 지고한 브람만에 대한 지식이 일어날 것이며, 우리는 나뉘지 않은 절대자로서 자리 잡는 비이원의 해방 상태를 얻을 수 있다.

31

"나는—브람만—이다."라는 확신으로 욕망과 분노는 완전히 사라질 것이다. 이것은 의심의 여지가 없다. "나는—브람만—이다."라는 확신으로 탐욕과 심취는 완전히 사라질 것이다. 이것은 의심의 여지가 없다. "나는—브람만—이다."라는 확신으로 오만과 질투는 완전히 사라질 것이다. 이것은 의심의 여지가 없다. "나는—브람만—이다."라는 확신으로 자만과 자존심은 완전히 사라질 것이다. 이것은 의심의 여지가 없다.

32

"나는—브람만—이다."라는 확신으로 마음의 결점들은 완전히 사라질 것이다. 이것은 의심의 여지가 없다. "나는—브람만—이다."라는 확신으로 큰 죄들은 완전히 사라질 것이다. 이것은 의심의 여지가 없다. "나는—브람만—이다."라는 확신으로 마음의 슬픔들은 완전히 사라질 것이다. 이것은 의심의 여지가 없다. "나는—브람만—이다."라는 확신으로 큰 두려움들은 완전히 사라질 것이다. 이것은 의심의 여지가 없다.

33

"나는—브람만—이다."라는 확신으로 신성한 강들과 자비로운 행위들도 완전히 사라질 것이다. 이것은 의심의 여지가 없다. "나는—브람만—이다."라는 확신으로 신들과 그들에 대한 봉사는 모두 끝나게 될 것이다. 이것은 의심의 여지가 없다. "나는—브람만—이다."라는 확신으로 명상과 경배는 모두 사라질 것이다. 이것은 의심의 여지가 없다. "나는—브람만—이다."라는 확신으로 자파(만트라를 반복하는 것)와 타파스(금욕, 강렬한 수행)는 모두 사라질 것이다. 이것은 의심의 여지가 없다.

34

"나는-브람만-이다."라는 확신으로 만트라와 탄트라(종교적 의식들)는 모두 사라질 것이다. 이것은 의심의 여지가 없다. "나는-브람만-이다."라는 확신으로 카르마와 그와 연관된 결과들은 완전히 사라질 것이다. 이것은 의심의 여지가 없다. "나는-브람만-이다."라는 확신으로 베다들과 경전들은 모두 사라질 것이다. 이것은 의심의 여지가 없다. "나는-브람만-이다."라는 확신으로 마음의 환영은 완전히 사라질 것이다. 이것은 의심의 여지가 없다.

35

"나는-브람만-이다."라는 확신으로 모든 공덕들은 사라질 것이다. 이것은 의심의 여지가 없다. "나는-브람만-이다."라는 확신으로 의식에 나타난 모든 세상들은 사라질 것이다. 이것은 의심의 여지가 없다. "나는-브람만-이다."라는 확신으로 모든 반대되는 쌍들은 사라질 것이다. 이것은 의심의 여지가 없다. "나는-브람만-이다."라는 확신으로 모든 세상은 사라질 것이다. 이것은 의심의 여지가 없다.

36

"나는-브람만-이다."라는 확신으로 다른 모든 존재는 사라질 것이다. 이것은 의심의 여지가 없다. "나는-브람만-이다."라는 확신으로 모든 현현들은 사라질 것이다. 이것은 의심의 여지가 없다. "나는-브람만-이다."라는 확신으로 행복은 사라질 것이다. 이것은 의심의 여지가 없다. "나는-브람만-이다."라는 확신으로 모든 관계들은 사라질 것이다. 이것은 의심의 여지가 없다.

37

"나는-브람만-이다."라는 확신으로 모든 환영과 심취가 사라질 것이다. 이것은 의심의 여지가 없다. "나는-브람만-이다."라는 확신으로 모든 정신적인 매듭들이 무가치한 것이 될 것이다. 이것은 의심의 여지가 없다. "나는-브람만-이다."라는 확신으로 모든 심신의 고통들이 사라질 것이다. 이것은 의심의 여지가 없다. "나는-브람만-이다."라는 확신으로 모든 왜곡들이 사라질 것이다. 이것은 의심의 여지가 없다.

38

"나는-브람만-이다."라는 확신으로 완전히 깨어 있는 상태와 같은 것들이 사라질 것이다. 이것은 의심의 여지가 없다. "나는-브람만-이다."라는 확신으로 근원 없는 무지가 파괴될 것이다. 이것은 의심의 여지가 없다. "나는-브람만-이다."라는 확신으로 세상적인 탄생과 죽음의 고리와 모든 굴레들이 파괴될 것이다. 이것은 의심의 여지가 없다. "나는-브람만-이다."라는 확신으로 존재와 비존재가 완전히 파괴될 것이다. 이것은 의심의 여지가 없다.

39

"나는-브람만-이다."라는 확신으로 흔들림 없이, 나뉘지 않은 지식을 성취할 수 있다. 이것은 의심의 여지가 없다. "나는-브람만-이다."라는 확신으로 모든 기원originless 없는 슬픔이 지워질 수 있다. 이것은 의심의 여지가 없다. "나는-브람만-이다."라는 확신으로 나뉘지 않은 희열을 끊임없이 얻게 될 수 있다. 이것은 의심의 여지가 없다. "나는-브람만-이다."라는 확신으로 나뉘지 않은 해방을 성취할 수 있다. 이것은 의심의 여지가 없다.

40

그러므로 "나는-브람만-이다."라는 확신을 언제나 중단 없이 수행하여, 차이에 대한 모든 생각들을 버리고 나뉘지 않은 브람만이 되어라. 이제까지 말해 온 것에 대해 추호의 의심의 여지도 없다. 나는 숭고한 쉬바의 이름으로 이를 말한다. 이는 경전들에 의해 상세히 설명된 의미이다. 우리 신에 의해 설명된 것 또한 같은 의미이다.

41

나와 별개인 나 아닌 것은 결코 존재하지 않는다. 그것은 티끌만큼도 없고, 티끌만큼도 없으며, 티끌만큼도 없다! 나와 별개의 브람만은 존재하지 않는다. 그 브람만과 별개의 나도 존재하지 않는다. 나는 나뉘지 않은 지고한 브람만이다. 나뉘지 않은 지고한 브람만이 나이다. 나인 내가 브람만이라는 지식을 얻어 나뉘지 않은 지고한 브람만이 되어라.

42

모든 것은 나뉘지 않은 브람만이며 그것이 나 자신이고 내가 그것이라는, 온전히 충만한 브람만과 별개인 세상과 같은 것은 조금도 없다는, 매일 길러 온 순수한 확신으로 마음을 정복하여라. 완전히 명확하며, 나뉘지 않은, 지고한 지식을 얻어 너 스스로 존재-의식-희열인 지고한 브람만이 되어라.

43

아들아! 모두를 위해 아름다운 쉬바의 형상으로 떠오른 유일하며, 지고하며, 완벽하게 충만한 실재에 의해 나에게 설명되었던 것처럼 나는 그대에게 나뉘지 않은 절대자에 대한 이 정의를 설명하였다. 설명된 것처럼 이 결점 없는 진리를 듣고 확고하게 마음으로 이해한 사람들은 완벽하게 충만한 지고한 브람만이 될 것이다.

44

먼 옛날의 경향성(바사나)들 때문에 이원의 감각은 지고한 신 쉬바의 은총을 잃은 무지한 사람들의 가슴에 되풀이해서 지속되며, 그들이 끊임없이 베다들을 공부하고 모든 것이 브람만이라고 교육받더라도 모든 것이 브람만으로 보이지 않는다. 고귀한 이여! 그러므로 해방을 구하는 구도자들은 나뉘지 않은 지고한 브람만의 은총을 구해야 한다.

45

쉬바의 표장insigma, 즉 순수한 재와 루드락샤 열매들의 화환들을 두름으로써, 그리고 오점 없는 위대한 링가에게 매일 정식으로 쉬바 경배를 행함으로써, 그리고 떨어진 것이 없는, 완전무결하고 모든 곳에 두루 퍼져 있는 지고한 쉬바에 대해 명상을 함으로써 마음의 평정을 주는 지고한 쉬바의 은총이 흘러나올 것이며 모든 것이 브람만으로 보일 것이다.

46

존경할 만한 현자 수타는 전지전능한 스칸다가 그의 무한한 은총으로 열렬한 질문자 자이기샤비야에게 말했던 것을 순수한 마음을 가지고 있는 좌중의 현자들에게 말했다. 그것은 신성하고 상서로운 형상으로 떠오른 신(이슈와라)이 리부에게 설명했던 것과 똑같은 방식으로 현자 리부가 니다가에게 들려주었을 때 말한 바로 그 설명이다.

47

다음과 같이 이야기하신 분은 신성한 무대에서 기쁨의 춤을 추는 상태에 있는 오점 없는 우리 신의 무한한 형상이다. 어디에서 그 어떤 것이 있더라도, 그것은 모두가 유일한 지고자요, 그 지고자가 나라는 동일성에 대한 확신으로 결점 있는 마음의 모든 망상들은 정복될 수 있으며, 그런 지식으로 순수한 해방이 얻어질 수 있다.

제37장
나뉘지 않은 지고한 확신으로
비이원의 브람만으로 머물기

1

니다가여! 모든 종류의 지바(생명체)들을 위해 존재−의식−희열의 화신이신 신께서 말씀하신 것과 같은 방법으로 베다들이 내린 결론 중의 결론이며 모든 에센스 중의 가장 순수한 에센스인 최고 비밀의 정의에 대해 나는 이제 그대에게 말하겠다. 확고한 마음으로 들어라.

2

모든 것은 지고한 브람만의 성품이다. '모든 것'으로 떨어져 있는 것은 없다. 우리의 진정한 성품은, 참으로, 그 비이원의 브람만이다. 이에 대해 조금의 의심스러움은 없다. 나는 쉬바의 이름으로 이것을 말한다. 고귀한 영혼이여! 그러므로 모든 것은 늘 나뉘지 않은 지고한 신 브람만이며 그것이 바로 나라는 나뉘지 않은 완벽한 확신을 성취하여 늘 희열에 있어라.

3

나는 브람만이라는 확고부동한 확신으로 몸과 같은 것에 대한 생각은 던져 버려라. 세상이 브람만이라는 확고부동한 확신으로 세상이 실재라는 생각을 던져 버려라. 만약 내가 브람만이며 이 세상은 브람만이라고 그대가 지속적으로 확신을 가진다면, 세상, 지고자, 그리고 나 자신에

리부의 노래

대한 환영은 잠자는 이의 손에 잡힌 꽃처럼 시들어 버릴 것이다.

<h1 style="text-align:center">4</h1>

공간과 같은 원소들은 존재하지 않으며, 세상도 존재하지 않으며, 신과 개체(지바)들 같은 구별
은 존재하지 않으며, 나는 존재하지 않으며, 그대와 다른 사람은 존재하지 않는다. 이름도, 형상
도 존재하지 않는다. 모든 것은 늘 지식의 덩어리인 지고한 신 브람만이다. 영속적인 지혜를 얻
을 때까지 이와 같이 확신한다면 성숙한 지식의 발전으로 차이들에 대한 환영은 사라질 것이다.

<h1 style="text-align:center">5</h1>

몸도, 감각들도, 존재들도 존재하지 않으며 생각도, 마음도 존재하지 않으며 자아도, 생각도 존
재하지 않으며 그 뿌리인 무지도 존재하지 않는다는 확신을 항상 완벽하게 수행한다면, 그리고
지고한 브람만에 대한 확고한 확신을 항상 오점 없이 수행한다면, 구별하는 갖가지 마음은 태
양 앞의 어둠처럼 사라질 것이다.

<h1 style="text-align:center">6</h1>

깨어 있음도, 꿈도, 잠도 없으며, 찾아야 할 '네 번째 상태'도 없으며, 다양성multiplicity도 없고, 분
리된 것의 통합collection이나 통합된 병합integrated coalescence같은 것도, 부분들로 된 세상도 결코 없
다. 모든 것은 늘 브람만이라는 나뉘지 않은 지고한 확신을 가지고 마음의 모든 오해들을 바로
잡아 오직 고귀한 지고한 브람만으로 머물러라.

<h1 style="text-align:center">7</h1>

모든 것의 근원인 지고한 브람만과 떨어진 환영으로 보이는 것은 무엇이든지 근원인 지고한 브
람만 그 자체일 뿐 다른 별개의 것은 조금도 없다. 부정의 과정을 통한 가치 있는 탐구로써 그
런 확신을 성취하고 그것에 의해 마음의 모든 오해들을 바꾸어 오직 고귀한 지고한 브람만으

로 늘 머물러라.

8

분리된 것으로 생각되는 것은 이원이다. 나뉘지 않은 지고자에 대한 탐구는 이 오해를 제거할 것이다. 망상인 모든 것 그리고 완전히 비실제적인 모든 것, 이 모든 것들은 부분이 없는 지고한 브람만이다. 별개의 어떤 것이 있다는 생각으로 오염되지 않는 나누어지지 않는 지고자에 대한 그러한 확신으로 비이원의 지고한 브람만으로 머물러라.

9

영원한 것과 영원하지 않은 것의 식별, 선과 악의 식별, 헌신자(박타)와 해방된 자(묵타)의 식별, 존재와 비존재의 식별 등과 같은 이런 다양한 모든 현상들은 오점이 없는 우주적universal 브람만이다. 변함없고 나뉘지 않은 절대자에 대한 그런 확신으로 오직 비이원의 지고한 브람만으로 머물러라.

10

베다들과 다른 다양한 경전들, 스승(아차리야)과 배우는 제자(쉬슈야), 몸을 자신이라 여기는 생각, 모든 것을 보는 자인 지고한 브람만을 자신이라 여기는 생각 등과 같이 이런 구별의 겉모양들이 모두 부분 없는 지고한 브람만이다. 나뉘지 않은 지고한 브람만에 대한 이런 지속적인 확신으로 오직 고귀한 브람만으로 머물러라.

11

나는 늘 굴레에 묶인 개체(지바)이며, 나는 늘 굴레가 없는 브람만이며, 현현의 이 모든 세상이 실재이며, 이 불가사의한 세상과 같은 것들이 실재하지 않는다는 이런 모든 지각들은 모든 곳에 퍼져 있는 지고한 신 브람만이다. 나뉘지 않은 절대자에 대한 이런 고귀한 확신으로 오직 고귀한 지고한 브람만으로 머물러라.

12

날마다 행하는 행동들이나 확고부동한 헌신이나 선택한 신들에 대한 끊임없는 명상이나 그런 신들의 신상들에 대한 경배와 같은 마음을 흐리게 하는 관념들은 모두는 지고한 브람만이다. 나뉘지 않은 절대자에 대한 그런 깊은 확신으로 오직 오점 없는 지고한 브람만으로 머물러라.

13

이것을 내 것이라고 여기는 소유 의식이나 '나'를 생각하는 자아나 외부의 것이라고 여겨지는 갖가지 물건들이나 내부의 것이라고 여겨지는 다양한 물건들과 같은 이러한 상이한 범주의 모든 현상들은 두 번째가 없는 지고한 브람만의 성품이다. 나뉘지 않은 절대자에 대한 이런 깊은 확신으로 오점 없는 지고한 브람만으로서만 머물러라.

14

공간과 같은 다섯 가지 위대한 원소들, 언어 등과 같은 다섯 가지 범주들, 경험자가 받지 않으면 안 되는 끝없이 다양한 세상들, 우주에 펼쳐진 수백만의 은하수들과 같은 이런 근거 없는 모든 현현들은 지고한 브람만이다. 나뉘지 않은 절대자에 대한 줄어들지 않는 그런 확신으로 오직 비이원의 지고한 브람만으로 머물러라.

15

브람마(창조주)와 같은, 숭배 받는 다섯 신의 집단들, 창조와 같은 다섯 행위들, 신들, 현자들, 인간들과 그런 자격으로 구분된 다른 집단들, 돌아다니는 다양한 동물들과 같은 이런 모든 종류의 겉모습들은 오점 없는 지고한 브람만이다. 나뉘지 않은 절대자에 대한 이런 확고한 확신으로 오직 비이원의 지고한 브람만으로 머물러라.

16

이원의 끊임없는 이런 겉모양들, 이를테면, 신비한 시냇물들, 신성한 성소들, 그 안에서 빛나는 신들에 대한 봉사, 숲, 산, 바다, 강, 그리고 그 안에 있는 다양한 존재들은 모두 오점 없는 지고한 브람만이다. 나뉘지 않은 지고한 브람만에 대한 이런 지속적인 확신으로 둘이 없는 지고한 브람만으로 머물러라.

17

그림 속에서처럼 일어나는 모든 투사들, 이를테면, 지성의 결정하는 기능, 마음의 의심하는 기능, 생각의 괴상한 발산들, 다양한 경험들과 같은 이 모든 행위들은 오직 의식인 지고한 브람만이다. 나뉘지 않은 절대자에 대한 그런 뚜렷한 확신으로 희열의 덩어리인 지고한 브람만으로 오직 머물러라.

18

일어나는 이 모든 차별화된 지각들, 이를테면, 몸, 감각들, 존재들, 불확실한 마음, 지성, 일어나는 자아, 생각, 그리고 모든 것의 근본 원인인 무지는 전적으로 구별 없는 지고한 브람만이다. 나뉘지 않은 지고한 브람만에 대한 이런 슬픔 없는 확신으로 오직 희열의 덩어리인 지고한 브람만으로 머물러라.

19

일어나는 이 모든 개념들, 이를테면, 망상, 무지, 개체적 존재, 마헤슈와라(지고한 신), 개체들과 지고자와 같은 구별, 완전한 전체 혹은 분리된 것의 집합과 같은 다양성, "이것은 높다.", "이것은 낮다.", 그리고 "이들은 똑같다."라고 하는 것 등은 모두 전적으로 빛나는 의식인 지고한 브람만이다. 나뉘지 않은 절대자에 대한 그런 헌신적인 확신으로 오직 결점 없는 지고한 브람만으로 머물러라.

리부의 노래

20

완전한 전체와 거친 분리된 것들의 모음, 완전한 전체와 미세한 분리된 것들의 모음, 완전한 전체와 원인인 분리된 것들의 모음, 완벽한 것, 작은 것, 복합적인 것 등과 같은 이런 모든 다양한 겉모양들은 오직 의식인 지고한 브람만이다. 그런 강한 확신으로 오직 실재인 지고한 브람만으로 머물러라.

21

완전한 전체를 경험하는 깨어 있는 상태의 우주적 경험자, 분리된 것을 경험하는 깨어 있는 상태의 개체적 경험자, 신(파티), 존재(파수) 그리고 다양한 그들 상호 간의 굴레들(파사), 세상, 개체, 지고자와 같은 구분 등의 그런 거짓된 겉모습들은 모두 불멸하는 지고한 브람만이다. 나뉘지 않은 절대자에 대한 그런 상서로운 확신으로 변함없는 지고한 브람만으로 머물러라.

22

이것이 특별한 직접적인 의미이고 이것이 완벽한 간접적인 의미이고 이것이 차별 없는 동일성의 의미이며 이것은 정의할 수 없는 본래의 지고한 실재라고 보는 것과 같은 그런 모든 지각들이 오점 없는 지고한 브람만이다. 나뉘지 않은 절대자에 대한 그런 헌신적인 확신으로 오직 진정한 자각인 지고한 브람만으로 머물러라.

23

말의 본래 의미는 직접적인 것이고 말의 특별한 의미는 지시된direct 것이며 표현된 직접적인 해석이 일차적인 것이며 특별한 해석은 의도된 것이라고 보는 그러한 모든 설명들은 오점 없는 지고한 브람만이다. 나뉘지 않은 절대자에 대한 그런 확신으로 오직 자각인 지고한 브람만으로 머물러라.

24

폐기된 해석으로는 동일성을 끄집어 낼 수 없으며 받아들인 해석들로도 동일성을 끄집어 낼 수 없으며 개체와 지고자의 동일성은 이들 두 가지 해석 방법 중 하나로 빛을 발할 것이라는, 겉으로 보기에 확고한 모든 결론들도 모두가 빛나는 존재인 지고한 브람만이다. 나뉘지 않은 절대자에 대한 그런 단련된 확신으로 오직 충만한 의식인 지고한 브람만으로 머물러라.

25

결점 없고 조건 없는 것nature만이 위대한 금언의 의미가 될 수 있고, 차별화된 조건적인 것은 결코 위대한 금언의 의미가 될 수 없으며, 이와 같은 모든 다양한 외양들은 오점 없는 지고한 브람만이다. 나뉘지 않은 절대자에 대한 그런 명백한 확신으로 오직 행위 없는 지고한 브람만으로 머물러라.

26

모든 최상의 베다들이 모든 것은 지고한 브람만이라고 주장하듯이 또, 지고한 브람만에 대한 지식을 지닌 모든 현명한 사람들이 마찬가지로 선언하듯이 그리고 이미 나에게 베풀어진 쉬바의 은총 때문에 모든 어둠을 일소하면 나뉘지 않은 절대자에 대한 확신을 말한 이 설명에는 추호의 의심의 여지도 없다. 이것은 명확하다.

27

근원인 지고한 브람만에 덧붙여진 것으로 보이는 모든 것은, 탐구에 의하면, 오직 근원 그 자체이며 덧붙여진 형상이 아님을 알게 된다. 오직 깊이 명상하는 자에게만 이 경험이 일어날 것이며, 바라는 마음의 지배를 받는 자들에게는 이 경험은 언제라도 일어나지 않을 것이다.

28

리부의 노래

그러므로 환영으로 나타나는 겉모습들은 모두 참으로 토대인 지고한 브람만이며 결점 없는 브람만이 나 자신이며 내가 희열에 찬 지고한 브람만이라는, 하나에 집중하는 깊은 명상을 항상 수행하고 변덕스러운 마음의 모든 그릇된 생각들을 버리고 구별 없고 나뉘지 않은 절대자의 지식을 얻어 오직 부분 없는 지고한 신 브람만으로 머물러라.

29

위대한 현자여! 지고한 브람만으로 머무는 자들만이 이미 말한 바와 같이 지고한 나뉘지 않은 지식에 의하여 태어나고 죽는 순환의 이 병이 사라질 것이다. 다른 자들은 결코 그것을 소멸할 수 없을 것이다. 그러므로 이미 말한 바와 같이 나뉘지 않은 지식을 얻고 그것으로 나뉘지 않은 지고한 브람만이 되어 반복되는 탄생의 모든 두려운 슬픔들을 지우고 구별 없는 해방의 기쁨을 즐겨라.

30

오점 없는 쉬바가 설명하였듯이 모든 것은 나뉘지 않은 지고한 브람만이며 별개의 것이 아무것도 없는 브람만이 우리 자신이라는, 나뉘지 않은 절대자에 대한 정의에 대하여 나는 그대에게 아주 확고하게 말하였다. 순수한 가슴과 모든 주의를 가지고 이 지극히 비밀스러운 해석을 의심 없이 단 한 번이라도 듣고 이해한 자들은 해방이라는 불멸의 희열을 성취할 것이다.

31

지고한 브람만에 대한 구별 없는 지식은 쉬바에게 헌신하고 오점 없는 위대한 링가(돌로 된 쉬바의 상징)의 발에 꽃과 같은 봉헌물로 매일 숭배하는 그런 착한 사람들에게만 드러날 것이다. 지고한 브람만에 대한 이런 지식을 적절하게 얻은 용기 있는 자들만이 가차 없이 반복되는 탄생에서 해방될 것이다. 고귀한 이여! 이에 대해서는 추호의 의심의 여지도 없다. 나뉘지 않은 지고한 쉬바의 이름으로 말하노니 내가 말한 것은 진리이다.

32

일찍이 세상의 신, 지고한 이슈와라가 설명한 방식으로, 모든 것은 브람만이고 그것이 우리 자신이라는 나뉘지 않은 절대자의 정의에 대해 현자 리부가 니다가에게 설명한 것을 전지전능한 스칸다가 영광되고 결점 없는 자이기샤비야에게 말한 것과 똑같은 것을, 모든 것을 아는 현자 수타가 모여 있는 현자들에게 변함없는 지고한 실재에 대해 알려 주었다.

33

다음과 같이 이야기한 것은 오점 없는 춤의 상태에 있는 우리의 신들 중의 신의 무한한 형상이다. 구별 없고 나뉘지 않은 성품인 브람만과 별개의 것은 아무것도 없으며 모든 결함 있는 겉모습들은 모두 유일하며 완벽하게 충만한 절대자이며 우리가 그 근원 없는 절대자라는 지식으로 우리는 그것으로 머물 수 있다.

제38장
이 경전의 위대함

1

모든 다양한 경전들의 에센스이며 모든 에센스들의 정수이며 가장 비밀스럽고 아주 고귀한 이 책의 위대함에 대해서 결정적인 확신을 가지고 그대가 오해 없이 이해할 수 있는 방법으로 나는 그대에게 말할 것이다. 어김없이 그것을 그대의 목표로 삼아 훌륭한 이 책의 가르침을 항상 실천하여라.

2

나는 늘 오직 존재이다. 이것에 대해 의심의 여지가 없다. 나는 늘 오직 의식이다. 이것에 대해 의심의 여지가 없다. 나는 늘 오직 희열이다. 이것에 대해 의심의 여지가 없다. 나는 늘 순수한 절대자이다. 이것에 대해 의심의 여지가 없다. 나는 늘 전적으로 완전한 존재이다. 이것에 대해 의심의 여지가 없다. 나는 늘 높은 것들 중의 가장 높은 것이다. 이것에는 의심의 여지가 없다. 나는 늘 지고한 쉬바이다. 이것에 대해 의심의 여지가 없다. 나는 늘 지고한 브람만이다. 이것에 대해 의심의 여지가 없다.

3

존재하는 무엇이나 지고한 브람만이다. 이것에 대해 의심의 여지가 없다. 존재하지 않는 무엇이나 지고한 브람만이다. 이것에 대해 의심의 여지가 없다. 모두가 지고한 브람만이다. 이것에 대해 의심의 여지가 없다. 그대와 나도 지고한 브람만이다. 이것에 대해 의심의 여지가 없다. 모든 것은 지고한 브람만이다. 이것에 대해 의심의 여지가 없다. 실재와 비실재는 지고한 브람만이다. 이것에 대해 의심의 여지가 없다. 전체가 지고한 브람만이다. 이것에 대해 의심의 여지가 없다. 나는 바로 지고한 브람만이다. 이것에 대해 의심의 여지가 없다.

4

모두가, 참으로, 오직 존재인 지고한 브람만이며 나와 다르지 않다. 브람만은, 참으로, 나이다. 나는, 참으로, 지고한 브람만의 분화되지 않은undifferentiated 성품이다. 오점 없이 모든 것에 널리 퍼져 있는 나와 모든 것이 완벽하고 온전히 충만한 브람만 사이에는 조금의 차이도 없다. 둘(나와 브람만)은 같다. 자각의 성품인 쉬바의 이름으로, 내가 말한 것은 진리이다.

5

모든 이름들과 형상들은 브람만이며 우리가 바로 그 브람만이다. 모두의 행복을 위해 말한 이 설명에 대해서는 추호도 의심의 여지가 없다. 이것이 진리이다. 위대한 진리, 즉 모든 거처를 초월하여 모든 곳에 퍼져 있는 쉬바의 이름에 맹세코, 이것은 진리이다. 여기에 대해 "예"나 "아니오"와 같은 조금의 의심도 없이 앞에서 말한 것처럼, 확고부동한 확신을 가지도록 하여라.

6

움직이는 것과 움직이지 않는 모든 현상들은 실재인 지고한 브람만이다. 그 태고의 성품이 참으로 나 자신이다. 이런 완전한 확신을 얻어 다루기 힘든 모든 오해들을 그것으로 제거하며 오점 없는 절대자에 대한 오해 없는 지식을 얻어 고통 없는 지고한 브람만이 되어 변함없이 그대 자신 안에 머물러라.

7

그대 자신 안에 변함없이 거주하는 이 상태가 순수한 지고한 해방이다. 자신 안에 머물지 않고 파도처럼 흔들리고 있는 것이 오직 굴레이다. 그대 자신 이외의 유일한 존재를 깊이 살펴본다면 변화할 어떤 원인도 전혀 없다. 그러므로 축복 받은 이여! 그대는 혼자서 그대 자신 안에 늘 머물러야 한다.

8

스스로 자신 안에 머무는 방법들이 구별되지 않으며 나뉘지 않은 절대자에 대한 확신을 얻는 것이고, 또, 자기 자신과 떨어져 있는 것으로 일어나는 모든 현상들이 떨어져 있는 어떤 것이 전혀 아니라는 확신을 얻는 것이며, 또, 모든 것이 나라는 그런 확신을 얻는 것이므로, 그리고 나가 자기 자신이므로 앞에서 말한 것처럼 나뉘지 않은 절대자에 대한 확신을 꽉 붙들어 구별되지 않는 절대자가 되어라.

9

나인 그대 자신과 떨어져 있는 것은 아무것도 없다. 모든 것이 그대 자신이라는 것은, 참으로, 확실하다. 나는 모든 경전들을 살펴본 후 이것을 말하고 있다. 이것은 명확한 지고한 진리이다. 고귀한 쉬바의 두 발을 잡고 나는 그대에게 말하노니, 이것은 의심의 여지없이 확실하다. 구루의 두 발을 잡고 나는 그대에게 말하노니, 이것이 최고의 베다들에 대한 확신이다.

10

맹세코, 나는 이것을 단언하노라. 내가 말한 것에는 의심의 여지가 없다. 나뉘지 않은 절대자에 대한 확신은 진리를 아는 모든 사람들의 가장 위대한 취득^{acquisition}이다. 순수한 자여! 그러므로 의심할 여지없이 구별되지 않고 나뉘지 않은 절대자에 대한 영원한 확신을 얻어 그것으로 스스로 절대자가 되어 항상 비길 데 없는 희열에 머물러라.

11

나뉘지 않은 희열의 상태에 이르는 데는 변함없는 확신이 비할 데 없는 방법이다. 이 고귀한 확신에서 더욱더 진보할 때 세상과 같은 그런 것의 이원은 사라질 것이다. 만일 비열한 이원의 현상이 사라진다면 오점 없는 희열이 자연스럽게 솟아오를 것이다. 그것으로 나뉘지 않은 지고한 희열을 성취하여 두려움 없는 확신을 가지고 머물러라.

12

그대는, 참으로, 모든 존재인 지고한 브람만이다. 그대는, 참으로, 변하지 않는 지고한 브람만이다. 그대는, 참으로, 모든 의식인 지고한 브람만이다. 그대는, 참으로, 의식-희열인 지고한 브람만이다. 그대는, 참으로, 오점 없는 지고한 브람만이다. 그대는, 참으로, 완벽하게 충만한 지고한 브람만이다. 그대는, 참으로, 그것인 지고한 브람만이다. 그대는, 참으로, 방해받지 않는 지고한 브람만이다.

13

우리의 신이 내게 말씀하신 대로 나는 그대에게 이 위대한 비밀을 설명해 주었다. 존경받는 현자여! 내가 말한 것에는 의심의 여지가 없다. 나는 이것이 진리라고 세 번 반복해서 말한다. 떨어져 있는 것이 없는 나뉘지 않은 절대자에 대한 확신을 항상 꾸준하게 수행하며 순수한 지고한 브람만이 되어 완벽하게 충만한 희열에 머물러라.

14

신성한 지고한 쉬바가 내게 자비롭게 선물로 주신, 신들이나 현자들, 요가 수행자들조차 알기 드문 이 정의를 나는 그대에게 전해 주었다. 그러므로 나뉘지 않은 절대자에 대한 확신을 항상 꾸준하게 수행하여 오직 고통 없는 지고한 브람만이 되어 슬픔 없는 희열에 머물러라.

15

니다가여! 모든 존재들의 이익을 위하여 티끌 없는 카일라스 산에서 모든 세상의 신이 선물로 일찍이 나에게 전해 준 지고한 브람만에 대한 지식을 나는 그대에게 두려움 없이 전달해 주었다. 모든 삼계에서도 이 지식을 얻는 것이 아주 드문 일임을 알도록 하라.

16

옛날, 신 이슈와라는 닥쉬나무르티(남쪽을 향한, 침묵의 지혜와 거주의 상징, 즉 "현명하고 형상이 없는" 쉬바)로서 남쪽 방향을 향해 편히 앉아 천 년 동안 신들에게 이 숭고한 지식을 가르쳤다. 그들의 이해를 튼튼하게 하기 위해, 이 숭고한 지식을 강화하기 위해 모든 세상의 이슈와라는 은총의 화신인 데비(여신)에게 일 년 동안 그것을 꾸준히 가르쳤다.

17

비나야카(쉬바의 아들, 장애물의 제거자)는 이것을 그의 제자들에게 몇 년간 꼼꼼하게 가르쳤다. 하리(비슈누, 유지자)는 자비롭게 이것을 오랜 시간 동안 우유의 바다에서 브람마(창조자)에게 가르쳤다. 한때 나는 결점 없는 이 지식을 브람마 로카(브람마의 세계)에 계시는 나의 아버지에게 가르쳤다. 한때 나는 이것을 명확하고 꼼꼼하게 나라다와 다른 현자들에게 설명했다.

18

자비심으로, 그대에게 처음으로, 그리고 세상의 모든 사람을 위하여 나는 진실로 어떤 요약이나 퇴고elaboration도 없이 일찍이 신이 나에게 전해 준 대로 지고한 브람만에 대한 지식을 너무나 쉽게 드러내 보이는 이 경전을 설명했다. 이 경전에 필적할 만한 것은 어디에도 없다.

19

축복받은 이여! 특별한 특징들을 가진 이 책처럼 방해받지 않은 그런 지식을 줄 수 있는 다른 책은 없다. 다른 위대한 책들은 나뉘지 않은 절대자에 대한 지식을 오직 단계적으로만 전해 줄 수 있지만, 이 영예로운 책만이 구별 없는 지고한 브람만에 대한 지식을 빨리 전해 줄 것이다. 이 때문에 이 책과 견줄 수 있는 책은 어디에도 없다.

20

이 경전에 있는 시의 유일한 운각foot에 견줄 수 있는 것은 아무것도 없다. 다른 운각에 필적할 만한 것도 그 어디에 있을 수 있겠는가? 나뉘지 않은 절대자에 대한 비길 데 없는 지식을 설명하는 이 가르침과 비교할 수 있는 것이 무엇이 있겠는가? 그러므로 완전한 헌신으로 이 훌륭한 경전을 실천하여라.

21

수많은 불의 헌신(야가)들을 적절히 수행하고 수많은 신성한 강에서 목욕함으로써 정성 들여 모은 결실도 이 시의 한 운각이라도 공부하는 그 결실에 따를 수 없다. 우리가 이 선물을 온 세상에게 주는 데서 오는 결실과 이 책에 있는 시의 두 운각을 끊임없이 공부하는 것을 비교할 수 있겠는가?

22

온갖 종류의 선물들도 이 훌륭하고 진귀한 경전에 있는 놀랄 만한 시 중 세 운각을 올바르게 공부하는 결실을 따르지 못할 것이다. 바른 집중으로 한 연(스탄자)을 공부하는 것에 필적할 만한 것은 어디에도 없다. 한 번이라도 이 경험을 얻는 행운에 필적할 것이 도대체 있겠는가?

23

심지어 이렇게 훌륭한 책의 내용을 듣고 이해할 능력이 본래 없다 하더라도 이 오점 없는 책을 단지 성실하게 매일 읽기만 하여도 그 독자는 나뉘지 않은 지식을 점차 얻게 될 것이며 그것으로 해방을 얻게 될 것이다. 이것은 진리이다. 그러므로 모든 것을 던져 버리고 항상 이 경전에 표현된 것을 실천하는 데 전념하라.

24

모든 자선과 도덕적 행동을 포기하고, 모든 신성한 강들과 성소들을 포기하고, 모든 종류의 자파(만트라 암송)와 타파스(의식들, 매직)들을 포기하고, 모든 위대한 만트라와 탄트라를 포기하고, 존경받는 모든 신과 신들에 대한 모든 숭배를 포기하고, 모든 종류의 경전들을 포기하고, 항상 이 경전에 대한 연구에 전념하라.

25

모든 종류의 역사들을 포기하고, 모든 종류의 행위들을 포기하고, 모든 종류의 요가들을 포기하고, 모든 종류의 철학들을 포기하고, 갖가지 다양한 헌신들을 포기하고, 모든 전문적인 접근법들을 포기하고, 그리고 모든 종류의 일들을 포기하고, 항상 이 경전에 대한 연구에 전념하라.

26

다양한 종교들을 포기하고, 다양한 생각들을 포기하고, 모든 방식의 비밀스러운 교리들을 포기하고, 모두에게 봉사하는 것들을 포기하고, 모든 종류의 성스러운 행위들을 포기하고 모든 행운들을 포기하고, 끊임없는 모든 의심들을 포기하고, 단지 이 경전에 대한 연구에만 전념하라.

27

수많은 교훈들을 포기하고, 모든 방식의 습관들을 포기하고, 다양한 세상들을 포기하고, 비할 데 없는 구루들을 포기하고, 지금과 앞으로 있을 모든 것들을 포기하고, 그 밖의 어떤 것으로 생각되는 모든 것들을 포기하고, 그리고 모든 허약한 의심들도 포기하고, 단지 이 경전에 대한 연구에만 전념하라.

이 경전은, 참으로, 지고한 브람만이다. 관심을 가지고 그것에 관해 연구하여라. 아주 많은 경전들을 연구한들 무슨 소용이 있겠는가? 태양의 빛 앞에 몇 개의 등불이 무슨 소용이 있는가? 만일 항상 철저히 이 하나의 경전을 연구한다면 단지 이것에 의해 다른 경전의 결과들을 성취할 수 있느니라. 이것에 대해서는 추호도 의심의 여지가 없다.

모든 왜곡들이 이 경전에 의해 파괴될 것이다. 모든 베일들은 이 경전에 의해 벗겨질 것이다. 의식 속의 고요함이 이 경전에 의해 깨달아질 것이다. 생각의 평정repose이 이 책에 의해 생길 것이다. 나뉘지 않은 최고의 지식이 이 책의 결과로 일어날 것이다. 모든 무지가 이 경전에 의해 사라지게 될 것이다. 세상 존재의 근원 없는 굴레가 이 경전에 의해 없어질 것이며 나뉘지 않은 지고한 해방은 이 경전으로 드러날 것이다.

모든 이원은 이 경전에 의해 사멸될 것이다. 순수한 비이원은 이 경전에 의해 널리 퍼질 것이다. 가슴의 매듭이 이 경전에 의해 파멸될 것이다. '생명'의 개념은 이 경전으로 그것의 정점을 찾을 것이다. 세상 존재의 모든 불행은 이 경전과 함께 서서히 사라질 것이다. 지고한 행복이 이 경전에 의해 밀려올 것이다. 모든 애착은 이 경전에 의해 없어질 것이며 지고한 거처가 이 경전으로 달성될 수 있다.

이 경전을 적어도 하루 한 번씩 헌신적인 수행으로 규칙적으로 읽는다면, 이 책의 의미를 연구하고 숙고하고 이해할 능력이 없는 사람이라 할지라도 끝없는 존재 속에서 지은 모든 죄들은 그 탄생에서 완전히 제거될 것이며 깊고 나뉘지 않은 지고한 지식을 성취하여, 오점 없는 지고자로 머물게 될 것이다.

32

그의 생애에 한 번이라도 이것을 듣는 사람은 해방을 얻을 것이다. 규칙적으로 매일 이것을 읽는 자를 따를 자는 이 세상에 아무도 없다. 그러므로 귀한 현자여! 어떤 권위도 가지고 있지 않은 무수한 책들을 던져 버리고 해방을 추구하는 모든 사람은 하루도 쉬지 않고 오점 없는 이 경전의 연구에 전념하여야 한다.

33

이 경전은 모든 경전들의 최고의 결론에 대한 에센스임을 주시하여라observe. 구별이 없는 differenceless 이 경전은 모든 베다들과 베단타의 확고한 결론이다. 경이로운 이 경전은 완벽하게 충만한 지식에 스며든 모든 현자의 마지막 결론이다. 존경받는 이 경전은 우리 신이 우리에게 자비롭게 선물로 준 적절한 마지막 대단원이다.

34

이것은 심오한 것들 중의 가장 심오한 것이다. 이것은 모든 정수들 중의 정수이다. 이것은 세상에서 진귀한 것들 중 가장 진귀한 것이다. 이것은 가장 놀라운 메시지다. 이것은 모든 의심들을 쫓아내는 자이다. 이것은 변함없는 확신을 주는 자이다. 이것은 모든 나약한 이원을 파괴하는 자이다. 이것은 둘이 없는 자연스러운 상태(사하자)를 가져다주는 것이다.

35

위대한 타파스(집중적인 수행)의 현자여! 그렇게 많은 말로 설명한들 무슨 소용이 있겠는가? 이 것은 지상과 천국, 그 어디에서든 도움을 받기 위해 의지해야 할 아주 진귀한 경전이다. 그것은 사실이다. 이것은 베다들, 경전들, 서사시 등과 같은 다양한 책들의 에센스이다. 이 세상의 어떤 방대한 책도 이 경전에 견주지 못한다.

36

아주 먼 옛날, 나의 아버지는 아무도 이 경전으로 해방을 얻지 못할 것이라는 의심이 가슴에서 일어나자 우유의 바다에 이 책을 던져 버려 감추었다. 그 후, 내가 이 사실을 알고 그 책이 우유의 바다의 해변에 밀려왔을 때 즉시 회수했을 때, 나의 아버지는 나에게 노발대발하였다.

37

그날, 나는 그 세상을 떠나 이 아름답고 신성한 케다라에 도착했고 오늘, 그대의 헌신에 감동하여 모두의 이익을 위해서 지금 이 책을 설명해 왔느니라. 게다가, 이 책의 의미를 이해하고 그것을 유능한 제자에게 전해 줄 능력이 있는 사람이 이 광대한 세상에는 아무도 없다. 이 순수한 지고한 지식이 참으로 진귀하지 않은가?

38

나뉘지 않은 지식을 얻는 것은 진귀하다. 그러므로 또한 이 책은 진귀하다. 이 진귀한 책을 이해하는 사람은 정말 진귀하다. 이 진귀한 책을 인자하게 가르치는 사람도 참으로 진귀하다. 이 진귀한 책을 주의 깊게 듣는 사람도 참으로 진귀하다.

39

이 책을 듣기에 적합한 결점 없는 제자는 진귀하다, 위대한 현자여! 이런 유익한 책을 가르칠 삿구루(진정한 구루)도 대단히 진귀하다. 구별들이 없는differences 이 책을 얻은 사람들 또한 진귀하다. 이런 요인들 때문에 이 책은 아직 거기에 어울리는 적합한 명성을 얻지 못했다.

40

모든 동요들을 완전히 제거하고 나뉘지 않은 것을 주입시켜 줄 힘을 가지고 있는 이 책은 계속되는 탄생에서 수행한 모든 다르마의 결실을 얻고 모든 죄를 제거한 후 더 이상 탄생이 없고 자기의 자연스러운 상태를 얻기에 적합한, 오직 그 궁극적인 생명의 힘이 미치는 곳에 있을 것이다. 이 경전을 손에 넣는 사람들에게는 더 이상의 탄생은 없다. 나는 이것을 마헤쉬와라(위대한 신)의 이름으로 말한다.

41

예전에, 신께서 이 신성하고 상서로운 형상으로 나타나서 모든 사람을 이롭게 하기 위해 그런 명성을 가진 이 경전을 나에게 인자하게 가르쳐 주셨다. 니다가여! 마찬가지로, 나 또한 자비의 마음으로 깊이 있게 그대에게 이것을 가르쳤다. 이 효험 있는 경전을 손에 넣는 자는 누구든지 모든 의식인 지고한 브람만이 될 것이다.

42

나는 할 말을 모두 했다. 이제 나는 다른 장소로 갈 것이다. 리부의 이 심원한 이야기를 듣고 기쁨에 넘쳐, 눈에는 행복의 눈물이 흐르고 그의 몸은 저항할 수 없는 헌신으로 전율하며 니다가는 공손하게 엎드려서 황홀한 상태에서 목이 메는 목소리로, 다음과 같이 말하였다.

43

이해를 초월한 고귀한 지식을 가지신, 존경하는 구루시여! 당신의 연민으로 도량이 좁은 저는 옹졸함을 극복하고 분리의 정체성seperate identy이 없이, 위대하고 나뉘지 않으며 완전하고 완벽한 충만함으로 성장하였습니다. 이 얻기 힘든 당신의 말씀을 들음으로써 저는 이번 탄생에서 얻을 수 있는 모든 것을 얻었습니다. 당신의 은총으로 고귀한 관계를 가짐으로써 저는 해야 할 모든 것을 성공적으로 이룬 자가 되었습니다.

44

저의 안내자시여! 은총으로 당신께서 주신 말씀들 중에서 저는 당신께서 들려준 확신의 말씀들 중 하나를 잡고 숙고했습니다. 모든 애착을 철저하게 없애고 지고한 희열을 단단히 움켜쥐었을 때 저는 지고한 브람만이 되었습니다. 저의 세상의 모든 슬픔을 없애고 나뉘지 않은 희열을 주신 당신의 연민에 대해 제가 무슨 말을 하겠습니까? 말씀하신 것에 추호도 의심의 여지도 없습니다. 당신의 위대함을 어떻게 묘사하겠습니까, 공경하올 스승님이시여!

45

연민으로 행한 당신의 이 도움에 보답할 길이 전혀 없습니다. 지고한 구루시여! 비천한 제가 당신의 두 발에 무한한 종류의 경의를 표하고자 합니다. 하지만 경의마저도 (그 밖의 어떤 것보다) 더 예의에 속합니다. (왜냐하면) 궁극적인 진리의 영역에서는 어떤 경의가 있겠습니까? 모든 것이 궁극의 진리 안에서는 브람만이며 어떤 종류의 차이도 존재하지 않습니다.

46

저의 훌륭한 안내자시여! 신성한 자각에 대한 계시에서 저는 당신의 연민으로 몸소 말하고 있는 저도, 당신도 없으며, 극찬을 받아 왔던 이 경전도 없고, 굴레에 영향을 받는 개체들도 없고, 신도 없으며, 차별 있는 지구나 다른 세상들도 없다는 것을 체험하였습니다. 존경하는 구루시여! 모든 것이 나뉘지 않은 성품인 브람만이며 떨어져 있는 것은 아무것도 없습니다.

47

구루들 중의 가장 위대한 분이시여! 제가 당신의 연민으로 얻은 부분 없고 나뉘지 않은 지고한 계시에서는 모든 것이 지고한 브람만이며, '모든 것'처럼 분리된 것은 아무것도 없습니다. 분리된 실체들인 브람마(창조자)와 모든 것에 대한 그런 다양한 이야기는 전혀 존재하지 않습니다. 어떤 곳에도 결코 아무것도 존재하지 않습니다. 존재하는 모든 것은 자각의 성품인 브람만입니다.

48

빠르게 일어나는 "나"라는 투사, 우리 앞에 나타나는 "이것"의 지속적인 투사, 몸과 같은 그런 것의 다원적인 방식, "나는 목격자"라는 목격자의 방식, "나는 유일한 지고자"라는 나뉘지 않은 방식, 이런 방식이나 투사가 전혀 없다면 슬픔 없고 오점 없는 스스로 빛나는 지고자만이 빛납니다.

49

당신의 은총으로, 마음속에 있는 모든 방식의 차이들을 순식간에 없애자 저는 저 자신의 성품의 설명할 수 없고 나뉘지 않은 자연스러운 상태에 도달했습니다. 말씀하신 것에는 의심의 여지가 없습니다, 지고한 구루시여! 이같이 사랑으로 찬양하며, 그분 니다가는 행복하고도 쉽게 스스로 그의 자연스러운 상태에(사하자) 들어가 편히 앉아 있었다.

50

위대한 쉬바의 연민과 그 쉬바의 화신인 구루의 연민으로 축복 받은 사람들에게만 세상, 개체들, 지고자의 모습에 대한 지각이 흔적 없이 사라질 것이며, 나눌 수 없는, 나뉘지 않은, 궁극의 상태가 나타날 것이다. 이야기한 것은 진리이다. 이같이 수타는 스칸다가 자이기샤비야에게 설명한 위대한 진리를 완전하게 설명하였다.

51

다음과 같이 이야기하는 것은 기쁨의 춤을 추는 상태에 있는 완벽하게 충만한 우리 신의 무한한 형상이다. 모두가 완전한 절대적인 실재와 떨어져 있는 것은 아무것도 없다. 모든 것은 완전한 지고한 실재이다. 그것이 바로 당신이다. 이것은 모든 것의 에센스인 경전 중의 경전이다.

제39장

구루의 은총의 사랑스러운 경이로움에 대한 니다가의 찬양과, 나뉘지 않은 자각에 대한 그의 놀랍고도 직접적인 체험의 묘사

1

오점 없는 현자 리부는 다시 애정을 다해 현자 니다가에게 다음과 같이 말하였다. 그대는 설명한 대로 발견하기 힘들고 나뉘지 않은 지식의 위대함을 이해했는가? 차별이 없는 확고부동한 깨달음으로 그대의 나뉘지 않은 마음속에서 브람만을 이루었는가? 마음의 모든 동요하는 왜곡들에서 완전히 벗어나 그것이 되는 상태를 이루었는가?

2

'나'를 둘러싼 모든 무지를 없애고 나뉘지 않은 절대자의 지식을 얻었는가? 오랜 찌꺼기로서 생겨난 행동의 신조faith in action를 없앴는가? 모든 것이 실재all is real라는 개념에 대한 기억을 없애고 그대의 진정한 성품에 머물렀는가? 모든 종류의 이원들을 제거하여 변함없고 두려움 없는 거처에 도달하였는가?

3

브람만 없이 실재하는 것은 아무것도 없다는 것을 확실히 깨달았는가? 모든 것이 나뉘지 않은 브람만이라는 흔들리지 않는 확신을 얻었는가? 이 설명이 주는 확신으로 자각인 그대의 본래의 나 속으로 의심할 여지없이 녹아들었는가? 고귀한 자여! 근원 없는 탄생과 죽음의 고통의 굴레를 제거하고 나뉘지 않은 지고한 희열을 이루었는가?

4

이 모든 것에 대해 우리에게 자세히 말하라. 현자 리부께서 이런 말씀을 하셨을 때 오점 없는 현자 니다가는 넘쳐나는 사랑으로 구루에게 말을 하면서, 훌륭한 구루의 연민으로 얻은 나뉘지 않은 절대자에 대한 확고부동한 지식으로 그의 마음이 고취되어 있었기 때문에 커다란 기쁨 속에서 그의 모든 직접적인 경험을 이야기하기 시작했다.

5

오점 없는 지고한 구루시여! 저에게 전해 주신 나뉘지 않은 지식의 모든 위대함에 대해 저는 들었습니다. 제 안내자시여! 당신의 자비로 확고부동한 지식을 제 무한한 마음에 지니고 있습니다. 형언할 수 없으며 나뉘지 않은 지고한 브람만을 제 구별 없는 마음속에서 받아들였습니다. 제 집착하지 않는 타고난 성품에서 나뉘지 않는 상태를 이루었습니다.

6

훌륭한 구루시여! 당신의 은총으로 나뉘지 않은 지식의 중요한 적인 모든 무지를 없애고 속성 없는 지고한 브람만에 대한 지식을 얻어 모든 종류의 행위에 개의치 않으며 현상적인 우주 존재에 대한 환영을 없애고 이원의 모든 억제하는 두려움에서 벗어나 쇠하지 않는 지고한 신 브람만이 되어 오, 저는 분리된 것이 전혀 없는 두려움 없는 거처에 도달하였습니다.

7

오, 구루 중의 최고의 구루시여! 당신의 자비로 차이들에 대한 모든 제한적인 개념들을 없애고 확고부동하게 저는 즉시 모든 것이 브람만이라는 확신에 이르렀습니다. 오! 이 광대하고 뚜렷한 자신감으로 세상적인 존재들에게 퍼져 있는 모든 불행들을 없애고 저는 제 자신인 절대자 안에 평화롭게 머물고 있습니다. 오, 저는 참으로 오점 없는 지고한 희열을 얻었습니다.

8

이날까지, 저는 무지라는 적으로 인해 엉망이 되었습니다. 오늘, 저는 당신의 자비로 제 두려움을 없앴습니다. 이날까지, 저는 마음이란 적으로 인해 엉망이 되었습니다. 오늘, 저는 당신의 자비로 위대해졌습니다. 이날까지, 저는 행위에 대한 생각들로 인해 엉망이 되었습니다. 오늘, 저는 당신의 자비로 제 마음을 깨끗하게 하였습니다. 이날까지, 저는 개체(지바)에 대한 생각들로 엉망이 되었습니다. 오늘, 저는 당신의 자비로 참으로 쉬바 그 자체가 되었습니다.

9

이전에, 저는 무지로 방황하고 있었습니다. 오늘, 여기서, 저는 제가 나임을 깨닫는 자가 되었습니다. 이전에, 저는 제 존재가 몸이라고 잘못 생각했습니다. 오늘, 저는 보는 자인 그를 깨닫는 자가 되었습니다. 이전에, 저는 생각으로 혼란스러웠습니다. 오늘, 저는 자신이 온통 의식이란 걸 깨달은 자가 되었습니다. 이전에, 저는 의식을 잘못 생각했습니다. 오늘, 저는 자신이 지고한 의식임을 깨닫는 자가 되었습니다.

10

'나'라고 여겼던 것 또한 브람만이 되었습니다. 별개의 것처럼 여겼던 것 또한 브람만이 되었습니다. 영원한 것으로 여겼던 것도 브람만이 되었습니다. 존재처럼 보였던 것 또한 브람만이 되었습니다. 현세와 내세처럼 보였던 것 또한 브람만이 되었습니다. 이것과 저것처럼 보였던 것도 브람만이 되었습니다. 모든 방식의 현상들이 브람만이 되었습니다. 당신의 은총은 놀랍습니다! 얼마나 놀라운지요! 오, 얼마나 훌륭한지요!

11

쇠약하게 만드는 망상과 그 밖의 모든 것이 브람만이 되었습니다. 신(이슈와라)의 행위들 모두가 브람만이 되었습니다. 몸과 같은 조건들이 모두 브람만이 되었습니다. 조건에 영향을 받기 쉬운 개체(지바)들도 모두 브람만이 되었습니다. 집착과 같은 방해물들 모두가 브람만이 되었습니다. 이원의 모든 이 세상이 브람만이 되었습니다. 잇따라 나타나는 다양한 모습들도 모두 브람만이 되었습니다. 당신의 은총은 놀랍습니다! 얼마나 놀라운지요! 오, 얼마나 훌륭한지요!

12

오! 일찍이 제게 순수하지 못함으로 보였던 것이 오늘 제게 미혹 없는 지고한 브람만이 되었습니다. 오! 제 마음으로 보였던 것이 오늘 제게 있어 궁극의 진리, 지고한 브람만이 되었습니다. 오! 제게 행위처럼 보였던 것이 오늘 제게 있어 오점 없는 지고한 브람만이 되었습니다. 오! 비열한 것처럼 보였던 것이 오늘 제게 있어 완벽하게 충만한 지고한 브람만이 되었습니다.

13

오! 당신의 은총으로, 제 마음의 모든 의심들이 한순간에 사라졌습니다. 오! 당신의 은총으로, 세상의 불행과 애착들이 모두 한순간에 사라졌습니다. 오! 당신의 은총으로, 세상, 개체들 그리고 지고자 뿐만 아니라 일어나는 모든 환영이 사라졌습니다. 오! 당신의 은총으로, 모든 것이 브람만이라는 불변하는 확신이 영원히 뿌리를 내렸습니다.

14

모든 것으로 보이는 것은, 참으로, 생각입니다. 당신의 은총으로, 생각 그 자체가 브람만이 되었습니다. 모든 것이 참으로 브람만이며, 그것이 저입니다. 나뉘지 않은 절대자에 대한 이런 이해와 그 이해를 통해 '모든 것'과 '나'라는 차이들을 없애고 변함없고 나뉘지 않은 절대자의 상태에 도달하여 이루 말할 수 없는 모든 세상적인 애착을 버림으로써 오! 저는 나뉠 수 없는 지고한 브람만이 되었습니다.

15

저는, 참으로, 모든 존재인 브람만이 되었습니다. 저는, 참으로, 모든 의식인 브람만이 되었습니다. 저는, 참으로, 오점 없는 브람만이 되었습니다. 저는, 참으로, 변하지 않는 브람만이 되었습니다. 저는, 참으로, 완전한 브람만이 되었습니다. 저는, 참으로, 흠 없는 브람만이 되었습니다. 저는, 참으로, 나뉘지 않은 브람만이 되었습니다. 오, 가장 숭고한 분이시여! 당신의 은총이 얼마나 위대한지요! 얼마나 훌륭한지요!

16

저는, 참으로, 영원한 지고한 브람만이 되었습니다. 저는, 참으로, 비할 데 없는 지고한 브람만이 되었습니다. 저는, 참으로, 순수한 지고한 브람만이 되었습니다. 저는, 참으로, 미묘한 지고한 브람만이 되었습니다. 저는, 참으로, 오점 없는 지고한 브람만이 되었습니다. 저는, 참으로, 집착 없는 지고한 브람만이 되었습니다. 저는, 참으로, 나뉘지 않은 지고한 브람만이 되었습니다. 오, 스승이시여! 당신의 은총이 얼마나 위대하신지요! 얼마나 훌륭하신지요!

17

저는, 참으로, 실재인 브람만이 되었습니다. 저는, 참으로, 변하지 않는 브람만이 되었습니다. 저는, 참으로, 의식인 브람만이 되었습니다. 저는, 참으로, 동일시가 없는 브람만이 되었습니다. 저는, 참으로, 영원히 희열에 머무는 브람만이 되었습니다. 저는, 참으로, 평화인 브람만이 되었습니다. 저는, 참으로, 측량할 수 없는 브람만이 되었습니다. 오, 가장 숭고한 분이시이여! 당신의 은총이 얼마나 위대하신지요! 얼마나 훌륭하신지요!

18

저는, 참으로, 굴레 없는 브람만이 되었습니다. 저는, 참으로, 나눌 수 없는 브람만이 되었습니다. 저는, 참으로, 사랑인 브람만이 되었습니다. 저는, 참으로, 견줄 데 없는 브람만이 되었습니다. 저는, 참으로, 오점이 없는 브람만이 되었습니다. 저는, 참으로, 위대한 브람만이 되었습니다. 저는, 참으로, 영원히 존재하는 브람만이 되었습니다. 평화로운 분이시여! 당신의 은총이 얼마나 위대하신지요! 얼마나 훌륭하신지요!

19

저는 존재−의식−희열의 덩어리인 브람만이 되었습니다. 저는 완전한 평화인 브람만이 되었습니다. 저는 영원하고 속성 없는 브람만이 되었습니다. 저는 오점들이 없으며 부분들이 없는 브람만이 되었습니다. 저는 이원의 흔적조차 없는 브람만이 되었습니다. 저는 유일하고 완전하며 전체인 브람만이 되었습니다. 저는 비이원이며 나뉘지 않은 지고한 브람만이 되었습니다. 오, 스승님이시여! 당신의 은총이 얼마나 위대하신지요! 얼마나 훌륭하신지요!

20

저는 모든 것의 토대인 브람만이 되었습니다. 저는 모든 것으로 나타나는 브람만이 되었습니다. 저는 아무런all 특성들이 없는 브람만이 되었습니다. 저는 영원히 순결한, 브람만이 되었습니다. 저는 희열의 덩어리인 브람만이 되었습니다. 저는 자연스럽게 스스로 빛나는 지고한 브람만이 되었습니다. 저는 죄의 영향들을 받지 않는, 나뉘지 않은 지고한 브람만이 되었습니다. 죄 없는 유일자이시여! 당신의 은총이 얼마나 위대하신지요! 얼마나 훌륭하신지요!

21

저는 오직 '그것'인 지고한 브람만이 되었습니다. 저는 그것으로 머무는 지고한 브람만이 되었습니다. 저는 오직 존재인 지고한 브람만이 되었습니다. 저는 태곳적부터 존재한 지고한 브람만이 되었습니다. 저는 오직 의식인 지고한 브람만이 되었습니다. 저는 의식의 공간인 지고한 브람만이 되었습니다. 저는 모든 선인 지고한 브람만이 되었습니다. 오, 스승님이시여! 당신의 은총이 얼마나 위대하신지요! 얼마나 훌륭하신지요!

22

당신의 은총으로, 저는 영원한 지고한 브람만이 되었습니다. 당신의 은총으로, 저는 순수한 지고한 브람만이 되었습니다. 당신의 은총으로, 저는 깨달은 지고한 브람만이 되었습니다. 당신의 은총으로, 저는 해방된 지고한 브람만이 되었습니다. 당신의 은총으로, 저는 오점 없는 지고한 브람만이 되었습니다. 당신의 은총으로, 저는 움직임 없는 지고한 브람만이 되었습니다. 당신의 은총으로, 저는 나뉘지 않은 지고한 브람만이 되었습니다. 당신의 은총에 대해 제가 무슨 말을 할 수 있겠습니까?

23

당신의 은총으로, 저는 널리 퍼져 있는 지고한 브람만이 되었습니다. 당신의 은총으로, 저는 속성 없는 지고한 브람만이 되었습니다. 당신의 은총으로, 저는 궁극의 진리인 지고한 브람만이 되었습니다. 당신의 은총으로, 저는 방해받지 않는 지고한 브람만이 되었습니다. 당신의 은총으로, 저는 모든 곳에 존재하는 지고한 브람만이 되었습니다. 당신의 은총으로, 저는 아무것도 없는 지고한 브람만이 되었습니다. 당신의 은총으로, 저는 유일한 지고한 브람만이 되었습니다. 당신의 은총에 대해 제가 무엇을 말할 수 있겠습니까?

24

당신의 은총으로, 저는 브람마 등과 같은 다섯 신들이 되었습니다. 당신의 은총으로, 저는 악마들, 신들, 사람들이 되었습니다. 당신의 은총으로, 저는 세상의 무한한 다양성이 되었습니다. 당신의 은총으로, 저는 모든 것을 초월하였습니다. 당신의 은총으로, 저는 나뉘지 않으며 영원하고 순수한 지고한 쉬바가 되었습니다. 당신의 은총으로, 저는 나뉘지 않은 의식의 확장으로 빛나는 오점 없는 지고한 쉬바가 되었습니다.

25

당신의 은총으로, 다양한 카스트들이 존재하지 않게 되었습니다. 당신의 은총으로, 다양한 삶의 순서들이 존재하지 않게 되었습니다. 당신의 은총으로, 이것들에 대한 경험자들이 존재하지 않게 되었습니다. 당신의 은총으로, 이것들과 관련되어 행해진 아무런 행위들이 없습니다. 당신의 은총으로, 행복이나 슬픔이 없습니다. 당신의 은총으로, 모순된 쌍들이 없습니다. 당신의 은총으로, 늘 아무것도 없습니다. 당신의 은총으로, 모든 것은 참으로 브람만입니다.

26

당신의 은총으로, 정신적이거나 육체적인 고통들이 없습니다. 당신의 은총으로, 부나 비통이 없습니다. 당신의 은총으로, 지각할 수 있는 차이들이 없습니다. 당신의 은총으로, 두려움의 흔적조차 없습니다. 당신의 은총으로, 당신도 저도 없습니다. 당신의 은총으로, 세상, 개체, 지고자도 없습니다. 당신의 은총으로, 모든 것은 참으로 나뉘지 않은 브람만입니다.

27

당신의 은총으로 모든 무지를 없애고 당신의 은총으로 오점 없는 지식을 얻으며 당신의 은총으로 이 모든 이원을 녹이고 당신의 은총으로 비이원의 정점에 확고히 자리 잡았으며 당신의 은총으로 윤회의 끝없는 고통이 끝났고 저는, 참으로, 변함없는 해방의 희열을 성취하였습니다. 존경받는 분이시여! 당신의 은총으로, 저는 영원한 의식-희열인 비길 데 없는 지고한 브람만이 되었습니다.

28

삿구루(진정한 구루)시여! 수많은 말로 설명한들 무슨 소용이 있겠습니까? 당신의 확고하고 움직임 없는 자비로 저는 세상적인 존재의 사악하고 근원이 없는 oiginless 바다를 건넜습니다, 순식간에 그리고 세 가지 속성들이 전적으로 없이, 근원적인primal 무지의 흔적조차 없이 저는 속성들이 없고 영원한 의식―희열인 비할 데 없는 지고한 브람만이 되었습니다.

29

현자 리부 앞에서 최고의 경의를 표하며 이같이 나뉘지 않은 지고한 브람만 안에서 그가 이미 이룬 비이원의 체험을 말할 때, 니다가는 가장 작은 오해도 없이 나뉘지 않은 것으로 변하여 자기 자신과 지고한 브람만을 동일시하면서 구속받지 않는 희열을 즐기고 있었다.

30

해방의 축복은 쉬바 등과 같은 신들에 대한 숭배에서 볼 수 있는 적극적인 헌신으로 인해 쉬바의 은총을 받아 모든 것이 브람만이며 내가 바로 '그것'이라는, 나뉘지 않은 지고한 지식이 일어나는 자들에게만 가능하다(다른 사람들에게는 가능하지 않다). 이와 같이 수타는 일찍이 스칸다가 쉬바에 대한 헌신으로 넘쳐나는 자이기샤비야에게 설명해 준 대로 모여 있는 현자들에게 전해 주었다.

31

다음과 같이 말하는 것은 진귀한 기쁨의 춤을 추고 있는 상태에 있는 우리 신의 무한한 형상이다. 니다가는 구루의 면전에서 구루가 설명했던 식으로, 다르게 나타나는 모든 것이 오직 브람만이며 그것이 바로 그대 자신이라는, 그의 개인적인 자각을 흔들림 없이 경의를 표하면서 설명하였다.

리부의 노래

제40장
자신이 브람만, 보는 자이며, 볼 것이 아무것도 없으며, 구루에게 절할 것도 없다는 니다가의 선언

1

말로 표현할 수 없으며 나뉘지 않은 지고한 희열을 받는 수혜자로서, 수령인으로서 현자 니다가는 계속 말하였다. 스승님이시여! 당신의 확고부동한 자비로 지고한 브람만이 된 저는 희열의 바다에 잠기어 세상 존재의 모든 굴레와 슬픔을 벗어났기에, 신(이슈와라), 세상, 개체(지바)와 같은 이원의 지각 작용이 전혀 없습니다. 오! 오! 전혀 없습니다.

2

저는 거친 몸으로 나타나는 몸을 지각하지 않습니다. 저는 미세한 몸으로 나타나는 몸을 지각하지 않습니다. 저는 원인의 몸으로 나타나는 몸을 지각하지 않습니다. 저는 기만적인 마음과 같은 그런 것을 지각하지 않습니다. 저는 시간이나 공간과 같은 것을 지각하지 않습니다. 저는 어떠한 환영의 흔적조차 지각하지 않습니다. 저는 지극히 고요하고 변하지 않으며 완벽한 존재인 지고한 브람만이 되었습니다.

3

저는 감각이 있거나 감각이 없는 것the sentient or the insentient 혹은 다른 것들을 지각하지 않습니다.

저는 존재하는 것이나 존재하지 않는 것 혹은 다른 것들을 지각하지 않습니다. 저는 항아리나 옷감 혹은 다른 대상들을 지각하지 않습니다. 저는 원인과 결과 혹은 다른 것들을 지각하지 않습니다. 저는 몸이나 다른 조건화된 것들을 지각하지 않습니다. 저는 조건화된 어떤 개체(지바)나 지고자(파라)를 지각하지 않습니다. 저는 방해받지 않는 기쁨이며 빛나는 의식인 영원한 지고한 브람만이 되었습니다. 존경하올 분이시여!

4

저는 브람마, 비슈누, 쉬바, 그리고 여러 신들의 형상들을 지각하지 않습니다. 저는 그들에 의해 행해진 다섯 가지 행위들을 지각하지 않습니다. 저는 신들이나 악마들, 사람들이나 짐승들을 지각하지 않습니다. 저는 태양이나 달 또는 다른 빛나는 것들을 지각하지 않습니다. 저는 현세나 내세의 존재에 대한 흔적조차 지각하지 않습니다. 저는 개체(지바)들과 세상들의 차이를 지각하지 않습니다. 저는 공간과 같이 형상이 없는 고귀한 실재인 지고한 브람만이 되었습니다.

5

저는 어떠한 이원이나 비이원도 지각하지 않습니다. 저는 어떠한 기쁨이나 슬픔, 어떠한 칭찬이나 비난도 지각하지 않습니다. 저는 어떠한 다양한 종교들의 차이점도 지각하지 않습니다. 저는 떨어져 있는 어떤 것도 지각하지 않습니다. 저는 행운을 주는 어떤 구루나 어떠한 제자도 지각하지 않습니다. 저는 어떠한 가르침의 말도 지각하지 않습니다. 오점 없고 나뉘지 않은 지고한 의식이 되어 저는 변하지 않는 지고한 브람만이 되었습니다. 존경하는 분이시여!

6

저는 어떠한 변덕스러운 무지의 흔적도 지각하지 않습니다. 저는 어떠한 의심과 불일치도 지각하지 않습니다. 저는 경청과 같은 것들의 여러 상태들을 지각하지 않습니다. 저는 하나에 집중하는 것과 같은 것의 상태를 지각하지 않습니다. 저는 불완전한 이원의 어떠한 두려움도 지각하지 않습니다. 저는 세상적인 존재의 극복할 수 없는 어떠한 굴레도 지각하지 않습니다. 저는 움직임 없고 나뉘지 않은 지고한 의식인 비이원의 지고한 브람만이 되었습니다. 존경하는 분이시여!

7

저는 태어남과 같은 것들의 변화를 지각하지 않습니다. 저는 변화를 겪는 몸과 같은 것들을 지각하지 않습니다. 저는 깨어 있음과 같은 다른 상태들을 지각하지 않습니다. 저는 부여된 이름과 같은 것의 성질들을 지각하지 않습니다. 저는 꿈이나 높고 낮은 것 등을 지각하지 않습니다. 저는 어떠한 환영의 상반된 쌍들도 지각하지 않습니다. 저는 영원한 희열의 덩어리인 비이원의 지고한 브람만이 되었습니다. 존경하는 분이시여!

8

저는 어떠한 사람들이나 세상들도 지각하지 않습니다. 저는 어떠한 감각들이나 감각 기관들도 지각하지 않습니다. 저는 어떠한 베다들이나 경전들도 지각하지 않습니다. 저는 어떠한 명령들이나 금기들도 지각하지 않습니다. 저는 어떠한 카스트들이나 법 또는 혈통을 지각하지 않습니다. 저는 어떠한 행위나 성취를 지각하지 않습니다. 저는 나뉘지 않고 근원 없으며 끝도 없는 비이원의 나뉘지 않은 지고한 브람만이 되었습니다. 존경하올 분이시여!

9

저는 브람만이 아닌 이원인 어떠한 것도 지각하지 않습니다. 저는 지고한 브람만으로서 모든 것을 바라봅니다. 저는 브람만과 분리된 어떤 것도 지각하지 않습니다. 저는 지고한 브람만으로서 모든 것을 바라봅니다. 저는 '모든 것'으로서 구별되는 어떤 것도 지각하지 않습니다. 저는 지고한 브람만으로서 모든 것을 바라봅니다. 구루들 중 최고의 구루시여! 저는 참으로 지고한 브람만이 되었습니다. 당신의 줄어들지 않는 은총은 너무나 위대합니다!

10

저는, 참으로, 존재-의식-희열의 덩어리인 브람만입니다. 저는, 참으로, 변화 없고 평화로운 브람만입니다. 저는, 참으로, 그 지식이며 공(空)인 브람만입니다. 저는, 참으로, 그것으로 있는 브람만입니다. 저는, 참으로, 바위와 같이 흔들림 없는 브람만입니다. 저는, 참으로, 오점 없고 나뉘지 않은 브람만입니다. 그 같은 끊임없이 수행된 확신으로, 저는 둘이 없는 지고한 브람만이 되었습니다. 존경하올 분이시여.

11

저는, 참으로, 집착이 없는 네 번째 상태인 브람만입니다. 저는, 참으로, 오점 없고 순수한 브람만입니다. 저는, 참으로, 끝이 없고 영원한 브람만입니다. 저는, 참으로, 완전히 순수한 브람만입니다. 저는, 참으로, 굴레 없고 해방된 브람만입니다. 저는, 참으로, 구별이 없는 지식인 브람만입니다. 그런 수행된 확신으로, 존경하는 분이시여! 저는 둘이 없는 지고한 브람만이 되었습니다.

12

저는, 참으로, 모든 것의 토대인 지고한 브람만입니다. 저는, 참으로, 모든 것으로 드러나는 지고한 브람만입니다. 저는, 참으로, 어떠한 동일시에서도 완전히 자유로운 지고한 브람만입니다. 저는, 참으로, 모든 것이 없는 비이원의 브람만입니다. 저는, 참으로, 모든 것이 완전하고 완벽하게 충만한 브람만입니다. 저는, 참으로, 여섯 가지 변화들을 가지지 않는 브람만입니다. 그와 같은 변함없이 수행된 확신으로, 존경하는 분이시여! 저는 둘이 없는 지고한 브람만이 되었습니다.

13

저는, 참으로, 존재-의식-희열의 덩어리인 브람만입니다. 저는, 참으로, 영원한 희열의 덩어리인 브람만입니다. 저는, 참으로, 영원하며 부분이 없는 브람만입니다. 저는, 참으로, 베일이 없는 브람만입니다. 저는, 참으로, 비이원의 브람만입니다. 저는, 참으로, 나뉘지 않고 완벽하게 충만한 브람만입니다. 그와 같은 수행된 확신으로, 존경하는 분이시여! 저는 둘도 없는 지고한 브람만이 되었습니다.

14

저는, 참으로, 어떠한 환영도 없는 브람만입니다. 저는, 참으로, 오점 없이 존재하는 브람만입니다. 저는, 참으로, 의식으로 충만한 브람만입니다. 저는, 참으로, 의식의 확장인 브람만입니다. 저는, 참으로, 두려움 없이 머무는 브람만입니다. 저는, 참으로, 모든 것에 퍼져 있는 브람만입니다. 그와 같이 훌륭하게 수행된 확신으로, 존경하올 분이시여! 저는 나뉘지 않은 지고한 브람만이 되었습니다.

15

저는, 참으로, 집착이 없는 지고한 브람만입니다. 저는, 참으로, 결점이 없는 지고한 브람만입니다. 저는, 참으로, 파괴될 수 없는 지고한 브람만입니다. 저는, 참으로, 구분이 없는 지고한 브람만입니다. 저는, 참으로, 묘사할 수 없는 지고한 브람만입니다. 저는, 참으로, 나뉠 수 없는 지고한 브람만입니다. 이와 같은 오점 없이 수행된 확신으로, 존경하올 분이시여! 저는 나뉘지 않은 지고한 브람만이 되었습니다.

16

저는, 참으로, 태고로부터 존재한 지고한 브람만입니다. 저는, 참으로, 완전한 지고한 브람만입니다. 저는, 참으로, 고통이 없는 지고한 브람만입니다. 저는, 참으로, 움직임이 없는 지고한 브람만입니다. 저는, 참으로, 높고 낮은 지고한 브람만입니다. 저는, 참으로, 정화된 지고한 브람만입니다. 이같이 밤낮으로 수행된 확신으로, 존경하올 분이시여! 저는 두려움 없는 지고한 브람만이 되었습니다.

17

저는, 참으로, 결점 없는 지고한 브람만입니다. 저는, 참으로, 속성들이 없는 지고한 브람만입니다. 저는, 참으로, 유일자인 지고한 브람만입니다. 저는, 참으로, 비교할 데 없는 지고한 브람만입니다. 저는, 참으로, 위대한 지고한 브람만입니다. 저는, 참으로, 차이가 없는^{undifferentiated}지고한 브람만입니다. 이 같은 비이원의 수행된 확신으로, 존경하올 분이시여! 저는 견줄 데 없는 지고한 브람만이 되었습니다.

18

저는, 참으로, 영원한 지고한 브람만입니다. 저는, 참으로, 오점 없는 지고한 브람만입니다. 저는, 참으로, 순수한 지고한 브람만입니다. 저는, 참으로, 미묘한 지고한 브람만입니다. 저는, 참으로, 장엄한 지고한 브람만입니다. 저는, 참으로, 자각 그 자체인 지고한 브람만입니다. 이 같은 의심 없이 수행된 확신으로, 존경하올 분이시여! 저는 불멸하는 지고한 브람만이 되었습니다.

19

저는 당신의 은총으로 제가 겪은 위대한 경험을 이와 같은 방식으로 말하며 설명해 왔습니다. 자비의 거대한 바다시여! 제가 당신에게 보답할 수 있는 방법은 없습니다. 저는 당신에게 저의 몸과 마음을 바쳤지만 당신은 그것들을 태워 즉시 재로 만들어 버렸습니다. 죄 없는 분이시여! 저는 당신에게 저 자신을 바쳤습니다. 당신은 또한 그것을 당신 자신의 나로 만들었습니다.

20

이제 제가 어떻게 당신께 보답하겠습니까? 모든 것이 당신의 비이원의, 자연스러운 나입니다.

저는 "나는 브람만이다."라는 바다에 잠기어 절대적인 동일시에서 당신이 저이며 제가 당신인 그곳에서 녹아 버렸습니다. 그 자체가 모든 것으로서 머무는 유일한 나의 이 상태에서 떨어져 있는 것이 도대체 있겠습니까?

21

그러므로 저는 드릴 것이 아무것도 없으며 당신이 그것을 받아 다른 어떤 곳으로 갈 방법도 없습니다. 어디에서나 늘 존재하는 것은 오직 의식의 넓은 공간일 뿐입니다. 당신의 가르침에 따르면 어디에도 떨어져 있는 것이 없기에 당신이 어떤 것을 가르치거나 제가 애정을 가지고 그것을 배울 영역이 전혀 없습니다. 이 얼마나 놀랍습니까? 존경하올 분이시여!

22

은총을 베푸신 삿구루(진정한 구루)인 당신도 존재하지 않습니다. 그것을 받는 좋은 제자인 저도 존재하지 않습니다. 세 가지 성질의 구분들도 없습니다. 근본적인 무지는 없습니다. 마야(망상, 착각)도 없습니다. 나쁜 꿈으로 나타나는 세상도 없습니다. 결과로 생겨나는 존재들 또는 신(이슈와라)도 없습니다. 모든 곳에 스며들어 있는 것은 오직 속성들이 없는 지고한 브람만뿐이지 않겠습니까?

23

저에게, 유일한 지고한 브람만인 비길 데 없는 희열의 바다에 저 자신을 담그고 그 안에서 마음껏 놀며 모든 목마름이 만족되고 모든 피로가 사라지어 그것 자체가 되고 그리고 나눌 수 없는 것에 자리 잡아 떨어져 있는 것으로 보이는 것이 아무것도 없습니다. 삿구루(진정한 구루)시여! 저를 슬픔에서 구하시고 비할 데 없는 행복에 목욕시키시니, 당신의 은총이 너무나 풍부하십니다!

24

오늘 제가 당신께 머리 숙여 인사한다면 그것은 둘로 나누는 것이며, 그러므로 그 인사는 하지 말아야 합니다. 혹은, 제가 저 자신에게 머리 숙여 인사한다면 그것은 아무 결실이 없으며 그러므로 그것 또한 하지 말아야 합니다. 오늘 제가 이원을 마음에 가지고, 늘 유일자이신 당신께 머리 숙여 인사한다면 당신은 저를 무지한 자라 부를 것입니다. 오점 없는 상태에서 이원이 있을 수 있습니까?

25

결점 없는 삿구루(진정한 구루)시여! 지금 제가 당신과 저라는 이분법에서 당신에게 존경을 가지고 머리 숙여 인사한다면 한계를 끌어들임으로써 저는 저 자신에게 명백한 해를 행하고 있는 것입니다. 분별에 대한 생각이 두려움의 근거가 아니겠습니까? 지고한 구루시여! 그러므로 탐구를 통해 저는 제가 드릴 수 있는 어떠한 봉사나 예의를 보일 수 없습니다!

26

모든 것이 늘 하나의 의식이라면 가장 좋은 것은 돌과 같이 움직이지 않고 전적으로 침묵하는 것입니다. 망상이나 환영의 상칼파나 비칼파(의심, 상상)도 없이 그것 즉 공Void에 대한 지식에 오직 혼자 힘으로 확고히 머무는 것입니다. 예전처럼, 구별들에 대한 어떤 생각을 일으키는 것은 저에게 지혜의 부분으로 여겨지지 않습니다.

27

친절한 구루시여! 슬픔으로부터 저를 구해 주시고 비할 데 없는 행복에 젖게 해주신 분이시여! 당신의 가르침의 은총으로, 나뉘어 보이는 모든 모습들은 오직 지고한 브람만인 저 자신일 뿐입니다. 유일자이며 완전하고 전체인 저를 제외하고는 전혀 아무것도 없습니다. 그러므로 마치 분리되어 있는 자처럼, 제가 친절하게 어떤 봉사를 할 여지가 전혀 없습니다.

리부의 노래

28

예전 무지한 시절에 저는 스승과 제자로서의 차이를 자각했습니다. 오늘 당신의 은총으로 이 모든 것을 달성한 깨달음의 상태에서 저는 떨어져 있거나 다른 어떤 것도 지각할 수 없습니다. 모든 의식인 지고한 브람만에 아무것도 숨길 것 없이, 오직 저 자신인 모든 것으로 머무르며 구분의 모든 오염을 정화하고서 제 고귀한 상태의 빛남을 어떻게 기술할 수 있겠습니까?

29

모든 위대한 금언들의 의미인 지고한 브람만으로서 두려움 없고 비할 데 없는 것에 편안히 자리 잡고, 개체(지바)들이나 신(이슈와라)이 전혀 없이, 거대한 망상과 같은 착각의 조건화들도 없이, 어떠한 구루나 제자도 없이, 모든 창조된 세상들로부터 자유로운 저의 고귀한 상태의 훌륭함을 어떻게 기술할 수 있겠습니까?

30

결점 없고, 지나침도 없고, 실수도 없으며, 어떠한 속성들이나 특징들도 없고, 감추는 것 없고, 드러내는 것도 없고, 마음도 없으며, 마음에서 나오는 환영들도 없으며, 어떠한 다른 것도 없고, 어떠한 제 것도 없고, 차이도 없으며, 늘 구별될 수 있는 어떠한 것도 없이 오직 지식인 브람만이 된 저의 고상한 상태의 웅장함을 어떻게 기술할 수 있겠습니까?

31

저와 분리된 어떤 것에 대한 최소한의 잘못된 생각도 제게는 전혀 없습니다. 오직 변함없는 존재이며 오직 의식인 브람만으로서 저는 존재합니다. 만약 저 자신 외에 저와 별개의 어떤 것이 있다면 그것은 스스로 모습을 나타내지 않겠습니까? 오직 저 자신 외에는 자각되는 것이 아무것도 없기에 저는 늘 오직 저 자신으로 머뭅니다.

32

다양한 말들이 무슨 가치가 있습니까? 당신의 계시적인 이야기로 저는 외관상의 차이들에 대한 모든 고정관념을 고치고 모든 것이 브람만이며 그것이 바로 저라는 변함없고 나뉘지 않은 지고한 지식을 받아들임으로써 빛나는 지고한 브람만이 되었습니다. 저의 스승님이시여! 당신은 은총의 구현으로 나타나시어 저를 비길 데 없는 행복에 빠지게 했습니다! 당신의 은총은 얼마나 위대하신지요! 얼마나 위대하신지요!

33

오, 차이들이라는 환영은 조금도 없습니다! 오, 망상이나 우주적 지성 또는 창조나 그 같은 것들은 전혀 없습니다! 오, 생각이나 그와 같은 것들은 흔적조차 없습니다. 오, 개체(지바)들과 같은 것들도 없습니다! 오, 혼란의 어떠한 흔적도 없습니다! 오, 집착의 흔적조차 없습니다! 오, 그 어디에도 아무것도 없습니다! 오, 모든 것은 참으로 나뉘지 않은 브람만입니다!

34

오, 제가 구루의 위대함에 대하여 무엇을 말하겠습니까! 오, 제가 경전의 위대함에 대하여 무엇을 말하겠습니까! 오, 제가 이 지식의 위대함에 대하여 무엇을 말하겠습니까! 오, 제가 그 현자의 위대함에 대하여 무엇을 말하겠습니까! 오, 제가 숭고한 것의 위대함에 대하여 무엇을 말하겠습니까! 오, 제가 평화의 위대함에 대하여 무엇을 말하겠습니까! 오, 제가 브람만−희열의 위대함에 대하여 무엇을 말하겠습니까! 오, 제가 저의 희열의 위대함에 대하여 무엇을 말하겠습니까!

35

오, 저는, 참으로, 영원한 자인 지고한 브람만입니다! 오, 저는, 참으로, 순수한 자인 지고한 브람만입니다! 오, 저는, 참으로, 깨달은 자인 지고한 브람만입니다! 오, 저는, 참으로, 해방된 자인 지고한 브람만입니다! 오, 저는 참으로, 결점 없는 자인 지고한 브람만입니다! 오, 저는, 참으로, 움직임이 없는 자인 지고한 브람만입니다! 오, 저는, 참으로, 부족한 것 없는 자인 지고한 브람만입니다! 오, 저의 스승님이시여! 당신의 이 은총이 얼마나 위대하신지요! 얼마나 훌륭하신지요!

36

모든 환영적인 모습들을 브람만으로서 볼 뿐, 그 외에 떨어져 있는 것은 아무것도 보지 못합니다. 이 강력하고 명확한 확신으로 저는 모든 의식인 지고한 브람만이 되었습니다. 이같이 저는 제 마음속의 결론을 전했습니다. 이 점에 있어서 아주 작은 의심도 없습니다. 비할 데 없는 삿구루(진정한 구루)시여! 두려움 없이 저를 완전하게 지배하는 것이 이제 당신의 책임이십니다.

37

이렇게 말한 뒤, 현자 니다가는 그 자신의 견줄 데 없는 성품의 기쁨에 머물렀다. 오직 쉬바에 대한 헌신과 함께, 구루에 대한 헌신으로 물든 사람들만이 해방을 얻게 될 것이다. 여기에 대해선 추호의 의심도 있을 수 없다. 일찍이, 최고의 자비로 스칸다가 자이기샤비야에게 가르침을 주신 방식대로 수타도 이와 같이 모인 현자들에게 말했다.

38

나뉘지 않은 지고한 실재에 대한 진귀한 체험의 성취, 직접적인 체험에 대한 니다가의 이야기, 그리고 절대자를 제외하고는 아무것도 존재하지 않으므로 구루께 봉사와 예의를 표하는 것은 불가능하다는 것을 지적해 보이신 분은 더없는 기쁨의 춤을 추는 상태에 있는 우리의 지고한 신이신 쉬바의 무한한 형상이다.

제41장

진리-지식-무한한 희열의 브람만이 되는 것에 대한 니다가의 이야기

1

스승님이시여! 망상 없는 즐거움 속에서 제가 확고하게 도달하였던 오염되지 않은 이해로 나뉘지 않은 절대자의 경험에 대해 더 말을 할까 합니다. 생각과 같은 집착의 어떤 조건형성도 없이, 마야(환영, 망상)와 같은 어떤 분리의 조건형성이 없이, 세상, 개인 그리고 지고자에 대한 이원도 없이 저는 지고한 브람만, 즉 유일자가 되었습니다.

2

저는, 참으로, 모든 존재인 브람만이 되었습니다. 저는, 참으로, 모든 의식인 브람만이 되었습니다. 저는, 참으로, 모든 선함인 브람만이 되었습니다. 저는, 참으로, 모든 그것인 브람만이 되었습니다. 저는, 참으로, 오점 없는 자인 브람만이 되었습니다. 저는, 참으로, 속성들 없는 자인 브람만이 되었습니다. 저는, 참으로, 둘이 아닌 자인 브람만이 되었습니다. 저는, 참으로, 나뉘지 않은 지고한 브람만이 되었습니다.

3

저는, 참으로, 홀로 존재하는 것(케발라)인 브람만이 되었습니다. 저는, 참으로, 위엄 있는 자인

리부의 노래

브람만이 되었습니다. 저는, 참으로, 성스러운 자인 브람만이 되었습니다. 저는, 참으로, 결점 없는 자인 브람만이 되었습니다. 저는, 참으로, 오염되지 않은 자인 브람만이 되었습니다. 저는, 참으로, 최고인 브람만이 되었습니다. 저는, 참으로, 욕망 없는 자인 브람만이 되었습니다. 저는, 참으로, 나뉘지 않은 지고한 브람만이 되었습니다.

4

저는, 참으로, 진리인 브람만이 되었습니다. 저는, 참으로, 움직임 없는 자인 브람만이 되었습니다. 저는, 참으로, 영원한 자인 브람만이 되었습니다. 저는, 참으로, 부분이 없는 자인 브람만이 되었습니다. 저는, 참으로, 순수한 자인 브람만이 되었습니다. 저는, 참으로, 희열의 덩어리인 브람만이 되었습니다. 저는, 참으로, 비길 데 없는 자인 브람만이 되었습니다. 저는, 참으로, 나뉘지 않은 지고한 브람만이 되었습니다.

5

저는, 참으로, 변경되지 않는unmodified 자인 브람만이 되었습니다. 저는, 참으로, 오점 없는 자인 브람만이 되었습니다. 저는, 참으로, 속성들이 없는 자인 브람만이 되었습니다. 저는, 참으로, 퍼져 있는 자인 브람만이 되었습니다. 저는, 참으로, 파괴될 수 없는 자인 브람만이 되었습니다. 저는, 참으로, 우주적인 자인 브람만이 되었습니다. 저는, 참으로, 덧씌움들이 없는 브람만이 되었습니다. 저는, 참으로, 결점들이 없는immaculate 지고한 브람만이 되었습니다.

6

저는, 참으로, 고뇌 없는 자인 브람만이 되었습니다. 저는, 참으로, 수족이 없는 자인 브람만이 되었습니다. 저는, 참으로, 베일이 없는 자인 브람만이 되었습니다. 저는, 참으로, 행위 없는 자인 브람만이 되었습니다. 저는, 참으로, 오점 없는 자인 브람만이 되었습니다. 저는, 참으로, 움직임 없는 자인 브람만이 되었습니다. 저는, 참으로, 비교할 수 없는 자인 브람만이 되었습니다. 저는, 참으로, 비길 데 없는 자인 브람만이 되었습니다.

7

저는, 참으로, 생각이 없는 자인 브람만이 되었습니다. 저는, 참으로, 의식의 덩어리인 브람만이 되었습니다. 저는, 참으로, 집착이 없는 자인 브람만이 되었습니다. 저는, 참으로, 결점이 없는 자인 브람만이 되었습니다. 저는, 참으로, 구속 없는 자인 브람만이 되었습니다. 저는, 참으로, 결함이 없는 자인 브람만이 되었습니다. 저는, 참으로, 끝이 없는 자인 브람만이 되었습니다. 저는, 참으로, 나뉘지 않은 지고한 브람만이 되었습니다.

8

저는, 참으로, 태고의 존재인 브람만이 되었습니다. 저는, 참으로, 완벽하게 충만한 존재인 브람만이 되었습니다. 저는, 참으로, 나이를 먹지 않는 브람만이 되었습니다. 저는, 참으로, 존재의 덩어리인 브람만이 되었습니다. 저는, 참으로, 고통 없는 존재인 브람만이 되었습니다. 저는, 참으로, 집착이 없는 존재인 브람만이 되었습니다. 저는, 참으로, 고대로부터ancient 존재한 브람만이 되었습니다. 저는, 참으로, 평화로운 지고한 브람만이 되었습니다.

9

저는, 참으로, 목표 그 자체인 브람만이 되었습니다. 저는, 참으로, 분해되지 않는 존재인 브람만이 되었습니다. 저는, 참으로, 사라지지 않는 존재인 브람만이 되었습니다. 저는, 참으로, 파괴되지 않는 존재인 브람만이 되었습니다. 저는, 참으로, 의식인 브람만이 되었습니다. 저는, 참으로, 의식으로 옷을 입은 존재인 브람만이 되었습니다. 저는, 참으로, 모든 곳에 있는 존재인 브람만이 되었습니다. 저는, 참으로, 몸이 없는 지고한 브람만이 되었습니다.

10

저는, 참으로, 인과적 관계가 없는 존재인 브람만이 되었습니다. 저는, 참으로, 진리를 드러내는 존재인 브람만이 되었습니다. 저는, 참으로, 나누어질 수 없는 존재인 브람만이 되었습니다. 저는, 참으로, 지고한 쉬바인 브람만이 되었습니다. 저는, 참으로, 고결한 존재인 브람만이 되었습니다. 저는, 참으로, 이원이 없는 존재인 브람만이 되었습니다. 저는, 참으로, 편재하는 존재인 브람만이 되었습니다. 저는, 참으로, 유일한 지고한 브람만이 되었습니다.

11

저는, 참으로, 시작이 없는 존재인 브람만이 되었습니다. 저는, 참으로, 묘사할 수 없는 존재인 브람만이 되었습니다. 저는, 참으로, 영원한 존재인 브람만이 되었습니다. 저는, 참으로, 경계가 없는 존재인 브람만이 되었습니다. 저는, 참으로, 바바(태도, 확신)가 없는 존재인 브람만이 되었습니다. 저는, 참으로, 결점 없는 존재인 브람만이 되었습니다. 저는, 참으로, 세상적이지 않은(혹은 지식이 없는) 브람만이 되었습니다. 저는, 참으로, 나뉘지 않은 지고한 브람만이 되었습니다.

12

저는, 참으로, 형체가 없는 브람만이 되었습니다. 저는, 참으로, 드러나는manifest 존재인 브람만이 되었습니다. 저는, 참으로, 경험이 없는 존재인 브람만이 되었습니다. 저는, 참으로, 부패하지 않는 브람만이 되었습니다. 저는, 참으로, 갈망(또는 욕망)이 없는 브람만이 되었습니다. 저는, 참으로, 평화로운 존재인 브람만이 되었습니다. 저는, 참으로, 슬픔이 없는 존재인 브람만이 되었습니다. 저는, 참으로, 순수한 지고한 브람만이 되었습니다.

13

저는, 참으로, 모든 것의 토대가 되었습니다. 저는, 참으로, 모든 것의 덧씌움이 되었습니다. 저는, 참으로, 브람마와 같은 다섯 종류의 신들이 되었습니다. 저는, 참으로, 그들 모두의 행위가 되었습니다. 저는, 참으로, 신들과 인간들과 동물들이 되었습니다. 저는, 참으로, 산들(혹은 움직임 없는 것들)과 같은 다른 모든 것들이 되었습니다. 저는, 참으로, 움직이는 모든 것과 움직이지 않는 모든 것들이 되었습니다. 저는, 참으로, 나뉘지 않은 절대자가 되었습니다.

14

저는, 참으로, 환영이나 마하트(우주적 지성) 같은 것이 되었습니다. 저는, 참으로, 신(이슈와라)이 되었습니다. 저는, 참으로, 무지나 "나"와 같은 것이 되었습니다. 저는, 참으로, 다양한 존재들이 되었습니다. 저는, 참으로, 지각이 없는 속성(타마스, 무기력)이 되었습니다. 저는, 참으로, 지루한 세상의 모든 것이 되었습니다. 저는, 참으로, 지각이 있는 모든 것이 되었습니다. 저는, 참으로, 나뉘지 않은 절대자가 되었습니다.

15

저는. 참으로, 브람마와 비슈누가 되었습니다. 저는, 참으로, 하라와 마헤슈와라가 되었습니다. 저는, 참으로 사다쉬바의 성품이 되었습니다. 저는, 참으로, 또한 쉬바 그 자신이 되었습니다. 저는, 참으로, 우마 데비가 되었습니다. 저는, 참으로, 스칸다와 비나야카가 되었습니다. 저는, 참으로, 지고한 쉬바의 수행원이 되었습니다. 저는, 참으로, 헌신자들의 모든 동아리circle 가 되었습니다.

16

저는, 참으로, 신들과 악마들과 모든 것이 되었습니다. 저는, 참으로, 신들의 왕인 인드라가 되었습니다. 저는, 참으로, 방향의 신들이 되었습니다. 저는, 참으로, 성자들의 집합assembly이 되었습니다. 저는, 참으로, 락샤사(악마)들과 약샤(부의 신인 쿠베라를 주인으로 모시고 있는 반신들)가 되었습니다. 저는, 참으로, 다양한 부류의 신들이 되었습니다. 저는, 참으로, 모든 천사들이 되었

리부의 노래

습니다. 저는, 참으로, 모든 지구상의 생물들이 되었습니다.

17

저는, 참으로, 모든 존재들이 되었습니다. 저는, 참으로, 모든 세상들이 되었습니다. 저는, 참으로, 모든 성취들이 되었습니다. 저는, 참으로, 모든 역사들이 되었습니다. 저는, 참으로, 모든 베다들이 되었습니다. 저는, 참으로, 브람마와 같은 것들이 되었습니다. 저는, 참으로, 모든 차이들differences이 되었습니다. 저는, 참으로, 차별들을 지닌 모든 것이 되었습니다.

18

저는, 참으로, 모든 바다들이 되었습니다. 저는, 참으로, 모든 흐르는 강들이 되었습니다. 저는, 참으로, 모든 숲들과 산들이 되었습니다. 저는, 참으로, 그것들 안에 포함되어 있는 모든 것이 되었습니다. 저는, 참으로, 모든 땅과 물들이 되었습니다. 저는, 참으로, 모든 불과 바람이 되었습니다. 저는, 참으로, 모든 하늘이 되었습니다. 저는, 참으로, 창조주와 다른 모든 것들이 되었습니다.

19

저는, 참으로, 몸과 감각들과 모든 것이 되었습니다. 저는, 참으로, 모든 살아 있는 존재들의 심장들이 되었습니다. 저는, 참으로, 모든 마음과 개념들이 되었습니다. 저는, 참으로, 모든 환영과 생각들이 되었습니다. 저는, 참으로, 모든 자아가 되었습니다. 저는, 참으로, 모든 베일들이 되었습니다. 저는, 참으로, 마음의 모든 당황스런 투사들이 되었습니다. 저는, 참으로, 모든 계시들이 되었습니다.

20

저는, 참으로, 네 겹의 몸이 되었습니다. 저는, 참으로, 깨어 있음과 다른 상태들이 되었습니다.

저는, 참으로, 다섯 층의 덮개들이 되었습니다. 저는, 참으로, 그것들(다섯 개의 층)의 경험들이 되었습니다. 저는, 참으로, 깨어 있는 상태(비스반)의 형태를 가진 개인들과 분리되어 있는 것(비야스티)의 집합이 되었습니다. 저는, 참으로, 비라트(물리적 세상의 우주적 원인으로서의 나)에서부터 우주적 존재(사마슈티)가 되었습니다. 저는, 참으로, 지각 있는 모든 것이 되었습니다. 저는, 참으로, 지각이 없는 모든 것이 되었습니다.

21

저는, 참으로, 원소들이 되었고, 또 이 원소들로 구성된 것이 되었습니다. 저는, 참으로, 세상의 모든 물체가 되었습니다. 저는, 참으로, 다른 모든 세상이 되었습니다. 저는, 참으로, 수백만의 은하계가 되었습니다. 저는, 참으로, 세상과 개인과 지고자가 되었습니다. 저는, 참으로, 가정된 여러 가지 조건들이 되었습니다. 저는, 참으로, 이제 조건화되지 않은 진리가 되었습니다.

22

여러 방법들로 설명한들 무슨 소용이 있겠습니까? 현상계에서 분리된 것처럼 보이는 모든 것이 된 것도 바로 저입니다. 권위 있는 철학적 논문으로부터 분리된 채, 홀로 서 있는 바로 그것인 절대자가 된 것도 참으로 바로 저입니다. '저'의 모든 결점에서 벗어나 나뉘지 않은 지고한 브람만으로 자리 잡은 저 자신의 줄지 않는 위대함에 대해 무엇이라 말하겠습니까? 신이시여! 이 모든 것은 당신의 자비로운 힘이 아니겠습니까?

23

저는 진리-지식-희열인 브람만이 되었습니다. 저는 움직임 없이 확고하게 있는 브람만이 되었습니다. 저는 완전하고 전체이며 완벽하게 충만한 자인 브람만이 되었습니다. 저는 영원한 지식-희열인 브람만이 되었습니다. 저는 의식의 순수한 확장인 브람만이 되었습니다. 저는 말로는 형언할 수 없는 브람만이 되었습니다. 저는 비이원인 나뉘지 않은 지고한 브람만이 되었

리부의 노래

습니다. 존경하는 분이시여! 당신의 은총은 얼마나 위대한지요! 얼마나 위대한지요!

24

저는 아무것도 없는, 평화로운 지고한 브람만이 되었습니다. 저는 모든 것의 나인 지고한 브람만이 되었습니다. 저는 오점이 없으며 완전무결한 지고한 브람만이 되었습니다. 저는 모든 곳에 퍼져 있는 지고한 브람만이 되었습니다. 저는 네 번째 상태의 오점 없는 지고한 브람만이 되었습니다. 저는 네 번째 상태를 초월하여 있는 지고한 브람만이 되었습니다. 저는 결점 없고 나뉘지 않은 지고한 브람만이 되었습니다. 존경하는 분이시여! 당신의 은총은 얼마나 위대한지요! 얼마나 위대한지요!

25

저는 어떤 모습도 없는 지고한 브람만이 되었습니다. 저는 유일자로서 거주하는 지고한 브람만이 되었습니다. 저는 눈에 보이지 않는 지고한 브람만이 되었습니다. 저는 흔들림이 없는 지고한 브람만이 되었습니다. 저는 오점 없는 자로서 내재하는 지고한 브람만이 되었습니다. 저는 얼룩지지 않는 자로서 있는 지고한 브람만이 되었습니다. 저는 하나이며 둘이 아닌 지고한 브람만이 되었습니다. 주여Lord! 당신의 은총은 얼마나 위대하신지요! 얼마나 위대하신지요!

26

저는 영원히 깨달은 지고한 브람만이 되었습니다. 저는 영원히 순수한 지고한 브람만이 되었습니다. 저는 영원히 자유로운 지고한 브람만이 되었습니다. 저는 영원히 견고한 지고한 브람만이 되었습니다. 저는 둘이 없는 지고한 브람만이 되었습니다. 저는 형상이 없는 지고한 브람만이 되었습니다. 저는 둘이 없는 지고한 브람만이 되었습니다. 신이시여! 당신의 은총이 얼마나 위대하신지요! 얼마나 위대하신지요!

27

저는 세 가지 형상들이 없는 성품이 되었습니다. 저는 완전히 자각인 지고자의 성품이 되었습니다. 저는 세 가지 상태들이 없는 성품이 되었습니다. 저는 하늘처럼 거대한 지고한 성품이 되었습니다. 저는 여섯 가지 작용들이 없는 성품이 되었습니다. 저는 유일자로서 존재하는 지고한 성품이 되었습니다. 저는 완벽하게 충만한 지고자의 성품이 되었습니다. 당신의 은총은 얼마나 위대하신지요! 얼마나 위대하신지요!

28

저의 구루시여! 당신께서 충고해 주신 대로 제가 브람만입니다. 브람만은 저 자신입니다. 그리고 저는 모든 것이라는 오점 없는, 나뉘지 않은, 지고한 확신을 끊임없이 항상 수행함으로써 굴레를 이루고 있는 그릇된 개념들을 없애고 오점 없는 지고한 브람만이란 희열에 이름으로써 저는 완전히 결점이 없는 성품으로서 존재합니다. 당신의 무한한 은총에 대해 무엇이라 말하겠습니까?

29

저는 지금까지 나뉘지 않은 지고한 확신을 얻은 방식대로 묘사했습니다. 이런 확고한 확신을 가지고 있는 자는 누구든지 희열에 이를 것입니다. 더욱이 매일같이 이것에 귀 기울이는 자는 지고한 성품이 될 것이며 모든 애착들을 없앨 것입니다. 여기서 제가 말한 모든 것은 진리입니다. 이같이 말하면서, 니다가는 순수 절대자의 희열 속에서 살았다.

30

안내자가 자비심으로 가르쳐 준 위대한 금언들의 의미를 듣고, 나아가 흠 잡을 데 없이 그 금언들을 깊이 생각하고 거기에 대하여 하나로 집중된, 심오한 명상에 들어간 자들만이 망상이 없으며, 그리고 항시 우리가 완전무결한 나뉘지 않은 절대자라는 것을 깨닫는다. 그들은 세상적

리부의 노래

인 존재의 불행으로부터 해방될 것이다. 이같이, 스칸다는 이것을 자이기샤비야에게 상세히 설명해 주었다. 마찬가지로, 수타는 이것을 선언하였다.

31

움직이는 것과 움직이지 않는 것의 모든 현상들이 나와 떨어져 있는 것이 전혀 없는 오직 '나'일 뿐이며, 완전하고 모든 곳에 두루 퍼져 있는 전체인 '내'가 오로지 부분 없는 절대자라는 니다가의 비할 바 없는 경험을 영적인 스승의 면전에서 선언한 것은 바로 기쁨의 춤을 추고 있는 상태에 있는 신들 중의 우리 신의 무한한 형상이다.

제42장

이 경전, 경전을 가르치는 스승,
그리고 지식을 주는 쉬바의 은총의 위대함에 대한
니다가의 묘사

1

성자 니다가는 즐겁게 다음과 같이 계속 말하였다. 오점 없는 구루시여! 큰 자비심을 일으켜 마헤슈와라는 매우 비밀스러운 이 경전을 당신에게 상세히 설명하셨습니다. 말로 형언할 수 없는 자비로 동정심의 저장소인 당신은 이것을 저에게 설명해 주셨습니다. 저는 당신이 가르쳐 주신 대로 이것을 제 가슴속에 받아들였습니다.

2

저의 안내자시여! 이 경전의 한 장만이라도 주의 깊게 들음으로써 저는 마음을 미혹하는 어둠의 덩어리, 즉 마야(환영)를 몰아내어 완전히 없애 주는 태양인 나뉘지 않은 지고한 쉬바−지식을 얻었습니다. 신이시여! 이 경전의 한 연만 들어도 둘이 없는 자유의 희열을 얻을 수 있습니다.

3

이 경전의 한 구절만이라도 듣고 이해하였던 자는 비이원의 자유를 얻을 것입니다. 참으로 이것은 진리입니다. 모든 것이 영원한 브람만이며 우리가 그것이라는 이 시의 의미를 이해한다면

리부의 노래

불필요하게 과도한 경전들을 탐구할 필요는 없습니다. 단지 이 훌륭한 경전의 한 연만으로도 나뉘지 않은 절대자의 지식을 얻을 수 있습니다.

4

이런 식으로 자연스럽게 이 경전의 가르침들을 주는 훌륭한 구루만이 진정한 구루입니다. 가지각색의 경전들에서 여러 방법으로 가르침을 주는 이상한 스승들이 무슨 소용이 있습니까? 매우 높은 수준으로 이 경전의 가르침을 주는 자가 참으로 지식과 자각 그 자체인 지고한 브람만이십니다. 이것은 진리이며, 이것에 대해 조금의 의심도 없습니다. 쉬바의 발에 맹세코, 저는 여기에 대해 의심이 없음을 말합니다.

5

자비심에서 이 경전을 상세히 설명하는 자는 진정으로 비교할 수 없는 쉬바이십니다. 이에 대해 의심이 없습니다. 자비심에서 이 경전을 상세히 설명하는 자는 진정으로 비교할 수 없는 데비이십니다. 이에 대해 의심이 없습니다. 자비심에서 이 경전을 상세히 설명하는 자는 진정으로 비나야카이십니다. 이에 대해 의심이 없습니다. 자비심에서 이 경전을 상세히 설명하는 자는 빛나는 샨무카이십니다. 이에 대해 의심이 없습니다.

6

이것을 자비롭게 상세히 설명하는 자는 누구나 난디케슈와라이십니다. 이에 대해서는 의심이 없습니다. 이것을 자비롭게 상세히 설명하는 자는 누구나 닷타트레이십니다. 이에 대해서는 의심이 없습니다. 이것을 자비롭게 상세히 설명하는 자는 닥쉬나무르티이십니다. 이에 대해서는 의심이 없습니다. 이것을 자비롭게 상세히 설명하는 자는 나뉘지 않은 지고한 쉬바이십니다. 이에 대해서는 의심이 없습니다.

7

그런 장황한 말을 한들 무슨 소용이 있겠습니까? 어떤 반신반의도 없이 이 경전을 상세히 설명하는 자는 참으로, 지고한 쉬바이십니다. 인간들 중 가장 으뜸이신 분이시여! 당신이 아니라면 신들과 성자들 가운데서 이 경전의 의미를 이런 식으로 쉽게 설명할 수 있는 자는 이 모든 세상에 아무도 없습니다. 이에 대해서는 조금도 의심이 없습니다. 그것은 사실입니다. 쉬바의 발에 맹세코 이것을 말합니다.

8

이 경전을 자비롭게 가르치는 구루가 진정 지고한 쉬바이시므로 기탄없이 그런 가르침을 받은 제자는 세 가지 수단들 중 어떤 수단으로도 그 뛰어난 구루에게 어떤 폐도 끼쳐서는 안 됩니다. 능력이 닿는 데까지 그는 부와 여러 방법들로 구루를 숭배해야 합니다. 결함 없는 구루와 떨어져 있는 어떤 진정한 친척이 있겠습니까?

9

아버지와 여러 친척들은 계속하여 몸을 받게 하므로 기원을 알 수 없는 세상적 존재의 구속을 없앨 수 없습니다. 깊이 탐구하여 보면 그러한 모든 친척들은 단지 기운을 빼앗는 적들입니다. 다른 한편으로, 무한한 은총의 화신이신 구루는 우리가 완전무결해질 때까지 기원을 알 수 없는 세상 존재의 구속인 집착을 없애면서 나뉘지 않은 지고한 지식을 자비롭게 주어 우리를 구원할 것입니다.

10

지고한 구루시여! 지고한 신(이슈와라)이신 지고한 쉬바가 지고한 구루라 할지라도 완전무결한 지고한 쉬바가 때때로 노하게 되면 비할 데 없는 자비의 보배인 구루가 우리를 구원해 줄 것입니다. 만약 은총의 화신인 구루가 언제라도 노하게 되면 삼계에 있는 누구도 그 제자를 구원하거나 그의 혼란을 없애 주지는 못합니다.

11

따라서 구루에 대하여, 이 경전에 대하여, 모든 세상의 신인 지고한 이슈와라에 대하여 측정할 수 없는 신뢰를 지닌 자만이 이 경전의 교의를 수행하기에 적합합니다. 믿음이 없는 바보들인 다른 사람들은 결코 이 경전의 한 구절조차도 유익하게 이해할 수 없을 것입니다. 이것은 진리입니다. 이에 대해 조금도 의심이 없습니다.

12

믿음 이외의 다른 어떤 것도 개인과 지고자의 동일성에 대한 지식을 얻는 근거가 될 수 없습니다. 걱정 없는 지고한 지식, 즉 모든 것이 존재하지 않고 나뉘지 않은 지고한 브람만 그 자체만이 존재하는 것이고 우리가 바로 그것이라는 그 지식을 얻을 수 있는 것은 진지함으로 가득 찬 진실한 믿음에 의해서만 가능하지, 그 밖의 다른 어떤 것에 의해서도 나뉘지 않은 지식에 이를 수 없다고 이미 베다들은 선언하지 않았습니까?

13

지고한 신 쉬바의 자비에 매달려 있는 이들만이 이 경전의 광대한 의미를 이해할 것입니다. 쉬바의 진귀한 자비를 얻지 못한 무지한 이들은 이 경전의 귀중한 의미를 결코 이해하지 못할 것입니다. 모든 것을 던져 버리고, 지고한 쉬바에 대한 끊임없는 묵상을 통해 그의 자비를 얻은 자들만이 나뉘지 않은 지식에 잠길 수merge in 있다는 것을 최상의 베다들은 선언하고 있지 않습니까?

14

그러므로 이 경전에서 설명한 대로 진실로 모든 것을 포기하면서 쉬바의 나뉘지 않은 지고한 성품에 대한 명상을 통해 쉬바의 자비에 매달려온 이들만이 이 경전의 소멸하지 않는 의미, 즉 둘이 없는 나뉘지 않은 지고한 지식을 획득할 것입니다. 이 경전을 통해 전해진 의미의 지식과 견줄 만한 지식은 전혀 없습니다.

<h1 style="text-align:center">15</h1>

다양한 모든 서사시들과 신화들의 가르침에서 다수의 요가, 샹키야(셈 또는 식별지)와 여러 명상들을 조금도 다수의multitude 혼합도 없이 모든 베다들의 유익한 핵심적 결론으로서 전지한 최고의 보배인 지고한 신께서 몸소 직접적으로 상세히 설명하신 이 경전의 오점 없는 지식과 비교할 만한 다른 쉬운 지식은 없습니다.

<h1 style="text-align:center">16</h1>

이 경전에서 명확히 설명된 미세하고 나뉘지 않은 지고한 쉬바-지식은 오점 없는 헌신으로 수행된 적절한 확신으로 쉽게 그 결과가 나타날 것입니다. 이 지식은 얻기가 쉽습니다. 왜냐하면 생각으로 일어나는 모든 현상들은 쉬바이며, 모든 것이 의식이며, 우리가 그것이라는 비이원의 확신에는 전혀 긴장이 없기 때문입니다.

<h1 style="text-align:center">17</h1>

이런 방법으로 우리가 이 경전을 통해 얻은 지식은 이 모든 이원을 없애 줄 것입니다. 이 신성한 경전에 의해 나타난 지식은 모든 존재와 비존재를 없앨 것입니다. 이 뛰어난 경전에 의해 양육된 지식은 모든 세상, 개체들과 지고자를 지울 것입니다. 그런 방식으로 이 경전에 의해 획득된 지식은 나뉘지 않은 지고한 희열을 줄 것입니다.

<h1 style="text-align:center">18</h1>

설명한 대로, 이 경전에 대한 지식은 하루도 예외 없이 지고한 쉬바에 대한 헌신과 유사한 삿구루에 대한 오점 없는 헌신에 전념하는 자에게만 일어날 것입니다. 이 경전에 대한 지식이 마음

을 가로질러 달릴 때 그것은 모든 커다란 슬픔을 즉시 치유할 것입니다. 끝없이 되풀이 말한들 무슨 소용이 있겠습니까? 이 지식은 나뉘지 않은 지고한 해방을 주는 것입니다.

19

만약 구루의 면전에서 이 오점 없는 경전을 헌신적으로 듣던 제자가 그의 모든 재원으로 존경하는 구루를 흠 없이 숭배하지 않는다면, 그 비난받을 만한 제자는 가엾은 개의 자궁으로 수백 번 들어갈 것입니다. 게다가, 그는 모든 카스트 아래에 있는 카스트에 속하지 않는 자로서 수백만 번 태어나는 고통을 겪을 것입니다.

20

구루의 면전에서 전술한 경전을 즐겁게 듣는 제자가 만약 비난할 점이 없는 훌륭한 구루를 비난한다면, 그는 지옥에 있는 개의 신세가 되어 수없이 태어나게 될 것입니다. 이 불멸의 경전을 들은 후 자신의 구루를 지고한 쉬바로 간주하지 않는 자는 축적된 죄로 계속해서 수퇘지로 태어날 것이며, 거기서 때를 기다려 지옥으로 추방될 것입니다.

21

이 귀한 경전의 스승을 기쁘게 하는 대신에 헛되이 시기하는 자는 누구든지 배설물의 구더기로 영겁 동안 살아갈 것입니다. 이 귀한 경전을 설명하는 스승은 참으로 나뉘지 않은 지고한 브람만이십니다. 스승을 헛되이 시기하는 자의 엄청난 죄에 대해 우리가 어떻게 말해야 할 것입니까?

22

무한정 되풀이 말한들 무슨 소용이 있겠습니까? 매일 구루와, 모든 세상의 신이신 지고한 이슈와라에게 헌신하였던 사람들에게만 이 경전의 지식은 확신과 함께 일어날 것입니다. 마음 그 자체에서 나타나는 지식에 의해서 우리는 해방의 굉장한 희열을 감싸 안을 수 있습니다. 깊은 진실과 심오한 믿음으로 이것에 귀 기울인 자들은 그들의 모든 오점을 제거하여 지고한 브람만이 될 것입니다.

23

전지한 지고한 쉬바가 설명한 이 경전을 일점 지향의 주의력을 기울여 계속 연구하는 자들은 다른 어떤 경전에도 끌리지 않을 것입니다. 수많은 단어들을 배열한들 무슨 이점이 있겠습니까? 이 세상의 모든 껍질들을 열심히 빻는다 하더라도 쌀 한 톨이라도 나오겠습니까? 마찬가지로 모든 책들을 세밀히 조사한다 하더라도 나뉘지 않은 지고한 쉬바에 대한 지식은 그 어디에서도 볼 수 없을 것입니다.

24

따라서 다른 어떤 경전들도 보지 않고 이 경전의 교의를 수행하는 자들에게만 차이 없고 나뉘지 않은 지고한 지식이 생겨나며 해방의 구별 없는 상태가 빨리 일어납니다. 이에 대해서는 조금도 의심이 없습니다. 이것은 참으로 제가 가졌던 직접적인 경험입니다! 이 경전은 얼마나 위대한지요! 이것을 베푸는 안내자의 은총은 얼마나 위대한지요!

25

이같이 성자 니다가는 자신의 비길 데 없는 개인적인 경험에 의지하여 그리고 신성한 구루의 위대함에 의하여 구루의 면전에서 즐겁게 이 경전의 영광을 묘사하며 정체성이 없는 성품의 희열 Bliss of the identiless nature 속에 거주했다. 이같이 스칸다는 친절하게 자이기샤비야에게 이를 설명하였다. 수타도 또한 모인 모든 사람들에게 그렇게 말해 주었다.

26

오점 없는 우리의 신의 무한한 형상은 비길 데 없이 즐거운 춤을 추시면서 다음과 같이 말한다. 이 경전의 우수성을 설명하였던 안내자는 위대하고 나뉘지 않은 상태의 경험으로 강화된 '나'라는 것이 없는 성자 니다가에게 다른 경전들이 이 경전의 위대함을 가지지 않았다고 지적해 주었다.

제43장

아차리야(스승)의 은총으로 영원하고, 순수한 깨달음과 해방을 얻어 무한한 의식으로 거주하는 지반묵티(살아 있는 동안 해방)의 상태를 얻는 것에 대한 니다가의 이야기

1

위대한 성자 니다가는 희열의 기쁨 속에서 그가 내면에서 얻은 브람만의 나뉘지 않은 지고한 지식과 함께 다음과 같이 구루를 즐겁게 더 찬양하였다. 훌륭한 안내자시여! 까닭 없는 자비로 전해 준 당신의 이야기로 저는 세상과 모든 것의 환영을 없애며 진리—지식—무한자인 브람만이 되었습니다.

2

구루들 중에서도 가장 뛰어난 구루시여! 저에게 은총으로 주신 가르침에 의하여 저는 쇠약하게 만드는 모든 무지와 여러 조건화들을 모두 없애고, 무한한 의식의 공간이며, 오점 없고 부분이 없는 계속적인 존재시며, 자각이며 비길 데 없는 희열이며, 모든 것이 완전하며 완벽하게 충만하며 평화로운 것이며, 태고의 것이며, 움직임이 없는 성품이며, 떨어져 있는 것이 없는, 형체가 없는 것으로 자리를 잡았습니다.

3

인간들 중 최고의 분이시여! 저에게 은총으로 주신 가르침에 의해 저는 브람만이 되어 모든 실재하지 않은 환영과 여러 조건형성들을 없애고, 순수한 것이며, 희열의 덩어리이며, 피로가 없는 것이며, 자유로운 것이며, 스스로 빛나는 것이며, 영원한 것이며, 속성들이 없는 것이며, 비할 데 없는 것이며, 때 묻지 않은 것이며, 고통이 없는 것이며, 오점이 없는 것이며, 완전하고 완벽하게 충만한 비이원으로 자리 잡았습니다.

4

저의 안내자시여! 저에게 은총으로 주신 가르침에 의하여 저는 브람만이 되어 '보이는' 대상들의 환영을 없애고, 지식의 성품을 가진 무한한 의식의 확장이며, 흠이 없으며, 장엄하며, 마음의 영역을 벗어나 있으며, 가장 높은 것보다 더 높으며, 지고한 공간이며, 나뉘지 않으며, 더럽혀지지 않는, 굴레 없는 지고한 쉬바이며 지고한 나로서 자리 잡았습니다.

5

저의 구루시여! 저에게 은총으로 주신 가르침에 의하여 저는 의식의 무한한 공간인 브람만이 되어 모든 껍질들과 혼란들을 없애고, 영원하고 변화 없는 의식이며, 영원한 희열의 덩어리이며, 자연스러운 나이며, 형언할 수 없는 빛나는 공간이며, 구분이 없는 것이며, 신(이슈와라)과 다른 신들이 전혀 없는 위대한 것보다 더 위대하고, 나뉘지 않은 브람만-나로서 자리를 잡았습니다.

6

지고한 구루시여! 저에게 은총으로 주신 가르침에 의하여 저는 무한한 의식의 공간인 브람만이 되어 개인, 지고자, 세상과 같은 구분들을 없애고, 파괴할 수 없는 최고의 유일자이며, 해석하는 마음이 미치지 못하는 진리이며, 빛이나 어둠 같은 것이 전혀 없는, 나누어지지 않는 고대의 신성한 것이며, 더럽혀지지 않고 결함 없으며 완전하고 고귀한 나로서 자리를 잡았습니다.

7

경이로운 구루시여! 저에게 은총으로 주신 가르침에 의하여 저는 의식의 확장인 브람만이 되어 제 가슴속에 있는 차이들의 모든 망상을 없애고, 의식의 거주지이며, 모든 의식이며, 의식의 옷을 입고 있는, 의식-희열의 덩어리이며, 구속이 없고 피로가 없는 그것의 의미이며, 두려움 없으며, 틈새가 없으며, 모든 곳에 스며 있으며, 비교할 수 없는, 하찮은 것이라곤 전혀 없는, 오로지 홀로 서 있는 진리로서 자리를 잡았습니다.

8

진정한 구루시여! 저에게 은총으로 주신 가르침에 의하여 저는 오점 없는 의식의 확장인 브람만이 되어 마음의 모든 잠재적인 인상들에서 벗어나, 진리-의식-희열의 덩어리이며, 움직임 없으며, 평정하며, 매우 고요하며, 영원하며, 흠이 없으며, 혼란이 없으며, 가려지지 않으며, 행위가 없으며, 비이원이며 나뉘지 않으며, 완전한 전체로서 자리를 잡았습니다.

9

위대한 성자시여! 저에게 은총으로 주신 가르침에 의하여 저는 오점 없는 의식의 확장이 되어 모든 정신적 신비화를 한순간에 없애고, 오점 없으며, 속성들이 없으며, 동일시가 없으며, 결점들이 없으며, 세 가지 속성들을 초월하며, 늘 오해가 없는 상태로 떨어져 나오는 것이 전혀 없는 하나의 완전한 전체이며, 시작이 없고, 끝이 없으며, 나누어지지 않는 것으로 자리 잡았습니다.

10

이런 장황한 말들이 무슨 소용이 있겠습니까? 간단히 말하자면, 저의 구루시여! 당신이 가르치신 "그것이 당신이다."와 같은 훌륭한 금언에 나타난 의미들을 깊이 탐구하여 "나는 브람만이다."라는 지식을 얻고, 그럼으로써 나뉘지 않은 지고한 달콤한 희열을 충분히 맛보고 그리고 그것에 의해 더욱 강화된 상태로 저는 희열의 자각인 지고한 실재로서 머물고 있습니다.

리부의 노래

11

진정한 구루(삿구루) 앞에서 이 경전의 위대한 의미의 에센스를 들은 후 탐욕과 여타의 나쁜 자질들을 던져 버리고 몸이 존재하는 한 지칠 줄 모르는 헌신으로 재산과 같은 것을 가지고 그 훌륭한 구루를 숭배하는 자들에게만 "나는 브람만이다."라는 변화하지 않고 나뉘지 않은 지고한 지식이 방해받지 않고 일어납니다.

12

더욱이, 지고한 쉬바의 자비는 정해진 방법과 적절한 계율에 따라 순수한 재로 온몸을 바르고 세 가지 줄을 늘 긋는 사람들에게만 베풀어집니다. 그런 밀려오는 자비에 의해, 생각은 정화될 것이며 어느 때라도 아무 장애가 없이 둘이 없이 "나는 브람만이다."라는 지식이 크게 일어날 것입니다.

13

헌신으로 재를 바르는 것을 '파수파타들의 맹세'라고 합니다. 진리의 상징인 재를 바름으로써 나뉘지 않은 절대자에 대한 순간적인 지식이 일어날 것입니다. 일 년 내내 파수파타 맹세를 함으로써 저는 당신의 발에 이르렀습니다. 고귀한 분이시여! 당신의 은총에 의해, 저는 오늘 나뉘지 않은 지식을 얻어 나에 거주하고 있습니다.

14

당신이 저에게 은총으로 주셨던 순수한 가르침을 숙고하고, 미세한subtle 생각을 하고, 매일 끊임없이 열심히 일점 지향의 심오한 명상을 하고, 움직임이 없는 상태에 머물면서 무지와 잘못된 투사라는 사악한 적들에 의해 조금도 속박을 받지 않는 나뉘지 않은 지고한 지식을 얻음으로써 저는 모든 카스트들과 삶의 순서들을 초월하여 비이원의 지고한 브람만이 되었습니다.

15

추한 무지의 활동을 없애고, 흔들림 없는 심오한 명상에 의해서 오점 없고 나뉘지 않은 지고한 지식을 얻어 빛나는 행복의 상태에 머무르면서 희열을 충분히 즐기고 영원한 희열로 거주하면서 카스트들이나 관습들이나 삶의 순서들이 없는 상태에서 저는 카스트들이나 삶의 순서들을 초월한 자가 되었습니다.

16

진정한 스승이시여! 저에게 은총으로 주셨던 가르침에 따라서 저는 끊임없이, 열심히, 중단 없이, 계속하여, 지치지 않고, 성실하게, 제가 속성들이 없는 지고한 브람만이라는 것을 명상하고 세 가지 속성들을 초월하여 지고한 지식에 이르고 스스로 위대한 자각인 지고한 브람만이 되어 모든 바람직하지 못한 속성들을 버림으로써 모든 속성들을 초월한 오점 없는 자가 되었습니다.

17

저의 스승이시여! 저에게 은총으로 주었던 가르침에 따라서 끊임없이, 지속적으로, 열심히, 제가 늘 브람만이라는 것을 묵상하고contemplate, 모든 정신적 오해들을 없애고, 니르비칼파 사마디(차별 없는 상태에 잠긴absorption in)의 상태에 이르고, 완전히 평화로운 소멸되지 않는 성품에 머물면서 지고한 브람만에 대한 파괴할 수 없는 지식으로 가득 찼을 때 저는 훌륭한 브람민이 되었습니다.

18

완전한 확신으로 사라짐과 거짓 투사, 무지와 즐거움과 같은 다양한 장애들을 없애고, 물과 혼합된 우유처럼 브람만과 하나로 융합되어merge, 변화 없는 니르비칼파 사마디 상태에 자리 잡아 저 자신의 희열을 즐기면서 조금의 차이도 없는 나뉘지 않은 지식의 힘으로 저는 바위처럼 확고부동한 지식에 머물고 있습니다.

리부의 노래

19

제가 늘 쉬바라는 흔들림 없는 확신으로 수족이 없고 나뉘지 않은 성품인 비이원인 지고한 쉬바를 어떤 애착들이 없이 숭배하여 지고한 쉬바의 안정되고 고상한 자비를 얻고 즉각 모든 마음의 오해들에서 벗어나 나누어질 수 없는 지고한 쉬바에 대한 지식으로 가득 찰 때, 저는 지고한 쉬바의 헌신자가 되었습니다.

20

어디에서 존재하든 모든 것이 쉬바이며 저는 그 완벽하게 충만한 유일의 쉬바라는 고상한 확신으로 항상 쉬바를 흠 잡을 데 없이 숭배하면서 모든 남아 있는 장애들을 없애고 방해받지 않는 희열을 즐기면서 지고한 쉬바에 대한 나뉠 수 없는 지식으로 충만할 때 저는 지고한 쉬바의 헌신자가 되었습니다.

21

당신이 저에게 은총으로 주신 "프라갸남 브람마(지고한 지식이 브람만이다)."와 같은 금언들의 나뉠 수 없는, 직접적인 의미를 통감하며 착오 없이 그것들을 숙고하고, 나아가 그것들을 연구하여 그것들의 나뉘지 않은 의미를 깨달아 무지 혹은 의심들과 왜곡들로부터 벗어날 때 저는 행복하게도 살아 있는 동안 해방을 얻은 자가 되었습니다.

22

듣기나 여타 수행법들을 통해 몸이 나라는 졸렬한 개념들을 없애고 브람만–나에 대한 숭고한 이해로 가득 차, 나중에는 그 지식조차 버리고 상상할 수 없는, 나뉘지 않은 나의 지식을 얻어 행위자의 신분과 같은 굴레들을 없애고 비길 데 없는 희열을 즐길 때 저는 또한 살아 있는 동안 해방을 얻은 자가 되었습니다.

23

둘이 없는 고상한lofty 사마디 (잠김의 상태state of absorption)에서 완벽하게 충만한 유일자가 되어 명예나 불명예에 대한 생각이 전혀 없이 그런 사마디에서 세상과 무관하게 되며 다정함과 같은 네 가지 특성들로 가득 차 숭고한 성품을 지니게 될 때, 저는 또한 살아 있는 동안 해방을 얻은 자가 되었습니다.

24

저의 모든 마음의 오해들이 사라지고 애착하던 모든 추구들이 없어졌기 때문에 늘 사마디 상태에 들어있는 순수한 브람만-희열의 상태를 계속 유지하면서 생각과 같은 것이 미치지 못하는 그 성품에 머물러 세상, 개인들, 지고자라는 모든 개념들을 벗어나 살아 있는 동안 해방을 얻었으므로 존경 받는 분이시여! 저는 나에 머물고 있습니다.

25

"나는 늘 브람만이다." "그것이 나 자신이다."와 같은 이러한 강하고 확고한 확신은 때가 묻지 않은 사마디 상태라고 할 수 있습니다. 이원의 모든 현상이 완전히 사라진 완전한 감각의 소멸이라는 생각이 없는(니르비칼파) 상태는 또한 사마디 (강한 흡수absorption)의 상태로 간주될 수 있습니다. 이러한 두 사마디 상태에 의하여 존경 받는 구루시여! 저는 살아 있는 동안 해방의 희열로 가득 차 순수한 절대자가 되었습니다.

26

제가 모든 조건화들이 전혀 없는 육체가 없는 해방(비데하묵티)를 얻을 때까지, 무지의 흔적 때문에 열매를 맺은 카르마(프라랍다)가 제거되기까지 비록 다양한 상태의 이원으로 인한 왜곡들이 남아 있는 무지의 흔적에 의해 일어날지라도 저는 살아 있는 동안 동요 없는 해방의 상태에 있기에 줄기찬 상태로, 일어난 감소되지 않는 즐거움을 항상 맛보며 희열 속에서 저 자신 속에 머물 것입니다.

27

몸을 가지고 있는 동안 이른바 해방을 얻은 자에게도 남아 있는 카르마(프라랍다)로 인해 그런 완전무결한 존재들에 대한 인가approbation와 비난이 있습니다. 그들이 살아 있는 동안 해방을 얻은 자(지반묵타)인 것은 바로 "나는 브람만이다."라는 확신 때문입니다. 다른 사람들에 의한 인가와 비난은 전혀 영향을 미치지 못합니다. 그러한 확신으로 저는 희열 속에서, 나 자신 속에 머무를 것입니다.

28

저는 늘 영원한 지고한 브람만입니다. 저는 늘 순수한 지고한 브람만입니다. 저는 늘 지식인 지고한 브람만입니다. 저는 늘 해방인 지고한 브람만입니다. 저는 늘 움직임 없는 지고한 브람만입니다. 저는 늘 집착 없는 지고한 브람만입니다. 저는 "나는 브람만이다."라는 확신을 가진 자입니다. 그러한 이는 살아 있는 동안 해방을 얻은 자입니다.

29

비데하묵타(몸으로부터 해방된 자)는 마음과 같은 개인적 조건화들이 없고 환영과 같은 우주적 조건화들이 없으며 깨어 있는 상태와 같은 다양한 상태들이 전혀 없으며 이름이나 형상이 없으며 견줄 만한 사람도 전혀 없으며 "나는 브람만이다."라는 확신마저도 완전히 없기에 오점 없이 늘 지식의 덩어리로서만, 지고한 브람만으로서만 존재하는 자입니다.

30

위대한 성자시여! 당신의 자비에 의하여 저는 살아 있는 동안 해방의 희열 상태에 머무릅니다. 구별로 인한 프라랍다(카르마)가 멈출 때까지 구별 없고 끊임없는 "나는 브람만이다."라는 확신을 늘 이용하면서 상칼파(개념, 관념)나 혹은 비칼파(의심)에게 자리를 양보하지 않으면서 저는 시작과 끝이 없고 나뉘지 않은 나에 늘 머무를 것입니다.

31

구별로 인해 잔재하는 카르마가 소멸될 때 저는 어떤 오해들이 없이 유일하며 완전하고 완벽하게 충만한 구별 없는 지고한 브람만이 될 것입니다. 진정한 구루시여! 저는 이제 성취해야 할 모든 것을 이룬 자가 되었습니다. 왜냐하면 당신의 자비에 의해 저는 아주 쉽게 유일한 지고한 지식을 얻었기 때문입니다.

32

모든 것의 토대로 머물면서 저는 모든 것으로 드러나는 브람만이 되었습니다. 저는 떨어져 있는 것이 전혀 없는 나뉘지 않은 것으로 자리 잡은 비이원인 브람만이 되었습니다. 저는 늘 완전히 순수하며 나뉘지 않은 의식의 확장인 지고한 브람만이 되었습니다. 저는 늘 존재-의식-희열로 자리 잡은 나뉘지 않은, 완벽하게 충만한 지고한 브람만이 되었습니다.

33

저는 늘 속성이 없는 브람만이 되었습니다. 저는 늘 부분이 없는 브람만이 되었습니다. 저는 늘 흠이 없는 브람만이 되었습니다. 저는 늘 행위 없는 브람만이 되었습니다. 저는 늘 고뇌가 없는 브람만이 되었습니다. 저는 늘 베일이 없는 브람만이 되었습니다. 저는 늘 움직임이 없는 브람만이 되었습니다. 저는 늘 오점 없는 브람만이 되었습니다.

34

모든 것이 당신의 은총입니다. 이같이 니다가는 찬양받을 만한 구루 리부에 대한 찬사를 아주 겸손하게 마무리 지으며 모든 마음의 오해들이 없는 상태로 행복하고 자유로운 그의 자연스러운 , 변화하지 않는 상태에 머물렀다. 스칸다가 자이기샤비야에게 나무랄 데 없이 설명해 주면서 그의 모든 슬픔들을 없애 주었듯이 수타도 모여 있던 모든 사람들에게 이 모든 것을 설명해 주었다.

35

자신의 훌륭한 안내자의 가르침대로 구별 없는 브람만−지식에 이르고 결점 없는 지고한 의식이 되고 탄생과 죽음의 반복적인 윤회의 고통에서 벗어나 살아 있는 동안 해방을 얻은, 신선한 희열 상태의 깨달은 존재인 니다가에 대해 말씀해 주신 분은 바로 기쁨의 춤을 추는 상태에 있는 신들 중의 우리 신의 무한한 형상이다.

제44장

지고한 쉬바의 은총을 얻기 위한 주요한 수단들로서 깊은 명상으로 이 경전의 위대함을 찬양

1

모든 시대 모두의 유익을 위하여 흠 없는 성자 리부는, 둘이 없는 나뉘지 않은 지고한 지식을 얻어 구루의 가르침에 의해 즉각 애착의 모든 굴레를 없애고 순수한 지고한 희열을 즐기고 있던 니다가에게 다정하게 말을 걸면서 계속해서 가르침을 더 주었다.

2

아들아! 그대는 세상의 모든 인상들을 없애고서 최고의 나뉘지 않은 지식을 얻어 살아 있는 동안 비이원인 희열로 충만한 해방의 상태에 도달함으로써 그대의 목표를 이루었다. 이제 해방을 추구하는 이 세상의 모든 지적인 구도자들이 완전한 집중 상태에서 매일 열심히 명상 수행하여 마침내 지고한 쉬바의 자비가 폭포처럼 떨어져 그대에게 닿게 하는 그런 명상 방법에 귀를 기울여라.

3

나는, 참으로, 소멸되지 않는 존재이다. 나는, 참으로, 오점 없는 의식이다. 나는, 참으로, 희열의 덩어리이다. 나는, 참으로, 나뉘지 않은 에센스이다. 나는, 참으로, 나뉘지 않은 지고한 나이다. 나는, 참으로, 오점 없는 지고한 쉬바이다. 나는, 참으로, 나뉘지 **않은 지고한 쉬바**이다. 그러므로 확고하게, 끊임없이, 깊은 명상을 해야 한다.

4

나는, 참으로, 속성 없는 브람만이다. 나는, 참으로, 오점 없는 브람만이다. 나는, 참으로, 부분이 없는 브람만이다. 나는, 참으로, 행위가 없는 브람만이다. 나는, 참으로, 움직임이 없는 브람만이다. 나는, 참으로, 흠 없는 브람만이다. 나는, 참으로, 모든 곳에 퍼져 있는 지고한 브람만이다. 그러므로 항상 깊은 명상을 해야 한다.

5

나는, 참으로, 고통 없는 브람만이다. 나는, 참으로, 베일 없는 브람만이다. 나는, 참으로, 틈이 없는 브람만이다. 나는, 참으로, 모든 곳에 충만한 브람만이다. 나는, 참으로, 두려움 없는 브람만이다. 나는, 참으로, 탁월한 브람만이다. 나는, 참으로, 비길 데 없는 지고한 브람만이다. 그러므로 확고하게, 항상 깊은 명상을 해야 한다.

6

나는, 참으로, 영원한 브람만이다. 나는, 참으로, 움직이지 않는 브람만이다. 나는, 참으로, 진리인 브람만이다. 나는, 참으로, 동요 없는 브람만이다. 나는, 참으로, 둘이 아닌 브람만이다. 나는, 참으로, 분리된 것이 없는 브람만이다. 나는, 참으로, 지고한 브람만이다. 그러므로 확고하게, 끊임없이, 깊은 명상을 해야 한다.

7

나는, 참으로, 파괴될 수 없는 브람만이다. 나는, 참으로, 나이가 없는 브람만이다. 나는, 참으로, 굴레가 없는 브람만이다. 나는, 참으로, 나누어질 수 없는 브람만이다. 나는, 참으로, 영원한 브람만이다. 나는, 참으로, 집착하지 않는 브람만이다. 나는, 참으로, 존귀한 지고한 브람만이다. 그러므로 확고하게, 항상 깊은 명상을 해야 한다.

8

나는, 참으로, 모든 것인 브람만이다. 나는, 참으로, 모든 것이 아닌 브람만이다. 나는, 참으로, 결점이 없는 브람만이다. 나는, 참으로, 절대자인 브람만이다. 나는, 참으로, 희열의 덩어리인 브람만이다. 나는, 참으로, 순수한 절대자인 브람만이다. 나는, 참으로, 오점 없는 지고한 브람만이다. 그러므로 확고하게, 항상 깊은 명상을 해야 한다.

9

나는, 참으로, 모두 진리인 브람만이다. 나는, 참으로, 영원히 희열인 브람만이다. 나는, 참으로, 모두 의식인 브람만이다. 나는, 참으로, 의식의 공간인 브람만이다. 나는, 참으로, 모두 선함인 브람만이다. 나는, 참으로, 나 자신인 브람만이다. 나는, 참으로, 오점이 없는 지고한 브람만이다. 그러므로 확고하게, 항상 깊은 명상을 해야 한다.

10

나는, 참으로, 영원한 지고한 브람만이다. 나는, 참으로, 순수한 지고한 브람만이다. 나는, 참으로, 지식인 지고한 브람만이다. 나는, 참으로, 해방인 지고한 브람만이다. 나는, 참으로, 움직이지 않는 지고한 브람만이다. 나는, 참으로, 마음(칫타)인 지고한 브람만이다. 나는, 참으로, 오점 없는 지고한 브람만이다. 그러므로 확고하게, 항상 깊은 명상을 해야 한다.

11

다양한 표현들이 무슨 소용이 있는가? 베단타의 위대한 금언들의 경구들을 고수하면서 차별의 어떤 개념들이 전혀 없이 나는 늘 나뉘지 않은 지고한 브람만이며, 그 나뉘지 않은 지고한 브람

리부의 노래

만이 나 자신이라고 상당한 기간, 혼란 없이, 애정을 가지고 계속적으로 명상하는 사람들에게만 지고한 쉬바의 존귀한 자비가 흘러나올 것이며 자각인 희열의 지고한 지식이 일어날 것이다.

12

그러므로 해방을 추구하는 모든 구도자들은 구루의 앞에서 옳은 방법으로 아주 열심히 최고 베다의 위대한 금언들이 담고 있는, 시작이 없고 나뉘지 않은 의미에 대한 정의를 배우고, 그것들을 숙고하고, 멈춤 없이 계속해서 그것들을 명상하고, 또 쉬바의 유익한 은총에 의해 나뉘지 않은 지식을 얻어 해방의 희열에 머물러야 한다.

13

만약 구루의 면전에서 나뉘지 않은 지식을 정당하게 받아들였던 제자가 강한 탐욕 때문에 구루를 숭배하지 않는다면, 비록 그가 부와 같은 것을 지니고 있다 할지라도 그는 무서운 지옥(쿰비파카)과 같은 곳으로 떨어지는 것을 피할 수 없을 것이다. 그러므로 몸과 마음을 다 바쳐 매일 공물로 스승을 숭배해야 한다.

14

오점 없는 니다가여! 이같이 나는 사랑하는 마음에서 은총의 화신인 신(이슈와라)께서 모두의 이익을 위하여 설명해 주신 대로 너에게 무한하고 나뉘지 않은 지고한 쉬바-지식을 전해 주었다. 설명한 대로 그것에 귀를 기울이고 모든 굴레들을 파괴하는, 나뉘지 않은 이 지식을 얻은 이들은 즉각 생각과 같은 것의 모든 굴레들을 벗어나 모든 것이 의식인 나뉘지 않은 지고한 쉬바가 될 것이다.

15

이런 방법으로 구루의 가르침을 들으면서 고귀한 니다가는 그를 찬양하였으며, 가득한 사랑으로 가정과 가족과 모든 것을 구루에게 바쳤으며, 또한 그 봉헌을 완성하기 위하여 다른 모든 재산과 곡물과 여타의 모든 물품들 외에도 물을 따라 바치면서 사랑으로 자기 자신을 아들로 바쳤다. 그 다음 그는 기쁨의 찬가를 다음과 같이 불렀다.

16

지식의 나룻배에 저를 태워, 제가 빠져들었던 세상 존재의 슬픔이라는 시작이 없는 바다를 건너 태고의 지고한 브람만이라는 저 먼 해안으로 아주 편안하게 저를 실어다 주신 저의 진정한 구루이신 당신에게 영광을! 제가 죽어 없어지는 몸이라고 생각하여 여러 가지 심각한 슬픔들에 빠져 있던 저에게 영감을 불어넣어 제가 고통 없는 지고한 브람만이라는 깨달음으로 이끌어 주시고 저에게 나뉘지 않은 희열을 주셨던 저의 구루이신 당신에게 영광을 드립니다!

17

모든 것은 나뉘지 않은 지고한 브람만이며 제가 바로 그것이라고 저에게 가르침을 주시고 "이 세상은 실재이며 나는 의식이 없다insentient!"와 같은 모든 의심을 없애 주신, 저의 진정한 구루이신 당신에게 영광을! 행위의 그릇된 길이 저를 목표에 이르게 할 수 있을 것이라는 생각의 소용돌이와 환영에 오랫동안 빠져 있던 저에게 나뉘지 않은 훌륭한 지고한 지식을 줌으로써 저를 진정으로 그것 자체로 만드신 저의 진정한 구루이신 당신에게 영광을!

18

은총의 화신으로 나타나시어 저를 당신의 은총으로 감싸 주신, 나뉘지 않은 절대자이신 구루에게 영광을! 다양한 모든 세상들에서 존귀한 은신처가 되기에 아주 적합하신 지고한 구루에게 영광을! 오점 없고, 부분이 없으며, 비길 데 없으며, 중단 없이 두루 충만한 구루에게 영광을! 지고한 쉬바이시며, 가장 높은 것보다 더 높으시며, 지고한 나이시며, 지고한 브람만이신 구루에게 영광을!

19

시작이 없고, 나뉘지 않은 성품으로 나타나 빛나시는, 오점 없는 진정한 구루이신 당신에게 영광을! 오점이 없고, 나뉘지 않은 지고한 지식인, 진정한 구루이신 당신에게 영광을! "오점이 없는 지식"을 초월하여 변화하지 않는 것으로 우뚝 솟아 있는 지고한 구루이신 당신에게 영광을! 깨달음을 얻고, 전혀 집착이 없는, 평정한equanimous 분이신, 지고한 구루이신 당신에게 영광을!

20

존재-의식-희열의 덩어리이신 구루에게 영광을! 움직임 없는 평화이신 지고한 구루에게 영광을! 영원하고 속성들이 없는 구루에게 영광을! 오점 없는 지고한 구루에게 영광을! 순수하고 무한한 공간인 구루에게 영광을! 미세한 것으로 만연하고 있는pervasive 지고한 구루에게 영광을! 완벽하게 완전하고 비이원의 구루에게 영광을! 나뉘지 않은 지고한 구루에게 영광을!

21

그러자 구루는 이같이 모든 것을 구루의 공물(닥쉬나)로 넘겨주고, 겸손하고 흔들림 없는 헌신으로 찬사를 표현하면서 비길 데 없는 봉사에 전념한 성자 니다가에게 다음과 같이 말씀하셨다. 그대가 자발적으로 헌신하였기에 매우 기쁘다. 나의 아들아! 그대가 해야 할 일은 아무것도 없다nothing left for you to do. 그대는 참으로 축복받았다.

22

아들아! 그대는 지고한 브람만에 대한 강하고, 확고부동한, 완전한 지식에 이르렀다. 지치게 하는 세상 존재의 모든 환영의 고뇌들을 제거했으므로 그대는 의식-희열인 지고한 브람만이 되었다. 이것이 진실이라 하더라도, "나는 브람만이다."라는 확신을 매일 열심히 중단 없이 추구하여, 비데하묵티(몸을 벗어난 해방)를 얻을 때까지 그대의 자연스러운 상태에 머물러라.

23

"나는 브람만이다."라는 완전한, 강렬한 확신 이외의 어떤 것도 해방에 도움이 되지 않는다. 지고한 나뉘지 않은 해방을 가져오는 것은 바로 "나는 브람만이다."라는 강한 확신이다. 매일같이 "나는 브람만이다."라는 전적이고도 강렬한 확신을 헌신적으로 수행하는 사람에게만 해방이라는 귀한 상태가 쉽게 일어날 것이다. "나는 브람만이다."라는 완전히 강한 그 확신에 의해서 말이다.

24

구별이 없는differenceless "나는 브람만이다."라는 확신만이 구별이 없는, 나뉘지 않는, 지고한 해방을 가져다줄 것이다. 이것에 대해서는 의심이 없다. 그것은 정말이지 진리이다. 쉬바의 두 발에 맹세코, 이것은 정말로 진리이다. 그러므로 기술한 대로 "나는 브람만이다."라는 확신에 매일같이 유익하게 의지함으로써 해방을 추구하는 모든 구도자들은 나뉘지 않은 진리를 깨달아 해방을 얻어야 한다.

25

결점이 없고, 완전한, 지고한 해방에 이르는 방법인 변화 없고 확고한 "나는 브람만이다."라는 확신을 얻도록 상술해 놓은 책으로는 이 경전 이외에는 없다. 지고한 쉬바가 바로 내 앞에서 몸소 말씀해 주신 이 경전과 비교할 만한 책이 있겠는가? 이 경전은 모든 다양한 세상들에 널리 퍼져 있는 모든 작품들works의 참으로 에센스이다.

26

이것은, 참으로, 모든 종류의 베다들의 훌륭한 에센스이다. 이것은, 참으로, 모든 베다들의 최상의 것들 중에서도 훌륭한 에센스이다. 이것은, 참으로, 모든 다양한 경전들 중에서도 에센스이다. 이것은, 참으로, 모든 서사시들 중에서도 에센스이다. 이것은, 참으로, 모든 다양한 구루의 은총 중에서도 에센스이다. 이것은 모든 자파(만트라의 반복)들 타파스(강렬한 영적 수행)들 중에서도 에센스이다. 이것은, 참으로, 모든 다양한 세상들의 에센스이다. 이것은, 참으로, 모든 것들의 위대한 에센스이다.

27

이것은, 참으로, 모든 종류의 탄생들로부터 해방이다. 이것은, 참으로, 모두를 위한 쉬운 해방이다. 이것은, 모든 길들에서, 고통이 없는 해방이다. 이것은, 참으로, 늘 희열인 해방이다. 이것은, 참으로, 모든 종류의 감각들을 초월하는 해방이다. 이것은, 참으로, 늘 완전한 해방이다. 이것은, 참으로, 모든 것의 에센스인 해방이다. 이것은, 참으로, 늘 최상의 해방이다.

28

이것은, 참으로, 듣기와 같은 방법을 통해 오로지 의식이 되는 해방이다. 이것은, 참으로, 넓은 세상에 대한 흔들리는 마음의 오해들을 피함으로써 오로지 그것이 되는 해방이다. 이것은, 참으로, 현상적인 세상을 거부함으로써 속성들이 없이 존재하는 해방이다. 이것은, 참으로, 움직이는 그리고 움직이지 않는 모든 것에 무심함으로써 고취된 존재−의식−희열의 덩어리인 해방이다.

29

모두의 이익을 위해서, 그리고 신성하고 상서로운 형상의 신(이슈와라)께서 자비심을 내어 설명한 방식대로 나는 그대에게 그 이유로 계속 내세우면서keeping you as the reason 주의 깊은 수카 등과 같은 위대한 성자들에게 이 위대한 경전이 그들의 생각 속으로 스며들도록 이같이 이 경전을 설명해 주었다. 따라서 이것을 들었던 모든 이들은 나뉘지 않은 지고한 지식에 의해 그것 자체가 되었다.

30

리부가 모든 것을 말하면서addressing all 이 위엄 있는 선언majestic declration을 했을 때 니다가는 숨길 수 없는 즐거움으로 희열의 바다에 몸을 담고 있었다. 아름다운 리부-니다가의 대화를 들으면서 수카와 다른 성자들은 몸의 굴레로부터 벗어난 지고한 브람만에 대한 깨달음을 얻어 굴레 없는 그 지고한 브람만이 되었다.

31

그때, 모든 위대한 성자들은 기쁨과 애정으로 성자 리부에게 절하면서 다음과 같이 말하였다. 굴레 없는 지고한 구루시여! 지고한 쉬바가 자비심을 내어 설명하셨던 방식으로 오늘 우리에게 나뉘지 않은 지식의 바다에 대해 가르침을 줌으로써, 우리들에게 무한한 나뉘지 않은 지고한 희열을 전해 주신 당신의 자비에 대해 우리가 무슨 말을 할 수 있겠습니까?

32

변화 없는 스승이시여! 당신은 당신의 발에 위안을 구한 우리를 당신의 은총으로 받아들여, 우리가 지고한 희열을 얻도록 브람만-지식의 가르침이라는 배에 태워 시작이 없는 무지와 세상의 슬픔의 바다를 건너 지고한 브람만이란 해안에 데려다주고, 나아가 세상 존재의 불행이라는 맹공격으로부터 우리를 보호해 주셨습니다.

33

그러므로 당신은 참으로 아버지이시며, 참으로 어머니이시며, 참으로 있을지도 모르는 그 모든 훌륭한 친척들입니다. 당신은 도움을 주는 선한 구루이십니다. 당신은 참으로 친구이십니다. 당신은 전부이십니다. 이같이 침착한 마음으로 찬양하고 절하면서, 호된 세상 불행의 불길을 잠재우고, 순수한 의식의 상태에서 그들은 나뉘지 않고 시작도 끝도 없는 희열의 바다에 평온하게unperturbed 빠져들었다revelled.

리부의 노래

34

성자 리부는 카일라사 산에서 신의 자비로 얻었던 그 체계적인 가르침을 니다가와 여타의 성자들에게 이야기해 줌으로써, 그들을 절대자의 성품까지 올려놓은 뒤에 끝없는 희열 속에 머물렀다. 마찬가지로, 나(스칸다)도 그대, 자이기샤비야에게 이것을 은총으로 주었다. 이제, 나는 이 지식의 다양한 양상들 중 미묘한 것들을 그대에게 계속 들려주겠다. 잘 들어라!

35

브람민들과 여타의 사람들로 이 세상에 창조된, 이 세상의 모든 개체(지바)들은 우선 베다들에 기술된 행위들을 이행해야 한다. 그들이 최고의 베다들이 규정한 대로 그렇게 행하는 동안 그들은 조금의 반신반의도 없이 정해진 대로 신성한 재를 항상 발라야 한다. 그들은 이것을 조금도 무시해서는 안 된다.

36

위대한 성자여! 모든 사지들에 재를 잘 바르고, 마찬가지로 세 개의 줄을 긋고, 규정된 대로 신성한 염주(루드락샤)로 머리와 다른 부위들을 장식하고 난 뒤에 그들은 "루드라(루드라의 찬가)", "판차크샤라(다섯 음절로 된 쉬바 만트라)"와 기타 숭고한 만트라들을 암송하면서 보이는manifest 위대한 링가(돌로 된 쉬바의 상징)를 매일 올바르게 숭배해야 한다.

37

신을 숭배하는 것과 꼭 같이, 헌신자들에 대한 숭배 또한 열심히 행해져야 한다. 몸이 지속되는 한 그들은 명성이 높은 신성한 샤이바이테(쉬바에 관한) 센터에 살면서 지칠 줄 모르게 꾸준히 쉬바의 순수한 이름을 늘 불러야 하며, 또한 쉬바의 배우자와 함께 있는 쉬바의 매우 숭고한 형상을 명상해야 한다.

38

베다들을 배우기에 적합한 사람들은 그들에게 처방된 모든 것을 결함 없이 해야 한다. 낮은 계급들과 같이, 배우기에 적합하지 않은 자들도 봉사를 해야 하거나, 혹은 처방된 대로 그런 다른 행위들을 확실히 해야 하며, 순수한 재를 바르고 항상 피로가 없는^{unweried} 상태로 어떤 신성한 샤이바이테(쉬바에 속함)의 장소에 살아야 한다.

39

세상의 모든 사람들이 세상의 재들을 바르는 권리를 가지는 것처럼, 끊임없이 루드락샤를 착용하고, 쉬바의 신성한 이름을 노래하고, 위대한 신(마헤쉬와라)을 명상하고, 그리고 속박이 없는 신성한 곳에 머물 권리를 가지고 있기에 이 세상의 해방을 추구하는 모든 구도자들은 마땅히 여기에서 규정한 행위들을 해야 한다.

40

존경하는 성자여! 앞에서 말한 이러한 모든 행위들은 지식의 위대한 부가물들이라고 할 수 있다. 이러한 부가물들 이외에, 듣기와 같은 것에 의지하는 사람들만이 지고한 쉬바의 은총에 의하여 시작도 끝도 없고 나뉘지 않은 지식을 얻을 것이며, 그리하여 무지와 세상 존재의 시작도 없는 무서운 굴레를 벗어나 나누어질 수 없는^{indivisible} 지고한 브람만으로서 살 것이다.

41

재로 세 개의 줄들을 긋는 사람들만이 의심할 여지없이 베단타를 탐구하기 위한 권위를 얻게 된다. 나머지 사람들은 그런 자격이 없을 것이다. 최고의 베다가 그렇게 말하고 있다. 베다들의 선언과 상반되는 어떤 경전이 있겠는가? 그러므로 우리는 앞서 말한 권위를 얻고 난 다음 나뉘지 않은^{undivided} 절대자에 대한 탐구를 착수해야 한다.

42

존귀한 성자여! 고요함tranquility이나, 감각들의 통제와 같은 것으로 잘 훈련된 확고한 은둔자라도 그의 몸에 신성한 재를 바르지 않는다면 그는 탐구와 이러한 조사를 할 적격자가 될 수 없다. 비록 그가 그런 탐구에 전념한다 하더라도 지고한 쉬바의 은총이 없다면 그는 지고한 브람만에 대한, 방해받지 않은 지식을 얻지 못할 것이다. 내가 말한 것은 명백하다. 이에 대해 의심의 여지가 없다.

43

많은 말들을 한들 무슨 소용이 있는가? 앞에서 말한 지식의 부가물을 따르고 흔들림 없이 이 경전을 탐구하는 사람들만이 삼부(행복의 수여자)로부터 나온 이 경전의 안정된 지식을 얻게 될 것이며, 그러한 지식을 얻음으로써 나뉘지 않은 희열을 얻고 그리고 절대자가 될 것이다. 따라서 샨무카가 자이기샤비야에게 이 견줄 데 없는 경전을 설명하였다.

44

수타도 같은 마음 상태로 모든 위대한 성자들에게 이 경전의 이야기를 들려주었다. 이 탁월한 경전에 귀를 기울이고, 의식으로 가득 찬 지고한 브람만에 대한 지식이 확고부동한 상태에서 신성한 희열을 즐기면서 그 모든 성자들은 흔들림 없는 헌신으로 조금도 줄어들지 않은 사랑으로 구루를 향해 아주 겸손하게 그를 찬양하면서, 그들은 그것 자체가 되어, 그들의 자연스러운 상태를 즐기고 있었다.

45

고귀한 성자 수타는 모든 성자들에게 이러한 방법으로 차별 없는 것에 대한 이 경전을 설명하면서 그들 모두를 차별 없는 지고한 브람만의 화신으로 만들었으며, 완전히 충만한 사랑으로 지식의 덩어리인 지고한 쉬바를 향해 아주 겸허히 그를 찬양하면서 나뉘지 않은, 시작도 끝도 없는 희열의 바다에서 살았다.

46

이 경전은 모든 환영적인 차별들을 없앨 것이다. 이 경전은 사람들을 오점 없는 지고한 브람만으로 바꿀 것이다. 이 경전은 두려움 없는 상태를 줄 것이다. 이 경전은 비길 데 없는 희열로 안내할 것이다. 이 경이로운 경전의 연의 수는 1,964개이다. 해방을 추구하는 모든 구도자들은 모든 종류의 책을 버리고, 열심히 이 경전을 탐구해야 한다.

47

이 경전을 말해 준 위대한 성자 수타의 두 발에 경의를 표합니다! 이것을 그에게 완전하게 설명해 준 비야사의 두 발에 경의를 표합니다! 이 주제를 제기한 고귀하고 위대한 성자 자이기샤비야의 두 발에 경의를 표합니다! 이 모든 것을 그 성자에게 상세하게 설명하였던 샨무카의 두 발에 경의를 표합니다!

48

모든 은총으로 이것을 그에게 가르쳤던 신성한 어머니의 아름다운 발에 경의를 표합니다! 의문들에 답변을 하였던respond 모든 고귀한 성자들과 오점 없는 니다가의 발에 경의를 표합니다! 설명으로 그들의 어두운 무지를 몰아냈던 비길 데 없는 성자 리부의 발에 경의를 표합니다! 사랑으로 이 모든 것을 리부에게 가르쳤던 최상보다 더 높은 지고한 쉬바의 발에 경의를 표합니다!

49

모든 것의 토대인 지고한 성품에게 영광을 드립니다. 모든 것이 없는 비이원의 성품에게 영광을 드립니다. 오점 없는 네 번째 상태인 지고한 성품에게 영광을 드립니다. 네 번째 상태를 초월하는 지고한 성품에게 영광을 드립니다. 나뉘지 않은 그리고 "나"에 의해 영향 받지 않는 지고한 성품에게 영광을 드립니다. 나와 다르지 않은 지고한 성품에게 영광을 드립니다. 비길 데 없는 지고한 성품에게 영광을 드립니다. 모든 곳에 스며있는 지고한 성품에게 영광을 드립니다.

50

진리—지식—희열의 덩어리인 지고한 성품에게 영광을 드립니다. 변화 없으며 평화로운 지고한 성품에게 영광을 드립니다. 공이며 그리고 그것의 지식인 지고한 성품에게 영광을 드립니다. 그것 자체로 가득 찬 그리고 홀로 서 있는 지고한 성품에게 영광을 드립니다. 바위처럼 움직임 없는 지고한 성품에게 영광을 드립니다. 오점 없고 부분 없는 지고한 성품에게 영광을 드립니다. 늘 둘이 없는 지고한 성품에게 영광을 드립니다. 강력한 유일자이며 지고한 브람만인 지고한 성품에게 영광을 드립니다.

51

진리—지식—희열인 지고한 성품에게 영광을 드립니다. 완전하고 완벽하게 충만한 지고한 성품에게 영광을 드립니다. 영원한 지식—희열인 지고한 성품에게 영광을 드립니다. 오점 없고 속성 없는 지고한 성품에게 영광을 드립니다. 이원의 흔적이 없는 지고한 성품에게 영광을 드립니다. 의식의 확장인 지고한 성품에게 영광을 드립니다. 비이원인 지고한 성품에게 영광을 드립니다. 나뉘지 않은 지고한 성품에게 영광을 드립니다.

52

먼저, 친절한 안내자가 전해 준 용기 있고 집중된 깊은 명상에 의해 신의 은총을 듬뿍 받은 자들이 해방을 얻을 수 있다고 설명하고, 마지막으로 이 고귀한 경전의 매우 아름다운 장대함을 칭찬함으로써 결론을 맺은 분은 기쁨의 춤을 추는 상태에 있는 우리의 암비카의 신의 무한한 형상이다.

성자 리부에게 드리는 인사

울라가나타 스와미갈로도 알려진 티루비다이마루드루 슈리 빅슈 샤스트리갈이 타밀어로 번역한, '리부 기타'라는 제목이 붙여진, 산스크리트 서사시 쉬바라하스얌의 제6부에 나오는 리부-니다가의 대화는 이같이 결론을 맺는다.

1. 옴! 창조주 브람마의 마음에서 태어난 아들이신 성자 리부에게 경배드립니다.

2. 옴! 실제로 창조는 없다고 가르치시는 성자 리부에게 경배드립니다.

3. 옴! 카일라사 산에서 쉬바 신의 입술로부터 직접 이 진리를 들으신 성자 리부에게 경배드립니다.

4. 옴! 결국 창조나 유지 혹은 파괴가 없다고 설명하신 성자 리부에게 경배드립니다.

5. 옴! 그러므로 브람마, 하리, 하라도 없다고 밝히시는 성자 리부에게 경배드립니다.

6. 옴! 지상을 초월하여 여행하시는 성자 리부에게 경배드립니다.

7. 옴! 베다의 글귀들의 모호한 메시지들을 지혜로 설명해 주시는 성자 리부에게 경배드립니다.

8. 옴! 삼계, 즉 지상, 천상과 그 사이의 공간을 초월하시는 성자 리부에게 경배드립니다.

9. 옴! 세 가지 몸들, 즉 거친 몸, 미세한 몸, 원인의 몸을 초월하시는 성자 리부에게 경배드립니다.

10. 옴! 깨어 있음과, 꿈, 깊은 수면이라는 세 가지 상태들을 초월하시는 성자 리부에게 경배드립니다.

11. 옴! 삿트와, 라자스, 타마스라는 세 가지 속성들을 초월하시는 성자 리부에게 경배드립니다.

12. 옴! 모든 세 가지들을 초월하시는, 즉 재로 그린 세 가지 줄들로 빛나시는 성자 리부에게 경배드립니다.

13. 옴! 순수한 하얀 재로 칠하여 반짝이는 위엄 있는 몸가짐mien을 하고 계시는 성자 리부에게 경배를 드립니다.

14. 옴! 그의 몸과 정수리가 루드락샤, 즉 루드라의 눈들의 눈물로 층층이 장식되신 성자 리부에게 경배드립니다.

15. 옴! 성스러운 후광이 가득한 존경스러운 얼굴을 가지신 성자 리부에게 경배를 드립니다.

16. 옴! 성자들의 정상에서 존경받는 주인으로 계시는 성자 리부에게 경배를 드립니다.

17. 옴! 성스러운 히말라야 산에서 열린 고행자들의 모임에서 그들의 연사로 찾아지셨던 성자 리부에게 경배드립니다.

18. 옴! 케다라 산에서 수훈sermon을 하셨던 성자 리부에게 경배드립니다.

19. 옴! 비이원의 진리를 선명하게 선언하신 성자 리부에게 경배드립니다.

20. 옴! 진리는 밀려오고 자아가 사라지는 그런 사람들에게 달샨을 주시는 성자 리부에게 경배드립니다.

21. 옴! 창조주 브람마가 우유의 바다에 던져 버린 이 경전을 되찾으신 성자 리부에게 경배를 드립니다.

22. 옴! 닥쉬나무르티 쉬바가 이 지식을 천 년 동안 가르친 경위를 이야기해 주시는 성자 리부에게 경배드립니다.

23. 옴! 비냐야카가 수년간 이것을 자신의 제자들에게 정성껏 가르쳤다는 것을 언급하시는 성자 리부에게 경배를 드립니다.

24. 옴! 하리가 우유의 바다에서 오랫동안 이것을 창조주 브람마에게 친절하게 가르치셨다는 것을 밝히시는 성자 리부에게 경배드립니다.

25. 옴! 헌신적인 수련으로 적어도 매일 한번 이 경전을 규칙적으로 읽는다면, 이 경전이 과거 무한한 생들에서 저지른 모든 죄들을 없애준다고 이 경전을 찬양하시는 성자 리부에게 경

배를 드립니다.

26. 옴! 나의 지고함에 자리 잡게 해주시는 성자 리부에게 경배를 드립니다.

27. 옴! 나와 브람만이 하나임을 상세히 설명해 주시는 성자 리부에게 경배를 드립니다.

28. 옴! 나뉘지 않은 성품을 해석의 가르침을 준 스승이신 성자 리부에게 경배를 드립니다.

29. 옴! 브람만의 물에서 매일 하는 정화의 목욕에 대한 만트라의 스승이신 성자 리부에게 경배를 드립니다.

30. 옴! 브람만에게 물을 바치면서(타르파나) 하는 만트라의 스승이신 성자 리부에게 경배를 드립니다.

31. 옴! 브람만에게 음식을 바치면서 하는 만트라의 스승이신 성자 리부에게 경배를 드립니다.

32. 옴! 마음속의 형상 없는 존재를 숭배하는 한 틀format을 수립하신 성자 리부에게 경배를 드립니다.

33. 옴! 베다들의 금언(마하바키야)들을 아주 잘 해석해 주신 성자 리부에게 경배를 드립니다.

34. 옴! 경전들의 금언axiomatic aphorism들을 자명하게 주석해annotate 주신 성자 리부에게 경배를 드립니다.

35. 옴! 근원적인 무지의 나무를 베어 내시는 성자 리부에게 경배를 드립니다.

36. 옴! "프라갸남 브람만"이라는 리그베다의 선언을 상세히 설명해 주시는 성자 리부에게 경배를 드립니다.

37. 옴! 브람만이 어떻게 순수한 절대 지식인지를 상세히 설명해 주시는 성자 리부에게 경배를 드립니다.

38. 옴! 문장sentence의 나뉘지 않은 의미가 유일한 실재인 나뉘지 않는 절대적 지식이라는 것을 설명해 주시는 성자 리부에게 경배를 드립니다.

39. 옴! 절대적 지식인 실재가 브람만이고, 브람만이 절대적 지식이라는 동일성을 설명해 주시는 성자 리부에게 경배를 드립니다.

40. 옴! 부분 비교의 기법art을 통해 "당신은 그것이다(탓트-트왐-아시)."라는 사마베다의 선언을

상세히 설명해 주시는 성자 리부에게 경배를 드립니다.

41. 옴! 환영 없는 브람만과 최초의primal 무지와 분리된 지바가 동일하다는 것을 분명히 밝히신 성자 리부에게 경배를 드립니다.

42. 옴! "이 나는 브람만이다(아얌 아트마 브람마)."라는 아타르바베다의 금언을 설명해 주시는 성자 리부에게 경배를 드립니다.

43. 옴! 나의 특성들characteristics을 몸과 연관시켜 비교하시고, 브람만을 우주와 연관시켜 비교해 주신 성자 리부에게 경배를 드립니다.

44. 옴! "나는 브람만이다(아함 브람마스미)."라는 야주르베다의 선언을 설명해 주신 성자 리부에게 경배를 드립니다.

45. 옴! "나는 누구인가?"에 대해 "나"라는 단어의 의미는 개인적인 지바이고, 브람만이란 단어의 의미는 이슈와라 즉 신이라고 논술해 주신 성자 리부에게 경배드립니다.

46. 옴! "그대가 그것이다."를 명하는ordains 진술statement로, "나는 브람만이다."를 자각의 진술로, "절대적 지식은 브람만이다."를 성찰reflection은 통한 수행의 진술로, 그리고 "이 나는 브람만이다."를 이 모든 것이 사실임을 보여주는 진술로 밝히는 성자 리부에게 경배를 드립니다.

47. 옴! 모든 지바들, 즉 애착을 가진 모든 개인들도 브람만의 성품이라는 것을 확인해 주신 성자 리부에게 경배를 드립니다.

48. 옴! 갈망했던 결과들뿐만 아니라 갈망 없는 행위도 브람만의 성품이라고 보신 성자 리부에게 경배를 드립니다.

49. 옴! 브람만의 존재를 마음속에 그리기 위해 부정의 길path of negation을 밟으신 성자 리부에게 경배를 드립니다.

50. 옴! 마음속의 개념 때문에 존재하는 모든 세상과 존재들이 오로지 개념의 성품을 가진 마음뿐이라고 보신 성자 리부에게 경배를 드립니다.

51. 옴! 망상이 없으신 성자 리부에게 경배를 드립니다.

52. 옴! 무한한 쉬바 위로 나타나는 현상계를 파도들, 기포들, 물거품들로 비유하신 성자 리부

에게 경배를 드립니다.

53. 옴! 혼란된 마음의 동굴 안의 거미줄들을 없애 주신 성자 리부에게 경배를 드립니다.

54. 옴! 성스러운 실이 베다들과 경전들에 대한 연구 없이는, 카스트의 외형적 상징에 불과하다는 것을 밝혀 주신 성자 리부에게 경배를 드립니다.

55. 옴! 진실로 브람민이 되기 위해서는 생명 life의 날실과 씨줄인 나의 실, 즉 근원(토대)에 대한 깊은 자각이 필요하다고 지적해 주신 성자 리부에게 경배를 드립니다.

56. 옴! 지식인 브람만이 형상 없고, 나뉘지 않고, 행위가 없으며, 모든 곳에 퍼져 있다는 것을 분명하게 밝히신 성자 리부에게 경배를 드립니다.

57. 옴! 브람만은 스스로 빛나며, 무한하고, 변화 없으며, 집착이 없다고 설명하신 성자 리부에게 경배를 드립니다.

58. 옴! 지반묵타를 살아 있는 동안 해방을 얻은 자라고 정의를 내리면서, 자신이 영원한 지고한 나라는 확신을 늘 가지고 계신 성자 리부에게 경배를 드립니다.

59. 옴! 지반묵타를 기억들이 없는 마음, 즉 차이가 없고 혐오가 없는 희열의 상태에 들어 있는 사람이라고 설명하신 성자 리부에게 경배를 드립니다.

60. 옴! 깨달은 성자를 이원이나 비이원이 없이, 자신 안에 자신으로 자리를 잡아, 나를 즐기는 자라고 밝히신 성자 리부에게 경배를 드립니다.

61. 옴! 비데하묵타를 몸을 벗어나 해방을 얻은 자로, 지고한 평화를 가지고 있으며, 아무것도 가지지 않으며, 심지어 해방조차도 가지지 않은 자로 정의 내리신 성자 리부에게 경배를 드립니다.

62. 옴! 비데하묵타를 움직임 없고, 변화 없고, 측정할 수 없는 순수한 의식으로 늘 존재하는 것으로 묘사하신 성자 리부에게 경배를 드립니다.

63. 옴! 비데하묵타를 환영이 없고, 이름과 형상이 없고, 선이나 악도 없고, 명상이나 명상 아님도 없는 지식을 갖고 있다고 밝히시는 성자 리부에게 경배를 드립니다.

64. 옴! 비데하묵타를 지고한 브람만 그 자체로 거주하고 있기에, '그것'에 대한 아무런 생각이

없이, 모든 것을 초월한다고 찬양하신 성자 리부에게 경배를 드립니다.

65. 옴! 준엄한 아드바이타의 혹독한 반복으로 울려 퍼지는 말씀들을 하신 성자 리부에게 경배드립니다.

66. 옴! 이원의 장field의 망상들 안으로 침략하여 지치지 않는 열정으로 비이원의 깃발을 높이 날리신 성자 리부에게 경배를 드립니다.

67. 옴! 브람만의 바다의 고요한 물 위에 떠 있기 위해 비이원의 돛을 올리신 성자 리부에게 경배를 드립니다.

68. 옴! 나의 확신 속에 가라앉아 있음으로써 의심들의 파도들의 공격에도 살아남으신 성자 리부에게 경배를 드립니다.

69. 옴! 나self만이 볼 것이 아무것도 없는 보는 자라고 가르치신 성자 리부에게 경배를 드립니다.

70. 옴! 절대적 의식이 모든 것이라고 확언해 주신 성자 리부에게 경배를 드립니다.

71. 옴! 확실성과 불확실성, 결정과 의심, 상칼파와 비칼파의 개념들을 던져 버리신 성자 리부에게 경배드립니다.

72. 옴! 나가 몸이 아니라는 것을 분명하게 밝히신 성자 리부에게 경배를 드립니다.

73. 옴! 나와 몸과의 동일시가 큰 불행이라고 가르치신 성자 리부에게 경배를 드립니다.

74. 옴! 원인과 결과를 전혀 인정하지 않으시는 성자 리부에게 경배를 드립니다.

75. 옴! 욕망들에 의해서도 더럽혀지지 않는 성자 리부에게 경배를 드립니다.

76. 옴! 기쁨과 슬픔을 초월하시는 성자 리부에게 경배를 드립니다.

77. 옴! 해방을 얻는다는 것이 자연스러운 상태라고 가르치신 성자 리부에게 경배를 드립니다.

78. 옴! 도달해야 하는 목표들이 없으신 성자 리부에게 경배를 드립니다.

79. 옴! 자아 없는 목표 없는 비전이신 성자 리부에게 경배를 드립니다.

80. 옴! 구루도 제자도 없다고 가르치시는 성자 리부에게 경배를 드립니다.

81. 옴! 코끼리와 몰이꾼의 수수께끼를 침착하게 던지신 성자 리부에게 경배를 드립니다.

82. 옴! 귀중한 평화에 대해 담화를 해주신 성자 리부에게 경배를 드립니다.

83. 옴! 헌신자들과 세상 사람들에게 평온calm의 문제에 관심을 돌리도록 하신 성자 리부에게 경배를 드립니다.

84. 옴! 나 안에 머무르는 평정composure을 주시는 성자 리부에게 경배를 드립니다.

85. 옴! 현상계의 신화를 파괴하기 위하여 그것이 존재하지 않음에 대한 64개의 비유들을 말씀해 주신 성자 리부에게 경배를 드립니다.

86. 옴! 세상이 실재하지 않음을 불임 여성의 아들로 비유하신 성자 리부에게 경배를 드립니다.

87. 옴! 세상이 실재하지 않음을 신기루에 비유하신 성자 리부에게 경배를 드립니다.

88. 옴! 세상이 실재하지 않음을 푸른 하늘에 비유하신 성자 리부에게 경배를 드립니다.

89. 옴! 세상이 실재하지 않음을 젖소에게서 짠 우유가 다시 젖꼭지로 흘러들어 가는 것에 비유하신 성자 리부에게 경배를 드립니다.

90. 옴! 세상이 실재하지 않음을 토끼의 가공적인 뿔에 받혀 죽게 된 미친 코끼리에 비유하신 성자 리부에게 경배를 드립니다.

91. 옴! 밧줄이라는 토대 위에 덧씌워진 뱀이 오로지 밧줄에 불과하다고 지적하신 성자 리부에게 경배를 드립니다.

92. 옴! 어떤 예들이나 직유법들도 없다고 가르치신 성자 리부에게 경배를 드립니다.

93. 옴! 내적인 것이나 외적인 것이 아무것도 없다고 설명하시는 성자 리부에게 경배를 드립니다.

94. 옴! 이원이나 개별individuality이 전혀 없다고 지적하시는 성자 리부에게 경배를 드립니다.

95. 옴! 현세와 내세, 속박과 해방, 행복과 같은 모든 것들이 환영이라는 사실을 밝혀 주시는 성자 리부에게 경배를 드립니다.

96. 옴! 신들과 악마들과 그들 간의 전쟁을 다룬 푸라나(전설적인 전승)와 이티하사(서사시)의 실체를 부인하시는 성자 리부에게 경배를 드립니다.

97. 옴! 고트라(성자의 계보)와 수트라(여러 유형의 성자들을 따르는 사람들이 지켜야 할 내용들)를 배제하시는 성자 리부에게 경배를 드립니다.

98. 옴! 감각sense들과 느낌sensation들 즉 눈과 형상, 귀와 소리, 코와 냄새, 혀와 맛, 피부와 촉감이 모두 환영이라고 분명하게 밝히신 성자 리부에게 경배를 드립니다.

99. 옴! 고행penance과 기도들, 성지순례들과 성수들이 환영이라고 말씀해 주신 성자 리부에게 경배를 드립니다.

100. 옴! 나를 찾는 사람들에게는 경청(스라바나)과 숙고(마나나)와 깊은 지속적인 명상(니디이야사나)이 필요하다고 가르치신 성자 리부에게 경배를 드립니다.

101. 옴! 생사윤회의 수레바퀴에 우리를 한정시키는 카르마(규정된prescribed 행위)의 결과를 논의하시는 성자 리부에게 경배를 드립니다.

102. 옴! 윤회의 수레바퀴가 있는 곳에는 또한 거기서 벗어나는 길도 있다고 지적해 주신 성자 리부에게 경배를 드립니다.

103. 옴! 몸과 나를 묶고 있는 끈인 가슴의 매듭들을 잘라 내려고 지식의 검을 휘두르시는 성자 리부에게 경배를 드립니다.

104. 옴! 파수파타Pasupata 교단의 교의들을 가지고 있는 제자 니다가의 스승이신 성자 리부에게 경배를 드립니다.

105. 옴! 오로지 지식의 성품인 브람만이 되는 고귀한 상태로 니다가를 끌어 올리신 성자 리부에게 경배를 드립니다.

106. 옴! 자신이 어떻게 브람만이 되었는지를 묘사하는 깨달음을 얻은 니다가의 이야기를 즐겁게 들어 주신 성자 리부에게 경배를 드립니다.

107. 옴! 영적 구도자들의 집단을 인도하여 진리 안에 거주하는 집단으로 상승시켜evolve 주시는 구루이신 성자 리부에게 경배를 드립니다.

108. 옴! 영원한 진리-의식-희열의 존귀한 영광을 보여 주시는 깨달음을 얻은 리쉬이신 성자 리부에게 경배를 드립니다.

용어 해설

가네샤 가네사는 또한 비나야카로 불리며, 코끼리 얼굴을 하고 있다. 어떤 것을 시작할 때 장애를 없애기 위해 그에게 기도를 바친다. 가네샤는 쉬바의 두 아들 중 하나이다. 다른 아들은 스칸다이다. 쉬바의 배우자는 신성한 어머니, 우마이다. '쉬바'를 참조하라. '스칸다'를 참조하라. '우마'를 참조하라.

가루다 새들의 왕, 비슈누의 마차. 뱀의 살해자라고도 한다.

가슴 가슴(흐르다야)이라는 단어는 영적 경전에 흔히 나타난다. 가슴에 대한 언급은 영적인 의미로 사용된다. 그것은 어떤 육체적인 기관을 언급하지 않는다. 어떤 사고 학파에 의하면 가슴의 위치는 모든 살아 있는 존재들의 "나"라고 하는 생각이 나오는 근원으로 규정된다. 가슴은 유일한 의식이며, 내면과 외면에 존재하는 것으로 말해진다.

가슴의 매듭knot of heart 이 매듭은 지각이 없는 몸과 순수한 자각인 나의 연계를 나타낸다고 한다. "가슴의 매듭"은 많은 경전에서 언급되고 있다.

가야gaya 선조들에게 공물을 바치는 인도의 신성한 장소.

간다르바 신화적인 천상의 존재.

감각들 '탓트바'를 참조하라.

감각들과 기관의 신들 여러 내적 감각, 감각 기관, 미세한 감각들, 행위 기관들 등에 상이한 신들이 연관되어 있다고 한다. 내부 감각과 그들의 신은 다음과 같다.

1. 마나스(마음): 달.

2. 붓디(지성): 브람마.

3. 아함카라(자아): 루드라.

4. 칫트(사고, 지성): 바수데바.

상응하는 미세한 감각을 가진 거친 감각 기관과 그들의 신들은 다음과 같다.

귀(소리): 아카샤(공간, 방향).

피부(접촉): 바유(공기).

눈(형상): 수리야(태양).

혀(맛): 바루나(물).

코(냄새): 아스비니쿠마라(약제사의 신성한 한 쌍).

행위 기관과 그것들의 신들

박(언어): 아그니(불).

파니(손): 인드라(신들의 우두머리).

파다(발): 비슈누(유지자).

파유(배설): 므리튜(죽음의 신).

우파스타(생식): 프라자파티(근원적인 창시자).

강가 신성한 갠지스 강.

갸나 지식, 지혜.

갸니 아는 자, 현자.

걱정들anxieites '여섯 가지 걱정'을 참조하라.

계절들 '여섯 가지 계절'을 참조하라.

고통들afflictions '세 가지 고통'을 참조하라.

고트라gotra 가계. 혈통.

구나 '세 가지 구나'를 참조하라.

그것 그것은 산스크리트 단어 탓을 번역할 때 사용되어 왔으며, 마야(환영)와 같은 어떤 조건화도 결여되어 있는 비인격적인 절대자, 즉 브람만을 나타낸다.

기초 과목 64가지sixty four arts

1. 18개 원본script에 대한 지식.

2. 그것들을 쓰는 능력.

3. 그것들을 적절하게 읽는 능력.

4. 그림.

5. 몇몇 언어에 대한 지식.

6. 이들 언어에 대한 탐구.

7. 이들 언어의 말하기.

8. 도박.

9. 리그베다에 대한 탐구와 지식.

10. 야주르베다에 대한 탐구와 지식.

11. 사마베다에 대한 탐구와 지식.

12. 아타르바베다에 대한 탐구와 지식.

13. 아유르베다: 리그베다의 보조물.

14. 다누르베다; 군사과학, 야주르베다의 보조물.

15. 간다르바베다: 음악, 사마베다의 보조물.

16. 스타파티야 샤스트라 베다: 기계공학, 목공, 건축, 아타르바베다의 보조물.

17. 베단타 샤스트라: 우파니샤드의 지식과 거기에 포함된 가르침; 즉 브람만의 지식에 대한 "과학." '베단타'를 참조하라.

18. 미맘사 샤스트라: 특히 베다의 의식과 베다 경전의 의미의 해석에 관한 연구 혹은 탐구의 과학.

19. 니야야/타르카 샤스트라: 논리, 추상적인 추론, 논증과 가설의 과학.

20. 요가 샤스트라: 합일의 과학, 특히 신성과의 합일. '요가'를 참조하라.

21. 다르마 샤스트라: 법학.

22. 아르타 샤스트라: 부와 정치학.

23. 니티 샤스트라: 윤리학.

24. 카마 샤스트라: 사랑과 에로티시즘의 학문.

25. 죠티샤 샤스트라: 천문학과 점성학.

26. 나티야 샤스트라: 드라마와 연출법.

27. 알란카라 샤스트라: 수사학과 시학.

28. 가니타 샤스트라: 수학.

29. 탄트라, 푸라나, 스므리티

30. 시: 시, 시학(수사학), 드라마

31. 샨티: 마음을 평온케 하는 방법의 적용.

32. 바시야: 마음을 항복시키는 방법의 적용.

33. 아카르스나: 매혹시키는 방법의 적용.

34. 비드베샤나: 적의를 일으키는 방법의 적용.

35. 웃차타나: 개인의 적을 파멸하기 위한 방법의 적용.

36. 마라나: 죽음을 야기하는 방법의 적용.

37. 마비시키는 걸음걸이.

38. 물의 흐름을 멈추는 것.

39. 시야를 제한시키는 것.

40. 불을 움직이지 않게 하는 것.

41. 무기를 막는 것.

42. 말speech을 마비시키는 것.

43. 정액을 멈추는 것.

44. 조각.

45. 코끼리를 훈련시키는 것.

46. 말horse을 훈련시키는 것.

47. 마차를 모는 훈련.

48. 보병의, 보병과 함께 하는 훈련.

49. 인상학(관상술).

50. 레슬링.

51. 요리.

52. 가루다garuda 주문을 이용하여 몸의 독소를 없애는 것.

53. 기악.

54. 피리와 같은 관악기를 연주하는 것.

55. 북과 같은 타악기를 연주하는 것.

56. 징gong과 같은 금속악기를 연주하는 것.

57. 마술.

58. 춤.

59. 노래.

60. 연금술.

61. 중요한 보석의 감정.

62. 웅변.

63. 나디, 손목의 맥박과 같은 것의 탐구.

64. 시야에서 사라지는 것.

　　열거된 대안들은 다음과 같다.

　　보석 만들기, 꽃다발 만들기와 전시, 향수 만들기, 인형극, 퀴즈, 안탁샤리(단어나 구 등의 끝 글자로 시작하는 끝말잇기), 사마시야 완성(마지막 행이 주어진 구나 문장이 되도록 시를 쓰는 것이나, 혹은 연의 일부를 제안하여 다른 누군가가 완성하도록 하는 것), 집짓기, 머리 스타일, 마사지하는 것, 닭싸움, 꽃들에 기초를 둔 예언, 생각 읽기, 화장(분장), 연날리기, 장난감 만들기, 기계 제작, 나무의 취급, 앵무새를 말하도록 훈련시키기, 그리고 취침 준비.

기타^{gita} 노래, 영적인 경전.

나 영어판『리부의 노래』에서는 산스크리트 경전과 타밀어 판에 나오는 '아함' 이란 단어를 반영해 주는 "나"가 많이 사용되고 있다. '나'는 주로 두 가지 맥락에서 사용된다. 즉, 가짜 "나"와 진짜 "나"인데, 가짜 "나"는 눈, 귀, 코, 혀, 피부와 같은 감각 기관과, 말, 손, 발과 같은 운동 기관과, 배설 및 생식 기관과, 생명의 공기들과, 마음, 지성, 생각, 자아와 같은 내부기능들로 구성된 몸-마음의 복합체와 자기 자신을 동일시하고 있으며, 진짜 "나"는 이 모든 것을 초월하여, 유일하고, 나누어질 수 없고, 모든 곳에 두루 있고, 편재해 있고, 스스로 빛나는, 나, 존재-의식-희열인 나, 즉 브람만인 나와 그 자신을 동일시하고 있다. 경전의 가르침에서 "나는 브람만이다."(혹은 "나는 존재-의식-희열이다.")라고 말할 때 그렇게 말하는 '나'는 진짜 "나"이다.

나마쉬바야 쉬바에게 바치는 경배 혹은 복종.

나이베디야^{naivedya} 요리한 음식으로 된 제물.

나타라자 춤의 신.

내적 감각과 그것들의 신들

　　1. 마나스(마음): 달.

　　2. 붓디(지성): 브람마.

　　3. 아한카라(자아): 루드라.

　　4. 칫(사고, 지능): 바수데바. '탓트바'를 참조하라.

네 가지 관련 부가물들^{tetrad of related adjuncts} '네 가지 부가물'을 참조하라.

네 가지 마음의 양상들^{four mental modes} '네 가지 성질'을 참조하라.

네 가지 부가물^{tetrad of adjuncts}

    1. 비샤야: 주제.

    2. 프라요자나: 목적.

    3. 삼반다: 관계.

    4. 아디카린: 일이 의도되고 있는 대상이 되는 사람.

네 가지 성질^{four qualities}(마음의 제 양상들)

    1. 마이트리: 행복해하는 사람들에 대한 우정.

    2. 카루나: 고통 받는 자들에 대한 자비.

    3. 무디타: 덕망이 있는 자들에 대해 행복해함.

    4. 우펙샤: 죄인들에 대한 무심.

네 가지 성질은 마음을 정화시키고, 지식을 가진 사람을 세상의 슬픔에서 벗어나도록 끌어올려 주며, 요가의 비밀을 드러내 보여주며, 사마디 상태마저도 초월하도록 권고한다.

네 가지 수단^{four means} '브람만 깨달음을 위한 네 가지 필요조건'을 참조하라.

네 가지 아스라마^{four asrama}

(생활의 단계나 순서)

    1. 브람마차리야: 학생의 단계.

    2. 그리하스타: 세대주의 단계.

    3. 바나프라스타: 숲으로 은거하는 단계.

    4. 산야사: 포기.

네 겹의 도구들^{fourfold instruments}

    마나스(마음): 달.

    붓디(지성): 브람마.

    아함카라(자아): 루드라.

    칫(사고, 지성): 바수데바.

'탓트바'를 참조하라. 또한 '감각과 기관의 신들'을 참조하라.

네 겹의 몸^{fourfold body} 깨어 있음, 꿈, 깊은 수면과 투리야(네 번째) 등 네 가지 상태와 연관된 몸을 가리킨다.

눈들 '세 가지 눈'을 참조하라.

니디디야사나^{nididhysana} 묵상, 명상. 그것은 마음의 반대의 경향을 없애는 데 사용된다. '해방에 가까이 이르게 하는 보조수단'을 참조하라.

니르비칼파 사마디^{nirvikalpa samadhi} '사마디'를 참조하라.

다라나^{dharana} 마음의 집중. 이것은 달리 고착, 명상 등으로 번역된다. 그것은 파탄잘리의 요가의 여덟 가지 중 하나이다. 이것은 5개의 가능한 종류가 있다고 한다.

1. 만트라 옴의 반복.

2. 가슴 센터나 가슴의 연꽃과 같은 신체 내의 영적 센터에 집중.

3. 격정이 없는 빛나는 영혼의 가슴에 집중.

4. 신성한 인격체나 신성한 상징에 대한 꿈의 경험 또는 깊은 수면의 경험에 대한 집중.

5. 사람에게 좋은 것으로 마음에 드는 신성한 형상이나 상징에 대한 집중.

다르마^{dharma} 산스크리트인 다르마는 광범위한 의미를 가지고 있다. 이를테면 다르마는 의무, 바른 행위, 행동 규범, 경전에 규정된 행위, 전통적인 행위, 법, 생활의 자연법칙, 관례, 관행, 관습, (신의)율법, 법령, 종교적 혹은 도덕적 가치, 정의, 선행, 자선, 옳음, 공정, 공평, 경건, 예의, 예의범절, 도덕, 윤리, 자연적인 기질, 자연적인 특성, 좋은 함께 있음/도반, 덕이 높은 자와의 친분, 헌신, 종교적 추상개념 등을 포함하고 있다. 다르마는 사회적 계급과 삶의 순서에 따른 고유의 행동을 언급하고 있어서, 일반적으로 공명정대함으로 이해되고 있다. 그러한 행동은 번영을 촉진하며, 모든 살아 있는 존재들의 해방을 지지한다. 다르마는 또한 전통, 기존의 관례, 관습법, 그리고 일상적인 사회적 의례로부터 생겨난다고 한다.

다마^{dama} 자기통제.

다섯 가지 감각 자료^{five sense data} '탓트바'를 참조하라.

다섯 가지 기능들^{pentad of functions}

1. 슈리슈티(창조)

2. 스티티(유지)

3. 삼하라(파괴)

4. 티로다나(암흑화)

5. 아누그라하(은총)

다섯 가지 덮개들^{pentad of sheaths} 개인의 영혼은 다섯 개의 덮개들로 덮여 있다고 한다. 그 덮개는 첫 번째의 육체적 몸을 고려하면, 미세함의 정도가 점점 더해 가는 조건들이다.

1. 안나마야코샤: 음식의 덮개, 육체적 몸.

2. 프라나마야 코샤: "생명의 공기들"과 신경체계를 수단으로 하고 있는 프라나, 즉 "생기"의 덮개.

3. 마노마야 코샤: 마음이라고 부르는 복합체를 형성하는 욕망과 동기의 패턴을 가지고 있는 마음의 덮개.

4. 비갸나마야 코샤: 지성과 지적인 지식의 덮개.

5. 아난다마야 코샤: 희열의 덮개.

위의 다섯 덮개들은 또한 세 가지 몸들로 분류되고 있다.

1. 거친 몸: 스툴라 사리라. 위의 첫 번째 덮개이며, 부분적인 비율로 다섯 가지 원소로 구성된, 음식의 덮개인 안나마야 코샤로 이루어져 있다.

2. 미세한 몸: 숙슈마 사리라. 위의 두 번째, 세 번째, 네 번째 덮개이다.

3. 원인의 몸: 카라나 사리라. 위의 다섯 번째 덮개로, 다른 두 몸의 원인이 되고 있다.

아드바이타에 의하면 희열의 덮개는 무지로 감싸여 있다. 몇몇 다른 사고 학파에 의하면 희열의 층은 무한하며, 초월적이며, 완벽하여, 바로 나의 에센스이다. '세 가지 몸'을 참고하라.

다섯 가지 원소들^{pentad of elements}

1. 흙
2. 물
3. 불
4. 공기
5. 공간

다섯 가지 지식 기관들^{the organs of knowledge} '탓트바'를 참조하라.

다섯 가지 큰 죄들

1. 브람마하티야: 브람민을 살해하는 것.

2. 수라파나: 술 마시는 것.

3. 스테야: 훔치는 것.

4. 구루반가나가마나: 스승의 아내와의 간통.

5. 삼상가: 이러한 죄들을 지은 자와의 친합.

다섯 가지 행위들

1. 슈리슈티(창조)

2. 스티티(유지)

3. 삼하라(파괴)

4. 티로다나(암흑화)

5. 아누그라하(은총)

다섯 가지 행위 기관들 '탓트바'를 참조하라.

다섯 가지 행위들 신들의 행위들: 스리스티(창조), 스티티(보존), 삼하라(파괴), 티로다나(소멸이나 제거를 일으키는), 아누그라하(은총). 이러한 행위들은 각각 브람마, 비슈누, 루드라, 이사나와 사다쉬바에 해당한다.

다섯 겹의 신들 '다섯 신들'을 참조하라.

다섯 겹의 원소들 이 세상은 다섯 가지 원소가 다양한 비율로 다른 원소들과 각각 결합하는 과정을 통하여 그 다섯 가지 원소에 의해 형성된다고 한다.

다섯 겹의 집중들 '다라나'를 참조하라.

다섯 신들 브람마, 비슈누, 루드라, 이사나와 사다쉬바. 때때로 이 다섯은 다섯 브람마들로 언급되기도 한다. 이사나는 지배하는 것, 통치자 혹은 정복자를 의미하며, 쉬바의 형태들 중의 하나이다. 이것들은 또한 때때로 다섯 가지 원소들을 주재하는 신들로 일컬어지며 다음과 같다:

1. 흙: 브람마.

2. 물: 비슈누.

3. 불: 루드라.

4. 공기: 이사나.

5. 공간: 사다쉬바.

다섯 원소들 '다섯 가지 원소'를 참조하라.

닥쉬나무르티dakshinamurti 고요한 지혜와 거주abidance의 상징인, "남쪽을 바라보는 모습"의 쉬바. "지혜롭고 형상 없는."

닥쉬나dakshina 구루에게 바치는 봉헌물.

달샨darsan/darshan 성스러운 대면.

달의 토끼rabbit of the moon 눈으로 볼 수 있는 달 표면의 점이나 음영을 언급하는 관용구.

덮개sheath '다섯 가지 덮개들'과 '여섯 가지 덮개들'을 참조하라.

데비devi 여신.

도샤dosa 결점.

드바이타dvaita 이원주의.

디감바라digambara 개인의 옷으로서 공간(문자 그대로, 방향)을 가지는 것.

라자스rajas 동요. '세 가지 구나'를 참조하라.

라후rahu "그림자 행성." 하나의 분리된 행성으로 여겨지며, 그것은 일식 동안 태양을 가리는 달의 어두운 표면이다.

락샤사들rakshasas 악마들.

로카loka 세계.

루드라rudra 리그베다에 처음으로 나타나는, 쉬바와 연관된 이름. 루드라의 뜻은 가공할, 울부짖는, 포효하는, 무서운, 강한, 힘을 부여하는, 붉은, 반짝이는, 눈이 부시는, 칭찬받을 가치가 있는, 악을 몰아내는 등이다.

루드락샤rudraksha 문자적으로 "쉬바의 눈"을 의미한다. 담팔수의 씨앗은 쉬바의 헌신자들에 의해 염주로 사용된다. 몇 가지 종류가 있다. 염주는 몸에 착용하기도 하며, 신성한 것으로 간주된다. 『쉬바 푸라나』에는 루드락샤의 영광과 신성함, 다른 종류의 루드략샤와 각 종류의 효과와 이점들을 상술하고 있는 장들이 들어 있다. 루드략샤는 모든 존재들에 대한 쉬바의 자비로운 눈물의 표현이라고 한다.

리부 기타ribhu gita 서사시 쉬바라하스야의 한 부분인, 나와 브람만에 대한 리부와 니다가의 대화. 나와 브람만에 대한 리부와 니다가의 대화는 또한 묵티코파니샤드에서 일일이 열거된 108개의 우파니샤드에 대한 전통적인 선집과 같은 고대 경전들에서, 다시 말해, 크리슈나 야주르베다의 테죠빈두 우파니샤드(목록의 37번째 우파니샤드)와, 사마베다의 마호파니샤드(61번째 우파니샤드), 아타르바베다의 안나푸르노파니샤드(70번째 우파니샤드)와 크리슈나 야주르베다의 바라호파니샤드(98번째 우파니샤드)에서 볼 수 있다.

리부ribhu 성자. 고귀한 진리에 대한 그의 설명은 현『리부의 노래』와 일부 우파니샤드에 보존되어 있다. 리부는 산스크리트로 Rbhu로 표기되어 발음된다. 그것은 음성학적으로 Ribhu와 Rubhu 사이의 중간이다.

리쉬rishi 보는 자; 현자.

링가linga 표지, 지표, 특징. 또한 거친 몸이나 보이는 몸의 파괴할 수 없는 근원인 미세한 몸을 의미하며, 쉬바의 숭배에서 사용되는 상징적인 돌기둥, 남근상 혹은 남근의 상징, 증명의 수단, 증거 혹은 증명, 성.

마나나^{manana} 왜, 어떻게 그 가르침이 진리인지를 분석하기 위하여 우리가 듣고 연구해온 것을 숙고하는 것. '해방에 가까이 이르게 하는 보조수단'을 참조하라.

마나스^{manas} 마음. 마음을 뜻하는 마나스란 용어는 붓디나 칫타를 포함하는 일반적인 용어로서 또한 흔히 사용된다. '탓트바'를 참조하라.

마누^{manu} 인류 즉 지구 통치자들의 계속 이어지는 선조들. 경전에서는 그들 중 14명에 대해 이야기하고 있으며, 각각의 통치기간이 한 시대를 이루고 있으며, 14번의 통치기간 전체가 브람마의 하루를 이룬다.

14 마누의 이름은 다음과 같다:

1. 스와얌부바 마누

2. 스와로치샤 마누

3. 아웃타미 마누

4. 타마사 마누

5. 라이바타 마누

6. 착슈샤 마누

7. 바이바스바타 마누

8. 사바르니 마누

9. 닥샤−사바르니 마누

10. 브람마− 사바르니 마누

11. 다르마−사바르니 마누

12. 루드라−사바르니 마누

13. 라우치야−데바−사바르니 마누

14. 인드라−사바르니 마누

현 시대는 일곱 번째, 바이바스바타 마누의 시대로 일컬어진다.

마야^{maya} 일반적으로 망상 혹은 환영으로 번역된다. 마야는 단지 외양에 불과한 현상계의 원인이 되는 원리이다. 마야는 또한 암흑화의 힘으로 불린다. 아드바이타에서, 마야는 브람만과 나란히 있거나 떨어져 있는 하나의 실재로 간주되지 않으며, 또한 어떠한 이원도 도입하지 않는다. 오히려 아드바이타에서 마야는 실재도 비실재도 아닌 것이라고 한다. 샹카라에 의하면 다양성의 세계가 나타나기 때문에 마야는 실재하지 않는 것도 아니며, 또 마야가 비이원의 나의 지식이 생기면서 사라지기 때문에 마야는 실재하는 것도 아니다. 마야는 실재와 동시에 비실재도 될 수 없기에, 또 그것이 실재도 아니고 비실재도 아니라는 것을 나타내기 위하여, 마야는 불확정적인 것으로 묘사된다. 샹카라는 또한 마야를 아비디야(무지)와 서로 바꾸어 사용한다. 이 마야는 어떤 토대가 전혀 없기에 실재하는 실체가 아니며, 또한 마야는 단지 존재 하지 않기 때문에 "비실재적인 실체"도 아니다. 브람만이나 나만이 둘이 없는 하나이며, 그래서 브람만이나 나 안에서는 진정으로 마야는 없다.

마하데바mahadeva 위대한 신. 쉬바를 나타낸다.

마하로카mahaloka '열네 가지 세상'을 참조하라.

마하바키야들mahavakyas 위대한 말. 위대한 금언. 위대한 금언인 마하바키야가 보통 번역될 때, 그들은 우파니샤드(혹은 기타 경전)에 나오는 극히 중요한 말이다. 전통적으로 이들은 다음 네 가지의 핵심적인 문장을 언급한다.

1. 프라갸남 브람마. 리그베다의 아이타레야 우파니샤드에 나오며, '의식(즉, 지고한 지식)은 브람만이다.'를 의미한다.
2. 아얌 아트마 브람마. 아타르바베다의 만두키 우파니샤드에 나오며, '이 나는 브람만이다.'를 의미한다.
3. 탓 트왐 아시. 사마베다의 찬도기야 우파니샤드에 나오며. '당신은 그것이다.'를 의미한다.
4. 아함 브람마스미. 야주르베다의 브라하다란야카 우파니샤드에 나오며, '나는 브람만이다.'를 의미한다.

마하트mahat 슈리 라마나 마하리쉬는 "Talks with Sri Ramana Maharshi"(대담, p147–148)에서, 마하트는 절대 의식에서 투사된 빛이며, 씨앗이 싹트기 전에 부풀어 오른 다음 싹틔워서 자라는 것과 같이, 절대의식도 빛을 투사하여, 자아로서 발현되어, 몸과 우주로서 성장한다고 말하고 있다.

칫	=	절대자
↓		
마하트	=	투사된 의식(부풀어 오른 씨앗)
↓		
아함카라	=	자아

$$\downarrow$$

마나스   =   마음

$$\swarrow\quad\searrow$$

아함(I) 이담(this)   =   몸   세상

마하리쉬는 나아가 마하트는 자아와 우주가 태어나기 전의 우주적 의식과 같다고 한다. 마하트는 모든 것을 포함하고 있다.

마헤쉬와라^{mahesvara} 위대한 신. 쉬바를 언급한다.

만달라^{mandala} 신성을 일깨우기 위하여, 혹은 어떤 명상의 목적을 위해 사용된 일종의 신비로운 도형. 이 말은 또한 하나의 영역, 리그베다의 한 부문, 혹은 원의 모양을 의미할 수 있다.

만마타^{manmata} 사랑의 신으로, 그는 쉬바 신에 의해 불타 잿더미가 되었지만, 우마에 의해 (형상은 없지만) 생명을 부여받았다.

만트라^{mantra} 암송을 위한 신성한 문구, 찬가, 주문 혹은 주술. 영적인 의미와 힘을 가진 신성한 단어나 구절. 주문; 어떤 신께 바쳐진 기도문. 이것은 운율에 의해 분류되기도 하며, 목소리로 표현하는지 혹은 소리 없이 내적으로 반복(아자파)하는지에 따라 분류된다. 만트라는 "그것을 숙고하는 자를 구원 하는 것."이라는 의미를 지닌다.

메루^{meru} 잠부=드위파의 "대륙"의 중심으로 간주되고, 따라서 세계의 중심으로 간주되는 거대한 신화적 산이다.

모든 것^{all} 모든 것이라는 용어는 자주 나타나는 사르밤이라는 경전 용어의 번역에서 사용된다. 그것은 집합적으로 그리고 광범위하게 (문맥에 따라) 우주의 모든 것, 즉 지각, 무지각, 인간, 신, 악마, 과거, 현재, 미래, 구체적 혹은 추상적, 그리고 다양한 모든 사물들, 특성들, 세력들, 양태 등을 포함한다.

목사^{moksha} 해방.

목욕^{snana} 적절한 만트라를 읊조리면서 신상에다 물을 부으면서 하는, 종교적인 목욕재계와 같은 성수에서의 목욕. 신성한 성소의 순례와 엄격한 종교적 맹세의 준수: 신성한 곳에 거주지를 정하는 것과 공덕을 쌓는 데 도움이 된다고 전통적으로 여겨지는 자선행위. 종교적 목욕재계로서의 목욕은 전통적인 종교의식 법규에 정해진 정화 의식의 하나이다.

타르파나는 또 하나의 의식으로, 매일 거행되며, 신들에게 정화수를 바치며, 때때로, 현자들이나 선조들의 영혼에 정화수를 바치는 것이다. '우파차라'를 참조하라.

몸들^{bodies} '세 가지 몸'을 참조하라.

무니^{muni} 성자; 성스러운 인간.

무지^{neiscense} 아드바이타 체계에서의 주요 개념. 그것은 진리를 숨기는 힘을 가지고 있다고 한다. 그것은 또한 빅쉐파(거짓)를 투사하는 힘이기도 하다. '아비디야'를 참조하라.

묵타^{mukta} 깨달은 자.

물라만트라^{mulamantra} 뿌리 만트라. 근원의 만트라. 개별적인 신의 형상에 대한 구체적인 물라만트라가 있다. 예를 들어, 옴; 우그람 비람 마하비슈눔이다.

니르심하 신(인간의 형상을 한 사자)을 위한 물라 만트라는 다음과 같다: 지바란탐 사르바토무캄 니르심함 비샤남 바드람 므르튬-므르튬 나마미야함

미티야^{mitya} 가공의, 거짓의, 환영.

바가완^{bhagavan} 바가를 가진 자가 바가완이다. 바가는 여섯 가지 구나(성질)로 이루어져 있다. 즉, 바가완이라고 불리는 자격을 주는 여섯 가지 성질은 아이쉬와리야-사마그라, 비리야, 야사스, 슈리, 갸나, 바이라기야며, 다음과 같이 정의되고 있다.

1. 아이쉬와리야: 지고, 최고, 실력, 힘, 영향력, 지배권, 부, 재산, 위대, 전지와 전능과 같은 신성한 능력. 사마그라 : 모두, 전부, 전체, 완전.

2. 비리야: 용감, 용맹, 활력, 힘, 생기, 에너지, 견고, 용기, 잠재력, 빛남, 광채, 존엄.

3. 야사스: 명예, 평판, 영예, 명성.

4. 슈리: 번영, 풍부, 부, 풍요, 풍성, 왕의 존엄, 장엄, 위엄, 높은 지위, 위대함의 표시나 휘장, 혹은 위엄, 미, 우아, 빛남, 광채, 미덕이나 탁월함의 표시나 휘장.

5. 갸나: 지식, 배움, 인식, 의식, 특히 종교와 철학의 높은 진리에 대한 명상으로부터 오는 신성한 지식.

6. 바이라기야: 세속적 욕망이나 열정의 결여, 세속에 대한 무심, 금욕. 또 다른 말이 똑같은 의미로 통하고 있다. 즉 bhagah sri kama mahatmya veerya yatnamsu keertishu.

바가는 sri, kama, mahatmya, veerya, yatnamsa, keerti이다.

1. 카마: 바람, 욕망.

2. 마하트미야: 위대함.

3. 야트남사: 노력, 근면, 인내, 부지런함, 열정, 신중, 경계, 노고.

4. 키르티: 명성.

바가완에 대한 또 다른 정의는 다음과 같다. utpattim cha vinasam cha bhootanam gatim gatim vetti vidyam avidyam cha sa vachyo bhagavan iti. 바가반은 또한 창조와 파괴, 존재들의 도착과 떠남, 지식(비디야)과 무지(아비디야)를 아는 자를 가리킨다.

바가티야가 락샤나^{bagatya lakshana} '직접적인 의미/함축적인 의미'를 참조하라.

바나프라스타^{vanaprastha} 숲으로 은둔하는 자. '아스라마'와 '네 가지 아스라마'를 참조하라.

바르남^{varnam} 카스트

바바나^{bhavana} '바바'를 참조하라.

바바^{bhava}(바바나) 바바는 영어로 정확하게 한마디로 표현할 수 없지만, 상태, 상황, 태도, 방식, 자세, 양태, 마음의 기질, 본성, 성향, 사고, 견해, 가정, 느낌, 정서, 감정, 강한 감각, 결심, 결정, 신뢰, 확신, 추상적 명상과 묵상과 같은 용어로 암시된다. 현재의 번역본인『리부의 노래』에서는 이러한 용어들 중 일부가 문맥에 맞도록 사용되었지만 때로는 번역되지 않고 그대로 두기도 하였다.

바사나^{vasana} 기억으로부터 나온 지식, 특히 행복이나 슬픔을 낳게 하는 과거의 선업이나 악업에 의하여 마음에 무의식적으로 남아 있는 인상; 공상, 상상, 무지, 무지한 경향, 욕망, 경향성, 혹은 바람. 과거의 인상의 잔재, 환영의 경향.

바수데바^{vasudeva} 모든 곳에서 현존하는 신. 비슈누의 이름.

바이스바나라^{vaisvanara}

1. 깨어 있는 상태의 우주적 경험자: 경험의 범위가 깨어 있는 상태인 사람. 슈리 샹카라는 다음과 같이 말한다. 즉 바이스바나라는 "거친 것을 즐기는 자이다. 그는 다양한 방법으로 모든 (비스바) 존재들(나라)을 이끌기 때문에 바이스바나라라고 불리며", 또 "그는 그 자신이 모든 경험자들(비라트)을 포함하고 있는 나와 실제로 다르지 않음으로 인하여 모든 존재들을 포함하고 있기 때문에 바이스바나라(모든 존재들)라고 불린다. 슈리 샹카라는 그의 가우다파다의 카리카에 대한 주석서에서, 비스바와 비라트(거친 모든 것의 우주적 경험자)를 동일시하고 있다. 가우다파다는 만두키야 우파니샤드 카리카에서, "비스바는 외적인 사물들을 경험하며, 모든 곳에 퍼져 있다."(1:1)와 "비스바는 늘 거친 것을 즐긴다."(1:5)라고 말한다. 비라트는 모든 곳에 퍼져 있는 우주적 경험자이며, 거칠고, 집단적인 맥락을 나타내기 위해 사용된다.

   바이스바나라는 거친 개별적 맥락, 혹은 깨어 있음의 개별적 경험자를 나타내기 위해 사용된다. 아드바이타의 견해는 바이스바나라와 비스반과 비라트 사이에 어떤 차이도 없다는 것이다.

2. 위에서의 소화의 불: 이스바나라는 바가바드 기타(15:14)의 또 다른 문맥 속에서 살아 있는 존재의 몸에 있는 소화의 불로서 사용된다. "나는 바이스바나라라는 불로서, 모든 살아 있는 존재들의 몸으로 들어가, 프라나와 아파나(상승과 하강의 프라나)와 섞여서, 네 가지 종류의 음식을 소화시킨다."

박타^{Bhakti} 헌신자.

박티^{Bhakti} 헌신.

베다^{Bheda} 차이. 몇 가지 유형이 있는데, 그 중 일부는 다음과 같다:

1. 사자티야 베다: 같은 부류에 속하는 두 대상들 간에 존재하는 차이. 이를테면 한 종류의 나무와 또 다른 나무 사이에 있는 차이.

2. 비자티야 베다: 다른 부류에 속하는 두 대상들 간에 존재하는 차이. 이를테면 나무와 돌 사이에 있는 차이.

3. 스와가타 베다: 내적 차이. 이를테면 나무의 잎과 꽃 사이의 차이. 베다^{Bheda}는 또한 신과 개인들 간의 차이, 다른 개인들 간의 차이, 신과 물질과의 차이, 개인과 물질 간의 차이, 다양한 형태로 있는 물질과 물질 자체 간의 차이를 말한다.

베다^{Veda-s} 아타르바베다를 제외하면 경전의 수가 때로는 세 개에 불과하지만, 보통은 네 개(리그, 사마, 야주르, 아타르바)인, 힌두교의 가장 근본적이고 오래된 경전들이 실제의 베다로 받아들여지고 있다.

베단타^{Vedanta} 문자적으로 "베다의 끝." 베단타는 우파니샤드와 거기에 포함된 가르침에 적용된 용어이다. 베단타는 또한 우파니샤드에서 설명된 지식에 기반을 둔 가르침이나 "철학 학파"를 의미한다. 베단타의 주요 "학파"나 혹은 유형은 아드바이타(비이원론), 비시스타드바이타(한정된 비이원론)와 드바이타(이원론)이다. 모든 종류의 베단타는 베단타에 대해 쓰여진 논문, 대화, 경전과 같은 기타 많은 책들이 있더라도, 세 가지 정전이라 일컬어지는 우파니샤드, 바가바드 기타, 브람마 수트라(베단타 수트라라고도 불림)를 기본적이고 근본적인 경전으로 여기고 있다. 베단타는 힌두교의 영적 철학의 전통적인 여섯 학파 혹은 유형 가운데 하나로 간주되고 있다. '샹키야'를 참조하라.

아드바이타 베단타, 즉 비이원론의 가르침은 리부, 슈리 닷타트레야(아바두타), 슈리 아슈타바크라, 슈리 샹카라, 슈리 라마나 마하리쉬 그리고 기타 많은 위대한 성자들에 의해 상세히 설명된 것이다. 그것은 아트만(나)과 브람만 사이에 어떤 구별도 전혀 없다는 것을 보여 준다. 그 것은 개념적으로 덧씌우는 것이 조금도 없이 실재를 드러내 보여 주는 것이다. 리부 기타 전체 는 아드바이타 베단타의 설명을 해주고 있는 진정한 경전이다.

부가물들^{Adjuncts} '네 가지 부가물'을 참조하라.

붓디^{Buddhi} '탓트바'('네 가지 내적 감각들'에 기술되어 있음)를 참조하라.

브라타^{Vrata} 맹세.

브람마^{Brahma} 창조자. 모든 현상을 창조하는 신. 브람마는 네 개의 머리(따라서 '네 개의 얼굴을 한'이란 뜻의 차투르무카로 불린다)를 가지고, 비슈누의 배꼽으로부터 나오는 연꽃 위에 앉아 있는 것으 로 묘사되고 있다.

브람마안다^{Brahmada} 브람마의 알. 우주의 알. 창조에 대한 어떤 설명에 의하면, 스스로 존재하는 신은 물을 창조하였으며 그 물속에 자신의 씨앗을 넣었다. 그 씨앗은 황금 알이 되었으며, 거기서 그 는 스스로 브람마, 즉 모든 세상의 창조자로 태어났다.

브람만^{Brahman} 성장을 의미하는 어원 brmh과 (공간이나 시간과 같은) 한계가 없음을 의미하는 접미사 man으로 이루어진 산스크리트이다. 따라서 브람만은 절대적으로 가장 위대한 것을 의미한다. 아드바이타의 스승들에 의하면 브람만은 직접적인 지각인데, 지식의 타당한 수단으로 고려되 고 있는 베다 경전, 주로 우파니샤드를 통해서 알려진다고 한다.

브람만이 유일한 실재이다. 브람만은 말로 정의내릴 수 없고, 감각적인 지각이나 인간의 마음 이 미치지 못한다. 브람만은 경계 없는 존재이며, 영원히 존재하며, 공간과 시간에서 제한이 없으며, 불변하며 오점이 없으며, 성질, 속성, 이름, 형태가 없다. 그것은 태어남, 지속, 성장, 성숙, 쇠퇴, 그리고 소멸의 영향을 받지 않으며, 그것과 유사한 어떤 것도 없으며, 그것과 다른 어떤 것도 없다. 그것은 또한 순수 지식으로 묘사되고 있다.

브람만은 또한 눈에 보이는 우주의 동인動因인 동시에 물질적 원인이며, 모든 곳에 퍼져 있는 우 주의 영혼이며, 모든 존재들이 생겨났다가 다시 흡수되는 본질이다. 존재들, 성질, 행위, 모든 현상들과 같은 것의 전 현상계는 사라지지 않는 토대, 즉 브람만 위에 덧씌워진 환영이라고 한 다. 여러 우파니샤드에서도 브람만을 우주적 나로 여기고 있다. 무엇이 유일한 실재인 브람만 인지 그리고 보다 중요한 것은, 무엇이 유일한 실재인 브람만이 아닌지를 『리부의 노래』 전체 경전에서 논의하고 있다.

브람만 깨달음을 위한 네 가지 필요조건^{Four Requisites For Realisation Of Brahman} 때때로 '영적 수행을 위한 네 가

지 방법 혹은 네 가지 필요조건'이라고 불린다. 그것들은 다음과 같다.

1. 비베카: 실재와 비실재를 구별하는 능력

2. 바이라기야: 지금과 앞으로의 행위의 결과들에 대한 즐거움으로부터 무집착하는 정신.

3. 여섯 개의 핵심은 다음과 같다.

 a. 사마: 평화로움, 고요함, 평정.

 b. 다마: 자기통제, 감각의 통제.

 c. 우파라티: 포기, 행위의 멈춤, 자기철회, 외부로부터의 감각철회.

 d. 티틱샤: 참을성, 인내, 꿋꿋함, 쾌락과 고통, 더위와 추위와 같은 대립 요소를 견디어 내는 능력, 동시에 시정이나 복수를 위해 애쓰지도 않고, 항상 그들에 대한 불안이나 비탄으로부터 자유로운 것.

 e. 슈랏다: 명료한 이해, 신뢰, 긍정적인 마음 자세. 이것은 겸허, 성실, 진지함, 진실, 존중과 어떤 대가를 치르더라도 진리를 찾고자 하는 흔들림 없는 결정을 포함한다.

 f. 사마다나: 깊은 명상, 심원한 묵상.

4. 무묵슈트와: 해방을 갈구하는 욕망.

브람민 Brahmin '카스트'를 참조하라.

브릿티 Vritti '양상'을 참조하라.

비나야카 Vinayaka 제거하는 자, 가네샤.

비데하 묵티 Videha Mukti 비데하묵타는 몸을 벗어나 해방을 얻은 자를 의미한다. 지반묵타와 비데하묵타 간의 구별은 때로 아드바이타 성자들에 의해 비실재적인 구별이라고 선언되고 있다.

또한 다음과 같이 기술되는 해방의 세 가지 분류가 있다.

1. 형상을 가진

2. 형상이 없는

3. 형상이 있기도 하고 없기도 한

첫 번째 두 가지는 각각 지반묵타와 비데하묵타와 같다. 형상이 있기도 하고 없기도 한 세 번째 것은 세상을 구원하는 임무를 가진 아디카리카(적임자) 묵타의 경우에 해방이라고 한다. 육체적 몸을 벗고 난 다음, 그들은 더 오랜 기간 동안 인간의 복지를 위하여 미세한 몸으로 살아간다. 아드바이타에서는 이러한 모든 차이들이 부정되고 있으며, 묵티라는 하나의 상태만이 사실로 간주되고 있다. 슈리 라마나 마하리쉬는 그의 "드러난 진리 (Sad-Vidya)"의 40절에서 다음과 같이 말한다.

"만약 해방이 형상이 있는, 형상이 없는, 형상이 있기도 하고 없기도 한 세 가지 종류로 되어 있다고 한다면, 세 가지 형태의 해방을 탐구하는 자아의 소멸이 오직 해방이라고 말해 주리라."

비라트Virat 우주적 깨어 있는 자, 깨어 있는 상태에서 모든 몸들의 집합체를 통해 작용하는 나의 우주적 형태. 또한 "다양한 것으로 빛나는"을 나타내고 있다고도 한다.

비바르타Vivarta 무지(아비디야)에 의해 야기된 가공의 형상과 비실재적인 현상. 예를 들면, 뱀은 밧줄의 비바르타이다. 잘못된 개념 혹은 관념.

비부티Vibhuti 신성한 재.

비샤야Vishaya 주제.

비슈누Visnu 문자적으로 "모든 곳에 퍼져 있는." 비슈누 신을 언급하거나 모든 곳에 퍼져 있는 자를 언급한다.

비스바(밤) Visva(m) 전 세계, 우주, 전체, 전부.

비스반Visvan 깨어 있는 상태의 개인들 전체.

비야스티Vyasti 개인, 따로 떨어진 것, 분리된 것; 구성요소들이 그들의 개별성을 유지하는 집합체; 소우주.

비얀자나Vyanja 숭배(푸자) 기간 동안 공물로서 사용된 양념.

비자크샤라Bijakshara 문자 그대로 "씨앗 문자들." 알파벳의 문자들. 이들은 때로 절대자, 특정한 신, 힘과 같은 것을 나타내기 위해 사용된다. 예를 들면 다음과 같다. 브람만을 나타내는 것은 캄, 쉬바를 나타내는 것은 카, 샥티를 나타내는 것은 이, 가네샤를 나타내는 것은 가, 공간을 나타내는 것은 함, 공기를 나타내는 것은 얌, 물을 나타내는 것은 밤, 불을 나타내는 것은 람, 흙을 나타내는 것은 람.

비카라Vikara 성품의 변화.

비칼파Vikalpa '상칼파/비칼파'를 참조하라.

빌바Bilva 쉬바의 숭배에 사용된 일종의 잎.

사다나 찻투슈타야sadana Chatshutaya '브람만 깨달음을 위한 네 가지 필요조건'을 참조하라.

사다쉬바Sadasiva 항상 그 자신으로 있는 쉬바, 항상 평화로운 쉬바. 순수 존재로서의 쉬바의 상태.

사마Sama 평화로움, 고요함, 평정. '브람만을 깨닫기 위한 네 가지 필요조건'을 참조하라.

사마다나samadana '브람만 깨달음을 위한 네 가지 필요조건'을 참조하라.

사마디^{Samadhi} 명상에의 몰입, 초의식적 상태. 여섯 가지 사마디가 있다. 다음과 같은 두 가지 범주가 있다.

I. 사비칼파 사마디: 여기서 명상자는 아는 자, 앎, 알려진 대상과 같은 구분을 상실하지 않고, 마음이 작용하고 있는 상태이다. 이것은 니르비칼파 사마디의 전조가 되며, 다음의 네 가지 하위범주로 나눈다.

 1. 대상적/객관적: 인식 가능한 사고의 대상과 연관이 있다(마음 안에 있는 욕망과 같은 것은 인지 가능한 대상들로 취급된다). 생각들은 마음에서 나타나며, 대상으로 간주되며, 명상자는 나를 자신의 진정한 성품으로 생각하면서, 그 대상들에게 무관한 상태로 남아 있다.

 2. 주관적: 추상적 사고와 연관이 있다. 여기서 명상자는 "가장 내면의 나"인, "나는 바라보는 자이다", "나는 집착하지 않는다."와 같은 것들을 생각한다. 명상의 대상은 욕망과 같은 관념이 전혀 없는 비이원의 나이다. 오직 나에 대한 자의식의 흐름만이 남아 있다.

 3. 객관적: 태양과 같은 외부 대상과 연관이 있다. 여기서 명상자는 명상의 대상인 존재−의식−희열에 집중함으로써 대상의 순수 존재인 것으로부터 이름과 형상이라는 변화하는 양상을 분리시킨다.

 4. 객관적: 주관적 사비칼파와 유사하지만, 외적 대상과 연관되어 있다.

II. 니르비칼파 사마디 여기서 명상자는 아는 자, 앎, 알려진 대상과 같은 모든 차별에서 벗어나, 구별에 대한 모든 생각들을 없애며, 마음도 그 활동을 멈춘다. 니르비칼파 사마디는 다음의 두 하위범주로 나눌 수 있다.

 1. 주관적: 여기서 마음은 바람이 없는 곳에서의 흔들림 없는 불꽃처럼 안정적이며, 대상과 소리에 영향 받지 않으며, 사비칼파 사마디에서 일어나는 관념들도 없다. 그것은 안과 밖이 없는 하늘에 놓인 텅 빈 주전자에 비유되고 있다.

 2. 객관적: 여기서 명상자는 희열에 빠져 있기 때문에 외부 대상들을 전혀 인식하지 않는다. 그는 완전히 브람만의 묵상에 몰입되어 있다. 모든 환영적인 현상들이 브람만 안에서 융합된다. 그는 드러난 세상에 무관하며, 또한 아칸다(나누어지지 않는 것)나, 에카 라사(단 하나의 본질)와 같은 관념에도 무관하다. 그것은 안과 밖이 물로 된 바다에 놓인 주전자에 비유된다.

슈리 라마나 마하리쉬는 현상계의 망각을 초래하는 나의 완전한 몰입인 니르비칼파 사마디를 우물 속으로 내린 두레박처럼 영구적이지는 않지만 더할 나위 없는 황홀의 상태라고 말하고 있다. 두레박에는 우물 안의 물(나)과 하나가 된 물(마음)이 있지만, 두레박의 줄은 여전히 다시 두레박을 끌어올리기 위해 존재한다. 마하리쉬는 사하자 사마디가 정신적, 물리적 차원을 초월해 있지만, (관찰자에게는) 현상계에 대한 자각이 있고, 정신적, 물리적 능력을 완전히 사용할 수 있는, 그런 방해받지 않는 순수한 의식이라고 말한다. 사하자는 완벽한 평정, 완벽한 조화의 상태이며, 심지어 희열조차 넘어 있으며, 바닷물과 하나가 된 강물에 비유할 수 있다. 사하자는 노력 없고, 자연스러우며, 본래부터 타고난 것을 의미한다. 그것은 나인 상태와 나뿐인 상태이다.

『라마나 마하리쉬와의 문답』(359쪽, 1984, 7판)에서 다음의 도표는 이와 같은 사마디를 명료하게 밝혀 주고 있다.

사비칼파 사마디	
(바야) 외적인	(안타르) 내적인
(드리시아누비다) 마음은 한 대상에서 다른 대상으로 점프한다. 마음을 그 대상 뒤에 있는 실재에 고정시켜 안정되게 하라.	마음은 카마, 크로다 등에 의해 괴롭다. 어디서부터 그러한 것들이 일어나는지를 그리고 어떻게 그것들이 그것들의 존재를 가지고 있는지를 보라. 그것들의 근원을 붙들어라.
(삽다누비다) 유일한 실재로부터 그것들의 근원을 가지고 있다고 하는 외적인 현상들이 있다. 그 근원을 찾아라. 그것을 붙들어라.	모든 사고의 양상들은 내면의 실재로부터 일어나서 자신들을 드러낸다. 그 실재를 붙들어라.
사비칼파 사마디의 이러한 네 가지 모든 종류는 노력을 수반한다.	
니르비칼파 사마디	
(바야) 외적인	(안타르) 내적인
모든 현상들의 근저에 있는 유일한 실재와 융합되어, 일시적인 현상을 의식하지 않는 상태로 남아 있는 것. 이 상태는 물이 고요하고 잔잔한 파도 없는 바다에 비유된다.	모든 생각 등을 일으키는 유일한 실재인 가장 내면의 존재와 융합되어,그 밖의 어떤 것도 의식하지 않는 상태로 있는 것. 이 상태는 공기의 흐름에 의해 동요되지 않고 아주 안정된 상태로 타오르는 촛불에 비유된다.
이러한 종류의 니르비칼파 사마디가 노력을 수반하지 않을 때와, 그리고 외부적인 사마디라는 파도 없는 바다와 내적인 사마디라는 흔들림 없는 촛불이 동일하다는 것을 깨달을 때, 이 상태는 사하자 니르비칼파 사마디라고 한다.	

사마베다Samaveda '베다'를 참조하라.

사마슈티Samashti 하나로 합치된, 통합된, 집합적인 우주적 전체. 대우주; 비라트virat.

사비칼파^{Savikalpa} '사마디'를 참조하라.

사하자^{Sahaja} 자연스러운 상태, 타고난, 노력 없는 상태.

산에서 태어난 자의 배우자^{Consort of the Mountain Born} 쉬바를 가리킨다. 쉬바는 히마반이라고도 불리는, 히말라야 산(파르바타)의 딸인 파르바티의 배우자이다.

삼라트^{Samrat} 외부의 것들의 통치자. 수트라트마(모든 것을 통해 흐르는 나, 순수 의식). 히란야가르, 늘 빛나는 자.

삼바무르티^{Sambamurti} 쉬바의 다른 이름, 특히 신성한 어머니와 함께 모습으로 있는 쉬바.

삼부^{Sambhu} 쉬바의 다른 이름으로서, 행복을 주는 자.

삼사라^{samsara} 탄생과 죽음의 순환. 또한, 윤회, 영혼의 재생, 탄생의 연속이라고도 한다. 또한 세속적 삶, 세간적인 삶, 현세의 존재, 및 세상의 순환을 의미한다.

삿구루^{Sadguru/Sat Guru} 진정한 구루. 깨달은 구루. 제자에게 나의 진리를 드러낼 수 있는 구루. 오로지 유일한 절대자만이 있으며, 그것이 나임을 드러내는 구루. 또한 "훌륭한 구루"로도 번역될 수 있다.

삿상^{Satsang} 삿(진리 혹은 선)과의 연합 혹은 결합. 삿과 함께하는, 존재 그 자체로 있는, 혹은 존재를 깨달은 사람들과 함께 있는 것.

삿트와^{Sattva} '세 가지 구나'를 참조하라.

상가^{Sangha} 단체, 집회.

상칼파^{Sankalpa}/ **비칼파**^{Vikalpa}(의지력/ 미결정, 오해) 이들의 의미는 같은 영어의 한 단어로 항상 표현되지는 않는다. 상칼파는 의지, 의지력, 정신적 결의, 관례대로 의식을 거행하려는 근엄한 맹세, 목적, 목표, 의도, 결정, 소망, 갈구, 생각, 관념, 숙고 및 상상력과 같은 다양한 명암의 개념들을 나타낸다. 비칼파는 흔히 상칼파의 반대 혹은 역으로 사용되는데, 이는 의심, 불확실, 미결정, 주저, 의혹, 선택, 실수, 그릇된 개념, 무지 및 구별을 표현하고 있다. 상칼파와 비칼파는 일반적으로 마음이라고 하는 인식의 내적인 도구의 기능과 상반되는 것을 본질적으로 가리킨다.

상칼파와 비칼파의 단어는 일반적으로 이 책에서는 번역하지 않고 그대로 두었다. 가끔, 상칼파와 비칼파를 번역하기 위하여 의지력과 미결정이란 용어가 사용되었다. 때때로 문맥에 따라서 다른 상당 어구가 사용된다.

상태들^{States} '여섯 가지 상태'를 참조하라.

생명의 공기들^{Vital Airs} '열 가지 생명력'을 참조하라.

샤스트라들^{Sastras} 경전.

샤이바이테^{Saivite} '샤이바'를 참조하라.

샤이바^{Saiva} 쉬바에 속하는

샤이비즘^{Saivism} 쉬바와 관련된 종교.

샥샤트카라^{Sakshatkaara} 샥샤트: 직접적인, 분명한, 눈에 보이는. 카라: 분명해진 것. 샥샤트카라는 개인
의 직접적인 경험과 개인적 깨달음을 의미한다.

샥티^{Sakti} 힘, 에너지, 쉬바의 여성 짝, 신의 배우자.

샨무카^{Shanmukha} 여섯 개의 얼굴을 한 자, 즉 스칸다.

샹카라^{Shankara} 쉬바를 나타내는 다른 이름으로 선행을 행하는 자를 뜻한다.

샹키야^{Samkhya/Sankhya} 힌두 사나타나 다르마의 철학적 사상 체계로서, 그것은 이원적인데, 그 까닭은 그
것이 두 개의 궁극적인 실체, 즉 푸루샤와 프라크리티를 가정하고 있기 때문이다.

여러 면에서, 푸루샤는 베단타의 아트만(나)을 닮았으나, 하나의 근본적인 차이가 있다. 베단
타에서는 모든 곳에 편재해 있는 브람만과 하나라고 하는 변화 없는, 전능한 나는 떨어져 있는
것이 하나도 없는 유일자이다. 샹키야에서는 푸루샤들이 비록 형상 없고, 전능하고, 마음과 감
각과 지성을 초월해 있으며, 시간과 공간과 인과를 초월하고 있으며, 태어나지도 죽지도 않으
며, 창조되지도 않으며, 시작도 끝도 없으며, 완벽하고 자유로울지라도, 다수이며, 수로는 무
한하다.

샹키야 체계에 의하면 지바(개별 영혼)는 자아, 지성, 마음, 감각들과 연관되어 있고, 몸의 제한
을 받고 있음으로써 푸루샤와 구별되는 개별화된 영혼이다. 샹키야에서는 다수의 지바들이 있
다.

푸루샤를 지성과 잘못 동일시함으로써, 한계, 무지, 쾌락과 고통, 굴레와 죽음의 경험이 일어
나며, 그런 것들은 실재에 대한 지식에 의해 극복될 수 있다. 프라크리티는 그 구성요소로서
세 가지 구나들(세 가닥의 성질), 즉 결코 쉬지 않는 에너지나 힘인 삿트와, 라자스, 타마스를 가
지고 있다. 그것들은 대체로 다음과 같이 이해되고 있다. 삿트와는 순수하고 섬세한 모든 것을
고무하며, 라자스는 활동적인 원리이며, 그리고 타마스는 둔감과 저항을 야기한다.

샹키야에 대한 위의 설명은 슈리 수레스바라(아디 샹카라의 제자)가 한 것이었지만, 그는 즉시
그것을 부정했다.

다른 다섯 체계와 함께 샹키야는 힌두 철학체계의 여섯 가지 주요 형태를 이루고 있다.

리부의 노래

1. 카나다의 바이세쉬카

2. 고타마의 니야야

3. 카필라의 샹키야

4. 파탄잘리의 요가

5. 자이미니의 미맘사

6. 비야사의 베단타

위의 성자들이 모두 그 사상의 원래 창시자는 아니지만, 그 사상을 체계적으로 공식화한 사람들이었다. 이러한 체계들은 정통파(아스티카)라고 하는데, 그 이유는 우주의 성품에 관한 모든 질문에 대한 베다의 권위를 인정하고 있기 때문이다.

바이세쉬카는 기본적으로 물질의 성질이나 속성과 관련된다.

니야야는 논리의 체계로서 주목할 만하며,

미맘사는 힌두법과 의식적인 부분들 때문에 주목할 만하다.

성질들qualities '네 가지 성질'을 참조하라.

세 가지 고통들 Traid of afflictions(타파 트라야tapa traya)

1. 아디야트미카: 내재적인 성품에 기인하는 것으로서, 담즙, 점액질, 욕망, 분노와 같은 육체적, 정신적 고통. 내적 감각에 의해 야기된다.

2. 아디보티카: 외재적인 성품에 기인하는 것으로서, 외적인 자연적인 영향에 의해, 다른 사람들, 짐승, 새와 무생물들에 의해 초래된다.

3. 아디다이비카: 초자연적인 것에 기인하며, 영들, 악마들, 유령들과 같은 외재적인 초자연적인 영향에 의해서와, 더위, 추위, 바람, 비 등을 주재하는 신들에 의해 초래된다.

세 가지 구나들 Traid of Gunas 구나는 성질, 속성, 특성을 의미한다. 세 가지 구나가 있다.

1. 삿트와: 쾌활한, 비추는, 빛, 지식, 행복.

2. 라자스: 동요, 자극하는, 움직이는, 고통, 행위.

3. 타마스: 무거운, 감싸는, 어두운, 무심한, 게으름, 무기력.

구나는 또한 밧줄을 의미한다. 3가지 구성요소가 개인을 구속하는 하나의 밧줄의 가닥들과 같다고 한다.

세 가지 몸들 Traid of Bodies

1. 거친 몸(스툴라 사리라): 음식의 덮개(안나마야코샤)로 이루어져 있고, 아주 작은 비율로 다섯

가지 원소들로 구성되어 있다.

2 미세한 몸(숙슈마 사리라): 다음의 덮개로 이루어져 있다.

    a. 생명력의 덮개(프라나마야 코샤): 생명 공기와 행동 기관들.

    b. 마음의 덮개(마노마야 코샤): 감각 기관과 함께 마음.

    c. 지식의 덮개(비갸나마야 코샤): 감각 기관과 함께 지성.

3. 원인의 몸(카라나 사리라): 희열의 덮개(아난다마야 코샤)로 이루어져 있으며, 다른 두 몸의 원인인 무지로 이루어져 있다.

5가지 덮개는 '다섯 가지 덮개'(판차마야 코샤들)에 언급되어 있다.
'다섯 가지 덮개들'을 참조하라.

세 가지 빛들 Traid of Lights 태양, 달, 불. '세 개의 눈'을 참조하라.

세 가지 상태들 Traid of States 깨어 있음, 꿈, 꿈 없는 잠. 이것들은 또한 마음의 세 가지 상태 혹은 지바의 세 가지 상태로 알려진다.

세 가지 세상들 Traid of Worlds 천국(스와르가), 지상(프리트비), 하계(파탈라).

세 가지 수단들 Traid of Means 마음, 말, 몸.

세 가지 시간들 Traid of Time 과거, 현재, 미래.

세 가지 연결들 Traid of Connections 세 가지 유형의 연결: 결합, 분리할 수 없는 천성과 정체성.

세 가지 영혼들 Traid of Souls/Traid of Jivas 상이한 세 가지 지바(영혼)가 언급된다. 그 중 하나는 다음과 같다.

1. 니티야: 영원히 자유로운.

2. 묵타: 자유에 도달한.

3. 밧다: 구속된.

그 중 다른 하나는 다음과 같다.

1. 사칼라: 세 가지 말라, 즉 불순함의 영향을 받는다.

    a. 아나바: 타고난 무지에 기인한.

    b. 카르마 말라: 아나바의 결과.

    c. 마이카 : 카르마 말라에 기인한.

1. 프랄라야칼라: 아나바 말라와 카르마 말라의 지배를 받는다.

2. 비갸나칼라: 아나바 말라의 영향만 받는다.

세 가지 원리들 Traid Principles 철학적이고 종교적인 많은 사상 체계들은 신, 영혼, 세상이란 세 가지 원리를 가정하고 있다. 이를테면, 이슈와라(신), 칫(의식적 존재), 아칫(비의식적 대상)이거나, 혹은 파티(신), 파수(영혼), 파사(굴레)이거나, 혹은 신, 인간, 자연(서구철학에서)이거나, 혹은 자연, 마음, 영(헤겔에서)이거나, 혹은 세계, 영혼들과 신 혹은 영(동양 철학에서)이다. 이 번역본에서는 "세상", "지바(개인 영혼)", "지고자"라는 표현이 이 맥락에서 사용되고 있다. '자가트' '지바' '파라'를 참조하라.

세 가지 카르마 Traid of Karma 카르마는 행위의 결과나 행위 그 자체를 의미한다. 세 가지 카르마는 결과를 언급한다. 세 가지 카르마는 다음과 같다.

1. 산치타 카르마: 금생이나 전생에서 누적된 행위의 결과이지만, 금생 중에는 잠재되어 있다.

2. 아가미 카르마: 금생의 행위 결과이며, 정상적인 과정에서 무르익을 것이다.

3. 프라랍다 카르마: 금생 동안에 열매를 맺어, 풀리기 시작한 행위 결과의 잔재.

산치타 카르마는 나–지식을 통해 소멸되거나, 혹은 나를 깨달은 사람의 경우에는 아가미 카르마나 산치타 카르마도 없지만, 잔재한 일부의 프라랍다 카르마는 이 몸에서 작용할 것이라고 때때로 주장된다. 하지만 슈리 라마나 마하리쉬와 슈리 샹카라는 순수한 비이원의 진리를 설명하면서, 나–깨달음을 하면 우리는 세 가지 모든 종류의 카르마로부터 자유롭게 된다고 말한다.

행위의 결과 즉 결실을 나타내기 위하여 사용되는 '카르마'라는 단어와는 별도로, 이 단어는 또한 "행위" 그 자체를 나타내기 위해 사용된다.

행위란 점에서 카르마는 여러 종류가 있다. 카미야 카르마(임의의 행위들): 천국을 소망하는 것과 같이 그 행위들의 결과를 바라는 경우에만 행할 필요가 있는 행위들. 니티야 카르마(매일 준수해야 하는 의무들): 황혼 때의 기도를 하는 것과 같이 이루어져야하기 때문에 실시하는 행위들. 나이미팃카 카르마(가끔 하도록 되어 있는 의무들): 아들의 탄생에 행하는 의식의 실시와 같이 때때로 행하는 것들. 프라티쉿다 카르마(금지된 행위들): 살아 있는 존재들을 죽이거나 상해를 가하는 것들.

카르마의 다른 분류로는, 라우키카(세상적인) 카르마와, 바이디카(신성한) 카르마가 있다.

세 가지 형상들 Traid of Forms 브람마(창조자), 비슈누(유지자), 쉬바(파괴자)의 형상.

세 개의 눈을 가진 신 '쉬바'를 참조하라.

세 개의 눈들 Traid of Eyes 쉬바와 그의 배우자 우마, 아들 스칸다와 여러 신들은 3개의 눈을 가진 것으로 알려진다. 그 눈은 흔히 태양, 달, 불이라는 세 개의 발광체로서 언급된다. '세 가지 빛'을 참조하라.

세 개의 도시들^{Tripuras} 신화에 의하면, 타라카라는 악마의 세 아들, 즉 타라칵샤, 비듄말리, 카말락샤는 여러 세기 동안 심한 고행을 함으로써 창조주 브람마의 은총을 받았다. 그 은총으로서 그들은 각각 금, 은, 동으로 만든 난공불락의 요새지를 받았다. 요새지는 최고의 건축가인 마야에 의해 창조되었으며, 비교할 수 없을 정도로 웅장하고 경이로웠다. 또한 세 아들은 누구에게도 정복당할 수 없는 은총을 받았다. 그들은 막대한 힘을 가지게 되었다. 마하데바의 위대한 숭배자들임에도 불구하고, 그들은 시간이 지남에 따라 특히 여러 신들을 괴롭히는 바르지 않은 행으로 탈선하게 되었고, 그래서 그 신들은 결국 쉬바 신을 설득하여 그들을 정복하도록 했다. 여러 신들과 성자들은 쉬바 신의 거대한 마차, 무기들과 장비를 갖추고, 천상과 지상의 여러 부대를 포위하였으며, 쉬바 신이 이 거대한 세 도시의 맹공에 착수하였을 때, 세 도시는 하나로 융합되어, 그 독특한 힘을 잃고, 완전히 전소되었다. 쉬바 푸라나의 기록을 보면, 세 도시는 일직선상에 정렬되어 있어서, 쉬바가 단 한 개의 화살로 그 세 도시들을 파괴하였다고 한다. 이것은 신화에서처럼 세 도시의 파괴로 언급된다. 에피소드 전체가 쉬바의 서사적 위업으로 간주된다.

이 사건은 비유적으로 다양하게 설명된다. 마차는 몸이나 우주, 혹은 모든 경험을 상징한다. 세 도시들은 욕망, 분노, 탐욕의 세 가지, 혹은 애착, 증오와 열중의 세 가지를 상징하며, 세 가지 상태나 혹은 다른 여러 가지 방법으로 세 가지를 상징하기도 한다. 그것은 또한 세 가지 구별된 상태들의 파괴로서 설명되며, 각각은 그 자체에 하나의 영역을 두고 있으며, 모두가 원래는 절대적인 의식인 쉬바의 영광만을 위한 것이었지만, 세 개가 그들의 유일한 본질을 보도록 '정렬'되어 있을 때 비이원의 지식이라는 단 하나의 화살을 맞고 상이한 상태로서 파괴되었다.

세 개의 연결들^{Tree Connections} '세 가지 연결'을 참조하라.

세상들^{Wprlds} '열네 가지 세상'을 참조하라.

세정식^{Ablution} '목욕'을 참조하라.

세투^{Setu} 스리랑카와 인도 사이의 바다 위에 라마가 세운 다리.

수단들^{Means} '세 가지 수단'을 참조하라.

수리야^{Surya} 태양.

수정들^{Modifications} '여섯 가지 상태들'을 참조하라.

수트라^{Sutra} 간결하고 간명한 짧은 경구; 중요한 것을 기억할 수 있도록 하나의 실로서 작용하는 간단한 문장; 그러한 규칙들을 포함하고 있는 모든 작품이나 소책자. 문자적으로 수트라는 실, 끈, 줄, 노끈, 혹은 섬유질을 의미한다. 짧은 규칙이나 교훈; 회고적 목적을 위하여 사용된 짧고 간결한 문장. 다음은 수트라에 속하는 것이라고 한다. 즉, 문장도 아니고 단어도 거의 없으나, 많은 내용이 들어 있고, 사방에 얼굴을 가지고 있으며, 결함이 없는 것.

수트라트마^{Sutratma} 문자적으로, "나의 실", 화환을 통해서 연결된 실(수트라)처럼 우주를 충만시키는 나; 현상 이전의 생명력.

숭배^{Worship} '우파차라'를 참조하라.

슈랏다^{Sraddha} '브람만 깨달음을 위한 네 가지 필요조건들'을 참조하라.

쉬바^{Siva} 선함, 성스러운 자, 절대자. 쉬바는 어떤 신성한 장소에서 다양한 요소들과 관련하여 숭배받는다.

    1. 흙, 칸치푸람에서.

    2. 물, 잠부케스와람에서.

    3. 불(빛). 아루나찰라에서.

    4. 바람. 칼라하스티에서.

    5. 공간. 치담바람에서

쉬바가마^{Sivagama} 쉬바와 관련한 경전.

쉬바라스야^{Sivarahsya} 쉬바의 비밀, 쉬바의 신비.

쉬바샹카라^{Sivasankara} 샹카라와 같으며, "상서로운(샹카라)"를 의미한다. '쉬바'와 '샹카라'를 참조하라.

쉬보함^{Sivoham} 나는 쉬바이다.

쉬슈야^{Sishya/Shishya} 구루의 제자. 가르침을 받는 자.

스라바나^{Sravana} 학습, 경청과 탐구. '해방에 가까이 이르게 하는 보조수단'을 참조하라.

스므리티^{Smrti} 재 편찬된 전통 경전들.

스와누바바^{Svanubhava} 자기 자신의 경험.

스와라트^{Svarat} 자기 자신의 통치자, 내적 감각의 통치자. 또한 이슈와라, 드러나지 않은 상태의 경험자를 의미한다고도 하며, 유일한 독립적인 실재이며, 다른 모든 예속적인 범주들을 야기한다. 또한 스스로 빛나는 것을 나타내거나 자신의 영광 안에서 빛나는 자이다.

스칸다^{Skanda} 쉬바의 둘째 아들, 또한 샨무카(여섯 얼굴을 가진), 카르티케야와 무루간으로도 불린다.

스토트라^{Stotra} 칭찬 혹은 찬미의 찬가.

스푸라나^{Sphurana} 약동하는 진동; 섬광.

시간^{Time} '세 가지 시간'을 참조하라.

신들^{Gods} '다섯 신들'을 참조하라.

싯다^{Siddha} 아래와 같이, 싯다라고 하는 여덟 가지 초능력을 특별히 가지고 있는 것으로 전해지는 아주 순수하고 힘이 있는 영적인 존재.

    1. 아니마: 원소만큼이나 작게 되는 힘.

    2. 라기마: 마음대로 가볍게 하는 힘.

    3. 프랍티 : 어떤 것이라도 얻을 수 있는 힘.

    4. 프라캄얌: 물리칠 수 없는 의지의 힘.

    5. 마히마: 마음대로 크게 하는 힘.

    6. 이시트바: 우월의 힘.

    7. 바시트바: 다른 사람을 정복시키는 힘.

    8. 카마바사위타: 욕망의 통제.

싯디들^{Siddhis} 성취; 기적적 힘.

씨앗 글자들^{Seed letters} '비자크샤라'를 참조하라.

아가마^{Agama} 개인의 저서로 여기지 않는 신성한 계시적인 가르침이지만, 베다들보다도 다른 것으로 간주됨. 사원에서의 신들에 대한 숭배의식은 주로 여기에 기초하고 있다.

아갸나^{Ajnana} 무지, 문자적 의미로는 지식 없음.

아누반다^{Anubandha} 철학 작품의 네 가지 요인: 주제, 목적, 관계, 의도된 대상.

아다르마^{Adharma} 다르마에 반대되는. '다르마'를 참조하라.

아드바이타^{Advaita} 비이원. 비이원주의. 아드바이타 베단타처럼 베단타와 가장 많이 연관됨. 아드바이타는 개인의 자기와 절대자가 동일한 성품을 가지고 있다는 것, 즉 절대자가 나라는 것과, 따로 분리된 혹은 개별적인 자기나 세상은 전혀 없다는 것을 보여준다.

아디다이비카^{Adhidaivika} '세 가지 고통'을 참조하라.

아디바우티카^{Adhibhautika} '세 가지 고통'을 참조하라.

아디야트미카^{Adiyatmika} '세 가지 고통'을 참조하라.

아르타바다^{atharvada} 아르타바다는 교훈을 적절하게 준수함으로써 나타나는 선함과, 준수하지 못할 때의 악함을 말함으로써 흔히 교훈을 추천하는 확신이나 단정적인 주장, 설명적인 말을 나타낸다. 칭찬이나 칭송. 그것은 경전 구절들의 해석에서 전문어로 흔히 사용된다.

아바하나^{avahana} 기도, 기원

아비디야(아갸나)^{Avidya/Ajnana} 일반적으로 무지로 번역되나 마야와 같은 의미이다. 아비디야는 흔히 개별 자기와 같은 제한적인 것과 관련하여 사용되며, 절대자나 브람만과 관련하여 마야가 사용된다. 브람만과 관련된 마야는 브람만에 의해 조절된다고 한다. 반면에 아비디야는 지바, 즉 개별 자기와 연관되어 있다. 아드바이타에 의하면, 아비디야가 사라질 때, 브람만인 개별 영혼의 진정한 성품이 나타난다. '무지'를 참조하라.

아비쉐카^{Abhiseka} 성스러운 세정식/목욕재계.

아슈라마^{ashrama} '아스라마'를 참조하라.

아슈타무르티^{Ashtamurti} 신의 여덟 개의 형상. 신은 땅, 물, 공기, 불, 하늘, 태양, 달과 인간에게 두루 퍼져 있다고 하기 때문에 그렇게 불린다.

아슈탁샤라 만트라^{Ashthakshara} 비슈누를 위한 여덟 음절의 만트라: 옴 나모 나라야나야.

아슈탕가 요가^{Ashtanga Yoga} 파탄잘리의 라자 요가(또한 아슈탕가 요가라고도 불린다). 고통을 없애고, 해방을 주는 (나와 나가 아닌 것 사이의) 식별의 지식을 가져오게 하기 위한 훈련을 가정하고 있는 철학의 한 학파. 아슈탕가는 여덟 가지들을 가리킨다.

1. 야마: (윤리적인) 절제, 억제.

2. 니야마: (신체적인) 준수, 조절.

3. 아사나: 자세.

4. 프라나야마: 호흡 조절.

5. 프라티야하라: 대상으로부터 감각의 철회.

6. 다라나: 주의를 고정시키기.

7. 디야나: 명상.

8. 사마디: 명상에서의 초의식적 몰입(명상의 대상에다 완전히 마음을 몰입하는 초의식적 상태). '사마디'를 참조하라.

아스라마^{asrama} 생활의 단계들. 또한 영적 존재들의 은둔처나 거처를 의미한다. '네 가지 아스라마'를 참조하라.

아스빈들^{Asvins} 신성한 의사들.

아자할락샤나^{ajahalkshana}(**아자하트-락샤나**^{ajahal_lakshana}) '직접적인 의미/함축적인 의미'를 참조하라.

아차리야^{Acharya} 스승 혹은 교사. 영적 안내자, 특정한 가르침의 지지자. 또한 "존경하는"을 의미하는,
이름에 붙여진 칭호로도 사용됨.

아차마나^{Achamana} 푸자 혹은 숭배의식 동안 의례적으로 마시는 한 모금의 물.

아칸다이카라사^{Akhandakarasa} 나누어지지 않는 하나의 성품

아타르바베다^{Atharvaveda} '베다'를 참조하라.

아트마^{Atama} '아트만'을 참조하라.

아트마로카^{Atamaloka} 나의 세계.

아트만^{Ataman} 나. 나는 하나이며, 우주적이며, 몸, 감각 기관, 감각, 마음, 지성, 내부감각 등과 다르
며, 그러한 것들의 행위에 대한 목격자로서만 있으며, 그것들에 의해 더럽혀지지 않는다. 나는
존재-의식-희열이며, 스스로 빛을 내며, 그것을 알기 위해 다른 지식이 필요하지 않는 참 지
식으로 되어 있다. 나는 욕망이나 증오, 두려움, 슬픔, 특성이나 행위, 형태, 변화나 오점이 없
다. 나는 순결하며, 나눌 수 없으며, 편재하며, 무한하다. 나와 브람만은 하나이다.

아파나^{Apana} '프라나'를 참조하라.

아푸르바^{apurva} 먼 과거의 행위에 대한 눈에 보이지 않는 잠재력을 의미하는 철학적 용어.

아포리즘^{aphorism} '마하바키야'를 참조하라.

아함카라^{Ahankara} 자아(이고).

아함^{Aham} 아함은 나를 의미한다. '나'를 참조하라.

안타카라나^{Antahkarana} 각각의 기능에 따라서 네 가지 이름으로 알려진 마나스, 붓디, 칫타, 아함카라로
이루어져 있는 "내부기관" ;

1. 마나스 : 의심과 의지력에 의해 혹은 비칼파와 상칼파에 의해 특징 지어진 마음. (마나스 즉
마음이란 용어는 흔히 붓디나 칫타도 포함하고 있는 일반적 용어로서 사용된다.)

2. 붓디 : 지성 – 분별과 결정의 힘을 부여받은 지성.

3. 칫타 : 마음의 재료. 과거 인상들의 저장 창고.

4. 아함카라 : 자아 – "나"란 의식으로 특징 지어지는 자아. 탓트바를 참조하라.

알파벳 50글자^{Fifty Letters of the Alphabet} 수효가 50개인 산스크리트 알파벳 문자를 가리킨다.

암비카^{Amblka} 어머니.

야가^{Yaga} '얏냐'를 참조하라.

야주르베다^{Yajurved} '베다'를 참조하라.

약샤들^{Yakshas} 반신들.

얀트라^{Yantra} 신비로운 도형.

얏나^{Yajna}, **야가**^{Yaga}, **호마**^{Homa}, **하비스**^{havis} 이것들은 일반적으로 희생적인 행위를 언급하며, 흔히 불에 바치는 희생적인 공물을 가리키지만, 다양한 함축을 내포한다.

얏나는 (문맥에 따라서) 희생, 희생적 의례, 숭배 행위, 어떤 경건하거나 헌신적인 행위 혹은 영적인 바침이나 노력을 의미한다.

일상의 다섯 얏나는 재가자들, 특히 브람민에게 강요되고 있다.

1. 부타 얏나: 모든 피조물에게 바치는 봉헌물 혹은 제물

2. 피트르 얏나: 장례식 공물, 돌아가신 조상들에게 매일 물을 올림.

3. 데바 얏나: 불에 대한 봉헌으로 이루어진 우수한 신들에게 바치는 산 공물 혹은 불을 통하여 다른 신들에게 바치는 산 공물(일반적으로 호마라고 한다).

4. 마누슈야 얏나: 사람들에게 바치는 공물, 환대, 후한 손님맞이.

5. 브람마 얏나: 베다를 가르치고 암송하기.

"얏나"라는 단어는 광의로 경건하고 헌신적이며 영적인 노력이나, 계획, 의식 거행과 같은 것을 나타내기 위해 사용된다.

만트라를 수없이 읊조리거나 반복하는 것을 "자파 얏나"라고 부를 수 있다. 바가바드 기타에서 신은 "얏나 중에서, 나는 자파 얏나이다."라고 말한다. 헌신적인 봉헌으로서 신의 이름을 수천만 번이나 쓰는 것을 "코티 나마 리키타 얏나"라고 한다.

바가바드 기타의 지식을 설명하고 보급하는 것을 "기타 갸나 얏나"라고 말할 수 있다.

리부 기타의 발간과 전파는 "리부 기타 얏나"라고 말할 수 있다. 얏나는 또한 다양한 목적을 위한 불의 공물과 연관된다.

야가는 (독점적으로는 아니지만) 일반적으로 대규모로 불 의식을 정교하게 거행할 때 사용되는 용어이다. 이때 야가는 베다의 다양한 명령을 준수하면서, 야가를 행할 때 구체적인 집전을 맡을 특별한 사제들을 고용한다. 이를테면, 식을 집행하는 사제(아디야르유), 리그베다를 암송하는 사제(호트르), 사마베다의 찬가를 부르는 사제(우드가타), 흔히 소마 의식 때 기용되는 주재 사제(브람만)를 포함하여, 큰 의식에서는 각기 다른 사제들이 16명에나 이른다. 야가에는 보통 많은 사람들 즉 일반 대중들이 참석한다. 야가는 또한 다양한 유형으로 분류되기도 하는데, 이를테면, 산 제물의 기둥을 세워 제물의 대상을 묶는 크라투가 그 일례이다. 호마는 (독점적으로

하는 것은 아니지만) 일반적으로 보다 작은 규모로, 성격상 가정에서 이루어지며, 신들을 달래기 위하여 공물을 바치며, 흔히 위에서 언급한 일상적인 데바 얏냐의 방법으로 거행된다.

때때로 "푸루샤 숙타 호마", "슈리 숙타 호마", "바가바드 기타 호마"와 같은 호마의 형태로 경전 구절의 암송이 있다.

하비스는 공물을 바치는 불 속에 쏟아 붓거나 던져진 봉헌물이나 불탄 공물을 가리켜 사용된 용어이다.

양상mode(vrtti, vritti) 『리부 기타』 즉 『리부의 노래』에서 양상은 존재의 상태나 방법 혹은 행위방식을 언급한다. 그것은 그 본질과 떨어진 어떤 것이 되는 상태를 나타낸다. 브릿티는 "심적 양식", 즉 마음의 수정이나 변형이다. 그것은 이원의 지식에서 주체와 객체 사이를 연결하는 것이다. 그것은 아는 과정과 알려진 대상에 퍼져 있는 무지(아비디야)의 한 형태이다. 아드바이타에서, 절대적 실재(브람만, 나)를 제외한 모든 것은 단지 브릿티이거나 브리티의 결과이다.

여덟 가지 형상들 Octonary form '아슈타무르티'를 참조하라.

여섯 가지 걱정들 Sextet of anxieties/shad urmis 여섯 가지 고통. 즉 배고픔, 갈증, 슬픔, 낙담, 노쇠와 죽음.

여섯 가지 덮개들 몸의 구성 요소는 다섯 가지 덮개와 혼동되지 않도록, 때로 '여섯 가지 덮개'라고 부른다. 그것들은 골수, 뼈, 정액, 혈액, 피부와 살이다.

여섯 가지 변형들 Sextet of modificstions '여섯 가지 상태들'을 참조하라.

여섯 가지 변화들 Six changes '여섯 가지 상태들'을 참조하라.

여섯 가지 사마디들 Sextet of Samadhis '사마디'를 참조하라.

여섯 가지 사마 Sextest of sama '브람만 깨달음을 네 가지 필요조건들'을 참조하라.

여섯 가지 상태들 Sextest of states 환영 속에서 모든 존재에게 일어나는 여섯 가지 변화는 시작, 존재, 성장, 성숙, 쇠퇴, 죽음이다.

여섯 가지 시간 Sextest of time(Shad-Kala) 흔히 언급되는 여섯 가지는 새벽 전, 이른 아침, 오전, 정오, 저녁과 늦은 밤이다. 이러한 시간대에 사원의 신상에 숭배가 이루어진다.

여섯 가지 적들 Sextest of enemies 영적 발달과 평화를 가로막는 여섯 가지 적들이나 장애들은 욕망, 분노, 탐욕, 열중, 거만과 질투이다.

여섯 가지 지지들 Sextest of supports(shad-adhara) 쿤달리니의 통로 상에 있는 6가지 차크라 혹은 중심. 이것들은 다음과 관련이 있다고 한다.

1. 물라다라: 응집, 후각을 자극한다.

2. 스와디스타나 : 수축, 미각을 자극한다.

3. 마니푸라: 팽창, 열을 내고, 색깔과 형상의 시각을 자극한다.

4. 아나하타: 일반적인 움직임, 촉각을 자극한다.

5. 비슛디: 공간을 주는, 청각을 자극한다.

6. 아갸: 정신적 능력.

여섯 가지 특징들 Sextest of characteristics(Shad linga) 베다들을 이해할 때 볼 수 있는 여섯 개의 링가, 즉 특징들.

1. 우파크라마와 우파삼하라(시작과 결론).

2. 아푸르바타(새로움).

3. 압히야사(반복).

4. 팔라(결과 혹은 열매).

5. 아르타바다(칭찬 혹은 비난).

6. 우파팟티(이성의 관점에서 본 명료함).

여섯 가지 파도들 Sextest of waves '여섯 가지 걱정'을 참조하라.

여섯 가지 필수요소들 Sextest of essentials '브람만 깨달음을 위한 네 가지 필요조건'을 참조하라.

여섯 계절들 Sextet of seasons(샤드—리투sad-ritu) (북반구에서) 거의 일치하는 일 년의 여섯 계절들은 다음과 같다.

1. 바산타vasanti: 봄; 4월 중순부터 6월 중순.

2. 그리슈마grishma: 여름; 6월 중순부터 8월 중순.

3. 바르샤varsha: 몬순, 장마철; 8월 중순부터 10월 중순.

4. 사라드sarad: 가을; 10월 중순부터 12월 중순.

5. 헤만타hemanta(히마hima): 겨울(눈 내리는); 12월 중순부터 2월 중순.

6. 시시라sisira: 서늘함; 2월 중순부터 4월 중순.

여섯 겹 Six fold 여섯 가지 표제(Sextet headings)를 참조하라.

연결들Connections '세 가지 연결'을 참조하라.

열 가지 생명력들 Decad of vital airs 프라나, 아파나, 우다나, 비야나, 사마나와 나가, 쿠르마, 크르카라, 데바닷타와 다난자야는 모든 나디(미세한 통로 혹은 정맥)에서 움직이는 10가지 생명력이다. 주요 생명력은 다음과 같다.

1. 프라나: 프라나는 심장에 위치해 있고, 입, 콧구멍, 목, 배꼽, 두 개의 엄지발가락과 쿤달리니의 위아래로 움직이면서, 날숨, 들숨, 기침을 담당하고 있다.

2. 아파나: 아파나는 항문, 생식기, 허벅지와 무릎, 복부, 엉덩이, 정강이, 배꼽 등 몸 전체로 움

직이면서, 대변, 소변과 같은 것을 배설하는 작용을 담당한다.

3. 비야나: 비야나는 귀, 눈, 엉덩이, 발목과 발뒤꿈치, 코, 목 등과 같은, 즉 몸 전체로 움직이면서, 그만두거나 붙잡는 것과 같은 행위를 담당한다.

4. 우다나: 우다나는 위로 향하는 것이며, 그 기능은 위로 옮기는 것과 같은 그러한 몸의 기타 행위이며, 목의 중간으로 움직이며, 모든 관절에 자리 잡고 있다.

5. 사마나: 사마나는 손, 발, 몸의 모든 부위에 널리 퍼져 있으며, 72,000개의 나디, 즉 통로를 통하여 그 부문과 하위 부문에 퍼져 있으며, 배꼽에서 몸을 양육하는 작용을 담당하고 있다. 하위의 부차적인 생명력은 다음과 같다.

6. 나가: 나가는 트림과 같은 기능을 한다.

7. 쿠르마: 쿠르마의 기능은 눈썹을 깜박거리는 것이다.

8. 크르카라: 크리카라의 기능은 딸꾹질을 하는 것이다.

9. 데바닷타: 데바닷타는 하품하고 잠을 오게 하는 기능을 한다.

10. 다난자야: 점액질을 만들어 내고, 몸이 붓게 하는 등의 기능을 한다. 이것은 몸 전체에 퍼져 있으며, 몸이 죽었을 때조차도 몸을 떠나지 않는다고 한다.

열넷 세상들 Fourten worlds 열네 가지 세상이 있다고 하며, 일곱은 위에, 일곱은 아래에 있다. 위의 세상들(지구에서 떠오르는, 다른 것보다 위의 것)은 부로카, 부바로카, 스와로카, 마하르로카, 자나르로카, 타파르로카, 사티야로카라고 불린다. 아래의 세상들(지구에서 내려가는, 다른 것보다 아래의 것)은 아탈라, 비탈라, 수탈라, 라사탈라, 탈라탈라, 마하탈라, 파탈라로 불린다.

영혼들Souls '세 가지 영혼'을 참조하라.

옴Aum/Om '프라나바'를 참조하라.

옴카라Omkara '프라나바'를 참조하라.

요가Yoga 요가는 신과의 합일이나 하나 됨을 가져오게 하는 길이나 혹은 훈련을 나타내는 일반적인 용어로서, 이를테면, 호흡 조절의 길, 쿤달리니의 길, 만트라나 기타 집중의 길, 마음 통제의 길, 헌신(박티bhakti)의 길, 행위의 길, 지식(갸나)의 길 등이 있다.

우리we 산스크리트 문학과 타밀 문학에서, 그리고 어떤 다른 언어에서, 권위나 높은 계급이나 혹은 신성한 힘을 가진 사람이 일인칭 단수를 나타내기 위하여 '우리'라는 단어를 사용하는 것은 관례적이다.

우마Uma 쉬바의 배우자; 산의 왕인 히마반과 메나의 딸. 그녀의 이름의 기원을 설명해 주는 이야기에 의하면, 그녀가 쉬바와 결혼하기 위하여 심한 고행을 하고 있을 때, 그녀의 어머니가 "이봐(U), (심

리부의 노래

한 고행을) 하지 마라(Ma)."고 하였다고 한다. 이와 같이 해서 우마의 이름이 생겨나게 되었다.

우정 및 다른 것들 Friendliness and others '네 가지 성질들'을 참조하라.

우주 계란의 구체 Spheres of the eag of the cosmos '브람마안다'를 참조하라.

우파니샤드들Upanishads 이것들은 베다들의 결론 부분들이며, 따라서 베단타(베다의 끝)라고도 언급된다. 우파니샤드라는 단어는 여러 가지 의미를 나타내고 있는데, 이를테면, 헌신적으로 가까이 앉기, 확신을 주고 슬픔을 정화시켜주는 구루 곁에 앉아서 받는 가르침, 비밀스러운 가르침, 절대자에 대한 지식 등이다.

베다들은 크게 네 가지, 즉 리그, 야주르, 사마, 아타르바로 분류된다. 베다에는 "사카들"이라고 하는 여러 가지 가지들이 있다. 각 사카는 만트라와 브람마나들로 구성된 카르마 칸다(행해야 되는 신성한 행위를 다루고 있음)를 가지고 있다. 브람마나는 우파사나 혹은 명상을 다루고 있으며, 아란야카(특히 은둔자의 길을 가고, 헌신적으로 지식을 추구하기 위하여 숲에서 지내는 그런 사람들의 학습용)를 포함하고 있다. 우파니샤드는 아란야카의 일부를 이루고 있다고 한다.

전통적인 설명에 의하면, 네 가지 베다는 비야사에 의해 1,180개의 사카로 조직화되었으며, 각 사카에는 하나의 우파니샤드가 있었다고 한다. 따라서 비슈누푸라나에 따르면, 리그베다에는 21개의 사카가, 야주르베다에는 109개의 사카가, 사마베다에는 1,000개의 사카가, 아타르바 베다에는 50개의 사카가 있었어야 한다. 이들 중 대부분이 시간이 지남에 따라 소실되었으며, 단지 108개만이 현존해 있다고 한다.

108개의 우파니샤드는 각 우파니샤드가 속하는 베다와 함께, 다시 말해 리그 베다일 경우 R, 크리슈나 야주르베다의 경우는 KY, 수크라라 야주르베다의 경우는 SY(KY와 KS는 야주르베다의 두 번역판임), 사마베다의 경우는 S, 아타르바 베다의 경우는 A로 표기하여, 아래에 열거되어 있다.

1. 이사바슈야(SY)

2. 케나(S)

3. 카타(KY)

4. 프라스나(A)

5. 문다카(A)

6. 만두키야(A)

7. 타잇티리야(KY)

8. 아이타레야(R)

9. 찬도기야(S)

10. 브라하다란야카(SY)

11. 브람마(KY)

12. 카이발야(KY)

13. 자발라(SY)

14. 스웨타스바타라(SY)

15. 함사(SY)

16. 아루니카(S)

17. 가르바(KY)

18. 나라야나(KY)

19. 파라마함사(SY)

20. 아므르타빈두(KY)

21. 아므르타나다(KY)

22. 아타르바시라(A)

23. 아타르바시카(A)

24. 마이트라야니(S)

25. 카우쉬타키(R)

26. 브라자발라(A)

27. 니르심하타피니(A)

28. 칼라그니루드라(KY)

29. 마이트레이(S)

30. 수발라(SY)

31. 크슈리카(KY)

32. 만트리카(SY)

33. 사르바사라(KY)

34. 니라람바(SY)

35. 수카라하스야(KY)

36. 바즈라수치(S)

37. 테조빈두(KY)

38. 나다빈두(R)

39. 디야나빈두(KY)

40. 브람마비디야(KY)

41. 요가탓트바(KY)

42. 아트마보다(R)

43. 나라다-파리브라자카(A)

44. 트리시키끼브람마나(SY)

45. 시타(A)

46. 요가추다마니(S)

47. 니르바나(R)

48. 만달라브람마니(SY)

49. 닥쉬나무르티i(KY)

50. 사라바(A)

51. 스칸다(KY)

52. 트리파드비부티마하나라야나(A)

53. 아드바야타라카(SY)

54. 라마라하스야(A)

55. 라마타피니(A)

56. 바수데바(S)

57. 무드갈라(R)

58. 산딜야(A)

59. 파인갈라(SY)

60. 빅슈카(SY)

61. 마하트(S)

62. 사리라카(KY)

63. 요가시카(KY)

64. 투리야티타(SY)

65. 산야사(S)

66. 파라마함사파리브라자카(A)

67. 악슈말라(R)

68. 아비얏타(S)

69. 에카크샤라(KY)

70. 안나푸르나(A)

71. 수리야(A)

72. 악쉬(KY)

73. 아디야트마(SY)

74. 쿤디카(S)

75. 사비트리(S)

76. 아트마(A)

77. 파수파타브람마(A)

78. 파라브람마(A)

79. 아바두타(KY)

80. 트리푸라타피니i(A)

81. 데비(A)

82. 트리푸라(R)

83. 카타루드라(KY)

84. 바바나(A)

85. 루드라흐르다야(KY)

86. 요가쿤달리니(KY)

87. 바스마자발라(A)

88. 루드락샤자발라(S)

89. 가나파티i(A)

90. 자발라다르샤나(S)

91. 타라사라(SY)

92. 마하바키야(A)

93. 판차브람마(KY)

94. 프라나그니호트라(KY)

95. 고팔라타피니(A)

96. 크리슈나(A)

97. 야갸발키야(SY)

98. 바라하(KY)

99. 사티야야니(SY)

100. 하야그리바(A)

101. 닷타트레야(A)

102. 가루다(A)

103. 칼리산타라나(KY)

104. 자발리(S)

105. 소바기야락슈미(R)

106. 사라스와티라하스야(KY)

107. 바브리치(R)

108. 묵티카(SY)

우파니샤드들은 때때로 다음과 같이 주제별로 모아서 분류되기도 한다.

a. 10가지 주요 우파니샤드들: 1, 2, 3, 4, 5, 6, 7, 8, 9, 10. 이같이 부르는 이유는 그들이 묵티코파니샤드에서 순서에 따라서 처음 10개이기 때문이고, 또 이들 10개만이 슈리 샹카라와 같은 위대한 아차리야(스승)들의 주석을 갖고 있기 때문이다.

b. 사만야 베단타 우파니샤드들: 14, 17, 24, 25, 30, 32, 33, 34, 35, 36, 42, 51, 57, 59, 61, 62, 69, 70, 71, 72, 73, 75, 76, 94, 108. 이와 같이 부르는 이유는 그들 모두가 일반적인 흥미의 가르침을 다루고 있기 때문이다.

c. 사이바 우파니샤드들: 12, 22, 23, 26, 28, 49, 50, 67, 85, 87, 88, 89, 93, 104. 이와 같이 부르는 이유는 그들이 지배적으로 쉬바를 다루고 있기 때문이다.

d. 샥타 우파니샤드들: 45, 80, 81, 84, 105, 106, 107. 이 우파니샤드 들은 현저하게 샥티를 다루기 때문에 그렇게 불린다.

e. 바이슈나바 우파니샤드들: 18, 27, 52, 54, 55, 56, 68, 91, 95, 96, 100, 101, 102, 103. 이 우파니샤드들은 현저하게 비슈누를 다루고 있기 때문에 그렇게 불린다.

f. 요가 우파니샤드들: 15, 20, 21, 31, 37, 38, 39, 40, 41, 44, 46, 48, 53, 58, 63, 77, 86, 90, 92, 98. 이 우파니샤드들은 주로 요가를 다루고 있기 때문에 그렇게 불린다.

g. 산야사 우파니샤드들: 11, 13, 16, 19, 29, 43, 47, 60, 64, 65, 66, 74, 78, 79, 83, 97, 99.
이 우파니샤드들은 주로 산야사(세상 포기)를 다루고 있기 때문에 그렇게 불린다.

우파사나^{Upasana} 명상, 숭배.

우파차라들^{Upacharas} 숭배(푸자)할 때의 예의와 의례. 의례적인 숭배에서는 신에 따른 여러 가지 예의와 의례가 있다. 그 수는 대략 5개에서 64개로 다양하며, 관례대로 해 온 전통과 숭배의 세부 항목에 따라 더 많기도 하다. 다른 우파차라들도 있다. 예를 들면, 슈리 샹카라의 므루튠자야 마나시카 푸자 스토트람에는 44개가 열거되어 있으며, 데비를 위한 64 가지 우파차라 스토트람에서는 64개가 열거되어 있다. 마음으로 숭배할 때는 똑같은 것이 마음으로 확대된다. 이 책에서 다루어진 다양한 항목들은 다음과 같다.

기도(성상이나 성화 또는 다른 것)(아바하나)

자리의 제공(아사나)

발 씻기 위한 물(파디야)

경의를 표하는 봉헌물(아르기야)

조금씩 물을 마시기(아차마나)

공식적인 목욕재계(스나나)

의복(바스트라)

세 가닥으로 꼰 신성한 실(바즈노파비타)(우파비타)(왼쪽 어깨에 걸쳐서 오른쪽 겨드랑이에 오게 됨)

장신구(압바라나)

백단향 식품(샌들 연고) (찬다나)

부수지 않은 쌀 곡물(악샤타)

꽃(푸슈파)

향(두파)

심지에 불붙이기(디파)

요리한 음식(나이베디야)

조미하기(비얀자나)

손을 씻을 물(하스타 프락샤라나)

구장(베텔) 잎(탐불라)

꽃을 흩뿌리기(푸슈판잘리)

장뇌 불을 흔들기(니라자나)

리부의 노래

(오른쪽으로) 돌기(프라닥쉬나)

엎드려 절하기(나마스카라)

이름을 노래하기(나마 키르타나)

해제(비사르자나) (우드바사나)

원소들^{Elements} '다섯 가지 원소'를 참조하라.

의식의 공간/나의 공간 Space of Consciousness/space of the Self   이러한 용어들은 의식과 나의 무한하고 두루 존
재하는 성품을 나타낸다.

이것^{this} 이것은 산스크리트 단어 이담을 번역할 때 사용되어 왔다. 문맥에 따라서 이 말은 일인칭과 이
인칭을 제외한 모든 것들을 포함한다.

이사나^{Isana} '다섯 신들'을 참조하라.

이사나 링가^{Isana Linga} '링가'를 참조하라.

이사바시야 만트라^{Isavasya Mantra} 이사바시오파니샤드에서 시작하는 단어로서, 그 의미는 "이쉬와라가
거주하는"이다.

이슈와라^{Isvara} 신, 통치자, 왕, 정복자와 같은 것을 의미하는 이슈와라는 가끔 이 경전에서 신으로 번역
되었다. 아드바이타에 의하면, 이슈와라는 마야에 의해 조건 지어진 브람만이다.

이슈와라는 세상의 물질적이고 효율적인 원인이라고 한다. 브람만은 속성이 없고(니르구나),
동시에 속성이 있는(사구나) 것으로 여겨진다. 이슈와라는 전능, 전지, 창조와 같은 속성이 있
는 사구나 브람만이다. '이슈와라'라는 단어는 바이시슈타드바이타(제한적인 비이원론)에서와
같은 다른 여러 철학 학파에서 다양한 함축을 가지고 있다.

이티하사^{Itihasa} 서사시.

인드라^{Indra} 신들의 수장

자가트-지바-파라^{Jagat_Jiva_Para} (세상, 개인 영혼, 그리고 지고자). 많은 체계의 종교적, 철학적 사상은 다
음과 같은 세 가지 원리들을 가정하고 있다. 즉 신, 영혼들, 세상이나 혹은 이슈와라(신), 칫(
의식적 존재), 아칫(비의식적 대상)이나 혹은 파티(신), 파수(영혼), 파사(굴레)나 혹은 (서구철학에
서) 신, 인간과 자연이나, 혹은 (헤겔의 경우) 자연, 마음, 영이나, (동양철학에서) 세상, 영혼, 신
또는 영이다. 이 번역본에서는 문자적 표현인 "세상, 개인과 지고자"가 이 맥락에서 사용된다.
리부 기타의 산스크리트 판뿐만 아니라, 타밀어 판도 자가트-지바-파라란 표현을 흔히 사용
하고 있다.

자나르다나^{Janardana} 사람들을 괴롭히는, 다시 말해 나쁜 사람들에게 고통을 주는 자. 또한 사람들이

인생의 주요 목적, 즉 다르마(행위), 아르타(부), 카마(욕망)와 목샤(해방)를 얻으려고, 그들의 행복을 얻으려고 희구하는 자(이 경우 희구한다는 것은 간청한다는 의미다). 비슈누 사하스라나마 27절과 126절을 참조하라.

자파^{Japa} 일정 기간 동안 만트라의 의식적인 반복.

자할락샤나^{jahallakshana} '직접적인 의미/함축적인 의미'를 참조하라.

재를 바르기 위한 만트라들^{Mantras for wearing ashes}

1. 아그니 만트라:

아그니리티 바스마

바유리티 바스마

잘라미티 바스마

스탈랄미티 바스마

뵤메티 바스마

사르밤 하바

이담 바스마

마나 이트예타니

착슈굼쉬 바스마

이 만트라는 손으로 재를 물에 이기면서 반죽하는 동안 읊조리는 것인데, 이때 재에서 불, 바람, 물, 흙, 공간, 이 모든 것, 마음과 눈을 축원하는 것이다.

2. 트리 아유샤 만트라:

트리–아유샴 자마다그네

카슈야파쉬야 트리–아유샴

얏 데바남 트리–아유샴

탄 메 아스투 트리–아유샴

"성자 자마다그니의 3배의 장수, 성자 카슈야파의 3배의 장수, 신들이 가지고 있는 3배의 장수, 그 3배의 장수가 나에게 오게 하소서."

3. 트리얌바카 만트라:

트리얌바캄 야자마헤

수간딤 푸슈티 바르다남

　우르바루카미바 반다나트

므리툐트 묵쉬야 마므르탓

세 개의 눈을 가진 신(Tryambaka, Siva)에 바치는 잘 알려진 기도문으로서, 그를 찬양하고 죽음으로부터 해방과 영원불멸(생사윤회의 소멸)을 빌고 있다.

적들Enemies '여섯 가지 적들'을 참조하라.

정체성 오류들 Misidendifications 무엇이 나이고 무엇이 나가 아닌가에 대한 혼란. 나가 아닌 것을 나 위에 덧씌우거나, 혹은 나를 알지 못하여 결과적으로 나가 아닌 것에 정체성을 투사하는 것이다. 정체성 오류가 있으면 여섯 가지 걱정을 받게 된다.

죄들Sins '다섯 가지 큰 죄들'을 참조하라.

지바Jiva 개인 영혼, 자아.

지바트바Jivatva 개인, 개별성으로 존재하는 것.

지반묵타Jivanmukta 몸을 가지고 있는 동안 해방을 얻은 자. 이 용어는 해방을 얻지 못한 사람의 관점에서 사용되는 것이지, 해방을 얻은 자의 관점에서는 중요하지 않다.

지반묵티Jivanmukti 살아 있는 동안의 해방.

지지들Supports '여섯 가지 지지들'을 참조하라.

직접적인 의미/함축적인 의미directive meaning/implied meaning

자할락샤나jahallakshana 함축된 의미의 범주에서, 문장의 함축된 의미는 단어가 가리키는 일차적인 의미와는 다르지만, 그 단어와 관련이 되어 있으면서도 일차적인 의미가 완전히 없어진다. 예를 들어, "강 위의 마을"이라는 문장에서 단어 강의 원래 의미는 없어지고 강과 연관이 있는 강둑이 함축되어 있어 받아들여지고 있다.

아자할락샤나ajahallakshana 문장의 일차적인 의미가 의도된 개념을 전달하기에 충분하지 못할 때, 우리는 부차적인 의미에 의지한다. 이런 경우에 일차적인 의미는 완전히 거부되는 것이 아니라, 함축된 의미에 의해 존속되며 보완된다. 예를 들어, "The red runs"는 적색 말이 달린다는 것을 의미한다. 적색의 일차적인 의미는 존속이 되고, 거기에다 함축된 의미, 즉 말을 보탬으로써 분명해진다.

바가티야가 락샤나bhagatyaga lakshana 단어의 일차적 의미의 일부분bhaga이 없어지고tyaga 또 일부분은 존속되는 부차적인 함축의 한 유형. "이것은 그 리부이다."라는 문장에서, 단어 '이것'의 의미는 현재의 시간과 장소 등에 의해 제한받는 리부를 의미한다. 단어 '그것'의 의미는 과거의 시간과 장소 등에 의해 제한받는 똑같은 이 리부를 의미한다. 이 같은 유형의 동일성에서는 그것과 이것이라는 단어, 즉 "과거의 시간과 장소에 의해 제한받는(조건 지어진)" 것과, "현재의 시간과 장소에 의해 제한받는(조건 지어진) 이들 단어의 의미의 일부분이 무시되고 있다. 이 방법은 비이원론자들이 동일한 진술이나, 마하바키야들과 같은 말의 의미를 이끌어 내기 위하여 사용되고 있다.

진실들Verities '탓트바'를 참조하라.

집중Concentration '다라나'를 참조하라.

차이탄야Caitanya '차이탄야chaitanya'를 참조하라.

차이탄야Chaitanya '생기 없는(jada)' 것과 반대로 사용됨. 지각, 지성, 영, 생명, 생기, 지고한 영, 모든 존재, 그리고 모든 감각의 근원을 의미한다.

차이들의 열거 Array of differences 개인들 간의 차이, 신과 물질 간의 차이, 개인들과 물질 사이, 다양한 형태로서 물질과 물질 그 자체 간의 차이와 같은 차이들을 언급한다.

칫타Chitta '탓트바들'('네 가지 내적 감각'에 기술되어 있음)을 참조하라. 또한 '안타카라나'를 참조하라.

카르마 '세 가지 카르마'를 참조하라.

카르마칸다 희생, 의식과 계율을 다루고 있는 베다들의 구절.

카르티케야 쉬바의 아들, 스칸다.

카스트 힌두 사회의 세습적인 계급제도. 넓은 의미에서는 네 개의 계급제도가 있다.

    1. 브람민: 박학한, 성직자 계급.

    2. 크샤트리야: 전사, 정치지도자 계급.

    3. 바이샤: 상업 계급.

    4. 수드라: 노동 계급.

카이발야 존재뿐인 '그것'인 상태. 홀로 있음, 해방의 상태. 케발라는 "유일자" 혹은 "독존"을 의미한다.

카일라사 히말라야에 있는 매우 높은 산으로서, 쉬바의 성스러운 거주지로 여겨진다.

칼파 1,000마하 유가로 이루어져 있는 브람마의 하루를 칼파라고 부른다. 1마하 유가는 4,320,000년을 이루고서 하나의 순환으로 되풀이 되기 때문에 네 개의 유가 혹은 시대가 있다고 한다.

    1. 크리타 유가: 1,728,000년

    2. 트레타 유가: 1,296,000년

    3. 드와파라 유가: 864,000년

    4. 칼리 유가: 432,000년

힌두 신화에 의하면, 브람마에 의한 창조는 한 칼파의 각 아침에 다시 시작하며, 한 칼파의 끝(그의 하루)에 가서 우주는 그와 융합된다.

일부 경전은 하나의 칼파가 14마누스(입법자 혹은 지배자)의 통치 기간으로 구분되어 있다고 하는데, 브람마의 하루가 14만반타라(시대)와 같기 때문에, 각 마누스는 72마하 유가로 이루어져 있다. '마누'를 참조하라.

캄 비자크샤라(씨앗 문자들)를 참조하라.

케다라 북인도 히말라야에 있는 산. 쉬바와 샹카라(아디 샹카라)에게 신성한 것으로 여겨진다.

케발라 유일자, 홀로 있는 자. 카이발얌의 형용사적 형태.

케사바^{kesava} 문자적으로 "호화로운 머리카락을 가진"을 의미한다. 비슈누의 다른 이름이다. 케사바는 머리카락을 의미하는 케사와 '아름답고 칭찬할 가치가 있는'을 의미하는 바로 이루어져 있다. 슈리 샹카라는 비슈누사하스라나마에서, 카는 브람마를, 아는 비슈누를, 이사는 루드라를 의미한다고 한다. 그러므로 케사는 그의 통제 하에 있는 트리무르티(이들 세 가지의 형상 혹은 신들)를 나타낸다. 슈리 샹카라는 또한 비슈누 푸라나 5:16:23절에서, 그가 케사바로 불리는 이유는 그가 아수라 케신을 살해하였기 때문이라고 말한다. 나라다는 크리슈나에게 "그대가 불경한 케신을 죽였기 때문에 그대는 케사바란 이름으로 세상에 알려질 것이다."라고 말한다. 비슈누사하스라나마의 648절에서, 슈리 샹카라는 케사바의 뜻이 "자신의 머리카락이 풍요로운 자"이며, 케사는 태양과 같은 것이 "차용한" 광선이라고 말한다. 마하바라타(12:328:43)를 보면, "(태양과 같은 것을) 빛나게 하는 나의 광선은 케사로 불린다. 그러므로 지혜로운 브람마나들은 나를 케사바라는 이름으로 부른다."라고 쓰여 있다. 슈리 샹카라는 또한 샥티 혹은 에너지들이 브람마, 비슈누와 루드라로 불리며, 또 케사라고 이름이 붙여졌다고 거기서 말하고 있다. 그들을 통제하고 있기 때문에, 그는 케사바이다.

코샤 '다섯 가지 덮개'를 참조하라.

크로르^{crore} 십만.

크샤나^{kshana} 약 4/5초. 1트루티는 1/2라바 혹은 1/4크샤나이다.

크샤트리야 '카스트'를 참조하라.

타르파나^{tarpana} 물의 헌수. '우파차라'를 참조하라.

타마스^{tamas} 생기 없음, 어둠. '세 가지 구나'를 참조하라.

타이자사^{taijasa} 꿈 상태에서 미세한 것을 인지하는 개인.

타파스^{tapas} 참회, 종교적 금욕, 고행 혹은 개인적인 극기 수행이나 신체적인 금욕과 연관된 명상이나,

도덕적 미덕, 공덕, 어떤 특정한 카스트의 특별한 의무나 계율.

타파는 열, 따뜻함, 불, 태양, 뜨거운 계절과 같은 것을 나타낸다.

타파스는 또한 불같은 강렬한 수행으로도 번역되었다.

탄마트라^{tanmatra} 감각 자료. '탓트바'를 참조하라.

탄트라^{tantra} 규칙, 의식, 숭배 방식과 같은 것을 위한 종교 서적. 신들의 숭배를 위하거나 초인적인 힘을 얻기 위한 마술적인 그리고 신비적인 방법을 가르치는 원리, 교리 혹은 서적.

탓트바들^{tattavas} 일반적으로 진실이라고 일컫는다. 이것들은 명백한 경험을 구성하는 요인들이다. 진실은 모든 창조의 집단이 마지막으로 분해될 때까지 그들에게 작용의 여지를 주는 것으로 정의될 수 있다. 때때로 진실은 3가지 그룹으로 나누어지며, 그 특징은 (1) 지각력 없음, (2) 지각력 없음과 지각, (3) 지각이다. 여기서 언급된 24가지 진실은 다음과 같다.

5가지 거친 원소(부타—판차카)

1. 프리트비: 흙, 고체를 소유한다.
2. 압: 물, 유동성을 소유한다.
3. 테자스: 불, 열을 소유한다.
4. 바유: 공기, 끊임없는 움직임의 특성이다.
5. 아카샤: 에테르, 공간의 특징이다.

5가지 감각 자료들(판차 탄마트라)

6. 간다—탄마트라: 냄새, 미세한 흙의 형태에서의 냄새.
7. 라사—탄마트라: 맛, 미세한 물의 형태에서의 맛.
8. 루파—탄마트라: 형태, 미세한 불의 형태.
9. 스파르사—탄마트라: 촉감, 미세한 공기에서의 촉각.
10. 삽다—탄마트라: 소리, 미세한 에테르의 형태에서의 소리.

5가지 감각 기관, 또한 지식 기관들(갸넨드리야라고 한다)

11. 스로트라: 소리를 지각하는 청각(귀).
12. 트박: 촉감을 지각하는 촉각(피부).
13. 착슈스: 형상을 지각하는 시각(눈).

14. 지바: 맛을 지각하는 미각(혀).

15. 그라나: 냄새를 지각하는 후각(코).

5가지 행위 기관들(카르멘드리야)

16. 박: 말, 분명한 표현의 운동 기관.

17. 파니: 손, 포착, 움켜쥠과 놓음의 운동 기관.

18. 파다: 발, 이동, 움직임의 운동 기관.

19. 파유: 배설의 운동 기관.

20. 우파스타: 생식과 성적 쾌락의 기관.

4가지 내적 능력들(안타-카라나)

21. 마나스: 마음; 불행의 기동성인 라자스가 행복의 리듬과 망상의 무기력인 삿트바와 타마스보다 우세할 때 얻어지며, 그리고 모든 상칼파와 비칼파 (의지와 의심)의 근원이 되는 내적 감각.

22. 붓디: 지성; 삿트바가 기동성과 무기력보다 우세할 때 얻어지는 내적 감각이며, 분별과 결정의 힘을 부여받아, 그 자체로 모든 확신의 뿌리가 되는 내적 감각.

23. 아함카라: 이기주의. 무기력이 삿트바와 기동성보다 더 우세할 때 얻어지는 내적 감각으로서, 나라는 의식으로 특징 지어지며, 모든 환상의 뿌리이며 자아를 향해 모인다.

24. 칫타: 리듬과 기동성과 무기력이 균형 상태를 이룰 때 얻어지는 마음, 과거 인상의 저장 창고, 마음의 재료들. 마나스 즉 마음이란 용어는 붓디나 칫타도 포함하는 일반적인 용어로서 흔히 사용된다.

36가지 탓트바들이나 96개의 탓트바들에 대한 기타의 그룹들도 언급되고 있다. '바라호파니샤드'를 참조하라.

투리야turiya 네 번째 상태. 깨어 있음, 꿈, 깊은 수면이라는 세 가지 상태의 기초가 되는 토대. 때때로나 깨달음의 동의어로서 사용되며, 때때로 사마디의 동의어로서 사용된다.

트밤tvam 당신.

특성들Characteristics '여섯 가지 성질'을 참조하라.

티틱샤titiksa '브람만 깨달음을 위한 네 가지 필요조건'을 참조하라.

파디야Padya 발을 씻는 것.

파라^{Para} 지고의, 지고자, 절대자.

파라메스와라^{Paramesvara} 지고한 신.

파람아 쉬바^{Parama Siva} 지고한 쉬바.

파사^{Pasa} 굴레.

파사파타^{Pasapatas} 쉬바 숭배의 한 분파.

파수^{Pasu} 개별 존재 혹은 영혼.

파수파티^{Pasupati} 영혼들의 신. 쉬바의 이름.

파파^{Papa} 결점; 죄.

파티^{Pati} 신.

판차카라나^{Panchakaraa} '다섯 가지 원소'를 참조하라.

판차 코샤^{Pancha Kosas} '다섯 가지 덮개'를 참조하라.

판차크샤라 만트라^{Panchakshara Mantra} 다섯 개의 문자로 된 만트라. "쉬바에게 경배 (복종)합니다."를 의미하는 "나마 쉬바야"가 그러한 만트라이다.

푸라나^{Purana} 신화, 역사, 영적 가르침 및 백과사전적 성격의 다른 주제들을 포함하고 있는 어떤 종류의 힌두 경전들. 숫자로는 18개가 있으며, 비야사가 엮었다고 한다. 다음의 20개 중 18개는 여러 목록에서 찾아볼 수 있다.

1. 브람마 푸라나.
2. 파드마 푸라나.
3. 바가바타 푸라나.
4. 나라다 푸라나.
5. 마르켄데야 푸라나.
6. 아그니 푸라나.
7. 바비쉬야 푸라나.
8. 브람마 바이바르타.
9. 링가 푸라나.
10. 바라하 푸라나.
11. 스칸다 푸라나.
12. 바마나 푸라나.
13. 쿠르마 푸라나.

리부의 노래

14. 마츠야 푸라나.

15. 가루다 푸라나.

16. 브람만다 푸라나.

17. 비슈누 푸라나.

18. 쉬바 푸라나.

19. 바유 푸라나.

20. 데비 바가바타.

푸루샤Purusha 푸루샤라는 단어는 인간을 의미한다. 푸루샤는 또한 영 혹은 개별 영혼을 의미한다. 그것은 인도철학의 여러 학파마다 다른 함축적인 의미를 가지고 있다. 샹키야 체계에 의하면, 그것은 두 가지 기본적인 범주 중의 하나이다. 그것은 순수 의식으로, 집착이 없고, 어떤 것과도 무관하며, 비활동적이며, 변화하지 않으며, 영원하고 순수하다. 무한하게 많은 개별 영혼들이 있다. 카슈미르 샤이비즘에 의하면, 푸루샤는 칼라, 니야티, 라가, 비디야와 칼라라는 다섯 개의 덮개들로 둘러싸인 많은 개별 영혼으로서 제한적으로 나타나는 우주적 나이다.

아드바이타에 의하면, 그것은 근원적으로 하나이며, 영원한 목격자이며 움직임이 없으며, 변화가 없으며, 경험의 활동 범위를 아는 자이다. 지고한 나는 유일자이며 유일의 푸루샤로 여겨진다.

푸루샤 숙타는 우주적 푸루샤를 천 개의 머리와 천 개의 눈, 천 개의 발을 가지고 있으며, 내재적이면서 초월적이고, 사방으로 땅을 덮고 있으며, 과거에 있었던 모든 것과 미래의 모든 것인 "10개의 손가락"의 길이를 넘어서 뻗어 있는 것으로 묘사하고 있다. 그의 1/4은 모든 존재들이며, 그의 3/4은 천상에서 불멸하는 것이다.

푸루샤르타Purusharths 삶의 목적.

푸르나Purna 충만, 완벽, 완벽한 충만.

푼야Punya 공덕, 장점, 가치.

프라갸나Prajnana 지성, 지식, 지혜, 자각, 의식으로 다양하게 번역된다. 갸나, 즉 지식은 지식, 학문, 박식, 이해, 정보, 인식 혹은 지혜를 나타내는 용어이다. 예를 들면, 과학적 지식(자연과 물리적 세계에 대한 체계화된 지식)과 직관적 지식(논리적인 사고의 의식적인 사용 없이 즉각적인 이해)과 같은, 지식의 특별한 범주가 때때로 꾀해지고 있다. "절대적 지식" 혹은 "최고의 지식"이라는 용어는 지고자와의 합일의 지식인, 종교와 철학의 최고의 진리와 관련한 지식을 나타내기 위하여 "프라갸남 브람마"란 금언을 번역할 때 사용된다.

기타에서는 "지식(갸나)그 자체를 프라갸나라 부른다."는 저자의 말에 유의하면서 사용되어 왔다. 프라갸남 브람마는 또한 "의식이 브람만이다"로 번역되고 있다.

프라나^{Purana} 생명의 공기; 생명의 호흡; 생명력. 프라나는 다섯 가지라고 한다.

1. 프라나: 공기; 위로 상승하는 것.
2. 아파나: 아래로 움직이는 것.
3. 비야나: 프라나와 아파나가 유지되는 것.
4. 사마나: 음식의 보다 더 거친 물질을 아파나로 전달하고, 보다 미세한 물질을 각 사지로 보내는 것.
5. 우다나: 마시고 먹었던 것을 위로 보내거나 아래로 전달하는 것.

'열 가지 생명력'을 참조하라.

프라나바^{Pranava} 옴. 프라나바는 영원한 것, 절대자를 나타내는 옴이란 단어를 가리킨다. 옴의 음절은 일부 우파니샤드에서, 깨어 있음, 꿈, 깊은 수면 상태와 같은 세 가지를 나타내는, 문자 A, U, M으로 구성되어 있는 것으로 설명되고 있다.

옴카라는 옴의 소리, 옴(Om)의 상징, 그리고 또한 쓰여진 대로의 옴(AUM)이란 말을 나타낼 수 있다.

옴은 또한 베다의 찬송의 시작과 끝에서, 또는 신성한 일이나 영적인 기능이나 기도의 시작에서, 또는 108과 1,000개의 이름의 목록에서처럼 아르차나에서 신의 이름들을 부를 때, 신성한 감탄의 말로 내뱉는 음절이다. 불변 화사로서, 그것은 엄숙한 긍정과 정중한 동의(그러할지이다. 아멘!)나, 혹은 인정이나 수용(예, 맞습니다)이나, 명령이나 길조를 의미한다.

프라랍다^{Prarabdha} '세 가지 카르마'를 참조하라.

프라마타^{Pramata} 쉬바의 수행원.

프라자파티^{Prajapati} 선조, 브람마의 별칭; 또한 브람마에 의해 창조된 피조물의 10개의 신들에 대한 별칭.

프라크리티^{Prakriti/Prakrti} 근원적인 자연(성품, 본질). 이것은 인도의 서로 다른 철학에서 서로 다른 의미를 띠고 있다.

샹키야에서는 샹키야 체계의 기본이 되는 두 범주 중의 하나로서, 근본적으로 활동적이지만 의식이 없으며, 유일하며, 지각할 수 없으며, 무한하며, 우주의 근원이며, 그것의 결과로부터 추론할 수 있으며, 구나(삿트바, 라자스, 타마스)로 불리는 세 가지 구성 요소의 복합물이다.

드바이타(이원론)에서는 프라크리티는 세상의 물질적 원인이며, 물질의 스무 가지 범주 중의 하나이다.

비시슈타드바이타(한정된 일원론)에서는 그것은 여섯 물질 중의 하나이며, 프라크리티의 성질인 구나이나 그것의 구성요소는 아니며, 그것과 분리될 수 없으나 그것과 동일시되지도 않으며, 이슈와라와 관련되며, 개인의 거주지에 의존하며, 무한한 것이 아니라, 무한하고 비물질적인 영원한 현상인 니티야비부티에 의해 제한받고 있다.

아드바이타(비이원론)에서는, 그것은 모든 현상들이며, 완전히 환영적(마야)이며 실제로 실재하지 않는다.

필수 사항들 Essentials '브람만 깨달음을 위한 네 가지 필요조건'을 참조하라.

필요조건들Requisites '브람만 깨달음을 위한 네 가지 필요조건'을 참조하라.

하라Hara 와해하는 자, "파괴자"를 의미하는 쉬바의 이름.

하리Hari 모든 창조를 유지하는 신; 또한 비슈누로 불린다. 초록-노랑 색깔을 띠고 있다. 혹은 황갈색을 띠고 있다.

하리Harish 삼사라와 그 원인을 그의 헌신자들로부터 격퇴해 주기 때문에 "보유자 withholder"이다. 그는 개인의 무지, 삼사라와 죄를 없애는 자이다. (슈리 샹카라의 비슈누사하스라나마, 650절을 참조하라).

하비스Havis '얏냐'를 참조하라.

해방에 가까이 이르게 하는 보조수단 Proximate aids to liberation 아드바이타에 의하면, 지식의 길을 갈 때 밟는 세 가지 주요 단계들(혹은 해방에 가까이 이르게 하는 주요 보조수단)은 다음과 같다.

1. 스라바나: 학습, 경청과 연구.
2. 마나나: (가르침이 왜 그리고 어떻게 진리인지를 분석하기 위하여) 들었거나 탐구하였던 것을 깊이 생각하는 것.
3. 니디디야사나: (마음의 반대되는 경향성들을 없애기 위한) 깊은 묵상과 명상.

행위 기관들 Organs of action '탓트바'를 참조하라.

행위들Actions '다섯 가지 행위들'을 참조하라.

형상들Forms '세 가지 형상들'을 참조하라.

호마Homa '얏냐'를 참조하라.

리부의 노래

개정판 1쇄 발행 2024년 7월 10일

저   자 라마무르티, 놈
옮 긴 이 김병채

펴 낸 이 황정선
출판등록 2003년 7월 7일 제62호
펴 낸 곳 슈리 크리슈나다스 아쉬람
주   소 경상남도 창원시 의창구 북면 신리길 35번길 12-12
대표전화 (055) 299-1399
팩시밀리 (055) 299-1373

전자우편 krishnadass@hanmail.net
카   페 cafe.daum.net/Krishnadas

ISBN 978-89-91596-95-5 (03270)